Alan Greenspan

A ERA DA TURBULÊNCIA

Alan Greenspan

A ERA DA TURBULÊNCIA

AVENTURAS EM UM NOVO MUNDO

Tradução

Afonso Celso da Cunha Serra
Professor de Especialização em Tradução
PUC-Rio, CCE

ELSEVIER

CAMPUS

Copidesque: Cristiana de Assis Serra
Editoração Eletrônica: Estúdio Castellani
Revisão Gráfica: Mariflor Brenlla Rial Rocha e Edna Rocha

Projeto Gráfico
Elsevier Editora Ltda.
A Qualidade da Informação.
Rua Sete de Setembro, 111 – 16º andar
20050-006 Rio de Janeiro RJ Brasil
Telefone: (21) 3970-9300 FAX: (21) 2507-1991
E-mail: *info@elsevier.com.br*
Escritório São Paulo:
Rua Quintana, 753/8º andar
04569-011 Brooklin São Paulo SP
Tel.: (11) 5105-8555

ISBN 978-85-352-2199-2
Edição original: ISBN 978-1-59420-131-8

Nota: Muito zelo e técnica foram empregados na edição desta obra. No entanto, podem ocorrer erros de digitação, impressão ou dúvida conceitual. Em qualquer das hipóteses, solicitamos a comunicação à nossa Central de Atendimento, para que possamos esclarecer ou encaminhar a questão.

Nem a editora nem o autor assumem qualquer responsabilidade por eventuais danos ou perdas a pessoas ou bens, originados do uso desta publicação.

Central de atendimento
Tel.: 0800-265340
Rua Sete de Setembro, 111, 16º andar – Centro – Rio de Janeiro
e-mail: info@elsevier.com.br
site: www.campus.com.br

CIP-Brasil. Catalogação-na-fonte.
Sindicato Nacional dos Editores de Livros, RJ

G831a Greenspan, Alan, 1926-
Alan Greenspan : a era da turbulência : aventuras em um novo mundo / apresentação de Pedro Malan ; tradução de Afonso Celso da Cunha Serra. – Rio de Janeiro : Elsevier, 2008.
il.

Tradução de: The age of turbulence
Inclui bibliografia
ISBN 978-85-352-2199-2

1. Greenspan, Alan, 1926-. 2. Economistas no governo – Estados Unidos – Biografia. 3. Board of Governament of the Federal Reserve System (Estados Unidos). 4. Estados Unidos – Condições econômicas – 1945-. 5. Estados Unidos – Política e governo – 2001-. 6. Economia. I. Título. Título: A era da turbulência.

07-3250. CDD: 923.3
CDU: 929:330

Para a minha amada Andrea

AGRADECIMENTOS

Quando deixei o Federal Reserve, em janeiro de 2006, sabia que não mais trabalharia com a melhor equipe de economistas do mundo. A transição para a vida privada foi facilitada – e se tornou muito mais empolgante – pela nova equipe que se reuniu em torno da criação deste livro.

Alguns dos fatores mais importantes que contribuíram para essa iniciativa foram meus ex-colegas do Fed. Michelle Smith, Pat Parkinson, Bob Agnew, Karen Johnson, Louise Roseman, Virgil Mattingly, Dave Stockton, Charles Siegman, Joyce Zickler, Nellie Liang, Louise Sheiner, Jim Kennedy e Tom Connors, cada uma dessas pessoas preencheu lacunas em minhas recordações e forneceu insights que ajudaram a impulsionar o livro. Ted Truman foi generoso em relação ao próprio tempo e me ofereceu notas e fotos sobre as muitas viagens que fizemos juntos ao exterior. Don Kohn proporcionou valiosas reações e críticas a várias partes do manuscrito.

Lynn Fox, durante vários anos chefe de comunicações do Fed, revelou-se pesquisadora engenhosa, fonte de histórias e de idéias, além de editora valiosa de algumas das primeiras versões. David Howard, ex-vice-diretor da Divisão de Finanças Internacionais do Fed e, como eu, recém-aposentado, recorreu à sua expertise para apoiar-me em várias das principais discussões técnicas; ele é ao mesmo tempo crítico arguto e debatedor implacável.

Amigos e profissionais da minha rede de relacionamentos se deram ao trabalho de fornecer idéias, casos e informações essenciais. Martin Anderson compartilhou comigo suas lembranças dos tempos de Nixon e Reagan. O juiz Stephen Breyer ajudou a aguçar meu raciocínio sobre propriedade intelectual e sobre outras questões jurídicas. O embaixador James Matlock auxiliou-me com reflexões sobre a União Soviética de Gorbachev. Com o primeiro-ministro da Inglaterra, Gordon Brown, desfrutei de amplas discussões sobre globalização e sobre o Iluminismo inglês (e escocês). O ex-presidente Bill Clinton contribuiu com insights sobre suas idéias a respeito de política econômica; o ex-assessor da Casa Branca, Gene Sperling, ajudou-me a completar meus conhecimentos sobre os anos Clinton.

Meus agradecimentos especiais a Bob Rubin, ex-secretário do Tesouro, que foi muito solícito em relação às suas recordações sobre os eventos de que participamos juntos. Seu vice e depois sucessor, Larry Summers, também contribuiu para a nossa compreensão da complexidade crescente da globalização durante a presidência de Clinton e nos anos subseqüentes.

Bob Woodward forneceu-me transcrições de extensas entrevistas dele comigo, durante meu mandato no Fed – gesto que demonstrou não só generosidade, mas também simpatia por um autor calouro. O excelente livro *The Commanding Heights*, de Daniel Yergin (em co-autoria com Joseph Stanislaw) refrescou minha memória sobre muitos acontecimentos de que participei ou fui testemunha. Michael Beschloss leu todo o manuscrito ainda em minuta; seus insights criativos e suas importantes sugestões editoriais me ajudaram a compreender por que seus livros são tão bons.

Verificação de fatos e pesquisas foram as atribuições de Joan Levinstein e Jane Cavolina, com a ajuda de Lisa Bergson e Vicky Sufian; Mia Diehl coordenou com eficiência nossas pesquisas sobre fotos.

Este projeto não teria chegado a lugar nenhum sem Katie Byers, Lisa Panasiti e Maddy Estrada – meus assistentes extremamente organizados e pacientes. Fiquei impressionado com as transcrições feitas por Katie, rápidas e sem erros, de minha prosa manuscrita quase indecifrável, muitas vezes com manchas de água. Este livro veio a lume várias vezes, sob seus dedos ágeis.

Eu não poderia ter escolhido melhor editor para este livro que Scott Moyers, de The Penguin Press. Ele é um gênio em organização e extremamente bem-informado e esclarecido sobre ampla gama de assuntos. Durante os muitos meses em que este livro esteve em elaboração, Scott foi motivador, judicioso, atencioso e hábil; além disso, é filho de ex-empregados do Federal Reserve Board. Laura Stickney, assistente muito capaz de Scott, conseguiu manter os diversos membros da equipe do livro concentrados em nosso objetivo comum – proeza nada fácil. A presidente e publisher de The Penguin Press, Ann Godoff, apoiou o projeto com maravilhoso entusiasmo. A equipe de produção – Bruce Giffords, Darren Haggar, Adam Goldberger e Amanda Dewey – tangeu esse livro para as impressoras com habilidade e paciência.

Meu guia constante no reino misterioso da autoria e publicação de livros foi Bob Barnett. Como ocorre com muitos livros centrados em Washington, este livro não teria acontecido com a mesma facilidade sem a ajuda dele.

Peter Petre foi meu colaborador na redação do livro. Ele me ensinou a velha arte de narrar na primeira pessoa. Sempre me considerara observador de eventos, muito mais que participante deles. A transição foi uma luta e Peter foi paciente. Atuou como minha para o leitor, com o qual desfrutou de vasta experiência durante duas décadas como escritor e editor da *Fortune*. Empenhou-se especialmente em dar vida às seções autobiográficas.

Muito poucos autores de primeira viagem podem gabar-se de ter contado com uma musa que seja, ao mesmo tempo, jornalista, bela e brilhante, além de autora consumada. Andrea Mitchell, minha esposa, é minha mais importante aliada e minha melhor amiga. Neste projeto, ela também foi minha sábia conselheira e minha mais diligente leitora. As sugestões dela ajudaram a moldar este livro. Ela é, e sempre será, minha inspiração.

Mas a leitura final e a versão definitiva foram minhas. Há erros neste livro. Não sei onde estão. Se eu soubesse, não estariam lá. Mas com cerca de duzentas mil palavras, minha mente probabilística me diz que os erros são inevitáveis. Desde já, minhas desculpas.

APRESENTAÇÃO À EDIÇÃO BRASILEIRA

"Nunca antes na história" como diria nosso presidente, alguém teve tanta influência e por tanto tempo, sobre os mercados (financeiros) quanto Alan Greenspan.

Por quase duas décadas, desde 1987 quando substituiu Paul Volcker na presidência do Federal Reserve Bank (Fed – o Banco Central dos Estados Unidos), até o início de 2006 quando passou o cargo ao atual presidente, Ben Bernanke, suas palavras, seus textos, seus depoimentos, suas palestras – e sua forma peculiar de explicar as decisões do Fed – tiveram o poder de influenciar as expectativas dos agentes econômicos relevantes sobre o curso futuro dos eventos. E não apenas nos mercados financeiros mas também no chamado "mundo real" da atividade econômica, do consumo e do investimento.

Mesmo tendo deixado o Fed aos 80 anos de idade, Greenspan continua um engajado participante do debate público sobre os rumos da economia – e da política – norte-americana e mundial, como consultor, membro de Conselhos, palestrante e escritor.

Sua última obra é este livro extraordinário. Escrito em linguagem quase sempre muito acessível, o leitor não-especializado é levado quase que a "uma história de detetive" como diz a certa altura, sobre os processos (de décadas) através dos quais o autor foi formando sua visão do mundo deste início do século XXI. Com direito a projeções e especulações sobre 2030 – quando estaria completando nada menos que 104 anos de idade.

Greenspan tem "o saber de experiência feito" de que falava Camões ("não se aprende, senhor, na fantasia, sonhando, imaginando ou estudando, senão vendo, tratando e pelejando"). Seu livro é uma fascinante descrição deste ver, tratar e pelejar e está convenientemente dividido em duas grandes partes.

A primeira parte trata de maneira leve, agradável, muito bem humorada da sua experiência de vida, firmemente ancorada em Nova York onde nasceu e cidade na qual foi estabelecendo ao longo dos anos, sólidos laços afetivos, culturais e uma grande teia de relacionamentos profissionais que explicam parte de sua extraordinária influência futura.

Como no famoso desenho de Saul Steinberg sobre Manhattan como ponto focal para mirar o resto do mundo, sua autobiografia registra de forma muito divertida: o gosto precoce por fatos, números e estatísticas que parece ter herdado do pai (distante), o fascínio pela música e a seriedade com que se dedicou ao clarinete e ao saxofone, os estudos na NYU (New York University) e no programa de doutorado em economia na Universidade de Colúmbia, onde teve como professor e tutor Arthur Burns, um estudioso de ciclos econômicos, e futuro chefe do Conselho de Assessores Econômicos do presidente dos Estados Unidos e presidente do Fed (1970-1978), duas posições que Greesnpan viria a ocupar.

O doutorado em Colúmbia não foi concluído porque o trabalho, desde os 22 anos, no principal centro de investigação econômica do setor privado à época (The Conference Board) não lhe permitiu. A reputação profissional que Greenspan ali foi construindo, o fez ser convidado a tornar-se sócio, aos 27 anos, do que viria a ser a Townsend-Greenspan, empresa de consultoria privada que teve como clientes algumas das maiores empresas norte-americanas com sede em Nova York. Greenspan relata sua admiração por Ayn Rand, a libertária intelectual russa emigrada que influenciou muitos da geração de Greenspan nos Estados Unidos: "Eu era intelectualmente limitado até encontrá-la."

Republicano – libertário, como costumava sempre dizer – Greenspan envolveu-se na campanha de Nixon à presidência em 1968 e aceitou ser o chairman do Conselho de Assessores Econômicos do presidente em 1974. No dia em que teve seu nome aprovado pelo Senado, Nixon renunciou e Greenspan trabalhou com o Presidente Ford. Acalentou a esperança – e o confessa neste livro – de ser o secretário do Tesouro dos Estados Unidos se Ford ganhasse a eleição de Jimmy Carter. Com a eleição deste último, retornou a Nova York para sua prestigiosa consultoria privada. Voltou a ter influência de bastidores com Reagan, foi escolhido em 1981 para presidente de um comitê bipartidário que propôs e implementou uma importante reforma da previdência. Os quatro pontos essenciais que estabeleceu para o trabalho deste comitê constituem uma lição para muitos comitês deste tipo e o autor nota que sempre os utilizou ao longo de sua vida profissional.

Em 1983, quando havia dúvida se Ronald Reagan reconduziria Paul Volcker para um segundo mandato à frente do Fed, uma pesquisa em Wall Street indicou Greenspan como o melhor nome para sucedê-lo. Alan conta como passou a se interessar mais por política monetária a partir deste evento. Quatro anos passados, em agosto/setembro de 1987, Reagan o designou para chairman do Fed. Poucas semanas depois, Greenspan teve seu batismo de fogo: na segunda-feira 19 de outubro de 1987, a Bolsa de Nova York – que já havia caído na semana anterior, teve a maior queda de sua história em um único dia (22%) superando a maior queda diária da crise de 1929.

A descrição desta experiência do autor como presidente do Fed nesta era de turbulências que viveu e das crises que enfrentou – e superou – constituem leitura indispensável para os interessados nos dilemas e difíceis escolhas de banqueiros centrais nestes tempos de mercados globalizados. E também para interessados nos problemas políticos envolvidos: Greenspan explica seus desentendimentos com Bush-pai, seu afastamento do secretário do Tesouro deste (Nicholas Brady), sua proximidade com Bob Rubin e Larry Summers (com os quais tomou café-da-manhã semanais por uma hora ou duas por quase cinco anos durante o governo Clinton, por quem tinha grande admiração.) Seu desencanto com o Partido Republicano na atual administração é expresso com vigor. Só a leitura desta parte – Greenspan no Fed – vale a leitura e justifica o livro. Porém tudo o que vem antes, ajuda, e muito, a entender esta fascinante experiência.

Mas este livro excepcional tem uma segunda parte na qual Greenspan mostra a amplitude de seus interesses sobre economia em geral e sua admiração pelo processo de "destruição criativa" de Joseph Schumpeter, citado inúmeras vezes, com aprovação pelo autor, já que é deste processo que surgem as grandes ondas de inovação, realocação de capital para setores de maior produtividade relativa e crescimento econômico sustentado da economia como um todo.

Além da importante discussão geral sobre estes problemas do crescimento (Capítulos 12 e 13) há aqui capítulos sobre setores específicos relevantes: Educação e Desigualdade (Capítulo 21); Sistema de Previdência (Capítulo 22); Governança Corporativa (Capítulo 23); Globalização e Regulação (Capítulo 18). E um capítulo muito importante para nós brasileiros "A Duradoura Escassez de Energia" (Capítulo 24).

Há capítulos sobre países e regiões: China (Capítulo 14); Rússia (Capítulo 16); os Tigres Asiáticos e o Elefante Indiano (Capítulo 15); a América Latina e suas inclinações populistas (Capítulo 17).

Há capítulos extremamente interessantes sobre o grande debate atual acerca dos desequilíbrios globais de balanços de pagamentos: "Contas-correntes e Endividamento" (Capítulo 18). E sobre o "conundrum" greenspaniano: porque a curva de juros dos Estados Unidos é negativamente inclinada, isto é, taxas longas mais baixas que as taxas de curto prazo, apesar da elevação significativa destas últimas de 1% em 2003 para os 5,25% de hoje.

O último capítulo apresenta uma especulação sobre um futuro ainda distante – 2030. O ponto principal é feito com clareza: o processo de contenção das pressões inflacionárias que prevaleceu no mundo há cerca de uma década e meia, deixará de ter lugar quando estiver mais avançada a transferência de milhões de trabalhadores do mundo rural para o mundo urbano (processo já concluído no Leste Europeu e ainda em curso em larga escala na China). Isto significará, junto com a visão do autor sobre energia, uma taxa de inflação média mais elevada nos próximos 25 anos (o autor sugere 4,5% ao ano em média) e uma taxa de juros real, cerca de 1 p.p. mais elevada que a que marcou os últimos anos (2,5% ao ano). Em outras palavras uma taxa nominal de juros da ordem de 8% ao ano em média. Como o autor não considera aqui os custos do sistema de previdência com a aposentadoria dos baby-boomers a partir de agora, não se surpreenderia com taxas nominais de juros perto dos dois dígitos. Crescimento real? Não muito mais que 2,5% ao ano para os Estados Unidos o que já significaria em termos reais uma economia americana cerca de três quartos maior em 2030.

Em resumo, se você tem algum interesse, por pequeno que seja, no mundo à sua volta, como a ele chegamos e para onde podemos estar caminhando, não deixe de ler este livro. Poucos, no mundo, refletiram tanto sobre sua extraordinária experiência, com tanto proveito, como este jovem de 81 anos que alguns ainda chamam de Maestro pela habilidade com que atravessou períodos de exuberância irracional, pânico generalizado, ambição infecciosa e turbulências de toda a ordem, sempre com a tranqüilidade de um clarinetista/saxofonista que, há décadas inicia o dia com uma hora de banho de banheira, na qual lê, pensa e escreve antes de chegar ao trabalho – às 7:30 da manhã.

A mensagem mais geral do autor, repetida mais de uma vez ao longo deste excelente livro, é de confiança:

> Nós (seres humanos) perseveramos e avançamos em face da adversidade. É da nossa natureza. Portanto, aprendi, ao longo de décadas, a ser profundamente otimista quanto ao nosso futuro.

Mas a mensagem mais específica de Greenspan, como condutor de política econômica, para aqueles que hoje tem esta responsabilidade, em qualquer que seja o país, merece ser repetida:

> Analisando determinadas opções de política econômica, sempre perguntei a mim mesmo: Quais serão os custos para a economia se estivermos errados? Se não há riscos (*downside risks*) podemos tentar qualquer política. Mas se o custo do fracasso (de uma política) é potencialmente muito elevado, esta deve ser evitada, mesmo que a probabilidade de sucesso seja maior que 50/50, porque não se deve aceitar o custo excessivo do fracasso e suas conseqüências.

Este livro imperdível é um grande ensaio sobre a difícil arte de tomar decisões e exercer judiciosamente o direito de escolher, dentre as alternativas que se colocam, a menos pior em termos das perspectivas de médio e longo prazos. Uma difícil arte, da qual não há muitos mestres. Leia este livro e entenda porque Alan Greenspan é respeitosamente chamado de Maestro por amigos e inimigos. Um raro Maestro que, como mostra este livro, sabe tanto dizer "não sei" quanto reconhecer quando estava equivocado. E escrever com clareza a respeito.

PEDRO S. MALAN

SUMÁRIO

INTRODUÇÃO

Na tarde de 11 de setembro de 2001, eu voava de volta a Washington no vôo 128, da Swissair, retornando de uma reunião rotineira de banqueiros na Suíça. Estava andando pelo corredor, quando o chefe da equipe de segurança que me escolta em viagens internacionais, Bob Agnew, veio em minha direção. Bob é ex-agente do Serviço Secreto, amigável, mas não muito falante. No momento, ele parecia tenso. "Mr. Chairman", disse, em voz baixa, "o comandante precisa conversar com o senhor na cabine de comando. Dois aviões se chocaram com o World Trade Center". Devo ter assumido uma fisionomia jocosa de incredulidade, pois ele acrescentou: "Não estou brincando."

Na cabine de comando, o comandante parecia muito nervoso. Ele nos disse que tinha ocorrido um terrível ataque contra os Estados Unidos. Várias aeronaves haviam sido seqüestradas, duas delas se chocaram com o World Trade Center e outra atingira o Pentágono. O quarto avião estava perdido. Essas eram as informações de que dispunha no momento, disse, em seu inglês com um leve sotaque. Estávamos voltando para Zurique e ele não explicaria o motivo para os outros passageiros.

"Temos de voltar?", perguntei. "Não podemos aterrissar no Canadá?" Ele respondeu que não. As instruções eram para retornar a Zurique.

Dirigi-me para o meu assento, enquanto o comandante anunciava que o controle do tráfego aéreo os havia orientado a voltar para Zurique. Os fones dos assentos estavam congestionados e não havia meio de se comunicar com o solo. Meus colegas do Federal Reserve, que passaram o fim de semana comigo na Suíça, estavam em outros vôos. Assim, sem condições de saber o que estava acontecendo, não tinha nada para fazer, senão refletir durante as próximas três horas e meia. Olhei pela janela, deixando o trabalho que trouxera comigo, pilhas de memorandos e relatórios, esquecidos em minha pasta. Será que os ataques seriam o começo de alguma conspiração mais ampla?

Minha preocupação imediata foi com minha esposa – Andrea é correspondente-chefe da NBC para assuntos externos, em Washington. Ela não estava em Nova York, o que já era um grande alívio, e tampouco tinha planos de visitar o Pentágono naquele dia. Presumi que ela ficaria no escritório da NBC, no centro da cidade, muito ocupada com a cobertura das notícias. Assim, não havia motivo para muita ansiedade, disse a mim mesmo, mas se ela tivesse resolvido na última hora entrevistar algum general no Pentágono?

Também pensei em meus colegas no Federal Reserve. Será que estariam em segurança? O staff provavelmente estava na maior correria para reagir à crise. Esse ataque – o primeiro a território americano desde Pearl Harbor – lançaria o país em grande tumulto. A questão em que deveria concentrar-me seriam os possíveis danos para a economia.

A possibilidade de uma crise econômica era muito evidente. O pior, que me parecia altamente improvável, seria o colapso do sistema financeiro. O Federal Reserve é responsável pelos sistemas de pagamento eletrônico que movimentam mais de US$4 trilhões por dia em dinheiro e em títulos mobiliários entre bancos em todo o país e em boa parte do resto do mundo.

Sempre achei que a maneira mais fácil de mutilar a economia americana seria tirar do ar o sistema de pagamento. Os bancos teriam de recorrer a ineficientes transferências físicas de dinheiro. As empresas passariam a depender do escambo ou de títulos de crédito físicos; o nível da atividade econômica em todo o país afundaria como uma pedra.

Durante a Guerra Fria, como precaução contra ataques nucleares, o Federal Reserve embutiu numerosas redundâncias nas instalações de comunicação e de computação em que se baseava o sistema monetário. Temos todos os tipos de garantias, como, por exemplo, backups dos dados de um banco do Federal Reserve em outro banco do Federal Reserve, situado a centenas de milhas, em algum local distante. No caso de ataque nuclear, voltaríamos a operar muito rapidamente em todas as áreas não afetadas, inclusive com os dados extraídos das cópias de segurança. Roger Ferguson, vice-presidente do Fed, estaria recorrendo a esse sistema hoje. Eu estava confiante em que ele e nossos colegas tomariam todas as providências necessárias para manter a movimentação do dólar em todo o mundo.

No entanto, ao refletir um pouco mais, duvidei que a ruptura física do sistema financeiro fosse o objetivo dos seqüestradores. Com muito mais probabilidade, o verdadeiro intuito era perpetrar um ato de violência simbólico contra a América capitalista – como a bomba na área de estacionamento do World Trade Center, oito anos antes. O que mais me preocupava era o medo que seria despertado pelo ataque – sobretudo se ainda ocorressem novos atentados. Numa economia sofisticada como a dos Estados Unidos, as pessoas interagem e trocam bens e serviços o tempo todo, e a divisão do trabalho é tão complexa que todas as famílias dependem do comércio para sobreviver. Caso se passe a evitar a vida econômica cotidiana – se os investidores descartarem suas ações, ou se as empresas abandonarem transações do dia-a-dia, ou se os cidadãos ficarem em casa, com medo de ir a shoppings e de se exporem a ataques suicidas – os efeitos se avolumarão como bola de neve. A psicologia é que leva a situações de pânico e de recessão. Um choque como aquele de que fôramos vítimas poderia resultar em esvaziamento maciço e na conseqüente contração da atividade econômica. A miséria poderia multiplicar-se.

Muito antes da aterrissagem do avião, eu já havia concluído que o mundo estava a ponto de mudar de maneira ainda imprevisível. A complacência que os americanos haviam adotado no decênio seguinte ao fim da Guerra Fria acabara de se despedaçar.

Finalmente, chegamos a Zurique pouco depois das 20h30, hora local – quando ainda era começo da tarde, nos Estados Unidos. Banqueiros suíços me receberam assim que desci do avião e me levaram às pressas para uma sala privativa no saguão de embarque. Propuseram-se a me mostrar vídeos das Torres Gêmeas desabando e do Pentágono em chamas, mas me recusei a assistir àquelas cenas. Eu trabalhara nas proximidades do World Trade Center durante muitos anos e tinha amigos e conhecidos que também trabalhavam nas imediações. Não tinha dúvida de que a mortalidade havia sido horrível e que incluiria pessoas queridas. Não estava interessado em ver aquela destruição. Queria apenas um telefone que funcionasse.

Finalmente, consegui falar com Andrea pelo telefone celular, poucos minutos antes das nove. Ouvir aquela voz foi um alívio indescritível. Depois de nos tranqüilizarmos de que estávamos bem, ela me disse que teria de correr, pois estava no estúdio e entraria no ar a qualquer momento, com as notícias do dia. Eu me limitei a pedir: "Apenas me diga rapidamente o que está acontecendo aí."

Ela segurava o telefone celular numa orelha, enquanto o produtor de eventos especiais, em Nova York, estrilava no fone de ouvido, na outra orelha, quase gritando: "Andrea, Tom Brokaw vai chamá-la! Você está pronta?" Tudo que ela teve tempo de dizer foi: "Ouça." Em seguida, jogou o telefone celular no colo e se voltou para as câmeras. Ouvi exatamente o que a América também ouvia naquele momento – que o vôo United 93, do qual se havia perdido o controle, se espatifara na Pensilvânia.

Em seguida, consegui falar com Roger Ferguson, no Fed. Repassamos nossa checklist de gestão de crises e, como eu imaginara, ele tinha tudo sob controle. Em seguida, com a interrupção de todos os vôos civis para os Estados Unidos, procurei Andy Card, chefe do Gabinete Civil da Casa Branca, para pedir transporte de volta a Washington. Finalmente, voltei ao hotel, escoltado por minha equipe de segurança, para dormir um pouco e aguardar instruções.

Ao alvorecer, estava de novo a bordo, na cabine de comando de um avião-tanque KC-10, da Força Aérea dos Estados Unidos, que talvez fosse a única aeronave disponível na área. O estado de espírito era o mais sombrio. "É difícil de acreditar", disse o comandante. "Ouça." Aproximei minha orelha do fone de ouvido, mas não ouvi qualquer som, além de estática. "Normalmente, o Atlântico Norte está apinhado de conversas pelo rádio", explicou. "Esse silêncio é assombroso." Aparentemente, nenhuma outra aeronave estava nas proximidades.

Ao nos aproximarmos da costa ocidental e ingressarmos no espaço aéreo fechado dos Estados Unidos, fomos interceptados e escoltados por dois caças F-16, o comandante obteve permissão para sobrevoar o local em que antes se destacavam as duas Torres Gêmeas, na ponta sul de Manhattan, agora nada mais que ruínas fumegantes. Durante décadas, meus escritórios sempre se situaram a algumas quadras daquele local. Nos anos 1960 e 1970, assistira diariamente à construção dos dois edifícios. Agora, a 10.000 metros de altura, seus destroços esfumaçados eram a marca mais visível de Nova York.

Fui direto para o Fed naquela tarde, com escolta policial ao longo das ruas bloqueadas. E, então, pusemos mãos à obra.

Em boa parte, o fluxo eletrônico de fundos corria muito bem. Mas, com a interrupção do tráfego aéreo civil, o transporte e a compensação dos velhos cheques de papel sofriam atrasos. Tratava-se de um problema técnico – algo substancial, mas nada que o staff e cada um dos bancos do Federal Reserve não fossem capazes de resolver por conta própria, ampliando durante algum tempo o crédito aos bancos comerciais.

Nos dias que se seguiram, passei quase todo o tempo atento a quaisquer sinais de alguma queda catastrófica na atividade econômica. Nos sete meses anteriores a 11 de setembro, a economia estivera em recessão muito branda, ainda se livrando dos efeitos do crash das pontocom, em 2000. Mas a situação começava a virar. Vínhamos reduzindo rapidamente as taxas de juros e os mercados começavam a estabilizar-se. Em fins de agosto, o interesse do público se deslocara da economia para

Gary Condit – o congressista da Califórnia cujas declarações pouco oportunas sobre uma jovem desaparecida dominavam os noticiários noturnos. Andrea não conseguia entrar em cena com algo importante em termos globais e eu ficava pensando que o mundo devia ir muito bem para que as emissoras de TV concentrassem o foco num escândalo doméstico. No Fed, o principal assunto com que nos defrontávamos era até que ponto continuar reduzindo as taxas de juros.

Depois de 11 de setembro, os relatórios e as estatísticas que jorravam dos bancos do Federal Reserve contavam uma história muito diferente. O Federal Reserve System compõe-se de doze bancos situados estrategicamente em todo o território americano. Cada um empresta dinheiro e controla os bancos na respectiva região. Os bancos do Federal Reserve também atuam como olhos e ouvidos da autoridade monetária em relação à economia americana – seus diretores e técnicos mantêm contato constante com bancos e empresas em suas áreas de atuação e as informações assim coligidas, sobre pedidos e vendas, se antecipam em até um mês aos dados oficiais publicados.

Agora, essas informações nos diziam que em todo o país as pessoas tinham parado de gastar em qualquer coisa que não fossem itens destinados a minorar os efeitos de possíveis ataques no futuro próximo. As vendas de produtos de mercearia, de dispositivos de segurança, de água engarrafada e de seguros estavam em alta; enquanto os setores de viagens, entretenimento, hotéis, turismo e convenções estavam em queda. Sabíamos que o transporte de legumes e verduras frescas da Costa Oeste para a Costa Leste estava interrompido pela falta de frete aéreo, mas ficamos um tanto surpresos pela quantidade de outros negócios que foram atingidos. Por exemplo, o fluxo de autopeças de Windsor, Ontário, para as fábricas de Detroit se reduziu a mero filete nas travessias dos rios que separam as duas cidades, fator que contribuiu para a decisão da Ford Motor de fechar temporariamente cinco de suas fábricas. Anos antes, muitos fabricantes adotaram métodos de produção just-in-time, em vez de acumularem estoques de componentes e suprimentos nas fábricas, razão por que dependiam do frete aéreo para o abastecimento de itens críticos. O fechamento do espaço aéreo e o recrudescimento da vigilância nas fronteiras resultaram em escassez, em pontos de estrangulamento e na eliminação de turnos de trabalho.

Nesse meio-tempo, o governo dos Estados Unidos entrou em ritmo de atividade frenético. Em 14 de setembro, o Congresso aprovou uma primeira verba de emergência de US$40 bilhões e autorizou o presidente a usar a força contra "países, organizações ou pessoas" que tivessem atacado o país. O presidente Bush convocou a nação, com um discurso que provavelmente será reconhecido como o mais eficaz de seu mandato. "A América foi alvo de ataque porque somos o farol mais luminoso a orientar a busca por liberdade e por oportunidades em todo o mundo", disse. "E ninguém impedirá que essa luz continue brilhando." Seus índices de aprovação dispararam para 86% e a política, embora apenas por um curto período, tornou-se unipartidária. No Capitólio, debatiam-se muitas idéias para acelerar a recuperação do país. Algumas delas envolviam o bombeamento de fundos para os negócios de transporte aéreo, de turismo e de lazer. Várias propostas tratavam da concessão ou ampliação de desonerações fiscais para estimular investimentos de capital pelas empresas. O seguro contra terrorismo estava muito em voga – como se segurar contra eventos catastróficos e qual será o papel do governo – se houver – para atenuar o risco?

Eu achava que era urgente reiniciar os vôos comerciais, a fim de interromper as sucessivas ondas de efeitos. (O Congresso rapidamente aprovou ajuda de US$15 bilhões às empresas de transporte aéreo.) No entanto, além disso, eu não acompanhava muito de perto todos esses debates, pois minha intenção era compreender o panorama geral, que ainda não estava muito claro para mim. Eu não tinha dúvida de que a resposta mais adequada não consistiria em gestos grandiosos, dispendiosos e precipitados. Em épocas de grandes emergências nacionais, todos os congressistas se sentem obrigados a apresentar projetos de lei; os presidentes também são pressionados a agir com rapidez. Nessas condições, é possível que se adotem políticas públicas imediatistas, ineficazes e até contraproducentes, como o racionamento da gasolina imposto pelo presidente Nixon durante o primeiro choque do petróleo da OPEP, em 1973, que, naquela primavera, gerou filas diante de postos de abastecimento em algumas áreas do país. No entanto, depois de 14 anos como presidente do Fed, eu já vira a economia recuperar-se de muitas crises, inclusive a maior queda num único dia em toda a história do mercado de ações, que ocorrera cinco dias depois de minha posse no cargo. Sobrevivêramos à ascensão e à queda do mercado imobiliário na década de 1980, à crise das associações de poupança e empréstimo e aos tumultos financeiros na Ásia – para não falar na recessão da década de 1990. Mas também desfrutamos o mais longo período de prosperidade do mercado de ações e, em seguida, atenuamos o crash das pontocom. Aos poucos, passei a acreditar que a maior força da economia americana era sua resiliência – a capacidade de absorver rupturas e de recuperar-se dos choques – por meios e em ritmo que jamais seria possível imaginar – muito menos impor. No entanto, naquelas circunstâncias terríveis, não havia como saber o que aconteceria.

Até que compreendêssemos melhor quais seriam exatamente as conseqüências de 11 de setembro, concluí que a melhor estratégia seria observar e esperar. Foi o que disse à liderança do Congresso durante uma reunião no gabinete do presidente da Câmara dos Representantes, na tarde de 19 de setembro. O presidente, Dennis Hastert; o líder da minoria, Dick Gephardt; o líder da maioria no Senado, Trent Lott; e o líder da minoria no Senado, Tom Daschle; além de Bob Rubin, ex-secretário do Tesouro durante o governo Clinton, e do assessor econômico da Casa Branca, Larry Lindsey, todos se aglomeraram na sala vizinha à de Hastert. Os legisladores queriam ouvir as avaliações de Lindsey, de Rubin e minhas sobre o impacto econômico dos ataques. Naquele dia, os debates se caracterizaram por muita seriedade – não por exibicionismo ou ostentação. (Lembro-me de que fiquei pensando que aquela era a maneira como o governo deveria funcionar.)

Lindsey expôs a idéia de que os terroristas haviam infligido sério golpe na confiança dos americanos e que a melhor contraposição seria um corte de impostos. Ele e outros defendiam a injeção de US$100 bilhões na economia americana tão cedo quanto possível. O número não me assustou – correspondia a cerca de 1% da produção anual do país. Mas lhes disse que ainda não tínhamos como saber se aquela importância era muito ou pouco. Sim, as companhias aéreas e as empresas de turismo tinham sofrido forte impacto e os jornais estavam cheios de histórias de demissões coletivas de todos os tipos. Entretanto, na segunda-feira, 17 de setembro, para surpresa geral, a Bolsa de Valores de Nova York conseguira reabrir a apenas três blocos do Marco Zero. Foi um passo importante, pois restabeleceu o senso de normalidade do sistema – um ponto luminoso no quebra-cabeça que ainda montávamos no Fed. Ao mesmo tempo, o sistema de pagamento de cheques se recuperava, o mercado de ações não despencou – as cotações caíram um pouco, mas depois se estabilizaram, indício de que a maioria das empresas não enfrentava sérios problemas. Disse-lhes que o curso de ação mais prudente seria prosseguir na avaliação das alternativas e convocar nova reunião para daí a duas semanas, quando todos já disporíamos de mais informações e conhecimento.

Expus a mesma mensagem na manhã seguinte, numa audiência pública, na Comissão de Bancos do Senado, aconselhando paciência: "Ninguém tem a capacidade de avaliar inteiramente como se desenrolará a tragédia de 11 de setembro. Mas, nas próximas semanas, à medida que o choque for arrefecendo, deveremos ser capazes de melhor avaliar como a dinâmica contínua dos eventos moldará as perspectivas econômicas imediatas." Também enfatizei: "Nas últimas duas décadas, a economia americana se tornou cada vez mais resiliente a choques. A desregulamentação dos mercados financeiros, a maior flexibilidade dos mercados de trabalho e, mais recentemente, os grandes avanços da tecnologia da informação aumentaram nossa capacidade de absorver rupturas e de nos recuperarmos do choque."

Na verdade, a aparência da situação estava melhorando em ritmo mais acelerado do que eu previra. Como a maioria das pessoas no governo, eu realmente esperava outros ataques. Esse sentimento raramente transparecia em público, mas se podia percebê-lo na unanimidade das decisões do Senado – 98 a 0, autorizando o uso da força contra os terroristas, e 100 a 0, aprovando a lei de segurança na aviação civil. Eu estava especialmente preocupado com o uso pelos terroristas de armas de destruição em massa, talvez algum dispositivo nuclear roubado dos arsenais soviéticos durante o caos que se seguiu ao colapso da URSS. Também admitia a hipótese de contaminação de nossos reservatórios. No entanto, oficialmente, adotei atitude menos pessimista, pois, se revelasse meus pensamentos, eu provavelmente teria assustado os mercados até quase a morte. No entanto, percebi que dificilmente estaria enganando alguém. O pessoal do mercado me ouvia e dizia: "Tomara que ele esteja certo."

Em fins de setembro, surgiram os primeiros dados concretos. Em geral, o primeiro indicador nítido do que está acontecendo na economia é o número de pedidos de seguro-desemprego, estatística compilada semanalmente pelo Departamento de Trabalho. Na terceira semana do mês, os requerimentos ficaram acima de 450 mil, aumento de 13% em comparação com os níveis de fins de agosto. O número confirmou a extensão e a seriedade das dificuldades que já despontavam em novos relatórios sobre pessoas que haviam perdido o emprego. Eu podia imaginar aqueles milhares de trabalhadores de hotéis e resorts, assim como de outros setores, agora no limbo, sem saber como sustentariam a si mesmos e as famílias. Começava a concluir que a economia não se recuperaria com rapidez. O choque fora tão forte que mesmo uma economia altamente flexível teria dificuldade em se recuperar de tal impacto.

Como muitos outros analistas, os economistas do Fed examinavam todas as propostas de pacotes de gastos e de cortes de impostos e os respectivos números. Em cada caso, tentávamos passar por cima dos detalhes para avaliar a ordem de magnitude. Curiosamente, todas se situavam na casa de US$100 bilhões – a primeira sugestão de Larry Lindsey.

Em 3 de outubro, quarta-feira, voltamos a nos encontrar na sala de reuniões de Hastert, para conversar mais uma vez sobre economia. Passara-se outra semana e o número de pedidos de seguro-desemprego aumentara significativamente – mais 517 mil pessoas pleitearam o benefício. A essa altura, eu já chegara a uma conclusão. Embora ainda esperasse mais ataques, não havia como saber quão devastadores seriam nem como proteger a economia por meio de medidas preventivas. Propus ao grupo que tomássemos providências para compensar os danos que poderíamos medir e concordei que era de fato hora de conceder algum estímulo restrito. O que parecia mais ou menos certo era um pacote de medidas da ordem de US$100 bilhões – suficiente, mas não demasiado, para impulsionar a economia, sem estimulá-la excessivamente e forçar um aumento nas taxas de juros. Os legisladores pareceram concordar.

Fui para casa naquela noite achando que tudo que eu tinha feito fora definir e reforçar o consenso; a cifra de US$100 bilhões fora a primeira proposta de Larry. Portanto, fiquei surpreso ao ler como a mídia distorcera os acontecimentos, dando quase a impressão de que eu estava dirigindo todo o espetáculo.* Embora fosse gratificante ouvir que o Congresso e o Executivo acatavam minhas opiniões, considerei essas notícias muito inquietantes. Nunca me senti totalmente à vontade em ser apontado como a pessoa que dá as cartas. Desde o início, sempre me considerei um especialista que atua nos bastidores, um executor de ordens, em vez de alguém no papel de líder. Somente depois da crise do mercado de ações, em 1987, passei a sentir-me mais à vontade ao tomar importantes decisões políticas. Mas, até hoje, não me sinto bem sob o foco dos refletores. Não sou de modo algum extrovertido.

Evidentemente, o mais irônico foi que, apesar de minha suposta capacidade de persuasão, nas semanas que se seguiram a 11 de setembro, nada aconteceu como eu esperava. A hipótese de um segundo ataque terrorista foi provavelmente uma de minhas piores previsões. E o "estímulo restrito" tampouco se converteu em realidade. A idéia foi política e não saiu do lugar. O pacote que finalmente emergiu em março de 2002, além de atrasado em alguns meses, tinha pouco a ver com o bem-estar geral – não passava de uma mixórdia constrangedora de fisiologismo partidário.

No entanto, a economia ajustou-se a si mesma. A produção industrial, depois de apenas alguns meses de declínio suave, estabilizou-se em novembro. No mês seguinte, a economia voltava a crescer, seguindo-se a queda dos pedidos de seguro-desemprego, que finalmente se estabilizaram em níveis inferiores a 11 de setembro. O Fed de fato contribuíra para esses resultados, mas foi apenas acelerando a política que iniciara antes de 11 de setembro, ou seja, reduzindo as taxas de juros, para estimular novos empréstimos e o aumento do consumo.

Não me importei com o erro de minhas previsões, pois a resposta notável da economia aos efeitos de 11 de setembro demonstrava um fato de grande importân-

*A revista *Time*, por exemplo, opinou em 15 de outubro de 2001: "A intervenção de Greenspan foi a luz verde que os legisladores vinham esperando... A Casa Branca e os líderes de ambos os partidos concordaram com a avaliação de Greenspan de que os novos gastos e os cortes de impostos deveriam totalizar cerca de 1% da renda total do país, que seus efeitos se fariam sentir com rapidez e que a iniciativa não inflaria o déficit tanto assim, no futuro próximo, a ponto de impor um aumento imediato das taxas de juros."

cia: Os Estados Unidos se tornaram altamente resilientes. O que eu afirmara com tanto otimismo à Comissão de Bancos do Senado se revelou verdadeiro. Depois daquelas primeiras semanas terríveis, as famílias e as empresas americanas se recuperaram com rapidez. O que gerara esse grau inédito de flexibilidade econômica? Essa era a minha dúvida.

Os economistas como eu têm procurado responder a perguntas como essa desde os dias de Adam Smith. Achamos que hoje já estamos ocupados demais, tentando compreender nossa economia globalizada. Mas Smith teve de inventar a ciência econômica quase que a partir do zero, como maneira de acompanhar o desenvolvimento de complexas economias de mercado no século XVIII. Não sou de modo algum Adam Smith, mas tenho a mesma curiosidade inquisitiva em compreender as amplas forças que definem a nossa era.

Este livro é, em parte, uma história de detetive. Depois de 11 de setembro, concluí, como se precisasse de algum reforço, que estávamos vivendo num novo mundo – o mundo da economia capitalista global, muito mais flexível, resiliente, aberta, autocorretiva e ágil nas mudanças que em qualquer outra época, mesmo há apenas um quarto de século. É um mundo que nos oferece grandes possibilidades inéditas, mas também enormes desafios sem precedentes. Este livro é minha tentativa de compreender a natureza desse novo mundo – como chegamos até aqui, o que estamos vivendo e o que nos espera além do horizonte, para o bem e para o mal. Sempre que possível, exponho minha compreensão no contexto de minhas próprias experiências e o faço em face do senso de responsabilidade pelos registros históricos e para que os leitores saibam em que alicerço minhas opiniões. Portanto, o livro se divide em metades: a primeira é minha tentativa de rastrear o arco de minha curva de aprendizagem e a segunda é um esforço mais objetivo para usar esses antecedentes como pilares sobre os quais se erige um arcabouço conceitual para a compreensão da nova economia global. Ao longo do percurso, exploro os elementos críticos desse ambiente global emergente: seus princípios norteadores que emergem do Iluminismo do século XVIII; a vasta infra-estrutura energética que o impulsiona; os desequilíbrios financeiros globais e as mudanças dramáticas na demografia mundial que o ameaçam e, não obstante seu sucesso inquestionável, a preocupação crônica com a distribuição justa de suas recompensas. Finalmente, reúno o que podemos conjeturar de maneira razoável sobre a contextura da economia mundial em 2030.

Não tenho a pretensão de conhecer todas as respostas. No entanto, na posição de observador privilegiado, no Federal Reserve, tive acesso preferencial ao melhor que havia sido pensado e dito sobre ampla variedade de assuntos. Também estava a meu alcance o vasto escopo da literatura acadêmica que tratava de muitos dos problemas que meus colegas do Fed e eu enfrentávamos todos os dias. Sem a equipe técnica do Fed, jamais poderia ter lidado com o enorme volume de idéias acadêmicas, algumas excepcionalmente instigadoras e outras esmagadoramente tediosas. Desfrutava da vantagem de pegar o telefone e ligar para um ou mais membros do staff econômico do órgão e perguntar sobre trabalhos acadêmicos de interesse corrente ou histórico. Daí a pouco, recebia avaliações detalhadas dos prós e contras de praticamente qualquer assunto, desde os mais recentes modelos matemáticos desenvolvidos para avaliar a neutralidade do risco até o surgimento e o impacto de escolas de ofícios agrícolas e mecânicos no Meio-Oeste americano. Assim, não tinha dificuldade em especular sobre as hipóteses mais ousadas e abrangentes

Várias forças globais alteraram aos poucos, às vezes de maneira quase sub-reptícia, o mundo conhecido. A mais visível para quase todos nós, de maneira quase diária, tem sido a adoção cada vez mais intensa de novas tecnologias, como telefones celulares, computadores pessoais, correio eletrônico, internet e assistentes pessoais digitais. A exploração, depois da Segunda Guerra Mundial, das características eletrônicas do silício, levou ao desenvolvimento do microprocessador. Quando a fibra óptica, combinada com lasers e satélites, revolucionou os recursos de telecomunicações, pessoas de todo o mundo passaram por grandes mudanças em seu estilo de vida. Grande porcentagem da população mundial ganhou acesso a tecnologias que eu, ao iniciar minha longa carreira, em 1948, mal poderia vislumbrar, a não ser no contexto da ficção científica. Essas novas tecnologias não só descortinaram novos horizontes para as telecomunicações de baixo custo, mas também facilitaram grandes avanços em finanças, que ampliaram em muito nossa capacidade de direcionar poupanças escassas para investimentos de capital produtivos, fator crítico para a rápida expansão da globalização e da prosperidade.

As barreiras tarifárias caíram nos anos seguintes à Segunda Guerra Mundial, em conseqüência do reconhecimento geral de que o protecionismo anterior à guerra resultara em espiral descendente do comércio – em face da reversão da divisão internacional do trabalho, que contribuiu para o quase colapso da atividade econômica mundial. A liberação do comércio no pós-guerra ajudou a desbravar novas fontes de suprimentos de baixo custo. Em conjunto com o desenvolvimento de novas instituições e de novos produtos financeiros (que se tornaram possíveis, em parte, pelas tecnologias baseadas no silício), essa abertura comercial acelerou o impulso em direção ao capitalismo de mercado global, mesmo durante os anos da Guerra Fria, contribuindo para domar a inflação e para reduzir as taxas de juros a níveis de um dígito em todo o mundo.

O momento definitivo do capitalismo de mercado, contudo, foi a queda do Muro de Berlim, em 1989, revelando a situação de ruína econômica que predominava no outro lado da cortina de ferro, muito além das expectativas dos mais esclarecidos economistas ocidentais. O planejamento central se escancarou como fracasso irremissível, fator que, reforçado pela desilusão crescente em relação às políticas econômicas intervencionistas das democracias ocidentais, contribuiu para a expansão discreta do capitalismo de mercado em boa parte do mundo. O planejamento central já não era mais tema de debates. Muito menos de apologias. A não ser em Cuba, na Coréia do Norte e num punhado de outros focos de resistência, a doutrina foi excluída da agenda econômica do mundo.

Aderiram ao capitalismo de mercado não só as economias do antigo bloco soviético, mas também a maioria dos países do até então denominado Terceiro Mundo, que se mantiveram neutros durante a Guerra Fria, mas praticavam o planejamento central ou estavam sujeitos a regulamentos tão rígidos, que as conseqüências eram quase as mesmas. A China Comunista, que se inclinara para o capitalismo de mercado já em 1978, acelerou o movimento de sua vasta força de trabalho, com mais de 750 milhões de pessoas, sob rigoroso controle, para as zonas de livre-comércio, no delta do rio Pérola.

As mudanças na China para a proteção dos direitos de propriedade dos estrangeiros foram sutis, mas bastante substanciais para detonar verdadeira explosão nos investimentos estrangeiros diretos (IED) de 1991 em diante. A partir do nível de US$57 milhões, em 1980, os IEDs empinaram, chegando a US$4 bilhões, em 1991, para, em seguida, acelerarem ainda mais, à taxa de 21% ao ano, alcançando US$70 bilhões, em 2006. Essa profusão de investimentos, além da abundância de mão-de-obra de baixo custo, produziu poderoso efeito conjunto que exerceu forte pressão descendente sobre os salários e, portanto, sobre os preços, em todo o mundo desenvolvido. Antes, os denominados Tigres Asiáticos, muito menores, principalmente Coréia do Sul, Hong Kong, Cingapura e Taiwan, já haviam desbravado a trilha, ao importarem as tecnologias dos países desenvolvidos, para aumentar substancialmente o padrão de vida de suas populações, com base em exportações para o Ocidente.

As taxas de crescimento econômico desses e de muitos outros países em desenvolvimento ultrapassavam de longe as taxas de crescimento das demais economias. O resultado tem sido o deslocamento de parcela significativa do produto interno bruto (PIB) do mundo para os países em desenvolvimento, tendência que tem desencadeado sucessivas ondas de efeitos. Em geral, as taxas de poupança nos países em desenvolvimento são muito mais altas do que nos países industrializados, em parte porque as redes de proteção social nos países em desenvolvimento são mais fracas, razão por que as famílias naturalmente guardam mais dinheiro para os tempos de necessidade. (Outros fatores também contribuem para a tendência. Na falta de culturas de consumo bem estabelecidas, por exemplo, as famílias têm menos estímulos para gastar dinheiro.) O deslocamento de parcelas do PIB mundial, desde 2001, dos países desenvolvidos, com baixas taxas de poupança, para os países em desenvolvimento, com taxas de poupança mais elevadas, aumentou de tal forma a poupança mundial, que o crescimento agregado da poupança em todo o mundo ultrapassou em muito os investimentos planejados. Os mecanismos de mercado que equalizam os níveis globais reais de poupança e de investimento reduziram de maneira marcante as taxas de juros reais (taxas de juros nominais ajustadas pelas expectativas de inflação). Em outras palavras, a oferta de dinheiro em busca de retorno ou rendimento cresceu muito mais rápido que a demanda por investimentos.

Combinada com a globalização, com os aumentos de produtividade propiciados pelas inovações tecnológicas e com o deslocamento das forças de trabalho das economias sob planejamento central para os mercados competitivos, esse excesso de poupança contribuiu para reduzir as taxas de juros e as taxas de inflação em quase todos os países desenvolvidos e em desenvolvimento. Essa é a razão por que as taxas de inflação anuais em quase todos os lugares hoje se situam na casa de um dígito – uma das poucas vezes, talvez a única, em que se constatou tal fenômeno desde o abandono do padrão-ouro e da adoção de moedas fiduciárias ou papel-moeda na década de 1930. O mais impressionante sobre esse conjunto de forças é que, em boa parte por serendipidade, todas ocorreram mais ou menos ao mesmo tempo, no começo do século XXI. A política monetária dos bancos centrais não foi a principal causa do declínio persistente da inflação e das taxas de juros de longo prazo, mas os bancos centrais tiveram de alterar suas políticas para maximizar os benefícios de longo prazo desses deslocamentos tectônicos nas finanças globais. No entanto, por motivos que exporei mais adiante, nenhuma dessas forças tende a ser permanente. É difícil eliminar a inflação num mundo com moedas fiduciárias.

O declínio das taxas de juros reais de longo prazo (ajustadas pela inflação) durante as últimas duas décadas se associa ao aumento dos índices preço/lucro das ações, dos imóveis e, na verdade, de todos os ativos geradores de renda. O valor de mercado dos ativos em todo o mundo, entre 1985 e 2006, em conseqüência, subiu com mais rapidez que o PIB mundial (2001 foi a exceção notável). Essa situação gerou grande aumento na liquidez mundial. O preço das ações e dos bônus, das moradias, dos imóveis comerciais, das obras de arte e de quase tudo o mais acompanhou o surto de prosperidade. Donos de imóveis em muitos países desenvolvidos aproveitaram o valor crescente da parcela quitada da casa própria para financiar compras além da capacidade aquisitiva gerada por suas fontes de renda. O crescimento do consumo doméstico, sobretudo nos Estados Unidos, absorveu boa parte do surto de exportações oriundas do mundo em desenvolvimento, em rápida expansão. Conforme afirmou a revista *The Economist*, em fins de 2006, "depois de crescer a taxas anuais *per capita* de 3,2%, desde 2000, a economia mundial está a mais de meio caminho rumo à marca de melhor década de todos os tempos. Se continuar avançando no mesmo ritmo, o decênio em curso superará os anos idílicos de 1950 e 1960. O capitalismo de mercado, a máquina que traciona boa parte da economia mundial, parece estar funcionando bem". Esses acontecimentos, no todo, foram, ao mesmo tempo abrangentes e positivos. O restabelecimento no último quarto de século dos mercados abertos e do livre-comércio arrancou da pobreza acabrunhante muitas centenas de milhões de pessoas. Sem dúvida, numerosas outras em todo o globo ainda sobrevivem em estado de necessidade, mas grandes parcelas das populações do mundo em desenvolvimento passaram a experimentar certo grau de afluência, privilégio tradicional dos chamados países desenvolvidos.

Resumindo em uma linha a história do último quarto de século, o enredo sucinto será a redescoberta do poder do capitalismo de mercado. Depois de ser forçado a recuar por seus fracassos na década de 1930 e pela subseqüente expansão do intervencionismo estatal na década de 1960, o capitalismo de mercado voltou à tona lentamente como força poderosa, ensaiando o início da recuperação na década de 1970, até atingir a situação presente, em que prevalece, com maior ou menor intensidade, em todo o mundo. A difusão do império da lei comercial e, sobretudo, da proteção do direito de propriedade fomentou o espírito empreendedor em todo o mundo, o que, por sua vez, levou à criação de instituições que agora orientam anonimamente parcela cada vez maior da atividade humana – versão internacional da "mão invisível" de Adam Smith.

Em conseqüência, o controle dos governos sobre a vida diária dos cidadãos diminuiu; as forças do mercado, aos poucos, quase por serendipidade, desalojaram alguns poderes significativos do Estado. Muitos regulamentos que impunham limites à vida comercial aos poucos foram revogados. Durante os primeiros anos subseqüentes à Segunda Guerra Mundial, os fluxos de capital internacional eram controlados, as taxas de câmbio dependiam dos ministros das finanças e o planejamento central era comum, no mundo desenvolvido e no mundo em desenvolvimento, inclusive o remanescente do planejamento dirigista ainda proeminente na Europa, pois se considerava artigo de fé o princípio de que os mercados deviam ser orientados pelo governo para funcionar com eficácia.

Nas reuniões realizadas em meados da década de 1970 do Comitê de Política Econômica da Organização para Cooperação e Desenvolvimento Econômico

(OCDE), com a participação de formuladores de políticas de vinte e quatro países, apenas Hans Tietmeyer, da Alemanha Ocidental, e eu pressionamos pela formulação de políticas baseadas no mercado. As opiniões de John Maynard Keynes, grande economista britânico, haviam substituído as de Adam Smith e sua economia clássica, quando a Grande Depressão da década de 1930 não seguiu o modelo de Smith sobre como deveria ser o comportamento das economias. Keynes ofereceu elegante solução matemática sobre as razões por que a economia mundial havia estagnado e como as despesas deficitárias do governo poderiam engendrar imediata recuperação. O intervencionismo keynesiano ainda era o paradigma esmagadoramente dominante naquela época, embora já estivesse em fase de declínio. O consenso no Comitê de Política Econômica era o de que deixar por conta do mercado a formação de salários e de preços era inadequado, além de não confiável, sendo necessária a suplementação das forças espontâneas por "políticas de renda". A orientação nesse sentido diferia entre os países, mas, em geral, consistia em estabelecer diretrizes para negociações entre os sindicatos, que eram muito mais difusos e poderosos que hoje, e as empresas. Essas diretrizes não chegavam a se constituir em controle total de salários e de preços, na medida em que eram, para efeitos externos, voluntárias. As políticas de renda, contudo, eram, em geral, respaldadas e manipuladas por alavancas regulatórias do governo, que serviam para "persuadir" os transgressores. Quando tais políticas fracassavam, como ocorria com freqüência, iniciavam-se os controles formais de salários e de preços. Os malfadados controles de salários e preços do presidente Nixon, em 1971, se incluem entre os últimos vestígios do intervencionismo do pós-guerra no mundo desenvolvido.

Em meus primeiros anos de formação, aprendi a apreciar a elegância teórica dos mercados competitivos. Nas seis décadas seguintes, também aprendi a apreciar a maneira como as teorias atuam (e às vezes não atuam) no mundo real. Desfrutei do privilégio especial de ter interagido com todos os principais formuladores de políticas econômicas da geração passada e de ter contado com acesso sem igual a informações que avaliavam as tendências mundiais, tanto quantitativas quanto casuísticas. Como não poderia deixar de ser, generalizei minhas experiências, o que aprofundou ainda mais minha avaliação do livre mercado competitivo como força do bem. Com efeito, à exceção de poucos incidentes ambíguos, não me lembro de nenhuma situação em que a expansão do império da lei e o aprimoramento dos direitos de propriedade não contribuíram para o aumento da prosperidade material.

No entanto, ainda se constata certo questionamento difuso e persistente sobre até que ponto é justa a maneira como a competição irrestrita distribui suas recompensas. Ao longo de todo este livro, saliento a ambivalência contínua das pessoas em relação às forças do mercado. A competição é estressante, pois os mercados competitivos criam vencedores e perdedores. Este livro tentará examinar os efeitos do choque entre a economia globalizada em rápida transformação e a natureza humana rígida e constante. O sucesso econômico do último quarto de milênio é o resultado dessa luta, assim como o é a ansiedade decorrente dessas mudanças aceleradas.

Raramente examinamos com cuidado a principal unidade operacional da atividade econômica: o ser humano. O que nós somos? O que é inflexível em nossa natureza, insuscetível de mudanças, e até que ponto desfrutamos de discricionaridade e de livre-arbítrio para agir e aprender? Estou às voltas com essa questão desde que aprendi a formulá-la.

Viajei pelo mundo durante quase seis décadas e descobri que as pessoas se caracterizam por notáveis semelhanças, que, de modo algum, podem ser interpretadas como resultantes de fatores culturais, históricos, lingüísticos ou aleatórios. Todas parecem motivadas pelo anseio inato por auto-estima, que, em grande parte, é produto da necessidade de aprovação pelo próximo. Esse anseio determina em boa parte em que as famílias gastam seu dinheiro. As mesmas forças continuarão a induzir os indivíduos a trabalhar em fábricas e em escritórios, lado a lado, mesmo que, em breve, sejam capazes de contribuir em ambientes isolados, através do ciberespaço. As pessoas têm a necessidade inata de interagir umas com as outras. Essa interação é essencial para que recebamos a aprovação que todos buscamos. O eremita autêntico é verdadeira aberração. Os fatores que contribuem para a auto-estima dependem de ampla gama de valores, aprendidos ou escolhidos de maneira consciente, que, segundo suas crenças, certas ou erradas, melhoram suas vidas. Não podemos atuar sem um conjunto de valores que orientam a profusão de escolhas que fazemos todos os dias. Essa necessidade de valores é impulsionada por um senso moral, intrínseco em todos nós, base sobre a qual a maioria busca as diretrizes de numerosas religiões que os seres humanos abraçaram ao longo de milênios. Parte desse código moral infuso é o senso do justo e do próprio. Todos temos diferentes visões do que é justo, mas ninguém pode evitar a necessidade intrínseca de formular julgamentos. Essa necessidade congênita é o alicerce das leis que governam todas as sociedades. É o fundamento pelo qual as pessoas são responsáveis por suas ações.

Os economistas não podem deixar de estudar a natureza humana, sobretudo de suas manifestações de exuberância e de medo. Exuberância é a celebração da vida. Precisamos perceber a vida como desfrutável para que nos empenhemos em sustentá-la. Lamentavelmente, surtos de exuberância ocasionais às vezes induzem as pessoas a almejar o impossível. Quando a realidade se assenta, a exuberância se converte em medo. O medo é a reação automática de todos nós às ameaças à mais profunda de nossas propensões inatas, nossa vontade de viver. Também é a base de muitas de nossas reações econômicas, é o fundamento da aversão ao risco que limita nossa disposição para investir e para comercializar longe de casa e que, em situações extremas, nos induz a nos desatrelarmos dos mercados, precipitando quedas abruptas da atividade econômica.

Importante aspecto da natureza humana – o nível de inteligência – é crucial para o sucesso com que provemos os recursos necessários à sobrevivência. Conforme observo no Capítulo 25, nas economias dotadas de tecnologias avançadas, as pessoas, em média, parecem incapazes de aumentar sua produção por hora a taxas superiores a 3% ao ano, durante períodos de tempo prolongados. Essa é, aparentemente, a velocidade máxima com que a inovação humana é capaz de impulsionar o padrão de vida. Ao que tudo indica, não somos bastante inteligentes para conseguir melhores resultados.

O mundo em que vivemos hoje dá a muitos cidadãos motivos sobejos para ter medo, inclusive em face da eliminação de muitas fontes até então estáveis de identidade e de segurança. As mudanças muito rápidas, que ampliam as disparidades na distribuição de renda, geram grande apreensão. Trata-se, de fato, de uma era de turbulência. Seria imprudente e imoral minimizar o custo humano das rupturas em curso. Em face da integração crescente da economia global, os cidadãos do mundo se defrontam com uma escolha árdua: de um lado, abraçar os benefícios mundiais dos mercados globais e das sociedades abertas, que arrancam as pessoas da pobreza e as lançam na escalada em busca de melhores qualificações, como meio de melhorar seus padrões de vida, ao mesmo tempo em que se mantêm atentas às questões fundamentais de justiça; de outro, rejeitar essa oportunidade e aferrar-se ao nativismo, ao tribalismo, ao populismo e a todos os demais *ismos*, em que se refugiam as comunidades, quando se vêem sitiadas em sua própria identidade e não conseguem perceber melhores escolhas. Enormes obstáculos nos aguardam nas próximas décadas, competindo exclusivamente a nós desenvolver as competências necessárias para superá-los. A educação é o fulcro de qualquer solução para todas as dificuldades com que nos defrontaremos no futuro, tema a que retornarei no fim do livro. Concluo no último capítulo que, apesar das muitas deficiências dos seres humanos, não é à toa que sempre perseveramos e avançamos em meio às adversidades. Esse elã é parte de nossa natureza – atributo que, ao longo das décadas, sustentaram meu otimismo sobre nosso futuro.

CAPÍTULO 1

GAROTO DA CIDADE

Se você for ao West Side de Manhattan e tomar o metrô no rumo norte, no sentido Times Square, Central Park e Harlem, chegará ao bairro em que cresci. Washington Heights se situa quase no extremo oposto da ilha, em relação a Wall Street – e não muito longe dos prados em que Peter Minuit teria comprado Manhattan dos índios por US$24 (em cujo local existe hoje uma placa comemorativa).

O bairro consistia basicamente de prédios de apartamentos de seis andares, com fachada em tijolo aparente, onde residiam imigrantes judeus, que haviam ingressado no país antes da Segunda Guerra Mundial, além de outras famílias pertencentes a minorias étnicas, de origem irlandesa e alemã. Ambos os lados de minha família, os Greenspans e os Goldsmiths, chegaram na virada do século; os Greenspans, da Romênia; e os Goldsmiths, da Hungria. A maioria das famílias do bairro, inclusive a nossa, era de classe média baixa – ao contrário dos judeus do Lower East Side, que viviam em pobreza extrema. Mesmo durante os piores anos da Depressão, quando eu freqüentava a escola de ensino fundamental, tínhamos o bastante para comer; e, se algum de nossos parentes enfrentou dificuldades, eu nunca soube. Eu até recebia mesada – 25 cents por semana.

Eu era filho único, nascido em 1926, e meus pais logo se divorciaram. Nem me lembro quando se separaram. Meu pai, Herbert, se mudou de volta para o Brooklyn, onde tinha sido criado. E lá morou com os pais, até que acabou casando de novo e começou nova família. Fiquei com minha mãe, Rose, que me criou. Embora tivesse apenas 30 anos e fosse muito atraente, ela retomou o nome de família e nunca casou de novo. Conseguiu emprego como vendedora na loja de móveis Ludwig-

Baumann, no Bronx, e conseguiu mantê-lo durante a Depressão. Era ela quem sustentava a casa.

Como ela era a mais jovem de cinco irmãos e irmãs, pertencíamos a uma grande família. Meus primos, tios e tias sempre entravam e saíam de nossas vidas, o que, de certa maneira compensou a falta de um pai e de irmãos. Durante algum tempo, minha mãe e eu moramos com meus avós, Nathan e Anna. Os Goldsmiths formavam um animado grupo musical. Meu tio Murray era pianista capaz de interpretar e executar as mais complexas e famosas obras-primas musicais. Mudando o nome para Mario Silva, entrou no show business e escreveu um musical para a Broadway, *Song of Love*, sobre o compositor Robert Schumann. Por fim, chegou a Hollywood, onde *Song of Love* virou filme, *Sonata de Amor*, estrelado por Katharine Hepburn e Paul Henreid. Nas reuniões da família, que se realizavam com intervalo de alguns meses, meu tio tocava piano e minha mãe cantava – com sua voz de contralto, ela gostava de imitar Helen Morgan, cantora de músicas sentimentais e atriz da Broadway, famosa por popularizar canções como "Can't Help Lovin'Dat Man". Afora esses encontros, minha mãe vivia uma vida tranqüila, centrada na família. Era otimista, de humor estável e não tinha nada de intelectual. Suas leituras se limitavam ao tablóide *Daily News;* em vez de estantes para livros, nossa sala continha um pequeno piano de cauda.

Meu primo Wesley, quatro anos mais velho do que eu, era o que eu tinha de mais parecido com um irmão. Durante o verão, ele e a família alugavam uma casa não muito longe do oceano, num bairro chamado Edgemere, bem ao sul de Queens. Wesley e eu vasculhávamos as praias à procura de moedas, no que éramos muito bem-sucedidos. Embora ainda estivéssemos em princípios da década de 1930, nas profundezas da Grande Depressão, era certo que as pessoas levavam moedas para a praia e as perdiam na areia. O único legado evidente que restou desse passatempo é minha mania de caminhar olhando para baixo. Quando alguém me questiona sobre esse hábito, respondo: "Estou procurando dinheiro."

Mas não ter pai deixou um grande vazio em minha vida. Todos os meses, ou quase, eu tomava o metrô e ia visitá-lo no Brooklyn. Ele trabalhava em Wall Street como corretor, ou o que chamavam naquela época de *customer's man* (representante registrado), para pequenas empresas de que nunca se ouvia falar. Ele era magro e elegante, parecendo-se um pouco com Gene Kelly, e se apresentava muito bem. No entanto, nunca ganhou muito dinheiro. Ele sempre parecia meio sem jeito ao conversar comigo, o que também me deixava constrangido. No entanto, ele era inteligente e, em 1935, quando eu tinha nove anos, escreveu um livro intitulado *Recovery Ahead!*, que dedicou a mim. Ele previa que o New Deal de Franklin

Delano Roosevelt traria de volta os bons tempos da economia americana. Oferecer-me um exemplar, com a dedicatória abaixo, foi para ele um grande acontecimento:

> *A meu filho Alan:*
>
> *Que esta minha primeira tentativa, com o pensamento sempre em você, desencadeie um fluxo sem fim de iniciativas semelhantes para que, na maturidade, você olhe para o passado e também se esforce para interpretar o raciocínio por trás dessas previsões lógicas, e comece seu próprio trabalho no mesmo sentido. Seu pai.*

Ao longo de meu mandato como presidente do Fed, às vezes mostrava essa dedicatória a alguém. Todas as pessoas que viram o livro concluíram que minha capacidade de prestar depoimentos inescrutáveis ao Congresso deveria ter sido herdada. Contudo, aos nove anos, fiquei totalmente confuso. Olhei para o livro, li algumas páginas e o deixei de lado.

Provavelmente, também veio de meu pai minha afinidade com números. Quando eu era muito garoto, minha mãe costumava exibir-me aos parentes, perguntando: "Alan, quanto é trinta e cinco mais noventa e dois?" Depois de fazer a soma de cabeça, eu anunciava a resposta. Em seguida, ela partia para números maiores e, depois, para multiplicações, e assim por diante. Apesar desse primeiro lampejo de fama, eu não tinha muita autoconfiança. Enquanto minha mãe atuava como a estrela das festas familiares, eu preferia ficar sentado nos cantos.

Mais ou menos aos nove anos, tornei-me torcedor doente de beisebol. O estádio de Polo Grounds ficava a pequena distância a pé e as crianças do bairro geralmente conseguiam entrar de graça para assistir aos treinos do Giants. Contudo, meu time favorito era o Yankees e para chegar ao Yankee Stadium eu precisava tomar o metrô. Assim, passei a ler sobre a equipe nos jornais. Logo desenvolvi minha própria técnica para registrar a escalação dos times, o resumo dos jogos e o desempenho dos jogadores nos jogos da World Series. (A transmissão regular dos jogos pelo rádio, em Nova York, só começou em 1939.) Sempre usava papel verde e descrevia cada jogo em detalhes, por meio de um código complexo que eu próprio desenvolvi. Minha mente, que naquela época estava basicamente vazia, se encheu com números sobre beisebol. Até hoje, sou capaz de recitar a escalação inicial do Yankees, com as respectivas posições e médias, de todos os jogos da World Series de 1936.

Eu mesmo queria ser jogador de beisebol. Jogava nos times do bairro e era muito bom – sou canhoto, e tinha agilidade e reflexos para ser um ótimo *baseman*. Quando eu tinha quatorze anos, um dos grandões, que talvez tivesse 18 anos, me disse: "Se você continuar progredindo nesse ritmo, é possível que um dia chegue à liga principal." Não precisa dizer que fiquei empolgado – mas aquele foi exatamente o momento em que parei de progredir. Nunca joguei tão bem quanto naquele ano. Atingi o apogeu aos quatorze anos.

Além do beisebol, dediquei-me ao código Morse. Em fins de 1930, os filmes de caubói estavam em voga – pagávamos 25 cents para ir ao cinema local, assistir às últimas aventuras de Hopalong Cassidy. Mas os personagens que realmente me fascinavam eram os operadores de telégrafo. Não só tinham o poder da comunicação instantânea na ponta dos dedos – em momentos cruciais da trama, podiam pedir ajuda ou alertar quanto ao iminente ataque dos índios – mas também eram dotados de admirável capacidade artística. Um bom telegrafista conseguia transmitir 40 a 50 palavras por minuto, assim como outro telegrafista igualmente habilitado, além de interpretar a mensagem, ainda era capaz de identificar o transmissor, com base no ritmo e no som do código. "É o punho do Joe", diria. Meu amigo Herbie Homes e eu montamos uma bateria e dois conjuntos de teclas e praticávamos a troca de mensagens. Nunca superamos a velocidade das tartarugas, mas o simples conhecimento do código infundia-me a vibração daquele mundo. Bem mais tarde na vida, sentia-me igualmente perplexo ao comunicar-me através dos continentes, via satélite, com meus colegas de outros bancos centrais.

Secretamente, ansiava por sair de Nova York. À noite, às vezes, inclinava-me sobre o rádio, girando o dial na tentativa de sintonizar emissoras distantes. Mais ou menos aos 11 anos, construí uma coleção de horários de ferrovias de todo o país. Passava horas memorizando as rotas e os nomes de cidades nos quarenta e oito estados. Metodicamente, eu me imaginava pegando um trem, digamos, na Great Northern, cruzando as vastas planícies de Minnesota, Dakota do Norte e Montana, parando em lugares como Fargo, Minot e Havre, para, em seguida, atravessar as Montanhas Rochosas.

Quando eu tinha treze anos, meu pai, inesperadamente, convidou-me para fazer uma viagem de negócios a Chicago. Fomos para a Penn Station e embarcamos no Broadway Limited, o principal trem da Pennsylvania Railroad, que desceu até a Filadélfia, antes de virar para o Oeste. Depois, passamos por Harrisburg e Altoona. Quando chegamos a Pittisburgh, já era noite. No escuridão, passamos pelas enormes chaminés das usinas siderúrgicas, lançando chamas e fagulhas – minha primeira visão de um setor que se tornaria minha especialidade anos mais tarde. Em Chicago, tiramos fotografias de marcos como a Water Tower e Lake Shore Drive. Chegando em casa, revelei-as em minha câmara escura (fotografia era um de meus passatempos). Aquela viagem reforçou ainda mais meu sonho de descobrir uma vida mais interessante do que ser um garoto como outro qualquer, em Washington Heights. Mas nunca revelei esse anseio a nenhuma outra alma. Embora minha mãe soubesse que eu colecionava horários de ferrovias, estou convencido de que ela nunca percebeu o que eles significavam para mim. Afinal, eu estava fugindo daquele seu mundo.

Minha outra grande paixão era música. Comecei a estudar clarineta aos 12 anos, depois de ouvir meu primo Claire tocar o instrumento, e a pratiquei com grande dedicação, de três a seis horas por dia. De início, concentrei-me em música clássica, mas logo passei para o jazz. Um amigo que tinha um fonógrafo me convidou para ouvir as músicas de Benny Goodman e orquestra, tocando "Sing, Sing, Sing", e imediatamente me encantei por aquele som.

Aquela foi uma época vibrante para a música. Goodman, Artie Shaw e Fletcher Henderson inauguraram uma nova era, combinando músicas para dançar, da década de 1920, com elementos de ragtime, black spirituals, blues e música européia, para criar o chamado som das big-bands. A novidade se tornou tão popular e influente que, em 1938, Goodman e sua orquestra foram convidados para apresentar o primeiro concerto não-clássico no Carnegie Hall. Além da clarineta, também me dediquei ao sax tenor – para os meus ouvidos, o saxofone era o som mais agradável e jazzístico do som das big-bands.

Um de meus heróis era Glenn Miller, que deu à música uma nova dimensão aveludada, ao combinar clarineta com dois saxes tenores altos e com dois saxes tenores baixos, em sua orquestra. Em 1941, quando eu tinha 15 anos, tomei o metrô até o Hotel Pennsylvania, para assistir a um de seus concertos. Consegui esquivar-me até perto do palco, a pouco mais de três metros do próprio Glenn Miller. A banda começou a tocar um arranjo da Sexta Sinfonia de Tchaikovsky. Não me contive e falei em voz alta: "Essa é a Patética." Miller olhou para trás e disse: "Isso é incrível, garoto!"

A George Washington High School, a cerca de três quilômetros do nosso apartamento, era uma das maiores e melhores escolas públicas da cidade. Quando nela me matriculei, na primavera de 1940, sua capacidade era para três mil alunos, inclusive o turno da noite, embora muito mais gente assistisse às aulas. Quem não morava no bairro, tinha de concorrer às vagas e as turmas eram muito competitivas. Em parte, uma das causas dessa disputa era a Depressão – sentíamos que não contávamos com qualquer vantagem e era fundamental trabalhar duro.* E ainda

*A mesma competição se expressava nos campos de jogos. GW era uma força entre as escolas da cidade, tanto em beisebol quanto em futebol.

havia a incerteza da guerra. Embora faltasse um ano para Pearl Harbor, a Alemanha nazista acabara de conquistar a Europa Ocidental. O rádio estava cheio de notícias de cargueiros no Atlântico sendo afundados por submarinos alemães e de transmissões de Edward R. Murrow, em Londres, sitiado pela Luftwaffe.

Tínhamos muita consciência da guerra porque nossas turmas estavam cheias de refugiados – principalmente judeus, cujas famílias haviam fugido dos nazistas poucos anos antes. Henry Kissinger era veterano quando me matriculei, embora só viéssemos a nos encontrar três décadas depois. Lembro de me sentar nas aulas de matemática com John Kemeny, refugiado húngaro que um dia se tornaria assistente de Albert Einstein em matemática e que co-inventaria com Thomas Kurtz a linguagem de computação BASIC (e ainda mais tarde viria a ser presidente da Dartmouth College). John estava na América havia pouco tempo e falava com um forte sotaque, mas ele era brilhante em matemática. Eu ficava pensando se aquele bom desempenho seria resultado, pelo menos em parte, de melhor formação que ele recebera na Hungria. E perguntei: "Você é bom assim por que veio da Europa?" Esperava que ele respondesse sim, pois isso significaria que a vantagem dele não era inata e eu talvez pudesse alcançá-lo se estudasse muito. Mas a pergunta pareceu diverti-lo. Ele encolheu os ombros e disse: "Todos são."

Eu estudava muito na George Washington, mas nem sempre conseguia boas notas. Quando me concentrava eu obtinha boas notas, e de fato me saía muito bem em matemática. Mas o meu desempenho era apenas satisfatório nos cursos que não me interessavam, porque o beisebol e a música ocupavam boa parte do meu tempo. A música se tornava cada vez mais importante em minha vida. Tocar era fonte de dinheiro – entrei para orquestras de dança e ganhava até US$10 por semana tocando em uns dois lugares.

Lembro-me exatamente onde eu estava quando os japoneses atacaram Pearl Harbor: em meu quarto praticando clarineta. Eu não sabia onde era Pearl Harbor – ninguém sabia. Tampouco fiquei pensando: "Ah, vamos entrar na guerra." Em vez disso, tinha a esperança de que aquela calamidade acabasse logo. Aos quinze anos, não temos consciência de muitas coisas. O importante é o que estamos fazendo.

Evidentemente, era impossível ignorar a guerra. O racionamento começou naquela primavera e a maioria das crianças ia direto para o serviço militar, assim que se formavam e completavam 18 anos. No verão de 1942, juntei-me a uma banda de seis pessoas que se apresentaria durante a temporada num resort em Catskills. Não havia muitos jovens por lá – tocávamos principalmente para pessoas com a idade de nossos pais – e o ambiente estava meio desanimado. Durante toda a primavera, parecia que logo perderíamos a guerra no Pacífico e, mesmo depois da vitória decisiva dos Estados Unidos na Batalha de Midway, a censura era tanta que não se sabia exatamente o que estava acontecendo. Mas as coisas raramente pareciam boas.

Eu me formei na GW em junho de 1943 e não estava interessado em entrar para a universidade. Completaria 18 anos em março de 1944 e queria usar esse intervalo até o alistamento militar para mais treinamento em música. E, assim, continuei a tocar em pequenas bandas e me matriculei no Juilliard, grande conservatório musical privado da cidade, onde estudei clarineta, piano e composição. Se eu tivesse algum plano para o futuro, seria o de ingressar na banda do Exército.

A junta de alistamento me convocou na primavera seguinte. Peguei o metrô para um longo trajeto até o centro da cidade, onde faria o exame físico, numa grande unidade de triagem que fora montada na Old Customs House, em Battery Park – edifício enorme, com esculturas e murais, além de grandes espaços ecoantes, onde centenas de homens da minha idade esperavam em filas. Tudo correu conforme a rotina, até que me examinaram na radioscopia – aparelho em que vasculham os pulmões, em busca de sinais de tuberculose. Um sargento mandou que eu saísse da fila e fosse até a mesa dele: "Descobrimos uma mancha no seu pulmão", disse. "Não sabemos se ela está ativa." Isto dito, ele me entregou alguns papéis e o endereço de um especialista em tuberculose; eu deveria procurá-lo e depois retornar à unidade de triagem. Quando consultei o especialista no dia seguinte, ele não soube fazer um diagnóstico definitivo. "Teremos de observar essa mancha durante um ano." Fui classificado como incapaz para o serviço militar.

Fiquei arrasado. Todo o mundo estava no Exército; só eu era diferente, o único excluído. E, ainda por cima, havia o medo mais sério de que eu tivesse algo grave. Não manifestava sintomas, não tinha dificuldade em respirar ou qualquer outra deficiência – e, como clarinetista e saxofonista, teria percebido qualquer coisa estranha. Mas não havia como negar a sombra nos exames de raios X. Lembro de que, naquela mesma semana, me sentei com uma namorada numa encosta gramada de onde se avistava a ponte George Washington, lamentando: "Se eu tiver tuberculose, acho que minha vida acabou."

Foi meu professor de sax tenor, Bill Sheiner, quem me tirou desse limbo. Bill era um dos mentores lendários de músicos de jazz. O método dele era organizar pequenos conjuntos de quatro ou cinco saxofones e clarinetas e fazer com que os alunos compusessem eles mesmos algumas músicas. Em nosso pequeno conjunto, Sheiner me pôs ao lado de um rapaz de 15 anos, chamado Stanley Getz. Os historiadores do jazz incluem Getz numa liga formada por Miles Davis e John Coltrane.

Exigir, como fez Sheiner, que eu acompanhasse Getz era como querer que um pianista de bar trocasse arpejos com Mozart. Getz e eu nos dávamos bem, mas, quando ele tocava, eu só ficava ouvindo, extasiado. Às vezes, ao nos defrontarmos com alguém extremamente talentoso, vislumbramos o caminho que leva àquele nível de excelência e nutrimos a esperança de também sermos capazes de chegar lá. Entretanto, no caso de certas pessoas, o talento brota de fonte mais genética e, por mais que pratiquemos, nunca atingimos o nível do gênio. Stan Getz estava nessa segunda categoria; eu sabia, por intuição, que nunca conseguiria aprender aquela virtuosidade.

Entretanto, por causa daquelas sessões, melhorei muito como saxofonista, o que atesta a argúcia de Sheiner como professor. Quando lhe disse que havia sido rejeitado pelo serviço militar, ele apenas riu e disse: "Isso significa que nada impedirá que você consiga um emprego." E me informou que havia uma vaga na orquestra de Henry Jerome.

A banda de Henry Jerome era um conjunto de 14 músicos, que se tornara muito conhecida na Costa Leste. Passar no teste e ser convidado para entrar na orquestra foi uma grande mudança na minha vida. Não chegava a ser como jogar num time da primeira divisão, talvez equivalesse a atuar na segunda divisão, mas, fosse como fosse, tratava-se de trabalho para profissionais maduros, em que eu pagava contribuição sindical e ainda ganhava um bom dinheiro para a época. E, como a banda passava metade do tempo na cidade e a outra metade em excursões pelo leste dos Estados Unidos, ainda tinha a oportunidade de sair de Nova York por conta própria pela primeira vez na vida.

Foi, de longe, a melhor orquestra em que já toquei. Henry Jerome era parte da avant garde; sua banda depois adotou o som bop, de Charlie Parker e Dizzy Gillespie, adicionando muita percussão e brilho ao estilo das big-band. E, embora a banda nunca tenha alcançado fama duradoura, uma quantidade surpreendente de meus colegas músicos e de nossos sucessores tiveram carreiras memoráveis. Johnny Mandel, um dos trombonistas, foi para Hollywood e compôs "The Shadow of Your Smile" e o tema musical de M*A*S*H*, conquistando o Academy Award e quatro Grammies. Um baterista, Stan Levey, mais tarde atuou com Charlie Parker. Larry Rivers tornou-se grande artista popular. E meu companheiro de sax, Leny Garment, foi advogado do presidente Nixon.

Nossa música era no estilo de que as multidões gostavam, quando o rumo da guerra virou em 1944. Nos dezesseis meses seguintes, tocamos em lugares famosos, como o Blue Room, no Hotel Lincoln, em New York, e no Child's Paramount Restaurant, em Times Square. Também tocamos músicas de dança em Virginia

Beach, nas cercanias de Newport News, onde o público era composto principalmente de trabalhadores da construção naval e suas famílias. Tocamos em casas de espetáculos, onde às vezes dividíamos o palco com apresentações de vaudeville – equipes de dança que se preparavam para algumas tomadas em Hollywood, e com cantores que tinham brilhado na época de Al Jolson e que ainda procuravam um lugar ao sol. Durante dezembro de 1944, fomos a atração principal do Roosevelt Hotel, em New Orleans, o lugar mais longe de casa em que já estivéramos. Uma noite, eu caminhava por uma rua perto do rio e ergui os olhos para ver a passagem de um navio-tanque. Nunca me esqueci da sensação de como New Orleans fica abaixo do nível do mar. Quando as barragens se romperam depois do Furacão Katrina, em 2005, aquela primeira experiência me ajudou a compreender imediatamente a extensão do desastre.

Durante o tempo em que toquei na banda, seguimos uma rotina imposta pelas regras do sindicato: 40 minutos tocando e 20 minutos em silêncio. Eu adorava aqueles 40 minutos de ação – a experiência de tocar numa grande orquestra é totalmente diferente do que se ouve quando apenas se está diante dela. As vozes e os sons harmoniosos chegam a seus ouvidos provenientes de todas as direções; você sente a percussão nos ossos; e todos os membros da banda atuam em interação dinâmica. Os solistas exploram esses recursos para expressar sua visão de mundo. Meus ídolos eram grandes improvisadores, como Benny Goodman e Artie Shaw, mas eu raramente atuava como solista. Contentava-me em tocar como *sideman*, interpretando notas escritas por outrem.

Eu era conhecido como o intelectual da banda. Meu relacionamento com os outros músicos era bom (eu fazia o imposto de renda deles), mas meu estilo era diferente. Nos intervalos, muitos deles desapareciam na chamada *greenroom*, ou sala de espera dos atores, que logo se infestava com o cheiro de fumo e de maconha. Durante aqueles vinte minutos, eu lia livros. Durante as noites de espetáculos, não raro eu conseguia ler cerca de uma hora. E os livros que eu tomava emprestado da Biblioteca Pública de Nova York nem sempre eram o tipo de leitura que se esperaria de um jovem saxofonista. Talvez porque meu pai estivesse em Wall Street ou quem sabe por causa de minha afinidade com números, os temas que mais despertavam minha curiosidade eram negócios e finanças. Um dos primeiros livros que li foi sobre o mercado de ações inglês – fiquei fascinado ao descobrir que eles usavam uma terminologia exótica, como "ações ordinárias". Li *Reminiscences of a Stock Operator*, sobre Jesse Livermore, famoso especulador da década de 1920, cujo apelido era Boy Plunger de Wall Street. Segundo a lenda, ele ganhou US$100 milhões vendendo a descoberto nas vésperas do crash de 1929. o homem ficou rico e foi à falência três vezes, antes de finalmente suicidar-se em 1940. Era grande observador da natureza humana; o livro é fonte de muita sabedoria sobre investimentos, com vários provérbios como "Os touros e os ursos ganham dinheiro, mas os porcos morrem no matadouro".

Também li todos os livros que consegui encontrar sobre J. P. Morgan. Ele não só financiou a formação da U.S. Steel, consolidou as ferrovias e fundou a General Electric, mas também foi a principal força estabilizadora do sistema financeiro americano, antes da criação do Federal Reserve. Maravilhava-me com sua riqueza – ao desmembrar os trustes de Morgan, pouco antes da Primeira Guerra Mundial, o Congresso ouviu depoimentos de que Morgan controlava mais de US$20 bilhões. E ficava ainda mais impressionado com o caráter de Morgan: como tanto se comenta, a palavra de J.P. Morgan valia como contrato e, em 1907, foi sua influência pessoal sobre outros banqueiros que contribuiu para conter uma situação de pânico financeiro que poderia ter afundado o país na depressão.*

Essas histórias significavam para mim tanto quanto os horários das ferrovias me haviam impressionado no passado. Wall Street era um lugar vibrante. Não demorou muito para que eu concluísse: "É para lá que eu vou."

Com o fim da guerra se aproximando, o futuro estava aberto. Depois da aprovação do GI Bill, em 1944, muitos veteranos que voltavam para casa ingressavam na escola. Eu começava a acreditar em meu futuro; o pneumologista examinava meus pulmões periodicamente e se convencia cada vez mais de que aquela mancha, não importa o que fosse, estava inativa.

Não estava muito confiante em que me sairia bem na área financeira. Quando me matriculei na Escola de Comércio, Contabilidade e Finanças da Universidade de Nova York (NYU), no outono de 1945, depois de ter permanecido fora do ambiente de estudos durante dois anos, fiquei apreensivo sobre meu desempenho. Assim, naquele verão, comprei os livros-textos de todas as disciplinas daquele ano e os li antes da primeira aula. Fiquei surpreso ao conseguir B em duas matérias e A nas demais, no primeiro semestre, e depois só As. Fui muito melhor aluno na universidade do que na George Washington High School.

A Escola de Comércio era a maior e, talvez, a menos prestigiosa de toda a NYU – tinha mais de dez mil alunos e era vista mais como instituição de ensino médio que como faculdade de ensino superior. (Um reitor um dia a descreveu, com orgu-

*Como membro do Conselho de Administração do J.P.Morgan, em 1977, eu me sentava nas mesmas salas de reuniões de 23 Wall Street onde se resolvera boa parte do caos financeiro de 1907. A história pairava sobre aquele prédio. Lamentei quando o J.P. Morgan o vendeu em 2003.

lho, como "enorme fábrica educacional".) No entanto, para mim, tais conceitos não eram justos. Minha formação foi muito boa. Seu currículo tinha bom conteúdo em artes liberais e, evidentemente, em contabilidade, em fundamentos de economia, em gestão de negócios, em atividades bancárias e em finanças. Sentia-me atraído pelas disciplinas que envolviam lógica e dados, regalando-me nos cursos de matemática avançada. A economia me fascinou desde o início: encantei-me com as curvas de oferta e demanda, com a idéia de equilíbrio do mercado e com a evolução do comércio internacional.

Economia era assunto quente naqueles primeiros anos depois da Segunda Guerra Mundial (talvez a única disciplina mais quente fosse física atômica). Havia duas razões para isso: todo o mundo admirava o fato de a economia americana, sob a direção dos planejadores do governo, ter sido o motor da vitória aliada. Além disso, novas instituições econômicas estavam em formação e uma nova ordem econômica se desenvolvia diante de nossos olhos. Os líderes do mundo ocidental se reuniram em julho de 1944, em Bretton Woods, New Hampshire, para constituir o Fundo Monetário Internacional e o Banco Mundial. Esses foram os marcos do que Henry Morgenthau considerou "o fim do nacionalismo econômico" – os líderes concordaram que, para se manter sustentável, a prosperidade mundial tinha de ser compartilhada, competindo aos países industrializados garantir a redução das barreiras às transações comerciais e financeiras.

Os fundamentos teóricos de boa parte dessas transformações foram construídos pelo grande economista de Cambridge John Maynard Keynes. Sua obra-prima, *Teoria Geral do Emprego, do Juro e da Moeda*, forneceu os alicerces teóricos do New Deal, de Roosevelt – livro que, como estudantes, todos lemos. Nesse livro, Keynes criou a disciplina hoje conhecida como macroeconomia. Ele argumentou que o livre mercado, por si mesmo, nem sempre provê o bem comum da sociedade – e que, quando o emprego estagna, como ocorreu desastrosamente na Grande Depressão, o governo precisa intervir.

Seria difícil inventar conceito mais adequado para incendiar a imaginação da juventude. Um de meus colegas na Escola de Comércio era Robert Kavesh, hoje professor emérito de economia na NYU, que, não muito tempo atrás, declarou à BBC que os alunos de economia em fins da década de 1940 tinham uma missão: "O que realmente nos unia era o senso de que a economia passava por uma fase de transição e que estávamos lá na fronteira. Quem quer que estudasse economia naquela época estava imbuído da determinação de que jamais ocorreria outra grande depressão. A depressão da década de 1930 resultara na guerra mundial e, assim, estávamos impregnados do senso de que não poderíamos permitir que o desastre ocorresse de novo. Era difícil encontrar alguém que não estivesse sob forte influência do Partido Democrata e de John Maynard Keynes, e das idéias sobre o papel muito importante que o governo podia e devia desempenhar no controle das questões econômicas."

Embora Bob e a maioria de meus colegas fossem keynesianos ardorosos, eu não era. Li a *Teoria Geral* duas vezes – é um livro extraordinário. Mas as inovações matemáticas e as análises estruturais eram o que mais me fascinava, não suas idéias sobre política econômica.

Bob e eu amamos música clássica. Entre as aulas, dávamos uma escapada até o Washington Square Park, para ver as garotas e, quando as coisas estavam mais tranqüilas, cantarolávamos concertos para piano de Mozart, perguntando ao outro: "Qual é o número deste?" Embora eu não mais tocasse como profissional, a música ainda era o centro de minha vida social – cantava no clube de karaokê da época, tocava clarineta na orquestra e fui co-fundador de um clube denominado Sociedade Sinfônica, em que nos reuníamos uma vez por semana para ouvir discos ou palestras de convidados.

Mas minha obsessão básica era matemática. Os professores gostam de alunos diligentes e minha dedicação aos estudos talvez fosse óbvia. Meu primeiro trabalho remunerado como economista ocorreu no verão do primeiro ano de escola. Meu professor de estatística, Geoffrey Moore, que mais tarde foi comissário de Estatísticas do Trabalho no governo Nixon, me disse para ir ao Brown Brothers Harriman, um dos maiores, mais tradicionais e mais prestigiosos bancos de investimento de Nova York e lá procurar um sócio chamado J. Eugene Banks. W. Averell Harriman, estadista lendário, fora sócio-geral do negócio, antes de trabalhar para Franklin Delano Roosevelt. Prescott Bush, pai de George H. W. Bush e avô de George W. Bush, também trabalhou lá como sócio, antes e depois de seu mandato no Senado dos Estados Unidos. A empresa ficava literalmente em Wall Street, bem perto da bolsa de valores. A manhã em que visitei Mr. Banks foi a primeira vez em que punha os pés naquele lugar. Caminhar por aqueles escritórios, com seus tetos adornados, escrivaninhas com tampa corrediça e tapetes espessos, era como entrar num santuário recôndito de venerável riqueza – foi uma sensação espantosa para um garoto de Washington Heights.

Gene Banks era esguio, amistoso e de fala suave, com trinta e tantos anos, cujo trabalho consistia em monitorar a economia para a empresa. Ele explicou com objetividade que precisava do ajuste sazonal semanal das séries estatísticas do Federal Reserve sobre as vendas das lojas de departamentos – basicamente uma versão mais refinada dos ajustes mensais que o governo já publicava. Hoje, em poucos minutos, bastando digitar no computador algumas instruções, eu produziria o conjunto de dados que ele queria. Mas, em 1947, o cálculo desses números era muito trabalhoso, usando lápis, papel, réguas de cálculo e máquinas de somar de mesa.

Banks não deu instruções detalhadas, o que foi bom para mim. Fui para a biblioteca da Escola de Comércio e pesquisei livros e artigos em periódicos profissionais para descobrir como fazer o ajuste sazonal semanal. Então, reuni os dados e pus mãos à obra, verificando alguma coisa com Banks apenas de vez em quando. O volume de cálculos e de gráficos manuais era enorme, mas persisti no trabalho durante os dois meses seguintes. Banks ficou muito satisfeito com o resultado e eu aprendi muito – não só sobre ajustes sazonais, mas também sobre a organização de dados para chegar a conclusões.

Minha formatura na primavera seguinte foi mera formalidade. Eu já decidira continuar na NYU para fazer o mestrado, mas precisava encontrar um emprego para pagar as contas. Eu tinha duas ofertas: uma de uma agência de publicidade e outra do National Industrial Conference Board, onde um de meus professores era economista chefe. Embora o emprego na agência de publicidade pagasse muito mais – US$60 por semana, em comparação com US$45 por semana, na outra oferta – optei pelo Conference Board, onde achava que aprenderia mais. O Conference Board era uma instituição privada, financiada por grandes empresas. Fora fundada em 1916, como grupo de defesa de interesses, mas, na década de 1920, seu foco deslocou-se para a execução de pesquisas exaustivas e disciplinadas, com base na teoria de que a disponibilidade de conhecimentos objetivos ajudaria os empresários e os líderes sindicais a encontrar pontos em comum. Entre seus constituintes incluíam-se mais de duzentas empresas, como General Electric, International Harvester, Brown Brothers Harrimam e Youngstown Sheet & Tube. O Board, já havia muito tempo, era a melhor fonte privada de pesquisas sobre negócios. Por exemplo, seus economistas desenvolveram o índice de preços ao consumidor, em 1913. Também foi a primeira organização a estudar segurança do trabalho e a analisar o papel das mulheres na força de trabalho. Em alguns casos, suas informações eram melhores que as do governo. Durante a Depressão, o Board fora fonte original de dados sobre a extensão do desemprego.

Quando lá cheguei, em 1948, o lugar era vibrante, com um amplo andar de escritórios em Park Avenue, perto da Grand Central Station. Dezenas de pesquisadores trabalhavam em fileiras de escrivaninhas, enquanto vários desenhistas se inclinavam sobre pranchetas, sentados sobre bancos altos, na movimentada sala de arte, desenvolvendo elaboradas apresentações e gráficos. Para mim, a biblioteca era o melhor lugar. Descobri que o Conference Bord reunira um enorme tesouro de dados sobre todos os setores da economia americana, remontando a meio século ou mais. Também havia sucessivas prateleiras de livros que explicavam o efetivo funcionamento desses setores. O conjunto abrangia todo o espectro da economia, como mineração, varejo, têxteis, siderurgia, propaganda e comércio exterior. Por exemplo, um alentado tomo, intitulado *Cotton Counts Its Customers*, era uma pesquisa anual do National Cotton Council que explicava de maneira muito detalhada o que era a então dominante indústria do algodão. Nele se encontrava tudo que se quisesse saber sobre todos os tipos e graus de algodão, como eram usados, e o que era importante como estado da arte em equipamentos, processos e índices de produção entre os fabricantes.

Como não havia espaço para trabalhar naquela biblioteca apinhada, eu sobraçava pilhas de materiais até a minha mesa. Quase sempre, eu primeiro sacudia a poeira dos livros. O economista chefe distribuía os projetos de pesquisa. Em apenas alguns meses, a turma começou a me procurar como o cara que conhecia todos os dados. Até certo ponto, a fama correspondia à realidade. Minha paixão passou a ser a de dominar todo o conhecimento acumulado naquelas prateleiras. Li sobre os barões ladrões; passei horas mergulhado no censo demográfico de 1890; estudei a composição de cargas do transporte ferroviário da época, as tendências do preço do algodão nas décadas seguintes à Guerra Civil, e numerosos outros detalhes da vasta economia americana. Para mim, aquilo não era labuta – longe disso. Em vez de ler *E o vento levou*, sentia-me feliz ao mergulhar em "Copper Ore Deposits in Chile" (Jazidas de Minério de Cobre no Chile).

Quase desde o início, comecei a publicar artigos em *Business Record*, periódico mensal do Conference Board. O primeiro foi sobre tendências do lucro de pequenas fábricas, que se baseava em séries estatísticas inéditas da Federal Trade Commission e da Securities and Exchange Commission. Depois de espremer todos os detalhes dos dados, declarei, com todo o entusiasmo da juventude: "Considerando que as pequenas empresas podem atuar como barômetros dos movimentos cíclicos, um estudo sobre as tendências imediatas e de longo prazo de pequenas empresas industriais reveste-se de especial interesse."

Nos anos seguintes, meu trabalho ganhou impulso. Alguém pegou um de meus artigos e escreveu sobre ele no *New York Times*, e até mencionou meu nome. Terminei o mestrado na NYU e continuei a publicar um fluxo contínuo de artigos sobre o indicador *housing starts* (novas moradias), sobre o mercado de carros novos, sobre o crédito ao consumidor e sobre outros temas atuais. Eu estava ganhando confiança em minha capacidade de analisar os dados e de transformá-los numa história. E, embora estivesse longe de me sentir satisfeito com as minhas tentativas de compreender a economia como um todo – deixo isso para os keynesianos – eu compreendia cada vez mais os seus componentes e as suas interações.

Visitei pela primeira vez Levittown na época do Natal de 1950. Evidentemente, eu já lera sobre os jovens casais que deixavam a cidade para constituir famílias e viver o sonho americano de ter uma casa pequena nos subúrbios. Os únicos lugares em que eu morara até então eram apartamentos em Manhattan, e o que me surpreendia em Levittown era a tranqüilidade. As casas eram pequenas, mas cada uma tinha quintal gramado na frente e nos fundos, as ruas eram amplas e não havia prédios de apartamentos. Podia-se comprar uma dessas casas por US$8 mil. Parecia o Nirvana.

Foi convidado para jantar com Tilford Gaines, amigo da faculdade que agora era vice-presidente assistente do Federal Reserve Bank de Nova York. Ele e a esposa, Ruth, e a filhinha deles, Pam, tinham acabado de se mudar para lá. Um colega dele também morava lá, um jovem de 23 anos, formado por Princeton, que havia pouco começara a trabalhar no Fed de Nova York – um gigante de dois metros de altura, chamado Paul Volcker.

A imagem daquela noite ainda está entalhada em meu cérebro – todos nós reunidos com descontração numa sala aconchegante, defronte à lareira (a casa tinha uma lareira de verdade). Otimismo era o sentimento dominante – não só naquela noite, mas durante toda aquela época. A América pairava alto. A economia dos Estados Unidos dominava o mundo – e não enfrentava qualquer competição. As fábricas de automóveis americanas eram invejadas em todos os países. (Eu chegara a Levittown em meu novo Plymouth azul, comprado com o dinheiro que ganhava com minhas pesquisas.) Nossas empresas têxteis e siderúrgicas não se preocupavam com importações, pois na época não havia nada que merecesse esse nome. Recém-saída da Segunda Guerra Mundial, nossa força de trabalho contava com os melhores supervisores e com os mais qualificados trabalhadores. E, por causa do GI Bill, o nível educacional melhorava com rapidez.

No entanto, naquele dezembro, começávamos a admitir um novo perigo terrível. O confronto nuclear parecera muito abstrato como ameaça, dezoito meses antes, quando a União Soviética detonara sua primeira bomba atômica. Mas, à medida que a Guerra Fria começava a se fazer sentir em casa, o perigo parecia cada vez mais concreto. Alger Hiss tinha sido condenada por perjúrio num escândalo de espionagem e Joseph McCarthy havia pronunciado seu famoso discurso, afirmando que tinha em mãos uma lista de 205 nomes de comunistas conhecidos.

As Forças Armadas americanas vinham exercendo "ação de polícia" na Coréia. Esses fatores desencadearam a corrida do Pentágono para reconstruir divisões do Exército e esquadrilhas de caças e de bombardeiros, que haviam sido desativadas depois da Segunda Guerra Mundial. Todos nós ficávamos pensando aonde tudo aquilo nos levaria.

Naquele outono, matriculara-me num programa de PhD na Universidade de Columbia, equilibrando os trabalhos do curso com as pesquisas do Conference Board. (Já naquela época, quem quisesse progredir como economista precisava de um título de PhD.) Meu orientador docente foi Arthur Burns, que, além de professor pleno, também era pesquisador sênior do National Bureau of Economic Research, então em Nova York, que ainda é a maior organização de pesquisa independente da América. Naquela época, ela era mais bem conhecida por ter trabalhado com o governo na década de 1930 para definir as assim denominadas *contas da renda nacional* – gigantesco sistema de contabilidade que deu a Washington a primeira visão exata do produto nacional bruto. Quando os Estados Unidos se mobilizaram para a guerra, o sistema ajudou os planejadores a definir objetivos para a produção militar e a avaliar o grau de racionamento que seria necessário no front interno para suportar o esforço de guerra. O NBER é também a autoridade sobre as altas e baixas dos ciclos econômicos; seus analistas até hoje determinam as datas oficiais de início e fim das recessões.

Arthur Burns era um acadêmico benevolente, fumante de cachimbo. Influenciou profundamente as pesquisas sobre ciclos econômicos – seu livro de 1946, escrito com Wesley Clair Mitchell, foi uma análise pioneira dos ciclos econômicos americanos, de 1854 a 1938. A dedicação dele às evidências empíricas e à lógica dedutiva fez com que entrasse em choque com a tendência dominante da economia.

Burns adorava provocar discordâncias entre seus alunos de pós-graduação. Um dia, numa aula a respeito dos efeitos corrosivos da inflação sobre a riqueza nacional, ele começou a circular pela sala, perguntando: "O que causa a inflação?" Nenhum de nós soube responder. O professor Burns, então, deu uma baforada no cachimbo, tirou-o da boca e declarou: "O excesso de gastos do governo causa inflação!"

No entanto, não foi ele, mas outro mentor, quem me preparou para concluir que, um dia, eu poderia compreender e prever a economia como um todo. Em 1951, eu me inscrevi num curso de estatística matemática, disciplina técnica baseada na noção de que as atividades internas e as inter-relações de uma grande economia podem ser investigadas, mensuradas, modeladas e analisadas matematicamente. Hoje, essa disciplina é denominada econometria, mas, na época, a área era apenas um apanhado de conceitos gerais, novo demais para ter um livro-texto ou até um nome. O professor era Jacob Wolfowitz, cujo filho, Paul, eu viria a conhecer durante sua participação no governo George W. Bush e como presidente do Banco Mundial. O professor Wolfowitz escrevia a giz as equações no quadro e depois as passava para nós em folhas mimeografadas. Percebi imediatamente o poder dessas novas ferramentas. Se a economia podia ser modelada com exatidão, com base em fatos empíricos e em equações matemáticas, também seria possível derivar desses modelos, metodicamente, previsões em larga escala, sem a intuição quase científica adotada por tantos previsores econômicos. Fiquei imaginando como aquilo poderia funcionar. Mais importante, aos vinte e cinco anos, eu havia encontrado um campo em expansão em que poderia ser excelente.

Anos mais tarde, desenvolvi alguma habilidade na construção de modelos econômicos muito complexos e passei a compreender de maneira mais profunda suas aplicações e, sobretudo, suas limitações. As economias modernas e dinâmicas não ficam muito tempo paradas, de modo a permitir uma leitura exata de suas estruturas subjacentes. Os primeiros fotógrafos retratistas exigiam que as pessoas fotografadas ficassem paradas durante muito tempo, para que a fotografia saísse boa. Se a pessoa se movesse, a foto ficava tremida. O mesmo ocorre com os modelos econômicos. Os econometristas efetuam ajustes *ad hoc* na estrutura formal de seus modelos, para produzir previsões razoáveis. No jargão do ofício, chama-se adicionar fatores (*add-factoring*) às equações do modelo; os fatores adicionados (*add-factors*) geralmente são muito mais importantes para a previsão do que os resultados das equações em si.

Se os modelos têm tão pouco poder preditivo, qual é a utilidade deles? A vantagem menos alardeada dos modelos formais decorre simplesmente do fato de que o exercício de usá-los garante que as regras básicas da contabilidade nacional e da consistência econômica estão sendo aplicadas a um conjunto de pressupostos. E os modelos decerto podem ajudar a maximizar a eficácia dos poucos pacotes de informações que podem ser presumidos com certeza. Quanto mais específico e rico em dados for o modelo, maior será a sua eficácia. Sempre argumentei que um conjunto atualizado das estimativas mais detalhadas do trimestre mais recente, para o qual se dispõe de dados, é muito mais útil para a exatidão das informações que uma estrutura de modelo mais sofisticada.

Ao mesmo tempo, evidentemente, a estrutura do modelo é muito importante para o seu sucesso. Não se pode, eu pelo menos não posso, extrair modelos abstratos do nada. Eles devem basear-se em fatos. As abstrações não flutuam em minha mente, desvinculadas de observações do mundo real. Elas precisam de uma âncora. Essa é a razão por que me empenho em investigar todas as observações ou fatos sobre determinado acontecimento. Quanto mais detalhado for o modelo abstrato, mais ele tenderá a ser representativo do mundo real que se procura compreender.

Meu primeiro treinamento foi imergir nos muitos detalhes sobre o funcionamento de alguma parte pequena do mundo e inferir desses detalhes a maneira como se comporta tal segmento do mundo. Essa foi a disciplina que adotei ao longo de toda a minha carreira. Sinto profunda nostalgia sempre que folheio artigos que escrevi aos vinte anos. A substância reflete um mundo mais simples, mas o método de análise é tão atual quanto qualquer outro que eu aplicasse hoje.

CAPÍTULO 2

A FORMAÇÃO DE UM ECONOMISTA

Eu geralmente trabalhava com o rádio ligado. A Coréia dominou os noticiários em 1950 e em 1951 – nossas Forças Armadas agora combatiam em batalhas sangrentas contra os chineses. O presidente Truman demitiu o general MacArthur por sua insistência pública em que os Estados Unidos deveriam declarar guerra total à China. Em casa, os testes com bombas atômicas foram transferidos do Novo México para Nevada e ficamos com a Cicatriz Vermelha (*Red Scare*) – os Rosenbergs foram condenados à cadeira elétrica por espionagem. Em meio a todo esse tumulto, o que mais atraía minha atenção eram os alvores da era atômica. Alguns dos trabalhos científicos realizados durante a Segunda Guerra Mundial começaram a ser divulgados e, como atividade paralela, passei a ler muito sobre física atômica. Minha primeira incursão foi um volumoso livro técnico intitulado *Sourcebook on Atomic Energy*, síntese de informações sobre o assunto, não classificadas como confidenciais, patrocinada pelo governo. Daí, avancei para obras sobre astronomia, sobre física, mais abrangentes, e sobre filosofia da ciência.

Como muitas pessoas com mente científica, eu acreditava que a energia atômica era a fronteira mais importante que desbravaríamos durante nossas vidas. Esse era o outro lado do medo que sentíamos da guerra atômica. A ciência era extremamente sedutora. O poder do átomo poderia abrir para a humanidade toda uma nova fase de grandes realizações, o que, por sua vez, exigiria o desenvolvimento de novas idéias e pensamentos.

Descobri que alguns cientistas do Projeto Manhattan aderiram a uma filosofia denominada positivismo lógico, variante do empirismo. Desenvolvida, de início, por Ludwig Wittgenstein, é uma escola de pensamento cujo princípio básico é o de que só se adquire conhecimento com base em fatos e números – enfatizando intensamente o rigor das provas. Não existem princípios morais absolutos: a ética, os valores e os comportamentos são reflexos da cultura e não estão sujeitos à lógica estrita. Variam de maneira tão arbitrária que estão fora do alcance do pensamento sério.

Meu ego matemático adotou esse credo puramente analítico. Parecia a filosofia mais adequada à época. Eu achava que o mundo seria melhor se as pessoas se concentrassem exclusivamente no que fosse cognoscível e importante, exatamente o objetivo do positivismo lógico.

Em 1952, estava imerso, feliz da vida, nos estudos, em busca do PhD em economia, e já ganhava mais de US$6 mil por ano. Nenhum de meus amigos e colegas tinha muito dinheiro e meus rendimentos eram mais do que eu precisava. Mudei-me para os subúrbios – não para Levittown, mas para uma casa com duas unidades residenciais, em Forest Hills, Queens, bairro arborizado, perto da estação ferroviária, à qual eu chegava a pé. Finalmente, encontrara uma maneira de evitar os congestionamentos da cidade. Foi um grande progresso.

Se alguém me dissesse naquela época que eu estava na iminência de entrar no período mais confuso e tumultuado da minha vida, eu reagiria com incredulidade. No entanto, nos dois anos seguintes, eu me casaria e me separaria, abandonaria o curso de pós-graduação, deixaria o emprego para criar meu próprio negócio – e mudaria toda a minha visão de mundo.

A mulher com quem me casei foi Joan Mitchell, historiadora de arte de Winnipeg, Manitoba, que viera para Nova York estudar no Institute of Fine Arts da NYU. Conhecemo-nos por acaso – entrei no apartamento dela e ela estava ouvindo um de meus discos favoritos. Música clássica era uma de nossas paixões em comum. Namoramos durante vários meses, casamos em outubro de 1952 e nos separamos depois de mais ou menos um ano. Sem entrar em detalhes, eu diria que eu fui o principal problema. Na verdade, eu não compreendia os compromissos decorrentes do casamento. Eu fizera uma escolha intelectual, não emocional, dizendo a mim mesmo: “Essa mulher é muito inteligente. Muito bonita. Nunca conseguirei algo melhor.” Meu erro foi ainda muito mais doloroso porque Joan é uma pessoa extraordinária. Felizmente, somos amigos até hoje.

Joan era a melhor amiga da esposa de Nathaniel Branden, que era um jovem colaborador de Ayn Rand e, anos mais tarde, seu amante. Foi assim que Ayn Rand e eu nos conhecemos. Ela era uma imigrante russa, cujo romance *The Fountainhead*

(A Nascente) fora grande best-seller durante a guerra. Ela se mudara recentemente de Hollywood para Nova York e desenvolvera um pequeno grupo de adeptos ardorosos. Li o romance e o achei instigante. É a história de um arquiteto, Howard Roark, que resiste heroicamente a todas as pressões, mas não muda suas convicções artísticas e pessoais – chegando ao ponto de dinamitar um conjunto de casas populares, ao constatar que o construtor alterara seu projeto –, que acabam prevalecendo. Rand escreveu a história para ilustrar uma filosofia a que aderira, que enfatizava a razão, o individualismo e o auto-interesse esclarecido. Mais tarde, ela o denominou de objetivismo; hoje, seria chamado de libertarismo.

O objetivismo defendia o capitalismo *laissez-faire* como a forma ideal de organização social. Não admira que Ayn Rand detestasse o comunismo soviético, sob o qual se formara. Ela o via como concretização de um coletivismo brutal. E, no apogeu do poder soviético, ela sustentava que o sistema era intrinsecamente tão corrupto que acabaria implodindo.

Ela e seu círculo de apóstolos se denominavam Collective, uma piada, pois coletivismo era o extremo oposto de suas crenças. O grupo se reunia no apartamento de Rand, em East Thirty-fourth Street, pelo menos uma vez por semana, para analisar e debater os acontecimentos mundiais até as primeiras horas da manhã. Na noite em que Joan me apresentou, o grupo era pequeno, talvez sete ou oito pessoas sentadas em sua sala austera: Rand; seu marido, Frank O'Connor, pintor; os Brandens, e alguns outros. Ayn Rand tinha uma aparência muito simples – baixa, quarenta e tantos anos. A fisionomia dela era intensa, quase severa, com uma boca larga, sobrancelhas espessas e grandes olhos escuros, inteligentes – seus cabelos negros caíam até a altura dos ombros, com as extremidades recurvadas para cima, ressaltando-os. Falava com forte sotaque russo, embora vivesse nos Estados Unidos havia vinte e cinco anos. Era extremamente analítica, sempre disposta a dissecar uma idéia até seus fundamentos, e não se interessava por bate-papos inconseqüentes. No entanto, apesar de sua aparente ferocidade, eu percebia abertura na maneira como abordava os assuntos. Ela parecia sempre disposta a considerar qualquer idéia, de qualquer pessoa, sob o ponto de vista exclusivo de seus méritos.

Depois de limitar-me a ouvir durante algumas noites, daí a algum tempo acabei mostrando minhas cores lógico-positivistas. Não me lembro do tópico em discussão, mas algo me levou a postular que não havia mais absolutos. Ayn Rand pulou. "Como isso é possível?", perguntou.

"Porque, para ser verdadeiramente racional, não se pode manter uma convicção sem provas empíricas significativas", expliquei.

"Como isso é possível?" perguntou de novo. "*Você* não existe?"

"Não posso ter certeza", admiti.

"Você estaria disposto a dizer que você *não* existe?"

"Eu poderia..."

"E, então, quem está fazendo essa afirmação?"

Para compreender, talvez você devesse estar lá... ou, sendo mais objetivo, talvez você tivesse de ser um matemático fanático de 26 anos – mas esse diálogo realmente me chocou. Vi que ela estava demonstrando com muita eficácia a natureza contraditória da minha proposição.

Mas a coisa não ficou só nisso. Eu me orgulhava de minha capacidade de raciocínio e me considerava capaz de vencer qualquer pessoa num debate intelectual. Conversar com Ayn Rand era como começar um jogo de xadrez, achando que eu era bom, e acabar sofrendo um xeque-mate. E, assim, me ocorreu que, muito do que eu concluíra que fosse verdadeiro talvez estivesse totalmente errado. Evidentemente, eu era muito cabeçudo para reconhecê-lo imediatamente; em vez disso, eu me fechava.

Rand, naquela noite, me deu um apelido. Ela passou a me chamar de "papa-defuntos", em parte por causa de meu jeito tão sério, em parte porque eu sempre usava terno escuro e gravata. Durante as semanas seguintes, soube depois, ela sempre perguntava: "Será que o papa-defuntos já concluiu que existe?"

Pelo menos meu trabalho no Conference Board ia bem. Eu estava mergulhado em meu projeto mais ambicioso, uma análise da ampliação pelo Pentágono das forças de caças, de bombardeiros e de outras aeronaves, em conseqüência da Guerra da Coréia e da Guerra Fria. O projeto envolvia muito trabalho de investigação. Assim que começou a Guerra da Coréia, o Departamento de Defesa classificou como confidencial seus planos de compra. Embora os fabricantes de aviões conhecessem seus pedidos, o segredo militar mantinha Wall Street e o resto da indústria americana no escuro. No entanto, o impacto econômico era grande demais para ser ignorado: depois da calmaria do pós-guerra, os gastos militares, em 1953, haviam retornado a quase 14% do PIB (era de 4% em 2006). Essa situação transtornava os mercados de matérias-primas e de equipamentos, para não falar na demanda por operários qualificados e engenheiros, além de lançar um grande ponto de interrogação sobre as perspectivas dos negócios. Os mais afetados pelo surto de produção de aviões foram os fabricantes de alumínio, cobre e aço – todos classificados como materiais controlados, essenciais para o esforço de guerra.

Como eu já sabia muito sobre o mercado de metais, me apresentei como voluntário para analisar o rearmamento, com o que concordaram meus chefes. Comecei com os registros públicos, que se revelaram quase inúteis: as audiências do Congresso sobre os programas de produção militar eram sessões secretas e as transcrições públicas continham muitas omissões. As quantidades e os tipos de novas aeronaves ficavam em branco; o número de aviões por esquadrão, o número de esquadrões por ala, o número de aviões mantidos em reserva e o número de perdas fora de combate por tipo – tudo era eliminado. Então resolvi pesquisar as audiências do Congresso de fins da década de 1940, que talvez tivessem muitas das informações de que eu precisava. Na época, a questão ainda não era secreta. O Pentágono ainda estava no processo de desativação das Forças Armadas e altos oficiais militares compareciam perante as subcomissões de apropriação militar e explicavam em detalhes como tudo era calculado na época. Os militares, sem dúvida, mantinham em 1950 os mesmos procedimentos de 1949.

Adotei essa informação como base. Agora, precisava reunir todos os fatos de conhecimento público. Pesquisei manuais técnicos e de engenharia, numerosos organogramas, quadros estatísticos massudos do orçamento federal e pedidos de materiais emitidos pelo Pentágono em linguagem complexa. Aos poucos, todos os dados começaram a se encaixar. Por exemplo, eu sabia os pesos de determinados aviões e podia deduzir as proporções de alumínio, cobre e outros materiais que entravam em cada tipo. Com todos esses elementos em mãos, podia estimar a demanda.

Minha pesquisa foi publicada em dois longos artigos do *Business Record*, na primavera de 1952, intitulados "The Economics of Air Power". Depois, soube, indiretamente, que alguns planejadores do Pentágono tinham ficado surpresos com a proximidade com que a análise batia com seus números secretos. Mais importante para mim, contudo, foi que meu público devorou as informações. Algumas empresas membros solicitaram detalhes adicionais de meus cálculos.

Mais ou menos nessa época, passei a receber encomendas de pesquisas autônomas de um analista do Conference Board, Sanford Parker. Sandy, como todos o chamavam, era um indivíduo baixo, desmazelado e agitado, cerca de dez anos mais velho que eu, que se tornara famoso por escrever comentários semanais na revista *Business Week*, desde 1939. Agora que trabalhava para o Conference Board, ele ganhava algum dinheiro extra, escrevendo artigos econômicos para a *Fortune*. Quando ele se dispôs a me passar parte do trabalho analítico, não hesitei em aproveitar a oportunidade.

A contratação de Sandy era a maneira de a *Fortune* explorar o que os editores consideravam uma tendência nascente. Embora o mundo dos negócios não fosse muito intelectualizado, parecia que o pessoal de operações e de finanças começava a se interessar por informações econômicas. John Kenneth Galbraith era parte do staff em fins da década de 1940, mas duvido que ele tenha contribuído para essa conscientização. Sandy era realmente uma autoridade, e tinha habilidades que me faltavam. Para começar, ele sabia escrever com clareza, por meio de períodos curtos e incisivos. Ele tentou me ensinar a arte e quase foi bem-sucedido. Essa foi uma habilidade que tive de desaprender como presidente do Fed. Os editores da *Fortune* gostavam dele por ser capaz de escrever com convicção sobre a economia como um todo, e por ser criativo – ele não raro surgia com abordagens surpreendentes para identificar e analisar tendências.

À medida que trabalhava com Sandy, convencia-me cada vez mais de que sua autoridade resultava em grande parte do fato de que simplesmente sabia mais sobre economia que qualquer outra pessoa. Embora meus conhecimentos não fossem tão amplos quanto os dele, a diferença não era grande. Eu aprendia todos os dias, fazendo o trabalho de que gostava. Se eu mantivesse o ritmo, achava que poderia alcançá-lo.

Em fins de 1950, Sandy deixou o Conference Board para se tornar o primeiro economista chefe da *Fortune*. Eu esperava conseguir um emprego no departamento que ele estava criando, mas, em vez disso, a *Fortune* me contratou como autônomo para trabalhar com Sandy e outros escritores na preparação de uma importante série de artigos intitulada "The Changing American Market" (O Mercado Americano em Mutação), que acabou sendo publicada em doze partes, no intervalo de dois anos. Essa nova fonte de renda me transmitiu confiança para assumir alguns riscos.

Eu vinha recebendo convites de um consultor de investimentos, William Wallace Townsend, sócio sênior de uma empresa de Wall Street, Townsend Skinner, um dos menores membros do Conference Board. Ele lia os meus trabalhos e às vezes conversávamos sobre eles por telefone. Em princípios de 1953, ele me telefonou e disse: "Por que você não vem aqui e almoçamos no Bankers' Club?" Aceitei o convite.

Tomei o metrô para o centro. O Bankers' Club ocupava três andares no alto de um marco do distrito financeiro, chamado Equitable Building, com a recepção no andar mais baixo e com a biblioteca e o restaurante acima. A vista lá do alto era esplêndida e o ambiente era sofisticado, com tapetes, móveis e cortinas sóbrias. Com base em nossas conversas por telefone, supunha que Townsend tinha cerca de 40 anos, e ele imaginava o mesmo a meu respeito. Mas, quando saí do elevador e pedi a alguém para apontá-lo, Bill se revelou alguém mais perto dos sessenta e cinco. Eu me dirigi a ele, me apresentei e ambos demos uma risada. Na hora, entramos em sintonia.

Bill nascera em 1888, no norte do estado de Nova York, e passara por uma série impressionante de altas e baixas na vida. Ganhara uns US$24 milhões em Wall Street, na década de 1920, como especialista em bônus de empresas; escrevera o livro da Independent Bankers' Association sobre venda de bônus. Depois, perdeu tudo no crash do mercado de ações de 1929. Na década de 1930, ergueu-se de novo por conta própria e fundou uma pequena empresa que reunia índices estatísticos para previsões sobre o mercado de ações e sobre o mercado de bônus.

Quando nos conhecemos, Townsend estava escrevendo algo chamado *Saving and Loan Letter*, relatório técnico subscrito por associações de poupança e empréstimo. Um de seus sócios foi Richard Dana Skinner, descendente de uma família da Nova Inglaterra e trineto de Richard Henry Dana Jr., autor de *Two Years Before the Mast.* A empresa tinha muitos clientes famosos, como Donald Douglas, pioneiro da aviação, que fundou a Douglas Aircraft, e o ex-presidente Herbert Hoover, que agora vivia mo Waldorf Towers e a quem Bill visitava de tempos em tempos. Contudo, Skinner morrera alguns anos antes, e agora o genro de Townsend, que também trabalhava na empresa, recebera uma oferta para trabalhar como agente fiscal do sistema Federal Home Loan Bank. Isso, explicou Townsend, foi o que nos trouxe a esse almoço. "Gostaria que você trabalhasse comigo", disse.

Mudar de emprego foi uma decisão extremamente fácil. Além do trabalho da *Fortune*, eu tinha um fluxo constante de trabalhos de pesquisa como autônomo, e sempre recebia telefonemas de novos clientes. Não tinha grandes obrigações – Joan e eu já estávamos separados e, em poucos meses, eu me mudaria de volta para Manhattan, onde aluguei um apartamento na Thirty-fifth Street.

A Townsend-Greenspan abriu as portas em setembro de 1953. A empresa foi constituída oficialmente em 1954. Nossos escritórios eram na Broadway, um pouco ao sul da Bolsa de Valores de Nova York. O espaço era simples, com uma sala para Bill, outra para mim e uma área comum, onde se sentavam dois assistentes de pesquisas e uma secretária.

Bill e eu operávamos em áreas diferentes. Bill continuou a divulgar seu boletim e a trabalhar com clientes de consultoria de investimentos. Meus primeiros clientes eram pessoas que já me conheciam do Conference Board. O Wellington Fund, predecessor do Vanguard Group, foi o primeiro a aderir. A Republic Steel, terceira maior empresa siderúrgica dos Estados Unidos, foi o segundo cliente, e, em dois anos, dez outras empresas siderúrgicas seguiram o mesmo caminho, inclusive U. S. Steel, Armco, Jones & Laughlin, Allegheny-Ludlum, Inland e Kaiser. Para a Townsend-Greenspan, essa foi a melhor propaganda possível. O aço era o símbolo da força americana, e quando se corria o dedo pela lista da Fortune 500, que foi publicada pela primeira vez em 1955, esses nomes estavam bem perto do topo. Aos poucos, conquistamos toda uma nova gama de clientes – Alcoa, Reliance Electric, Burlington Industries, Mellon National Bank, Mobil Oil, Tenneco e muitas outras.

Uma das baixas da época foi meu PhD. Eu estava ocupado demais para concluí-lo. Várias vezes por mês, pegava um avião para visitar clientes em Pittsburgh, em Chicago ou em Cleveland; durante o resto do tempo eu corria na produção de relatórios. Sentia-me dilacerado, pois gostava do tópico que escolhera para minha dissertação: padrões de gastos e de poupança das famílias americanas. Porém, submeter-me aos exames orais e completar a dissertação demandariam pelo menos seis meses inteiros de estudos e, para fazê-lo, teria de reduzir o ritmo de trabalho. Tratei de convencer-me de que não perderia nada abandonando o doutorado, pois continuaria a ler e a estudar economia em meu trabalho. No entanto, a cada dois meses, cruzava com o professor Burns. Ele sempre perguntava: "Quando você vai retornar ao trabalho?" Nessas horas, eu sempre sentia uma pontada. (Muito mais tarde, na década de 1970, eu realmente voltei à escola de pós-graduação, na Universidade de Nova York, e completei meu PhD.)

O segredo do sucesso da Townsend-Greenspan era nossa capacidade de traduzir análise econômica em formato que os líderes de negócios pudessem aplicar na tomada de decisões. Digamos que estivéssemos entrando num período de redução do nível da atividade econômica. O típico CEO de uma empresa industrial era, com grande probabilidade, um vendedor, um engenheiro ou um gerente-geral que galgara sucessivas posições na empresa. Saber o que aconteceria com o PIB não era útil para ele. Mas, se estivéssemos conversando com o CEO de uma empresa de autopeças e lhe disséssemos que "o volume de produção de Chevrolets nos próximos seis meses será diferente do que anunciou a General Motors", isso era algo que ele compreendia e que orientava suas decisões.

As cadeias de suprimentos de hoje são tão integradas que as informações entre fornecedores e fabricantes fluem livremente – é como funciona a moderna fabricação just-in-time. Mas, naquela época, as relações entre fabricantes e fornecedores eram mais como um jogo de pôquer. Se você fosse gerente de compras de uma empresa de eletrodomésticos, querendo adquirir chapas de aço para produzir geladeiras, dizer ao vendedor da empresa siderúrgica o quanto já tinha em estoque servia apenas para enfraquecer sua posição de barganha.

A falta dessas informações deixava a empresa siderúrgica em condições quase que de vôo cego no planejamento de sua produção. Além disso, muitos de nossos clientes de empresas siderúrgicas conheciam apenas sua parte do mercado. As perspectivas do mercado siderúrgico podiam ser afetadas drasticamente por mudanças na montagem de carros de passageiros, na construção de arranha-céus ou na produção de tubos para perfuração de petróleo ou mesmo de latas de estanho. E esses níveis de demanda, no curto prazo, eram o reflexo da demanda para estoques, assim como da demanda para consumo de aço.

Um sistema de previsão é apenas tão bom quanto o grau de exatidão de seus bancos de dados históricos, com base nos quais é possível projetar futuras inflexões nos ciclos. Eu levava em conta os níveis históricos da produção de carros e de caminhões, a programação da produção de aviões e outras informações. Os dados históricos sobre as entregas de aço por produto e por setor consumidor eu extraía mensalmente do American Iron and Steel Institute e os dados sobre exportações (os Estados Unidos eram grandes exportadores naquela época) sobre importações (quase nada) tirava do Departamento de Comércio. Isso me dava a tonelagem dos recebimentos de cada produto de aço por setor consumidor. O desafio seguinte era calcular quanto dos recebimentos de aço de cada trimestre histórico os compradores tinham consumido e quanto tinham deixado em estoque. Para isso, eu voltava aos dados da Segunda Guerra Mundial e da Guerra da Coréia: o governo tinha deixado de considerar confidencial grande volume de estatísticas sobre a indústria metalúrgica oriundas do War Production Board, que era responsável pelo sistema de racionamento industrial de Tio Sam. Cada indústria que consumia aço – automobilística, bens de capital, construção civil, exploração de petróleo – tinha um ciclo de estoques exclusivo, e todos estavam documentados nessa fonte de dados.

Analisados com mais profundidade, esses números, combinados com minha recém-adquirida capacidade de fazer previsões macroeconômicas (graças a Sandy Parker), permitiam que projetássemos o nível agregado de entregas de produtos siderúrgicos. Com o passar do tempo, também éramos capazes de monitorar as fatias de mercado de cada empresa siderúrgica – o que significava que os produtores poderiam tomar decisões esclarecidas, considerando as perspectivas de entrega, sobre onde concentrar seus recursos nos trimestres seguintes, a fim de maximizar o lucro.

Em 1957, eu já vinha trabalhando com empresas siderúrgicas havia vários anos. Em fins daquele ano, tomei um avião até Cleveland, para fazer uma apresentação ao comitê executivo da Republic Steel, cujo CEO era Tom Patten. Meu sistema indicava que os estoques vinham aumentando rapidamente e que os níveis de produção do setor estavam, portanto, bem acima dos níveis de consumo de produtos siderúrgicos. A produção deveria ser reduzida para interromper a acumulação de estoques. E não era apenas a indústria siderúrgica que se defrontava com sérios problemas. "Mil novecentos e cinqüenta e oito será um péssimo ano", disse-lhes. Patten reagiu com a seguinte observação: "Bem, os livros de pedidos estão muito bons." E a Republic Steel manteve sua programação de produção.

Três meses depois, a demanda por produtos siderúrgicos despencou. Foi a recessão do início de 1958, que se revelou a mais acentuada queda no nível da atividade econômica desde a guerra. Na primeira vez em que retornei a Cleveland depois daquele incidente, Patten reconheceu generosamente perante o comitê executivo: "É, meu amigo, você estava certo."

A previsão da inflexão para baixo na atividade econômica, que se converteu na recessão de 1958, foi minha primeira projeção da economia como um todo. Ao dedicar tanto tempo ao estudo da indústria siderúrgica desenvolvi excelentes condições para perceber a iminência da reversão. Naquela época, o aço era força muito mais central na economia americana do que hoje – o vigor da economia se situava principalmente em bens duráveis que, em boa parte, eram feitos de aço. Consegui, assim, extrapolar as conseqüências mais amplas do enfraquecimento da siderurgia e alertar também os clientes de outros setores.

No entanto, embora nossas advertências quanto à recessão de 1958 tenham beneficiado nossa reputação, o acerto das previsões econômicas, em si, não era a contribuição que nossos clientes consideravam mais útil. Nosso trabalho consistia em avaliação analítica das forças que formavam as tendências econômicas *em curso*. As previsões eram apenas projeções de como os desequilíbrios correntes se resolveriam no futuro. O propósito de nosso serviço era aprofundar os conhecimentos dos clientes sobre a natureza exata das relações entre diferentes forças; competia a eles decidir o que fariam com essas informações. Os CEOs de grandes empresas não aceitavam as palavras de um garoto de trinta anos como vaticínios sobre os rumos da economia. Mas também era muito possível que escutassem suas ponderações sobre os vários equilíbrios aqui e ali, principalmente se pudessem confrontar essas contribuições com seus próprios conhecimentos. Eu procurava conversar nos termos deles: em vez de especular "Quais são as perspectivas do PIB?", eu optava por indagar "Qual será a demanda por máquinas-ferramentas daqui a seis meses?" ou "Qual é a probabilidade de mudança no markup entre tecidos com trama larga, de um lado, e o mercado para ternos masculinos, de outro?". Eu definia as tendências em termos gerais e, em seguida, as traduzia em implicações para os diferentes negócios. Essa era a minha agregação de valor, e prosperamos.

O trabalho com a indústria pesada aprofundou minha capacidade de avaliação da dinâmica central do capitalismo. "Destruição criativa" é um conceito desenvolvido por Joseph Schumpeter, em 1942. Como muitas idéias poderosas, ela é simples: a economia de mercado revitaliza-se o tempo todo, de dentro para fora, sucateando velhas empresas debilitadas e redirecionando seus recursos para outras mais novas e mais produtivas. Li Schumpeter quando ainda estava na casa dos vinte anos e sempre achei que ele tinha razão. Na verdade, observei o processo em funcionamento durante toda a minha carreira.

O telégrafo foi um exemplo perfeito. Na época em que meu amigo Herbie e eu, ainda crianças, resolvemos aprender o código Morse, na década de 1930, a indústria do telégrafo estava em seu ponto mais alto. Começando na época de ouro daqueles operadores de dedos ágeis, dos anos 1850 e 1860, ela transformara toda a economia americana. Em fins da década de 1930, transmitiam-se por dia bem mais de meio milhão de telegramas e o mensageiro da Western Union, geralmente um menino, era personagem tão familiar naquela época quanto o pessoal da FedEx é hoje. Os telegramas uniam cidades grandes e pequenas em toda a América, comprimindo o tempo de que as empresas e pessoas precisavam para comunicar-se e interligando os mercados industriais e financeiros americanos com o resto do mundo. Era a maneira como se recebiam e se enviavam notícias pessoais e profissionais importantes ou urgentes.

No entanto, apesar de seu enorme sucesso, a indústria estava à beira da extinção. Aqueles operadores de telégrafo rápidos como relâmpagos que eu idolatrara já tinham desaparecido havia muito tempo. O teletipo substituíra o equipamento de transmissão de tecla única e os operadores da Western Union agora eram, basicamente, teletipistas que transmitiam suas mensagens em inglês, não em Morse. Aprender o código Morse se transformara literalmente em brincadeira de criança.

Agora, a telefonia era o novo negócio em crescimento – e substituiria a telegrafia como melhor ferramenta para a comunicação a distância. Em fins da década de 1950, na Townsend-Greenspan, Bill Townsend podia enviar um telegrama a um velho cliente de vez em quando, mas o telégrafo não mais era importante na empresa. Usávamos telefones para manter contatos com os clientes entre as visitas: eram eficientes, eficazes em relação ao custo e, portanto, produtivos. Sempre senti certo desalento pela perda artística, quando a nova tecnologia expulsou do mercado os especialistas em código Morse. (Mas, não custa lembrar, eles, por sua vez, haviam desbancado no passado o revolucionário Pony Express, sistema de transporte de malas postais por revezamento, de jovens, leves e velozes cavaleiros, entre sucessivas estações.)

Vi esse padrão de progresso e de obsolescência se repetir várias vezes. Durante meus dias de consultoria, assisti de camarote à queda da lata de estanho. A década de 1950 foi a época do atum em caçarola e da sopa enlatada; preparar o jantar para a família, por meio de comida enlatada e embalada, era a marca registrada do estilo de vida dos subúrbios americanos, quando o abridor de latas era ferramenta essencial da cozinha moderna. Os fabricantes de alimentos adoravam as latas de estanho: eram a embalagem ideal para legumes, carnes e bebidas, facilitando o transporte de longa distância e o armazenamento durante longos períodos. As velhas mercearias, onde o balconista pesava os alimentos que os clientes queriam comprar, perderam qualquer chance de sobrevivência e foram substituídas pelos supermercados de auto-serviço, que eram mais eficientes e ofereciam preços mais baixos.

Aquelas latas de estanho da década de 1950 na verdade não eram feitas de estanho, mas de aço estanhado. As empresas siderúrgicas a que eu prestava consultoria vendiam muito aço estanhado. Em 1959, as vendas chegavam a cinco milhões de toneladas, ou cerca de 8% de toda a produção da indústria siderúrgica. Naquele ano, o setor estava sangrando. Uma ampla greve nacional paralisara a produção por quase quatro meses, durante os quais o setor enfrentou pela primeira vez acirrada concorrência de rivais na Alemanha e no Japão.

A indústria do alumínio também enfrentava situação muito difícil – a recessão espremia o lucro dos três grandes produtores, Alcoa, Reynolds e Kaiser. Cinco milhões de toneladas por ano era muito laminado para latas e aquele mercado parecia ser oportunidade muito boa para se deixar de lado. As latas de alumínio, cuja tecnologia estava sendo desenvolvida naquela época, eram mais leves que as latas de aço e seu processo de produção era mais simples – exigiam duas peças de metal, em vez de três. Além disso, a impressão de rótulos em cores era mais fácil. Em fins da década de 1950, o alumínio já era usado na fabricação das extremidades de contêineres de concentrados de fruta congelados. Na época, a Coors Brewing Company atraiu um séqüito de adeptos ao vender cerveja em latas de alumínio de mais ou menos 200 ml, em vez de em latas convencionais de aproximadamente 340 ml. O volume menor parecia aumentar o apelo, embora a verdade fosse que ninguém ainda tinha descoberto como fabricar latas de cerveja maiores. A dificuldade foi superada em princípios da década de 1960.

A invenção de maior impacto foi o dispositivo de abertura pop-top, lançado em 1963, que eliminou a necessidade de abridores de latas – e podia ser feito apenas de alumínio. O maior produtor de alumínio, a Alcoa, era meu cliente; seu CEO procurava diversificar-se além do alumínio básico, em busca de novas áreas lucrativas, muito à semelhança do que fizera a Reynolds, ao lançar pela primeira vez as folhas de alumínio domésticas. Seu vice-presidente executivo era fanático por latas: "As latas de alumínio para cerveja são o futuro da Alcoa!", proclamava. E, com o lançamento do pop-top, ele e o CEO investiram na idéia toda a força da empresa.

O primeiro grande fabricante a vender cerveja em latas pop-top foi a Schlitz. Outras empresas rapidamente saltaram a bordo e, em fins de 1963, 40% de todas as latas de cerveja vendidas nos Estados Unidos tinham tampas top-pop. Os gigantes das bebidas não-alcoólicas vieram logo em seguida: A Coca-Cola e a Pepsi mudaram para latas de alumínio, em 1967. A lata de alumínio de aço seguiu o mesmo caminho da chave do telégrafo, e o dinheiro acompanhou a inovação. A mudança para latas de alumínio ajudou a disparar os lucros da Alcoa no outono de 1966 para o nível mais alto em qualquer trimestre de sua história de setenta e oito anos. E, no mercado de ações aquecido de fins da década de 1960, os investidores avançaram como manada rumo às ações das empresas de alumínio.

Para as empresas siderúrgicas, a perda do mercado de latas e de bebidas não-alcoólicas foi apenas mais um passo no agonizante declínio prolongado. Até então, os Estados Unidos não importavam muito aço, pois a sabedoria convencional sugeria que as siderúrgicas estrangeiras não estavam à altura dos padrões de qualidade americanos. Mas, quando a greve de 1959 alcançou seu segundo e depois seu terceiro mês, os fabricantes de automóveis e outros grandes clientes tiveram de procurar outras fontes de abastecimento. E, então, descobriram que parte do aço proveniente da Europa e do Japão era de primeira categoria e, ainda por cima, mais barato. Em fins da década de 1960, o aço perdera seu status de ícone dos negócios americanos e o glamour se deslocara para empresas de alto crescimento, como a IBM. O que Schumpeter denominava "vento perene da destruição criativa" começava a fustigar as grandes empresas siderúrgicas.

Não obstante o aumento da demanda por meu trabalho na Townsend-Greenspan, tive o cuidado de não expandir com muita rapidez. Empenhava-me, isto sim, em manter alta margem de lucro – algo em torno de 40% – e nunca tornar-me dependente demais de um único cliente ou grupo, cuja perda comprometesse o negócio, Bill Townsend concordava totalmente com essa orientação. Ele continuava a ser o melhor sócio que eu podia imaginar. Embora tenhamos ficado juntos apenas cinco anos – ele morreu de ataque cardíaco em 1958 – tornamo-nos muito amigos. Era como um pai extremamente benevolente. Insistia em dividir os lucros equitativamente – com o tempo, passei a levar para casa parcela consideravelmente maior. Nunca houve qualquer sentimento de ciúmes ou de competição. Depois da morte dele, comprei as participações dos filhos na sociedade, mas lhes pedi para manter o nome do fundador na porta. Isso me parecia justo.

Ayn Rand tornou-se força estabilizadora em minha vida. Não demorou muito para que nossas mentes se encontrassem – quase sempre a minha se aproximando da dela – e, nos anos 50 e 60, eu freqüentava com regularidade aquelas reuniões semanais no apartamento dela. Ela era uma pensadora absolutamente original, dotada de grande acuidade analítica, imbuída de muita força de vontade e norteada por princípios arraigados, que sempre insistia muito na racionalidade como o valor mais elevado. Sob esse aspecto, nossos valores eram congruentes – concordávamos quanto à importância da matemática e do rigor intelectual.

Porém, ela foi muito além desses atributos, raciocinando com mais abrangência do que eu jamais ousei. Ela era aristotélica convicta – sua idéia central era que existe uma realidade objetiva, distinta da percepção e capaz de ser conhecida. Além disso, aplicava os postulados fundamentais da ética aristotélica, a saber, que as pessoas nascem nobres e que o mais alto dever de todos os indivíduos é desabrochar mediante a realização desse potencial inato. Raciocinar com ela era um curso extraordinário de lógica e de epistemologia. Conseguia acompanhá-la quase todo o tempo.

O Collective de Rand tornou-se meu primeiro círculo social fora da universidade e da profissão de economista. Participava daqueles debates que duravam toda a noite e escrevia comentários espirituosos para a newsletter dela. Em meados da década de 1960, eu já tinha perdido o fervor de um jovem acólito, atraído para todo um novo conjunto de idéias numa área que, durante anos, tinha considerado fora do âmbito das deliberações racionais. Eu tendia a elaborar esses conceitos totalmente novos em seus termos mais simples e absolutos. A maioria das pessoas percebe os contornos elementares de uma idéia, antes de se dar conta de sua complexidade e de suas restrições. Se assim não fosse, não haveria nada a restringir, nada a aprender. Apenas quando as contradições inerentes às minhas novas noções começaram a emergir, aquele fervor perdeu a intensidade.

Para mim, uma dessas contradições foi sobremodo esclarecedora. Se eu admitisse que o uso da força para arrecadar os impostos que custeiam o exercício das funções essenciais do governo fosse imoral, então, de que maneira se financiaria a função dos governos de proteger os direitos dos indivíduos por meio do poder de polícia? A resposta randiana de contribuições voluntárias por aqueles que racionalmente reconhecessem a necessidade de se contar com um governo organizado era inadequada. As pessoas são dotadas de livre-arbítrio; suponha que se recusassem a contribuir?

Eu ainda considerava as questões mais amplas referentes à irrestrita competição nos mercados tão aliciantes quanto hoje, mas, com relutância, comecei a perceber que, se meu edifício intelectual estava sujeito a restrições, eu, portanto, não poderia pretender que ele fosse aceito de imediato pelos outros. Quando aderi à campanha de Richard Nixon à presidência, em 1968, eu já havia decidido participar de iniciativas para promover o capitalismo de livre mercado como alguém de dentro, em vez de só como panfletário crítico. Quando, mais tarde, concordei em aceitar a indicação para chairman do Council of Economic Advisors (Conselho de Assessores Econômicos) da presidência, sabia que teria de assumir o compromisso de defender não só a Constituição, mas também as leis do país, muitas das quais eu considerava erradas. A existência de uma sociedade democrática, sujeita ao império da lei, implica falta de unanimidade sobre quase todos os aspectos da agenda pública. Fazer concessões a respeito de questões de interesse público é o preço da civilização, mas não significa a rejeição de princípios.

Não deve passar despercebido que Ayn Rand estava ao meu lado durante meu juramento no ato de investidura no cargo, no Salão Oval da Casa Branca, na presença do presidente Ford. Ayn Rand e eu nos mantivemos próximos até que ela morreu, em 1982, e sou grato pela influência que ela exerceu em minha vida. Eu era intelectualmente limitado até conhecê-la. Todo o meu trabalho, até então, era empírico e baseado em números, jamais orientados por valores. Limitava-me a ser técnico talentoso, nada mais que isso. Meu positivismo lógico não levava em conta a história e a literatura – se me perguntassem se valeria a pena ler Chaucer, eu talvez dissesse que não. Rand convenceu-me a observar os seres humanos, seus valores, como trabalham, o que fazem e por que fazem o que fazem; como pensam, e por que pensam assim. Isso ampliou meus horizontes muito além dos modelos econômicos que aprendera. Comecei a estudar como se formam as sociedades e como se comportam as culturas, e a compreender que a economia e suas previsões dependem de tais conhecimentos – diferentes culturas se desenvolvem e criam riqueza material de maneiras profundamente diversas. Tudo isso foi semeado em mim por Ayn Rand. Ela me apresentou uma vasta área para a qual até então eu me fechara.

CAPÍTULO 3

A ECONOMIA INTERAGE COM A POLÍTICA

Na década de 1960, as previsões econômicas cativaram Washington. Tudo começou quando Walter Heller, professor de Minnesota, sagaz e erudito, chairman do Conselho de Assessores Econômicos, disse ao presidente Kennedy que o corte de impostos estimularia o crescimento econômico. Kennedy resistiu à idéia – afinal, assumira o cargo convocando o povo americano a se impor maiores sacrifícios. Além disso, nas circunstâncias vigentes, a desoneração tributária significaria grande mudança na política fiscal, pois o governo já incorria em déficit. A economia, na época, funcionava com base no modelo das finanças domésticas – devia-se equilibrar o orçamento e compatibilizar receitas e despesas. O presidente Eisenhower chegou a desculpar-se com o povo americano por ter gerado déficit de US$3 bilhões em determinado ano.

Mas, depois da crise dos mísseis em Cuba e com as eleições de 1964 já no horizonte, Kennedy finalmente deixou-se persuadir. A renúncia fiscal de US$10 bilhões que ele propôs ao Congresso em janeiro de 1963 foi de grandes proporções – a maior até hoje, ajustada ao tamanho da economia, desde a Segunda Guerra Mundial, e quase tão grande quanto a soma dos três cortes de impostos de George W. Bush.

Lyndon Johnson promulgou a lei da desoneração tributária pouco depois da morte de Kennedy. Para deleite geral, sua conseqüência foi a prometida pelo Conselho de Assessores Econômicos: em 1965, a economia atravessava plena fase de prosperidade. A taxa de crescimento anual era superior a 6%, bem em linha com as previsões econométricas de Walter Heller.

Os economistas estavam em júbilo. Achavam que finalmente tinham resolvido o enigma das previsões, e não foram tímidos nas congratulações entre si: "Inicia-se uma nova era para política econômica", declarou o Relatório Anual do CAE em janeiro de 1965. "As ferramentas de política econômica estão ficando mais refinadas, mais eficazes e cada vez mais livres das inibições impostas pelas tradições, pelas incompreensões e pelas polêmicas doutrinárias." Também afirmava que os formuladores da política econômica não mais deveriam limitar-se a reagir passivamente aos acontecimentos, mas "prever e moldar o futuro". O mercado de ações disparou e, no fim do ano, a capa da revista *Time* foi John Maynard Keynes (embora ele estivesse morto desde 1946), declarando: "Agora, todos somos keynesianos."*

Mal podia acreditar naquilo. Eu nunca tivera muita confiança em previsões macroeconômicas e, embora a Townsend-Greenspan as fizesse para os clientes, elas não eram fundamentais para nosso negócio. Tive de admirar a proeza de Heller. Mas, também me lembro de quando ficava pensando em meu escritório, na 80 Pine Street, de onde se avistava a ponte de Brooklyn: "Cara, é bom não estar na pele de Walter Heller." Eu sabia que previsões macroeconômicas são muito mais arte que ciência.

Aqueles resultados econômicos cor-de-rosa se deterioraram quando o governo Johnson começou a bombear grandes volumes de dinheiro para os programas da Grande Sociedade e para a Guerra do Vietnam. Além das operações rotineiras da Townsend-Greenspan, passei a interessar-me profundamente por política fiscal e não raro escrevia artigos para periódicos econômicos que criticavam o governo. A economia da Guerra do Vietnam, em especial, me fascinava, por causa de meu trabalho anterior sobre os gastos com a Guerra da Coréia. Quando meu velho colega Sandy Park, que ainda era economista chefe da *Fortune*, pediu, em princípios de 1966, que a Townsend-Greenspan ajudasse os editores da *Fortune* a examinar os custos da guerra, agarrei a oportunidade.

Algo não batia na contabilidade do presidente Johnson. Desde o início ele foi pouco rigoroso com os números. As estimativas dos custos da guerra apresentadas pelo governo pareciam baixas, em razão do que já se sabia sobre a intensidade da mobilização militar dos Estados Unidos – o general William Westmoreland, a portas fechadas, segundo se comentava, vinha solicitando reforço de 400 mil combatentes nas tropas americanas. Dissequei a proposta orçamentária que o presidente apresentara ao Congresso, referente ao exercício financeiro que começaria em 1º de julho de 1966, e, aplicando o que eu sabia sobre os padrões e práticas dos gastos do Pentágono, constatei que o orçamento subestimava o custo

*Em 1971, Richard Nixon explorou a mesma doutrina, em defesa dos déficits fiscais e do intervencionismo de seu governo.

provável da guerra naquele ano em pelo menos 50% – US$11 bilhões ou mais. (O orçamento também presumia, em nota de rodapé reveladora, referente a 1967, que as operações de combate terminariam em 30 de junho daquele ano, razão por que não ocorreriam substituições dispendiosas de aviões ou de outros equipamentos depois daquela data.)

A *Fortune* publicou a história em abril de 1966, sob o título "The Vietnam War: A Cost Accounting" (A Guerra do Vietnam: Contabilidade de Custos). O artigo concluía incisivamente: "O orçamento nem de longe sugere o nível de gastos que se terá pela frente com a Guerra do Vietnam." Por se tratar de revista de negócios respeitada, a matéria ateou fogo ao debate crescente sobre se LBJ e o governo estavam ocultando os custos da guerra.*

No entanto, além de suspeitar dos números econômicos referentes à guerra, eu estava muito em descompasso com o espírito da época. Quando se pensa na década de 1960, logo vêm à mente passeatas por direitos civis, manifestações pacifistas, sexo, drogas e rock and roll – uma cultura de tumultos dramáticos e ostensivos. Mas eu já estava no outro lado do abismo entre as gerações. Eu completara quarenta anos em 1966, ou seja, eu me tornara adulto na década de 1950, quando se usava paletó e gravata e se fumava cachimbo (cheio de fumo). Ainda ouvia Mozart e Brahms, e também Benny Goodman e Glenn Miller. A música popular se tornara quase estranha para mim com a chegada de Elvis – aos meus ouvidos, aquilo soava como barulho. Eu achava que os Beatles eram razoavelmente bons; cantavam bem e tinham personalidades cativantes – além disso, em comparação com alguns de seus sucessores, a música deles era quase clássica. A cultura dos anos 60 era estranha para mim, pois eu a considerava antiintelectual. Eu era profundamente conservador e acreditava na civilidade. Assim, não me dava bem com o *flower power*, aquela história de amor, sorriso e flor. Tinha a liberdade de não participar, e não participei.

Meu envolvimento com a vida pública começou em 1967, com a campanha de Nixon para presidente. Eu estava escrevendo um livro-texto sobre economia, em parceria com Martin Anderson, professor de finanças da Universidade de Columbia. Marty se tornara conhecido nos círculos conservadores, com um livro intitulado *The Federal Bulldozer*, crítica da renovação urbana, que atraíra a atenção de Nixon. Nosso plano era colaborar num compêndio que descrevesse o sistema capi-

*Desde o início, o presidente Johnson foi pouco rigoroso com os números. O historiador e ex-consultor de LBJ, Eric Goldman, por exemplo, descreveu em suas memórias de 1969 a maneira como Johnson desorientou os repórteres em relação a seu primeiro orçamento, para "reforçar a impressão de devoção à economia e de capacidade de realizar as metas econômicas".

talista do *laissez-faire*. Com algum senso de ironia, decidimos que Marty, o acadêmico, escreveria os capítulos sobre negócios, e eu, o consultor de empresas, escreveria os capítulos sobre teoria. Mas, ainda não tínhamos ido muito longe, quando Nixon convidou Marty para embarcar na campanha presidencial, como seu principal assessor de políticas internas.

Assim que passou a participar da campanha, Marty me convidou para ajudar sua pequena equipe a desenvolver políticas e a escrever discursos. A equipe sênior da campanha, naquela altura, consistia de apenas quatro pessoas, além de Marty – Pat Buchanan, na qualidade de chefe, William Safire, Ray Price e Leonard Garment. Len era o único que eu conhecia, embora o tivesse visto poucas vezes, desde que tocamos juntos na orquestra de Henry Jerome, havia mais de vinte anos. Agora, ele era sócio do escritório de advocacia de Nixon, em Nova York, denominado Nixon, Mudge, Rose, Guthrie, Alexander & Mitchell. Nós seis almoçamos juntos e conversamos sobre como eu poderia contribuir para a campanha. Eles gostaram de algumas de minhas idéias e, finalmente, Buchanan sugeriu que, antes de prosseguir, eu deveria conversar com o candidato.

Uns dois dias depois, eu me reuni com Nixon no escritório dele. Achava estranho que ele tivesse voltado ao jogo político. Como todo o mundo, eu me lembrava de sua rebarbativa entrevista de despedida aos jornalistas, depois de perder as eleições para governador da Califórnia, em 1962, quando achava que a imprensa tinha sido contra ele: "Vocês nunca mais terão um Nixon para chutar por aí, porque, senhores e senhoras, esta é minha última coletiva." A sala dele no Nixon, Mudge, Rose, Guthrie, Alexander & Mitchell estava atulhada de lembranças e de fotos autografadas – tive a impressão de que lá estava alguém que já fora importante, mas que havia sido empurrado para uma pequena sala, cheia de recordações. No entanto, Nixon estava trajado com muita elegância e não só parecia, mas também agia como bem-sucedido advogado sênior de Nova York. Sem perder tempo com bate-papo, ele me inquiriu com perguntas inteligentes sobre economia e política. Ao expor suas idéias, ele o fez por meio de orações e períodos bem estruturados. Fiquei muito impressionado. Mais tarde, durante a campanha, eu às vezes tinha de orientar Nixon sobre algum assunto, antes das reuniões com a imprensa, e ele assumia a mesma atitude atenta e objetiva de advogado. Ele era capaz de ouvir durante cinco minutos sobre algum assunto de que não entendia nada – alguma notícia importante, por exemplo, com destaque na imprensa – e depois sair dali, parecendo tão bem informado e esclarecido quanto um professor. Eu diria que ele e Bill Clinton foram, de longe, os presidentes mais inteligentes a que prestei serviços.

O comitê Nixon para Presidente tinha escritórios em Park Avenue e em Fifty-seventh Street, no velho edifício da Bible American Society. De início, eu trabalhava duas tardes por semana, que depois passaram para quatro, cinco ou até mais, à medida que a campanha engrenava. Nomearam-me "assessor de políticas econômicas e de políticas internas", mas sempre atuei estritamente como voluntário. Trabalhei em estreito entrosamento com Marty, que se licenciara de Columbia e se dedicava à campanha em tempo integral. Parte do meu trabalho era coordenar respostas a qualquer assunto que surgisse: corríamos para fazer as pesquisas necessárias e transmitir as informações a Nixon e à equipe da campanha durante a noite. Ele queria projetar a imagem de pessoa informada e, para tanto, ajudei a organizar forças-tarefas sobre assuntos econômicos. O principal objetivo dessas forças-tarefas era arregimentar pessoas para o seu campo. O número de democratas registrados era o dobro do de republicanos registrados,* e Nixon queria cooptar tantas pessoas quanto possível. As forças-tarefas se reuniam, os membros expunham a Nixon suas idéias e, por fim, todos sorriam, apertavam as mãos e tiravam fotografias. Mas o trabalho de que eu mais gostava, e minha contribuição mais original, era integrar pesquisas estaduais e locais. Durante as campanhas eleitorais de 2004, os políticos podiam conectar-se à Internet e obter todos os dias contagem atualizada dos eleitores, com base em pesquisas em cada um dos cinqüenta estados. Em 1968, ainda não se dispunha dessa tecnologia, mas eu desenvolvi algo tão próximo quanto possível. Reuni todas as pesquisas estaduais que conseguimos encontrar, relacionava-as com padrões e tendências de votação no passado e os extrapolava para os estados que não tinham pesquisas – tudo isso para projetar o voto popular e o voto eleitoral.

Em fins de julho de 1968, apenas uma semana antes da convenção republicana, Nixon reuniu o pessoal sênior em Gurney's Inn, resort praiano em Montauk, no extremo leste de Long Island. Cerca de quinze pessoas estavam presentes – inclusive o grupo central com que começara muitos meses atrás. Nixon já sabia que tinha votos suficientes para a indicação e o objetivo da reunião era estruturar os temas que ele pretendia abordar em seu discurso de aceitação. No entanto, ao se sentar à mesa de reuniões, ele, por algum motivo, estava aborrecido. Em vez da discussão política que eu esperava, partiu para uma increpação sobre como os democratas eram os inimigos. Não levantou a voz, mas seu discurso foi tão intenso, tão impregnado de profanações que teria corado Tony Soprano. Fiquei atônito: aquele não era o homem que eu conhecera. Não tinha idéia, naquela época, de que eu estava ob-

*A distribuição dos eleitores, conforme o Center for the Studies of the American Electorate (Centro de Estudos do Eleitorado Americano), era de 17 milhões de democratas registrados, em comparação com 9 milhões de republicanos registrados.

servando traço importante da personalidade de Nixon. Eu não conseguia compreender como um único ser humano poderia apresentar facetas tão diferentes. Depois de algum tempo, ele se acalmou e a reunião prosseguiu, mas, após aquele incidente, nunca mais o vi com os mesmos olhos. O incidente me transtornara de tal maneira que, depois das eleições, quando fui convidado para juntar-me ao staff da Casa Branca, respondi: "Não, prefiro voltar para o meu trabalho."

O lado profano de Nixon se tornou público cinco anos depois, com a divulgação das fitas de Watergate. Nelas, ele se revela extremamente inteligente, mas lamentavelmente paranóico, misantropo e cínico. Um membro do governo Clinton, um dia, ao acusar Nixon de anti-semitismo, afirmou: "Você não compreende. Ele não era só anti-semita. Além de anti-semita, era antiitaliano, antigrego, antieslvoaco. Não conheci ninguém de que ele fosse a favor. Ele odiava todo o mundo. Dizia coisas horríveis sobre Henry Kissinger, mas o nomeou secretário de Estado." Quando Nixon saiu, fiquei aliviado. Não se sabia o que ele poderia fazer e o presidente dos Estados Unidos tem tanto poder que chega a ser assustador – é muito difícil para um oficial militar, que jurou defender a Constituição americana, dizer: "Senhor presidente, não vou fazer isso."

Evidentemente, Nixon era o extremo. Mas vim a constatar que as pessoas que se situam no topo da pirâmide política são realmente diferentes. Jerry Ford era quase tão normal quanto se espera de um presidente, mas ele nunca foi eleito. Uma emenda constitucional que venho defendendo há anos sem sucesso é a seguinte: "Qualquer pessoa disposta a fazer o necessário para se tornar presidente dos Estados Unidos está impedida de tomar posse." E isso é apenas meia brincadeira.

Mesmo sem assumir um cargo permanente no governo, Washington tornou-se parte importante de minha vida. Trabalhei como diretor de orçamentos interino, antes da posse, ajudando a planejar o primeiro orçamento federal de Nixon. Servi em forças-tarefas e em comissões – das quais a mais importante foi a Comissão do Presidente sobre Forças Armadas Exclusivamente Voluntárias, criação brilhante de Martin Anderson, que preparou o caminho no Congresso para a abolição do alistamento militar.* E, com amigos e outras pessoas de minhas relações profissionais preenchendo muitos dos principais cargos referentes a políticas econômicas e a políticas internas, passei a me ver cada vez mais tempo no circuito político de Washington.

A economia se comportava de maneira errática, enquanto os negócios enfrentavam os efeitos do Vietnam e da inquietação interna. A sobretaxa de 10% em cima

*Embora a tivesse constituído, Martin Anderson não participou dela. Seu presidente foi Thomas S. Gates Jr., que atuara como secretário de Defesa de Eisenhower.

do imposto de renda federal, lançada tarde demais pelo presidente Johnson, e mantida por Nixon, para ajudar a financiar a guerra, não estava produzindo efeitos saudáveis. Em 1970, descambamos para uma recessão que elevou o desemprego para 6% – cerca de cinco milhões de pessoas não conseguiam trabalho.

Ao mesmo tempo, a inflação parecia assumir vida própria. Em vez de cair, conforme indicavam todos os modelos de previsões, estava chegando a taxas anuais de 5,7% – ainda baixa, em comparação com o que viria depois, mas perturbadoramente alta, pelos padrões da época. Sob a então predominante visão keynesiana da economia, o desemprego e a inflação eram como crianças numa gangorra: quando uma sobe a outra desce. Simplificando demais, argumentava-se que quanto maior for o desemprego, menor será a pressão sobre os salários. No sentido oposto, quando o desemprego cai e a demanda supera a oferta no mercado de trabalho, a tendência é de aumentos de salários e de preços.

Mas o modelo keynesiano não previu a possibilidade de que o desemprego e a inflação subissem em paralelo. Esse fenômeno, que veio a ser denominado estagflação, desorientou os formuladores de políticas. As ferramentas de previsões que fizeram os economistas do governo parecerem prescientes, uma década atrás, não eram na verdade bastante eficazes para que o governo garantisse a sintonia fina da economia. (Pesquisa realizada poucos anos depois mostrou que o público agora avaliava a capacidade de previsão dos economistas no mesmo nível da dos astrólogos, o que me levou a ficar pensando em que os astrólogos haviam errado tanto.)

As pressões políticas sobre o governo para resolver esses problemas se tornavam cada vez mais fortes. Arthur Okun, que fora presidente do Conselho de Assessores Econômicos de Johnson e que era conhecido por seu senso de humor cáustico, inventou um "índice de desconforto" para descrever o dilema. Era simplesmente a soma do índice de desemprego e do índice de inflação. O índice de desconforto hoje se situa em 10,6% e desde 1965 não tem feito outra coisa senão subir.*

Observei meus amigos em Washington recorrendo a sucessivos remédios. Para combater a recessão e os efeitos negativos da sobretaxa do imposto de renda, o Fed reduziu as taxas de juros e bombeou dinheiro na economia. Essas medidas contribuíram para a retomada do crescimento do PIB, mas atiçaram a inflação. Enquanto isso, entre alguns colaboradores do presidente Nixon, desenvolvia-se

*Mais tarde, o índice de desconforto foi renomeado índice de miséria, tendo sido citado em pelo menos duas campanhas presidenciais. Jimmy Carter o explorou para criticar o presidente Ford, em 1975, e Ronald Reagan recorreu a ele para hostilizar o presidente Carter, em 1980.

um movimento pela adoção de medidas que eram anátema para os economistas adeptos do livre mercado, que haviam contribuído para a eleição de Nixon: controle de salários e preços. Até meu velho amigo e mentor Arthur Burns, que Nixon nomeara presidente do Fed, em 1970, começou a falar em algo semelhante a políticas de renda. Fiquei atônito com a virada de Arthur – eu a atribuí a injunções políticas e a algo alarmante que ele talvez estivesse divisando na economia, em seu posto de observação privilegiado. Em retrospectiva, suspeito que Burns tentava evitar medidas formais de controle de salários e preços. Sem dúvida, o Fed estava preocupado. Finalmente, num domingo, 15 de agosto de 1971, meu telefone tocou em casa – era Herb Stein, na época, membro do Conselho de Assessores Econômicos de Nixon. "Estou telefonando de Camp David", disse. "O presidente me pediu para telefonar e dizer a você que ele fará um discurso ao país para anunciar o controle de salários e preços." Aquela noite se tornou memorável para mim por duas razões. Primeiro, Nixon ocupou o horário de *Bonanza*, o bangue-bangue favorito dos Estados Unidos na época, programa que eu adorava, para anunciar sua decisão; e, segundo, ao apanhar algo no chão, dei um jeito nas costas e fiquei de cama seis semanas. Até hoje, prefiro acreditar que o responsável por tudo foi o controle de salários e preços.

Eu estava feliz por não participar do governo. Burns e a esposa moravam no conjunto de apartamentos Watergate e, às vezes, eu jantava com eles. Arthur comentava a mais recente iniciativa da Casa Branca e dizia: "Ah, meu Deus, o que será que eles estão pensando em fazer agora?" Depois que Nixon impôs o controle de salários e preços, tomei um avião para me reunir com Don Rumsfeld, então chefe do Programa de Estabilização Econômica, órgão criado para administrar a nova política. Ele também dirigia o Conselho de Custo de Vida, em que Dick Cheney era seu vice. Eles pediram minha opinião, pois eu sabia muito sobre o funcionamento específico de determinados setores. Mas apenas me limitei a indicar os tipos de problemas que decorreriam de cada tipo de congelamento de preços. O que eles tinham pela frente era o problema de impor planejamento central numa economia de mercado – o mercado sempre solapará qualquer tentativa de controle. Numa semana, o problema foram os produtos têxteis. Por causa do poder político dos agricultores, o governo não conseguia limitar os preços do algodão cru. E, portanto, os preços do algodão estavam subindo. Mas o governo congelou os preços do pano cru, que é o primeiro estágio na produção de têxteis. Assim, os fabricantes de pano cru foram espremidos – seus custos subiam, mas eles não podiam aumentar os preços – razão por que muitas empresas estavam abandonando aquela fase do negócio. De repente, os acabadores de tecidos e os fabricantes de roupas se queixavam de que não havia pano cru suficiente no mercado. Rumsfeld me perguntou: "O que eu devo fazer?" E eu respondi: "Simples – aumente o preço." Situações como essa surgiam todas as semanas, e depois de dois anos todo o sistema desabou. Mais tarde, Nixon reconheceu que o controle de preços e salários tinha sido sua pior política. Mas o triste é que ele sabia desde o início que aquilo era má idéia. Foi pura experiência política: Muitos empresários diziam que queriam o congelamento de salários e muitos consumidores gostavam da idéia do congelamento de preços. E, assim, ele decidiu agradar a gregos e troianos.

O embargo do petróleo pelos árabes, em outubro de 1973, apenas agravou a inflação e o desemprego – além de ferir a confiança e a auto-estima da América. O índice de preços ao consumidor disparou: no ano de 1974 cunhou-se a expressão "inflação de dois dígitos", quando o aumento de preços atingiu a taxa surpreendente de 11%. O desemprego ainda se situava em 5,6%; o mercado de ações estava em queda acentuada; a economia mergulhava na pior recessão desde a década de 1930; e o escândalo de Watergate foi a mortalha de tudo aquilo.

Em meio a todas essas notícias deprimentes, o secretário do Tesouro, Bill Simon, me telefonou para perguntar se eu aceitaria o cargo de chairman do Conselho de Assessores Econômicos. Herb Stein preparava-se para ir embora. A chefia do CAE é um dos três postos mais importantes para um economista em Washington – os outros dois são secretário do Tesouro e presidente do Fed. A maioria das pessoas responderia sim com o coração acelerado. Mas eu não concordava com muitas das políticas do presidente e, portanto, sabia que não seria capaz de atuar com eficácia. Respondi a Simon que me sentia honrado com o convite e que ficaria feliz em sugerir outros candidatos, mas que minha resposta era negativa. Ele telefonou uma segunda vez, mais ou menos uma semana depois, e eu respondi: "Bill, gostei muito do convite, mas realmente eu estava falando sério." "Bem, será que você pelo menos poderia falar com Al Haig?" Haig era chefe da casa civil do presidente Nixon. Concordei, e um dia depois Haig perguntou se eu poderia me encontrar com ele em Key Biscayne, Flórida, onde o presidente gostava de passar uns tempos. Haig realmente montou o espetáculo, para demonstrar o interesse da Casa Branca – enviou um jato executivo militar, inclusive com comissária de bordo, para levar-me a Key Biscayne. Assim que cheguei, Haig e eu tivemos uma longa conversa. Disse-lhe: "Você está cometendo um erro. Se eu aceitar o cargo e o governo adotar políticas com que eu não concordar, terei de renunciar. Você não precisa disso." O controle de salários e preços já havia sido em boa parte eliminado nessa época, mas o Congresso exercia fortes pressões para que fosse retomado, por causa da inflação. Disse-lhe que deixaria o cargo se isso acontecesse. Haig respondeu: "Esse não é o rumo que estamos tomando. Você não sentirá necessidade de renunciar." Quando eu me preparava para sair, ele perguntou: "Você quer vê-lo?", referindo-se a Nixon. Respondi: "Não vejo nenhuma razão." A verdade é que eu ainda me sentia muito pouco à vontade com o homem. Tampouco tinha certeza sobre a oferta do cargo, mas sentia que a coisa mais difícil do mundo para mim seria dizer não ao presidente dos Estados Unidos.

Mal chegara ao meu escritório em Nova York, quando o telefone tocou de novo. Dessa vez, era Arthur Burns. Ele me pediu para visitá-lo em Washington, o que eu fiz. Esse foi o meu erro. Meu velho mentor deu uma baforada no cachimbo e recorreu ao sentimento de culpa. "Este governo está paralisado. Mas ainda existe uma economia lá fora e ainda precisamos formular políticas econômicas. Você tem a obrigação de servir ao seu país." Além disso, observou, eu vinha construindo a Townsend-Greenspan havia trinta anos; já não era hora de ver se a empresa conseguiria andar sozinha? Ao fim da conversa, eu estava convencido de que talvez pudesse fazer alguma coisa útil em Washington. Mas disse a mim mesmo que alugaria um apartamento por períodos sucessivos de um mês e, pelo menos figurativamente, sempre deixaria as malas prontas, perto da porta.

Se Nixon não estivesse enfrentando tantos problemas, duvido que eu aceitasse o cargo. Eu o encarava quase que como uma posição de cuidador, em que ajudaria a manter a ordem. Esperava exercer a função por relativamente pouco tempo. Caso Nixon de fato tivesse permanecido no cargo até o fim do mandato, eu provavelmente não teria ficado mais de um ano. Mas os acontecimentos tomaram um rumo radicalmente diferente. Minha audiência de confirmação pelo Senado foi na tarde de 8 de agosto, quinta-feira; naquela mesma noite, Nixon foi à TV para anunciar a renúncia.

Eu havia me encontrado com o vice-presidente Ford apenas uma vez, para uma conversa de uma hora sobre a economia, poucas semanas antes. Mas nos demos bem e, por insistência de Don Rumsfeld, que chefiava a equipe de transição, ele confirmou minha nomeação por Nixon.

O Conselho de Assessores Econômicos é, basicamente, uma pequena empresa de consultoria, com um único cliente: o presidente dos Estados Unidos. Suas salas são no Old Executive Office Building, do outro lado da rua, defronte à Casa Branca, e compõe-se de três membros e de um pequeno staff de economistas, quase todos professores, que se licenciam por um ou dois anos de suas universidades. Durante o mandato de Nixon, o CAE se tornara muito político, com Herb Stein falando muitas vezes em nome do presidente. Mas é muito difícil ser ao mesmo tempo assessor e porta-voz (normalmente, o secretário do Tesouro é o porta-voz econômico do governo) e eu queria que o órgão retomasse sua função consultiva. Depois de discutir rapidamente o assunto com os outros membros do conselho, William Fellner e Gary Seevers, cancelei as coletivas mensais rotineiras. Decidi que faria tão poucos discursos quanto possível e tão poucos contatos com congressistas quanto necessários – evidentemente, teria de depor, quando convocado.

Como chairman, fui uma escolha inusitada, pois ainda não tinha PhD e porque, sob muitos aspectos, encarava a economia diferentemente da maioria dos acadêmicos. Na Townsend-Greenspan, tínhamos computadores e modelos econométricos no estado da arte, que qualquer professor elogiaria, mas nossas ferramentas sempre foram análises setoriais, não macrovariáveis, como desemprego e déficits federais.

Ford e Nixon eram tão diferentes quanto a noite e o dia. Ford era um homem seguro de si mesmo, com menos dificuldades psicológicas que quase qualquer outra pessoa que eu tenha conhecido. Você nunca tinha a impressão de que ele emanava vibrações estranhas nem tinha qualquer sensação de motivos ocultos. Quando ficava zangado, as razões dele eram objetivas, mas isso era raro – ele era excepcionalmente estável. Em 1975, pouco depois da queda de Saigon, o Khmer Vermelho, no Camboja, apreendeu o *Mayaguez*, navio de contêineres com a bandeira dos Estados Unidos. Eu estava sentado ao lado de Ford, numa reunião sobre economia, quando o vice-diretor do Conselho de Segurança Nacional entrou na sala e deixou uma nota na frente dele. O presidente a abriu e leu a mensagem. Foi quando ele soube do incidente pela primeira vez. Virou-se para Scowcroft e disse: "Ok, desde que não atiremos primeiro." Então, virou-se para os participantes da reunião e continuou a discussão. Nunca li a nota, mas ficou claro que o presidente acabara de autorizar os militares a atirar contra as forças do Khmer Vermelho, se necessário.

Ele sempre compreendia o que sabia e o que não sabia. Ele não achava que era intelectualmente superior a Henry Kissinger ou que sabia mais que ele sobre política externa, mas não se deixava intimidar. Ford era seguro de si mesmo – provavelmente uma dessas poucas pessoas que realmente seria considerada normal em testes psicológicos.

Embora não fosse terrivelmente articulado em assuntos econômicos, eu achava que o presidente Ford tinha perspectivas sofisticadas e consistentes sobre política econômica. Os anos que passou na Comissão de Apropriações da Câmara dos Representantes lhe ensinaram tudo que se deve saber sobre o orçamento federal, e os orçamentos que elaborou como presidente eram realmente dele. Mais importante, acreditava em contenção dos gastos públicos, em orçamento equilibrado e em crescimento estável e duradouro.

A maior prioridade de Ford foi desenvolver uma solução duradoura para a inflação, que, em seu primeiro discurso perante o Congresso, identificou como inimigo público número um. Com o dólar perdendo mais de 10% de seu poder de compra naquele ano, a inflação era o fantasma de todos. As pessoas reduzem seus gastos, pois receiam não ter dinheiro para pagar as contas. No ambiente de negócios, a inflação gera incerteza e risco, o que dificulta o planejamento e torna os gestores relutantes em contratar pessoal, em construir fábricas e, de resto, em investir no crescimento. Foi o que aconteceu em 1974 – os investimentos de capital basicamente se congelaram, tornando a recessão muito mais severa.

Concordei com as prioridades do presidente, mas fiquei horrorizado ao constatar como o staff da Casa Branca lidava com o assunto. Minha primeira experiência em formulação de políticas no Salão Roosevelt da Casa Branca quase me levou a correr de volta para Nova York. Foi uma reunião do pessoal sênior, em que o departamento de redação de discursos apresentou uma campanha que haviam inventado, denominada Whip Inflation Now (Chicoteie a Inflação Agora). WIN, como queriam que fosse conhecida ("Pegou?", um deles perguntou) era um vasto programa que envolveria o congelamento voluntário dos preços em todo o país, uma reunião de cúpula em Washington, em outubro, para discutir a inflação, com a formação de forças-tarefas preliminares e pequenas convenções iniciais em todo o território nacional, além de muitas outras pirotecnias. Os redatores de discursos haviam encomendado milhões de botões Whip Inflation Now e distribuíram amostras entre os participantes da reunião. Foi surreal. Eu era o único economista presente e disse a mim mesmo: "Isso é de uma imbecilidade inacreditável. O que estou fazendo aqui?"

Por ser novo, eu não conhecia exatamente o protocolo. Achei que não deveria dizer o que eu pensava. Assim, me concentrei no que não fazia sentido econômico. "Você não pode pedir a pequenos empresários que renunciem voluntariamente a aumentos de preços. Seus negócios operam com margens muito estreitas e eles não têm força para impedir que os fornecedores aumentem os preços." Nas semanas seguintes, consegui convencê-los a eliminar ou a atenuar alguns dos piores absurdos, mas a campanha Whip Inflation Now foi lançada com muita fanfarra naquele outono. Foi um dos momentos ruins da formulação de políticas econômicas. Ainda bem que eu tinha cancelado as coletivas do CAE, pois nunca me vi obrigado a defender em público aquela parafernália. Antes do fim do ano, o programa foi totalmente eclipsado pelo agravamento da recessão.

O principal grupo de política econômica da Casa Branca era denominado Economic Policy Board (Comitê de Política Econômica). Ele se reunia todos os dias úteis às 8h30 e, como a economia era o principal tema político do momento, todos queriam participar. Aí se incluíam cinco ou seis secretários de governo, com status de ministro de Estado, o diretor de orçamentos, o chamado "czar da energia" e outros. Quando a questão era muito importante, Arthur Burns também comparecia como conselheiro. Não raro havia vinte e cinco pessoas na sala. Era um bom fórum para debater assuntos, mas não era o ambiente mais adequado para tomar verdadeiras decisões. O círculo central dos assessores econômicos era muito menor: o secretário do Tesouro, Simon; o diretor de orçamentos, Roy Ash (e, depois, o sucessor dele, Jim Lynn); Arthur Burns e eu.

De início, parecia que nossa única função era dar más notícias ao presidente. Em fins de setembro, o desemprego de repente subiu. Em breve, os níveis de pedidos, de produção e de emprego começaram a cair. No Dia de Ação Graças, eu disse ao presidente: "É possível que venhamos a enfrentar problemas econômicos muito sérios na próxima primavera." Na véspera de Natal, o Comitê de Política Econômica enviou-lhe um memorando, advertindo-o para esperar mais desemprego e a mais profunda recessão desde a Segunda Guerra Mundial. Não foi um bom presente.

Pior ainda, tivemos de dizer-lhe que não sabíamos quão grave seria a recessão. As recessões são como furacões – variam desde comuns até catastróficas. As comuns são parte dos ciclos econômicos: ocorrem quando os estoques superam a demanda e as empresas reduzem a produção até vender os excedentes. A Categoria 5 acontece quando a demanda em si despenca – no momento em que os consumidores param de gastar e as empresas param de investir. Ao conversarmos sobre as possibilidades, o presidente Ford manifestou o receio de que os Estados Unidos se emaranhassem no círculo vicioso da demanda em queda, das demissões em massa e da letargia econômica. Uma vez que nenhum dos modelos de previsão era adequado às circunstâncias com que nos defrontávamos, estávamos voando às cegas. Não poderíamos dizer-lhe mais nada além de que aquela era uma recessão decorrente de excesso de estoques, agravada pelo choque do petróleo e pela inflação. Talvez um furacão de Categoria 2 ou 3. Mas também poderia ser de Categoria 5.

O presidente tinha de escolher. Com o índice de desconforto aproximando-se de 20%, havia tremendas pressões políticas para que fizéssemos alguma coisa – cortar impostos ou aumentar drasticamente os gastos do governo. Essas eram as maneiras de enfrentar a Categoria 5. Elas acelerariam o crescimento no curto prazo, embora envolvessem o risco de aumentar a inflação ainda mais, com efeitos potencialmente desastrosos no longo prazo. Por outro lado, se estivéssemos enfrentando apenas uma inflação de estoques, a resposta ótima – sob o ponto de vista econômico, mas não político – era fazer o menos possível; se mantivéssemos as mãos afastadas do botão de pânico, a economia se corrigiria por suas próprias forças.

Ford não era um homem sujeito a pânicos. No início de janeiro de 1975, ele nos instruiu a desenvolver o plano mais brando possível. A versão final acabou incluindo medidas para a atenuação da crise de energia, contenção do aumento do déficit orçamentário federal e restituição extraordinária do imposto de renda, numa única parcela, para melhorar a situação financeira das famílias. A restituição extraordinária foi criação de Andrew Brimmer, economista do setor privado que, nos tempos de Lyndon B. Johnson, foi o primeiro afro-americano a servir como governador do Federal Reserve Board. Poucos dias antes de apresentar o plano ao público, o presidente Ford inquiriu-me insistentemente sobre se uma restituição extraordinária de US$16 bilhões comprometeria nossas perspectivas de crescimento duradouro. Em termos econômicos, a medida era prudente, disse-lhe, e expliquei: "Desde que seja uma única restituição e que não se torne permanente, não fará muito mal."

Fiquei um pouco surpreso quando ele respondeu: "Se isso é o que você acha que deve ser feito, vou propor essa medida." Evidentemente, ele estava recebendo orientação de assessores mais graduados que eu, mas pensei: interessante. O presidente dos Estados Unidos está aceitando meu conselho. Senti o peso da responsabilidade – e gratificação daí decorrente. Ford não me devia nada, politicamente ou a qualquer outro título. Aquela era a prova de que idéias e fatos realmente eram importantes para ele.

O programa de contenção fazia muito sentido econômico. E coincidia com minha filosofia de tomada de decisões. Analisando determinadas opções de política econômica, sempre perguntei a mim mesmo: Quais serão os custos para a economia se estivermos errados? Se não há riscos (downside risks) podemos tentar qualquer política. Mas se o custo do fracasso (de uma política) é potencialmente muito elevado, esta deve ser evitada, mesmo que a probabilidade de sucesso seja maior que 50/50, porque não se deve aceitar o custo excessivo do fracasso e suas conseqüências. Mesmo assim, a escolha do presidente Ford exigiu muita coragem política. Ele estava bastante consciente de que seu programa seria denunciado como inadequado – e que, caso se revelasse muito brando, poderia agravar a queda da atividade econômica.

Concluí que o CAE teria de tratar aquela situação como emergência. O presidente precisava saber se estávamos enfrentando um choque de estoques temporário ou um grande colapso da demanda. O único indicador econômico da situação era o produto nacional bruto, descrição abrangente da economia que o Bureau de

Análise Econômica extraía de vasto aglomerado de estatísticas. Infelizmente, o BAE calculava o PNB apenas uma vez por trimestre – bem depois do fato. E não se pode dirigir olhando para o espelho retrovisor.

Minha idéia era montar um conjunto de luzes de emergência: versão semanal do PNB que nos permitisse monitorar a recessão em tempo real. Acreditava que isso fosse possível pois, na Townsend-Greenspan, desenvolvêramos um PNB mensal. Aquela nova ferramenta atraía clientes que precisavam tomar decisões, sem o anúncio dos números trimestrais oficiais. Portanto, já dispúnhamos dos fundamentos analíticos; criar um indicador semanal significaria, basicamente, apenas mais trabalho. Algumas estatísticas cruciais, como vendas no varejo e novos pedidos de seguro-desemprego, já estavam disponíveis com periodicidade semanal, facilitando a obtenção dos demais. Outros dados críticos, como vendas de automóveis ou pedidos e entregas de bens duráveis (equipamentos para fábricas, computadores e assim por diante), eram divulgados normalmente a cada dez dias ou uma vez por mês. Os dados sobre estoques também eram mensais, com o complicador adicional de que os estudos eram em geral imprecisos e sujeitos a grandes revisões.

Uma maneira de preencher essas lacunas de informações era recorrer ao telefone. Ao longo dos anos, eu havia construído ampla rede de clientes e contatos entre as empresas, associações comerciais, universidades e agências reguladoras, e muitas dessas pessoas respondiam com generosidade, quando eu lhes telefonava em busca de ajuda. As empresas me forneciam informações confidenciais sobre sua carteira de pedidos e planos de contratação de pessoal; além disso, alguns líderes de empresas ainda nos orientavam com observações e insights. Dessa maneira, conseguíamos, por exemplo, formar uma imagem mais clara dos estoques, combinando essas informações casuísticas com indicadores sensíveis sobre os preços de matérias-primas, importações e exportações, programações de entrega e outras.

As evidências que reuníamos ainda eram fragmentadas – nem de longe com a observância dos padrões adotados pelo Bureau de Análise Econômica no cálculo do PNB oficial, mas atendiam às nossas necessidades especiais. Quando os economistas e estatísticos do BAE tomaram conhecimento de nossas tentativas, eles cooperaram de boa vontade e nos ajudaram a estruturar nossas análises. Depois de duas semanas de noites mal dormidas – nosso pequeno staff também estava ocupado com a elaboração de sua análise anual da economia, que é publicada em princípios de fevereiro –, o sistema do PNB semanal estava pronto e em funcionamento. Finalmente, eu dispunha de condições para conversar com o presidente Ford com fatos atualizados, em vez de apenas com estimativas que eram mais adivinhações que projeções.

A partir de então, as questões sobre política econômica adquiriram foco muito mais nítido. A cada semana, nas reuniões rotineiras do secretariado, eu atualizava o quadro da recessão. Quando examinávamos os números de dez dias sobre vendas de automóveis, os níveis de atividade semanal no varejo, os dados sobre licenças para construção, os relatórios minuciosos sobre o sistema de seguro-desemprego, e outros, nós nos convencemos de que aquela era uma tempestade mais branda. Constatamos que os consumidores ainda compravam em níveis satisfatórios, apesar de tudo por que vinham passando. Além disso, os estoques se reduziam em ritmo muito rápido, situação que não duraria muito tempo, pois logo começariam a faltar mercadorias. Isso significava que a produção em breve teria de aumentar, para fechar a lacuna entre oferta e demanda.

Assim, eu podia informar ao presidente e ao secretariado que a recessão estava chegando a seu ponto mais baixo, a partir do qual se iniciaria a recuperação. E eu o disse cheio de convicção: "Não posso lhes dar a data exata, mas, a não ser que ocorra uma queda abrupta nos mercados de consumo ou de habitação, a coisa acontecerá dessa maneira." Semana após semana, os dados eram inequívocos – e a conjuntura se revelou uma daquelas ocasiões raras e afortunadas em economia, quando os fatos são nítidos e se sabe com certeza o que está acontecendo. Assim, quando chegou a hora, em março de 1975, de apresentar meu depoimento ao Congresso, eu tinha a forte convicção necessária para afirmar que os Estados Unidos estavam avançando no rumo da recuperação, "conforme as expectativas". Afirmei que havíamos enfrentado outro trimestre difícil e que o desemprego talvez chegasse a 9%, mas que, agora, era possível ser "marginalmente otimista". E adverti quanto a aumentos de gastos motivados pelo pânico ou a novos cortes de impostos que viessem a estimular demais a economia, desencadeando outra espiral inflacionária.

A tempestade política que fustigou o plano econômico do presidente naquela primavera foi algo que merece reflexão. Sentia-se muito medo no Congresso. Eu dizia de brincadeira que, ao depor no Capitólio de Washington, precisava usar colete e armadura à prova de bala. A *Newsweek* pôs minha fotografia na capa, em fevereiro de 1975, sob a manchete: "Até que ponto cairemos?" o congressista Henry Reuss achava que Ford, como Herbert Hoover, em 1930, nos deixaria descambar para a depressão, e teria dito: "O presidente está recebendo o mesmo tipo de orientação que foi dada a Herbert Hoover." Quando compareci perante a Comissão de Orçamentos do Senado, o chairman, Ed Muskie, asseverou que o governo estava fazendo "muito pouco, tarde demais". O Congresso também vinha apresentando propostas para estimular a economia, que elevariam o déficit para mais de US$80 bilhões, marca horrenda, naquela época. George Meany, presidente da AFL-CIO, se mostrava ainda mais vociferante. "A América enfrenta a pior emergência econômica desde a Grande Depressão", declarou. "A situação já é assustadora e se torna mais abominável a cada dia. Não se trata de mais uma recessão, pois ela não tem paralelo nas cinco recessões do período subseqüente à Segunda Guerra Mundial. A América foi bem além do ponto em que a situação corrige-se por si mesma. Precisa-se de ação maciça do governo." Meany queria que governo incorresse em déficit de US$100 bilhões, inclusive em decorrência de grandes cortes de impostos, para as famílias de renda baixa e média, a fim de estimular o crescimento.

Algo que surpreendia a todos era a ausência de protesto público. Como estávamos saindo de uma década de manifestações em favor dos direitos civis e contra o Vietnam, qualquer pessoa que previsse o desemprego a 9%, teria esperado protestos em massa e barricadas nas ruas, não só nos Estados Unidos, mas também na Europa e no Japão, onde a situação econômica era igualmente séria. No entanto, nada disso aconteceu. Talvez o mundo estivesse simplesmente exausto, depois do choque do petróleo e após uma década que culminara com um trauma dessa magnitude. Mas a era do protesto chegara ao fim. Na verdade, a América transpunha esse período, imbuída do que parecia ser forte senso de coesão.

O presidente rechaçou as pressões com estoicismo e seu programa econômico por fim se converteu em lei. (O Congresso, na verdade, aumentou a restituição extraordinária do imposto de renda em quase 50%, para cerca de US$125 por família, em média.) Mais importante, a recuperação começou quando dissemos ao público que ela teria início, em meados de 1975. O crescimento do PNB disparou – em outubro, a economia se expandia à taxa mais alta dos vinte e cinco anos. A inflação e o desemprego iniciavam lento declínio. Como ocorre com freqüência, as hipérboles políticas não só cessaram praticamente da noite para o dia, mas também as lembranças das previsões assustadoras se apagaram de uma hora para a outra. Em julho, a crise ficara para trás e desativamos nosso programa de emergência de monitoração semanal do PNB, para grande alívio do staff do CAE.

A desregulamentação foi o grande feito pouco exaltado do governo Ford. É difícil imaginar como nos Estados Unidos os negócios eram engessados naquela época. Aviação civil, transporte rodoviário de cargas e de pessoas, oleodutos, telefonia, televisão, corretagem de ações, mercados financeiros, instituições de poupança e empresas de utilidade pública – todos esses setores eram monitorados, funcionando sob pesada regulamentação. Minha descrição favorita dessa situação é de Alfred Kahn, irônico economista da Universidade de Cornell, que Jimmy Carter guindou ao posto de chefe do Departamento de Aeronáutica Civil e que ficou conhecido como pai da Desregulamentação da Aviação Civil. Ao falar em 1978 sobre a necessidade de mudança, Fred não resistiu à tentação de recitar as bagatelas sobre as quais ele e o órgão sob seu comando eram obrigados a decidir: "Uma empresa de táxi aéreo pode adquirir um avião de 50 lugares? As operadoras de vôos fretados podem transportar cavalos da Flórida para algum lugar no Nordeste? As operadoras de vôos regulares podem receber passageiros de vôos fretados e os transportar em assentos que, do contrário, ficariam vazios, cobrando tarifas de vôos fretados? Pode uma operadora cobrar tarifa especial a esquiadores, mas devolver o custo da passagem se não houver neve? Podem os empregados de duas empresas de aviação coligadas, em termos societários, usar uniformes de aparência semelhante?" Então, ele olhou para os congressistas e disse: "Haveria algo de surpreendente em que eu me pergunte todos os dias: Será que isso é de fato necessário? Será que minha mãe me criou para isso?"

O presidente Ford lançou sua campanha para eliminar essas loucuras, em agosto de 1975, num discurso em Chicago. Ele prometeu ao público presente, composto sobretudo de representantes de empresas, que "quebraria as algemas que tolhem as pessoas de negócios nos Estados Unidos" e que "tanto quanto possível afastaria o governo federal de seus negócios, de suas vidas, de seus bolsos e de seus pés". A escolha de Chicago não foi por acaso: o raciocínio econômico por trás da desregulamentação foi desenvolvido basicamente por Milton Friedman e por outros transviados da chamada Escola de Chicago. Esses economistas elaboraram volumoso trabalho sobre a teoria de que os mercados e preços, não os planejadores centrais, eram os melhores distribuidores dos recursos da sociedade. As premissas keynesianas que haviam dominado Washington desde o governo Kennedy sustentavam a possibilidade da gestão ativa da economia; os economistas de Chicago argumentavam que o governo deve intervir menos, não mais, pois a regulamentação científica não passava de mito. Agora, depois de anos de estagflação e do fracasso recente dos controles de preços e salários, políticos de ambos os lados estavam propensos a concordar que a microgestão por parte do governo havia ido longe demais. Chegara a hora de tentar algo novo.

Com efeito, desenvolveu-se em Washington notável consenso sobre política econômica – uma convergência de atitudes entre a esquerda liberal e a direita conservadora. De repente, todos procuravam conter a inflação, reduzir os gastos deficitários, atenuar a regulamentação e estimular os investimentos. A campanha de desregulamentação de Ford de início mirou as rodovias, o frete em caminhões e a aviação civil. E, não obstante a maciça oposição por parte de empresas e sindicatos, em poucos anos o Congresso desregulamentou os três setores.

É difícil salientar demais como foi importante a desregulamentação promovida por Ford. Sem dúvida, muitos de seus benefícios só ficaram claros depois de alguns anos – as tarifas do frete ferroviário, por exemplo, mal se moveram no começo. No entanto, a desregulamentação preparou o cenário para uma enorme onda de destruição criativa durante a década de 1980 – o desdobramento da AT&T e de outros dinossauros, o nascimento de novos setores, como os de computação pessoal e de entregas expressas, o boom de fusões e aquisições em Wall Street e a reinvenção de empresas, que seriam as marcas registradas da era Reagan. E, em última instância, a desregulamentação também contribuiu em muito para o aumento da flexibilidade e da resiliência da economia.

Jerry Ford e eu nos tornamos muito próximos. Ele era coerente na opinião de que a economia precisava, acima de tudo, reconquistar a confiança e a compostura. Isso significava manter-se longe do intervencionismo agressivo que começara com Kennedy e da formulação de políticas econômicas abruptas e reativas que semeara sentimentos generalizados de pânico e de incerteza no país durante o governo Nixon. Ford queria reduzir o ritmo da ação política; atenuar o déficit, a inflação e o desemprego e, por fim, promover o crescimento econômico estável, equilibrado e duradouro. Como essas também eram em boa parte minhas opiniões, a atuação do CAE se tornou muito fácil. Não havia necessidade de tentar adivinhar as idéias do presidente. Podíamos resumir o problema a um conjunto de opções e, então, pegar o telefone e dizer: "Já analisamos o assunto. Aqui estão as opções. Como o senhor gostaria de agir: um, dois, três ou quatro?" Depois de uma conversa de três minutos eu saía com instruções muito claras sobre o que ele queria fazer.

Atuar no centro dos acontecimentos era, sem dúvida, empolgante. Em janeiro de 1976, quando a pressão ainda era intensa, eu estava ajudando Jim Lynn a redigir a seção sobre economia do discurso State of the Union, pronunciamento anual do presidente dos Estados Unidos perante sessão conjunta do Congresso americano. A situação mudava com muita rapidez e nós o reescrevemos até o último minuto. Uma noite, trabalhamos até tarde na Casa Branca, fazendo revisões, tarefa enfadonha, pois ainda não havia processadores de texto. E Jim observou: "Fico pensando em como me sentirei depois que sair daqui. Acho que vou ficar do lado de fora do edifício, com o nariz grudado na vidraça, imaginando o que toda essa gente poderosa estará fazendo." Soltamos uma gargalhada. Mesmo trabalhando com tesouras, fitas adesivas e corretivo líquido, estávamos redigindo o discurso State of the Union.

A Casa Branca também foi ótima para o meu jogo de tênis. Não jogava desde a adolescência; mas, depois que o tempo esquentou e a crise esfriou, voltei a praticar o esporte, a partir do zero, na quadra da Casa Branca. A quadra é externa, perto do portão sudoeste, e sua grande vantagem é ser totalmente escondida por cercas.

Meu adversário era Frank Zarb, o czar da energia, que também não jogava tênis havia muito tempo. Portanto, tivemos a sorte de ninguém nos ver.

Ia para Nova York e voltava para Washington todos os sábados ou domingos – regava as plantas em meu apartamento e passava algum tempo com minha mãe. Essas viagens não envolviam assuntos de negócios – para cumprir as normas referentes a conflito de interesses, eu me afastara totalmente das operações da Townsend-Greenspan e custodiei minha participação societária num *blind trust*, modalidade de gestão de recursos de terceiros cujo objetivo específico é evitar conflitos de interesse, pois o titular renuncia ao direito de receber informações sobre os ativos. A empresa passou a ser dirigida por meus vice-presidentes, Kathy Eichoff, Bess Kaplan e Lucille Wu, e uma ex-vice-presidente, Judith Mackey, que voltara temporariamente. A Townsend-Greenspan adotava padrões incomuns na época, para uma consultoria de economia, pois os homens trabalhavam para as mulheres (tínhamos cerca de vinte e cinco empregados no total). Minha opção por contratar economistas do sexo feminino não foi motivada pela liberação das mulheres. Apenas fazia muito sentido para os negócios. Eu valorizava igualmente homens e mulheres, e constatei que, como muitos empregadores não pensavam do mesmo modo, boas economistas eram mais baratas que bons economistas. A contratação de mulheres surtiu dois efeitos: proporcionou à Townsend-Greenspan trabalho de melhor qualidade pelo mesmo preço e, marginalmente, aumentou o valor das mulheres no mercado.

Eu sempre levava para casa algum trabalho do CAE nos fins de semana. Durante a semana, eu geralmente trabalhava de 10 a 12 horas por dia. Minha rotina era muito saudável, começando com um longo banho quente de madrugada. Esse hábito surgiu depois que eu torci as costas. Como parte do processo de reabilitação, meu ortopedista recomendou que eu ficasse de molho, num banho quente, durante uma hora, todas as manhãs. Gostei da experiência. Era um ambiente ideal para o trabalho. Lia, escrevia e desfrutava da mais absoluta privacidade. E ainda conseguia ruído branco, ligando o exaustor. Minhas costas ficaram boas, mas desde então o banho quente virou uma de minhas práticas preferidas.

Saía de casa às 7h30. Meu apartamento em Watergate era bastante perto do Old Executive Office Building para que eu caminhasse até o trabalho. As ruas nas proximidades da Casa Branca eram muito mais tranqüilas que durante o governo Nixon, quando, em minhas visitas à cidade, não raro tinha de abrir caminho entre os manifestantes. Minha jornada de trabalho era muito semelhante à de qualquer outra pessoa imersa na vida pública. O staff da Casa Branca se reunia às 8 horas e o Comitê de Política Econômica, às 8h30. O dia prosseguia daí em diante. Eu geralmente trabalhava até as 19 horas, com pausas para o tênis e, às vezes, para o golfe. O presidente às vezes me convidava para jogar golfe com ele em Burning Tree, notório por excluir mulheres. Hoje, nenhum presidente poderia agir assim, mas pouca gente se queixava disso, em princípios da década de 1970. À noite, eu saía para jantar ou para ir a um concerto, geralmente no camarote do presidente, ou para comparecer a alguma recepção. Não tinha dias de folga, mas não me importava. Fazia aquilo de que gostava.

A recuperação econômica reforçou as chances de Ford de ser reeleito em 1976. Considerando as amargas recordações do público, relacionadas com Nixon, com Watergate, com o perdão concedido ao ex-presidente, com a inflação e com a OPEP, muitos próceres começaram a afirmar que era praticamente impossível que ele ou que qualquer outro republicano ganhasse as eleições. Antes das convenções partidárias do verão, as pesquisas de opinião pública mostravam Ford em desvantagem superior a 30 pontos percentuais. Mas a prudência e a imparcialidade de Ford – além dos resultados de seu governo – vinham conquistando respeito e reduzindo a distância.

Eu estava interessado em assumir algum cargo em seu futuro governo – não obstante meu ceticismo inicial sobre o serviço público, eu me convencera de que às vezes era possível fazer algo de bom em Washington. Gostaria muito de servir como secretário do Tesouro. Mas, quando me perguntaram se eu queria participar da campanha, respondi que não. Não era apropriado para o chairman do CAE. Certos funcionários do governo – o secretário de Estado, o secretário de Justiça e o chairman do CAE – não deviam participar de campanhas eleitorais, pois dirigem instituições cuja atribuição é gerar informações de natureza bipartidária. O presidente aprovou minha decisão.

No entanto, quando Ford se preparava para confrontar-se com Jimmy Carter, eu, inadvertidamente, forneci a palavra-chave que foi usada contra o presidente durante toda a campanha. O ponto central do debate econômico ao longo da campanha de 1976 foi se a recuperação havia naufragado. Depois de crescer com extrema rapidez durante o primeiro trimestre do ano – com taxa de crescimento anualizada de 9,3%, típica de Tigres Asiáticos, a economia havia esfriado de maneira abrupta, com taxa de crescimento inferior a 2% ao ano. Sob o ponto de vista de um economista, isso não era motivo para preocupação. Por envolver tantas partes em movimento, as economias modernas raramente aceleram ou desaceleram em linha reta. Além disso, naquela situação específica, todos os demais indicadores de crescimento relevantes – inflação, desemprego e outros – pareciam bem.

Expus essa situação numa reunião do secretariado, em agosto, usando gráficos para demonstrar como aquela recuperação se assemelhava às passadas. "O padrão é avanço e pausa, avanço e pausa", disse-lhes. "Estamos num desses intervalos de pausa. Mas a recuperação em si está firme, sem qualquer sinal de deterioração." Essas observações, transmitidas pelo secretário de imprensa, Ron Nessen, à mídia, foi sopa no mel para os críticos do presidente. Para eles, "pausa" era o eufemismo do governo para "nós fracassamos".

De repente, o debate que se iniciara em princípios de 1975 reavivou-se, e Ford se via, novamente, sob tremenda pressão, pelo Congresso e mesmo por sua equipe de campanha, para abandonar seu compromisso com a recuperação sustentável e duradoura, passando a adotar estímulos ao crescimento econômico. No debate presidencial daquele outubro, o colunista Joseph Kraft perguntou, incisivamente: "Senhor presidente, neste momento, o país passa por algo que seus próprios assessores chamam de pausa econômica. Acho que para a maioria dos americanos isso soa como termo anti-séptico para baixo crescimento, desemprego, forte estagnação, declínio nos salários líquidos, lucro mais baixo e aumento das demissões coletivas. Isso não é, realmente, péssimo desempenho, pelo qual seu governo é o principal culpado?" Ford defendeu com estoicismo suas realizações, e a história demonstrou que ele estava certo: o crescimento econômico continuou acelerado durante todo o ano. Porém, quando essa realidade ficou evidente, o dia da eleição já tinha passado, e Ford perdeu para Jimmy Carter por pequena diferença de pouco mais que 1,5 milhão de votos. Anos depois, Henry Kissinger ainda me atazanava: "Você estava certo quanto à pausa. Pena que ela, por acaso, tenha coincidido com a eleição presidencial."

Em 20 de janeiro de 1977, Jimmy Carter tomou posse como trigésimo nono presidente dos Estados Unidos. Quando ele se postou defronte ao Capitólio e prestou juramento, eu estava num vôo noturno de volta para Nova York.

CAPÍTULO 4

CIDADÃO PRIVADO

Não é fácil estar no lado derrotado. No entanto, descobri muitas razões para sentir-me feliz ao voltar para casa, em Nova York. Havia mais demanda do que nunca pelos serviços da Townsend-Greenspan. Todos os tipos de portas se abriam para mim e aceitei tantos compromissos interessantes quanto o calendário me permitia. Voltei ao Conselho de Economistas da revista *Time* e para o Brookings Panel on Economic Activity, ao lado de pessoas como Walter Heller, Martin Feldstein, George Perry e Arthur Okun. Comprimi minha agenda de palestras, comparecendo duas ou três vezes por mês a eventos de empresas, a reuniões de grupos de executivos e a associações, principalmente para falar sobre seus negócios e sobre as perspectivas econômicas.

Eu também era requisitado para participar do Conselho de Administração de empresas como Alcoa, Mobil, JPMorgan, General Foods, Capital Cities/ABC e outras. Várias são as razões para ser membro de conselhos de administração, mas para mim o principal motivo era que como tal eu tinha a chance de fazer aquilo de que eu mais gosto: aprender o funcionamento econômico de coisas que são familiares e que, até então, eu não conhecia em profundidade, como Cool Whip e Post Toasties. Até me tornar conselheiro da General Foods, não entendia a dinâmica interna do negócio de alimentos processados. A Townsend-Greenspan analisara muitas commodities, como grãos, mas nunca estudara os alimentos que se vêem nos comerciais e nas prateleiras dos supermercados. Por exemplo, a General Foods era dona da Maxwell House, marca dominante de café naqueles dias, antes de as pessoas serem hipnotizadas pela Starbucks. Fiquei surpreso ao saber (embora fizesse sentido quando se reflete sobre a questão) que os principais concorrentes da Maxwell House eram não só outros cafés, mas também bebidas não-alcoólicas e cervejas – os profissionais de marketing competiam por fatias dos estômagos do país. A General Foods também contribuiu para que me sentisse mais próximo da história dos negócios – a empresa ainda conserva o selo de seu fundador, a herdeira Marjorie Merriweather Post, que tinha apenas vinte e sete anos quando o pai morreu e a deixou responsável pela empresa da família, a Postum Cereal Company. Com seu segundo marido, E. F. Hutton, financista de Wall Street, transformou a Postum na General Foods. Ela morrera apenas poucos anos antes de eu entrar para o Conselho de Administração, mas sua filha única, a atriz Dina Merrill, era presença constante na empresa.

Mesmo depois de todos os anos que eu passara estudando economia empresarial, ainda era difícil avaliar como eram grandes algumas dessas empresas. A Mobil, cujas vendas anuais, em 1977, foram de US$26 bilhões, classificando-a em quinto lugar na Fortune 500, operava em todo o mundo – no Mar do Norte, no Oriente Médio, na Austrália e na Nigéria. Durante um brinde em meu primeiro jantar com outros conselheiros, incluí uma piada que só seria apreciada por outros economistas: "Sinto-me em casa aqui. A Mobil se situa na mesma ordem de magnitude do governo dos Estados Unidos – em ambos os casos, o número 0,1 nas demonstrações financeiras significa US$100 milhões."

Dentre todos os conselhos de administração de que participei, o da JPMorgan foi o de que mais gostei. Era a empresa de participações do Morgan Guaranty, que se poderia considerar o mais importante banco de investimentos do mundo. O Conselho de Administração era como que uma lista de presença da elite empresarial americana: Frank Cary, da IBM; Walter Fallon, da Eastman Kodak; John Dorrance, da Campbell Soup; Lewis Foy, da Bethlehem Steel – e eu. Nós nos reuníamos em 23 Wall Street, prédio que o próprio J. P. Morgan tinha construído na época em que reinava sobre as finanças americanas. Na fachada, que mais parecia a de uma fortificação, ainda se poderiam ver as marcas do ataque terrorista de 1920, quando, em pleno dia de grande movimentação, uma carroça puxada a cavalo, com dinamite e granadas, explodiu defronte ao banco, matando e ferindo dezenas de pessoas. O bombardeio foi atribuído a anarquistas, mas os culpados nunca foram identificados. No interior do prédio, a empresa preservou a decoração, com seus tetos altos e suas escrivaninhas com tampa corrediça. Quando me sentei pela primeira vez na sala de reuniões do Conselho de Administração, senti-me um pouco intimidado. Lá estava o retrato de J. P. Morgan, preso à parede, por trás da cabeceira da mesa, e quando ergui os olhos, de onde por acaso eu estava sentado, dei de cara com ele, mirando fixamente em minha direção.

Talvez se suponha que as pessoas que dirigiam o Morgan ostentassem ótimos pedigrees e fossem cheias de maneirismos. No entanto, a empresa primava pela meritocracia. Bom exemplo era Dennis Weatherstone, que ascendeu a CEO na década de 1980. Dennis nunca estudou em universidade; começou logo que saiu da escola politécnica, como operador na sucursal do Morgan, em Londres. Seu sucesso de modo algum se deve a ligações sociais, pois ele não tinha nenhuma.

Participar do Conselho de Administração do Morgan foi uma ótima oportunidade para conhecer as engrenagens internas de uma instituição de finanças internacionais. Intrigava-me, por exemplo, que todos os meses o banco sempre mostrasse lucro em negociações com moedas. Eu sabia que, por causa da eficiência dos mercados de câmbio, prever taxas de câmbio era como adivinhar o resultado de um jogo de cara ou coroa. Finalmente, indaguei à administração: "Vejam bem, senhores, todos os estudos que conheço afirmam que é impossível auferir lucros constantes nos mercados de câmbio."

"É verdade", explicaram. "Não ganhamos com nossas previsões. Somos formadores de preços; ganhamos no spread entre o preço de compra e o preço de venda, não importa o sentido em que se movimente a taxa de câmbio." Como a eBay hoje, eles ganhavam uma pequena fatia de todas as transações em que atuavam como intermediários – e o faziam em grande escala.

Uma das pessoas que participava do comitê consultivo internacional era um bilionário saudita, Suleiman Olayan. Tratava-se de um empreendedor poucos anos mais velho que eu, que começara dirigindo caminhões para a Aramco, na década de 1940. Muito em breve, ele diversificara suas atividades e criara um negocio que vendia água, entre outras coisas, às empresas de petróleo, além de prestar outros serviços. Daí partiu para outros negócios de construção e de fabricação; também foi o homem que introduzira empresas de seguros no reino.

Já era extremamente rico, quando a Arábia Saudita nacionalizou a Aramco e assumiu o controle de seu próprio petróleo. E com a ascensão da OPEP, ele se tornou aficionado por bancos americanos. Comprou 1% das ações não só do JPMorgan, mas também do Chase Manhattan, do Mellon, do Bankers Trust, e de quatro ou cinco outros grandes nomes. Eu gostava dele e da esposa, Mary, americana que trabalhava para a Aramco quando se conheceram. Olayan era uma esponja de informações ainda mais absorvente que eu – passava o tempo todo me fazendo perguntas sobre diferentes aspectos da economia americana.

Nunca lhe perguntei isso, mas, a certa altura, me ocorreu que a atuação dele no Conselho de Administração do Morgan talvez lhe tivesse proporcionado melhor percepção do fluxo de petrodólares. Um dos grandes negócios dos bancos americanos naquela época era angariar vastos depósitos oriundos dos lucros da Arábia Saudita e de outros países da OPEP, para, em seguida, procurar tomadores de empréstimos em outros países, principalmente na América Latina. A OPEP não queria assumir o risco de investir seus superávits. Os bancos chamaram a si esse encargo, o que viria a causar-lhes infortúnios no futuro.

Ao voltar para Nova York, depois de deixar o governo Ford, continuei namorando Barbara Walters, que conhecera em 1975, quando eu servia em Washington – num chá dançante oferecido pelo vice-presidente Nelson Rockfeller. Na primavera seguinte, eu a ajudei a refletir sobre uma decisão difícil e de grande visibilidade sobre sua carreira: deixar o programa *Today*, da NBC, onde trabalhara durante 12 anos, tornando-se co-apresentadora de grande popularidade, ou mudar para o ABC News, onde seria a primeira âncora de noticiários televisivos de todos os tempos. Para atraí-la, ofereciam-lhe o salário sem precedentes de US$1 milhão por ano; e, como todos sabem, ela finalmente optou pela mudança.

Não me sinto ameaçado por mulheres poderosas. E agora estou casado com uma. A atividade mais monótona que posso imaginar é sair com uma mulher vazia – algo que aprendi da maneira mais difícil, quando era solteiro.

Antes de conhecer Barbara, uma noite típica para mim era um jantar profissional com outros economistas. Barbara, contudo, interagia constantemente com personalidades do jornalismo, dos esportes, da mídia e do entretenimento, entrevistando enorme variedade de pessoas, desde Judy Garland até Mamie Eisenhower, de Richard Nixon até Anwar Sadat. Ela também tinha raízes no show business. O pai dela, Lou, fora dono de nightclub e produtor da Broadway. Seus Latin Quarter clubs, em Manhattan e em Miami Beach, eram os equivalentes, na década de 1950, ao Stork Club, da década de 1930, ou, adotando referência mais recente, ao Studio 54, da era do disco.

Durante os vários anos em que namoramos e mesmo depois (continuamos bons amigos), acompanhei Barbara a muitas festas, onde conheci muita gente que, em outras circunstâncias, jamais teria conhecido. Sempre achei que a comida era saborosa, mas que a conversa era insossa. Evidentemente, é provável que aquela gente pensasse o mesmo a meu respeito. Economistas de empresas não são exatamente animais festeiros.

Mesmo assim, construí ótimo círculo de amigos em Nova York. Barbara me ofereceu uma festa na casa dela, para comemorar meu aniversário de cinqüenta anos. Os convidados eram as pessoas que passei a considerar meus amigos: Henry e Nancy Kissinger, Oscar e Annette de la Renta, Felix e Liz Rohatyn, Brooke Astor (eu a conheci como criança de setenta e cinco anos), Joe e Estée Lauder, Henry e

Louise Grunwald, "Punch" e Carol Sulzberger e David Rockefeller. Ainda sou amigo de muitas dessas pessoas, mais de trinta anos depois.

Naturalmente, a rede social de Barbara se estendia a Hollywood. Os negócios me levavam a Los Angeles cinco ou seis vezes por ano, onde jogava golfe no Hillcrest Country Club – o mesmo lugar onde Jack Benny, Groucho Marx, Henny Youngman e outros comediantes costumavam reunir-se todos os dias na hora do almoço. Ronald Reagan também era sócio do Hillcrest. Aprendi muito sobre a mídia, trabalhando para a William Morris Agency, cliente da Townsend-Greenspan, e convivendo com o lendário produtor Lew Wasserman. Também ia com Barbara a festas em Beverly Hills, nas quais me sentia totalmente deslocado. Nunca me esquecerei do momento em que Sue Mengers veio em minha direção numa festa que ela estava oferecendo a Jack Nicholson e me deu um abraço. Ela era, de longe, a agente mais poderosa de Hollywood – representava estrelas como Barbra Streisand, Steve McQueen, Gene Hackman e Michael Caine. "Sei que você não se lembra de mim", começou. Então, ela explicou como, quando eu tinha 15 anos e ela 13, costumávamos sair com outras crianças de Washington Heights, nas alamedas do Riverside Park. "Você nunca me deu muita atenção, mas eu sempre admirei você", disse. Fiquei sem fala, como provavelmente teria ficado aos 15 anos.

Por mais divertido que fosse tudo aquilo, eu ainda estava de olho em Washington. Jimmy Carter não tinha nada para mim – nós nos encontramos umas duas vezes, mas a coisa nunca foi adiante. (E, evidentemente, eu participara do governo Ford, e ele derrotou Ford.) Porém, fora de campo, em Nova York, muitas coisas que estavam acontecendo no governo me deixavam animado. Numerosas iniciativas do Executivo e do Congresso coincidiam exatamente com o que eu teria defendido, se estivesse lá.

Ainda mais importante, o governo Carter prosseguiu com o programa de desregulamentação que havia sido deflagrado por Jerry Ford. A lei de desregulamentação da aviação civil, proposta por Teddy Kennedy, foi aprovada em 1978 (o braço direito de Kennedy nesse projeto foi Stephen Breyer, que estava licenciado pela Harvard Law School e que depois se tornou juiz da Suprema Corte e meu bom amigo). Depois disso, o Congresso avançou metodicamente para desregulamentar as telecomunicações e meia dúzia de outros setores. A desregulamentação produziu efeito duradouro não só na economia, mas também no Partido Democrata, que deixou de ser dominado pelos sindicatos e se abriu para as empresas. No entanto, por mais importantes que tenham sido essas medidas, o presidente Carter recebeu poucos créditos por elas, sobretudo por causa de seu estilo. Ao contrário de Reagan, que sabia apresentar de maneira vibrante as renovações econômicas, Carter projetava uma imagem de hesitação e de desânimo. Ele fazia a mudança parecer algo que se fez por não ter outra escolha.

A economia não funcionava a favor de Carter. Durante mais ou menos um ano, o governo dele desfrutou os benefícios da recuperação que começara com Ford. Até que o crescimento desacelerou e a inflação retornou, com alta de preços firme e assustadora. E, assim, envolveu em clima de incerteza as negociações salariais e as decisões sobre investimentos. Também afetou o resto do mundo, pois os demais países dependiam da estabilidade do dólar, e o dólar estava ficando fraco. Durante 1978, a inflação subiu de 6,8%, no começo do ano, para 7,4%, em junho, e para 9% no Natal. Então, em 1979, os fundamentalistas islâmicos derrubaram o xá do Irã, iniciando-se a segunda crise do petróleo. Enquanto se formavam filas diante das bombas de gasolina, em conseqüência do controle de preços, a economia caía em outra espiral descendente, rumo a mais uma recessão, ao mesmo tempo em que a inflação retornava à faixa dos dois dígitos, atingindo 12% naquele outono.

Carter bem que tentou. Seu governo propôs nada menos que sete programas econômicos. Mas nenhum deles foi bastante forte para conter o que rapidamente se transformava em crise. Com base em conversas com amigos e com contatos profissionais no governo, eu achava que compreendia o problema. Carter se sentia obrigado a fazer tudo por todos. Assim, propôs novos programas sociais, ao mesmo tempo que tentava reduzir o déficit, baixar o desemprego e combater a inflação. De todos esses objetivos fortemente incompatíveis, o controle da inflação era o mais fundamental para a prosperidade duradoura. Durante o mandato de Carter, esse objetivo nunca foi alvo da prioridade merecida. Essa foi a análise que fiz para o *New York Times*, em princípios da década de 1980. Contrastei a posição de Carter com a do presidente Ford: "Nossa orientação geral, naquela época, era que, até vencermos a inflação, não faríamos mais nada."

O Federal Reserve – órgão independente da Casa Branca, por força de lei – parecia contaminado pela indecisão de Carter. Meu velho mentor, Arthur Burns, e seu sucessor, Bill Miller, insistiram em encontrar um meio-termo em política monetária, que conciliasse necessidades econômicas conflitantes. Não queriam facilitar o crédito a ponto de atiçar ainda mais a inflação, mas tampouco queriam torná-lo tão escasso a ponto de sufocar a economia e gerar outra recessão. Tanto quanto eu compreendia a situação na época, esse meio-termo que eles estavam buscando era inatingível.

Mas eu estava em minoria. Para a maioria das pessoas, o perigo com que se defrontava a economia não era assim tão claro. Prevalecia em Washington o sentimento difuso de que, como não se podia reduzir a inflação sem aumentar ainda mais o desemprego, o sacrifício não justificaria o resultado.

Algumas pessoas, à esquerda e à direita, até começaram a argumentar que se podia conviver com níveis de inflação da ordem de, digamos, 6% ao ano – e ainda havia a possibilidade de indexar salários, como no Brasil. (Como qualquer bom economista teria previsto, a inflação no Brasil chegou a 5.000%, semeando o caos econômico.) Essa complacência se estendeu até Wall Street, como se percebia com clareza no mercado de bônus, que, embora seja alvo de menos manchetes, é ainda maior que seu primo mais barulhento, o mercado de ações.* As taxas de juros de bônus de dez anos, um dos melhores indicadores da expectativa dos investidores quanto à inflação a longo prazo, subiu acentuadamente no verão de 1979, mas não ficou muito acima dos níveis de 1975, sugerindo que ainda se apostava na resistência da economia americana à inflação – e que o problema de alguma maneira seria superado.

As filas nos postos de gasolina é que despertaram a atenção de todos para a realidade. A tomada do poder no Irã pelos aiatolás e, depois, a Guerra Irã-Iraque acarretaram cortes de um milhão de barris por dia na produção de petróleo. A falta de gasolina nas bombas, daí resultante, produziu efeito cascata assustador. A redução nos níveis de produção aumentou os preços do petróleo, impulsionando ainda mais a inflação e agravando a instabilidade, ao obrigar os bancos a reciclar ainda mais petrodólares. O salto na inflação finalmente forçou o presidente Carter a fazer alguma coisa. Em julho, ele reformou o secretariado e, ao mesmo tempo, nomeou Paul Volcker para substituir Bill Miller como chairman do Fed. Depois que o conheci como jovem recém-formado por Princeton, Paul Volcker progredira profissionalmente, até tornar-se chairman do Fed de Nova York, o mais importante banco do sistema do Federal Reserve. Mais tarde, transpirou que até o momento em que o indicou para chairman do Fed, Carter nem mesmo sabia quem era Volcker; David Rockfeller e Robert Roosa, banqueiro de Wall Street, insistiram com o presidente que ele era a escolha necessária para tranqüilizar o mundo financeiro. Volcker captou o sentimento de pessimismo então predominante, ao afirmar em seu discurso de posse: "Estamos enfrentando dificuldades econômicas realmente sem prece-

*De acordo com a Securities Industry and Financial Markets Association, o valor total do mercado de bônus nos Estados Unidos, em 1980, era de US$2,24 trilhões, em comparação com US$1,45 trilhão do mercado de ações. Em fins de 2006, esses números eram, respectivamente, US$27,4 trilhões e US$21,6 trilhões.

dentes em nossa experiência. Perdemos aquela euforia que nos caracterizava 15 anos atrás, quando estávamos convencidos de que conhecíamos todas as respostas para gerenciar a economia."

Volcker e eu éramos amigos pessoais. Com dois metros de altura e sempre fumando charuto, Volcker causava forte impressão, mas, nas conversas, sempre o achei muito introvertido e retraído. Não jogava tênis nem golfe – mas gostava, isto sim, de sair sozinho para pescar. Era um pouco misterioso para mim. Evidentemente, ocultar o jogo é virtude nos banqueiros centrais e, por baixo daquela carapaça excêntrica, Paul sem dúvida tinha tremenda força de caráter. Atuando como servidor público durante toda a sua carreira, ele não tinha muito dinheiro. Manteve a família na mesma casa de um subúrbio de Nova York durante todo o tempo em que foi chairman do Fed. Tudo o que tinha em Washington era um apartamento minúsculo – para o qual me convidou certa vez, na década de 1980, para conversar sobre a crise da dívida do México. O lugar estava entulhado de pilhas de velhos jornais e de toda a tralha típica de um apartamento de solteiro.

Desde o momento em que tomou posse, Volcker sabia que sua missão era, como afirmou mais tarde, "matar o dragão inflacionário". E não teve muito tempo para preparar-se. Era chairman do Fed havia apenas dois meses quando irrompeu uma crise: investidores de todo o mundo começaram a desfazer-se de bônus de longo prazo. A taxa de juros das notas do Tesouro americano saltou para quase 11% em 23 de outubro de 1979. De repente, os investidores começaram a pintar uma espiral inflacionária induzida pelo petróleo, que resultaria em colapsos no comércio, em uma recessão global ou em cenários ainda piores. Tudo isso começou a acontecer quando Volcker estava numa reunião do FMI, em Belgrado, a que comparecera para fazer um discurso. Ele teve de encurtar a viagem – da mesma maneira como eu faria alguns anos depois, na Black Monday, em 1987, quando o mercado de ações despencou – e voltou correndo para convocar uma reunião de emergência do Open Market Committee, na manhã de sábado, no Fed.

O que ele concebeu naquele sábado talvez tenha sido a mais importante mudança na política econômica em 50 anos. O comitê decidiu, por insistência dele, que não mais tentaria promover a sintonia fina da economia, concentrando a atenção nas taxas de juros de curto prazo; mas, sim, mediante o controle rigoroso da quantidade de moeda disponível na economia.

A oferta de moeda, então medida por um indicador denominado M1, compõe-se, principalmente, de papel-moeda em circulação e de depósitos à vista, como contas-correntes em bancos. Quando a moeda se expande com mais rapidez que a totalidade dos bens e serviços produzidos – em outras palavras, quando dólares demais procuram bens de menos – o dinheiro de todo o mundo tende a valer menos, ou seja, os preços sobem. O Fed podia controlar indiretamente a oferta de moeda, controlando a base monetária, sobretudo papel-moeda e reservas bancárias. Os monetaristas, como o lendário Milton Friedman, havia muito argumentavam que, sem conter a oferta de moeda, não se controla a inflação. Mas o remédio necessário para tanto era considerado extremamente penoso. Ninguém sabia até que ponto se deveriam puxar as rédeas da base monetária ou até que altura seria necessário elevar as taxas de juros de curto prazo para sufocar a inflação. Essas medidas significavam, quase com certeza, mais desemprego, provavelmente uma recessão profunda e, talvez, graves manifestações de inquietação social. O presidente Carter apoiou Volcker na primavera de 1980, declarando ser a inflação o problema número um do país. Tal afirmação levou o senador Ted Kennedy, então concorrendo com Carter pela presidência, a se queixar de que o governo não estava prestando bastante atenção aos pobres nem recorrendo a cortes de impostos. Em outubro, com a eleição se aproximando, o próprio Carter começou a resguardar-se. Também ele passou a falar em redução da carga tributária e a criticar o Fed por colocar muitos ovos na cesta da política monetária rigorosa.

Fazer o que Volcker fez exigia excepcional coragem – já pensava assim na época e me convenci ainda mais disso depois de eu mesmo me tornar chairman do Fed. Embora ele e eu raramente conversássemos sobre a experiência dele durante aqueles acontecimentos, posso imaginar como foi difícil para ele empurrar os Estados Unidos para a brutal recessão de princípios da década de 1980.

As conseqüências de sua decisão foram ainda mais sérias do que ele esperara. A taxa dos fundos federais se aproximou de 20% em fins de março de 1980. Isso fez com que as taxas de juros praticadas na economia em geral subissem ainda mais. Não se vendiam carros, não se construíam casas e milhões de pessoas ficaram sem trabalho – a taxa de desemprego chegou a quase 8% em meados de 1980, caminhando para 11% em fins de 1982. No começo de 1980, cartas de pessoas que haviam perdido o emprego inundaram a sala de Volcker. Construtores enviaram para ele e para outras autoridades fragmentos de material de construção pra simbolizar as casas que não conseguiam construir. Revendedores de carros também remeteram chaves para representar os carros que não conseguiram vender. No entanto, por volta do meio do ano, depois de chegar a quase 15%, a inflação começou a declinar aos poucos. As taxas de juros de longo prazo também recuaram. Contudo, seriam necessários mais três anos para que se controlasse totalmente a inflação. A miséria econômica e, ainda por cima, a crise dos reféns no Irã, custaria a recondução de Jimmy Carter na eleição de 1980.

Depois dos anos Ford, passei a ser o principal economista republicano *ex officio* – o último que exercera função pública de alto nível. Portanto, era natural que eu participasse da campanha de Ronald Reagan. Não fazia diferença que Ford e Reagan tivessem concorrido quatro anos antes pela indicação republicana, em 1976. Meu velho amigo e aliado, Martin Anderson, entrou para a equipe de Reagan – Marty passara os anos pós-Nixon como *fellow* na Hoover Institution – e também eu retomei meu velho papel na campanha. Marty era assessor-chefe de política interna, posição em tempo integral, e eu era consultor não-remunerado, em regime de tempo parcial, basicamente o mesmo papel que exerci na campanha de Nixon, em 1968.

Trabalhava principalmente em Nova York, mas, às vezes, passava alguns dias com a equipe da campanha. Foi numa dessas viagens, em fins de agosto, que, meio sem jeito, fiz o que talvez tenha sido minha mais importante contribuição para a eleição de Ronald Reagan. Àquela altura, ele já tinha sido escolhido candidato pelo Partido Republicano e vinha intensificando suas críticas ao governo Carter. Discursando durante um almoço no Sindicato dos Rodoviários, em Ohio, ele declarou que a vida dos trabalhadores tinha sido estraçalhada por "uma nova Depressão – a Depressão de Carter". Essa afirmação, evidentemente, não era certa sob o ponto de vista técnico – eu escrevera boa parte daquele discurso, e a redação exata era "uma das mais graves contrações econômicas dos últimos 50 anos". Reagan mudara as palavras na última hora. Marty Anderson e eu nos esforçamos para explicar aos jornalistas naquela tarde que o governador se expressara mal. Ele realmente queria dizer "grave recessão".

Reagan nos agradeceu por esclarecer a situação. Mas também sacou as armas. Quando os democratas começaram a questioná-lo por aquele lapso, ele disse aos repórteres: "Para mim, a linha entre recessão e depressão não pode ser medida em termos estritamente econômicos, mas, sim, em termos humanos. Quando os nossos trabalhadores – inclusive os desempregados – são obrigados a suportar a pior miséria desde a década de 1930, devemos reconhecer que, para eles, a situação é de depressão." Fiquei impressionado com a maneira com ele conseguiu converter um erro em trunfo político.

Presumi que aquele seria o fim da história, mas, aparentemente, o episódio despertou alguma associação na memória de Reagan. Na semana seguinte ele acrescentou nova frase de efeito à sua oratória política. Ele começou dizendo à multidão que o presidente se escondia atrás de um dicionário. "Se é definição que ele quer, eu lhe darei uma", prosseguiu Reagan. "Recessão é quando seu vizinho perde o emprego. Depressão é quando você perde o seu. E recuperação é quando Jimmy Carter perde o dele!"

As massas vibraram e aquela se tornou uma de suas frases mais citadas. Tínhamos de reconhecer os méritos de Reagan. Embora o presidente Carter, na verdade, não fosse dado a corrigir os economistas dele e mesmo reconhecendo que as primeiras duas afirmações da frase de efeito fossem uma velha anedota de Harry Truman, Reagan conseguiu transformar o episódio em história de campanha jocosa e convincente.

O que me atraía em Reagan era a clareza de seu conservadorismo. Ele também costumava explorar outra frase em sua oratória política: "Os governos existem para nos proteger uns contra os outros. O governo vai além de seus limites quando decide proteger-nos de nós mesmos." Um homem que se expressa nesses termos não deixa dúvidas quanto às suas crenças. Muito raramente naquela época se encontravam conservadores que não faziam incursões hipócritas em temas sociais. Mas o tipo de conservadorismo de Reagan era afirmar que o amor severo é bom para os indivíduos e bom para a sociedade. Essa proposição parte de um julgamento sobre a natureza humana. Se ela for exata, sua implicação será muito menos apoio do governo para os despossuídos. No entanto, a tendência dominante entre os republicanos relutava em raciocinar ou em se manifestar nesses termos, pois eles pareciam contrários aos valores judaico-cristãos. Não Reagan. Como Milton Friedman e outros libertários pioneiros, ele nunca deu a impressão de tentar equilibrar-se entre os dois lados da questão. Não que não tivesse empatia por pessoas que, por motivos alheios a seu controle, enfrentassem sérias dificuldades; tampouco se constata entre os liberais menos disposição social para ajudar os necessitados. Mas essa não era a função do governo, de acordo com Reagan. No final das contas, amor severo também é amor.

Um pouco mais tarde, na campanha, eles me puseram num avião com Reagan para um vôo de travessia do país, com uma tarefa muito específica. Os debates presidenciais se aproximavam e os principais ajudantes do governador estavam preocupados com certas críticas de que Reagan, às vezes, parecia esquecer-se dos fatos. Martin Anderson perguntou se eu aproveitaria aquela oportunidade para expor ao candidato não só temas econômicos, mas também quaisquer questões internas relevantes. "Ele sabe que você foi bom conselheiro de Ford", disse Marty. "Ele o ouvirá." Quando concordei, Marty puxou uma espécie de manual de instruções e o passou para mim. Era um fichário de capa dura, com o título Política Interna, com mais ou menos cinco centímetros de espessura. E concluiu dizendo: "Esforce-se para repassar todos os tópicos."

Estudei todo o material e, mais tarde, no mesmo dia, quando entramos no avião, a equipe de Reagan me pôs sentado a uma mesa, de frente para o governador, com Marty ao lado dele. Percebi que, para ajudar, eles trouxeram cópias do fichário para cada um de nós. Mas Reagan parecia bem disposto e, quando o avião decolou, ele estava fazendo perguntas amistosas sobre Milton Friedman e sobre outras pessoas que ambos conhecíamos. A partir daí, a conversa foi fácil. Acho que ouvi mais histórias inteligentes durante aquele vôo do que em qualquer outro período de cinco horas, em toda a minha vida. Marty me lançava olhares insistentes, mas não consegui que Reagan abrisse o fichário. Tentei algumas vezes encaminhar a conversa para o rumo certo, mas acabei desistindo. Depois que aterrissamos, disse: "Obrigado, governador. Foi uma viagem muito agradável." Ao que Reagan respondeu: "Ah, eu sei que Marty não gosta do fato de eu não abrir muitos livros para estudar."

O temperamento dele me fascinava. A resplandecência e a benevolência que ele trouxe para a presidência nunca perderam a intensidade, mesmo quando teve de enfrentar uma economia disfuncional e o perigo global de guerra nuclear. Armazenadas em sua cabeça talvez houvesse quatrocentas histórias e frases. Embora quase todas fossem humorísticas, ele sabia explorá-las repentinamente, para fazer política ou para transmitir políticas. Era uma forma estranha de inteligência. E ele a explorou para transformar a auto-imagem do país. Sob o governo Reagan, os americanos deixaram de achar que os Estados Unidos eram uma ex-grande potência e reconquistaram a autoconfiança.

As histórias dele às vezes eram cortantes. Ele contou uma no avião que pareceu destinar-se diretamente a mim. Ela começou com Leonid Brezhnev no palanque, na Tumba de Lenine, cercado de acólitos, assistindo à parada do Dia do Trabalho. Todo o poderio da União Soviética estava sendo ostentado com orgulho. Primeiro vieram os batalhões das tropas de elite, soldados garbosos, com dois metros de estatura, marchando no mais perfeito passo de ganso. Logo atrás, surgiram as falanges de carros de combate, exibindo a mais recente tecnologia. Em seguida, apareceram os mísseis nucleares – era uma espantosa demonstração de força. Porém, depois dos mísseis, surgiu um grupelho mal ajambrado de seis ou sete civis, desgrenhados, esfarrapados e totalmente deslocados no contexto. Um ajudante corre em direção a Brezhnev e roga perdão. "Camarada secretário, minhas desculpas, não sei quem são essas pessoas nem como entraram no desfile."

"Não se preocupe, camarada", responde Brezhnev. "Sou responsável por eles. São nossos economistas, e você não tem idéia de como eles podem ser danosos."

Por trás do humor, transparecia a antiga desconfiança de Reagan em relação aos economistas, que promoviam o que ele considerava interferência destrutiva do governo nos mercados. Ele era, evidentemente, adepto do *laissez-faire*. Ele queria abrir a economia. Embora sua percepção da economia não fosse profunda nem sofisticada, ele compreendia a tendência de autocorreção dos mercados abertos e a grande capacidade de criação de riqueza do capitalismo. Confiava no poder da mão invisível de Adam Smith, para não só encorajar a inovação, mas também para produzir resultados que ele, em geral, considerava justos. Essa é a razão por que, às vezes, fazia sentido deixar fechados os manuais de instruções. A ênfase de Reagan no panorama geral o ajudou a derrotar um presidente que parecia compelido à microgestão.*

Meu envolvimento com a campanha me levou a participar um pouco da escolha por Reagan de um companheiro de chapa, drama que se desenrolou na convenção republicana, em fins de julho. Naquela época, Reagan já havia garantido a indicação, mas a corrida contra o presidente Carter parecia muito apertada. As pesquisas mostravam que a escolha do candidato a vice-presidente poderia ser crucial. Em especial, a dupla Ronald Reagan e Jerry Ford conquistaria dois ou três pontos percentuais, suficientes para assegurar a vitória.

Soube disso durante a convenção, que, naquele ano, foi em Detroit. Reagan tinha uma suíte no sexagésimo nono andar do hotel Renaissance Center Plaza e, na terça-feira da semana da convenção, ele chamou Henry Kissinger e eu a seu quarto e perguntou se nos disporíamos a sondar o ex-presidente. Ele e Ford haviam sido rivais políticos durante anos, mas já tinham superado as desavenças várias semanas atrás, quando Reagan visitou Ford em Palm Springs. Evidentemente, o governador aventara, na ocasião, a idéia de uma chapa conjunta; e, embora Ford tenha respondido não, ele também deixou claro para Reagan que queria ajudá-lo a derrotar Jimmy Carter. Reagan nos disse que já verificara de novo com Ford, mais cedo, naquele dia, a possibilidade da vice-presidência e que agora estava recorrendo a nós, pois havíamos sido colaboradores próximos de Ford (Kissinger, como se sabe, tinha sido seu secretário de Estado).

Ford estava numa suíte um andar acima da de Reagan. Henry e eu telefonamos para ele e perguntamos se poderíamos subir. Nós nos reunimos com ele e conversamos rapidamente naquela noite. Voltamos na tarde seguinte, para que Henry apresentasse um conjunto de tópicos de conversa sobre a vice-presidência, escritos por Ed Meese e outros, da equipe de Reagan. Como, até então, um ex-presidente jamais tinha servido como vice-presidente, eles estavam imaginando algum tipo de ampliação das funções da vice-presidência, que tornaria o cargo mais atraente e mais ade-

*Anos mais tarde, soube que Reagan sempre receou "receber orientações demais" de seus assessores; na campanha de 1984, ele atribuiu ao excesso de instruções seu mau desempenho contra Mondale no primeiro debate televisado.

quado para Ford. Conforme a proposta deles, Ford seria o chefe do gabinete executivo do presidente, com poderes mais amplos sobre segurança nacional, sobre orçamento federal, além de outras atribuições. Com efeito, a proposta era a de que Reagan fosse o CEO da América, enquanto Ford seria seu diretor de operações.

Pessoalmente, esperava que Ford aceitasse o convite: sentia que o país precisava de suas habilidades. No entanto, embora ele sem dúvida se sentisse atraído tanto pelo dever, quanto pelos refletores, o ex-presidente estava em dúvida sobre se uma vice-presidência reforçada daria certo. Para começar, ela suscitava questões constitucionais – o papel decerto ia além do que os pais da pátria haviam previsto. Além disso, ele duvidava que qualquer presidente pudesse ou devesse aceitar a diluição de seus poderes, como meios para o cumprimento de seu juramento, ao ser empossado no cargo. Ele também manifestava dúvidas sobre voltar para Washington. "Estou fora da política há quatro anos e minha vida em Palm Springs está maravilhosa", disse-nos. Entretanto, ele realmente queria contribuir para desalojar Carter, que ele considerava um presidente horrível. Houve muitas idas e vindas entre os dois campos e, quase no fim do dia, Ford nos disse: "A resposta agora ainda é negativa, mas vou refletir sobre a questão."

Enquanto isso, rumores sobre a "chapa dos sonhos" Reagan/Ford dominavam a convenção. Quando Ford compareceu ao *CBS Evening News*, conforme já programado havia algum tempo, Walter Cronkite perguntou-lhe, incisivamente, sobre a possibilidade de uma "co-presidência". Ford respondeu com sua franqueza típica: Ele nunca voltaria como figura decorativa, disse. "Só aceitaria com a convicção de que exerceria função significativa em todo o governo, participando das decisões básicas, importantes e cruciais."

Segundo se comenta, a resposta enfureceu Reagan, que estava vendo o programa. Ele não conseguia acreditar que Ford discutisse as negociações particulares entre eles em rede nacional de televisão. No entanto, àquela altura, acho que ambos os políticos já estavam concluindo que a redefinição do papel do vice-presidente seria tarefa vasta e complexa demais para ser concluída em tão pouco tempo. Henry, atuando conforme seu estilo típico de diplomacia itinerante, pretendia prosseguir nas negociações até quinta-feira, mas Reagan e Ford sabiam que o prolongamento da incerteza seria prejudicial para a imagem de Reagan. E, então, Ford tomou a decisão. Ele foi até a suíte de Reagan, por volta das dez horas, e disse ao governador que poderia contribuir mais para a sua candidatura fazendo campanha como ex-presidente em favor de Reagan. "Ele foi um cavalheiro", disse Reagan, depois. "Senti que agora éramos amigos." E logo escolheu George H. W. Bush como colega de chapa e fez o anúncio naquela mesma noite.

Eu não esperava, nem estava certo de que queria, nenhuma função no novo governo. Ao entrar na Casa Branca, Reagan tinha mais gente talentosa e experiente do que lugares onde aproveitá-las. A situação era um problema ou oportunidade, dependendo da maneira como se a abordasse. Anderson, que fora nomeado assistente do presidente para o desenvolvimento de políticas internas, gosta de dizer, de brincadeira, que procurou Reagan e Meese, este último como coordenador da transição, e observou: "Temos toda essa gente incrível, mas se não as usarmos logo, elas passarão para a oposição." Em vez de dissolver a equipe que o ajudara a vencer, Reagan constituiu um grupo de aconselhamento que denominou Economic Policy Board. Sob a presidência de George Shultz, incluía Milton Friedman, Arthur Burns, Bill Simon, eu e vários outros economistas de renome.

Um dos primeiros secretários a ser nomeado foi David Stockman, diretor de orçamento. A campanha de Reagan se baseara na redução dos impostos, no reforço do poderio militar e na diminuição do tamanho do governo. A estratégia desenvolvida durante o período anterior à posse era criar condições para que Stockman saísse na frente, de modo a apresentar os cortes orçamentários ao secretariado como fato consumado. Stockman era um congressista de 34 anos, brilhante e ambicioso, que curtia sua atuação como o inspirador do que veio a ser denominado Revolução de Reagan. Em seus discursos, Reagan comparava a redução do tamanho do governo à aplicação da disciplina paterna: "Sabe, podemos fazer sermões aos filhos sobre suas extravagâncias, até perder o fôlego, ou podemos combater esses abusos simplesmente reduzindo a mesada deles." Na versão de Stockman, essa filosofia tinha um nome mais contundente: "Deixar a fera morrer de fome."

Trabalhei em estreito entrosamento com Stockman, durante a transição, enquanto ele elaborava um orçamento extremamente rigoroso. E eu estava presente no dia em que, pouco antes da posse, ele o apresentou a Reagan. O presidente perguntou: "Diga uma coisa, David. Estamos tratando todo o mundo da mesma maneira? Os cortes devem ser igualmente rigorosos." Stockman garantiu-lhe que sim, e Reagan aprovou o orçamento.

O Comitê de Política Econômica foi acionado com mais rapidez do que se esperava. A pedra angular dos cortes de impostos de Reagan foi um projeto de lei que havia sido proposto pelo congressista Jack Kemp e pelo senador William Roth. Ele exigia redução de 30% na carga tributária sobre pessoas jurídicas e pessoas físicas, com o objetivo de arrancar a economia daquele estado de letargia, que agora entrava em seu segundo ano. Eu analisara as propostas de Reagan e acreditava que, caso os gastos fossem contidos nos níveis propostos pelo presidente e caso o Federal Reserve continuasse a impor controle rigoroso sobre a oferta de moeda, aquilo talvez fizesse sentido. Essa também era a opinião de todos os membros.

Mas Stockman e Don Regan, o novo secretário do Tesouro, tinham dúvidas. Eles estavam preocupados com o crescente déficit federal, já superior a US$50 bilhões por ano, e, discretamente, começaram a recomendar ao presidente que adiasse qualquer corte de impostos. Em vez disso, queriam que ele convencesse o Congresso a primeiro reduzir os gastos públicos, para então ver se as economias daí resultantes permitiriam o corte de impostos.

Sempre que essa conversa de adiamento se tornava mais intensa, George Shultz convocava a Washington os consultores econômicos. Isso aconteceu cinco ou seis vezes durante o primeiro ano do governo Reagan. Nós nos reuníamos no Salão Roosevelt, das 9 às 11 horas, e comparávamos nossas avaliações sobre a situação econômica. Exatamente às 11 horas, a sala se abria e lá vinha Reagan. Nosso grupo se reportava diretamente a ele. E lhe dizíamos: "Em hipótese alguma o senhor deve retardar o corte de impostos." Ele sorria e soltava uma piada qualquer; Shultz, Friedman e outros eram velhos amigos dele. Regan e Stockman, que tinham permissão para assistir às reuniões, mas não podiam votar nem se sentar à mesa, se acomodavam em cadeiras junto à parede, mal disfarçando a frustração. Em breve, a reunião terminava e Reagan se retirava, fortalecido na determinação de pressionar pelo corte de impostos. Como se sabe, o Congresso acabou aprovando sua própria versão do plano econômico. No entanto, como a contenção de gastos não foi tímida demais, o déficit continuou sendo um problema aflitivo e crescente.

Também desempenhei pequeno papel em outra decisão presidencial naquele primeiro ano: não se intrometer com o Fed. Reagan estava sendo pressionado para fazê-lo por muitas pessoas de ambos os partidos, inclusive por alguns de seus principais assessores. Com as taxas de juros de dois dígitos já no terceiro ano, queriam que o Fed aumentasse a oferta de moeda. Não que Reagan pudesse determinar as políticas do órgão, mas a expectativa era a de que se o presidente criticasse em público a política monetária, Volcker talvez se sentisse obrigado a afrouxar a rédea.

Sempre que a questão surgia, eu dizia ao presidente: "Não pressione o Fed." Para começar, a política de Volcker parecia certa – a inflação, aos poucos voltava a ser controlada. Além disso, o dissenso aberto entre a Casa Branca e o Fed serviria apenas para abalar a confiança dos investidores, retardando a recuperação.

Volcker não facilitou a vida do novo presidente. Até então, os dois homens ainda não se conheciam e, poucas semanas depois da posse, Reagan tomou a iniciativa de promover o primeiro encontro. Para evitar a impressão de estar convocando o chairman do Fed à Casa Branca, ele perguntou se poderia visitar Volcker no Fed – apenas para receber a resposta de que tal visita seria "imprópria". Como todo o mundo na Casa Branca, fiquei perplexo: aquilo não era coisa que se dissesse ao presidente dos Estados Unidos.

No entanto, Reagan persistiu e, finalmente, Volcker consentiu que se encontrassem no Departamento do Tesouro. A frase de abertura do presidente durante o almoço no gabinete de Don Regan tornou-se parte das lendas sobre Reagan: "Estou curioso. As pessoas estão perguntando se realmente precisamos de um Fed." Disseram-me que Volcker ficou de queixo caído e que precisou recompor-se antes de responder com uma defesa convincente da instituição. O confronto, evidentemente, satisfez Reagan, que reassumiu seu jeito amistoso. Ele fez exatamente o que precisava para lembrar a Volcker quem era de fato o chefe. Daí em diante, os dois homens cooperaram um com o outro de maneira discreta. Reagan garantiu a Volcker a cobertura política de que necessitava; por mais que o pressionassem, adotou a prática de jamais criticar o Fed. E, embora Volcker fosse democrata, quando seu mandato terminou, em 1983, Reagan o reconduziu ao cargo.

Em fins de 1981, Reagan me pediu para assumir a liderança no tratamento de uma dor de cabeça colossal que se agravava havia anos: a Seguridade Social estava ficando sem dinheiro. Durante o governo Nixon, quando o programa parecia nadar em reservas, o Congresso deu o passo fatídico de indexar os benefícios à inflação. Com a disparada da inflação na década de 1970, também dispararam os reajustes dos contracheques da previdência social com base no custo de vida. O sistema enfrentava tamanhas dificuldades que se precisaria de US$200 bilhões já em 1983 para manter o programa na superfície. As perspectivas de longo prazo pareciam ainda piores.

Reagan evitara falar em detalhes sobre a Seguridade Social durante sua campanha – quando a questão surgia, ele apenas se comprometia em preservar o sistema. E não era de admirar. A Seguridade Social é o "terceiro trilho", ou o condutor de eletricidade, da política americana. Não havia nada mais explosivo que a reforma da Seguridade Social: todo o mundo sabia que, não importa como fosse apresentada, qualquer solução envolveria, no fim das contas, ou aumento de impostos ou corte de benefícios, ou talvez ambas as medidas, afetando enorme e poderoso bloco de eleitores.

No entanto, o problema era sério e líderes em ambos os partidos sabiam que algo tinha de ser feito – ou isso ou encarar a probabilidade de não pagar benefícios a trinta e seis milhões de cidadãos seniores e a americanos inválidos. O prazo se esgotava e estávamos com a corda no pescoço. A jogada de abertura de Reagan, em seu primeiro orçamento, foi propor redução de US$2,3 bilhões nos desembolsos da Seguridade Social. A idéia gerou tamanha onda de protesto que ele foi forçado a recuar. Três meses depois, ele voltou ainda mais ousado, com uma proposta de reforma que cortaria US$46 bilhões em benefícios ao longo de cinco anos. No entanto, não havia dúvida de que um compromisso bipartidário seria a única esperança. E assim nasceu a Comissão Greenspan.

A maioria das comissões, evidentemente, não faz nada. Mas Jim Baker, o arquiteto desta, acreditava apaixonadamente que o governo poderia ser eficaz. A comissão que ele construiu foi uma demonstração virtuosa de como realizar algo em Washington. Era um grupo bipartidário, composto de cinco membros, escolhidos pela Casa Branca, cinco pelo líder da maioria no Senado e cinco pelo presidente da Câmara dos Representantes. Praticamente todos os participantes eram estrelas nas respectivas áreas de atuação. Alguns eram pesos pesados do Congresso, como Bob Dole, chairman da Comissão de Finanças do Senado; Pat Moynihan, brilhante senador desgarrado de Nova York; e Claude Pepper, congressista da Flórida, com oitenta e um anos, sem papas na língua, ícone dos cidadãos seniores. Lane Kirkland, chefe do AFL-CIO, também era membro e tornou-se um bom amigo; assim como Alexander Trowbridge, chefe da National Association of Manufacturers. O presidente da Câmara dos Representantes, Tip O'Neill, indicou um democrata de peso – Bob Ball, que dirigira a Administração da Seguridade Social para Lyndon Johnson. E o presidente me nomeou como chairman.

Não vou entrar nos detalhes demográficos e financeiros que destrinchamos nem me alongar sobre os debates e audiências que consumiram mais de um ano. Liderei a comissão com a mentalidade imaginada por Jim Baker, imbuído do propósito de promover entendimento bipartidário eficaz. Demos quatro passos importantes para fazer com que tudo funcionasse, conforme explicarei em seguida, pois desde então temos recorrido a variações do mesmo tema.

O primeiro foi limitar o problema. Neste caso, isso significava não considerar a questão do futuro financiamento do Medicare – embora, sob o ponto de vista técnico, fosse parte da Seguridade Social, tratava-se de problema muito mais complexo, e tentar resolver ambas as situações ao mesmo tempo talvez resultasse em não fazer nada.

O segundo foi conseguir que todos concordassem quanto às dimensões numéricas do problema. Como disse Pat Moynihan, mais tarde, "todos têm direito de desenvolver as próprias opiniões, mas ninguém tem direito de criar os próprios fatos". Quando ficou claro que a insuficiência no futuro era real, os membros da comissão não mais podiam fazer demagogia. Tinham de aceitar cortes nos benefícios ou gerar aumentos na receita. Advertindo mais uma vez quanto à desculpa esfarrapada de financiar a Seguridade Social com "receitas gerais" do governo federal, a hipótese foi desde o início rejeitada com firmeza por Pepper, que receava que a conseqüência daí advinda seria transformar a Seguridade Social em programa de bem-estar social.

A terceira tática inteligente foi proposta por Baker. Se quiséssemos que o entendimento fosse bem-sucedido, argumentava, tínhamos de envolver todas as partes. Assim, fizemos questão de manter no circuito tanto Reagan quanto O'Neill, à medida que trabalhávamos. Competia a Bob Ball informar O'Neill; e a mim e a Baker, informar o presidente.

Nossa quarta iniciativa foi promover o consenso entre os participantes de que, quando se chegasse a algum acordo, nos oporíamos com firmeza a quaisquer emendas propostas por qualquer um dos partidos. Mais tarde, esclareci aos jornalistas: "Se retirarmos alguma peça do conjunto, perderemos o consenso, e todo o acordo começará a esgarçar." Publicamos nosso relatório em janeiro de 1983. Quando finalmente chegou a hora de apresentar as propostas de reforma ao Congresso, Ball e eu resolvemos depor lado a lado. Quando a pergunta era de um republicano, eu respondia. Quando partia de um democrata, a resposta competia a ele. Foi exatamente o que tentamos fazer, embora os senadores não tivessem cooperado muito.

Por mais diversificada que fosse a comissão, descobrimos maneiras de chegar a acordos. O que reuniu homens como Claude Pepper e Alexander Trowbridge foi nosso empenho em distribuir os ônus. As Emendas à Seguridade Social, que Reagan acabou promulgando em 1983, infligiam dores a todos os participantes. Os empregadores absorveram mais aumentos nas contribuições sociais; os aposentados engoliram postergações nos reajustes por custo de vida, enquanto os mais prósperos passaram a ser tributados em seus benefícios. Mas, ao fazer tudo isso, conseguimos garantir o financiamento da Seguridade Social ao longo de um período de planejamento de setenta e cinco anos, o que é comum no caso de programas dessa natureza. Moynihan, com sua eloqüência habitual, descreveu melhor os resultados: "Tenho a forte sensação de que todos nós ganhamos. O que conseguimos foi a eliminação de um medo terrível neste país, o de que o sistema da Seguridade Social era, como uma corrente da felicidade, algo que cheirava a fraude."

Enquanto tudo isso se desenrolava, em 1983, recebi em meu escritório, em Nova York, um telefonema de Andrea Mitchell, jornalista da NBC. "Tenho algumas perguntas sobre as propostas orçamentárias do presidente", disse ela. Explicou que tinha tentado verificar se as mais recentes premissas da política fiscal do governo Reagan eram confiáveis, e que David Gergen, assistente do chefe de comunicações da Casa Branca, sugerira meu nome. E repetiu o que ouvira de Gergen: "Se você realmente quer saber alguma coisa sobre economia, por que não telefona para Alan Greenspan? Ele sabe mais que qualquer outra pessoa."

"Aposto que você diz isso a todos os economistas", respondi, "mas, sem dúvida, vamos conversar". Eu já vira Andrea nos noticiários da NBC. Ela era correspondente na Casa Branca. Eu a considerava muito objetiva e também achava que seu tom de voz transmitia autoridade e confiança. Além disso, percebi que ela era uma mulher muito bonita.

Conversamos naquele dia e em algumas outras ocasiões e logo me tornei sua fonte regular. Durante os dois anos seguintes, Andrea me telefonava sempre que estava preparando alguma matéria importante sobre economia. Eu gostava da maneira como ela tratava do assunto pela TV; mesmo quando as questões eram complexas demais para que se apresentassem todos os detalhes técnicos, ela sempre descobria o âmago da história. E era exata em relação aos fatos.

Em 1984, Andrea me perguntou se eu iria com ela ao Jantar dos Correspondentes na Casa Branca, para o qual os jornalistas convidavam suas fontes. Tive de dizer-lhe que já havia concordado em ir com Barbara Walters. Mas acrescentei: "Você costuma vir a Nova York? Talvez possamos jantar."

Voltamos a nos falar só depois de oito meses – era ano de eleição e Andrea andou extremamente ocupada até novembro, quando Reagan derrotou Mondale de lavada. Finalmente, quando chegaram os feriados de fim de ano, combinamos um encontro, e fiz reserva no Le Perigord, meu restaurante favorito em Nova York, para 28 de dezembro. Nevava naquela noite e ela chegou atrasada, apressada, muito bonita, embora um pouco desarrumada, depois de um dia de trabalho e de sucessivas tentativas de conseguir táxi na nevasca.

Naquela noite, descobri que ela era ex-musicista, como eu; tocou violino na Sinfônica de Westchester. Amávamos as mesmas músicas – minha coleção de discos era semelhante à dela. Ela gostava de beisebol. Mas, acima de tudo, compartilhávamos o mesmo interesse intenso pelos acontecimentos em curso – estratégicos, políticos, militares, diplomáticos. Não houve falta de assunto para conversas.

Talvez nem todos escolhessem o mesmo tema de conversa para um primeiro encontro, mas, no restaurante, acabamos falando sobre monopólios. Disse-lhe que eu tinha escrito um ensaio sobre o assunto e a convidei para ir ao meu apartamento, onde ela poderia lê-lo. Ela hoje, mexe comigo, dizendo: "Será que você não teve escrúpulos naquela noite?" Mas fomos ao meu apartamento e lhe mostrei o ensaio que eu havia escrito para Ayn Rand. Ela o leu e depois conversamos. Até hoje, Andrea alega que a submeti a um teste. Mas não foi bem isso; eu estava fazendo tudo que podia imaginar para mantê-la ao meu lado.

Durante boa parte do segundo mandato de Reagan, Andrea foi minha principal razão para ir a Washington. Eu mantinha contato com pessoas no governo, mas minha atenção se concentrava inteiramente no mundo empresarial e econômico de Nova York. À medida que a economia dos negócios amadurecia como profissão, eu me envolvia profundamente com suas organizações. Atuei como presidente da National Association of Business Economists e como chairman da Conference of Business Economists. Também fui indicado para chairman do Economic Club of New York, equivalente no mundo financeiro e empresarial ao Council on Foreign Relations.

A própria Townsend-Grenspan já não era a mesma. Grandes empresas de economia, com nomes como DRI e Wharton Econometrics se dispunham a oferecer boa parte das informações básicas necessárias ao planejamento de negócios. Os modelos em computador se tornaram muito mais comuns e numerosas empresas tinham seus próprios economistas. Tentei diversificar meus negócios para a área de orientação sobre investimentos e fundos de pensão, mas, embora dessem dinheiro, essas novas atividades não eram tão lucrativas quanto a consultoria econômica tradicional. Além disso, mais projetos exigiam mais empregados, o que demandava maior fatia de meu tempo para gerenciar a empresa.

Por fim, concluí que o melhor curso era concentrar-me exclusivamente no que fazia melhor: resolver enigmas analíticos complexos para clientes sofisticados, que precisavam de respostas e podiam pagar honorários elevados. Assim, na segunda metade do governo Reagan, pensava em reduzir o porte da Townsend-Greenspan. Mas, antes de executar esses planos, em março de 1987, recebi um telefonema de Jim Baker. Baker era, nessa época, secretário do Tesouro – depois de quatro anos de intensas atividades como chefe da Casa Civil da Casa Branca, fez uma troca de cargos pouco comum – mudando de posição, em 1985, com Don Regan. Jim e eu éramos amigos desde os tempos de Ford, e eu o ajudara a se preparar para a audiência de confirmação no Senado, na primavera em que assumiu a Secretaria do Tesouro. Ele pediu à assistente dele que me telefonasse, para saber se eu poderia ir a Washington para uma reunião na casa dele. Achei aquilo estranho – por que não nos reunirmos no gabinete dele? Mas concordei.

Na manhã seguinte, um motorista de Washington me levou até a casa de Baker, em estilo colonial georgiano tradicional, num trecho elegante da Foxhall Road. Fiquei surpreso ao ser recebido não só por Jim, mas também por Howard Baker, então chefe da Casa Civil do presidente Reagan. Howard foi direto ao ponto. "Paul Volcker deverá deixar o cargo no próximo verão, quando termina o seu mandato", começou. "Ainda não estamos em condições de oferecer-lhe o cargo, mas gostaríamos de saber – se ele lhe for oferecido, você aceitará?"

Fiquei sem palavras durante alguns instantes. Até poucos anos atrás, jamais me imaginaria como possível chairman do Fed. Em 1983, quando o primeiro mandato de Volcker chegava ao fim, fiquei surpreso quando uma empresa de Wall Street fez uma pesquisa informal sobre quem poderia substituir Volcker, se ele deixasse o cargo, e meu nome despontou no topo da lista.

Por mais estreito que fosse o meu relacionamento com Arthur Burns, o Fed sempre foi uma caixa-preta para mim. Por ter observado as dificuldades que ele enfrentou, não me sentia preparado para a missão. Definir taxas de juros para toda a economia parecia exigir muito mais do que eu sabia. Além disso, tinha a impressão de que a função era amorfa, o tipo de tarefa em que é muito fácil errar, mesmo quando se tem praticamente todos os conhecimentos. Prever uma economia complexa como a americana não é tarefa fácil. Fosse como fosse, o desafio era grande demais para ser rejeitado. Disse aos Bakers que, se me oferecessem o cargo, eu o aceitaria.

Tive muito tempo para esfriar a cabeça. Durante os dois meses seguintes, Jim Baker me telefonava para dizer coisas do tipo: "Ainda está em discussão" ou "Volcker ainda tem dúvidas sobre se quer ficar". Sentia-me ao mesmo tempo fascinado e um pouco assustado com a possibilidade. Só pouco antes do Memorial Day, na última segunda-feira de maio, Baker me telefonou e disse: "Paul resolveu sair." Perguntou se eu ainda estava interessado e eu respondi que sim. "Você receberá um telefonema do presidente dentro de alguns dias", disse.

Dois dias depois, eu estava no consultório do ortopedista e a enfermeira avisou que a Casa Branca estava na linha. Demoraram um pouco para me passar a ligação, pois a recepcionista achou que era trote. Deixaram que eu usasse a sala do médico para atender o telefone. Peguei o aparelho e ouvi aquela voz familiar e segura. Ronald Reagan disse: "Alan, quero que você seja meu chairman do Federal Reserve Board."

Disse-lhe que me sentiria honrado com o cargo. Então, conversamos um pouco. Agradeci e desliguei.

Quando retornei à sala de espera, a enfermeira parecia muito preocupada. "O senhor está bem?", perguntou. "Está com cara de quem recebeu má notícia."

CAPÍTULO 5

O JOGO COMEÇA AQUI

Eu analisara a economia todos os dias úteis, durante décadas, e visitara o Fed dezenas de vezes. No entanto, quando fui nomeado chairman do Fed, sabia que tinha muito a aprender. Esse sentimento ficou anda mais forte quando transpus a porta. A primeira pessoa a me cumprimentar foi Dennis Buckley, agente de segurança que ficaria comigo durante todo o meu mandato. Ele se dirigiu a mim como "Mr. Chairman".

Sem pestanejar, respondi: "Não seja bobo. Todo o mundo me chama de Alan."

Educadamente, ele me explicou que chamar o chairman pelo primeiro nome não era como as coisas funcionavam no Fed.

E, assim, Alan virou Mr. Chairman.

O staff, eu soube em seguida, havia preparado uma série de tutoriais intensivos, diplomaticamente rotulados "seminários individuais", nos quais eu era o aluno. Assim, durante os dez dias seguintes, o pessoal sênior do staff profissional se reunia na sala de reuniões do quarto andar para me ensinar o meu trabalho. Tomei conhecimento de seções do Federal Reserve Act de cuja existência nunca desconfiei – e pelas quais eu agora era responsável. O staff me ensinou segredos sobre a regulamentação bancária que, mesmo tendo sido membro do Conselho de Administração do JPMorgan e do Bowery Savings, ignorava de todo. Evidentemente, o Fed tinha especialistas sobre todas as áreas da economia interna e internacional, além da capacidade de requisitar dados de qualquer fonte – acesso privilegiado que estava ansioso por explorar.

Embora tenha sido conselheiro de grandes empresas, o Federal Reserve Board situava-se em ordem de magnitude acima de tudo que eu já havia dirigido – hoje, tem cerca de dois mil empregados e verba anual de quase US$300 milhões. Felizmente, dirigi-lo não era minha função – a prática tradicional era nomear outro membro do Conselho para o cargo de governador administrativo, com a atribuição de supervisionar as operações do dia-a-dia. Ainda existe um diretor de gestão de pessoal, que exerce as funções de chefe de gabinete. Assim, apenas as questões fora do comum ou que possam despertar o interesse do público ou do Congresso são submetidas ao chairman – como o grande desafio de aprimorar o sistema de pagamentos internacional para a virada do milênio. Afora isso, ele tem tempo suficiente para concentrar-se na economia – o que eu estava ansioso por fazer.

O chairman do Fed tem menos poder unilateral do que o título pode sugerir. Conforme o estatuto, eu controlava apenas a agenda das reuniões do Conselho de Governadores – o órgão colegiado decidia todos os outros assuntos por maioria, e o chairman tinha direito a apenas um voto, entre os sete membros. Eu também era, automaticamente, o chairman do Federal Open Market Committee – o grupo poderoso que controla a taxa dos fundos federais (*federal funds* ou *fed funds*), alavanca básica da política monetária dos Estados Unidos.* O FOMC é composto dos sete governadores e dos presidentes dos 12 bancos regionais do Federal Reserve (a qualquer momento, apenas cinco têm direito a voto) e também decide por maioria de votos. Embora o presidente do Federal Reserve Board seja, tradicionalmente, o presidente do FOMC, ele ou ela deve ser eleito anualmente pelos membros, que têm liberdade para escolher outra pessoa. Eu esperava que a tradição prevalecesse, mas tinha consciência de que qualquer revolta dos seis outros governadores poderia destituir-me de minha autoridade, restando-me apenas redigir as agendas.

Rapidamente me agarrei a Don Kohn, secretário do FOMC, e pedi a ele que me orientasse em relação aos protocolos de uma reunião. (Don, que se revelaria o mais eficaz assessor político do sistema Fed durante meu mandato de dezoito anos, é hoje vice-chairman do Federal Reserve Board.) Como as reuniões do FOMC eram secretas, eu não tinha idéia sobre as agendas e a programação delas, quem falava primeiro, quem cedia a vez a quem, como se realizavam as votações, e assim por diante. O comitê tinha seu próprio jargão, com o qual eu precisava sentir-me à

*Ao mudar essa taxa, o FOMC orienta a chamada "open market desk" do Fed, em Nova York, a comprar ou a vender títulos do Tesouro – em geral, no valor de bilhões de dólares por dia. As vendas pelo Fed funcionam como freio, absorvendo dinheiro da economia e empurrando para cima as taxas de juros de curto prazo, ao passo que as compras produzem o efeito inverso. Hoje, as taxas de juros dos fundos federais almejadas pelo FOMC são anunciadas ao público, mas, naqueles dias, não era assim. Portanto, as empresas de Wall Street designavam "observadores do Fed" para adivinhar as mudanças na política monetária, com base na atuação de nossos operadores ou em mudanças em nosso balanço patrimonial divulgado semanalmente.

vontade. Por exemplo, quando o FOMC queria autorizar o chairman a aumentar as taxas dos fundos federais, se necessário, antes da próxima reunião regular, não era necessário dizer: "Você pode aumentar as taxas de juros sem convocar o FOMC." Em vez disso, aprovava um "viés de alta". Quero deixar registrado, contudo, que mesmo enquanto aprendia o "Fedspeak" ou jargão do Fed, sempre brincava com o pessoal, perguntando: "O que aconteceu com a língua inglesa?" Como eu deveria dirigir uma daquelas reuniões na semana seguinte, em 18 de agosto, dediquei-me aos estudos com muito afinco. Andrea ainda brinca comigo sobre minha ida à casa dela, naquele fim de semana, para me refestelar com a leitura de *Robert's Rules of Order*, clássico americano sobre as regras referentes a reuniões formais, cuja primeira edição foi publicada em 1876.

Para mim era muito importante chegar ao solo correndo, pois sabia que o Fed em breve teria de tomar grandes decisões. A expansão da era Reagan já avançava em seu quarto ano e, embora ainda progredisse, a economia emitia sinais claros de instabilidade. Desde o começo do ano, quando o índice Dow Jones ultrapassou os 2.000 pontos pela primeira vez, o mercado de ações tinha subido mais de 40% – agora ele se situava em mais de 2.700 e Wall Street demonstrava ânimo especulativo. O mesmo ocorria no mercado imobiliário.

Enquanto isso, os indicadores econômicos não eram de modo algum estimulantes. Os enormes déficits governamentais de Reagan levaram a dívida pública a quase triplicar, de pouco mais de US$700 bilhões, no início de seu mandato, para mais de US$2 trilhões, no fim do exercício financeiro de 1988. O dólar caía e as pessoas receavam que os Estados Unidos tivessem perdido sua vantagem competitiva – a mídia estava cheia de conversas alarmistas sobre a crescente ameaça japonesa. Os preços ao consumidor, que tinham aumentado apenas 1,9%, em 1986, subiam a quase o dobro dessa taxa em meus primeiros dias no cargo. Embora uma inflação de 3,6% fosse bem mais branda que o pesadelo de dois dígitos, as pessoas se lembravam, com base na experiência da década de 1970, de que quando a inflação começa, ela geralmente cresce. Corríamos o risco de comprometer a vitória que tinha sido conquistada com muita miséria e a custo muito alto durante o mandato de Paul Volcker.

Tratava-se, evidentemente, de grandes questões econômicas que iam muito além da alçada do Fed. No entanto, a pior solução seria ficar de braços cruzados. Achei que o aumento da taxa de juros seria prudente, mas o Fed não elevava as taxas de juros havia três anos. Elevá-las agora causaria forte impacto. Sempre que muda de direção, o Fed pode sacudir os mercados. O risco de apertar a política monetária durante fases de alta do mercado de ações é muito alto – o de estourar a bolha da confiança dos investidores e, se o susto for grande, desencadear grave contração econômica.

Não obstante meu relacionamento amistoso com muitos dos membros do comitê, não era ingênuo a ponto de achar que um chairman que estava no cargo havia apenas uma semana entraria na reunião e conseguiria consenso numa decisão tão arriscada. Portanto, não propus aumento da taxa de juros; simplesmente ouvi o que os outros tinham a dizer. Todos os dezoito membros do comitê – havia uma vaga no Federal Reserve Board – eram banqueiros centrais e economistas maduros e, quando percorremos a mesa, comparando avaliações da economia, ficou claro que também eles estavam preocupados. Gerry Corrigan, presidente do Fed de Nova York, com seu jeito brusco, disse que deveríamos aumentar as taxas; Bob Parry, presidente do Fed de San Francisco, relatou que sua região estava atravessando uma fase de bom crescimento, elevado otimismo e pleno emprego – razões para abrir o olho em relação à inflação; Si Keehn, de Chicago, concordou, confirmando que as fábricas do Meio-Oeste estavam operando quase a plena capacidade e que mesmo as perspectivas do setor agrícola haviam melhorado; Tom Melser, do Fed de St. Louis, afirmou que até as fábricas de sapatos de seu distrito vinham funcionando a 100% de capacidade; Bob Forrestal, de Atlanta, descreveu como seu pessoal tinha ficado surpreso com a força dos números referentes ao emprego, mesmo em áreas que sofriam de depressão crônica, no Sul. Acho que todos saíram convencidos de que o Fed em breve teria de aumentar as taxas.

A próxima oportunidade para fazê-lo ocorreu duas semanas depois, em 4 de setembro, numa reunião do Conselho de Governadores. O Conselho controla a outra importante alavanca da política monetária – a "taxa de redesconto", pela qual o Federal Reserve faz empréstimos às instituições depositárias. A taxa dos fundos federais é o principal alvo de política monetária do sistema. Por meio da compra e venda de títulos do Tesouro em suas operações de mercado aberto, o Fed aumenta ou diminui a oferta de fundos federais, ou seja, os depósitos basicamente dos bancos e das associações de poupança e empréstimo nos bancos do Federal Reserve. Essas medidas baixam ou sobem as taxas de juros, respectivamente. As taxas de redescontos em geral se movimentam *pari passu* com as taxas de juros dos fundos federais. Antes da reunião programada do Conselho, passei alguns dias vendendo meu peixe, para cima e para baixo, no corredor, procurando os governadores em suas salas e construindo o consenso. A reunião logo avançou para a votação – o aumento da taxa, de 5,5% para 6,0%, foi aprovado por unanimidade pelos governadores.

Para atenuar as pressões inflacionárias, tentávamos desacelerar a economia, tornando o dinheiro mais caro nas operações de empréstimo. Não há como prever a intensidade com que os mercados responderão a tais mudanças, sobretudo quando os investidores estão dominados pelo fervor especulativo. Não pude deixar de me lembrar dos relatos que li sobre os físicos em Alamogordo, quando detonaram pela primeira vez uma bomba atômica: Será que a bomba seria um fiasco? Será que ela funcionaria como eles esperavam? Ou será que a reação em cadeia de alguma maneira se tornaria descontrolada e incendiaria a atmosfera terrestre? Depois que a reunião terminou, tive de voar para Nova York – deveria partir naquela semana para a Suíça, onde participaria pela primeira vez de uma reunião dos banqueiros centrais dos dez principais países industrializados. A esperança do Fed era que os principais mercados – ações, futuros, câmbio e bônus – absorveriam a mudança sem perder o equilíbrio, talvez com o mercado de ações esfriando um pouco e o dólar se fortalecendo. Entretanto, telefonava a toda hora para o escritório, para acompanhar a reação dos mercados.

O céu não pegou fogo daquela vez. As ações caíram, os bancos aumentaram suas taxas de juros para empréstimos preferenciais, acompanhando nossa mudança, e o mundo financeiro, conforme esperávamos, percebeu que o Fed começara a agir para sufocar a inflação. Talvez o impacto mais dramático tenha sido captado por manchete do *New York Times*, alguns dias depois: "Maior aumento em Wall Street: Ansiedade." Finalmente, permiti-me um suspiro de alívio quando recebi uma mensagem de Paul Volcker. Ele conhecia exatamente a situação que eu estava vivendo. "Congratulações", disse. "Você agora é um banqueiro central."

Nem por um momento pensei que estivéssemos fora de perigo. Os sinais de problema na economia se tornavam cada vez mais intensos. A desaceleração da economia e o contínuo enfraquecimento do dólar deixavam Wall Street de mau humor, ao mesmo tempo em que investidores e instituições começavam a admitir a probabilidade de que bilhões de dólares em apostas especulativas jamais ofereceriam retorno. Em princípios de outubro, o medo converteu-se em pânico. O mercado de ações declinou 6% na primeira semana e depois outros 12% na segunda semana. A pior perda foi na sexta-feira, 16 de outubro, quando a média Dow Jones caiu 108 pontos. Desde fins de setembro, quase meio trilhão de dólares em riqueza de papel haviam evaporado do mercado de ações, apenas na Bolsa de Valores de Nova York – para não citar as perdas no mercado de câmbio e em outros mercados. A queda foi tão espantosa que a revista *Time* dedicou duas páginas inteiras ao mercado de ações naquela semana, sob a manchete: "Wall Street: O Massacre de Outubro."

Sob uma perspectiva histórica, eu sabia que "aquela correção" não fora nem de longe a mais severa. A queda do mercado em 1970 havia sido, proporcionalmente, duas vezes maior, e a Grande Depressão arrasara nada menos que 80% do valor total do mercado de ações. No entanto, considerando as péssimas condições em que a semana terminara, todos estavam preocupados com o que poderia acontecer quando os mercados abrissem na segunda-feira.

Eu deveria viajar na segunda-feira de tarde para Dallas, onde, na terça-feira, falaria numa reunião da American Bankers' Association – meu primeiro discurso importante como chairman. Na segunda-feira de manhã, reuni-me com o Conselho de Governadores e concluímos que eu deveria fazer a viagem, para não parecer que o Fed estava em pânico. O mercado naquela manhã abriu fraco e, na hora de minha partida, parecia horrível – baixa de mais de 200 pontos. Como não havia telefone no avião, a primeira coisa que fiz ao chegar foi perguntar a uma das pessoas que me recebeu, do banco do Federal Reserve de Dallas: "Como finalmente está o mercado?"

"Queda de 'five oh eight'."

No jargão do mercado americano, 'five oh eight' geralmente significa 5.08. Nesse caso, o mercado teria caído apenas 5 pontos. "Uau", respondi. "Que bela reação!" Mas percebi que a expressão na face de meu interlocutor não era de alívio. Na verdade, o mercado tinha despencado, perdendo nada menos que 508 pontos, a maior queda num único dia em toda a história, maior até que a da Sexta-Feira Negra, de 1929, quando começou a Grande Depressão.

Fui direto para o hotel, onde fiquei ao telefone noite adentro. Manley Johnson, vice-chairman do Conselho do Fed, montara uma mesa de crises em minha sala, em Washington, e trocamos sucessivos telefonemas e realizamos teleconferências para desenvolver nossos planos. Gerry Corrigan informou-me sobre as conversas que tivera em Nova York, com executivos de Wall Street e com funcionários da Bolsa de Valores; Si Keehn conversara com os chefes das bolsas de commodities e futuros de Chicago, assim como com executivos das empresas do mercado; Bob Parry, em San Francisco, relatou que estava ouvindo os chefes das associações de poupança e empréstimo, que se concentravam principalmente na Costa Oeste.

A função do Fed durante situações de pânico no mercado de ações é evitar a paralisia financeira – estado caótico em que as empresas e os bancos suspendem os pagamentos devidos uns aos outros e a economia entra em paralisia. Para o pessoal sênior com quem eu conversara naquela noite, a urgência e a gravidade da situação eram notórias – mesmo que os mercados não piorassem, a recuperação levaria semanas. Começamos a analisar os recursos de que dispúnhamos para oferecer liquidez, se grandes instituições ficassem sem dinheiro. Ao discutirmos quais poderiam ser as declarações públicas do Fed, um deles sugeriu: "Talvez estejamos reagindo em excesso. Por que não esperar alguns dias e ver o que acontece?"

Embora fosse novo no cargo, eu já vinha estudando história das finanças havia muito tempo para achar que aquilo fizesse algum sentido. Foi o único momento em que me dirigi com rispidez a alguém naquela noite. "Não precisamos esperar para ver o que acontece", disse-lhe. "Nós *sabemos* o que vai acontecer." Então, recuei um pouco e expliquei: "Você sabe o que se diz sobre a sensação de receber um tiro? A pessoa percebe que foi atingida, mas o trauma é tanto que ela não sente dor na hora. Nas próximas vinte e quatro ou quarenta e oito horas, vamos sentir muita dor."

Quando terminou a discussão, não havia dúvida de que o dia seguinte seria cheio de grandes decisões. Gerry Corrigan fez questão de me dizer com solenidade: "Alan, você é o homem. Toda a coisa está em seus ombros." Gerry é uma pessoa dura e eu não sabia se aquilo significava estímulo ou desafio ao novo chairman. Limitei-me a responder: "Obrigado, Dr. Corrigan."

Eu não estava inclinado ao pânico, pois conhecia a natureza do problema e nós o enfrentaríamos. No entanto, ao desligar o telefone por volta de meia-noite, fiquei em dúvida sobre se conseguiria dormir. Aquele seria o verdadeiro teste. "Agora, vamos ver do que você é feito", disse a mim mesmo. Fui para a cama e, tenho orgulho em dizer, dormi durante umas boas cinco horas.

Na manhã seguinte, logo cedo, quando estávamos às voltas com a redação da declaração pública do Fed, a telefonista do hotel nos interrompeu com uma chamada da Casa Branca. Era Howard Baker, chefe da Casa Civil do presidente Reagan. Como conhecia Howard havia muito tempo, agi como se nada de anormal estivesse acontecendo. "Bom-dia, senador", disse. "Em que posso ajudá-lo?" "SOCORRO!", disse ele, fingindo desespero. "Onde você está?"

"Em Dallas", disse. "Você está com algum problema?" Cuidar da reação do governo às crises de Wall Street em geral é atribuição do secretário do Tesouro. Mas Jim Baker estava na Europa, tentando retornar, e Howard não queria tratar do assunto sozinho. Concordei em cancelar meu discurso e retornar a Washington – fosse como fosse, estava propenso a agir assim, pois, considerando a queda de 508 pontos, minha volta talvez fosse a melhor maneira de garantir ao mercado que o Fed estava levando a situação a sério. Baker enviou um jato militar executivo para levar-me a Washington.

Os mercados naquela manhã oscilaram furiosamente – Manley Johnson instalou-se em nosso centro de operações improvisado e manteve-me informado sobre os detalhes das operações durante todo o vôo. Quando eu já estava no carro que me pegou na Base Aérea de Andrews, ele me disse que a Bolsa de Valores de Nova York o havia notificado de que pretendia interromper as operações daí a uma hora – as negociações com os principais papéis já estavam paralisadas por falta de comprador. "Isso vai ser um desastre para todos", reagi. "Se eles fecharem, estaremos diante de uma verdadeira catástrofe." Não tínhamos muito a fazer para impedir que os executivos da bolsa agissem daquela maneira, mas o próprio mercado salvou a situação. Naqueles sessenta minutos, apareceram compradores suficientes para que a NYSE arquivasse os seus planos.

As trinta e seis horas seguintes foram intensas. Disse de brincadeira que me sentia como um malabarista, passando de um telefone para outro, conversando com a Bolsa de Valores, com a Chicago Board of Trade, a maior bolsa de futuros do mundo, e com vários presidentes do Federal Reserve. Minhas conversas mais assustadoras foram com financistas e banqueiros com quem já me relacionava havia vários anos, importantes personagens em empresas muito grandes de todo o mundo, cujas vozes transmitiam medo. Eram homens que haviam construído riqueza e status social, durante longas carreiras, e que agora se viam à beira do abismo. Mas nossa capacidade de julgamento fica muito prejudicada quando estamos dominados pelo pavor. "Calma", repetia o tempo todo. "Vamos segurar essa barra." E insistia com eles para que olhassem além da emergência, onde se situavam seus interesses de negócios duradouros.

O Fed atacou a crise em duas frentes. Nosso primeiro desafio foi Wall Street: tínhamos de convencer grandes empresas operadoras e bancos de investimento, que, em geral, já se ressentiam de grandes perdas, a não se afastar das negociações. Nosso pronunciamento público naquela manhã havia sido redigido com extremo cuidado, de modo a insinuar que o Fed ofereceria uma rede de proteção aos bancos, na expectativa de que eles, por sua vez, também ajudassem a apoiar outras empresas financeiras. Considerei nosso pronunciamento tão curto e conciso quanto o Discurso de Gettysburg, de Abraham Lincoln, durante a Guerra Civil, embora talvez não tão motivador. "O Federal Reserve, em consonância com suas responsabilidades como banco central do país, confirmou hoje sua prontidão para atuar como fonte de liquidez, em apoio ao sistema econômico e financeiro." Porém, desde que os mercados continuassem funcionando, não tínhamos nenhuma intenção de sustentar empresas com dinheiro.

Gerry Corrigan foi o herói daquela missão. Competiu a ele, como chefe do Fed de Nova York, convencer os atores de Wall Street a continuar emprestando e operando – a ficarem em campo. Educado por jesuítas e protegido de Volcker, atuou como banqueiro central durante toda a carreira; não havia ninguém mais sagaz nem mais bem talhado que ele para ser o principal executor das políticas do Fed. Gerry tinha a personalidade dominante tão característica de financistas persuasivos, ainda que mediante o uso da autoridade; contudo, compreendia que, mesmo em situações de crise, o Fed deve agir com moderação e contenção. Obrigar os bancos a conceder empréstimos seria abuso de autoridade e comprometeria o funcionamento do mercado. Ao contrário, a essência da mensagem de Gerry aos bancos deveria ser: "Não estamos insistindo em que emprestem; tudo o que pedimos é que considerem os interesses gerais de seus negócios. Apenas se lembrem de que as pessoas têm boa memória. Se vocês fecharem o crédito a um cliente apenas porque estão um pouco ansiosos quanto à situação dele, mas sem motivos concretos, isso jamais será esquecido." Naquela semana, Corrigan conversou com muita gente mais ou menos com base nesses argumentos e, embora eu nunca tenha sabido dos detalhes, tenho a certeza de que alguns desses telefonemas foram muito duros. Não tenho dúvida de que ele mordeu algumas orelhas.

Enquanto tudo isso estava acontecendo, tivemos o cuidado de proporcionar liquidez ao sistema. O FOMC determinou que os operadores do Fed de Nova York comprassem bilhões de dólares em títulos do Tesouro no mercado aberto. O efeito foi injetar mais dinheiro em circulação e reduzir as taxas de curto prazo. Embora viéssemos aumentando as taxas de juros antes do crash, agora as estávamos reduzindo, para manter a economia em movimento.

Apesar de todos os nossos esforços, ocorreu meia dúzia de quase desastres, a maioria envolvendo o sistema de pagamento. Muitas transações realizadas durante o horário comercial em Wall Street não são simultâneas: as empresas fazem negócios com os clientes umas das outras e depois os liquidam no fim do dia. Na manhã de quarta-feira, o Goldman Sachs deveria efetuar um pagamento de US$700 milhões ao Continental Illinois, em Chicago, mas, de início, o manteve em suspenso, na expectativa de receber fundos de outras fontes. Depois, pensando melhor, fez o pagamento. Se o Goldman suspendesse transação tão vultosa, provavelmente teria desencadeado uma onda de inadimplências em todo o mercado. Depois, um alto executivo do Goldman me confidenciou que, se a empresa tivesse previsto as dificuldades das semanas seguintes, não teria feito o pagamento. E ele achava que, em crises como aquela no futuro, eles pensariam melhor ao efetuar transações unilaterais daquele tipo.

Também atuamos no front político. Na terça-feira, passei uma hora no Departamento do Tesouro, assim que Jim Baker voltou (ele conseguiu pegar o Concorde). Nós nos reunimos na sala dele com Howard Baker e outras autoridades. A primeira reação do presidente Reagan à calamidade de Wall Street na segunda-feira tinha sido referir-se com otimismo à economia. "Ela está firme", disse, e depois acrescentou: "Não acho que ninguém tem motivos para pânico, pois todos os indicadores da economia estão bons." O objetivo era tranqüilizar o país, mas, em vista dos acontecimentos, as afirmações pareceram assustadoramente semelhantes às de Herbert Hoover, ao declarar depois da Sexta-Feira Negra que a economia se mantinha "saudável e próspera". Na tarde de terça-feira, nós nos reunimos com Reagan na Casa Branca, sugerindo que ele tentasse uma tacada diferente. A reação mais construtiva, Jim Baker e eu argumentamos, seria oferecer-se para cooperar com o Congresso na redução do déficit, uma vez que se tratava de um dos riscos econômicos de longo prazo que preocupava Wall Street. Embora Reagan estivesse às turras com a maioria democrata, ele concordou que a recomendação fazia sentido. Naquela tarde, ele disse aos jornalistas que consideraria qualquer proposta orçamentária apresentada pelo Congresso, à exceção de cortes na Seguridade Social. Embora não tivesse levado a nada, a abertura ajudou a acalmar os mercados.

Nosso centro de operações funcionava vinte e quatro horas por dia. Acompanhávamos os mercados no Japão e na Europa; de manhã cedo, todos os dias, coletávamos as cotações das ações de empresas americanas nas bolsas européias e projetávamos nosso próprio Índice Industrial Dow Jones, para ter uma prévia de como os mercados de Nova York se comportariam na abertura. A crise durou bem mais que uma semana, embora tenhamos ocultado do público muitos de seus detalhes. Dias depois do crash, por exemplo, o mercado de opções de Chicago quase entrou em colapso, quando sua maior empresa operadora ficou sem dinheiro. O Fed de Chicago ajudou a montar uma solução para o problema. Aos poucos, contudo, os preços dos vários mercados se estabilizavam e, no início de novembro, os membros da equipe de gestão de crises retornaram ao trabalho regular.

Ao contrário do receio generalizado, a economia se manteve firme, chegando a crescer à taxa anualizada de 2% no primeiro trimestre de 1988 e ao ritmo acelerado de 5% no segundo trimestre. Em princípios de 1988, o Dow se estabilizou em torno de 2.000 pontos, retornando ao nível do início de 1987, enquanto as ações retomavam tendência de alta muito mais modesta e mais sustentável. O crescimento econômico entrou no quinto ano consecutivo. Embora isso não fosse consolo para os especuladores que haviam perdido a camisa ou para as dezenas de pequenas empresas corretoras que haviam falido, as pessoas comuns não tinham sido atingidas. Em retrospectiva, aquela foi uma primeira manifestação da resiliência econômica que tanto viria a se acentuar nos anos seguintes.

A Casa Branca e o Fed nem sempre são aliados. Ao outorgar ao Fed seu mandato moderno, em 1935, o Congresso teve muito cuidado em blindá-lo contra a influência do processo político. Embora todos os seus governadores sejam nomeados pelo presidente, seus cargos são quase vitalícios. O mandato dos membros do Conselho é de quatorze anos, mais longo que qualquer outro, à exceção do dos juízes da Suprema Corte. O mandato do presidente do Conselho, como se sabe, é de quatro anos, mas o chairman pouco pode fazer sem o voto dos demais membros do Conselho. E, embora o Fed deva prestar contas duas vezes por ano ao Congresso, o órgão controla seus próprios recursos, mediante autofinanciamento oriundo de renda de juros. Tudo isso permite que o Fed se concentre em sua missão estatutária: assegurar as condições monetárias necessárias para garantir os mais altos níveis sustentáveis de crescimento e de emprego. O Hunphrey-Hawkins Act exige que o Fed "mantenha a expansão duradoura dos agregados monetários e creditícios, em níveis proporcionais ao potencial de longo prazo da economia para aumentar a produção, de modo a promover com eficácia os objetivos de maximização do emprego, de estabilidade dos preços e de redução das taxas de juros de longo prazo". Na visão do Federal Reserve e da maioria dos economistas, a estabilidade dos preços é condição necessária para a maximização do crescimento econômico sustentável. Em outros termos, isso significa salvaguardar o poder de compra da moeda e conter a inflação, antecipadamente, ao longo dos próximos sete, oito ou nove anos, muito além do atual ciclo eleitoral.

Não admira que os políticos em geral considerem o Fed um estorvo. Seus melhores traços de caráter talvez os induzam a concentrar-se na prosperidade duradoura dos Estados Unidos; no entanto, em geral, eles se mostram muito mais sensíveis às demandas imediatas dos eleitores, o que se reflete, inevitavelmente, em suas idiossincrasias sobre políticas econômicas. Se a economia está em expansão, eles querem que ela se expanda em ritmo ainda mais acelerado; ao falarem de taxas de juros, sempre insistem em que sejam reduzidas imediatamente – e a disciplina monetária do Fed interfere em tudo isso. Conforme teria dito William McChesney Martin Jr., lendário chairman do Fed nas décadas de 1950 e 1960, o papel do Fed é "parar de servir bebidas quando a festa está começando a esquentar".

Percebia-se essa frustração na voz do vice-presidente George Herbert Walker Bush, na primavera de 1988, quando fazia campanha por sua indicação como candidato à presidência da república pelo Partido Republicano. Ele disse aos jornalistas que tinha uma "palavra de advertência" ao Fed: "Não gostaria que ultrapassassem a linha a partir da qual contivessem o crescimento econômico."

Na verdade, conter era exatamente o que estávamos fazendo. Depois que ficou patente que o crash do mercado de ações não havia prejudicado seriamente a economia, o FOMC começou a aumentar as taxas de juros dos fundos federais, em março. Estávamos agindo assim porque, mais uma vez, se acumulavam sinais de que as pressões inflacionárias se intensificavam e o longo período de prosperidade da era Reagan havia chegado ao ápice: as fábricas estavam cheias de pedidos, o desemprego caíra até o nível mais baixo em oito anos e, mês a mês, o crescimento do PIB vinha desacelerando. A contenção prosseguiu no verão e, em agosto, também foi necessário aumentar a taxa de redesconto.

Como a taxa de redesconto, ao contrário da taxa dos fundos federais, era divulgada, seu aumento tinha implicações políticas muito mais explosivas – o pessoal do Fed chamava essa iniciativa de "tocar o gongo". A iniciativa para a campanha de Bush não poderia ter sido mais inoportuna. Bush queria pegar carona no sucesso de Reagan, mas estava na rabeira do adversário democrata em mais de 17 pontos nas pesquisas de opinião pública. O pessoal da campanha do vice-presidente era extremamente sensível a quaisquer notícias que sugerissem desaceleração da economia ou que, de alguma maneira, embaciassem o brilho do governo. Assim, quando votamos por aumentar a taxa, apenas a poucos dias da convenção republicana, sabíamos que muita gente ficaria aborrecida.

Sou crente convicto na conveniência dar as más notícias em encontros pessoais, de maneira confidencial, e com antecedência – sobretudo em Washington, onde as autoridades detestam ser pegas desprevenidas e precisam de tempo para decidir o que podem dizer ao público. Não gosto de fazer isso, mas não há alternativa quando se pretende manter os relacionamentos. Assim, logo depois da votação, deixei o escritório e fui para o Departamento do Tesouro, conversar com Jim Baker. Ele anunciara havia pouco que renunciaria ao cargo de secretário do Tesouro para juntar-se à campanha de Bush. Jim era um velho amigo e, como secretário do Tesouro, devia ser informado de nossa decisão.

Depois que nos sentamos na sala dele, olhei-o nos olhos e disse: "Tenho certeza de que você não vai gostar da notícia, mas, depois de uma longa discussão de todos os fatores" – mencionei alguns deles – "tomamos a decisão de aumentar a taxa de redesconto. Vamos anunciá-la em uma hora". O aumento, concluí, não foi o costumeiro um quarto de ponto percentual, mas duas vezes isso, de 6% para 6,5%.

Baker recostou-se na poltrona e bateu com o punho no estômago. "Você acabou de me atingir bem aqui", rosnou.

"Lamento, Jim", disse.

Então, ele soltou o verbo e desancou a mim e ao Fed por não sermos sensíveis às verdadeiras necessidades do país, além de dar vazão a qualquer outro pensamento de raiva que lhe tivesse passado pela cabeça. Sendo amigos já havia algum tempo, sabia que tudo aquilo não passava de encenação. Assim, depois de um minuto, quando ele parou para respirar, sorri para ele. Então, ele riu. "Sei que você tinha de fazer isso", disse. Alguns dias depois, ele, publicamente, endossou o aumento da taxa, como medida essencial para a estabilidade duradoura do sistema. "A médio e a longo prazos, será muito bom para a economia", acrescentou.

Quando George Bush ganhou naquela primavera, torci para que o Fed e o governo dele se dessem bem. Todos sabiam que o sucessor de Reagan enfrentaria sérios desafios econômicos: não apenas uma possível inflexão para baixo no ciclo econômico, mas também enormes déficits e o rápido crescimento da dívida pública. Achei que Bush tinha aumentado muito o cacife, ao declarar em seu discurso de aceitação, na convenção republicana: "Leiam meus lábios: nada de aumento de impostos." Foi uma frase memorável, mas, em algum momento, ele teria de enfrentar o déficit – e havia atado uma das mãos às costas.

As pessoas se espantaram com a extensão em que o novo governo substituiu os nomeados por Reagan. Meu amigo Martin Anderson, que, muito tempo atrás, tinha mudado de Washington para a Hoover Institution, na Califórnia, brincou que Bush demitiu mais republicanos do que Dukakis teria feito. Mas eu respondi que aquilo não me incomodava. Era prerrogativa dos novos presidentes e aquelas mudanças não afetavam o Fed. Além disso, eu mantinha bons relacionamentos profissionais com a nova equipe econômica sênior – Nicholas Brady, secretário do Tesouro; Richard Darman, diretor de orçamentos; Michael Boskin, chairman do CAE e outros, além de ser amigo de alguns. (Jim Baker, evidentemente, passou a secretário de Estado.)

Minha principal preocupação, assim como do pessoal sênior do Fed, era que o novo governo atacasse o déficit imediatamente, enquanto a economia ainda estava bastante forte para absorver o choque dos cortes nos gastos federais. Os grandes déficits produzem efeitos insidiosos. Quando gasta demais, o governo precisa contrair empréstimos para equilibrar as contas, por meio da venda de títulos do Tesouro, absorvendo capital que, do contrário, poderia ser investido em atividades econômicas privadas. Nossos déficits andavam tão altos – bem mais que US$150 bilhões por ano em média durante cinco anos – que estávamos solapando a economia. Salientei esse problema logo depois da eleição, em depoimento perante a Comissão Econômica Nacional, grupo bipartidário que Reagan constituíra na esteira do crash de 1987. O déficit já não era mais um problema de amanhã, disse-lhes: "O longo prazo rapidamente se transforma em curto prazo. Se não agirmos imediatamente, os efeitos se farão sentir com intensidade e imediatismo crescentes." Como era de esperar, em razão do compromisso de Bush de não aumentar os impostos, a comissão atolou no impasse, com os republicanos defendendo o corte de gastos e os democratas insistindo no aumento de impostos, sem chegar a nenhuma conclusão.

Logo me vi diante do mesmo conflito público com o presidente Bush, por que eu já passara durante a campanha. Em janeiro, depus perante a Comissão de Bancos da Câmara dos Representantes que os riscos da inflação ainda eram bastante altos, justificando-se que a política do Fed "errasse mais para o lado da restrição que para o lado do estímulo". No dia seguinte, em entrevista a jornalistas, o presidente questionou a abordagem: "Não quero que ataquemos com tanta intensidade a inflação a ponto de impedirmos o crescimento", disse. Em geral, essas diferenças seriam ventiladas e resolvidas nos bastidores. Esperava construir com a Casa Branca o mesmo relacionamento colaborativo que eu havia presenciado durante o governo Ford e que eu sabia que existia às vezes entre Reagan e Paul Volcker. Mas não seria assim. Muitas coisas importantes aconteceram nos tempos de George Bush: a queda do Muro de Berlim, o fim da Guerra Fria, a vitória indiscutível no Golfo Pérsico e a negociação do acordo NAFTA para a liberalização do comércio na América do Norte. Mas a economia foi seu calcanhar-de-aquiles e, em conseqüência, nosso relacionamento se tornou péssimo.

Ele se defrontou com o agravamento do déficit comercial e com o fenômeno politicamente maléfico da emigração de fábricas. As pressões para reduzir o déficit federal finalmente o forçaram, em julho de 1990, a aceitar um acordo em relação ao orçamento, pelo qual descumpriria a promessa de não aumentar impostos. Poucos dias depois, ocorreu a invasão do Iraque pelo Kwait. A Guerra do Golfo daí resultante foi ótima para seus índices de aprovação. Mas a crise também deflagrou a recessão que vínhamos temendo, quando os preços do petróleo subiram e a confiança dos consumidores foi prejudicada pela incerteza. Pior ainda, a recuperação, que começou em princípios de 1991, foi inusitadamente lenta e anêmica. Esses eventos, em sua maioria, não estavam sujeitos ao controle de ninguém; mas, ainda assim, o bordão "é a economia, estúpido" se revelou eficaz para que Bill Clinton derrotasse Bush na eleição de 1992, não obstante o fato de que a economia, naquele ano, crescera 4,1%.

Dois fatos agravaram em muito o panorama econômico. O primeiro foi o colapso do setor de poupança e empréstimo dos Estados Unidos, acarretando para o orçamento federal grande e inesperada drenagem de recursos. As instituições de poupança e empréstimo, que haviam sido criadas em sua forma moderna para financiar a construção dos subúrbios, depois da Segunda Guerra Mundial, vinham falindo em ondas havia uma década. A inflação dos anos de 1970 – cujos efeitos foram intensificados pela desregulamentação mal gerenciada e, depois, por fraudes – liquidou centenas delas. Tal como foram concebidas de início, as S&Ls (Saving & Loans) eram máquinas de concessão de empréstimos hipotecários, não muito diferentes da Bailey Building and Loan, dirigida por Jimmy Stewart, no filme *A Felicidade Não se Compra*. Em geral, os clientes depositavam dinheiro em contas de poupança, controladas por meio de cadernetas de depósitos e de saques, que pagavam apenas 3% de juros ao ano, mas que ofereciam garantia do governo federal; em seguida, as S&Ls emprestavam esse dinheiro na forma de financiamentos imobiliários de trinta anos, com garantia de hipoteca, a 6% ao ano. Em conseqüência, durante décadas, essas instituições foram fonte confiável de dinheiro. O setor tornou-se enorme, com mais de 3.600 instituições e US$1,5 trilhão em ativos por volta de 1987.

Contudo, a inflação foi fatídica para esse mundo encantado. Ao impor forte aumento às taxas de juros de curto e de longo prazos, deixou as S&Ls em terrível dificuldade. Na maioria dos casos, o custo dos depósitos aumentou imediatamente, mas, como o giro da carteira de empréstimos hipotecários era lento, a receita ficou para trás. Em breve, muitas S&LS operavam no vermelho e, em 1989, a maioria estava tecnicamente insolvente. Se vendessem todos os empréstimos, não teriam dinheiro suficiente para devolver os depósitos.

O Congresso tentou várias vezes apoiar o setor, mas só conseguiu agravar o problema. Na hora exata do boom de construção civil da era Reagan, aumentou o limite de garantia dos depósitos, com dinheiro dos contribuintes (de US$40 mil para US$100 mil por conta), e atenuou as restrições sobre os tipos de empréstimos que podiam ser concedidos por essas entidades. Em breve, gestores ousados estavam financiando arranha-céus e resorts, além de milhares de outros projetos, que, em muitos casos, mal compreendiam, não raro ficando com as calças na mão.

Outros aproveitaram o relaxamento da regulamentação para praticar fraudes – dos quais o mais notório foi Charles Keating, empreendedor da Costa Oeste, que acabou preso por enganar os investidores em transações imobiliárias fictícias e com títulos de alto risco (*junk bonds*) sem valor. O pessoal de vendas da Lincoln Savings, de Keating, também foi acusado de induzir investidores pouco esclarecidos a retirar suas economias das cadernetas de poupança, transferindo-as para aplicações arriscadas e sem garantia, controladas por ele. Quando o negócio afundou, a limpeza daquela imundície custou aos contribuintes US$3,4 bilhões, e nada menos que vinte e cinco mil aplicadores perderam cerca de US$250 milhões. A revelação, em 1990, de que Keating e outros executivos de S&Ls eram grandes financiadores de campanhas políticas de senadores foi causa de grande drama em Washington.

Envolvi-me de maneira complexa em toda essa confusão, não só em razão de meu cargo, mas também por causa de um estudo que eu fizera como consultor privado. Anos antes, um escritório de advocacia que representava Keating me contratara para analisar se a Lincoln desfrutava de saúde financeira suficiente para investir diretamente em empreendimentos imobiliários. Concluí que, apresentando na época balanço patrimonial de alta liquidez, eles poderiam fazê-lo com segurança. Isso foi antes de Keating se endividar em níveis perigosos e muito antes de se revelar estelionatário. Até hoje não sei se ele se tornou criminoso quando comecei minhas pesquisas. Meu relatório veio à tona quando a Comissão de Ética do Senado iniciou audiências sobre as ligações de Keating com cinco senadores, que passaram a ser conhecidos como Os Cinco de Keating. John McCain, um dos que estavam sendo investigados, depôs que minha avaliação contribuíra para tranqüilizá-lo sobre Keating. Declarei ao *New York Times* que me sentia embaraçado por não ter sido capaz de prever o que a empresa faria, concluindo: "Eu estava errado sobre a Lincoln."

O incidente foi, sem dúvida, doloroso para mim, pois causou problemas para Andrea. Àquela altura, ela já se tornara a principal correspondente de sua rede no Congresso e estava cobrindo o escândalo Keating. Andrea sempre foi extremamente cuidadosa em manter o que ela chamava de *firewall* entre meu trabalho e o dela, à medida que nosso relacionamento se tornava mais profundo. Por exemplo, ela nunca comparecia a nenhum de meus depoimentos no Congresso; ela se empenhava em evitar até qualquer coisa que talvez parecesse conflito de interesses. As audiências referentes a Keating foram um teste para tudo isso. Com relutância, Andrea decidiu afastar-se da reportagem, enquanto a mídia explorava minhas ligações com o caso.

Ninguém sabia o quanto a limpeza final do setor de poupança e empréstimo custaria aos contribuintes – as estimativas se situavam em centenas de bilhões de dólares. À medida que prosseguiam os trabalhos, a drenagem do Tesouro era perceptível, agravando o desafio fiscal para o presidente Bush. A tarefa de tentar recuperar algumas das perdas recaiu sobre uma instituição denominada Resolution Trust Corporation, que o Congresso criara em 1989 para liquidar os ativos das empresas arruinadas. Eu participava de seu conselho de supervisão, que era presidido pelo secretário do Tesouro Brady e incluía Jack Kemp, então secretário de Habitação e

Aos cinco anos, Washington Heights, cidade de Nova York, 1931.
Coleção de Alan Greenspan.

Com três primos do lado dos Greenspan, por volta de 1934 (estou à esquerda).
Coleção de Alan Greenspan.

Aos dezesseis anos, Lago Hiawatha, New Jersey.
Coleção de Alan Greenspan.

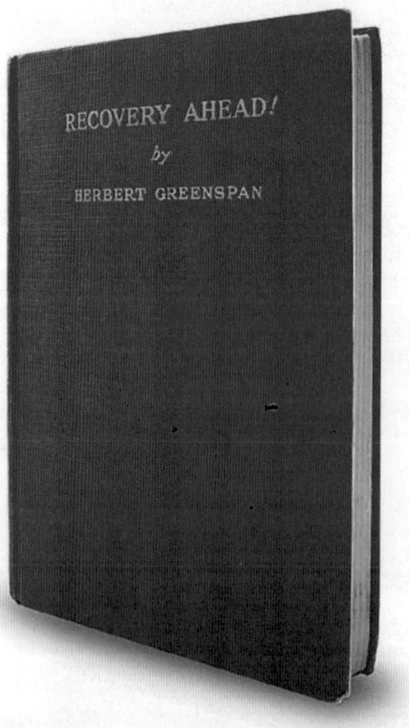

Meu pai, que vendia ações em Wall Street, deixou minha mãe quando eu tinha dois anos. Quando fiz nove anos, ele me deu um exemplar de seu livro, *Recovery Ahead!*, que previa, com confiança, o fim da Depressão e que continha a seguinte dedicatória afetuosa, embora um tanto obscura: *Que esta minha primeira tentativa, com o pensamento sempre em você, desencadeie um fluxo sem fim de iniciativas semelhantes para que, na maturidade, você olhe para o passado e também se esforce para interpretar o raciocínio por trás dessas previsões lógicas, e comece seu próprio trabalho no mesmo sentido. Seu pai.*
Fotografia de Darren Haggar.

Depois de um ano na Juilliard School, fiz uma excursão pelo país com a orquestra de dança de Henry Jerome, como *sideman*, tocando saxofone e clarineta (estou sentado na ponta esquerda). Também preparava as declarações do imposto de renda para os músicos da banda.
Cortesia de Henry Jerome Music.

Com minha mãe, Rose Goldsmith, mulher corajosa e animada, que me transmitiu o amor pela música.
Coleção de Alan Greenspan.

Em 1950, já estava ganhando o suficiente como economista para pensar em me mudar da cidade de Nova York para a elegante periferia urbana, o que fiz cerca de um ano depois.
Coleção de Alan Greenspan.

De todos os meus professores, Arthur Burns e Ayn Rand foram os que exerceram maior impacto sobre minha vida. Economista que realizou trabalho pioneiro sobre ciclos econômicos, Burns foi meu orientador acadêmico e mentor durante meu primeiro ano na escola de pós-graduação de Columbia e, anos depois, convenceu-me a concluir meu doutorado. Foi meu antecessor como chefe do Conselho de Assessores Econômicos e também como chairman do Federal Reserve Board. Ayn Rand compreendia o comportamento das pessoas e das sociedades.

ESQUERDA: *Bettmann/Corbis;* DIREITA: *The New York Times/Getty Images.*

As idéias iluministas de Adam Smith, valorizando a iniciativa individual e o poder dos mercados, ressurgiram do quase eclipse, na década de 1930, para a condição atual de idéia dominante da economia global. Smith (acima, à esquerda) se inclui entre os autores que contribuíram de maneira mais profunda para a minha formação intelectual. Também fui influenciado pelo pensamento de John Locke (acima, à direita), grande filósofo e moralista inglês, que expressou as noções básicas de vida, de liberdade e de propriedade, como direitos fundamentais, e por Joseph Schumpeter, economista do século XX, cujo conceito de destruição criativa se situa no âmago do papel da mudança tecnológica na sociedade capitalista moderna.

ALTO, À ESQUERDA: *Hulton Archive/Getty Images;*
ALTO, À DIREITA: *Bettman/Corbis;*
EMBAIXO, À DIREITA: *Getty Images.*

Em minha empresa, Townsend-Greenspan, concentrei-me na indústria pesada – têxteis, mineração, ferrovias e, principalmente, siderurgia. O estudo da siderurgia me deixou em excelente posição para advertir quanto à recessão de 1958 – minha primeira previsão sobre a economia americana como um todo.

Walter Daran/Time Life Pictures/Getty Images.

Quando aceitei meu primeiro trabalho em Washington, em 1974, deixei a Townsend-Greenspan nas mãos das vice-presidentes (a partir da esquerda) Kathy Eichoff, Lucille Wu e Bess Kaplan (sentada). A ex-vice-presidente Judith Mackey (direita) reassumiu temporariamente para ajudar. A predominância de mulheres na Townsend-Greenspan era algo inusitado no mundo econômico. The New York Times/*Redux*.

Meu envolvimento na vida pública começou com a campanha de Richard Nixon para a presidência, em 1967. Embora eu tenha ficado impressionado com a inteligência de Nixon, ele tinha um lado obscuro que me incomodava, razão por que resolvi não participar do governo. À minha esquerda, nessa reunião de julho de 1974, está David Packard, co-fundador da Hewlett-Packard, que atuou como vice-secretário da Defesa, de 1969 a 1971. *Bettmann/Corbis*.

Minha mãe me cumprimenta depois que assumi o cargo de chairman do Conselho de Assessores Econômicos, enquanto o presidente Ford nos observava, sorrindo. Com os Estados Unidos se recuperando de Watergate e sob o impacto dos altos preços do petróleo e da inflação, foi um momento difícil para assumir um cargo no governo. *Bettmann/Corbis.*

Nessa reunião de abril de 1975, no Salão Oval, para discutir política econômica, o secretário de Estado Henry Kissinger acabara de interromper-nos com a notícia da evacuação de Saigon, capital do Vietnam do Sul. Da esquerda para a direita: presidente Ford; o vice-chefe do gabinete civil, Dick Cheney; eu; o chefe do gabinete civil, Donald Rumsfeld; o vice-presidente, Nelson Rockefeller, e Kissinger. *David Hume Kennerly; The Gerald R. Ford Presidential Library/Getty Images.*

O staff sênior da Casa Branca geralmente se reunia no gabinete do chefe do gabinete civil, para ver o noticiário noturno e ruminar os acontecimentos do dia. Eu me deitava no tapete para aliviar minha dor nas costas. *David Hume Kennerly / The Gerald R. Ford Presidential Library/Getty Images.*

Trabalhando em Camp David, da esquerda para a direita: secretário do Tesouro, Bill Simon; secretário de imprensa, Ron Nessen; presidente Ford; Dick Cheney, Donald Rumsfeld e eu.
David Hume Kennerly/The Gerald R. Ford Presidential Library/Getty Images.

Com o presidente Ford, em Palm Springs, 1980. Ao contrário da reputação de ser fisicamente desajeitado, ele era ótimo golfista e um dos melhores jogadores amadores de futebol americano. *Fotografia de Neil Leifer.*

Durante a campanha presidencial de 1980, minha missão nesse vôo de travessia do país com Ronald Reagan era orientá-lo sobre uma longa lista de questões internas. O assessor Martin Anderson, em primeiro plano, garantiu-me: "Ele o ouvirá." Mas não consegui que Reagan parasse de contar histórias.
Fotografia de Michael Evans, cortesia da Ronald Reagan Presidential Foundation.

Na convenção republicana, em julho, Henry Kissinger e eu tentamos convencer o ex-presidente Ford a aceitar a candidatura como vice-presidente de Reagan. As pesquisas de opinião mostravam que Reagan e Ford seriam a "chapa dos sonhos", mas, depois de vinte e quatro horas de suspense, as negociações se romperam e o escolhido para concorrer à vice-presidência foi George H. W. Bush.
David Hume Kennerly/Getty Images.

A Seguridade Social enfrentava problemas financeiros em fins da década de 1970 e em princípios da de 1980; tanto os republicanos quanto os democratas sabiam que ela precisava de consertos. A comissão de reforma de Reagan, que eu dirigi, conseguiu chegar a um acordo. Com Reagan, no Rose Garden, em abril de 1983, quando ele assinava a nova lei, reuniram-se os líderes de ambos os partidos, como o senador Bob Dole (à minha esquerda na foto), o congressista Claude Pepper (parcialmente escondido) e o presidente da Câmara dos Representantes, Tip O'Neill (brincando com o presidente). A caricatura abaixo apareceu na imprensa financeira naquele ano.

ACIMA: *AP Images/Barry Thumma;* ABAIXO: *David Levine.*

"All the News That's Fit to Print"

The New York Times

NEW YORK, TUESDAY, OCTOBER 20, 1987

STOCKS PLUNGE 508 POINTS, A DROP OF 22.6%; 604 MILLION VOLUME NEARLY DOUBLES RECORD

U.S. Ships Shell Iran Installation In Gulf Reprisal

Offshore Target Termed a Base for Gunboats

WORLDWIDE IMPACT

Frenzied Trading Raises Fears of Recession — Tape 2 Hours Late

Does 1987 Equal 1929?

Who Gets Hurt?

More About the Markets

Goetz Given 6-Month Term on Gun Charge

Em 2 de junho de 1987, o presidente Reagan anunciou que me indicaria para suceder a Paul Volcker como chairman do Fed. O chefe do gabinete civil, Jim Baker (direita) me havia sondado sobre a nomeação meses antes. Mal se passaram dez semanas depois de minha posse no cargo, enfrentei o batismo de fogo: o crash do mercado de ações de 19 de outubro de 1987, a Black Monday.

A história deu uma virada espantosa quando o Muro de Berlim caiu em novembro de 1989. Porém, ainda mais surpreendente para mim, nos dias seguintes, foi a ruína econômica exposta pela queda das barreiras. Quando o premier soviético, Mikhail Gorbachev fez sua terceira visita aos Estados Unidos, na primavera seguinte, a própria União Soviética começou a desintegrar-se. Ele é visto abaixo, com o presidente George H. W. Bush e eu, numa fila de cumprimentos, num jantar de Estado, em Washington, em 31 de maio de 1990. ESQUERDA: *AP Images/John Gaps III;* ABAIXO: *Cortesia da George Bush Presidential Library.*

A tensão entre o presidente George H. W. Bush e o Federal Reserve Board ficou evidente nesta reunião de julho de 1991, no Salão Oval. Ele não fazia segredo de sua opinião de que o Fed não havia baixado as taxas de juros o suficiente. Ele me reconduziu como chairman naquele ano; porém, mais tarde, me culpou por haver perdido a eleição presidencial de 1992. *Cortesia da George Bush Presidential Library.*

O Federal Open Market Committee (FOMC), o grupo deliberativo mais poderoso e sensível do Fed, em sessão de junho de 2003. Ele se reúne oito vezes por ano.
Foto do Federal Reserve – Britt Leckman.

Eu tinha acesso à incrível variedade de informações, cada vez mais ampla, em meu gabinete no Fed, à medida que a tecnologia revolucionava a análise econômica.
Fotografia de Diana Walker.

Eu fazia questão de reservar algumas horas de tranqüilidade todos os dias, para estudos e reflexões.
Fotografia de Linda L. Creighton.

Desenvolvimento Urbano; Robert Larson, empreendedor imobiliário; e Philip Jackson, ex-governador do Fed. A RTC tinha um staff profissional, mas, para mim, ser membro do conselho de supervisão era quase que um segundo cargo. Passava muito tempo debruçado sobre documentos minuciosos e comparecia a reuniões. A grande quantidade de imóveis inabitados sob nossa gestão se deteriorava rapidamente por falta de manutenção e, se não nos livrássemos logo deles, acabaríamos incorrendo em enormes perdas. Além disso, provavelmente ainda seríamos onerados com o encargo de demolir muitos deles. Sempre que eu estimava mentalmente os custos, me sentia sobressaltado.

As hipotecas das S&Ls, que ainda rendiam juros, foram vendidas com facilidade no mercado. Mas agora a RTC só tinha ativos que ninguém parecia querer: esqueletos de shopping centers em áreas desertas, marinas, clubes de golfe e condomínios residenciais em regiões saturadas, prédios de escritórios meio vazios e minas de urânio. O escopo do problema era inimaginável. Bill Seidman, que presidia a RTC e a Federal Deposit Insurance Corporation, calculou que, se a RTC vendesse por dia ativos no valor de um milhão, seriam necessários trezentos anos para que alienasse todas as suas propriedades. Sem dúvida, precisávamos de uma abordagem diferente.

Não estou certo de quem veio com a idéia criativa das vendas. Quando finalmente a apresentamos, o plano era agrupar os imóveis em blocos de US$1 bilhão. Para o primeiro lote, que oferecemos em leilão, solicitamos ofertas de umas poucas dúzias de compradores qualificados, sobretudo empresas com experiência em se desvencilhar de propriedades problemáticas. "Qualificado", no caso, não significava exatamente "experiente". Os grupos que procurávamos incluíam os chamados "vulture funds", ou "fundos abutres", especializados na aquisição de ativos problemáticos, e especuladores, cuja reputação talvez merecesse cirurgia plástica.

As ofertas foram poucas e o lote foi vendido por uma bagatela – pouco mais de US$500 milhões. Além disso, o licitador vitorioso podia pagar como entrada apenas pequena fração do preço e depois amortizar o saldo devedor em prestações baseadas na geração de caixa dos imóveis. O negócio mais parecia donativo e, como esperávamos, formadores de opiniões e o Congresso expressaram protestos veementes. Porém, nada como pechinchas para estimular a demanda. Os investidores avançaram cheios de ganância sobre os despojos, os preços dos lotes remanescentes dispararam e, em poucos meses, as prateleiras da RTC estavam vazias. Quando foi dissolvida, em 1995, a RTC havia liquidado 744 S&Ls – mais de um quarto do setor. Mas, graças em parte às vendas de ativos, a conta total para os contribuintes foi de US$87 bilhões, muito menos do que se receava de início.

Os bancos comerciais também enfrentavam sérios problemas. Essa era uma dor de cabeça ainda maior que a das S&Ls, pois essas instituições representavam setor muito maior e muito mais importante da economia. Para eles, os últimos anos da década de 1980 foram o pior período da história, desde a Depressão; centenas de bancos de pequeno e médio portes faliram, gigantes como Citibank e Chase Manhattan estavam em dificuldade. Como no caso das S&Ls, a principal causa foi o excesso de empréstimos especulativos. Em princípios dos anos 80, os grandes bancos jogaram com as dívidas da América Latina e, então, à medida que os devedores se tornavam inadimplentes, eles apostaram ainda mais alto, a exemplo dos jogadores inexperientes que insistem em recuperar as perdas, extenuando todo o setor numa orgia de financiamentos imobiliários.

O colapso inevitável do boom imobiliário realmente sacudiu os bancos. A incerteza sobre o valor das garantias imobiliárias que respaldavam os financiamentos impedia que os bancos definissem com exatidão o próprio capital – deixando muitos deles paralisados, assustados e relutantes em conceder novos empréstimos. As grandes empresas conseguiam explorar outras fontes de fundos, como os mercados de débitos inovadores, que haviam emergido em Wall Street – fenômeno que contribuiu para a pouca intensidade e para a curta duração da recessão da década de 1990. Mas as empresas industriais e comerciais de pequeno e médio portes em todos os Estados Unidos tinham dificuldade em conseguir até empréstimos rotineiros. O que, por sua vez, dificultou a atenuação de seus efeitos.

Nada que fazíamos no Fed parecia dar certo. Começamos com a redução das taxas de juros bem antes do início da recessão, mas a economia parara de responder. Embora tivéssemos baixado a taxa dos fundos federais não menos que vinte e três vezes no período de três anos, entre julho de 1989 e julho de 1992, a recuperação foi uma das mais lentas já registradas.

"A economia americana seria mais bem descrita como se movendo para frente; porém, em direção contrária a ventos de 100 km por hora", foi como expliquei a situação a uma audiência de preocupados empresários da Nova Inglaterra, em outubro de 1991. Eu não podia ser muito encorajador, pois não sabia quando terminaria o aperto creditício.

Eu via o presidente Bush a cada seis ou sete semanas, geralmente no contexto de uma reunião com outros participantes, mas, às vezes, em audiências exclusivas. Nós nos conhecíamos desde o governo Ford. Ele até me recebeu em Langley para o almoço, quando era diretor da Central Intelligence Agency – CIA, em 1976.

Durante os primeiros meses da campanha de 1980, ele, com freqüência, me consultava sobre questões de política econômica. Quando era vice-presidente, eu me reunia com ele muitas vezes na Casa Branca. Bush era inteligente e, pessoalmente, sempre nos demos bem. Simpatizava, em especial, com a mulher dele, Barbara, presença espirituosa e agradável. Mas, durante sua presidência, ele se interessava muito menos por economia que por assuntos externos.

E, embora seu pai houvesse trabalhado em Wall Street e ele tivesse especialização em economia, por Yale, nunca teve experiência direta com os mercados. Ele não achava que as taxas de juros fossem definidas principalmente por forças do mercado; parecia acreditar que eram questão de preferência. Não era uma opinião resultante de reflexões. Preferia delegar a política econômica a seus principais ajudantes. Isso significava que eu me relacionava, principalmente, com Nick Brady, Dick Darman e Mike Boskin.

Darman, o diretor de orçamentos, era, sob muitos aspectos, semelhante a David Stockman – formulador de políticas intelectualizado e paladino da boa gestão fiscal. No entanto, ao contrário de Stockman, Dick muitas vezes não era muito direto com as pessoas e se deixava levar mais pelas conveniências políticas. Com o tempo, aprendi a preservar certa distância.

Darman escreveu, anos mais tarde, que, a portas fechadas, na Casa Branca, ele se opusera veementemente ao compromisso de não aumentar impostos. Em vez disso, tentara convencer o presidente a atacar o déficit logo no começo, quando poderiam ter resolvido a questão com certa rapidez. Porém, o presidente não se deixou convencer. Durante 1989, a Casa Branca se viu em confronto com o Congresso democrata. Tamanho era o endividamento que pairava sobre o orçamento que, quando a recessão chegou, o governo não contava com flexibilidade fiscal para enfrentá-la.

Em breve, o governo começou a culpar o Fed por seus problemas. Segundo se dizia, estávamos asfixiando a economia, por restringirmos tanto a oferta de moeda. Minha primeira experiência com essa situação foi em agosto de 1989, quando Andrea e eu estávamos visitando o senador John Heinz e a esposa dele, Tereza, na casa de verão do casal em Nantucket. Sintonizamos a televisão nos programas de entrevistas de domingo de manhã e lá apareceu Dick Darman, no *Meet the Press*. Eu não estava prestando muita atenção ao programa, quando o ouvi afirmando: "É importante que não só o chairman Greenspan, mas também os outros membros do Conselho e do FOMC se mantenham mais atentos à necessidade de não empurrar a economia para a recessão. Não estou convencido de que já estejam agindo assim." Quase derramei o café. "O quê!", reagi. Ao ouvir aquela afirmação, concluí de imediato que ela não fazia nenhum sentido econômico. Mas, então, percebi que nem precisava. Aquilo era pura retórica política.

O secretário do Tesouro, Brady, também não gostava do Fed. Ele e o presidente eram amigos e tinham muito em comum – ambos eram ricos, patrícios, educados em Yale e membros da Skull and Bones, sociedade secreta, com sede em New Haven, Connecticut. Nick passara mais de três décadas em Wall Street, até tornar-se chairman de grande empresa de investimentos. Trouxe consigo para Washington profunda experiência no mundo real das operações de mercado e grande tarimba em comando.

Durante todo o governo Bush, Nick e eu cooperamos em muitas questões importantes – viajamos para Moscou em 1991 e trabalhamos de maneira coesa e eficaz em assuntos complexos, referentes a regulamentação bancária e câmbio. Além de trabalharmos juntos, ele também me convidou para jogar golfe no Augusta National, quando Andrea e eu mantivemos bom relacionamento social com ele e a esposa Kitty.

Mas ele reforçou a visão instrumental do presidente Bush sobre política monetária. Para Nick, cortar as taxas de juros de curto prazo parecia proposta sem risco – se o Fed inundasse a economia com dinheiro, o país cresceria com mais rapidez. Teríamos de ficar atentos à deflagração da inflação, mas, se ocorresse, o Fed tinha condições de puxar as rédeas. Se eu tivesse feito o que queriam, teria acelerado e intensificado as reduções da taxa de juros – e, sem dúvida, o mercado teria cortado minha cabeça – merecidamente.

O secretário do Tesouro, contudo, não era receptivo ao debate. Como muitos operadores de mercado, ele havia alcançado grande sucesso, agindo na base do instinto. E, em questões como política cambial, a sensibilidade dele em relação aos mercados era muito aguda. Porém, ele não era um conceitualizador e tampouco tinha propensão a adotar perspectivas de longo prazo. Nick e eu nos reuníamos durante o café-da-manhã, uma vez por semana. Sempre que vinha à tona o assunto política monetária, ficávamos dando voltas.

Esse impasse duplicou a dificuldade de enfrentar o déficit e a recessão, pois significava que o governo sempre procurava barganhar com o Fed. Quando, em 1990, o projeto de lei do orçamento estava sobre a mesa – e o presidente Bush finalmente enfrentou a necessidade de quebrar sua promessa de não aumentar impostos – Nick pediu que eu assumisse o compromisso de que, se o orçamento fosse aprovado, o Fed reduziria as taxas de juros.

Com efeito, o pacote orçamentário me impressionou. Incluía algumas inovações de Darman que eu considerava muito promissoras – como a regra "pay-go", segundo a qual qualquer novo programa de gastos deveria ter alguma fonte de financiamento compensatória, sob a forma de aumento da receita tributária ou de redução de outros gastos públicos ("pay-go" era a abreviação de "pay as you go", ou pagamento em bases correntes). A proposta orçamentária não previa a redução do déficit com o rigor desejado, mas o consenso no Fed, com o qual eu concordava, era que se daria um grande passo na direção certa. Num depoimento no Congresso, em outubro, quando o orçamento finalmente estava a ponto de ser aprovado, qualifiquei o plano de "confiável" – talvez um leve elogio, mas o suficiente para fazer o mercado de ações dar um pulo, em conseqüência da interpretação dos operadores de que o Fed reduziria instantaneamente as taxas de juros. Evidentemente, essa não era a nossa intenção: antes de afrouxar o crédito, precisávamos ver primeiro se os cortes orçamentários efetivamente se tornariam lei e, mais importante, se produziriam algum efeito econômico real.

Portanto, sempre fui muito cuidadoso em relação ao que dizia a Nick, mesmo confidencialmente. Respondi: "Um orçamento sensato resultará em queda nas taxas de juros de longo prazo, em face da redução nas expectativas de inflação. A política monetária, adequadamente, deve reagir a essa situação, diminuindo as taxas de juros de curto prazo." Esse era o padrão das políticas do Fed, mas a resposta frustrou Nick, pois não era a garantia que ele esperava.

Quando a recessão atingiu o fundo do poço, o atrito ficou ainda pior. "O pessimismo tem sido exagerado", declarou o presidente Bush, em seu discurso State of the Union, de 1991. "Agora, bancos seguros deveriam estar fazendo empréstimos seguros, e as taxas de juros deveriam estar mais baixas." O Fed, evidentemente, vinha baixando as taxas de juros havia mais de um ano, mas a Casa Branca queria cortes maiores e mais rápidos.

Ainda tenho uma carta formal que Nick me enviou naquela época. Ele tomara a iniciativa pouco comum de convidar oito eminentes economistas da indústria e da academia à Casa Branca para almoçar com o presidente. Durante o almoço, perguntou-se a cada economista se o Fed deveria acelerar a redução dos juros de curto prazo. Sob os refletores, diante do presidente, escreveu Nick, "cada um deles respondeu que a medida não seria prejudicial" – e praticamente todos acharam que ajudaria. "Alan, com base em todas as minhas incursões, você está sozinho em sua opinião", prosseguia a carta, queixando-se ostensivamente da "falta de liderança vigorosa pelo Fed".

No entanto, no caso, os latidos do governo eram mais ameaçadores que as mordidas. Quando meu mandato como chairman do Fed terminou, no verão de 1991, houve uma reunião nos bastidores em que o secretário do Tesouro tentou fisgar um compromisso de maior relaxamento da política monetária, em troca de um segundo mandato. Brady mais tarde alegou que eu havia aceitado o acordo. Na verdade, eu jamais poderia assumir tal compromisso, mesmo que eu quisesse (e ainda que eu, pessoalmente, achasse que a redução das taxas de juros poderia continuar). Contudo, o presidente Bush me reconduziu. Acho que ele concluiu que essa seria sua melhor escolha: o Fed, em si, sob todos os critérios, estava funcionando bem, e Wall Street parecia não preferir nenhum outro candidato. Além do mais, qualquer mudança agitaria os mercados.

O impasse sobre a política monetária tornou difícil a amizade entre Nick e eu; embora continuássemos a cooperar profissionalmente, ele cancelou nossos encontros semanais para o café-da-manhã e nosso relacionamento social chegou ao fim. Com a aproximação do ano da eleição, o governo resolveu mudar sua abordagem em relação ao Fed e ao seu chairman cabeçudo. A "conta Greenspan", como a chamavam na Casa Branca, foi transferida para o chairman do CAE, Mike Boskin e para o próprio presidente.

Realmente, a recuperação finalmente estava ganhando força quando se iniciou a temporada da campanha. Em 1° de julho, senti-me bastante confiante para declarar que os ventos contrários, que fustigavam a 100 km por hora, já estavam mais fracos. Análises posteriores revelaram que na primavera o PIB crescia à taxa saudável de 4% ao ano. Mas, na época, não era fácil discernir tal ritmo de crescimento e o presidente, compreensivelmente, queria que a expansão econômica fosse tão robusta e óbvia quanto possível.

Reuni-me com o presidente poucas vezes naquele ano. Ele sempre foi extremamente cordial. "Não quero intimidar o Fed", dizia. Ele sondava e levantava questões substantivas com base no que ouvia de seus contatos no mundo dos negócios. Fazia perguntas como: "Dizem que as restrições sobre as reservas bancárias são parte do problema; como devo encarar isso?" Essas não eram perguntas que Reagan faria – ele não tinha paciência para discutir política econômica – e eu apreciava aquela curiosidade de Bush. Sentia-me muito mais à vontade lidando com ele que com Brady, pois a conversa nunca era antagônica. Mas, quando falávamos sobre taxas de juros, nunca consegui convencê-lo de que a intensificação e a aceleração das reduções quase certamente não teriam favorecido a recuperação, ao passo que teriam aumentado o risco da inflação.

O fato era que a economia estava em recuperação, apenas não a tempo de salvar a eleição. O déficit provavelmente feriu Bush mais que qualquer outra coisa.

Embora os tardios cortes orçamentários e aumentos de impostos de 1990 tenham melhorado a situação fiscal do país, a recessão afetou de forma tão negativa a arrecadação federal que o déficit temporariamente disparou, chegando a US$290 bilhões no último ano do mandato de Bush. Ross Perot martelou nessa tecla durante a campanha e conseguiu dividir o voto republicano o suficiente para afundar Bush.

Fiquei triste anos mais tarde quando descobri que o presidente Bush me culpava por sua derrota. "Eu o reconduzi e ele me decepcionou", declarou numa entrevista na televisão, em 1998. Por natureza, não sou desconfiado. Apenas retrospectivamente me dei conta da extensão em que Brady e Darman tinham convencido o presidente de que o Fed o estava sabotando. A amargura dele me surpreendeu; não sentia o mesmo em relação a ele. Sua derrota na eleição me lembrou de como os eleitores da Inglaterra haviam deposto Winston Churchill, logo depois da Segunda Guerra Mundial. Tanto quanto posso julgar, o trabalho de Bush foi exemplar na área mais importante com que se defrontavam os Estados Unidos na época – nossa confrontação com a União Soviética e a crise no Oriente Médio. Se um presidente pode merecer reeleição, ele merecia. Mas, nesse caso, também Winston Churchill.

CAPÍTULO 6

A QUEDA DO MURO

10 de outubro de 1989. Jack Matlock, embaixador dos Estados Unidos na União Soviética me apresentava a um público de economistas e banqueiros na Spaso House, residência oficial do embaixador em Moscou. Minha missão era explicar as finanças capitalistas.

Obviamente, eu não tinha idéia de que, daí a um mês, o Muro de Berlim seria demolido e que, pouco mais de dois anos depois, a União Soviética não mais existiria. E eu nem desconfiava que, nos anos seguintes ao colapso do bloco oriental, eu me tornaria testemunha de um evento muito raro: o nascimento de economias de mercado, que emergiriam das cinzas de economias até então sob planejamento central. No processo, o fracasso do planejamento central expôs a extensão quase inimaginável em que a podridão se acumulara ao longo de décadas.

No entanto, a maior surpresa que me aguardava seria o extraordinário aprendizado sobre as raízes do capitalismo de mercado. Esse é o sistema com que, evidentemente, estou mais familiarizado; porém, meus conhecimentos sobre seus fundamentos eram completamente abstratos. Cresci numa sofisticada economia de mercado, com sua legislação, seus sistemas e suas convenções já havia muito estabelecidos e maduros. A evolução que eu estava na iminência de observar na Rússia ocorrera nas economias ocidentais muito antes de meu nascimento. À medida que a Rússia se empenhava para se recuperar do colapso de todas as instituições da União Soviética, eu me sentia como um neurologista que aprende pela observação das reações e da atuação de um paciente, quando parte de seu cérebro ficou comprometida. Assistir às tentativas de funcionamento dos mercados, quando falta a proteção aos direitos de propriedade ou a tradição de confiança foi uma experiência de aprendizado inteiramente nova para mim.

Entretanto, tudo isso ainda era porvir, quando olhei para as cem ou mais pessoas que se reuniam diante de mim na Spaso House, e fiquei imaginando: "O que será que estão pensando? Como me sintonizar com elas?" Toda aquela gente fora educada em escolas soviéticas, presumi, sob profunda doutrinação pelo marxismo. O que sabiam sobre instituições capitalistas e sobre competição de mercado? Até então, sempre me dirigira a públicos ocidentais, tinha condições de julgar seus interesses e nível de conhecimento, adaptando minhas palavras a tais presunções. Mas, na Spaso House, eu precisava adivinhar.

A palestra que eu preparara era uma apresentação genérica e concisa sobre bancos em economias de mercado. Nela eu explorava tópicos como importância da intermediação financeira, vários tipos de risco a que se expõem os bancos comerciais, vantagens e desvantagens da regulamentação e atribuições dos bancos centrais. A palestra avançava com muita lentidão, inclusive porque eu tinha de fazer uma pausa a cada parágrafo para que o intérprete traduzisse minhas palavras para o russo.

No entanto, o público estava muito atento – as pessoas demonstraram interesse o tempo todo e muitas pareciam tomar notas detalhadas. Muitas mãos se levantaram quando, finalmente, cheguei ao fim e o embaixador Matlock abriu a sessão de perguntas e respostas. Para minha surpresa e satisfação, a meia hora seguinte de discussões deixou óbvio que muita gente entendeu minhas mensagens. Suas perguntas revelaram um grau de compreensão do capitalismo que me deixou perplexo por sua sofisticação.*

Eu fora convidado por Leonid Abalkin, vice-primeiro-ministro encarregado da reforma. Esperava que nosso encontro naquela semana fosse muito cerimonioso, mas acabou sendo tudo, menos formal. Economista acadêmico, cinqüenta e tantos anos, um dos reformadores do círculo íntimo de Gorbachev, Abalkin construíra reputação de flexibilidade política e de elegância. Seu rosto alongado dava-lhe a aparência de estar sob forte tensão, e não lhe faltavam razões para que esse

---

*Como será que aquelas pessoas sabiam tanto? Em 1991, abordei a questão com Grigory Yavlinsky, um dos principais reformadores de Gorbachev. Ele riu e explicou: "Todos nós tínhamos acesso a livros de econometria nas bibliotecas das universidades, o que fora autorizado pelo partido, por se tratar de trabalhos puramente técnicos, destituídos de conteúdo ideológico." Obviamente, a ideologia do capitalismo era componente intrínseco profundo de muitas daquelas equações – os modelos econométricos giram em torno das forças indutoras da escolha dos consumidores e da competição de mercado. Assim, disse Yavlinsky, os economistas soviéticos adquiriram muitos conhecimentos e informações sobre o funcionamento dos mercados.

fosse o caso. O inverno se aproximava, alguns relatórios davam conta de provável falta de eletricidade e de alimentos, Gorbachev se referia em público ao risco de anarquia, e o primeiro-ministro acabara de pedir ao parlamento poderes de emergência para proibir as greves. A Perestroika, ambicioso programa de reforma econômica de Gorbachev, já com quatro anos, estava em perigo de colapso. Senti que Abalkin fora incumbido daquela missão porque seu chefe conhecia muito pouco os mecanismos de mercado.

Abalkin pediu minha opinião sobre uma proposta que vinha sendo alardeada pelos planejadores estatais soviéticos. Tratava-se de programa de combate à inflação baseado em indexação – atrelagem dos salários aos preços – como maneira de assegurar à população que seu poder de compra não seria destruído. Expus-lhe a luta constante do governo americano para pagar as contas, por ter indexado os benefícios da Seguridade Social e expressei minha opinião convicta de que a indexação é apenas um paliativo que, em longo prazo, tende a causar problemas ainda mais graves. Abalkin não pareceu surpreso. Ele disse que, na opinião dele, a transição de planejamento central burocrático para livre mercado privado, que ele chamou de "a forma mais democrática de regular a atividade econômica", demoraria muitos anos.

Outros chairmen do Fed já haviam se aventurado no outro lado da cortina de ferro – Arthur Burns e William Miller tinham vindo a Moscou durante o período de distensão da década de 1970 – mas eu sabia que nunca tiveram uma conversa como aquela. Naqueles tempos, os temas de discussão eram poucos: o abismo ideológico e político entre as economias sob planejamento central do bloco soviético e as economias de mercado do Ocidente era vasto demais. No entanto, os últimos anos da década de 1980 haviam trazido mudanças espantosas – principalmente na Alemanha Oriental e em outros satélites, mas também na própria União Soviética. Exatamente naquela primavera, a Polônia realizou sua primeira eleição livre e os acontecimentos que se seguiram surpreenderam o mundo. Primeiro, o sindicato Solidariedade conquistou vitória decisiva contra o Partido Comunista. E, então, em vez de enviar o Exército Vermelho para retomar o controle, Gorbachev declarou que a URSS aceitava o resultado das eleições livres. Mais recentemente, a Alemanha Oriental começou a dissolver-se – dezenas de milhares de pessoas aproveitaram o enfraquecimento do controle estatal para emigrarem ilegalmente para o Ocidente. Além disso, poucos dias depois que cheguei a Moscou, o Partido Comunista da Hungria rechaçou o marxismo em favor do socialismo democrático.

A União Soviética em si atravessava crise notória. O colapso dos preços do petróleo poucos anos antes tinha eliminado sua única fonte real de crescimento, e nada mais havia para compensar a estagnação e a corrupção que se tornaram endêmicas durante a era Brezhnev. Agravando tudo isso, ainda havia a Guerra Fria, cujas pressões foram muito intensificadas pelo forte rearmamento dos Estados Unidos durante o mandato do presidente Reagan. A União Soviética não só perdia o controle sobre seus países-satélites, mas também enfrentava problemas com o abastecimento de gêneros à sua população: apenas importando milhões de toneladas de grãos do Ocidente ela foi capaz de assegurar o pão nas prateleiras. A inflação, preocupação imediata de Abalkin, estava de fato fora de controle – vi com meus próprios olhos longas filas fora das joalherias, onde clientes desesperados para converter rublos em bens duráveis não podiam adquirir mais de uma jóia por visita.

Gorbachev, evidentemente, movimentava-se com a rapidez possível para liberalizar o sistema e reverter a decadência. O secretário-geral do Partido Comunista da União Soviética surpreendeu-me como homem extraordinariamente inteligente e aberto, mas sua mente era dicotômica. Na verdade, sob certo aspecto, inteligência e abertura eram os seus problemas, pois impossibilitavam que ele ignorasse as contradições e mentiras que o sistema lhe apresentava dia sim, dia não. Embora tivesse crescido sob Stalin e Khrushchev, ele via que seu país estava estagnando e compreendia as causas da situação, o que esgarçava sua doutrinação.

O grande mistério para mim era por que Yuri Andropov, o linha-dura que precedeu Gorbachev, promovera seu sucessor. Gorbachev não derrubou a União Soviética de propósito; no entanto, nada fez para evitar sua dissolução. Ao contrário dos antecessores, não enviou tropas à Alemanha Oriental, nem à Polônia, quando os dois países tomaram o rumo da democracia. E ainda se empenhava para que seu país se convertesse em grande ator no comércio mundial. Sem dúvida, ele sabia que tal inserção era pró-capitalista, embora não compreendesse os mecanismos dos mercados de ações ou outros sistemas da economia ocidental.

Minha visita coincidiu com o esforço crescente de Washington para estimular a mentalidade reformista dos soviéticos, sob a política de abertura de Gorbachev, a glasnost. Assim que a KGB permitiu a realização de reuniões noturnas, a embaixada americana instituiu uma série de seminários, em que historiadores, economistas e cientistas podiam assistir a palestras de colegas ocidentais sobre temas até então proibidos, como mercados negros, problemas ecológicos nas repúblicas do sul e história da era stalinista.

Boa parte de minha agenda consistia em reuniões com altas autoridades. Embora eu tivesse estudado a economia de livre mercado durante quase toda a vida, o confronto da alternativa e a visão da crise com que ela se deparava levou-me a refletir com mais profundidade do que nunca sobre os fundamentos do capitalismo e sobre como ele diferia dos sistemas de planejamento central. Meu primeiro vislumbre dessa diferença ocorreu na periferia de Moscou, no trajeto de carro entre o aeroporto e a cidade. Num campo, à margem da estrada, avistei um trator a vapor, da década de 1920, máquina desajeitada e barulhenta, com grandes rodas de metal. "Por que será que ainda estão usando essa velharia?", perguntei ao segurança que me acompanhava no carro. "Não sei", ele respondeu. "Porque ainda funciona?" Como os Chevrolets 1957 nas ruas de Havana, aquela relíquia representava a diferença fundamental entre sociedades sob planejamento central e sociedades capitalistas: lá não havia destruição criativa, não existia o ímpeto para construir melhores ferramentas.

Não admira que os sistemas econômicos sob planejamento central tenham grande dificuldade em melhorar o padrão de vida e em criar riqueza. A produção e a distribuição são determinadas por instruções específicas das agências de planejamento às fábricas, indicando de quem e em que quantidades devem receber suprimentos e serviços, e a quem devem distribuir a produção. Presume-se o pleno emprego e predeterminam-se os salários. O grande ausente é o consumidor final, que, nas economias sob planejamento central, devem aceitar passivamente os bens cuja produção foi encomendada pelos órgãos do governo. Entretanto, mesmo na União Soviética, esse não é o comportamento dos consumidores. Sem mercados eficientes para determinar a oferta e a demanda, as conseqüências quase sempre são enormes excedentes de produtos que ninguém quer e enormes faltas de produtos que muita gente quer, mas que não são produzidos em volumes adequados. As faltas resultam em racionamento, ou em seu famoso equivalente – as infindáveis filas de espera diante das lojas. (O reformador soviético Yegor Gaidar, refletindo sobre o poder de ser responsável pela distribuição de bens escassos, disse mais tarde: "Trabalhar como vendedor numa loja de departamentos era como ser milionário no Vale do Silício. Era fonte de status, de influência e de respeito.")

Os soviéticos construíram todo o país com base na premissa de que o planejamento central, em vez da competição aberta e do livre mercado, é a maneira de promover o bem comum. As implicações dessa hipótese de trabalho me deixaram ansioso para conhecer Stepan Sitaryan, braço direito do chefe da Gosplan, comissão de planejamento estatal. A União Soviética tinha burocracias para tudo e as principais eram batizadas com nomes que começavam com "gos", prefixo que significa "Estado" ou "estatal". A Gosnab distribuía matérias-primas e suprimentos entre as indústrias. A Gostrud fixava salários e baixava normas de trabalho. A Goskomtsen determinava preços. Acima de tudo isso, situava-se a Gosplan – que, como um analista a descreveu de maneira inesquecível, ditava "o tipo, quantidade e preço de todas as mercadorias produzidas em cada uma das fábricas que se espalhavam por onze fusos horários". O vasto império da Gosplan abrangia fábricas de produtos bélicos, que tinham acesso à melhor mão-de-obra e à melhor matéria-prima, e eram vistas por todos como o melhor da URSS. Realmente, os consumidores soviéticos, tidos como passivos, acorriam em massa para adquirir utensílios domésticos de qualidade superior, produzidos por fábricas de material bélico. Na verdade, seus desejos eram tão sofisticados quanto os de qualquer ocidental. Segundo estimativas de analistas ocidentais, a agência controlava de 60% a 80% do PIB do país. E Sitaryan e seu chefe, Yury Masklyukov, eram as autoridades no comando.

Muito mirrado, com cabelos brancos penteados para trás e bom comando do inglês, Sitaryan me apresentou a um alto funcionário, que produzia complexas matrizes input-output, cuja sofisticação matemática teria surpreendido até mesmo Wassily Leontief, economista de Harvard, nascido na Rússia, que pela primeira vez desenvolveu essa ferramenta. A idéia de Leontief era que seria possível caracterizar com exatidão qualquer economia, mapeando os fluxos de materiais e de trabalho. Quando completo, o modelo seria o painel de instrumentos ideal. Teoricamente, permitia que se previssem todos os impactos, sobre qualquer segmento da economia, decorrentes da mudança de um output, como a demanda por tratores – ou, de maneira mais objetiva, em plena era Reagan, como um grande aumento na produção de material bélico, em reação ao rearmamento americano, sob a estratégia da "Guerra nas Estrelas". No entanto, os economistas ocidentais geralmente consideravam de uso limitado as matrizes input-output, pois não captavam o dinamismo da economia – no mundo real, as relações entre insumos e produtos quase sempre mudam com mais rapidez do que as estimativas em si.

O modelo input-output da Gosplan havia sido elaborado com perfeição ptolemaica. Porém, a julgar pelas observações do ajudante de alto escalão, não me convenci da eliminação de qualquer de suas deficiências. Assim, perguntei como o modelo considerava a mudança dinâmica. Ele apenas deu de ombros e desviou a conversa para outro tópico. Nossa reunião o obrigou a professar que os planejadores centrais eram capazes de programar e de gerenciar a produção de uma vasta economia, com mais eficiência do que os mercados livres. Suspeito que aquele ajudante não acreditava de fato nessa bazófia, mas não consegui descobrir se o que ele realmente deixava transparecer era cinismo ou ceticismo.

Talvez se imagine que planejadores inteligentes sejam capazes de se ajustar às deficiências de seus modelos. Pessoas como Sitaryan são inteligentes, e tentaram. Mas assumiram encargos além de suas forças. Sem os sinais imediatos, sob a forma de mudanças de preços, que garantem o funcionamento dos mercados capitalistas, como saber o quanto fabricar de cada produto? Igualmente importante, os planejadores também não contam com indicadores financeiros para ajustar a alocação de recursos, de modo a atender às novas necessidades e preferências da população. Sem a ajuda de mecanismos de formação de preços, o planejamento econômico soviético não contava com a orientação constante do feedback eficaz. Igualmente importante, os planejadores não contavam com os sinais das finanças para ajustar a alocação das poupanças para investimentos reais produtivos, que acomodassem as mudanças nas necessidades e nos gostos da população.

Anos antes de me tornar chairman do Fed, eu efetivamente tentara imaginar-me na função de um planejador central. De 1983 a 1985, atuei no Foreign Intelligence Advisory Board (PFIAB) (Conselho Consultivo de Inteligência Externa) do presidente Reagan, posição em que me pediram para analisar as estimativas dos Estados Unidos sobre a capacidade soviética de absorver as tensões do armamentismo acelerado. Os cacifes eram enormes: a estratégia da Guerra nas Estrelas do presidente se baseava na premissa de que a economia soviética não era páreo para a dos Estados Unidos. Acelere a corrida armamentista, prosseguia o raciocínio, e os soviéticos se afundarão na tentativa de acompanhar o ritmo, ou pedirão para negociar; em qualquer das hipóteses, estenderíamos as mãos e a Guerra Fria terminaria.

A missão, sem dúvida, era importante demais para ser rejeitada, mas ela me assustou. Seria uma tarefa hercúlea aprender as minúcias complexas de uma economia tão diferente da americana. No entanto, depois de mergulhar no projeto, precisei de apenas uma semana para concluir que ele era impossível: não havia maneira confiável de avaliar a economia soviética. Os dados da Gosplan estavam podres – os gestores soviéticos, qualquer que fosse o nível, tinham todos os estímulos para exagerar a produção de suas fábricas e para inflar suas folhas de pagamento. Pior ainda, havia grandes inconsistências internas nos dados deles, que eu não conseguia reconciliar e, ao que tudo indicava, tampouco a Gosplan. Expus ao PFIAB e ao presidente que eu não podia prever se o desafio da Guerra nas Estrelas sobrecarregaria a economia soviética – e eu estava bastante convencido de que também os soviéticos não sabiam a quantas andavam. Como se constatou, evidentemente, os soviéticos não tentaram acompanhar a Guerra nas Estrelas – Gorbachev assumiu o poder e lançou seu programa de reformas.

Não mencionei nada disso ao executivo da Gosplan. Mas me senti feliz de não estar na pele de Sitaryan – meu cargo no Fed era desafiador, mas o da Gosplan era surreal.

Meu encontro com o chefe do banco central soviético, Viktor Gerashchenko, foi muito menos tenso. Oficialmente, ele era meu colega, mas, numa economia planejada, em que o Estado decide quem recebe e quem não recebe financiamentos, o papel dos bancos é muito menos importante que no Ocidente: o Gosbank era pouco mais que mero pagador e guarda-livros. Se um devedor atrasasse os pagamentos de um empréstimo ou se tornasse insolvente, o que aconteceria? Os empréstimos eram basicamente transferências entre entidades, todas pertencentes ao Estado. Os banqueiros não precisavam preocupar-se com padrões de crédito, nem com riscos de taxas de juros, nem com mudanças nos valores de mercado – os sinais financeiros que determinam quem recebe e quem não recebe crédito, e, portanto, quem produz o quê, e vende a quem, nas economias de mercado. Todos os tópicos sobre os quais eu falara na noite anterior simplesmente não eram parte do mundo do Gosbank.

Gerashchenko foi acolhedor e amistoso – insistiu em que nos chamássemos de Viktor e Alan. Falava excelente inglês, depois de passar vários anos dirigindo um banco soviético em Londres, e compreendia como funcionavam os bancos ocidentais. Como tantas pessoas, ele fez de conta que a União Soviética não estava assim tão atrás dos Estados Unidos. Ele me procurou, assim como a vários outros banqueiros do Ocidente, pois queria fazer parte do prestigioso establishment dos bancos centrais. Para mim, ele pareceu totalmente inocente, e tivemos uma conversa agradável.

Quatro semanas depois, em 9 de novembro de 1989, quando caiu o Muro de Berlim, eu estava no Texas, a serviço do Fed, mas, como todo o mundo naquela noite, não desgrudei os olhos da televisão. O evento em si foi notável; porém, ainda mais surpreendente para mim, nos dias subseqüentes, foi a ruína econômica que se expôs sem a antiga barreira. Um dos mais importantes debates econômicos do século XX foi a questão do grau de controle governamental mais adequado ao bem comum. Depois da Segunda Guerra Mundial, as democracias européias se deslocaram para o socialismo e o equilíbrio se inclinou na direção do controle governamental central, mesmo nos Estados Unidos – afinal, todo o esforço de guerra da indústria americana fora obra, na verdade, do planejamento central.

Esse foi o pano de fundo econômico da Guerra Fria. Em essência, o confronto não se travou apenas entre ideologias, mas entre duas grandes teorias de organização econômica – livre mercado *versus* planejamento central. E, nos últimos quarenta anos, as duas doutrinas pareciam quase empatadas. Predominava a crença geral de que, embora a União Soviética e seus aliados padecessem de indolência econômica, eles pareciam estar alcançando as perdulárias economias do Ocidente.

Em economia, experimentos controlados raramente são possíveis, mas, com esse propósito, não se poderia desenvolver nada melhor que a comparação entre a Alemanha Oriental e a Alemanha Ocidental, nem mesmo em laboratório. Ambos os países começaram com a mesma cultura, com a mesma língua, com a mesma história e com o mesmo sistema de valores. Então, durante quarenta anos, competiram em lados opostos de uma linha, com muito pouco comércio entre si. A grande diferença sujeita a teste eram os sistemas político e econômico: capitalismo de mercado *versus* planejamento central.

Muita gente pensava que a corrida estava apertada. A Alemanha Ocidental, como se sabe, foi o milagre econômico do pós-guerra, emergindo das cinzas para tornar-se a mais próspera economia da Europa. A Alemanha Oriental, enquanto isso, converteu-se na potência do bloco oriental; era não só o maior parceiro comercial da União Soviética, mas também um país cujo padrão de vida era considerado apenas um pouco aquém do da Alemanha Ocidental.

Comparei as economias da Alemanha Oriental e da Alemanha Ocidental como parte de meu trabalho para o PFIAB. Os especialistas estimavam que o PIB *per capita* da Alemanha Oriental correspondia de 75% a 85% do da Alemanha Ocidental. Eu achava que essas estimativas não podiam estar certas – bastava olhar para as casas em ruínas no outro lado do Muro de Berlim para concluir que os níveis de produtividade e os padrões de vida lá eram muito inferiores aos vigentes na vibrante Alemanha Ocidental. O mais irônico foi que as estimativas do PIB da Alemanha Oriental não se revelaram tão absurdas. As diferenças estreitas entre os padrões de vida da Alemanha Oriental e da Alemanha Ocidental resultavam da subestimação do próprio progresso pela Alemanha Ocidental. As estatísticas sobre produção de carros, por exemplo, não refletiam plenamente a diferença de qualidade entre uma Mercedes 1950 e outra montada em 1988. Enquanto isso, o design do Trabant, sedan poluidor, em forma de caixa, produzido na Alemanha Oriental, não mudara em trinta anos. Assim, a diferença nos níveis de produção, levando-se em conta os padrões de qualidade, era maior do que se imaginava.

A queda do muro expôs um grau de decadência econômica tão devastador que surpreendeu até os mais céticos. A força de trabalho da Alemanha Oriental, constatou-se, apresentava apenas um terço da produtividade da força de trabalho da Alemanha Ocidental, bem aquém dos 75% a 85% supostos até então. O mesmo se aplicava ao padrão de vida da população. Na Alemanha Oriental, os produtos eram tão ordinários e os serviços eram tão mal gerenciados que a modernização custaria centenas de bilhões de dólares. Pelo menos 40% das empresas da Alemanha Ocidental foram consideradas tão obsoletas que seriam fechadas; a maioria das que foram preservadas, para se tornarem competitivas, precisavam de aprimoramentos que se prolongaram durante alguns anos. Milhões de pessoas foram remanejadas, pois precisavam de reciclagem e de novos trabalhos, pois, do contrário, se juntariam às multidões que migravam para o Ocidente. A extensão da ruína atrás da cortina de ferro se mantivera durante muito tempo como segredo bem guardado, mas, agora, se desvendava o mistério.

No entanto, os alemães orientais ao menos podiam recorrer à ajuda dos alemães ocidentais. Os outros países do bloco soviético também enfrentavam o mesmo flagelo, ou situações ainda mais graves, mas tinham de arrumar-se sozinhos. O grande reformador da Polônia, Leszek Balcerowicz, se inspirou em outro grande reformador econômico, Ludwig Erhard. Diretor de economia da Alemanha Ocidental durante a ocupação aliada, em 1948, Erhard deflagrou o renascimento econômico da Alemanha Ocidental, ao declarar, abruptamente, o fim dos controles sobre preços e produção. Erhard, dizia-se, teria exorbitado de sua autoridade ao agir dessa maneira, mas, ainda assim, como anunciou a medida num fim de semana, os preços já estavam totalmente realinhados, quando os gestores da ocupação puderam fazer alguma coisa. O estratagema funcionou. Para espanto dos críticos, as lojas da Alemanha, que padeciam de falta crônica de alimentos e de mercadorias, logo se inundaram de produtos, secando os mercados negros. De início, os preços eram absurdos, mas caíram rapidamente, à medida que a oferta superava a demanda.

Professor de economia formado no Ocidente, da cidade de Lipno, na região central da Polônia, Balcerowicz seguiu o exemplo de Erhard, ao propor o que denominou revolução de mercado, mais conhecida por todos como terapia de choque. Quando o Solidariedade ganhou as eleições, em agosto de 1989, a economia estava à beira do colapso. Faltavam alimentos nas lojas, a hiperinflação destruía o valor do dinheiro e o governo estava falido e não pagava suas dívidas. Instado por Balcerowicz, o novo governo designou 1° de janeiro de 1990 o dia do "big bang", quando praticamente todos os controles de preços seriam suspensos. Encontrei-o pela primeira vez em uma reunião internacional de bancos, em Basiléia, Suíça, poucas semanas antes do evento, e ele me deixou atônito ao afirmar que não sabia se a estratégia daria certo. Mas, acrescentou: "Não se pode reformar com passos pequenos." Ele estava convencido de que, numa sociedade na qual o governo havia ditado todos os aspectos das transações de compra e venda durante quatro décadas, não havia essa coisa de transição suave, de planejamento central para mercados competitivos. Precisava-se de ações drásticas para induzir as pessoas a tomar suas próprias decisões e, nas palavras dele, a se convencer de que a mudança era inevitável.

Seu big bang, como era de supor, provocou grande alvoroço. Como já tinha acontecido na Alemanha de Erhard, os preços, de início, deram um salto – o zloty perdeu quase metade de seu poder de compra nas primeiras duas semanas. Porém, as lojas se encheram de mercadorias e, aos poucos, os preços se estabilizaram. Balcerowicz despachara pessoas para verificar constantemente as lojas e, como disse depois, "foi um dia muito importante quando me relataram: 'O preço dos ovos está caindo'". Era o sinal mais eloqüente de que a mudança para o livre mercado estava em curso.

O sucesso da Polônia encorajou a Tchecoslováquia a tentar uma reforma ainda mais ousada. Václav Klaus, ministro da Economia, queria transferir as empresas estatais para o setor privado. Em vez de tentar leiloá-las para grupos de investidores – ninguém no país tinha muita disponibilidade de caixa – resolveu distribuir a propriedade delas entre toda a população, na forma de vouchers. Cada cidadão receberia igual quantidade de vouchers, que poderiam ser negociados, vendidos ou trocados por ações de empresas estatais. Dessa maneira, Klaus queria não só promover "a transformação radical dos direitos de propriedade", mas também fincar os alicerces do mercado de ações.

Klaus falou sobre esse tema e sobre muitos outros planos ambiciosos numa apresentação durante o almoço, por ocasião de convenção do Fed, em Jackson Hole, Wyoming, em agosto de 1990. Atarracado, com um bigode hirsuto, era contundente a respeito da urgência da reforma. "Perder tempo significa perder tudo", disse-nos. "Temos de agir com rapidez, pois as reformas graduais possibilitam desculpas convenientes para a preservação dos interesses estabelecidos, dos monopólios de todas as espécies e dos privilégios de um socialismo paternalista, de modo que tudo continue na mesma." Isso parecia tão inflamado e intransigente que, quando se iniciou a sessão de perguntas e respostas, levantei a questão do impacto das reformas sobre o nível de emprego. "Vocês estão pensando em estender algum tipo de rede de segurança social para os desempregados?", perguntei. Klaus mal deixou que eu terminasse. "Em seu país, vocês podem dar-se a esses luxos", respondeu. "Para alcançarmos o sucesso, precisamos de uma ruptura nítida com o passado. O mercado competitivo é o caminho para a produção de riquezas, e é onde concentraremos o foco." Ele e eu ficamos bons amigos, mas essa foi a primeira vez em que recebi uma reprimenda por não apreciar suficientemente o poder do livre mercado. Foi uma experiência singular para um ex-discípulo de Ayn Rand.

À medida que os países da Europa Oriental avançavam com a reforma, a instabilidade em Moscou parecia piorar cada vez mais. Para o Ocidente, era difícil determinar até o que estava acontecendo. Apenas uma semana depois de ser eleito presidente da República da Rússia, em junho de 1991, Boris Yeltsin visitou Nova York e deu uma palestra no Fed de Nova York. Yeltsin começara como chefão da indústria de construção civil e fora prefeito de Moscou na década de 1980; depois, abandonou o Partido Comunista, para abraçar a causa da reforma radical. Sua eleição, com ampla maioria nacional de 60%, representou derrota esmagadora para o comunismo. Embora ele fosse subordinado a Gorbachev, sua popularidade, associada à impetuosidade, converteu-o em centro das atenções – como Khruschchev, tempos atrás, ele parecia personificar as contradições exasperadoras de seu país. Sua primeira viagem aos Estados Unidos, em 1989, tinha sido um desastre – a lembrança que deixou foi a de se comportar erraticamente e de se embebedar de Jack Daniels.

Gerald Corrigan, presidente do Fed de Nova York, tinha tomado a iniciativa de estimular Wall Street a se aproximar dos reformadores soviéticos – algo que o governo Bush queria que acontecesse. Assim, quando Yeltsin veio à cidade, o Fed de Nova York o convidou a dar uma palestra durante um jantar para cerca de cinqüenta banqueiros, financistas e chefes de empresas. Quando Yeltsin chegou com grande entourage, Corrigan e eu conversamos rapidamente com ele, antes de apresentá-lo aos participantes do jantar, já reunidos. O Yeltsin que conhecemos naquela noite não era o palhaço bêbado de tempos atrás; parecia inteligente e determinado. No podium, falou de maneira convincente, sem recorrer a anotações, e depois respondeu a perguntas específicas e minuciosas do público, sem consultar nenhum assessor.

Tinha-se cada vez menos certeza sobre se Gorbachev, ou qualquer outra pessoa, seria capaz de liquidar o regime comunista sem que o país descambasse completamente para a violência. Depois que Gorbachev dissolveu o Pacto de Varsóvia, em junho, e lançou seu plano de reconstituir a URSS como confederação voluntária de Estados democráticos, a resistência com que se defrontou tornava-se brutalmente ostensiva. Em agosto, uma tentativa de golpe por stalinistas de linha-dura quase o derrubou – para muita gente, apenas a inspirada encenação de Yeltsin, que subiu num tanque diante do Parlamento soviético, possibilitou a sobrevivência de Gorbachev.

O Ocidente, então, começou a procurar maneiras de ajudar. Essa foi a razão por que o secretário do Tesouro, Nick Brady, e eu levamos uma equipe a Moscou, em setembro, para nos reunirmos com Gorbachev e conversarmos com seus assessores econômicos. Para todos os efeitos, nossa missão era avaliar que reformas seriam necessárias para que a União Soviética ingressasse no Fundo Monetário Internacional; mas, acima de tudo, queríamos ver os acontecimentos com nossos próprios olhos.

Sob a perspectiva do Fed e do mundo ocidental, a União Soviética, em termos puramente econômicos, não era motivo para grandes preocupações. Sua economia não era assim tão grande – evidentemente, não dispúnhamos de estatísticas confiáveis, mas os especialistas estimavam que seu PIB fosse mais ou menos equivalente ao do Reino Unido, ou cerca de um sexto do de toda a Europa. A cortina de ferro a isolara de tal forma que sua fatia do comércio mundial era pequena. O mesmo ocorria com o valor de suas dívidas com os países ocidentais, as quais seriam objeto de inadimplência se o governo fosse derrubado. Porém, nada disso levava em conta as ogivas nucleares. Todos nós estávamos muito conscientes do perigo que o colapso soviético representaria para a estabilidade e para a segurança do mundo.

Apenas por essa razão, ficamos horrorizados com a imagem que se descortinou durante nossa estada.

Não havia dúvida de que o governo estava caindo aos pedaços. As instituições de planejamento central começavam a desmontar-se e o bem-estar da população corria sérios riscos. Eduard Shevardnadze, então ministro das Relações Exteriores, nos falou da inquietação nas repúblicas soviéticas ao longo da fronteira russa – disse que os vinte e cinco milhões de russos étnicos que viviam nessas regiões talvez corressem perigo. Pior ainda, acrescentou, a Rússia e a Ucrânia, ambas com armas do arsenal nuclear soviético, podiam entrar em conflito.

Os dados econômicos, que, na melhor das hipóteses, eram fragmentários, se mostravam igualmente alarmantes. A inflação se tornava descontrolada, com os preços subindo de 3% a 7% por semana, uma vez que todos os mecanismos centrais de produção e de distribuição estavam quebrando e cada vez mais dinheiro perseguia cada vez menos produtos e serviços. Na tentativa de manter as coisas em funcionamento, o governo estava inundando a economia com dinheiro. Um ajudante de Gorbachev me disse: "As impressoras mal dão conta do serviço. Estamos imprimindo rublos vinte e quatro horas por dia."

Acima de tudo isso, pairava a sombra de não ser capaz de abastecer as prateleiras com alimentos. Em certas décadas no passado, a produção da Ucrânia a tornou famosa como celeiro do mundo. No entanto, embora as safras ainda fossem relativamente fartas, parte delas apodrecia nos campos, pois não havia meios para colher e distribuir os produtos e os grãos. As compras de grãos pelos soviéticos no exterior chegaram a 40 milhões de toneladas por ano. A falta de pão era ferida ainda aberta na memória nacional – foi a Revolta do Pão, de 1917, quando as velhas de São Petersburgo se rebelaram contra o governo, que ajudou a precipitar a queda do czar.

Uma conversa isolada me proporcionou um vislumbre de quão frágil era aquela economia e de como seria difícil a sua reforma. Boris Nemtsov, economista reformador, me confidenciou: "Vou contar uma história sobre cidades militares", e recitou nomes que eu nunca ouvira antes. Em todo o país, explicou Nemtsov, havia pelo menos vinte cidades, com dois milhões de pessoas ou mais, que haviam sido construídas em torno de fábricas de material bélico. Elas eram isoladas e especializadas, não havendo outra razão para existirem, além de servirem a propósitos militares. A mensagem era clara: o fim da Guerra Fria e a conversão do país em economia de mercado deixariam na ociosidade cidades inteiras e milhões de trabalhadores, sem condições de rápida adaptação. A rigidez do sistema econômico soviético era muito mais grave que qualquer situação similar no Ocidente. Entre as muitas preocupações, destacava-se a de que esses trabalhadores na indústria bélica, entre os quais se sobressaíam cientistas, engenheiros e técnicos de classe mundial, não tinham outro meio de sobrevivência senão vender suas habilidades a Estados delinqüentes.

Ouvíamos outros relatos, mas as mensagens eram as mesmas. Quando nos reunimos com o presidente Gorbachev e ele reiterou seu objetivo de transformar o país em "importante força comercial no mundo", admirei a coragem dele. Mas, nas margens de meu bloco de anotações, rabisquei: "A URSS é uma tragédia grega à espera de acontecer."

Grigory Yavlinsky, economista chefe do Conselho de Ministros de Gorbachev, levou uma delegação à Tailândia, em outubro de 1991, onde o Banco Mundial e o Fundo Monetário Internacional realizavam sua assembléia anual. Aquele foi um momento verdadeiramente histórico – a primeira vez em que autoridades soviéticas se sentaram com os principais formuladores de políticas do mundo capitalista.

A União Soviética já desfrutava de status de membro interino, garantia formal de acesso às orientações do FMI e do Banco Mundial, mas não tinha direito a empréstimos. Yavlinsky e sua equipe argumentaram que as demais repúblicas soviéticas também deveriam ser membros plenos das entidades. Não se discutiu naquela oportunidade a concessão pelo Ocidente de grandes empréstimos aos soviéticos – estes insistiam em que seriam capazes de gerenciar sozinhos a transição de seus regimes para economias de mercado, e nenhum país do G7 fez qualquer oferta.

As discussões duraram dois dias inteiros, e se eu tivesse de descrever com uma só palavra o sentimento predominante entre os banqueiros centrais e os ministros de finanças ocidentais, o termo mais adequado seria "impotência". Sabíamos que os despojos da União Soviética estavam em migalhas; sabíamos que os militares não estavam recebendo os soldos e que o colapso das Forças Armadas soviéticas representaria séria ameaça à paz mundial. Tínhamos graves preocupações com o que aconteceria com as armas nucleares. A deterioração era estrutural e política. Tudo o que o FMI podia fazer era conversar sobre dinheiro, mas dinheiro não era o problema. Acabamos fazendo o que as organizações geralmente fazem ao se defrontarem com tais situações: constituímos um comitê para estudar e discutir a questão com mais profundidade (para tanto, os vice-ministros de finanças dos países do G7 iriam a Moscou daí a algumas semanas para consultas). Portanto, a bola estava com os reformadores soviéticos. Os desafios que enfrentavam eram muito mais árduos do que os de seus colegas na Europa Oriental. Os líderes poloneses e tchecos conseguiram conquistar a boa vontade da população – por maiores que fossem as provações econômicas, esses países se sentiam aliviados ao se libertarem do jugo soviético. No entanto, muitos cidadãos soviéticos se orgulhavam do status do país como superpotência militar, pelo qual suportaram tantos sacrifícios. Para eles, as revoltas não significavam nada, a não ser dor – uma grande perda de prestígio nacional. A humilhação tornava muito mais difícil a tarefa dos reformadores.

Além disso, muitos anos se passaram na União Soviética, desde 1917 – quase ninguém ainda se lembrava da propriedade privada ou tinha experiência ou treinamento de primeira mão em negócios. Não havia contadores, auditores, analistas financeiros, profissionais de marketing e advogados societários, nem mesmo entre os aposentados. Na Europa Oriental, onde o comunismo reinou durante quarenta anos, em vez de oitenta, era possível restaurar o livre mercado; na União Soviética, a economia de mercado teria de ressuscitar dos mortos.

Gorbachev não se manteve no poder o suficiente para supervisionar as reformas de mercado – renunciou em dezembro de 1991, quando a União Soviética formalmente se rompeu e foi substituída por uma confederação econômica frouxa das ex-repúblicas soviéticas. "Fim da União Soviética – Gorbachev, último líder soviético, renuncia; EUA reconhecem independência das repúblicas", foi a manchete do *New York Times* de 26 de dezembro – ao deparar com ela, lamentei que Ayn Rand não estivesse viva para vê-la. Ela e Ronald Reagan foram duas das poucas pessoas a prever, algumas décadas antes, que a URSS acabaria implodindo.

O homem escolhido por Boris Yeltsin para lançar as reformas econômicas foi Yegor Gaidar. Na década de 1980, quando ele e outros jovens economistas sonhavam em criar uma economia de mercado na União Soviética, eles haviam imaginado uma transição organizada e metódica. Mas, agora, em meio ao caos crescente, não havia tempo para isso – se o governo não desse partida rápida nos mercados, as pessoas talvez morressem de fome. Assim, em janeiro de 1992, Gaidar, como primeiro-ministro em exercício da Rússia, adotou o esquema que havia funcionado na Polônia – suprimiu repentinamente o controle de preços.

A terapia de choque sacudiu os russos muito mais do que havia feito com os poloneses. O tamanho do país, a rigidez do sistema, o fato de o Estado sempre ter ditado os preços durante toda a vida da maioria da população – tudo agora eram fatores adversos. A inflação aumentava tão rapidamente que os salários, quando eram recebidos, logo perdiam o valor, e as magras poupanças evaporavam de uma hora para a outra. O rublo perdeu 75% de seu valor em quatro meses. Os produtos continuavam escassos nas lojas e o mercado negro progrediu.

Então, em outubro, Yeltsin e seus economistas desencadearam a segunda grande onda de reformas: distribuíram vouchers para 144 milhões de cidadãos e começaram a privatizar empresas e imóveis estatais em grande escala. Também essa iniciativa foi muito menos eficaz que na Europa Oriental. Milhões de pessoas se tornaram acionistas de empresas ou proprietárias de seus apartamentos, como era o objetivo, mas outros milhões de detentores de vouchers foram fraudados. Indústrias inteiras acabaram nas mãos de poucos oportunistas, que passaram a ser conhecidos como oligarcas. Como Jay Gould e alguns dos magnatas de ferrovias na América do século XIX, que construíram grandes fortunas, em parte, mediante a manipulação de concessões de terras pelo governo, os oligarcas constituíram uma classe afluente totalmente nova, agravando o caos político.

Eu estava fascinado com o desenrolar desses acontecimentos. Os economistas já tinham considerável experiência na observação de como as economias de mercado se convertem em economias sob planejamento central – na verdade, a mudança para o comunismo, no Oriente, e para o socialismo, no Ocidente, foi a tendência econômica dominante no século XX. No entanto, até poucos anos atrás, tínhamos assistido a poucos acontecimentos na direção oposta. Até a queda do Muro de Berlim, quando a necessidade de desenvolver economias de mercado sobre as ruínas dos regimes de planejamento central da Europa Oriental se tornou notória, poucos economistas haviam refletido sobre as bases institucionais em que se alicerça o livre mercado. Agora, inadvertidamente, os soviéticos estavam realizando um experimento inédito para a ciência econômica. E algumas das lições foram surpreendentes.

O colapso do planejamento central não estabeleceu imediatamente o capitalismo, ao contrário das previsões róseas de muitos políticos conservadores. Os mercados ocidentais se erguem sobre vasta base de cultura e de infra-estrutura, que evoluiu ao longo de gerações: leis, convenções e comportamentos, além de profissões e práticas de negócios, que não eram necessárias nas economias sob planejamento central.

Forçados a fazer a mudança da noite para o dia, os soviéticos alcançaram não o sistema do livre mercado, mas o do mercado negro. Os mercados negros, caracterizados por preços não-regulados e por competição irrestrita, são réplicas aparentes da economia de mercado; mas, apenas em parte, pois não contam com o respaldo do império da lei. O direito de propriedade não é garantido pelo poder do Estado de aplicar e fazer cumprir as leis. Não há leis que assegurem o cumprimento dos contratos e que disciplinem as falências. Tampouco se dispõe de meios para submeter os conflitos aos tribunais. Falta a certeza do direito de propriedade, pino mestre da economia de mercado.

O resultado é que os mercados negros trazem para a sociedade poucos dos benefícios da sanção legal do comércio. A convicção de que o governo protege a propriedade privada estimula os cidadãos a assumir riscos, pré-requisito da criação de riqueza e do crescimento econômico. Poucas pessoas arriscarão o próprio capital se as recompensas estiverem sujeitas à apreensão arbitrária pelo governo ou pelas massas.

Em meados da década de 1990, esse era o panorama em boa parte da Rússia. Para as gerações que cresceram sob o conceito marxista de que a propriedade privada é roubo, a simples conversão em economia de mercado já desafiava o senso do certo e do errado.* Na Rússia pós-soviética, a ascensão dos oligarcas solapou ainda mais o apoio popular. Desde o início, a aplicação e a execução das leis em defesa da propriedade privada foi extremamente desigual. Forças de segurança privada assumiram, em grande parte, a função, não raro guerreando umas com as outras e exacerbando ainda mais o sentimento de caos.

---

*Marx de modo algum foi o primeiro a condenar a propriedade privada; a noção de que a propriedade privada é pecaminosa, assim como a obtenção de lucro e o empréstimo a juros, tem raízes profundas no cristianismo, no islamismo e em outras religiões. Apenas com o Iluminismo surgiram princípios opostos, que forneceram a base moral da propriedade, do lucro e do juro. John Locke, grande filósofo britânico do século XVIII, escreveu sobre o "direito natural" de todos os indivíduos "à vida, à liberdade e à propriedade". Essa reflexão exerceu profunda influência sobre os Pais da Pátria americana, e contribuiu para fomentar o capitalismo de livre mercado nos Estados Unidos.

Não estava de modo algum claro que o próprio governo de Yeltsin compreendia como deve funcionar o sistema legal das economias de mercado. Em 1998, por exemplo, um influente acadêmico russo declarou ao *Washington Post*: "O Estado entende que o capital privado deve ser defendido por seus detentores. Trata-se de política completamente consciente das autoridades responsáveis pela aplicação e pela execução das leis se manterem ao largo da defesa do capital privado." Para mim, essa afirmação demonstrava ignorância básica da necessidade de incorporar o direito de propriedade nos sistemas Legislativo e Judiciário. Forças policiais privadas não representam o império da lei; constroem, isto sim, o império do medo e da força.

A confiança na palavra alheia, principalmente de estranhos, era outro elemento que notoriamente faltava na nova Rússia. Quase não pensamos nessa faceta do capitalismo de mercado, mas ela é crucial. Não obstante o direito individual de mover ações judiciais para exercer direitos e para se proteger contra ofensas, tão comum no Ocidente, se mais que uma fração insignificante dos contratos fosse submetida à apreciação judicial, nossos tribunais ficariam abarrotados, a ponto de não darem conta da sobrecarga. Nas sociedades livres, quase todas as transações são, portanto, inclusive por necessidade, espontâneas. Esses intercâmbios voluntários, por sua vez, exigem confiança. Sempre me impressionei com o fato de, nos mercados financeiros ocidentais, transações envolvendo centenas de milhões de dólares muitas vezes não passarem de simples acordos verbais, confirmados por escrito apenas em data posterior e, às vezes, depois de muitos movimentos de preços. Mas a confiança precisa ser conquistada; a reputação é, em geral, o ativo mais valioso de uma empresa.

A queda da União Soviética concluiu um vasto experimento: o debate duradouro sobre as virtudes das economias baseadas no livre mercado e das economias regidas pelo socialismo de planejamento central praticamente chegou ao fim. Sem dúvida, ainda há quem defenda o velho estilo de socialismo. Mas o que a grande maioria dos socialistas remanescentes agora advoga é uma variante altamente diluída, em geral denominada socialismo de mercado.

Não estou sugerindo que o mundo esteja na iminência de abraçar o capitalismo de mercado como a única forma relevante de organização econômica e social. Muita gente ainda considera degradante o capitalismo e sua ênfase no materialismo. E também é possível buscar o bem-estar material e, ainda assim, reconhecer que os mercados competitivos estão sujeitos a manipulação excessiva pela propaganda e pelo marketing, que banaliza a vida, ao promover valores superficiais e efêmeros. Alguns governos, como o da China, ainda hoje tentam sufocar as preferências evidentes de seus cidadãos, limitando seu acesso à mídia estrangeira, por medo de que ela solape a cultura nacional. Por fim, ainda persiste certo protecionismo latente, nos Estados Unidos e alhures, que pode emergir como força poderosa contra o comércio e as finanças internacionais, debilitando o próprio capitalismo de livre mercado, mormente se a economia mundial de alta tecnologia, hoje predominante, perder o viço. Entretanto, o veredicto contra o planejamento central já havia sido proferido, e fora inequivocamente adverso.

CAPÍTULO 7

AGENDA DE UM DEMOCRATA

Na noite de 17 de fevereiro de 1993, vi-me sob o brilho desconfortável dos refletores das emissoras de televisão, numa sessão conjunta do Congresso, sentado entre Hillary Clinton e Tipper Gore. A primeira fileira das galerias não era exatamente onde eu esperava estar, para assistir ao primeiro discurso State of the Union do presidente Clinton. Presumi que o convite para sentar ao lado da primeira-dama foi uma questão de cortesia e que, do contrário, eu estaria no fundo do camarote, com os assessores da Casa Branca. Foi bom saber que o Federal Reserve era considerado recurso nacional de valor, depois dos abraços não tão calorosos que recebemos do presidente Bush, mas, obviamente, aquele lugar tão na frente me fora atribuído com um objetivo político. A Sra. Clinton estava usando um terninho vermelho brilhante e, enquanto o presidente falava, a toda hora as câmeras se voltavam em nossa direção.

Depois, descobri que nem todo o mundo tinha gostado de me ver lá, receando que aquela proximidade pudesse comprometer a independência do Fed. Evidentemente, isso jamais me passara pela cabeça. Mas eu de fato tinha a intenção de construir bom relacionamento de trabalho com aquele presidente, que parecia tão sério em sua responsabilidade fiscal.

Eu me encontrara com Clinton em princípios de dezembro, quando já era presidente eleito. Ele ainda não se mudara para Washington, razão por que, para vê-lo, peguei um avião até Little Rock, Arkansas. Ele e sua equipe de transição haviam montado um escritório lá, na mansão do governador, um edifício de tijolos vermelhos aparentes, com colunas brancas, que se erguia em meio a hectares de gramados e de jardins planos, perto do centro da cidade.

Ao entrar na ante-sala, não sabia ao certo o que esperar. No entanto, como eu já ouvira que ele sempre estava atrasado, levei comigo alguns relatórios econômicos, que li e com que me ocupei durante mais ou menos vinte minutos, até que ele apareceu. "Mr. Chairman", ele disse, caminhando em minha direção, sorrindo e estendendo os braços para um aperto de mão. Logo percebi por que ele era considerado ótimo político de varejo. Ele me fez acreditar que realmente estava ansioso para conversar comigo.

Clinton havia desenvolvido uma ampla e ambiciosa agenda política durante a campanha. Queria reduzir impostos que oneravam a classe média, cortar pela metade o déficit federal, estimular a criação de empregos, aumentar a competitividade dos Estados Unidos, por meio de programas de educação e treinamento, investir na infra-estrutura do país, além de outras iniciativas. Eu já vira numerosas campanhas presidenciais e participara de muitas delas. Os candidatos sempre prometem alguma coisa para todos, mas eu queria saber quais eram as verdadeiras prioridades de Clinton. Acho que ele estava lendo meus pensamentos; uma das primeiras coisas que disse foi: "Precisamos definir prioridades econômicas e estou interessado em sua visão da economia."

Sob a perspectiva do Fed, se ele queria tratar da saúde duradoura da economia, o déficit era de longe a preocupação mais premente. Eu já expusera o mesmo argumento no início do mandato de Bush, e, agora, o problema estava quatro anos pior. A dívida nacional em mãos do público aumentara para três trilhões, elevando o pagamento de juros ao nível de terceira maior despesa federal, depois da Seguridade Social e da defesa. Assim, quando Clinton pediu minha avaliação da economia, eu estava com o discurso de vendas na ponta da língua.

As taxas de juros de curto prazo estavam no fundo do poço – nós as cortáramos para 3% – e a economia aos poucos se livrava dos efeitos do aperto de crédito e crescia a ritmo bastante satisfatório, disse-lhe. Mais de um bilhão de novos empregos haviam sido criados desde o início de 1991. Porém, as taxas de juros de longo prazo ainda estavam muito elevadas, atuando como freio da atividade econômica, ao aumentar os custos dos financiamentos imobiliários e da emissão de bônus. Elas refletiam expectativa de inflação, pela qual os investidores exigiam um adicional de juros para compensar o aumento da incerteza e do risco.

Melhore as expectativas dos investidores, disse a Clinton, e as taxas de longo prazo poderiam cair, estimulando a demanda por novas moradias, assim como por eletrodomésticos, móveis, utensílios e toda a gama de itens de consumo relacionados com a montagem de novas residências. O valor das ações também subiria, à medida que os bônus se tornassem menos atraentes, em face da queda dos juros, e os investidores se deslocassem para o financiamento do capital próprio das empresas. Os negócios se expandiriam, criando empregos. No fim das contas, o resto da década de 1990 poderia ser extremamente positivo. O caminho de Clinton para um futuro beneficente, disse-lhe, seria reduzir a trajetória de alta dos déficits orçamentários federais. Mas não ignorava o fato de que 1996 seria um ano de eleição presidencial. O caminho para um futuro beneficente, disse ao presidente eleito, consistia em reduzir a trajetória a longo prazo dos déficits do orçamento federal.

Para meu deleite, Clinton parecia totalmente engajado. Ele dava a impressão de captar meu senso de urgência sobre o déficit e fez muitas perguntas inteligentes que geralmente não ocorrem aos políticos. Nossa reunião, que havia sido programada para durar uma hora, converteu-se em discussão animada que se estendeu por quase três horas. Abordamos um vasto conjunto de tópicos, além de economia – Somália, Bósnia e história da Rússia, programas de treinamento no trabalho, educação – e ele me fez perguntas sobre líderes mundiais que ele ainda não tivera oportunidade de conhecer. Depois de algum tempo, os ajudantes trouxeram o almoço.

Assim, saxofone não era a única coisa que tínhamos em comum. Lá estava uma pessoa sedenta de informações e, como eu, Clinton, nitidamente, gostava de explorar idéias. Saí impressionado, embora não absolutamente certo do que achara dele. Sem dúvida, em termos de pura inteligência, Bill Clinton era páreo duro para Richard Nixon, que, não obstante seus defeitos óbvios, fora o presidente mais inteligente que eu conhecera até aquele momento. E, das duas uma: ou Clinton compartilhava muitas das minhas opiniões sobre a maneira como o sistema econômico estava evoluindo e sobre o que deveria ser feito, ou ele era o mais esperto camaleão que eu já vira em minha vida. Fiquei ruminando tudo isso no avião, durante a viagem de volta para casa. Depois que cheguei a Washington, disse a um amigo: "Não sei se mudaria meu voto, mas estou tranqüilo."

Aquela impressão tornou-se ainda mais forte uma semana depois, quando Clinton anunciou vários rostos familiares como membros seniores de sua equipe econômica: para secretário do Tesouro, ele escolheu Lloyd Bentsen, chairman da Comissão de Finanças do Senado, com Roger Altman, banqueiro de investimentos muito inteligente de Nova York, como vice. Para diretor de orçamentos, nomeou Leon Panetta, congressista da Califórnia, que presidira a Comissão de Orçamentos da Câmara dos Representantes, com a economista Alice Rivlin como vice. Ela era a única economista da equipe, e suas credenciais impressionavam: fora diretora fundadora do Escritório de Orçamentos do Congresso e uma das primeiras ganhadoras do "genius grant" (prêmio para gênios) da MacArthur Foundation. Igualmente interessante foi a escolha de Robert Rubin, co-chairman do Goldman Sachs, para chefiar um novo conselho da Casa Branca sobre política econômica. Conforme explicou o *New York Times*, Rubin atuaria como equivalente econômico do *national security adviser* (assessor de segurança nacional): a função dele seria coligir idéias sobre economia, apresentadas pelo Departamento do Tesouro, pelo Departamento de estado, pelo escritório de orçamentos, pelo Conselho de Assessores Econômicos e por outros órgãos, integrando-as em opções políticas para o presidente. O que me ocorreu imediatamente foi que Clinton estava se inspirando em John Kennedy. Os membros da equipe econômica do novo presidente eram conservadores fiscais que se situavam no centro do espectro político, como Doug Dillon, banqueiro republicano que Kennedy nomeou secretário do Tesouro. Ao fazer essas escolhas, Bill Clinton parecia tão distante do liberalismo clássico do tipo "tribute e gaste" quanto poderia ser e, mesmo assim, ainda continuar democrata.

Como todo novo governo, a Casa Branca de Clinton tinha de correr para montar seu primeiro orçamento, a ser apresentado ao Congresso em princípios de fevereiro. Segundo todos os relatos, não foi fácil para o presidente considerar todas as recomendações de sua equipe econômica. Apenas agora se compreendia com nitidez toda a magnitude dos problemas fiscais que se tinha pela frente: em dezembro, o Escritório de Gestão e Orçamento ofereceu uma análise revisada, projetando que o governo caminhava para um déficit de US$360 bilhões em 1997 – cerca de US$50 bilhões mais alto que as estimativas anteriores. Isso tornava claro que, para conseguir algo próximo de sua meta de reduzir à metade o déficit, Clinton teria de abandonar ou postergar outros planos acalentados, como o corte de impostos para a classe média, e de reduzir os investimentos em treinamento e em emprego.

Acompanhei de perto o processo de elaboração orçamentária, principalmente por meio de Lloyd Bentsen. O novo secretário do Tesouro chamara minha atenção pela primeira vez nas primárias de 1976 – Jimmy Carter conseguiu vencê-lo na disputa pela indicação democrata, mas eu achava que Bentsen parecia presidente e agia como tal. Cortês, grisalho e sofisticado, fora piloto de bombardeiros B-24 durante a Segunda Guerra Mundial e servira durante quatro mandatos no Senado, onde conquistara reputação bem merecida pelo bom discernimento e pela discreta capacidade de realização. Andrea e eu conhecíamos Bentsen e sua impressionante esposa, B. A., socialmente, já havia algum tempo. Não foi surpresa descobrir com rapidez o prazer que era trabalhar com ele, mesmo quando discordávamos.

Bentsen e os outros membros da equipe econômica foram cuidadosos em reconhecer os limites do Fed. Com efeito, a decisão deles de não fazer comentários públicos sobre política monetária foi importante ruptura em relação ao passado, muito útil para ambas as partes, por reforçar nossa independência. Quando ele e Panetta me apresentaram, em meados de janeiro, o plano orçamentário ainda em elaboração, não pediram qualquer tipo de endosso nem mesmo de opinião. Simplesmente, mencionei que compreendera a apresentação e ficamos nisso. De fato, achei que o plano não era inflacionário, o que afirmei no Congresso, em depoimento de fins de janeiro.

Bentsen pediu que eu desse minha opinião ao presidente apenas uma vez – no dia seguinte ao de meu primeiro depoimento em favor da abordagem geral deles. (Evitei comentar os detalhes do programa.) À medida que a equipe processava os números e o orçamento tomava forma, Clinton se defrontou com uma escolha que se tornava cada vez mais difícil. Ou optava por um pacote de programa de gastos, que cumpriria algumas de suas promessas de campanha, ou adotava um plano de cortes de gastos, cujo sucesso dependeria da reação dos mercados financeiros e que produziria resultados principalmente em prazos mais longos. Não havia meio-termo – ele não tinha recursos para adotar as duas hipóteses. O dilema abrira uma fissura na equipe da Casa Branca, com alguns dos membros ridicularizando internamente a abordagem de corte do déficit, como algo equivalente a vender-se a Wall Street. Essa foi a razão por que Bentsen me chamou à Casa Branca – para enfatizar a urgência da reforma orçamentária.

Nós nos reunimos com o presidente no Salão Oval, na manhã de 28 de janeiro; Bob Rubin também estava presente. Como Clinton era todo homem de negócios, fui direto ao ponto. Concentrei-me no perigo de não enfrentar o déficit imediatamente, descrevendo para ele como, nesse caso, a década provavelmente se desenrolaria. Em conseqüência do fim da Guerra Fria, disse-lhe: “Os gastos com a defesa se reduzirão nos próximos anos, o que mascarará muitos problemas. Porém, em 1996 ou 1997, o déficit já estará alto demais para ser ignorado pelo público. Vê-se tudo isso nos dados.” E resumi para ele como os aumentos já programados e autorizados nos gastos com a Seguridade Social e com outros benefícios sociais ampliariam ainda mais o déficit. Quando terminei, Clinton, como era de esperar, parecia preocupado.

Embora eu não o tenha dito com tantas palavras, a verdade dura é que Reagan tinha tomado empréstimos em nome de Clinton e este agora teria de pagar a conta. Mas não havia motivos para sentir pena do novo presidente – esses mesmos problemas foram os fatores que lhe permitiram derrotar George Bush. Porém, fiquei impressionado com o fato de ele não tentar manipular nem fugir da realidade, na extensão em que os políticos geralmente o fazem. Ele se esforçava para viver no mundo real das perspectivas econômicas e da política monetária. A decisão que ele depois tomou de avançar e de lutar pela redução do déficit foi um ato de coragem política. Teria sido muito fácil escolher o outro caminho. Não muita gente teria sido mais sábia durante um ano, dois ou mesmo três.

Dei outro passo para ajudar os falcões do déficit – mostrei a Bentsen quão profunda eu achava que deveria ser a redução do déficit para convencer Wall Street e, assim, trazer para baixo as taxas de juros de longo prazo. "Não menos que US$130 bilhões por ano, em 1997", foi a breve conclusão dele, depois de minha exposição. Na verdade, meu conselho foi mais complexo. Esbocei uma faixa de possibilidades, atribuindo estimativas de probabilidade a cada uma – enfatizando com cuidado, o tempo todo, que a substância e a credibilidade do programa seriam mais importantes que os números. Mas compreendi quando ele, por fim, disse: "Você sabe que não posso trabalhar com algo assim tão complicado." O número que ele extraiu do conjunto convenceu o presidente e produziu efeitos poderosos. Na Casa Branca, a cifra US$130 bilhões ficou conhecida como o "número mágico" a ser atingido pelos cortes no déficit.

Quando, finalmente, foi divulgado, o orçamento logo passou a ser a grande notícia. "Plano de Clinton para reformar a economia procura tributar energia e altas rendas", foi a grande manchete do *New York Times* na manhã do dia seguinte ao discurso de Clinton. "Programa ambicioso busca redução de US$500 bilhões no déficit em quatro anos." O *USA Today* declarou "Começou a batalha" e descreveu a proposta de Clinton como "pacote doloroso de cinco anos". A cobertura da mídia se concentrou principalmente em quem seria atingido pelos cortes (todo os constituintes, exceto as famílias pobres – o plano onerava os ricos, a classe média, os aposentados e as empresas). Curiosamente, a reação do público foi, de início, favorável – as pesquisas de opinião pública mostraram que, inesperadamente, os americanos foram receptivos à idéia de fazer sacrifícios para arrumar a casa.

Quase todos os novos presidentes passam um período de lua-de-mel com o Congresso, mas Clinton enfrentou uma guerra de trincheiras. Apesar da popularidade inicial do plano orçamentário, a maioria do pessoal do Congresso o odiou – uma vez que ele mirava objetivos abstratos e distantes e não oferecia novos projetos de rodovias, programas armamentistas nem outras benesses dissipadoras para atrair eleitores. Acho que Clinton foi sacudido pela intensidade da resistência. Os republicanos rejeitaram de imediato o orçamento e muitos democratas se rebelaram, arrastando os debates primavera adentro. Embora os democratas tivessem maioria de 258 a 177 na Câmara dos Representantes, havia sérias dúvidas sobre se o orçamento seria aprovado – com o agravante de que as perspectivas no Senado pareciam ainda mais negativas. O conflito se estendeu para dentro da própria Casa Branca, onde o pessoal-chave ainda insistia numa agenda menos compatível com Wall Street. Uma dessas pessoas era James Carville, assessor de Clinton, autor da famosa observação irônica: "Quando eu pensava em reencarnação, queria voltar como presidente, papa ou estrela do beisebol. Mas, agora, quero voltar na pele do mercado de bônus. Ele intimida todo o mundo." A discórdia, amplamente noticiada na imprensa, fez com que Clinton parecesse fraco, diminuindo sua popularidade no início do mandato. Em fins da primavera, seus índices de aprovação despencaram para surpreendentes 28%.

O presidente estava assustado quando o vi de novo em 9 de junho. A Câmara dos Representantes finalmente havia aprovado seu orçamento, duas semanas antes – com a diferença de um único voto. E a luta apenas começara no Senado. Recebi um telefonema de David Gergen, conselheiro de Clinton. "Ele está apreensivo", disse, e perguntou se eu poderia ir à Casa Branca para animar o presidente. Eu conhecia Gergen havia vinte anos, como assessor de Nixon, de Ford e de Reagan. Clinton o recrutara, em parte, por ele ser profissional de Washington, equilibrado e não neurótico, e, em parte, por sua condição de republicano – na esperança de consolidar sua imagem como centrista.

Quando entrei no Salão Oval naquela manhã, percebia-se que as pessoas estavam sob tensão. Comentava-se que muitas delas vinham virando a noite, mesmo Bentsen, que já tinha setenta e dois anos. (Andrea confirmou a informação; agora ela era correspondente chefe da NBC na Casa Branca.) Estavam em entendimentos contínuos com o Congresso, na tentativa de acertar os números, e, sem dúvida, tinham a sensação de que enfrentavam um problema insolúvel. O próprio presidente parecia abatido. E não era difícil imaginar por quê. Ele estava consumindo seu capital político, e o orçamento pelo qual tanto se sacrificara corria sérios riscos.

Eu o encorajei tanto quanto possível. Disse-lhe que o plano dele era nossa melhor chance em 40 anos para alcançar crescimento duradouro e estável. Tentei convencê-lo de que a estratégia já estava em curso e dando certo. Mostrei-lhe também que as taxas de juros de longo prazo já apresentavam tendência de queda. O próprio fato de ele se expor e reconhecer que o déficit devia ser combatido já era uma vantagem muito importante. Mas também o adverti de que não seria fácil. Na verdade, Clinton precisava lutar, pressionar e negociar por mais dois meses para empurrar seu orçamento no Senado. Como na Câmara dos Representantes, também no Senado o orçamento foi aprovado pela diferença de um voto – desta vez o desempatador foi o vice-presidente Gore.

Mais uma vez, Clinton me impressionou naquela primavera, ao lutar pela ratificação do NAFTA. O tratado, negociado durante o mandato do presidente Bush, se destinava, basicamente, a eliminar gradualmente as tarifas e outras barreiras comerciais entre o México e os Estados Unidos, embora também incluísse o Canadá. Os sindicatos trabalhistas o odiavam, assim como a maioria dos democratas, além de alguns conservadores; poucos observadores do Congresso achavam que ele tinha alguma chance de ser aprovado. Mas Clinton argumentava, com efeito, que não se pode parar o mundo; queiramos ou não, os Estados Unidos eram, cada vez mais, parte da economia internacional e o Nafta incorporava a crença de que o comércio e a competição criam prosperidade e de que, para tanto, se precisa de livres mercados. Ele e o staff da Casa Branca se dedicaram de corpo e alma à nova iniciativa e, depois de dois meses de luta, conseguiram a aprovação do tratado.

Tudo isso me convenceu de que o novo presidente não se contentava com o *status quo* e estava disposto a assumir riscos. Mais uma vez, ele demonstrara preferência para lidar com fatos. E, quanto ao livre-comércio, o fato é o seguinte: a distinção entre competição interna e competição externa já não faz sentido econômico. Quando se está numa fábrica em Dubuque, Iowa, tanto faz que se esteja competindo com alguém em Santa Fé ou no outro lado da fronteira. Agora, com o desaparecimento das pressões geopolíticas da Guerra Fria, os Estados Unidos tinham a oportunidade histórica de entrelaçar a economia internacional de maneira mais estreita. Clinton não raro era criticado por inconsistência e por ficar em cima do muro nos debates, mas isso nunca foi verdade em relação à sua política econômica. O foco constante e disciplinado no crescimento econômico duradouro foi a marca registrada de sua presidência.

O Fed enfrentava suas próprias dificuldades com o Congresso naquele ano – e, por algumas das mesmas razões. Nosso crítico mais feroz era o congressista Henry B. Gonzales, do Texas, chairman da Comissão de Bancos da Câmara dos Representantes. Populista temperamental de San Antonio, Gonzalez ficou famoso por dar um soco no olho de um eleitor, que o chamou de comunista num restaurante. Várias vezes, no Congresso, pediu o impeachment de Reagan, de Bush e de Paul Volcker. Desconfiava profundamente do que rotulava como "o tremendo poder do Fed" – tenho a impressão de que ele simplesmente achava que o Fed era um antro de republicanos, que dirigiam a política monetária mais para o benefício de Wall Street que para o benefício de todo o povo americano. No outono de 1993, Gonzalez realmente esquentou o ambiente.

O Fed sempre foi motivo de irritação para o Congresso, e provavelmente sempre será, embora seja criatura do Congresso. Há um conflito intrínseco entre o foco estatutário de longo prazo do Fed e as necessidades de curto prazo dos políticos, que sempre querem agradar os eleitores.

Tal atrito geralmente aflorava nas audiências de supervisão. O Fed é obrigado a prestar contas duas vezes por ano ao Congresso, sobre suas decisões de política monetária e sobre o panorama econômico. Às vezes, essas audiências suscitavam debates substantivos sobre grandes temas. Mas, pelo menos com igual freqüência, não passavam de encenação, em que eu funcionava como mero pretexto – o verdadeiro alvo eram os eleitores em casa. Durante o governo Bush, o chairman da Comissão de Bancos do Senado, Alfonse D'Amato, de Nova York, raramente perdia a chance de fustigar o Fed. "O povo fica morrendo de fome lá fora e o senhor só quer saber de inflação", ele me dizia. Nunca dei muita atenção para esse tipo de observações. Mas, quando ele ou qualquer outra pessoa afirmava que as taxas de juros estavam muito altas, eu respondia e explicava por que agíamos daquela maneira. (Evidentemente, eu tinha o cuidado de sempre me expressar no jargão do Fed durante as discussões sobre possíveis mudanças, para não mexer com os mercados.)

Gonzalez iniciou uma cruzada para tornar o Fed mais responsável em sua prestação de contas, concentrando-se no que considerava excesso de confidencialidade na política econômica. Ele queria que o Federal Open Market Committee, em especial, exercesse suas atribuições em público e até abrisse suas reuniões para transmissões ao vivo pela televisão. A certa altura, ele convocou todos os dezoito membros do FOMC ao Capitólio, para que depusessem sob juramento, e denunciou a prática tradicional do órgão de nunca divulgar suas iniciativas em política econômica nem as mudanças nas taxas de juros. O único registro público de cada reunião era um pequeno conjunto de atas, divulgado seis semanas depois do fato – praticamente uma eternidade para os mercados financeiros. Em conseqüência, quaisquer sinais provenientes das operações de mercado aberto do Fed e todas as declarações públicas de funcionários do órgão eram objeto de escrutínio ávido por Wall Street.

O Federal Reserve, por sua vez, no interesse da estabilidade econômica, havia muito tempo procurava promover a alta liquidez dos mercados de dívida, por meio do uso do que chamávamos ambigüidade construtiva. A idéia era que os mercados, inseguros quanto aos rumos da economia, criavam uma ampla zona de amortecimento, ou *buffer*, de compra e venda. Em princípios da década de 1990, contudo, os mercados já se tornavam suficientemente grandes e líquidos sem o apoio do Fed. Além disso, a vantagem de os participantes do mercado serem capazes de prever as futuras decisões do Fed era vista como fator de estabilização dos mercados de dívida. Portanto, já iniciáramos a jornada em busca de maior transparência ou abertura em nossas deliberações e operações, mas muito aquém dos níveis pretendidos por Henry Gonzalez.

Eu me opunha à idéia de abrir nossas reuniões. O FOMC era nosso órgão deliberativo mais sensível – se nossos debates se tornassem públicos, com os detalhes de quem disse o que a quem, as reuniões perderiam a espontaneidade e se converteriam numa sucessão de leituras monótonas de apresentações elaboradas com antecedência. Perder-se-iam, assim, os benefícios da formulação de políticas com base no amplo debate.

Minhas tentativas de expor esse argumento nas audiências, contudo, não foram muito eficazes. À medida que Gonzalez se aprofundava na questão dos registros que mantínhamos, via-me numa situação extremamente embaraçosa. Em 1976, durante o governo Ford, Arthur Burns orientara o staff a gravar em fitas de áudio as reuniões do FOMC, para facilitar a redação das atas. A prática foi mantida, eu tinha conhecimento dela, mas eu sempre supus que, depois de usadas, as fitas eram apagadas. No entanto, ao me preparar para o depoimento na Comissão de Bancos, soube que a realidade não era exatamente essa. Embora a rotina fosse de fato apagar as fitas, o staff mantinha cópia das transcrições completas, sem alterações, num arquivo fechado a chave, no hall defronte ao meu gabinete. Quando revelei a existência das transcrições, Gonzalez pulou. Agora, mais convencido do que nunca de que estávamos conspirando para ocultar segredos embaraçosos, ele ameaçou exigir por intimação o fornecimento dos registros.

Gonzalez suspeitava, principalmente, de duas teleconferências que o FOMC havia realizado ao se preparar para as audiências. Não queríamos liberar essas fitas, pois receávamos criar um precedente. Depois de algumas negociações, concordamos em admitir que advogados da comissão – um democrata e um republicano – fossem ao Fed e ouvissem as gravações.

As fitas de Watergate tinham sido muito mais excitantes, eles logo descobriram. Depois de ouvir com paciência, durante quase duas horas, as discussões metódicas e concisas do FOMC, o democrata foi embora sem dizer uma palavra e o republicano observou que a fita devia ser usada para ensinar os alunos de escolas secundárias, em aulas de civismo, como devem ser conduzidas as reuniões de órgãos públicos.*

---

*O congressista Gonzalez foi citado pelo *New York Times* (16 de novembro de 1993), queixando-se de que as fitas continham "observações depreciativas sobre um membro emérito da Comissão de Bancos da Câmara dos representantes e sobre os demais membros em geral".

Fosse como fosse, meus colegas estavam aborrecidos – principalmente com Gonzalez, mas, provavelmente, também comigo. Para começar, a maioria deles nem mesmo sabia que nossas reuniões eram gravadas. E a idéia de que qualquer observação que fizessem poderia ser publicada imediatamente, se Gonzalez conseguisse o seu intento, deixou o ambiente tenso. Na próxima vez em que o FOMC se reuniu, em 16 de novembro, os participantes se mostravam nitidamente menos propensos a expor suas idéias. "Você percebia a diferença", declarou um governador do Fed a um repórter do *Washington Post*, "e não para melhor".

Depois de amplos debates, o Conselho de Governadores decidiu resistir, nos tribunais, se necessário, a qualquer intimação ou exigência que pudesse comprometer a eficácia da instituição. Mas a controvérsia também acelerou nossas deliberações internas recentes sobre transparência. Acabamos decidindo que o FOMC anunciaria suas medidas imediatamente depois de cada reunião, que divulgaríamos as atas depois de três semanas e que as transcrições completas seriam publicadas depois de um intervalo de cinco anos. (Houve quem brincasse que essas medidas eram a glasnost do Fed.) Tomamos todas essas decisões conscientes de que a publicação das transcrições tornaria nossas reuniões mais longas e menos criativas. Mas o céu não desabou. As mudanças não só tornaram o processo mais transparente, mas também nos proporcionaram novos meios de comunicação com os mercados.

Fiquei grato ao presidente Clinton por manter-se distante dessa tempestade em copo d'água. "Será que alguém em seu juízo perfeito imaginaria que faríamos alguma coisa para mudar a independência do Fed?", foi tudo que ele disse algum tempo depois, acrescentando: "Não tenho críticas ao Federal Reserve desde que sou presidente."

Em meio a esses melodramas em Washington, às vezes era fácil esquecer que havia um mundo real lá fora, onde aconteciam coisas reais. Naquele verão, as enchentes dos rios Mississippi e Missouri paralisaram os estados do Meio-Oeste. Os astronautas da NASA entraram em órbita para consertar o Telescópio Espacial Hubble. Ocorreu uma tentativa de golpe contra Boris Yeltsin. Nelson Mandela ganhou o Prêmio Nobel da Paz. Também foi a época de desconcertantes explosões de violência nos Estados Unidos: o primeiro bombardeio do World Trade Center, o cerco de Waco e a perseguição do Unabomber pela matança e mutilação de cientistas e professores. Na América corporativa, algo chamado reengenharia dos processos de negócios converteu-se na última moda em gestão e Lou Gerstner iniciou sua missão de dar a virada na IBM. Ainda mais importante, sob o ponto de vista do Fed, a economia parecia, por fim, desvencilhar-se das agruras do início da década. Os investimentos das empresas, o mercado imobiliário e os gastos de consumo ostentavam fortes aumentos, enquanto o desemprego caía. Em fins de 1993, o PIB real não só tinha crescido 8,5% desde a recessão de 1991, mas também se expandia à taxa anual de quase 5,5%.

Tudo isso levou o Fed a decidir que era hora de iniciar o aperto monetário. Em 4 de fevereiro de 1994, o FOMC votou pelo aumento das taxas de juros dos fundos federais em um quarto de ponto percentual, para 3,25%. Foi o primeiro aumento de taxa em cinco anos, e o impusemos por duas razões. Primeiro, o arrocho creditício pós-década de 1980 finalmente chegara ao fim – os consumidores conseguiam os financiamentos hipotecários de que precisavam, enquanto as empresas também obtinham empréstimos. Durante muitos meses, enquanto o crédito ainda era escasso, tínhamos mantido as taxas dos fundos federais excepcionalmente baixas, a 3%. (Com efeito, levando-se em conta a inflação, que também girava em torno de quase 3% ao ano, a taxa dos fundos federais era de quase zero em termos reais.) Agora que o sistema financeiro se recuperara, era hora de acabar com essa "postura excessivamente acomodada", como a chamamos.

A segunda razão foi o próprio ciclo econômico em si. A economia estava em fase de crescimento, mas queríamos que a inevitável inflexão para baixo, quando ocorresse, não fosse tão acentuada quanto um declive de montanha-russa – apenas uma desaceleração moderada, em vez de mergulho nauseante na recessão. O Fed havia muito vinha tentando antecipar-se à curva, aumentando as taxas de juros ao primeiro sinal de inflação, antes que a economia se aquecesse em demasia. Mas o aumento das taxas de juros nessas condições nunca evitou a recessão. Daquela vez, optamos por tirar proveito da relativa tranqüilidade econômica para tentar uma abordagem mais radical: agir de maneira discreta e preventiva, antes mesmo que a inflação se manifestasse. Era uma questão de psicologia, expliquei ao Congresso em fevereiro. Com base no que havíamos aprendido nos últimos anos sobre expectativa de inflação, disse "se o Federal Reserve esperasse até que a inflação real se agravasse, antes de adotar medidas preventivas, teríamos demorado demais. Medidas corretivas brandas já não eram suficientes para conter os desequilíbrios econômicos em formação. Precisaríamos, sim, de medidas mais fortes, com efeitos colaterais negativos inevitáveis sobre a atividade econômica no curto prazo".

Uma vez que tanto tempo se passara desde nosso último aumento da taxa de juros, receava que a notícia agitasse os mercados. Assim, com o consentimento do FOMC, insinuei antecipadamente, com certa insistência, que a mudança na política monetária era iminente. "As taxas de juros de curto prazo estão anormalmente baixas", disse ao Congresso em fins de janeiro. "Em algum momento, a não ser na hipótese de inesperado e prolongado enfraquecimento da atividade econômica, precisaremos mexer nelas." (Essas afirmações talvez pareçam muito sutis para o leitor, mas, na escala das declarações públicas do Fed, antes de uma mudança de política, era como bater na panela.) Também fui à Casa Branca para prevenir o presidente e seus assessores. "Ainda não tomamos uma decisão final", disse-lhes, "mas as opções são sentar e esperar para depois, provavelmente, ter de aumentar as taxas ainda mais, ou fazer alguns aumentos pequenos agora". Clinton respondeu: "Obviamente, eu prefiro juros baixos" – mas disse que compreendia.

O resto do mundo, em contraste, pareceu surdo. Os mercados não fizeram nada para levar em conta o aumento dos juros (tipicamente, antes do aumento esperado, as taxas de juros de curto prazo subiriam e as ações desceriam). Assim, quando realmente tomamos a decisão, foi um choque. Em linha com nossa nova abertura, resolvemos, na reunião do FOMC de 4 de fevereiro, anunciar o aumento dos juros logo após seu encerramento. No fim do dia, o índice Dow Jones caíra 96 pontos – quase 2,5%. Alguns políticos reagiram com veemência. O senador Paul Sarbanes, de Maryland, crítico assíduo do Fed, comparou-nos a "um bombardeiro que sobrevoa uma fazenda e ataca a casa grande, achando que em seu interior se esconde a inflação, quando, de fato, o que estava lá dentro era uma família feliz, desfrutando a recuperação do crescimento econômico".

Para mim, tais reações apenas mostravam como os americanos estavam se afeiçoando a taxas de juros baixas e estáveis. Por trás das portas fechadas do Fed, vários presidentes de bancos haviam pressionado pelo dobro daquele aumento. Receando uma reação de pânico do mercado à elevação mais acentuada, eu exortara meus colegas a que fôssemos mais brandos na primeira mudança.

Mantivemos o pé no freio ao longo de 1994, até que, no final do ano, a taxa dos fundos federais já estava em 5,5%. Mesmo assim, a economia tivera um ano muito positivo – cresceu robustos 4%, criando 3,5 milhões de novos empregos, enquanto a produtividade aumentava e o lucro das empresas subia. Igualmente importante, a inflação se manteve estável – pela primeira vez desde a década de 1960 ela se situou abaixo de 3% ao ano durante três anos consecutivos. Preços baixos e estáveis tornavam-se uma realidade e uma expectativa – tanto que, em fins de 1994, quando dei uma palestra no Business Council, associação composta de CEOs de grandes empresas, alguns dos presentes se queixaram de que era difícil praticar aumentos de preços. Não fui solidário. "Isso significa que vocês estão com problemas?", perguntei. "As margens de lucro estão subindo. Parem de reclamar."

Durante décadas, os analistas se perguntavam se a dinâmica dos ciclos econômicos afastava a possibilidade de "pouso suave" para a economia – desaceleração cíclica sem perda de empregos e sem a incerteza da recessão. Muitas já tinham sido as situações ambíguas, mas nenhuma que, sem sombra de dúvida, pudesse ser considerada "pouso suave". O termo "pouso suave" surgiu na década de 1970, durante a corrida espacial, quando os Estados Unidos e a União Soviética competiam na colocação de sondas não-tripuladas na superfície de Vênus e de Marte. Algumas dessas espaçonaves completaram pousos suaves bem-sucedidos, mas a economia nunca conseguira proeza semelhante. Com efeito, a expressão nem mesmo era usada no Fed. Mas, em 1995, o que se conseguiu foi exatamente isso: um pouso suave. O crescimento econômico desacelerou durante todo o ano, até alcançar taxa anualizada de 1% no quarto trimestre, quando nossa espaçonave metafórica chegou ao chão quase parando.

Em 1996, a economia de novo retomou o ímpeto. Em novembro, quando o presidente Clinton ganhou a reeleição, a atividade econômica se expandia a nada menos que 4%. A mídia celebrou o pouso suave muito antes que eu me dispusesse a fazê-lo; mesmo em dezembro de 1996, eu ainda advertia meus colegas: "Ainda não concluímos totalmente o processo. Daqui a seis meses podemos entrar em recessão." Mas, em retrospectiva, o pouso suave de 1995 foi uma das realizações de que mais se orgulhou o Fed durante meu mandato.

Tudo isso, evidentemente, ainda se ocultava no futuro, enquanto o FOMC aumentava as taxas de juros. Saber quando iniciar o aperto, em quanto e, mais importante, quando parar era um desafio intelectual fascinante e, não raro, enervante, especialmente por que ninguém o havia tentado antes. Não era tarefa simples, bastando dizer: "Ah, vamos fazer um pouso suave." A coisa era algo do tipo: "Vamos pular do terraço deste edifício de 60 andares e chegar ao chão em pé, vivos e inteiros." O mais difícil para alguns membros do FOMC foi o aumento de taxa que veio a ser o último – de 0,5%, em 1° de fevereiro de 1995. "Receio que se fizermos alguma coisa hoje será algo de que nos arrependeremos", disse Janet Yellen, a governadora que depois se tornaria chairman do Conselho de Assessores Econômicos de Clinton. Ela era a defensora mais loquaz da atitude "esperar para ver". O aumento, que aprovamos naquele dia por unanimidade, completou o percurso de alta das taxas dos fundos federais até o pico de 6% – o dobro da altura em que se situavam quando iniciamos a escalada, menos de um ano antes. Todos no FOMC conheciam os riscos. Será que giramos o parafuso uma volta além do necessário? Avançávamos às cegas em meio ao nevoeiro. O FOMC sempre reconheceu que, num ciclo de aperto, quando se pára cedo demais, as pressões inflacionárias ressurgem, ficando muito difícil combatê-las de novo. Portanto, sempre tendíamos a adotar a medida de segurança de promover mais um aumento nas taxas dos fundos federais, na expectativa de que ele não fosse necessário. Encerrar cedo demais a administração dos antibióticos monetários envolve o risco de recidiva da infecção inflacionária.

Para o presidente Clinton, enquanto isso, 1994 foi um ano horrível, marcado pelo colapso de suas iniciativas referentes à assistência médica e, em seguida, pela perda espantosa das eleições de meio de mandato, tanto na Câmara dos Representantes quanto no Senado. Os republicanos ganharam com base no "Contrato com a América", de Newt Gingrich e Dick Armey – plano contra o governo grande, que prometia cortes de impostos, reforma dos programas de bem-estar social e orçamento equilibrado.

Poucas semanas depois, Clinton era submetido a novo teste. Em fins de dezembro, o México revelou que estava à beira do colapso financeiro. Seu problema eram bilhões de dólares em empréstimos de curto prazo, contraídos nos anos de prosperidade econômica. Tempos depois, o crescimento desacelerou, a economia enfraqueceu e o peso foi desvalorizado, tornando cada vez mais onerosa a amortização dos empréstimos. Quando os líderes do México pediram ajuda, as finanças públicas estavam num redemoinho, com US$25 bilhões vencendo em menos de um ano e apenas US$6 bilhões em reservas, que minguavam com rapidez.

Nenhum de nós havia esquecido a crise da dívida da América Latina, em 1982, quando a inadimplência do México, de US$80 bilhões, desencadeou uma onda de refinanciamentos de emergência no Brasil, na Venezuela, na Argentina e em outros países. O episódio quase derrubou vários bancos gigantes dos Estados Unidos e entravou o desenvolvimento econômico na América Latina durante mais de uma década. A crise de 1994 foi mais branda. Contudo, dificilmente se poderia superestimar o risco. A nova crise também poderia contaminar outros países, ameaçando, agora, não só a América Latina, mas também outras áreas do mundo em desenvolvimento. Além disso, como demonstrava o NAFTA, os Estados Unidos e o México eram cada vez mais interdependentes. Se a economia do México afundasse, o fluxo de imigrantes para os Estados Unidos dobraria e a economia do Sudeste sofreria sérios golpes.

A crise eclodira exatamente quando Andrea e eu partíamos numa escapada para Nova York, depois do Natal. Eu já fizera reservas no Stanhope, hotel elegante da Quinta Avenida, de frente para o Central Park e para o Metropolitan Museum of Art. Mal podíamos esperar por alguns dias de concertos, de compras e de passeios, no relativo anonimato da cidade em que nos conhecêramos. Dez anos se haviam passado desde aquela noite de nevada de nosso primeiro encontro, para um jantar no Le Perigord, na East Fifty-second Street; e, embora não fosse um aniversário formal, sempre gostávamos de voltar à cidade e ao lugar daquele primeiro jantar, entre o Natal e o Ano Novo.

Assim que chegamos, contudo, o telefone começou a tocar – era de meu gabinete no Fed. Bob Rubin, recém-designado secretário do Tesouro, precisava conversar comigo com urgência sobre o peso. Bob fora escolhido para, pouco depois do dia do Ano Novo, substituir oficialmente Lloyd Bentsen, que se aposentava; mas, para todos os efeitos e propósitos, já exercia a função. Ele, sem dúvida, esperava uma transição mais fácil que aquela, mas, ao contrário, estava enfrentando um batismo de fogo.

Andrea percebeu imediatamente o que significava aquele telefonema. Em qualquer crise financeira externa, que afete os Estados Unidos, o Departamento do Tesouro assume a liderança, mas o Fed sempre participa. "Foi-se o romance", suspirou. Depois de todos aqueles anos, ela me conhecia muito bem, além de compreender as imposições de meu cargo – e eu sou muito grato por sua generosidade e paciência. Assim, enquanto se desenrolava a crise do México, ela fez compras e visitou amigos, e eu fiquei o tempo todo no quarto do hotel, ao telefone.

Nas semanas seguintes, o governo mergulhou no trabalho com autoridades mexicanas, com o Fundo Monetário Internacional e com outras instituições. O FMI estava preparado para oferecer ao México toda a ajuda possível, mas carecia de recursos para fazer diferença decisiva. Nos bastidores, eu argumentava, assim como Bob Rubin e seu vice, Larry Summers, e outros, que a intervenção dos Estados Unidos deveria ser maciça e rápida. Para evitar o colapso, o México precisava de recursos suficientes para convencer os investidores a não se desfazer de seus pesos nem exigir pagamento imediato de seus empréstimos. Essa conclusão se baseava no mesmo princípio de psicologia de mercado que levava os bancos americanos do século XIX a exibir pilhas de dinheiro junto à janela, em momentos de crise, para evitar corridas para saques.

No Congresso, por incrível que pareça, os líderes de ambos os partidos estavam de acordo: a possibilidade de caos num país com 80 milhões de habitantes, com o qual os Estados Unidos têm mais de 3.500 km de fronteira, era algo sério demais para ser ignorado. Em 15 de janeiro, o presidente Clinton; Newt Gingrich, o novo presidente da Câmara dos Representantes; e Bob Dole, o novo líder da maioria no Senado, em conjunto, submeteram à aprovação do Congresso um pacote de ajuda ao México de US$40 bilhões em garantias de empréstimos.

Por mais dramático que tenha sido o gesto, em poucos dias ficou claro que, politicamente, a operação de resgate não tinha a mínima chance de ser aprovada pelo Congresso. Os americanos sempre resistiram à idéia de que os problemas de dinheiro de outro país possam ter maiores conseqüências para os Estados Unidos. A crise do México, ao eclodir tão pouco tempo depois da aprovação do NAFTA, agravou esse impulso isolacionista. Todos que combateram o NAFTA – sindicatos trabalhistas, grupos de consumidores, ativistas ambientais e a direita republicana – se uniram em oposição ao salvamento. Gene Sperling, um dos altos assessores econômicos de Clinton, resumiu o dilema político: "Como lidar com um problema que, para o público, não parece importante, cuja solução soa como doação e que dá a impressão de se estar salvando pessoas que fizeram investimentos insensatos?"

Quando se divulgou a proposta de US$40 bilhões, Newt Gingrich me pediu para explicar a Rush Limbaugh por que a intervenção atendia aos melhores interesses dos Estados Unidos. "Não conheço Rush Limbaugh", disse. "Você acha que telefonar para ele vai fazer alguma diferença?" "Ele o ouvirá", respondeu Gingrich. O ultracombativo anfitrião de programas de rádio era uma força entre os conservadores. Alguns dos novos congressistas chegaram ao ponto de autodenominar-se "Dittohead Caucus", ou Grupo dos Dittohead, apelido favorito dos ouvintes, que, por orientação dele próprio, sempre iniciavam os telefonemas para o programa com a expressão "Dittos, Rush" ou "Idem, Rush", ou seja, concordamos com você. Desnecessário dizer, Limbaugh estava muito ocupado naquele dia, fustigando a idéia de dar uma ajuda ao México. Eu ainda tinha dúvidas, mas fiquei impressionado com o fato de o novo presidente da Câmara dos Representantes se dispor a ajudar um presidente democrata numa questão notoriamente impopular. Assim, com relutância, peguei o telefone.

Limbaugh pareceu ainda menos à vontade que eu. Ele ouviu com educação, enquanto eu expunha meus argumentos, e me agradeceu por me dar àquele trabalho. A reação me surpreendeu, pois esperava que Rush Limbaugh fosse mais confrontativo.

A situação não permitia que se esperasse a decisão do Congresso. Em fins de janeiro, com o México cambaleando à beira do abismo, o governo tomou as rédeas da situação. Bob Rubin recorreu a uma solução que já havia sido proposta e rejeitada: usar um fundo de emergência do Tesouro que tinha sido criado por Franklin Delano Roosevelt para proteger o valor do dólar. Rubin estava com muito medo de usar dezenas de bilhões de dólares dos contribuintes. E, embora os líderes do Congresso prometessem apoio, havia o risco de parecer que se estava contrariando a vontade do povo: uma grande pesquisa de opinião pública mostrou que os eleitores se opunham à ajuda ao México com a margem surpreendente de 79% a 18%.

Entrei no circuito para ajudar a elaborar os detalhes do plano. Rubin e Summers o apresentaram ao presidente Clinton na noite de 31 de janeiro. Ainda se percebia surpresa na voz de Bob quando ele me telefonou depois para informar o resultado. Clinton se limitou a dizer: "Olha, isso é algo que precisamos fazer", disse-me Rubin, acrescentando: "Ele não hesitou nem um momento."

A decisão quebrou o impasse. O Fundo Monetário Internacional e outros organismos internacionais mais do que igualaram os cerca de US$20 bilhões de garantia do Tesouro, para oferecer ao México, com todos os seus componentes, o total de US$50 bilhões, a maior parte na forma de empréstimos de curto prazo. Não se tratava de doações, como alegavam os oponentes; na verdade, as condições eram tão rigorosas que o México acabou usando apenas pequena fração do crédito. No momento em que se restaurou a confiança no peso, o México pagou os empréstimos – os Estados Unidos acabaram lucrando US$500 milhões com o negócio.

Foi uma doce vitória para o novo secretário do Tesouro e sua equipe. E a experiência construiu vínculos duradouros entre Rubin, Summers e eu. Nas horas incontáveis que passamos analisando a questão, em exercícios de brainstorming e em testes de idéias, em reuniões com nossos colegas estrangeiros e em depoimentos ao Congresso, tornamo-nos amigos na trincheira econômica. Desenvolveu-se entre Rubin e eu uma confiança mútua que só aumentou com o tempo. Nunca me passou pela cabeça que ele fizesse algo diferente do que disse que faria, sem me informar antes. O mesmo acontecia com ele. Embora fôssemos oriundos de partidos oponentes, prevalecia o senso de que trabalhávamos para a mesma empresa. Concordávamos em relação a muitas questões básicas e nenhum dos dois gostava da confrontação por amor à confrontação, o que facilitava a comunicação e estimulava a criatividade.

Summers, como se sabe, começara como garoto prodígio da economia. Filho de PhDs em economia e sobrinho de dois ganhadores do Prêmio Nobel em economia, foi um dos professores mais jovens a conquistar estabilidade em Harvard. Antes de entrar no governo, fora economista chefe do Banco Mundial. Era especialista em finanças públicas, em economia do desenvolvimento e em outras áreas. O que mais gostava nele era ser um técnico e um conceitualizador, como eu, apaixonado por aplicar a teoria em fatos empíricos. Também era aficionado por história econômica, que usava para confrontar a teoria com a realidade. Receava, por exemplo, que o presidente estivesse se deixando levar pelas promessas da tecnologia da informação – como se os Estados Unidos nunca tivessem passado antes por períodos de rápido progresso tecnológico. "Muito barulho sobre produtividade", era como Larry um dia descreveu o tecno entusiasmo de Clinton. Eu discordava e tivemos muitas discussões sobre o potencial da Internet, com Bob receptivo a todas as idéias. Larry também era astuto. Foi idéia dele cobrar taxas de juros tão altas nos empréstimos ao México que eles se sentissem forçados a nos pagar o mais cedo possível.

Rubin, Summers e eu mantivemos encontros confidenciais durante o café-da-manhã, uma vez por semana, durante os quatro anos e meio seguintes – além dos telefonemas e visitas freqüentes uns aos outros no intervalo. (Larry e eu mantivemos a prática, depois que Bob voltou para Wall Street, em meados de 1999, e ele se tornou secretário do Tesouro.) Reuníamos às 8h30 no escritório de Bob ou no meu, pedíamos o café-da-manhã e conversávamos durante uma ou duas horas, trocando informações, processando números, elaborando estratégias e fermentando idéias.

Eu sempre saía desses encontros mais inteligente do que entrara. Era o melhor fórum imaginável para desvendar a chamada Nova Economia. As duas forças – tecnologia da informação e globalização – começavam a se firmar e, como mais tarde disse o presidente Clinton, "o manual de instruções ficou desatualizado". Os democratas jocosamente passaram a chamar a constelação de políticas econômicas de *rubinomics*, ou rubinomia (economia de Rubin). Em 2003, em análise retrospectiva, um resenhista do *New York Times* chamou a rubinomics de "essência da presidência de Clinton". Ele a definiu como "Preços das ações dos imóveis e de outros ativos nas alturas, inflação baixa, desemprego em queda, produtividade em alta, dólar forte, tarifas de importação baixas, disposição para atuar como gestor global de crises, e, acima de tudo, projeção de enorme superávit federal". Gostaria de poder dizer que tudo foi resultado de políticas conscientes e eficazes, elaboradas em nossas reuniões semanais, durante o café-da-manhã. Em parte, foi mesmo; mas, acima de tudo, refletiu o início de uma nova fase de globalização e as conseqüências econômicas do fracasso da União Soviética, temas de que tratarei em outros capítulos.

Via o presidente Clinton com pouca freqüência. Como Bob e eu trabalhávamos juntos tão bem, raramente eu precisava participar de alguma reunião sobre política econômica no Salão Oval, exceto em momentos de crise – como quando o impasse orçamentário entre Clinton e o Congresso, em 1995, forçou a paralisação do governo.

Acabei sabendo que o presidente ficara ressentido comigo e com o Fed durante boa parte de 1994, enquanto aumentávamos as taxas de juros. "Achava que a economia não tinha acelerado o suficiente para justificar aqueles aumentos sucessivos", ele me explicou, anos depois. Mas ele nunca questionou o Fed em público. E, em meados de 1995, Clinton e eu entramos num clima de relacionamento fácil e espontâneo. Durante um jantar ou recepção na Casa Branca, ele me puxava de lado para ver o que passava pela minha cabeça ou para testar alguma idéia. Eu não tinha em comum com ele nem a geração baby-boom nem o rock and roll. Ele provavelmente me achava insosso – não o tipo de amigo com quem gostava de fumar charutos e assistir aos jogos de futebol. Mas, ambos líamos livros, éramos curiosos e refletíamos sobre o mundo; e nos dávamos bem. Clinton nos chamava de estranho casal da economia.

Nunca deixei de me surpreender com seu fascínio por detalhes econômicos – os efeitos da madeira canadense sobre os preços das moradias e sobre a inflação, a tendência no sentido da manufatura just-in-time. Ele também tinha boa percepção do panorama geral, como a conexão histórica entre desigualdade de renda e mudança econômica. Ele acreditava que os milionários pontocom eram subproduto inevitável do progresso. "Sempre que você muda para um novo paradigma econômico, a desigualdade piora", dizia ele. "Ela se agravou quando passamos das fazendas para as fábricas. Grandes fortunas foram feitas pelos financiadores da revolução industrial e pelos construtores de ferrovias." Agora, estávamos evoluindo para a era digital e, assim, tínhamos milionários pontocom. A mudança era boa, afirmava – mas ele queria descobrir maneiras de transferir maiores parcelas da nova riqueza para as mãos da classe média.

Sendo a política como é, nunca imaginei que Clinton me renomearia chairman do Fed, quando meu mandato expirou em março de 1996. Ele era democrata e, sem dúvida, preferiria um dos seus. Mas, em fins de 1995, minhas perspectivas mudaram. As empresas americanas geravam resultados excepcionalmente bons – os lucros das grandes empresas tinham subido 18% e o mercado de ações apresentara o maior crescimento em 20 anos. As políticas fiscal e monetária estavam funcionando, com o déficit projetado de 1996 encolhendo para menos de US$110 bilhões e com a inflação ainda abaixo de 3%. O crescimento do PIB começava a acelerar sem recessão. O relacionamento entre o Fed e o Tesouro nunca fora melhor. Com a aproximação e a passagem do Ano Novo, a imprensa começou a especular que o presidente talvez me pedisse para ficar. Em janeiro, Bob Rubin e eu fomos a uma reunião do G7 em Paris. Durante um intervalo nos trabalhos, nós nos afastamos do grupo. Eu podia afirmar que Bob tinha algo em mente. Ainda vejo a cena – estávamos de pé, em frente a uma janela envidraçada que se estendia do chão ao teto, com uma visão panorâmica da cidade. "Você receberá um telefonema do presidente quando retornarmos a Washington", disse. Ele não foi direto ao ponto nem me contou a novidade, mas eu sabia, pelo jeito dele, que a notícia devia ser boa.

O presidente Clinton impôs um pequeno desafio a mim e aos dois servidores do Fed que ele nomeou ao mesmo tempo: Alice Rivlin, que seria minha vice-chairman, e Laurence Meyer, analista econômico altamente considerado, que se tornaria governador do Fed. "Hoje, encontra-se em curso um debate, um sério debate neste país, sobre se existe uma taxa de crescimento máxima que podemos manter durante vários anos, sem inflação", o presidente disse aos repórteres. Não era difícil ler nas entrelinhas. Com a economia entrando em seu sexto ano de expansão e com o pouso suave parecendo realidade, ele estava pedindo crescimento mais acelerado, salários mais altos e novos empregos. Ele queria ver o que o foguete seria capaz de fazer.

CAPÍTULO 8

EXUBERÂNCIA IRRACIONAL

Nove de agosto de 1995 entrará na história como o dia em que se iniciou o surto de prosperidade das pontocom. O gatilho foi a oferta pública inicial da Netscape, minúscula produtora de software do Vale do Silício, com dois anos de idade, que quase não tinha receita e não gerava um tostão de lucro. A Netscape, na verdade, estava dando de graça a maioria de seus produtos. No entanto, seu browser, ou software de navegação, detonara uma explosão no uso da Internet, ajudando a converter o que começara como ambiente restrito, projetado pelo governo dos Estados Unidos para uso exclusivo de cientistas e engenheiros, em auto-estrada digital do mundo. No dia em que se abriram as negociações com os papéis da Netscape, o preço disparou de US$28 para US$71, deixando atônitos os investidores, desde o Vale do Silício até Wall Street.

Começava a corrida do ouro da Internet. Cada vez mais, empresas emergentes faziam ofertas públicas de ações com preços fantásticos. As ações da Netscape continuaram a subir; em novembro, a capitalização de mercado da empresa era superior à da Delta Airlines, e o chairman da Netscape, Jim Clark, tornou-se bilionário da Internet. A vibração com a alta tecnologia naquele ano aumentou ainda mais o frisson no mercado de ações, já aquecido: o índice Dow Jones ultrapassou 4.000 pontos e chegou a 5.000, terminando 1995 com alta bem superior a 30%. A NASDAQ, em que se negociavam as novas ações de empresas de alta tecnologia, fechou ainda melhor, com ganho superior a 40%. E o crescimento do mercado prosseguiu no mesmo ritmo em 1996.

Em geral, não conversávamos muito no Fed sobre o mercado de ações. Durante as reuniões típicas do FOMC, com efeito, o termo "stock" (ações, estoque) era usado mais no sentido de estoque de capital físico – máquinas-ferramentas, vagões ferroviários e, mais recentemente, computadores e equipamentos de telecomunicações – do que como título representativo do capital social de sociedades anônimas. Em relação ao boom de alta tecnologia, nosso foco se concentrava mais nas pessoas que produzem microprocessadores, escrevem software, constroem redes e integram a tecnologia da informação em fábricas, em escritórios e em centros de entretenimento. No entanto, todos estávamos conscientes da ocorrência do "efeito riqueza" – os investidores, animados com os ganhos em seus portfolios, contraiam mais empréstimos e gastavam mais com casas, carros e bens de consumo. Ainda mais importante, achava eu, era o impacto do valor crescente das ações sobre as despesas das empresas com fábricas e equipamentos. Desde que eu apresentara um trabalho intitulado "Stock Prices and Capital Evaluation" (Preços das Ações e Avaliação de Capital), numa sessão obscura da reunião anual da American Statistical Association, em dezembro de 1959, publicado em *Proceedings, Business and Economic Statistics Section, 1959*, da mesma entidade, o qual, mais tarde, foi incluído em minha tese de doutorado, me interessei pelo impacto dos preços das ações sobre os investimentos de capital e, em conseqüência, sobre o nível da atividade econômica. Mostrei que o índice entre preço das ações e preço de novas fábricas e equipamentos se correlacionava com o volume de novas encomendas de equipamentos. O raciocínio era nítido para os empreendedores imobiliários, que trabalham com base em princípio semelhante: se o valor de mercado dos prédios de escritórios em certa localidade for superior ao custo de construção de um novo prédio, a partir do zero, brotarão por toda parte novas construções. Se, ao contrário, os valores de mercado dos imóveis caírem abaixo do custo de construção, não surgirão novos imóveis.

Pareceu-me que a correlação entre preços das ações e novas encomendas de máquinas contava uma história semelhante: quando a gerência das empresas via que os valores de mercado dos bens de capital estavam superiores ao custo de aquisição, os gastos subiam e, evidentemente, a recíproca era verdadeira. Fiquei decepcionado quando esse índice simples não funcionou tão bem nas previsões durante a década de 1960 quanto nos anos anteriores. Mas essa era, e ainda é, queixa comum dos econometristas. A atual versão dessa relação é convertida em suas taxas de retorno equivalentes, implícitas nas análises de novos investimentos de capital. Nas previsões, ainda não funciona tão bem quanto sempre achei que deveria, mas o conceito era o pano de fundo de minhas reflexões na reunião do FOMC, em dezembro de 1995.

Mike Prell, analista sênior de economia interna do Fed, argumentou que o efeito riqueza poderia impulsionar as despesas de consumo em US$50 bilhões no ano seguinte, acelerando o crescimento do PIB. O conselheiro Larry Lindsey, que viria a tornar-se principal assessor econômico do presidente George W. Bush, considerou implausível a previsão. A maioria das ações estava nas carteiras dos fundos de pensão, argumentou, o que tornava difícil para os consumidores pôr as mãos em seus ganhos. E a maioria das pessoas que possuíam grandes porfolios de ações já estava muito bem de vida, não sendo do tipo que se gratifica com banhos de loja, quando dispõe de alguma folga financeira. Naquela altura, eu não tinha certeza de que concordava com ele, mas a questão era nova; nenhum de nós sabia o que esperar.

As discussões da manhã também revelaram como estávamos sem pistas sobre a força crescente do mercado em alta. Janet Yellen previu que, sem dúvida, qualquer efeito da valorização das ações em breve se dissiparia. "Ele já terá desaparecido em fins de 1996", disse ela. Eu receava que o boom no mercado de ações preparasse o cenário para um crash. "O verdadeiro perigo é que estamos à beira de uma bolha no mercado de bônus e de ações", observei. No entanto, o mercado não parecia tão superaquecido quanto em 1987. Especulei que, provavelmente, estávamos perto de "pelo menos algum pico temporário no preço das ações, se não por outra razão, apenas porque os mercados não sobem indefinidamente".

Essa afirmação não se revelou uma das mais premonitórias. Mas, fosse como fosse, o mercado de ações não era minha principal preocupação naquele dia. Minha agenda era diferente. Eu estava decidido a levar as pessoas a refletir sobre o panorama geral da mudança tecnológica. Ao estudar o que estava acontecendo na economia, convenci-me de que estávamos na iminência de uma mudança histórica; situação de que a disparada dos preços era apenas um sinal.

A reunião deveria terminar com a proposta e votação de prosseguir com a atenuação das taxas de juros dos fundos federais. Mas, antes de chegarmos a esse ponto, disse ao comitê, eu queria fazer uma retrospectiva. Durante meses, lembrei-lhes, eu vinha constatando evidências dos impactos da aceleração da mudança tecnológica sobre a economia. E prossegui: "Gostaria de levantar uma hipótese ampla sobre os rumos da economia em prazo mais longo e sobre suas forças subjacentes."

Minha idéia era que, à medida que o mundo absorvia a tecnologia da informação e aprendia a aplicá-la na prática, estávamos ingressando no que viria a revelar-se um período prolongado de inflação mais branda, de taxas de juros mais baixas, de aumento da produtividade e de pleno emprego. "Venho observando os ciclos econômicos desde a década de 1940", acrescentei. "Nunca houve nada semelhante." A profundidade e a persistência de tais mudanças tecnológicas, observei, "se manifestam apenas a cada cinqüenta ou cem anos".

Para ressaltar a escala global da mudança, aludi a um novo fenômeno: a inflação parecia recuar em todo o mundo. Meu ponto era que, agora, talvez fosse necessário aplicar a política monetária à margem dos conhecimentos tradicionais, pois, pelo menos durante algum tempo, as regras consagradas talvez já não fossem válidas.

Tudo isso era muito especulativo, sobretudo para uma sessão de trabalho do FOMC. Ninguém à mesa disse muito em resposta, embora alguns presidentes de bancos parecessem concordar sem muito entusiasmo. A maioria dos membros do comitê parecia aliviada ao retornar ao território mais conhecido de decidir baixar a taxa dos fundos federais em 0,25% – conforme deliberamos. Mas, antes de o fazermos, um de nossos membros mais ponderados, resolveu mexer comigo: "Espero que eu possa concordar com as razões que você nos expôs para reduzir os juros", disse, "sem concordar com seu cenário de admirável mundo novo, para cuja aceitação ainda não estou de todo preparado".

Na verdade, aquilo foi bom. Não esperava que o comitê concordasse comigo – pelo menos àquela altura. Nem lhes estava pedindo que fizessem alguma coisa. Queria apenas que refletissem.

O surto de alta das ações de empresas de alta tecnologia, em ritmo acelerado, foi o que, finalmente, garantiu ampla circulação à idéia de destruição criativa, de Schumpeter. A expressão até se tornou epítome das pontocom – na verdade, quando se alcança a velocidade da Internet, é difícil ignorar o conceito. No Vale do Silício, as empresas se reinventavam o tempo todo e novos negócios continuamente se acendiam e se apagavam. As potências dominantes da tecnologia – gigantes como AT&T, Hewlett-Packard e IBM – tinham de apressar-se para acompanhar a tendência, e nem todas foram bem-sucedidas. Bill Gates, o maior bilionário do mundo, divulgou uma mensagem aos empregados da Microsoft, comparando o surgimento da Internet ao advento do PC – em que se baseava, evidentemente, o grande sucesso da empresa. O título do memorando era "A Grande Onda da Internet". Era melhor que prestassem atenção àquela revolução – adaptando-se a ela ou sucumbindo.

Embora não fosse óbvio, a revolução da tecnologia da informação já se desenvolvia havia anos. Ela começou depois da Segunda Guerra Mundial, com o desenvolvimento do transistor, que provocou um surto de inovação. O computador, os satélites, os microprocessadores e a convergência das tecnologias do laser e da fibra óptica em comunicações, tudo isso contribuiu para a montagem do cenário em que, aparentemente de uma hora para a outra, eclodiria a Internet.

As empresas, agora, dispunham de enorme capacidade para reunir e disseminar informações, fator que acelerou o processo de destruição criativa, à medida que o capital se deslocava de empresas e indústrias estagnadas ou medíocres para negócios e setores mais avançados. Empresas de capital de risco do Vale do Silício, com nomes como Kleiner Perkins e Sequoia, além de bancos de investimentos, como Hambrecht & Quist, de repente alcançaram grande riqueza e proeminência, ao facilitar esse deslocamento do dinheiro. Mas o financiamento das atividades de negócios envolvia, e continua a envolver, toda Wall Street.

Para citar um exemplo mais recente, compare a Google e a General Motors. Em novembro de 2005, a GM anunciou planos para demitir até 30 mil empregados e fechar doze fábricas, antes de 2008. Quando se examinavam os fluxos de caixa da empresa, verificava-se que a ela estava desviando bilhões de dólares, que, historicamente, poderiam ser investidos na fabricação de produtos e na construção de fábricas, para fundos de previdência privada destinados a pagar pensões e assistência médica a trabalhadores e a aposentados. Esses portfolios, por sua vez, estavam investindo seus recursos onde os retornos eram mais promissores – em áreas de alta tecnologia. Ao mesmo tempo, a Google, por exemplo, crescia a taxas muito aceleradas. As despesas de capital da empresa aumentaram quase três vezes em 2005, para mais de US$800 milhões. E, na expectativa de que o crescimento prosseguisse, os investidores reforçavam seus lances, dispondo-se a comprar ações da empresa por até onze vezes o que pagavam pelas da GM. Na verdade, o fundo de previdência privada da General Motors mantinha em carteira ações da Google – exemplo de livro-texto sobre deslocamento de capital, em conseqüência da destruição criativa.

Mas por que será que a tecnologia da informação exerce tamanho efeito transformador? O objetivo de muitas das atividades empresariais é reduzir a incerteza. Durante boa parte do século XX, os líderes de empresas não dispunham de conhecimentos oportunos sobre as necessidades dos clientes. Essa carência sempre onerou os resultados financeiros. Tomavam-se decisões com base em informações desatualizadas em dias ou semanas.

Em conseqüência, a maioria das empresas adotava medidas de proteção: mantinham estoques supérfluos e excedentes de pessoal, prontos para responder a demandas inesperadas e para corrigir erros de projeção. Essa garantia adicional geralmente funcionava, mas seu preço era sempre alto, por aumentar a ociosidade. Os recursos assim imobilizados não geravam receita nem aumentavam a produtividade. As informações em tempo real, fornecidas pelas novas tecnologias, reduziram substancialmente as incertezas inerentes ao dia-a-dia dos negócios. A comunicação instantânea entre os balcões do varejo e o chão da fábrica e entre expedidores e meios de transporte resultaram em encolhimento dos prazos de entrega e em redução das horas de trabalho de que se precisava para o fornecimento de tudo, desde livros até suprimentos para fábricas, desde cotações de ações até software de computadores. A tecnologia da informação eliminou boa parte dos estoques supérfluos e dos excedentes de pessoal, transferindo-os para usos mais produtivos e lucrativos.

Grande novidade para os consumidores foi a conveniência de obter informações on-line, acompanhar a entrega de produtos e encomendar praticamente tudo pelo computador, para entrega durante a noite. No cômputo geral, o boom de alta tecnologia também exerceu forte efeito positivo sobre os níveis de emprego. A criação de novos postos de trabalho foi muito superior à extinção de posições tradicionais. Na verdade, a taxa de desemprego caiu, de mais de 6%, em 1994, para menos de 4%, em 2000, e, no processo, a economia disseminou mais de 16 milhões de novos empregos. Contudo, muito à semelhança do que ocorrera com os operadores de telégrafo do século XIX, que eu idealizara em minha juventude, a tecnologia iniciou importante processo de eliminação de funções burocráticas. De repente, milhões de americanos se viram expostos à face obscura da destruição criativa. Atividades de secretaria e de escritório passaram a ser exercidas por softwares de computadores, assim como atividades de prancheta, em arquitetura, em desenvolvimento de produtos e em desenho industrial. A insegurança no emprego, problema que, historicamente, afligia, sobretudo, os trabalhadores de colarinho azul, tornou-se motivo de aflição, no início da década de 1990, também para pessoas mais educadas e afluentes, conforme revelam, de maneira dramática, dados de pesquisa: em 1991, no fundo do ciclo econômico, pesquisa entre empregados de grandes empresas mostrou que 25% receavam ser demitidos. Em 1995 e 1996, não obstante o forte declínio na taxa de desemprego, 46% manifestaram esse medo. Tal tendência, evidentemente, incluiu a segurança no emprego entre as preocupações do grande público.

Igualmente importante, mas não tão óbvio, a mobilidade do emprego aumentou. Hoje, os americanos mudam de emprego em escala verdadeiramente estupenda. Numa força de trabalho de quase 150 milhões de pessoas, um milhão muda de emprego a cada semana. Cerca de 600 mil o fazem voluntariamente, enquanto cerca de 400 mil são demitidas, quase sempre quando suas empresas são adquiridas ou reduzem o efetivo de pessoal. Ao mesmo tempo, um milhão de trabalhadores são contratados por outras empresas ou retornam àquelas de que foram demitidos também a cada semana, à medida que se expandem os novos setores e se criam novos negócios.

Quanto mais rápida era a difusão da inovação tecnológica, e mais amplo era o seu impacto, mais os economistas tiveram de correr para identificar quais fundamentos tinham mudado e quais se mantinham inalterados. Em meados da década de 1990, os especialistas passavam horas discutindo o chamado nível natural de desemprego (a chamada NAIRU, ou Non-accelerating Inflation Rate of Unemployment, isto é, a taxa de desemprego que não acelera a inflação), por exemplo. Trata-se de conceito neo-keynesiano, usado no início da década de 1990, para argumentar que, se o desemprego caísse abaixo de 6,5%, a demanda de salário pelos trabalhadores aumentaria, gerando pressões inflacionárias.

Assim, quando o desemprego passou a apresentar tendência declinante, chegando a 6%, em 1994; a 5,6%, em 1995; apontando para 4% ou menos, muitos economistas sustentaram que o Fed deveria frear o crescimento. Contestei esse raciocínio dentro do Fed e em depoimentos públicos. A "taxa natural", embora inquestionável nos modelos e útil em análises históricas, sempre se mostrou ilusória quando estimada em tempo real. O número era sempre revisto e não oferecia plataforma estável para a previsão de inflação e para a política monetária, segundo minha avaliação. Não importa o que se suponha que fosse acontecer, durante a primeira metade da década de 1990, a taxa de aumento dos salários se manteve numa faixa baixa e estreita, não se constatando sinais de pressão inflacionária. Por fim, a sabedoria convencional recuou – os economistas começaram a revisar para baixo o nível natural de desemprego.

Anos depois, Gene Sperling, contou a história de como essa controvérsia se desenrolou no Salão Oval. Em 1995, os principais assessores econômicos do presidente Clinton – Sperling, Bob Rubin e Laura Tyson – receavam que o presidente estivesse se deixando levar por suas expectativas em relação ao boom de alta tecnologia. E, assim, incumbiram Larry Summers de aplicar o choque de realidade. Pelo que eu sabia de nossos debates durante o café-da-manhã, Larry era cético em relação à tecnologia. E, como ele, normalmente, só conversava com o presidente sobre assuntos internacionais, Clinton perceberia que se tratava de situação inusitada.

Os economistas entraram como tropa no Salão Oval e Summers fez uma breve apresentação sobre por que a escassez no mercado de trabalho sinalizava a necessidade de desaceleração do crescimento. Em seguida, os demais participantes manifestaram concordância. Clinton ouviu durante algum tempo, então, finalmente, interrompeu: "Vocês estão errados", disse. "Compreendo a teoria, mas, na Internet, com a tecnologia, percebo que as coisas mudaram. Vejo crescimento por toda parte." O fato é que Clinton não se baseava apenas no instinto. Ele vinha conversando com CEOs e com empreendedores, como sempre fazia. Os políticos se recusam a acreditar que há limites para o crescimento. Mas, naquele momento, o presidente provavelmente desenvolvera mais sensibilidade prática em relação à economia que seus economistas.

Tanto a economia quanto o mercado de ações continuavam em alta. A produção medida pelo PIB crescia à taxa superaquecida de mais de 6%, na primavera de 1996, suscitando dúvidas sobre outro naco da sabedoria convencional, ou seja, que 2,5% era o crescimento máximo que a economia poderia sustentar sem sobressaltos. No Fed, estávamos reformulando muitas de nossas idéias. É fácil esquecer a velocidade com que inovações como a Internet e o e-mail deixaram de ser exóticas, para se tornarem ubíquas. *Alguma coisa* extraordinária estava acontecendo, e o desafio de tentar explicar o fenômeno ainda em curso, em tempo real, era considerável.

Quando convoquei o FOMC, em 24 de setembro de 1996, oito meses e sete reuniões haviam transcorrido desde que reduzíramos pela última vez a taxa de juros. Muitos membros do comitê agora se inclinavam para o outro lado – para o aumento, com o objetivo de prevenir a inflação. Mais uma vez, queriam parar de servir bebida no melhor da festa. Os lucros das empresas estavam muito altos, o desemprego caíra para bem menos de 5,5% e um grande fator mudara: os salários finalmente vinham subindo. Em condições de boom como essas, a inflação era o risco óbvio. Se as empresas tinham de pagar mais, para reter ou atrair trabalhadores, era possível que em breve começassem a repassar esse aumento de custo, elevando os preços. A estratégia dos livros-textos seria aumentar a taxa de juros, desacelerando a economia e podando o broto da inflação.

Mas e se esse não fosse um ciclo econômico normal? E se a revolução tecnológica tivesse, ao menos temporariamente, ampliado a capacidade de expansão da economia? Nessa hipótese, o aumento da taxa de juros seria um erro.

Evidentemente, sempre fui cauteloso com a inflação. No entanto, eu tinha certeza de que o risco era muito mais baixo do que imaginavam muitos de meus colegas. Dessa vez, não se tratava de reverter a sabedoria convencional. Eu achava que, não os compêndios, mas, sim, os nossos números estavam errados. E, assim, me concentrei no que acreditava ser o principal enigma do boom tecnológico: a questão da produtividade.

Os números que recebíamos dos departamentos do Trabalho e do Comércio mostravam que a produtividade (a produção por hora trabalhada) estava praticamente estável, não obstante a tendência duradoura de computadorização contínua e crescente. Não conseguia imaginar como isso podia acontecer. Entra ano, sai ano, as empresas vinham investindo grandes somas em computadores desktops, em servidores, em redes, em software e em outros dispositivos de alta tecnologia. Eu já trabalhara bastante com gerentes de fábrica em projetos de investimentos de capital, ao longo dos anos, para saber como eram tomadas essas decisões de compra. Eles encomendavam equipamentos caros apenas se acreditassem que o investimento expandiria a capacidade de produção ou possibilitaria que os empregados aumentassem a produção por hora. Se o investimento não contribuísse para nenhum desses resultados, os gerentes não o levavam adiante. No entanto, os gestores continuavam bombeando dinheiro em alta tecnologia. Isso já se tornara evidente em 1993, quando as novas encomendas de bens de capital de alta tecnologia começaram a acelerar, depois de um longo período de crescimento lento. Além disso, o boom prosseguiu em 1994, sugerindo que as primeiras experiências de lucro com os novos equipamentos tinham sido positivas.

Havia outros indicadores ainda mais convincentes de que os números oficiais sobre a produtividade estavam errados. A maioria das empresas vinha divulgando margens operacionais crescentes. No entanto, poucas haviam aumentado o preço. Isso significava que seus custos unitários se mantinham estáveis ou mesmo em queda. Boa parte dos custos consolidados, ou seja, da empresa considerada como um todo, são de mão-de-obra. Portanto, se os custos da mão-de-obra por unidade de produto se mantinham na horizontal ou em declínio e se o crescimento da remuneração horária média da mão-de-obra vinha ocorrendo em ritmo mais rápido, conclui-se com certeza matemática que, supondo que tais dados estejam corretos, o crescimento da produção por hora sem dúvida estava em alta; ou seja, os ganhos de produtividade realmente vinham acelerando. E, nesse caso, o aumento da inflação seria improvável.

Embora eu estivesse convencido de que minha análise estava certa, sabia que seria inútil tentar convencer meus colegas com números aproximados e cálculos grosseiros. Eu precisava de algo mais convincente. Com poucas semanas pela frente, antes da reunião de 24 de setembro de 1996, pedi ao staff do Fed para separar algumas estatísticas federais sobre produtividade e estudar os dados básicos, setor por setor, para dezenas de setores. Eu estava encafifado com uma aparente discrepância entre os dados do Bureau of Labor Statistics sobre produção por hora para todos os setores não-agrícolas e uma estimativa separada para empresas. O confronto das duas implicava que não houve crescimento da produtividade fora do setor empresarial, conclusão improvável.

Quando pedi desdobramentos detalhados por setor, o staff, numa situação típica, teria dito que o chairman queria "plumas e paetês". Daquela vez, disseram que aquilo era como pedir que executassem o Projeto Manhattan. No entanto, mergulharam nos dados e entregaram o relatório bem em tempo para a reunião do FOMC.

Naquela terça-feira, as opiniões no comitê se dividiram. Meia dúzia de membros queria aumentar as taxas imediatamente – como disse Tom Melzer, o gavião que presidia o banco do Federal Reserve de St. Louis, "para comprar uma apólice de seguro" contra a inflação. Outros ficaram em cima do muro. Alice Rivlin, que na época estava em seu terceiro mês como vice-chairman do Conselho de Governadores do Fed, avaliou a situação com seu jeito brincalhão: "Os semblantes preocupados em torno dessa mesa, acho bom nos lembrarmos disso, estão apreensivos com o melhor conjunto de problemas que poderíamos imaginar. Banqueiros centrais de todo o mundo gostariam de debater essas folhas de estatísticas." Embora ela concordasse que estávamos numa "zona de perigo" de retomada inflacionária, também observou que "por enquanto ainda não vimos aumento da inflação".

Quando chegou minha vez de falar, assumi um tom agressivo e enfático, ao usar o relatório do staff. Parecia que o governo vinha subestimando o crescimento da produtividade havia anos. Não tinha, por exemplo, encontrado *nenhum* ganho de eficiência na economia de serviços – com efeito, os cálculos do governo faziam parecer que a produtividade lá estava diminuindo. Todos os membros do comitê sabiam que isso era um absurdo notório: escritórios de advocacia, serviços a empresas, consultórios médicos e organizações de serviços sociais vinham automatizando e modernizando suas atividades, assim como o setor manufatureiro e o restante da economia.

Ninguém era capaz de explicar de maneira convincente por que as estatísticas estavam furadas, disse.* Mas eu estava razoavelmente confiante de que o risco de inflação era baixo demais para justificar um aumento da taxa de juros. Minha recomendação era que nós simplesmente observássemos e esperássemos.

Esse argumento não convenceu todo o mundo – na verdade, ainda estamos debatendo a natureza e a extensão do impacto da tecnologia da informação sobre a produtividade. Mas lançou dúvidas bastante razoáveis para que o comitê votasse 11 a 1 pela manutenção das taxas de juros nos níveis vigentes, em 5,25%.

Não achamos necessário aumentar os juros nos seis meses seguintes – e, mesmo assim, quando o fizemos, foi só para 5,5%, e por outro motivo. O PIB conti-

*Houve quem argumentasse que os preços das compras de serviços pelos fabricantes de bens estavam errados e que o crescimento da produção total por hora estava correto, mas que a produção de bens e a produção por hora estavam superestimadas, em prejuízo da produção de serviços e do crescimento da produtividade. Embora tecnicamente possível, essa explicação parecia muito improvável.

nuou a crescer em ritmo razoável, o desemprego prosseguiu em baixa e a inflação se manteve sob controle durante mais quatro anos. Ao não nos precipitarmos no aumento das taxas de juros, ajudamos a desbravar o caminho para o mais longo boom econômico do pós-guerra. Esse foi um exemplo clássico de por que não se pode simplesmente decidir a política monetária com base em modelos econométricos. Como Joseph Schumpeter poderia ter dito, também os modelos estão sujeitos à destruição criativa.

Mesmo a produtividade crescente não podia explicar a loucura dos preços das ações. Em 14 de outubro de 1996, o índice Dow Jones saltou acima de 6.000 pontos – marco atingido, declarou artigo de primeira página no *USA Today* "no dia de abertura do sétimo ano do mais consistente mercado em alta de toda a história". Jornais de todo o país também puseram a notícia na primeira página. O *New York Times* observou que, cada vez mais, os americanos estavam transferindo suas poupanças de aposentadoria para ações, refletindo "a crença generalizada de que o mercado de ações é a única alternativa para investimentos de longo prazo".

Os Estados Unidos se convertiam em país de acionistas. De fato, quando se comparava o valor total das ações em circulação com o tamanho da economia, a significância do mercado aumentava em ritmo acelerado: Perfazendo US$9,5 trilhões, ele agora correspondia a 120% do PIB, em comparação com 60%, em 1990, índice que foi superado apenas pelo Japão, no ponto mais alto de sua bolha econômica, na década de 1980.

Tive conversas constantes com Bob Rubin sobre o assunto. Ambos estávamos um tanto confusos. Tínhamos visto o Dow romper três "marcas do milênio" – 4.000, 5.000 e 6.000 pontos – em apenas um ano e meio. Apesar de todo o vigor do crescimento econômico, receávamos que os investidores estivessem sendo levados pelas circunstâncias. Os preços das ações começavam a embutir expectativas tão exorbitantes, que jamais se converteriam em realidade.

Evidentemente, a prosperidade do mercado de ações é vantagem econômica – predispõe as empresas para a expansão, contribui para a confiança dos consumidores e, assim, acelera o crescimento da economia. Mesmo os crashes nem sempre são ruins – o de 1987, por mais assustador que nos tenha parecido, produziu muito poucos efeitos negativos duradouros. Só quando o colapso do mercado pode ameaçar a economia real há motivos para que pessoas como o secretário do Tesouro e o chairman do Fed fiquem preocupadas.

Vimos esse tipo de desastre acontecer no Japão, onde a economia ainda estava traumatizada com o colapso do mercado de ações e do mercado de imóveis na década de 1990. Embora nem Bob nem eu achássemos que os Estados Unidos já tinham atingido o estágio de bolha, não podíamos deixar de constatar que cada vez mais famílias e empresas se expunham aos riscos das ações. Assim, durante o café-da-manhã, conversávamos com freqüência sobre o que poderíamos fazer no caso de formação de uma bolha.

Bob achava que autoridades financeiras federais jamais deveriam falar sobre mercado de ações em público. Inveterado elaborador de listas, ele apresentou três razões, mencionadas mais tarde em suas memórias: "primeiro, não há condições de saber ao certo quando o mercado está subavaliado ou superavaliado", disse. "Segundo, como ninguém é capaz de combater as forças do mercado, falar sobre o assunto não fará nenhum bem. E, terceiro, qualquer coisa que se diga tende a disparar pela culatra e ferir sua credibilidade. As pessoas constatarão que a autoridade não sabe mais que qualquer mortal comum."

Eu tinha de admitir que todas essas afirmações eram verdadeiras. Mas ainda não concordava que levantar essas questões em público era necessariamente má idéia. Não havia como negar importância crescente do mercado de ações. Como falar sobre economia sem mencionar um gorila daquele tamanho? Embora o Fed não tivesse mandato explícito para focar o mercado de ações, os efeitos daquela disparada de preços parecia-me uma preocupação legítima. No combate à inflação, definíramos que a estabilidade de preços é fundamental para o crescimento duradouro da economia. (Com efeito, importante fator para a alta dos preços das ações era a crescente confiança dos investidores na continuidade da estabilidade.)

Entretanto, o conceito de estabilidade de preços não era assim tão evidente quanto parecia. Para a maioria dos economistas, estabilidade de preços referia-se a preços de produtos – o custo de um par de meias ou de um litro de leite. Mas e o preço dos ativos geradores de renda, como ações ou imóveis? E se esses preços inflassem e ficassem instáveis? Será que não deveríamos também nos preocupar com a estabilidade dos preços das cestas de ovos, no sentido metafórico de poupanças acumuladas como reserva, em vez de apenas com os ovos de verdade, que se compram nas mercearias? Não que eu quisesse me levantar e gritar: "O mercado de ações está superavaliado e isso não é bom." Não acreditava nisso. Porém, achava importante pôr o assunto em discussão.

O conceito de exuberância irracional ocorreu-me na banheira, uma manhã, quando eu escrevia um discurso. Até hoje, a banheira é onde me ocorrem muitas de minhas melhores idéias. Meus assistentes se acostumaram a digitar textos extraídos de garatujas rabiscadas em folhas amarelas úmidas e borradas – tarefa que se tornou muito mais fácil depois que descobri uma caneta cuja tinta não se dissolve em água. Imerso em meu banho, sinto-me tão feliz quanto Arquimedes, enquanto contemplo o mundo.

Depois que o Dow rompeu o limite de 6.000 pontos, comecei a procurar uma oportunidade para falar sobre o valor dos ativos. Decidi que o jantar anual do American Enterprise Institute seria perfeito. É um grande evento em black-tie, que atrai mais de mil pessoas, entre as quais muitos especialistas em políticas públicas de Washington, e ocorre em momento oportuno, com bastante antecedência em relação às festas de fim de ano, para ser considerado acontecimento relevante.

Para abordar a questão do mercado de ações sob uma perspectiva adequada, eu a inseri em breve resumo da história do banco central nos Estados Unidos. Remontei, numa retrospectiva completa, a Alexander Hamilton e William Jennings Bryan, retornei ao presente e me projetei no futuro (um público mais genérico talvez ficasse irritado com a sinuosidade da narrativa, mas essa era a abordagem mais adequada para aquela multidão do American Enterprise Institute).

Escrevi o discurso de forma que o trecho sobre valor dos ativos se estendesse por não mais que uma dúzia de frases, próximo ao final, e cuidadosamente, o revesti com a camada protetora de meu habitual jargão do Fed. No entanto, quando mostrei a passagem a Alice Rivlin, no dia do discurso, "exuberância irracional" logo lhe saltou aos olhos. "Você está certo de que quer dizer isso", perguntou?

No pódio, naquela noite, ao entrar no pedaço crucial, concentrei minha atenção na platéia, para observar as reações. "No momento em que avançamos rumo ao século XXI, disse, referindo-me ao Fed:

> O Congresso querendo, continuaremos guardiões do poder de compra do dólar. Mas um fator que continuará dificultando a tarefa é a dificuldade crescente de definir com clareza a noção do que constitui estabilidade do nível geral de preços...
>
> Onde traçar a linha que demarca os preços realmente relevantes? Decerto, os preços dos produtos e serviços que estão sendo fornecidos no momento – nosso indicador básico de inflação – devem ser considerados. Mas, e os preços futuros? Ou, mais importante, os preços dos direitos sobre produtos e serviços no futuro, como ações, imóveis e outros ativos geradores de renda? Será que a estabilidade desses preços é fundamental para a estabilidade da economia?

Sem dúvida, a baixa inflação duradoura implica menos incerteza sobre o futuro, e prêmios de risco mais baixos significam preços mais altos para as ações e outros ativos geradores de renda. Constatamos essa realidade na correlação inversa entre índices preço/lucro e taxa de inflação no passado.

Mas como saber quando a exuberância irracional aumentou indevidamente os valores dos ativos, que, então, se tornam sujeitos a contrações inesperadas e prolongadas, como ocorreu no Japão ao longo da última década? E como introduzir essa avaliação na política monetária? Nós, banqueiros centrais, não temos motivos para preocupação, se o estouro de uma bolha de ativos financeiros não ameaça comprometer a economia real, seus níveis de produção, emprego e estabilidade de preços. Na verdade, a estrondosa ruptura do mercado de ações em 1987 teve poucas conseqüências negativas para a economia. Mas não devemos subestimar a complexidade das interações dos mercados de ativos com a economia.

Sem dúvida, não foi uma página de Shakespeare. E seu processamento deve ter sido difícil, sobretudo para quem já tinha tomado umas e outras durante o coquetel e não via a hora de forrar o estômago. Quando voltei à mesa, cochichei para Andrea e para os circunstantes: "Que partes disso você acha que vai virar notícia?" Ninguém deu palpite. Mas eu tinha visto parte do público se empertigar e prestar atenção, e, quando a noite terminou, o frisson começou. "O chairman do Fed lança a grande questão: O mercado está muito alto?", escreveu o *Wall Street Journal*, no dia seguinte; "Exuberância irracional denunciada", disse o *Philadelphia Inquirer*; "Mensagem oculta ouvida em altos brados", declarou o *New York Times*. A expressão "exuberância irracional" estava em vias de tornar-se a frase de efeito do boom.

Mas o mercado de ações não desacelerou – o que apenas reforçou minha preocupação. É verdade que, de início, minhas observações desencadearam vendas em todo o mundo, em parte por causa da suspeita de que o Fed aumentaria de imediato as taxas de juros. Os preços das ações caíram primeiro nos mercados japoneses, onde já era de manhã quando eu falei, e, em seguida, horas depois, quando os mercados abriram, na Europa e, finalmente, em Nova York, no dia seguinte. Na Bolsa de Valores de Nova York, o Dow mergulhou quase 150 pontos, ao soar a campainha de abertura. Mas, à tarde, os mercados americanos se recuperaram e, depois de mais um dia de negociações, reconquistaram todo o terreno perdido. Os mercados de ações americanos terminaram o ano com alta bem superior a 20%.

E os touros prosseguiram nas investidas. O índice Dow Jones já se aproximava de 7.000 pontos quando o FOMC se reuniu pela primeira vez em 1997, no dia quatro de fevereiro. Àquela altura, eu já sabia, com base em conversas particulares com muitos dos governadores do Fed e presidentes de bancos da Reserva Federal que o comitê compartilhava meu receio de que a formação de uma bolha no mercado de ações pudesse provocar instabilidade inflacionária. À exceção da disparada de preços no mercado de ações, a economia se mantinha tão robusta quanto estava seis meses atrás, quando resisti à idéia de aumentar as taxas de juros. Mas minha preocupação com a bolha mudara minha opinião. Disse ao comitê que talvez precisássemos de um aperto monetário, na tentativa de segurar o touro. "Temos de começar a pensar em alguma forma de medida preventiva", disse, "e como transmiti-la ao mercado".

Eu escolhia as palavras com muito cuidado, pois, naquele momento, eu me manifestava em caráter oficial e estávamos manipulando dinamite política. O Fed não tem mandato explícito, definido por lei, para tentar conter o surgimento de bolhas no mercado de ações. Indiretamente, tínhamos autoridade para fazê-lo, se entendêssemos que os preços das ações estivessem gerando pressões inflacionárias. Mas, nesse caso, seria muito difícil sustentar tal posição, em face do ótimo desempenho da economia.

O Fed não atua no vácuo. Se aumentássemos as taxas de juros e apresentássemos como razão o intuito de segurar o mercado de ações, teríamos provocado uma tempestade política. Seríamos acusados de prejudicar o pequeno investidor, de sabotar as aposentadorias. Eu já imaginava a saraivada de que eu seria alvo, no próximo depoimento de supervisão ao Congresso.

Fosse como fosse, concordamos que a tentativa de evitar a bolha era compatível com nossa missão e que nosso dever era correr o risco. Refleti em voz alta em nossa reunião daquele dia: "Precisamos, acima de tudo, nos empenhar para manter a inflação baixa, os prêmios de risco baixos, o custo de capital baixo. Se estamos falando em equilíbrio duradouro, valores de mercado altos são melhores que valores de mercado baixos. O que estamos tentando evitar são bolhas efêmeras, volatilidade excessiva e coisas semelhantes." Com o consentimento do comitê, insinuei uma iminente alta nos juros, em meus comentários públicos ao longo das várias semanas seguintes. O objetivo era não chocar o mercado com uma medida abrupta. Até que nos reunimos novamente em 25 de março e elevamos as taxas de curto prazo em 0,25%, para 5,50%. Eu mesmo redigi a declaração do FOMC anunciando a decisão. Referi-me exclusivamente à intenção do Fed de combater as forças econômicas subjacentes que ameaçavam gerar inflação, e não disse uma única palavra sobre valores de ativos ou ações. Mencionei rapidamente o aumento dos juros depois do discurso: "Demos um pequeno passo para aumentar as chances de que a economia possa manter seu bom desempenho."

Em fins de março e em princípios de abril de 1997, logo depois de nossa reunião, o Dow caiu uns 7%. Na opinião de algumas pessoas, essa perda de quase 500 pontos foi uma reação retardada ao aumento dos juros. Mas, poucas semanas depois, o ímpeto mudou de sentido e o mercado voltou a subir, recuperando todas as suas perdas e ainda ganhando mais 10%, o que o ergueu para quase 7.800 pontos, em meados de junho. Na verdade, os investidores estavam ensinando uma lição ao Fed. Bob Rubin estava certo: não se sabe quando o mercado está superavaliado e não há como combater as forças do mercado.

À medida que o boom prosseguia – por mais três anos, como se sabe, aumentando enormemente a riqueza do país – continuamos às voltas com grandes questões referentes a produtividade, estabilidade de preços e outros aspectos do que passou a se chamar Nova Economia. Começamos a buscar outras maneiras de lidar com o risco de bolha. Porém, não voltamos a aumentar as taxas de juros e nunca mais tentamos segurar os preços das ações.

Andrea e eu expressamos nossa própria exuberância quando finalmente nos casamos naquela primavera. Ela sempre brinca que demorei três anos para pedi-la em casamento, porque insistia em fazer a proposta no jargão do Fed, mas isso não é verdade. Eu, realmente, lhe propus casamento cinco vezes – ela não entendeu duas delas. No dia de Natal de 1996, contudo, a mensagem finalmente foi captada e ela disse sim. Em abril de 1997, Ruth Bader Ginsburg, juíza da Suprema Corte, nos casou, numa cerimônia bela e simples, num de nossos lugares favoritos, em Inn at Little Washington, o interior da Virgínia.

Dispensamos a lua-de-mel: muita coisa estava acontecendo na vida profissional dela e na minha. Mas os amigos sempre insistiam na viagem de núpcias e sugeriam Veneza. Finalmente, estudei minha agenda e concluí que poderíamos emendar a lua-de-mel a uma reunião na Suíça, em junho, dois meses depois do nosso casamento.

Na conferência monetária, o chanceler alemão, Helmut Kohl, discursou durante o almoço, sobre um tema árido, como seria de esperar: independência do banco central e a reavaliação das reservas da Alemanha em ouro. Depois, Andrea e eu evitamos as multidões de repórteres que queriam comentários sobre as perspectivas da economia, sob o aspecto de prosseguimento do boom de Internet no mercado de ações. Embora soubessem que eu não costumava dar entrevistas, alguns pediram a Andrea que servisse como intermediária, imaginando que, como colega jornalista, ela estaria disposta a ajudar. Tudo que Andrea queria fazer era ir para o spa. Antes de sairmos de Interlaken, ela já havia dito, de brincadeira, que a viagem, até agora, tinha sido "a lua-de-mel menos romântica da história".

E, então, chegamos a Veneza. Por mais necessária que seja a destruição criativa para a melhoria do padrão de vida material, não é à toa que alguns dos lugares mais atraentes do mundo são aqueles que menos mudaram ao longo dos séculos. Eu nunca tinha visitado a cidade e, como tantos outros viajantes antes de mim, fiquei absolutamente encantado. Nossa idéia era passear e fazer coisas absolutamente espontâneas. E, embora isso seja difícil quando se viaja com uma equipe de segurança, não ficamos muito longe do nosso intuito. Comemos em cafés ao ar livre, fizemos compras, visitamos igrejas e fomos ao velho gueto judeu.

Durante séculos, a cidade-Estado de Veneza foi o centro do mundo comercial, ligando a Europa Ocidental ao Império Bizantino e ao resto do mundo conhecido. Depois do Renascimento, as rotas comerciais se deslocaram para o Atlântico e Veneza decaiu como potência marítima. No entanto, durante todo o século XVIII, Veneza continuou sendo a cidade mais sofisticada da Europa, centro da literatura, da arquitetura e das artes. "Então, que novidades há no Rialto?", trecho famoso de O *Mercador de Veneza*, referindo-se ao centro comercial da cidade, ainda tange vibrante corda cosmopolita.

Hoje, o distrito de Rialto mantém a mesma aparência de quando os comerciantes descarregavam partidas de seda e de especiarias procedentes do Oriente. Pode-se dizer o mesmo dos esplêndidos palácios renascentistas, da Praça de São Marcos e de dezenas de outras atrações. Não fossem as lanchas motorizadas – as vaporetti – dir-se-ia que se está no século XVII ou no século XVIII.

Enquanto passeávamos por um dos canais, o economista que se continha dentro de mim finalmente levou a melhor. Perguntei a Andrea: "Qual será o valor agregado produzido nesta cidade?"

"Você está fazendo a pergunta errada", respondeu, e soltou uma risada.

"Mas toda essa cidade é um museu. Imagina o quanto custa manter tudo isso."

Andrea parou e olhou para mim. "Você devia estar admirando como tudo isso é maravilhoso."

Evidentemente minha esposa estava certa. Mas a conversa serviu para cristalizar algo que havia meses eu ruminava num canto da mente.

Veneza, percebi, é a antítese da destruição criativa. Ela existe para conservar e valorizar o passado – não para criar o futuro. Mas esse, constatei, é exatamente o ponto. A cidade atende a uma profunda necessidade humana de estabilidade e de permanência, assim como de beleza e de romance. A popularidade de Veneza representa um dos pólos de um conflito da natureza humana: a luta entre o desejo de aumentar o bem-estar material e o desejo de rejeitar a mudança e o estresse dela decorrentes.

O padrão de vida material dos Estados Unidos continua a melhorar; contudo, o dinamismo dessa mesma economia condena ao desemprego, involuntariamente, centenas de milhares de pessoas. Não admira que a demanda por protecionismo esteja em alta, assim como a nostalgia por uma época mais lenta e mais simples. Nada é mais estressante que os ventos perenes da destruição criativa. O Vale do Silício é, sem dúvida, um lugar vibrante para trabalhar; mas eu diria que, até agora, seus encantos como estância para lua-de-mel não foi de modo algum reconhecido.

Na noite seguinte, em Veneza, Andrea e eu fomos a um concerto de Vivaldi para violoncelo, com instrumentos barrocos. Vivaldi, veneziano, ficou conhecido pela maneira inovadora como sua música equilibrava a sonora formalidade rítmica com o brilho e a alegria de seus acordes. Suas melodias encheram a atmosfera ao nosso redor, complemento vibrante à majestade sóbria da igreja antiga, com suas sombras, suas curvas e suas cantarias, que pareciam exalar a umidade dos canais. Já ouvira melhores interpretações de Vivaldi, mas nunca o desfrutei com tanta intensidade.

CAPÍTULO 9

FEBRE DO MILÊNIO

Em fins da década de 1990, a economia estava tão forte que eu costumava acordar de manhã, olhar-me ao espelho e dizer: "Lembre-se, isso é temporário. Não é assim que o mundo deve funcionar."

Esse período de fartura me animou – adorava observar a prosperidade da economia, assim como os novos desafios insólitos que toda aquela abundância nos impunha. A ocorrência de superávit no orçamento federal, por exemplo. Essa maravilha ocorreu pela primeira vez em 1998. Ela despontou depois de uma seqüência de cinco anos, durante os quais o déficit federal diminuiu com constância, desde o pico do exercício financeiro de 1992, de quase US$300 bilhões. O superávit decorreu de fatores que supúnhamos compreender: conservadorismo fiscal e crescimento econômico. No entanto, a escala da mudança era muito maior, a ponto de ninguém no Fed e em qualquer outro lugar ter previsto o maior superávit em relação ao PIB, desde 1948.

A história nos dizia que surtos de bonança como aquele não poderiam perdurar nem se prolongariam para sempre. No entanto, aquele se estendia por mais tempo do que eu considerava possível. Durante os últimos anos da década de 1990, a economia cresceu a taxas anuais superiores a 4%. Isso significava algo em torno de US$400 bilhões – equivalentes em tamanho a toda a economia da União Soviética – que se acresciam à economia americana *a cada ano*.

Praticamente todas as famílias se beneficiavam com a situação. Gene Sperling, assessor econômico de Clinton, gostava de chamar a atenção para a amplitude dos efeitos sociais: entre 1993 e 2000, a família americana típica se beneficiou com ganhos reais de renda da ordem de US$8 mil por ano.

Esse crescimento econômico estimulou a psique nacional, mudando a maneira como víamos a nós mesmos no mundo. Durante toda a década de 1980 e por boa parte da de 1990, os americanos atravessaram um período de medo e depressão. As pessoas receavam que os Estados Unidos estivessem perdendo terreno para a Alemanha, para a nova Europa em vias de unificação e para o Japão. Conforme dizia Larry Summers, esses rivais econômicos "eram mais propensos a investir, mais dispostos a fabricar, tinham menos advogados, e ainda contavam com mais cientistas e mais disciplina que os americanos".

Nos anos 1980, os gigantescos *zaibatsu*, ou conglomerados, japoneses pareciam representar ameaça especial: tinham superado a América em aço e em equipamentos industriais, haviam deixado nossas empresas automobilísticas na defensiva e de tal maneira nos sobrepujaram em bens de consumo eletrônicos que até os televisores de que dependíamos para ver os noticiários traziam marcas como Sony, Panasonic e Hitachi. Desde o Sputinik, os americanos não se sentiam em tão assustadora desvantagem. Mesmo o fim da Guerra Fria não nos arrancou da melancolia – nosso vasto poderio militar de repente parecia irrelevante, agora que o status internacional era definido pelas proezas econômicas.

Até que o boom tecnológico ganhou força e mudou tudo. A cultura empresarial americana, de liberdade, de empreendedorismo, de assunção de riscos e de aceitação do fracasso, passou a ser invejada em todo o mundo. A tecnologia da informação varreu os mercados globais, assim como uma ampla gama de inovações, desde o café expresso Starbucks até instrumentos financeiros de derivativos de crédito. Estudantes de todo o mundo acorreram para as universidades americanas. As mudanças empreendidas pelos Estados Unidos para modernizar a economia – duas décadas de desregulamentação e de enxugamento às vezes dolorosos e a redução das barreiras comerciais – agora estavam produzindo frutos. Enquanto a Europa e o Japão descambavam para a letargia econômica, a América estava em ascensão.

O superávit orçamentário federal foi um acontecimento surpreendente. "Todos precisamos retornar à estaca zero na previsão de impostos", um alto funcionário do Fed de Nova York disse ao FOMC, em maio de 1997, depois de relatar que a receita do Tesouro durante o ano situava-se US$50 bilhões acima das projeções. Economistas do Escritório de Gestão e Orçamento, do Escritório de Orçamento do Congresso e do Fed estavam todos perplexos. Embora a economia estivesse passando por uma fase extremamente favorável, isso não era suficiente para explicar esse grande aumento na arrecadação tributária. Suspeitávamos que talvez estivéssemos vendo um subproduto do mercado de ações, e eu estimulei o staff do Fed a acelerar suas estimativas sobre o aumento da renda tributável das famílias decorrente do exercício de opções sobre ações e resultante de ganhos de capital. As opções sobre ações, como se sabe, passaram a ser o principal incentivo adotado pelas empresas de alta tecnologia para atrair e reter pessoal – sendo oferecidas até a secretárias e a escriturários. Era difícil medir com exatidão essa nova fonte de riqueza. Anos mais tarde, essa hipótese se confirmou, mas, na época, tudo que nossos economistas podiam fazer era reconhecer que essa era uma explicação plausível. O déficit federal de 1997 se reduziu a apenas US$22 bilhões, estatisticamente insignificante no contexto de um orçamento federal de US$1,6 trilhão e de um PIB de US$10 trilhões.

Quase da noite para o dia, o governo se defrontou com um superávit orçamentário que se expandia com tanta rapidez quanto a celeridade com que o déficit se contraíra. Mal o presidente Clinton começara a conversar sobre a possibilidade de realmente conseguir equilibrar o orçamento federal, em 1998, seus economistas já tinham de se apressar na elaboração de um plano sobre o que fazer com o superávit. E, embora esse fosse um desses problemas invejáveis, o sucesso, como tudo o mais em questões orçamentárias, deve ser gerenciado, mormente em Washington, onde os políticos, ao descobrirem a disponibilidade de US$1 bilhão, apresentam, na hora, pelo menos US$20 bilhões em alternativas de gastos. E o superávit parecia realmente épico: as projeções do Escritório de Orçamentos do Congresso, em 1998, era de que ele totalizaria US$660 bilhões em dez anos.*

Assim que a notícia foi divulgada, ambos os partidos reivindicaram os méritos. "A política fiscal dos republicanos, enfatizando o controle dos gastos, a redução do tamanho do governo e a desoneração tributária, conduziram o país do déficit para o superávit, em apenas três anos", declarou um líder do velho partidão, o congressista John Boehner, de Ohio. O presidente Clinton, por sua vez, anunciou formalmente o superávit numa cerimônia especial na Casa Branca, com a presença dos líderes democratas, mas sem um único republicano no recinto, pois haviam sido barrados. Nem um só republicano votara em favor de sua proposta orçamentária histórica de redução do déficit, em 1993, lembrou o presidente aos convidados, acrescentando que, se o tivessem feito, "teriam o direito de estar aqui hoje".

Como era de supor, o dissenso sobre o que fazer com o aumento da receita foi intenso. Os democratas liberais queriam destinar o dinheiro a programas sociais que, segundo diziam, vinham sendo postergados havia anos; os republicanos con-

---

*US$660 bilhões é a soma das projeções referentes ao período de 1999 a 2008. Enquanto isso, a Casa Branca imaginava superávits no decênio seguinte da ordem de US$1,1 trilhão. A discrepância reflete o fato de que as projeções do EOC se baseiam nas leis vigentes, ao passo que as do governo assumem que suas propostas serão aprovadas pelo Congresso.

servadores propuseram "devolver" o superávit na forma de cortes de impostos. Bill Archer, republicano do Texas e bom amigo, que era presidente da Comissão de Tributação da Câmara dos Representantes (Ways and Means Committee), ganhou o prêmio pela declaração mais hilariante de todo o debate: "Por causa desse recorde de arrecadação", declarou, jocosamente, "o superávit está ficando descontrolado".

Já os defensores da responsabilidade fiscal, como Bob Rubin e eu, enquanto isso, acreditávamos que nem os cortes de impostos nem os novos gastos eram a melhor solução. Achávamos que o superávit deveria ser usado para amortizar a dívida interna, que agora se situava em US$3,7 trilhões, conseqüência acumulada de um quarto de século de gastos deficitários (o último ano em que se gerara superávit foi 1969).

Meu antigo envolvimento na reforma da Seguridade Social aguçara minha consciência de que, no futuro não muito distante, esta e o Medicare se defrontariam com demandas na casa de trilhões de dólares, à medida que a geração baby boom envelhecesse. Não havia nenhuma maneira prática de antecipar o pagamento dessas obrigações. A política mais eficaz seria amortizar a dívida interna, gerando, ao mesmo tempo, poupanças adicionais, que, por sua vez, poderiam aumentar a capacidade produtiva do país e a arrecadação federal, sem agravar a carga tributária, na época em que os baby boomers chegassem à idade de aposentadoria.

O pagamento da dívida interna tinha outra vantagem: era a escolha mais simples. Desde que o Congresso não aprove legislação que destine o dinheiro a outro fim, qualquer superávit de arrecadação que entre nos cofres do governo automaticamente liquidam a dívida, isso se o próprio Congresso mantiver as mãos longe da caixinha. Ou, como sugeri ao Comitê de Orçamentos do Senado, a dívida interna acumulada era tão grande que o governo poderia, tranqüilamente, podá-la aos poucos, durante anos. "Que eu saiba, não fará nenhum mal à economia permitir que os superávits se acumulem durante um longo período, sem lhes dar qualquer destinação específica", disse. "Se a economia continuar gerando superávits, não os encaremos como se fossem uma ameaça. Eles sem dúvida não são."* No entanto, em comparação com a redução de impostos ou com o aumento de gastos, a amortização da dívida era, sem dúvida, o patinho feio. Não sabia se Clinton conseguiria manter seu conservadorismo fiscal que marcara seu primeiro mandato, mesmo que quisesse.

Não desempenhei nenhum papel na descoberta da resposta, mas tive de admirar a solução a que chegaram Clinton e seus formuladores de políticas. Eles recorre-

*Ainda não me convencera de que os superávits viessem a se tornar tão altos a ponto de zerar a dívida interna, e a manutenção do endividamento em zero exigiria que o governo federal acumulasse ativos privados, questão com que me defrontaria em 2001.

ram ao único argumento politicamente irrefutável para tirar o dinheiro da mesa – vincular o superávit orçamentário à Seguridade Social. Ele apresentou essa proposta durante o discurso State of the Union:

> O que fazer com essa projeção de superávit? Tenho uma resposta simples, de poucas palavras: salvar primeiro a Seguridade Social. Esta noite, proponho que reservemos 100% do superávit – todos os tostões de qualquer superávit – até que adotemos todas as medidas necessárias ao reforço do sistema da Seguridade Social para o século XXI.

O ponto crucial do plano de Clinton, logo ficou claro, era destinar a parte do leão de qualquer superávit ao pagamento da dívida. Fiquei impressionado com a maneira como Clinton evitou boa parte do debate que teria surgido se ele tivesse optado pura e simplesmente pela redução da dívida. "Estou perplexo", disse a Gene Sperling. "Vocês descobriram uma maneira de tornar a redução da dívida politicamente atraente."

À medida que os superávits orçamentários aumentavam nos anos seguintes – evoluindo de US$70 bilhões, em 1998, para US$124 bilhões, em 1999; e US$237 bilhões, em 2000 – vi o Congresso insistir em ficar com nacos do dinheiro. No verão de 1999, os republicanos apresentaram um plano para reduzir os impostos em quase US$800 bilhões ao longo dos dez anos seguintes, e o Comitê de Bancos do Senado me convocou para opinar sobre se a proposta fazia sentido econômico a longo prazo. Tive de responder-lhes que não, pelo menos ainda não. "Provavelmente, seria melhor adiar o corte de impostos", disse, "principalmente por causa do fato de que é notório que os superávits estão fazendo muito bem e sendo muito positivos para a economia". Eu tinha dois outros argumentos, acrescentei. Primeiro, embora as projeções de superávit para o decênio seguinte já chegassem a US$3 trilhões, as incertezas sobre a economia lançavam dúvidas sobre aqueles grandes números. "Eles poderiam, com a mesma rapidez, tomar a direção oposta", disse. Segundo, considerando a velocidade que a economia já atingira, o estímulo de um grande corte fiscal talvez gerasse superaquecimento. Por outro lado, disse, "não via problema" em postergar o corte.

Essas observações fizeram algumas manchetes, mas não dissuadiram o Congresso de prosseguir com o projeto – que foi aprovado uma semana depois, apenas para ser vetado pelo presidente. "Numa época em que a América avança na direção certa, este projeto nos remeteria de volta às políticas fracassadas do passado", disse, ao assinar o veto no Rose Garden.

A atitude conservadora de Clinton em relação à dívida poderia ter exercido efeito mais duradouro sobre as prioridades do país. No entanto, sua influência foi diluída pelo estardalhaço em torno do caso Monica Lewinsky, cujo nome apareceu na mídia poucos dias antes de o presidente revelar sua abordagem em relação ao superávit. À medida que se desenrolava o escândalo e que apareciam na imprensa detalhes do alegado encontro, não conseguia acreditar em tudo aquilo. "Não há como essas histórias serem verdadeiras", dizia aos meus amigos. "Já estive na área da Casa Branca entre o Salão Oval e a sala de jantar privativa. O pessoal de apoio e os agentes do Serviço Secreto entram e saem o tempo todo. Não é possível." Mais tarde, quando se comprovou que os relatos eram verdadeiros, fiquei pensando como o presidente assumira tantos riscos. Aquilo me parecia tão incompatível com o Bill Clinton que eu conhecia, que me senti decepcionado e triste. E seus efeitos foram devastadores – como se percebia, por exemplo, ao se cotejarem duas chamadas que apareceram lado a lado no site da CNN: "Lewinsky pronta para fornecer amostras de caligrafia e de impressões digitais" e "Clinton anuncia projeção de superávit orçamentário de US$39 bilhões".

Enquanto os Estados Unidos prosperavam, o resto do mundo balançava. Na esteira do fim da Guerra Fria e da derrocada do planejamento central, os países em desenvolvimento buscavam maneiras de atrair investimentos diretos estrangeiros, reforçando as garantias do direito de propriedade e ampliando a abertura da economia. Mas, como parte dessas iniciativas, começou a emergir um padrão inquietante: investidores americanos, sobretudo os ricos, que apuraram ganhos de capital no mercado de ações dos Estados Unidos, se amontoavam em mercados emergentes pouco conhecidos, em busca de diversificação. Também os grandes bancos entraram na aventura, na tentativa de cobrar juros mais elevados do que poderiam obter nos Estados Unidos, onde as taxas já haviam alcançado mínimas quase históricas. Para atrair capitais e promover o comércio, alguns países em desenvolvimento atrelaram suas moedas ao dólar, adotando taxas de câmbio fixas. Dessa maneira, os Estados Unidos e outros investidores poderiam considerar-se protegidos contra o risco de câmbio, pelo menos durante algum tempo. Os credores desses dólares, por sua vez, os convertiam em moeda local e repassavam o dinheiro aos credores locais, às taxas de juros internas. Assim agindo, eles estavam apostando que, quando do pagamento do empréstimo ao banco americano, eles seriam capazes de converter o dinheiro em dólar à taxa de câmbio fixa, liquidando a operação sem perda de câmbio. Quando os operadores de mercado mais astutos, que não acreditavam em fadas, perceberam que o regime de taxas de câmbio fixas não seria duradouro e começaram a trocar a moeda local por dólar, o jogo acabou. Os bancos centrais que tentaram segurar suas taxas de câmbio fixas, logo esgotaram suas reservas em dólares.

Essa seqüência de eventos desembocou no chamado "contágio asiático", uma série de crises financeiras, que começaram com o colapso do baht tailandês e o ringgit malásio, no verão de 1997 e que acabaram assumindo proporções ameaçadoras para toda a economia mundial. Quase imediatamente, a Tailândia e a Malásia mergulharam na recessão. As economias de Hong Kong, Filipinas e Cingapura também foram atingidas. Na Indonésia, país de duzentos milhões de habitantes, a rupia implodiu, o mercado de ações despencou e a desordem econômica subseqüente resultou em revoltas em busca de alimentos, em miséria generalizada e, por fim, na queda do presidente Suharto.

Do mesmo modo como durante a crise do México, dois anos antes, o Fundo Monetário Internacional entrou em cena, com apoio financeiro. Mais uma vez, Bob Rubin, Larry Summers e o Departamento do Tesouro se incumbiram de preparar a resposta americana; o Fed, novamente, exerceu função consultiva. Envolvi-me com mais profundidade apenas em novembro, quando um alto executivo do Banco do Japão telefonou para o Fed e avisou que a Coréia do Sul seria a próxima queda. "A represa está cedendo", foi a maneira como se expressou, explicando que os bancos de seu país haviam perdido a confiança na Coréia e estavam na iminência de não mais renovar dezenas de bilhões de dólares em empréstimos.

Foi um choque. Símbolo do extraordinário crescimento da Ásia, a Coréia do Sul era agora a décima primeira maior economia do mundo, com duas vezes o tamanho da Rússia e maior que a Argentina ou Taiwan. O sucesso da Coréia era tal que nem mais era considerado país em desenvolvimento – o Banco Mundial oficialmente a incluíra no primeiro mundo. E, embora os observadores soubessem que o país havia enfrentado problemas recentes, a economia, segundo todos os indicadores, ainda crescia com firmeza e rapidez. O banco central da Coréia ainda estava sentado em cima de US$25 bilhões de reservas em dólar – forte proteção contra o contágio asiático, ou assim imaginávamos.

O que não sabíamos, mas logo descobrimos, era que o governo jogara com suas reservas. Em surdina, vendeu ou emprestou boa parte dos dólares aos bancos comerciais do país, que, por sua vez, os usaram para garantir empréstimos de liquidação duvidosa. Assim, quando Charlie Siegman, um de nossos principais economistas internacionais, telefonou para um banqueiro central da Coréia, na semana do Dia de Ação de Graças, e perguntou-lhe "Por que você não usa mais as reservas?", ouviu a seguinte resposta: "Porque não temos mais reservas." O que haviam divulgado como reservas já tinha sido comprometido.

A solução daquela confusão demorou semanas. As forças-tarefas de Rubin trabalharam praticamente vinte e quatro horas por dia, ao mesmo tempo em que o FMI montava um pacote financeiro de US$55 bilhões – a maior operação de socorro financeiro de todos os tempos. O plano exigiu a cooperação de Kim Dae Jung, presidente recém-eleito da Coréia, cuja primeira grande decisão foi comprometer-se com amplas reformas econômicas. Parte do desafio para o Tesouro e para o Fed, enquanto isso, foi convencer dezenas dos maiores bancos do mundo a não cobrar seus empréstimos à Coréia. Todas essas iniciativas se desenvolveram e atingiram o clímax ao mesmo tempo, levando Bob a observar, tempos depois: "Devemos ter batido algum tipo de recorde, ao perturbar o sono de ministros das finanças e de banqueiros centrais em todo o mundo."

Sempre havia o risco de que uma operação de resgate dessa magnitude estabelecesse um precedente perigoso: daí em diante, quantas vezes os investidores derramariam dinheiro em economias bem intencionadas, mas frágeis, na expectativa de que, se enfrentassem problemas muito sérios, o FMI os socorreria? Essa era uma versão daquilo que as empresas de seguros denominam "risco moral", em que incorrem ao oferecerem proteção contra riscos. Quanto maior for a rede de segurança, diz a teoria, maior será a displicência com que pessoas, empresas e governos tendem a comportar-se.

No entanto, as conseqüências de permitir a inadimplência da Coréia do Sul seriam ainda piores. O default de um país daquelas dimensões quase certamente teria acarretado a ruptura dos mercados globais. Grandes bancos do Japão e de outros países provavelmente teriam falido, provocando outros terremotos em todo o sistema. Investidores em estado de choque teriam debandado não só da Ásia Oriental, mas também da América Latina e de outras regiões emergentes, paralisando o desenvolvimento. Com muita probabilidade, o crédito se tornaria muito escasso também nos países industrializados. Isso sem falar no risco militar característico da situação da Coréia do Sul. Só pela maneira como enfrentaram aquela crise, Bob Rubin e Larry Summers já têm lugar garantido no hall da fama dos ministros das finanças.

Nos Estados Unidos, a situação ainda era de prosperidade, à medida que a Internet passava a fazer parte do estilo de vida das pessoas. O computador se transformava em item essencial nos lares, tanto quanto o telefone, a geladeira e a televisão. O PC se transformava em meio de comunicação e de recebimento de notícias.

No verão de 1997, milhões de pessoas viram on-line as fotos espantosas do Pathfinder, a primeira sonda americana a descer com sucesso na superfície de Marte, em vinte anos. E também se converteu em terminal de compra: em 1998, o "comércio eletrônico" debutou em grande estilo, com as pessoas afluindo em profusão a sites como Amazon, eToys e eBay, principalmente na época de Natal e fim de ano.

Mas o contágio da Ásia ainda não terminara. O cenário sombrio que imagináramos durante a crise coreana quase se realizou oito meses depois e a meio mundo de distância: em agosto de 1998, a Rússia inadimpliu vasta dívida em dólar.

Como a crise da Ásia, a da Rússia resultou da interação tóxica de investimentos estrangeiros frenéticos e de gestão fiscal irresponsável em casa. O catalisador foi a queda dos preços do petróleo, que chegaram a US$11 por barril, o nível mais baixo em vinte e cinco anos, quando o impacto econômico da crise asiática solapou a demanda mundial. Como o petróleo era o principal produto de exportação da Rússia, a queda representava grande problema para o Kremlin: de repente a Rússia não mais podia pagar juros sobre a dívida.

Eu visitara Moscou sete anos antes, às vésperas da dissolução da União Soviética, e ainda me lembrava das altas expectativas dos reformadores econômicos e da desolação soturna nas ruas. As condições, agora, eram no mínimo piores. No vácuo deixado pelo colapso do planejamento central, os economistas de Yeltsin tentaram em vão fomentar mercados confiáveis para o fornecimento de alimentos, roupas e outros itens essenciais. As famílias e as empresas se abasteciam, principalmente, nos mercados informais, com o resultado de que o governo não conseguia nem mesmo cobrar os impostos de que precisava para garantir os serviços básicos e pagar as dívidas. Os oligarcas passaram a controlar grandes fatias dos recursos e das riquezas do país, enquanto a inflação por vezes fugia ao controle, agravando a miséria de dezenas de milhões de russos de baixa renda. O governo não conseguira assegurar o direito de propriedade e o império da lei, sendo provável que nem mesmo tenha compreendido a necessidade premente dessas garantias.

À medida que a crise evoluía, o FMI novamente ofereceu ajuda financeira – um pacote de US$23 bilhões para a garantia de empréstimos foi anunciado em julho. Mas, assim que o país recebeu os primeiros pagamentos, o Parlamento deixou claro que não tinha a intenção de aceitar as condições usuais, de melhor gestão fiscal e reforma econômica. Tal desafio levou o FMI a concluir que fornecer o resto da ajuda seria jogar dinheiro bom em cima de dinheiro ruim: apenas adiaria, e talvez piorasse, a inadimplência inevitável. Em meados de agosto, o banco central russo já havia queimado mais da metade do pico de suas reservas em moeda estrangeira e, no dia 26, deixou de sustentar o rublo, permitindo que a taxa de câmbio caísse mais de 38% da noite para o dia. Depois do fracasso de tentativas diplomáticas frenéticas de última hora, o FMI retirou o pacote de ajuda.

O default, quando ocorreu, espantou investidores e banqueiros que haviam derramado dinheiro na Rússia, apesar dos riscos óbvios. Muitos negligenciaram o perigo, supondo que o Ocidente sempre socorreria a superpotência decadente, se não por outras razões, prosseguia o raciocínio, apenas porque a Rússia era "nuclear demais para fracassar". Mas esses investidores estavam errados. Os aliados dos Estados Unidos haviam trabalhado com discrição e eficácia para ajudar o governo de Yeltsin guardar a sete chaves suas ogivas atômicas – depois se constatou que os russos eram muito melhores em controlar arsenais que em gerenciar a economia. Assim, depois de cuidadosas deliberações, o presidente Clinton e outros líderes concluíram que a retirada do FMI não aumentaria o risco nuclear, e aprovou a decisão de puxar a tomada. Todos suspendemos a respiração.

Como era de esperar, as ondas de choque da inadimplência da Rússia atingiram Wall Street com intensidade muito superior à do impacto da crise asiática. Apenas nos últimos quatro dias de negociações de agosto, o Dow perdeu mais de 1.000 pontos, ou 12% de seu valor. A reação do mercado de bônus foi ainda mais forte, quando os investidores fugiram para a segurança dos títulos do Tesouro. Também os bancos evitaram a concessão de novos financiamentos e aumentaram as taxas de juros sobre seus empréstimos comerciais.

Por trás de todas essas manifestações de incerteza, estava o medo crescente de que, depois de sete anos espetaculares, o surto de prosperidade da economia americana chegava ao fim. No entanto, tal receio ainda era prematuro. Depois de superada a crise da Rússia, o boom prosseguiria por mais dois anos, até fins de 2000, quando o ciclo econômico finalmente viraria. Mas eu via o perigo e sentia a necessidade de enfrentá-los.

Em princípios de setembro, eu daria uma palestra, marcada já havia muito tempo, para acadêmicos de gestão de negócios da Universidade da Califórnia, em Berkeley. Eu pretendia falar sobre tecnologia e economia, abordando questões sobre produtividade, inovação, círculos viciosos e coisas que tais. Mas, ao se aproximar o evento, concluí que não poderia limitar meu foco à economia interna. Não depois do que tinha acontecido na Rússia. O problema dos Estados Unidos não era que a economia tivesse perdido a força, mas, sim, que os desequilíbrios resultantes da revolução tecnológica e da rápida globalização dos mercados estavam estressando os sistemas financeiros mundiais.

Em minha palestra, enfatizei o impacto do tumulto no cenário internacional. Até agora, disse, as conseqüências se limitavam à contenção dos preços e à redução da demanda por produtos americanos. Mas adverti que, à medida que se acentuavam as transformações no exterior, refletindo-se nos mercados financeiros americanos, tais efeitos poderiam intensificar-se, comprometendo as perspectivas da economia.

"Não é realista pretender que os Estados Unidos continuem sendo um oásis de prosperidade, imune ao contágio de um mundo que vem experimentando grande aumento de tensão", disse. Jamais poderemos aproveitar todos os benefícios da revolução tecnológica se o resto do mundo não participar do crescimento. O padrão de vida de todos os países com que fazemos negócios deve ser objeto de preocupação. Para boa parte do público, que vinha surfando a onda da revolução tecnológica, aquela advertência provavelmente era novidade.

Não acho que minha observação sobre oásis de prosperidade tenha feito muita diferença naquele dia. Mas a intenção era que a idéia tivesse um pavio longo. Eu não me referia aos próximos seis meses nem ao próximo ano. O isolacionismo dos Estados Unidos é tão profundo que ainda predomina na mentalidade coletiva. Sempre se pressupõe que, como a América é melhor, devemos separá-la do mundo.

Eu disse ao público de Berkeley que a crise da Rússia provocara importante reformulação das idéias do Fed. Andávamos tão concentrados na inflação interna que não atentáramos o suficiente para os sinais de advertência de um possível colapso financeiro internacional. Essa foi a parte do discurso captado pela mídia: Wall Street interpretou minha mensagem como declaração, alto e bom som, de que o FOMC estava pronto para baixar as taxas de juros.

A ameaça de uma recessão mundial parecia cada vez mais clara para mim. E eu estava convencido de que o Fed não seria capaz de enfrentá-la sozinha. As pressões financeiras com que nos defrontávamos era de escala global, e o esforço para contê-las também teria de ser de âmbito mundial. Bob Rubin tinha a mesma opinião. Nos bastidores, ele e eu começamos a procurar os ministros das finanças e os banqueiros centrais dos países do G7, na tentativa de coordenar alguma reação conjunta. Insistíamos, com discrição, mas com urgência, na necessidade de aumentar a liquidez e de baixar as taxas de juros em todo o mundo desenvolvido.

Alguns de nossos colegas se mostraram muito refratários. Mas, finalmente, quando os mercados da Europa fecharam em 14 de setembro, o G7 divulgou uma declaração redigida com muito cuidado. "O equilíbrio dos riscos na economia mundial mudaram", dizia. E detalhava como as políticas do G7 também mudariam, do combate obstinado à inflação, para a ênfase também no crescimento. Conforme Rubin observou com eloqüência em suas memórias, por mais brandas que aquelas palavras pudessem parecer, elas marcaram grande mudança no panorama financeiro global: "Toda guerra tem suas armas e, quando se está lidando com mercados financeiros voláteis e com investidores inquietos, as sutilezas de um comunicado bem redigido, assinado pelas mais altas autoridades financeiras dos sete principais países industrializados do mundo, podem fazer diferença crucial."

Nada disso surtiu muito efeito, de início, para atenuar o senso de desastre iminente. O Brasil foi a última vítima da doença, e Rubin e Summers passaram boa parte de setembro trabalhando com o FMI para montar a operação de socorro. Enquanto isso, Bill McDonough, chefe do Fed de Nova York, enfrentava o desafio de lidar com a implosão de um dos maiores e mais bem-sucedidos fundos de hedge de Wall Street, Long-Term Capital Management.

Hollywood não poderia ter produzido desastre financeiro mais dramático. Não obstante o nome insípido, a LTCM era uma entidade orgulhosa, de alta visibilidade e de grande prestígio, com sede em Greenwich, Connecticut, que vinha obtendo retornos espetaculares para investidores afluentes, com seu portfolio de US$125 bilhões. Entre seus gestores, incluíam-se dois economistas ganhadores do Prêmio Nobel, Myron Scholes e Robert Merton, cujos modelos matemáticos no estado da arte situavam-se no âmago da máquina de dinheiro da empresa. A LTCM especializara-se em operações de arbitragem arriscadas e lucrativas, alavancando suas apostas com mais de US$5 bilhões em empréstimos bancários. Também mantinha em carteira US$1,25 trilhão em derivativos financeiros, contratos exóticos que apenas em parte se refletiam em seu balanço patrimonial. Alguns deles eram investimentos especulativos e outros eram montados para proteger ou segurar o portfolio da LTCM contra todos os riscos imagináveis. (Mesmo quando a fumaça se dissipou, nunca ninguém soube com certeza qual era o grau de alavancagem ou endividamento da LTCM, quando as coisas começaram a dar errado, mas as melhores estimativas sugeriam que ela investira bem mais de US$35 para cada US$1 de recursos próprios.)

O default da Rússia foi o iceberg desse *Titanic* financeiro. E os acontecimentos subseqüentes contorceram os mercados de maneira que nem os ganhadores do Prêmio Nobel jamais teriam imaginado. O fato é que a sorte da LTCM mudou tão abruptamente que nem suas sofisticadas defesas tiveram, em algum momento, qualquer chance de entrar em ação. Quase que da noite para o dia, seus fundadores estupefatos viram os quase US$5 bilhões que haviam construído escoar pelo ralo.

O Fed de Nova York, cuja função é ajudar a manter a ordem nos mercados de Wall Street, acompanhara o vórtice mortal da LTCM. Em situações normais, as empresas que cometem erros fatais devem falir. Mas os mercados já estavam assustados e arredios demais; Bill McDonough receava que, se uma empresa do tamanho da LTCM tivesse de descartar seus ativos no mercado, os preços poderiam despencar. Tal situação detonaria uma reação em cadeia que levaria à falência outras empresas. Assim, quando ele telefonou para informar que decidira intervir, não gostei da idéia, mas não podia discordar.

A história de como ele patrocinou o resgate da LTCM por seus credores já foi contada tantas vezes que se incorporou ao folclore de Wall Street. Ele literalmente reuniu altos executivos de dezesseis dos mais poderosos bancos comerciais e de investimentos do mundo e sugeriu com ênfase que, se as pessoas ali presentes de fato compreendiam em toda a sua extensão as perdas a que suas instituições estariam sujeitas no caso de uma liquidação forçada dos ativos da LTCM, elas buscariam uma solução menos traumática, e deixou o recinto. Depois de alguns dias de negociações cada vez mais tensas, os banqueiros decidiram efetuar uma infusão de US$3,5 bilhões na LTCM, o que deu tempo à empresa para se dissolver de maneira ordeira.

Não se gastou dinheiro dos contribuintes (exceto, talvez, para alguns sanduíches e café), mas a intervenção do Fed fez vibrar uma corda populista. "Vendo o fundo como grande demais para falir, o Fed de Nova York ajuda a salvá-lo", trombeteou o *New York Times*, na primeira página. Poucos dias depois, em 1 de outubro, McDonough e eu fomos convocados para depor na Comissão de Bancos da Câmara dos Representantes, para explicar por que, como disse o *USA Today*, "uma empresa privada que prestava serviços a milionários deveria ser salva por um plano intermediado e apoiado por uma organização do governo federal". As críticas foram feitas por ambos os lados. O congressista Michael Castle, republicano de Delaware, disse, meio de brincadeira, que seus investimentos em fundos de investimentos e em imóveis não iam muito bem, "mas ninguém está me ajudando". E o congressista Bruce Vento, democrata de Minnesota, se queixou de que estávamos protegendo os ricos contra o impacto violento das forças do mercado, que não raro causam a miséria dos pequenos; "parece que há duas regras", disse ele, "uma para o povão e outra para Wall Street".

Porém, sugerir aos bancos que mantinham negócios com a LTCM que eles poderiam salvar o próprio dinheiro, se facilitassem a liquidação ordeira do fundo não era, de modo algum, uma operação de resgate. Ao encarar a dura realidade e agir em defesa dos próprios interesses, os bancos salvaram o próprio dinheiro e, talvez, o de milhões de cidadãos, tanto do povão quanto de Wall Street.

Eu vinha acompanhando os sinais de problema no mundo financeiro, cada vez mais preocupado com seu possível impacto sobre a economia americana. Em 7 de outubro, depois que os bônus do Tesouro alcançaram seus preços mais altos em trinta anos, joguei fora o discurso que eu havia preparado e disse a uma platéia de economistas que "venho observando os mercados americanos há trinta anos e nunca vi nada como isso". Especificamente, afirmei que os investidores no mercado de bônus estavam agindo de maneira irracional – pagando substancialmente mais por títulos do Tesouro mais novos e mais líquidos, embora os papéis um pouco mais velhos, mas menos líquidos, fossem igualmente seguros. Essa corrida para a liquidez não tinha precedentes, observei, e refletia não capacidade de julgamento, mas pânico. "Basicamente, eles estão dizendo: 'Quero sair. Não sei se o investimento é arriscado ou não. Não consigo suportar a dor.'" Os economistas sabiam exatamente aonde eu queria chegar. Pânico nos mercados é como nitrogênio líquido – pode rapidamente provocar um congelamento devastador. E, com efeito, as pesquisas do Fed já demonstravam que os bancos estavam cada vez mais hesitantes na concessão de novos empréstimos.

Não foi necessário qualquer argumento para convencer o FOMC a reduzir as taxas de juros. E o fizemos três vezes, em rápida seqüência, entre 29 de setembro e 17 de novembro. Outros bancos centrais europeus e asiáticos, cumprindo seu novo compromisso com o G7, também baixaram seus juros. Aos poucos, como esperávamos, o remédio surtiu efeito. Os mercados mundiais se acalmaram e, um ano e meio depois do início da crise asiática, Bob Rubin finalmente conseguiu tirar férias ininterruptas com a família.

A maneira como o Fed reagiu à crise russa refletiu um rompimento gradual com as políticas monetárias dos livros-textos. Em vez de concentrar toda a nossa energia na obtenção de uma única melhor previsão possível e depois apostar todas as fichas nessa hipótese, baseamos nossa resposta numa faixa de cenários possíveis. Quando a Rússia se tornou inadimplente, os modelos matemáticos do Fed mostraram que era altamente provável que a economia americana continuasse a se expandir em ritmo saudável, apesar dos problemas da Rússia e sem intervenção do Fed. No entanto, mesmo assim, optamos por reduzir as taxas de juros – por causa do risco pequeno, mas real, de que o default tumultuasse os mercados financeiros globais a ponto de afetar intensamente os Estados Unidos. Para nós, essa era uma nova espécie de trade-off: consideramos que essa hipótese improvável, mas de grande potencial desestabilizador, se ocorresse, representaria maior ameaça para a estabilidade econômica que o aumento da inflação talvez decorrente do relaxamento monetário. Admito que no passado do Fed ocorreram muitas decisões desse tipo, mas o processo decisório subjacente nunca fora tão sistemático ou explícito.

A ponderação dos custos e benefícios, metodicamente, dessa maneira, aos poucos passou a dominar nosso método de formulação de políticas. Gostava dessa abordagem porque ela generalizava várias decisões isoladas que tomáramos no passado. Ela criou condições para que fôssemos além dos modelos econométricos, para levarmos em conta hipóteses mais amplas, embora com menor exatidão matemática, sobre o funcionamento do mundo. Do mesmo modo importante, ela também abriu as portas às lições da história: por exemplo, ao nos permitir que explorássemos como o surto de prosperidade das ferrovias, na década de 1870, poderia fornecer pistas quanto ao comportamento dos mercados durante a fase de loucura com a Internet.

Alguns economistas ainda argumentam que esse método de formulação de políticas é muito indisciplinado – demasiado complexo, aparentemente discricionário e difícil de explicar. Querem que o Fed fixe as taxas de juros de acordo com paradigmas e regras formais. Deveríamos gerenciar a economia para, digamos, alcançar um nível ótimo de emprego ou "mirar" certa meta de inflação. Concordo que políticas sensatas só podem ser formuladas com a ajuda de rigorosas estruturas analíticas. Porém, muitas vezes, temos de lidar com dados incompletos e, não raro, falhos, com receios humanos irracionais e, não raro, com obscuridades legais inadequadas. Por mais elegante que seja a econometria moderna, ela não está à altura da tarefa de formular políticas econômicas. A economia mundial se tornou demasiado complexa e interligada. Nosso processo de formulação de políticas deve evoluir em resposta a essa complexidade.

Acho que poderíamos ter adivinhado que o último ano do milênio seria o mais vibrante e estonteante de todos. A euforia varreu os mercados americanos em 1999, em parte porque as crises do Leste asiático não nos destruíram. Como conseguíramos atravessá-las incólumes, o futuro seria brilhante para nós, tão longe quanto os olhos alcançavam.

O que tornava esse otimismo tão contagiante era o fato de basear-se em fatos. Impulsionada pela inovação tecnológica e reforçada pela forte demanda dos consumidores, além de outros fatores, a economia continuava prosperando. No entanto, se as oportunidades eram reais, o grau de empolgação era surreal. Não se abria um jornal nem se lia uma revista sem encontrar artigos sobre os mais recentes zilionários. O titular de importante empresa de consultoria chegou às manchetes quando deixou o negócio para constituir a Webvan, empresa cuja proposta era entregar produtos de mercearia adquiridos pela Internet. Assim, levantou US$375 milhões em sua oferta pública inicial. Alguns modistas de Londres, cujos nomes eu nunca ouvira, fundaram algo denominado boo.com, site de roupas que levantou US$135 milhões por meio de um esquema para tornar-se importante fornecedor global de roupas esportivas elegantes. Parecia que todos tinham um tio ou um vizinho que ganhara muito dinheiro com ações de empresas de Internet. O Fed, cujo pessoal não pode participar de especulações financeiras por força de normas referentes a conflitos de interesses, era provavelmente o único lugar dos Estados Unidos onde se podia entrar num elevador sem entreouvir dicas sobre ações (como dezenas de outras empresas emergentes de Internet, a Webvan e a boo.com se extinguiram em 2001 e 2000, respectivamente).

O boom da Internet tornou-se parte dos noticiários de TV, não só nas grandes redes (das quais sou espectador fiel, por causa de Andrea), mas também na CNBC e em outros novos canais a cabo, voltados para pessoas de negócios e investidores. No domingo da final do campeonato de futebol americano de 2000, metade dos slots de 30 segundos para comerciais foi comprada por 17 emergentes de Internet, por US$2,2 milhões cada um – o fantoche da pets.com aparecia ao lado dos Clydesdales, da Budweiser, e de Dorothy, de O *Mágico de Oz*, num comercial da FedEx.

Na cultura pop, eu também era personagem, ao lado dos fantoches. A CNBC inventou um artifício, denominado "indicador da mala", pelo qual câmeras me acompanhavam nas manhãs das reuniões do FOMC, quando eu chegava ao Fed. Se minha mala estivesse magra, dizia a teoria, minha cabeça também estava vazia de problemas e a economia ia bem. Mas se a minha mala estivesse estufada, aquilo era sinal de que eu passara a noite em claro e que, provavelmente, as taxas de juros subiriam. (A propósito, o indicador da mala não era exato. Quando minha mala estava muito gorda, era porque eu estava levando o almoço.)

Algumas pessoas me paravam na rua para agradecer pelo desempenho de seus fundos de pensão. Embora eu fosse sempre cordial, admito que, às vezes, eu me sentia tentado a responder: "Senhora, não tenho nada a ver com o seu fundo de pensão." Ser cumprimentado por algo que não se fez gera um sentimento muito desagradável. Andrea, que, às vezes, se exasperava ou se divertia, tinha uma caixa cheia de "Trecos de Greenspan" – desenhos, cartões-postais e recortes incomuns, para não falar nas camisetas e até nos bonecos.

Sem dúvida, eu poderia ter evitado algumas dessas situações – teria sido fácil esquivar-me das câmeras, por exemplo, entrando de carro na garagem do Fed. Mas eu tinha o hábito de caminhar alguns quarteirões até o escritório e, quando começaram com o indicador da mala, não queria dar a impressão de que estava escondendo algo. Além disso, não havia nenhuma má intenção naquilo – por que ser estraga-prazer?

No entanto, o indicador da mala não era uma boa maneira de divulgar a política monetária. Em geral, as idéias que precisávamos expor eram sutis e exigiam reflexão, tornando-as pouco adequadas para declarações rápidas durante os noticiários. Se essas entrevistas-relâmpago fossem nosso único contato com os jornalistas, eu ficaria muito preocupado. Mas o Fed recebia muita cobertura especializada. Embora eu adotasse a prática de evitar entrevistas oficiais, minha porta sempre estava aberta para jornalistas sérios. Quando alguém me telefonava com perguntas para um artigo importante, eu quase sempre arranjava algum tempo para nos reunirmos nos bastidores e trocarmos idéias. (Essa prática ajudava mais a imprensa escrita que o pessoal de televisão, Andrea sempre observava, mas eu não podia fazer nada.)

Em meio a toda aquela loucura, ainda havia trabalho de verdade. Na primavera, Larry Summers e eu tivemos de resolver um grande conflito entre o Tesouro e o Fed. Sua causa foi a iniciativa do Congresso de reformular a legislação sobre instituições financeiras nos Estados Unidos – bancos, seguradoras, empresas de investimentos e negócios imobiliários, além de outros. Depois de anos de tramitação, o Financial Services Modernization Act finalmente revogou o Glass-Steagall Act, da época da Depressão, que limitava a capacidade de os bancos, empresas de investimentos e seguradoras entrarem em outros mercados. Os bancos e outras empresas estavam ansiosos por diversificar – queriam oferecer aos clientes, por exemplo, todo o espectro de serviços financeiros. Diziam que estavam perdendo terreno para concorrentes estrangeiros, sobretudo "bancos universais" europeus e japoneses, que operavam sem tais restrições. Eu concordava que a liberação desses mercados já devia ter sido feita há muito tempo. O Departamento do Tesouro, por meio do Office of the Comptroller of the Currency, era responsável pela supervisão dos bancos com patente nacional. O Fed cuidava das empresas de participação bancárias e as instituições com patente estadual que optavam pela jurisdição do Fed. A versão do projeto de reforma que havia sido aprovada pelo Senado atribuía responsabilidade principalmente ao Fed; a versão da Câmara dos Representantes favorecia o Tesouro. Depois de tentativas infindáveis para reconciliar as duas versões, o Congresso jogou a toalha e determinou que nossas instituições acertassem as diferenças entre si até 14 de outubro. E, assim, o Fed e o Tesouro começaram a negociar. Não chegou a ser um tiroteio, mas houve muito atrito. Cada um dos lados achava que deveria exercer integralmente a função de autoridade reguladora. Trabalhando dia e noite, nossas equipes conseguiram resolver várias questões, mas, em 14 de outubro, tinham chegado ao impasse em outras – ainda havia toda uma lista de diferenças irreconciliáveis. Eu, pessoalmente, não sabia de situações específicas, mas tinha a certeza de que as vaidades corriam soltas nos dois lados.

Ocorre que 14 de outubro caiu no dia em que Larry e eu tínhamos o nosso café-da-manhã semanal. Olhamos um para o outro e concluímos: "Temos de resolver esse problema." Naquela tarde, fui ao escritório dele e fechamos a porta.

Ele e eu somos muito parecidos: ambos gostamos de argumentar com base em princípios e evidências. Lamento que não tivéssemos um gravador, registrando tudo aquilo, pois foi um caso típico de formulação de políticas públicas mediante concessões recíprocas racionais, em processo digno de livro-texto. Sentamos e discutimos ponto por ponto. Às vezes, eu dizia: "O seu argumento parece mais confiável que o meu", e o Departamento do Tesouro ficava com aquele ponto. Em outras questões, Larry aceitava o argumento do Fed. Depois de uma hora ou duas, dividimos o bolo. O Tesouro e o Fed desenvolveram, em conjunto, um único projeto, que foi enviado para o Congresso naquele mesmo dia, onde foi aprovado. Para os historiadores, o Financial Services Modernization Act é um marco na legislação empresarial, e sempre me lembrarei dele como exemplo pouco exaltado de boa formulação de políticas públicas, que deveria ser mais decantado.

O boom prosseguiu em ritmo cada vez mais acelerado até o fim do ano, com o mercado de ações NASDAQ, em fins de dezembro, tendo quase dobrado em dois meses (o Dow subiu 20%). A maioria das pessoas que havia investido em ações sentia-se rica, e com bons motivos.

Tal situação impunha ao Fed um dilema fascinante: Como discernir entre prosperidade econômica saudável e vibrante, de um lado, e bolha especulativa viciosa e perniciosa, de outro, induzida por características menos nobres da natureza humana? Conforme observei, concisamente, em depoimento para Comissão de Bancos da Câmara dos Representantes, a questão é ainda mais complexa porque os dois lados podem coexistir. "A interpretação de que estamos desfrutando, hoje, de aceleração da produtividade não garante que os preços das ações não estejam demasiado inflados." Exemplo que me intrigou foi a competição épica, envolvendo muitos bilhões de dólares, entre Qwest, Global Crossing, MCI, Level 3 e outras empresas de telecomunicações. Como os empreendedores de ferrovias do século XIX, elas participavam de uma corrida para expandir a Internet, mediante a instalação de milhares de quilômetros de cabos de fibra óptica. (A ligação com as ferrovias não é apenas metafórica – a Qwest, para citar apenas uma, efetivamente construiu redes de fibra óptica usando antigos direitos de passagem de ferrovias.) Não havia nada de errado nisso – a demanda por banda larga aumentava exponencialmente – exceto que cada concorrente estava instalando cabos suficientes para acomodar 100% da demanda total projetada. Portanto, embora se estivesse construindo algo de grande valor, era evidente que a maioria dos competidores perderia, o valor de suas ações despencaria e bilhões de dólares do capital dos acionistas evaporariam.

Refleti muito sobre se estávamos passando por uma bolha no mercado de ações e, se estivéssemos, o que fazer. Se o mercado caísse 30% ou 40% em pouco tempo, raciocinava, eu diria que sim, que estivéramos numa bolha. Mas, isso implicava que, se eu quisesse identificar a bolha, eu teria de prever com confiança que o mercado cairia de 30% a 40% em pouco tempo. Era uma situação difícil.

Mesmo que o Fed concluísse pela existência da bolha no mercado de ações e quiséssemos esvaziá-la, será que conseguiríamos? Tinha minhas dúvidas. Já tentáramos e falháramos. Em princípios de 1994, o FOMC iniciou um processo de alta gradual de três pontos percentuais, que durou um ano. Assim agimos em face da preocupação de que as pressões inflacionárias se tornavam cada vez mais fortes. Não deixei de perceber que, à medida que apertávamos a política monetária, o avanço ainda incipiente do mercado de ações, que perdurara durante boa parte de 1993, se horizontalizava. No entanto, quando encerramos a seqüência de aumento das taxas de juros, em fevereiro de 1995, os preços das ações retomaram a alta. Reiniciamos o aperto em 1997, apenas para constatar que, mais uma vez, os preços das ações voltavam a subir quando reduzíamos os juros. Parecia que, na verdade, estávamos reforçando a tendência duradoura de alta. Se o aperto monetário do Fed não era capaz de derrubar os preços das ações, enfraquecendo a economia e os lucros, a propriedade de ações tornava-se atividade menos arriscada. Assim, nossas incursões modestas apenas tinham preparado o cenário para novos aumentos nos preços das ações.

Entretanto, uma alta gigantesca nos juros seria outra história. Eu não tinha dúvida de que, se elevássemos abruptamente as taxas, em, digamos, 10 pontos percentuais, estouraríamos qualquer bolha, da noite para o dia. Mas, assim agindo, estaríamos devastando a economia e impedindo qualquer crescimento que pretendêssemos proteger. Mataríamos o paciente para curar a doença. Eu estava razoavelmente convencido de que a tentativa de desmontar a bolha em expansão, por meio de aumentos graduais nas taxas de juros, como muita gente recomendava, seria contraproducente. Se o aperto monetário não quebrasse a espinha dorsal do surto de prosperidade e, em conseqüência, também do lucro das empresas, qualquer aperto incremental, com base em minha experiência, apenas reforçaria a percepção de pujança. Aumentos modestos nos juros mais provavelmente impulsionariam os preços das ações, em vez de contê-los.

Depois de refletir muito sobre a questão, concluí que o melhor que o Fed poderia fazer seria concentrar-se no objetivo central de estabilizar os preços dos produtos e serviços. Se fôssemos eficazes na execução dessa tarefa, conquistaríamos o poder e a flexibilidade indispensáveis para limitar os danos econômicos decorrentes de eventual crash. Essa conclusão tornou-se consenso no FOMC. No caso de grande queda no mercado, concordávamos, nossa política seria agir com agressividade, reduzindo as taxas de juros e inundando o sistema com liquidez, para mitigar os danos à economia. Mas a idéia de atacar o boom do mercado de maneira direta e preventiva parecia fora de questão.

Alguns sobrolhos se ergueram quando apresentei essa filosofia básica ao Congresso, naquele mesmo ano. Reafirmei meu receio de que os preços das ações ainda estavam altos demais, mas que o Fed não tentaria sobrepor-se a "centenas de milhares de investidores esclarecidos". Em vez disso, o Fed se posicionaria para proteger a economia na hipótese de crash. "Embora raramente as explosões de bolhas sejam benignas, os efeitos não precisam ser necessariamente catastróficos para a economia", disse aos legisladores.

Refletindo sobre meu depoimento, o *New York Times* afirmou em editorial: "Isso soa muito diferente do velho Greenspan, que, 30 meses atrás, advertia os investidores contra a 'exuberância irracional'." Não obstante o tom do artigo – quase se ouvia o pigarro crítico – a percepção do editor estava correta. Naquele intervalo, vim a concluir que nunca seríamos capazes de identificar com certeza a exuberância irracional, muito menos contê-la, até depois do fato consumado. Mas os políticos a quem expus tudo isso não se importaram – ao contrário, ficaram aliviados com o fato de o Fed parecer pouco propenso a acabar com a festa.

Ironicamente, muito pouco tempo depois, fosse como fosse, acabamos aumentando os juros. Entre meados de 1999 e meados de 2000, elevamos, gradualmente, as taxas dos fundos federais, de 4,75% para 6,5%. Assim agimos, primeiro, para enxugar a liquidez que injetáramos no sistema, a fim de protegê-lo durante a crise financeira internacional. Depois, retiramos um pouco mais de gás para reforçar as garantias, como disse Bill McDonough, em face do aperto do mercado de trabalho americano e do superaquecimento da economia, que talvez estivesse em curso, como resultado de nossas ações anteriores. Em outras palavras, estávamos manobrando para tentar outro pouso suave, quando por fim ocorresse a reversão do ciclo econômico. Mas os preços das ações se mantinham irrefreáveis – só alcançaram o pico em março de 2000 – e mesmo assim o grosso do mercado movimentou-se para os lados, ainda durante vários meses.

Aqueles desafios pairavam no futuro, quando o mundo parou para celebrar o Ano Novo, em 31 de dezembro de 1999. O evento mais quente em Washington foi o jantar na Casa Branca, para o qual Andrea e eu fomos convidados – além de Muhammad Ali, Sophia Loren, Robert de Niro, Itzhak Perlman, Maya Lin, Jack Nicholson, Arthur Schlesinger Jr., Bono, Sid Caesar, Bill Russell e dezenas de outras pessoas famosas. Para comemorar o novo milênio, os Clintons estavam planejando enorme extravagância: uma programação que se estenderia do poente ao nascente, começando com um jantar em black-tie para 360 pessoas na Casa Branca, seguido de espetáculo de entretenimento no Lincoln Memorial, produzido por meus amigos George Stevens Jr. e Quincy Jones, com cobertura pelas redes nacionais de televisão. "American Creators" (Criadores da América) foi o tema. Então, depois da passagem do ano e dos fogos de artifício, voltaríamos à Casa Branca, para cear e para dançar até o alvorecer.

Eu vislumbrava o que o novo milênio reservara para mim: já soubera por John Podesta, chefe da Casa Civil da presidência, que o presidente Clinton pretendia reconduzir-me para um quarto mandato. Eu diria sim. Envolver-se na análise da economia mais vibrante do mundo, decidir com base nas conclusões e receber feedback do mundo real – por tudo isso, nada era mais empolgante para mim que atuar como chairman do Fed. É verdade que eu já tinha 73 anos, mas não percebia qualquer comprometimento de minha criatividade, nem de minha capacidade de lidar com relações matemáticas ou de minha disposição para o trabalho – mudanças que me teriam levado a pendurar as chuteiras. Em seu livro *Maestro*, a meu respeito, Bob Woodward escreveu que a recondução me deixou em "estado de êxtase sóbrio". Devo admitir que eu me divertia naquele trabalho.

Tudo isso acrescentou um brilho de felicidade aos feriados de fim de ano, embora o anúncio da recondução ainda não tivesse sido feito e Andrea e eu precisássemos conter nosso entusiasmo. Ela comprara um vestido para a ocasião – um Oscar de la Renta preto – e estava encantadora, embora estivesse gripada e continuasse trabalhando no ritmo intenso de sempre.

O Jantar do Milênio encheu o Salão Leste e o Salão de Jantar de Estado, que, como um jornalista observou no dia seguinte, se "transformaram numa fantasia de branco e prateado, com orquídeas e rosas brancas distribuídas em arranjos sobre toalhas de mesa de veludo prateado". Meus olhos não são muito bons para essas coisas; porém, o que mais me impressionou foi que o anfitrião e a anfitriã pareciam autenticamente felizes – ele, em seu segundo mandato como presidente; ela, preparando-se para lançar sua carreira política, como candidata ao Senado. O presidente brindou os convidados: "Não posso deixar de pensar em como a América está diferente; em como a história está diferente; e em quanto ambas melhoraram; por causa de tudo o que as pessoas presentes nesta sala, assim como as inúmeras outras por elas representadas, foram capazes de imaginar, inventar e aspirar." Depois de sete anos na Casa Branca – depois das tribulações na Bósnia, das baixarias do Monicagate e do histórico boom econômico e financeiro – aquele era o momento de Camelot dos Clintons.

O jantar terminou um pouco depois das nove e a multidão se dirigiu para os ônibus que nos levariam ao Lincoln Memorial. Mas Andrea e eu caímos fora. Tínhamos de ir a outra festa do milênio – no Fed, onde uma equipe considerável ficaria de prontidão durante toda a noite para monitorar a transição dos sistemas financeiros do país.

O Fed trabalhara durante anos para garantir que a virada do milênio não seria um desastre. A ameaça era imposta pelos softwares obsoletos – o vírus do milênio, ou Y2K, como era chamado – que rodavam computadores em todo o mundo. Com o objetivo de economizar a preciosa capacidade de armazenamento dos computadores mais antigos, os programadores, durante décadas, usaram apenas dois dígitos, em vez de quatro, para representar o ano. Ao programar computadores na década de 1970 (também perfurei cartões), nunca me passou pela cabeça que aqueles programas, cheios de remendos, ainda estariam em uso no fim do século. Eu não me dava o trabalho de documentar um programa que concebera como algo efêmero. Assim, muita gente receava, compreensivelmente, que a mudança de 1999 para 2000 desorientaria os computadores. Em geral, a identificação e correção dessa falha eram extremamente difíceis e dispendiosas. Mas, nos cenários de juízo final do vírus do milênio, as conseqüências de não eliminar o problema seriam desastrosas: redes de computação civis e militares entrariam em colapso, acarretando problemas nos sistemas de eletricidade, de telefonia, de cartões de crédito e de controle do tráfego aéreo. Para evitar o eventual caos dos sistemas financeiros, Mike Kelley, governador do Fed, liderou um esforço maciço, com dois anos de duração, para modernizar os computadores dos bancos americanos e do próprio Fed. Além disso, o Fed também se empenhara em integrar outros bancos centrais de todo o mundo na mesma iniciativa.

Naquela noite, saberíamos se todas aquelas precauções tinham valido a pena. Mike e a equipe dele tinham sacrificado os feriados para tripular um posto de comando no terraço do edifício William McChesney Martin, onde haviam montado uma grande sala perto do restaurante, com telefones, monitores, televisores e postos de trabalho para cerca de uma centena de pessoas. A cozinha estava aberta; não havia champanhe, mas não faltavam bebidas não-alcoólicas. Quando Andrea e eu estivemos por lá, a equipe já passara o dia todo de prontidão, assistindo às sucessivas festividades do Ano Novo pela TV, à medida que o milênio virava no mundo inteiro. Primeiro foi na Austrália, depois no Japão, na Ásia e, então, na Europa. Em cada um desses lugares, a cobertura da TV mostrava os fogos de artifício, evidentemente, mas o que Mike e a equipe estavam realmente observando eram as luzes da cidade ao fundo, para ver se ainda estavam acesas.

Senti-me deslocado ao entrar naquele ambiente em traje a rigor; todos os demais usavam camiseta vermelha, com o bordado de uma águia, sobre um escudo vermelho, branco e azul, com as palavras "Federal Reserve Board" e "Y2K". Mike, que me mantinha atualizado, disse que a situação continuava extraordinariamente positiva. A Inglaterra acabara de entrar no novo milênio, à primeira vista sem problemas. Estávamos agora no intervalo em que a meia-noite cruzava o Atlântico. Os Estados Unidos seriam a última grande economia a ingressar no terceiro milênio, o que aumentava o suspense, porque, depois de toda a nossa insistência com os outros países, seria um vexame se os nossos sistemas falhassem. Mas estávamos muito bem preparados: o setor financeiro americano gastara muitos bilhões de dólares substituindo e atualizando velhos sistemas e programas; equipes de gestão de crises mantinham-se em alerta em todos os distritos do Federal Reserve e em todos os grandes bancos. O FOMC injetara bilhões de dólares de liquidez no sistema financeiro, usando opções e outras técnicas inovadoras. E, na hipótese de problemas no sistema de cartões de crédito ou na rede de máquinas de auto-atendimento, o Fed chegara ao ponto de deixar pilhas de dinheiro em noventa pontos do território americano. Tendo contribuído de alguma maneira para o problema, eu não tinha como aparecer no escritório em 3 de janeiro, sem ter visitado as tropas nas trincheiras na véspera da possível catástrofe.*

De lá, Andrea e eu fomos para casa. Eram apenas dez e meia, mas tínhamos a sensação estranha de que já assistíramos à passagem do milênio. Quando a meia-noite finalmente chegou a Washington – e começou a cruzar os Estados Unidos sem incidentes, já estávamos aconchegados debaixo das cobertas.

---

*Àquela altura, ainda ignorávamos esse efeito colateral, mas os enormes investimentos destinados a acertar e a aprimorar todos os programas não-documentados, anteriores ao vírus do milênio, aumentaram em muito a flexibilidade e a resiliência da infra-estrutura empresarial e governamental dos Estados Unidos. Não mais havia "caixas-pretas" não-documentadas a serem desvendadas quando algo dava errado. É bem possível que boa parte do surto de produtividade nos anos seguintes seja atribuível a esses investimentos preventivos contra o vírus do milênio.

CAPÍTULO 10

A INFLEXÃO PARA BAIXO

Minha primeira reunião com o presidente eleito Bush foi em 18 de dezembro de 2000, menos de uma semana depois da decisão da Suprema Corte que lhe permitiu anunciar sua vitória na eleição. Reunimo-nos no Madison, hotel a cerca de cinco blocos da Casa Branca, onde ele e sua equipe haviam montado um escritório. Aquela era a primeira viagem dele a Washington, como presidente eleito; já nos víramos algumas vezes no passado, mas nos faláramos apenas numa dessas oportunidades anteriores, num palanque, durante um banquete naquela primavera.

Do café-da-manhã no Madison também participaram o vice-presidente eleito, Cheney; o chefe da Casa Civil de Bush, Andy Card; e outros dois ajudantes. A situação tinha algo de repetitivo: eu já me reunira com cinco novos presidentes para apresentar-lhes um resumo sobre a economia, inclusive, como se sabe, o pai do presidente eleito.

Nesse caso, fui obrigado a informar que as perspectivas de curto prazo não eram boas. Pela primeira vez em anos, parecia que encarávamos a real possibilidade de recessão.

Evidentemente, a deflação da bolha de ações de empresas de alta tecnologia tinha sido o grande drama financeiro daqueles últimos meses. A NASDAQ perdera nada menos que 50% de seu valor entre março e o fim do ano. Os mercados mais amplos declinaram bem menos – o S&P 500 caíra 14% e o Dow, cerca de 3%. No entanto, embora as perdas totais tenham sido pequenas em comparação com a riqueza de papel que o mercado em alta havia criado, as quedas foram significativas, e as perspectivas de Wall Street ainda eram sombrias, comprometendo a confiança do público.

Ainda mais preocupante era o estado geral da economia. Durante boa parte do ano, parecia que estávamos entrando numa fase de desaceleração cíclica branda; era o que se esperava à medida que empresas e consumidores se ajustassem aos efeitos de tantos anos de boom, a tamanhas mudanças tecnológicas e ao esvaziamento da bolha de ações. Com efeito, para fomentar esse processo de ajuste, o Fed aumentara as taxas de juros numa série de passos, de julho de 1999 até junho de 2000. Esperávamos conseguir outro pouso suave.

Mas nas duas últimas semanas, disse, os números haviam piorado substancialmente. Constatara-se desaceleração da produção entre fabricantes de automóveis e outras empresas manufatureiras, redução das estimativas de lucro nos negócios, aumento de estoques em muitos setores e forte elevação nos pedidos de seguro-desemprego, além do enfraquecimento da confiança dos consumidores. Também a energia vinha retardando a economia: o petróleo atingira pico superior a US$30 por barril naquele ano e os preços do gás natural também estavam em alta. E, por fim, tínhamos as provas circunstanciais. O Wal-Mart informara ao Fed que estava reduzindo as expectativas de vendas durante os feriados de fim de ano e a FedEx relatara que as entregas estavam abaixo das expectativas. Não se pode julgar a saúde da economia com base na extensão das filas para visitar Papai Noel na Macy's, mas estávamos em meados de dezembro e qualquer pessoa que já tivesse feito compras de Natal já tinha percebido que as lojas pareciam assustadoramente desertas.

Apesar de tudo isso, disse ao presidente eleito que o potencial de longo prazo da economia continuava vigoroso. A inflação mantinha-se baixa e estável, as taxas de juros de longo prazo apresentavam tendência de queda e a produtividade ainda estava em alta. E, evidentemente, o governo federal vinha gerando superávit pelo quarto ano consecutivo. A previsão mais recente para o exercício financeiro de 2001, que se iniciara em outubro, era de excedente próximo a US$270 bilhões.

Quando o café-da-manhã terminou, Bush me chamou à parte para uma conversa particular. "Quero que você saiba", disse, "que tenho plena confiança no Federal Reserve e que não pretendo interferir em suas decisões". Agradeci. Depois de conversarmos um pouco mais, ele partiu para reuniões no Capitólio.

Câmeras e jornalistas nos esperavam quando saímos do hotel. Supus que o presidente eleito se dirigiria aos microfones, mas, ao contrário, ele pôs o braço sobre meus ombros enquanto saíamos. As fotos da Associated Press daquela manhã me mostram com um amplo sorriso, como se tivesse acabado de receber boas notícias. E tinha mesmo. Ele acertara na mosca da questão de maior importância para o Fed – nossa autonomia. Eu ainda não sabia o que pensar de George W. Bush, mas me senti propenso a acreditar nele quando afirmou que não brigaríamos por causa da política monetária.

Fiquei aliviado com a solução da crise eleitoral. Em circunstâncias sem precedentes, depois de trinta e seis dias de confetes pendurados nos orifícios de cartões perfurados, de recontagens de votos, de ações judiciais, além de graves acusações de manipulação de votos e de fraude eleitoral, que, em outros países, teriam provocado revoltas nas ruas, ao menos chegamos a um desfecho civilizado. Embora durante toda a vida eu tenha sido republicano libertário convicto, tenho amigos íntimos em ambos os lados da aléia política, e acho que compreendi a desolação dos democratas, ao verem George W. Bush assumir a Casa Branca. Mas vale a pena salientar como é raro no mundo da política que uma séria desavença termine com os candidatos adversários desejando sorte um ao outro. O discurso de reconhecimento de Al Gore, pondo fim à disputa presidencial, foi um dos mais elegantes que já ouvi. "Quase um século e meio atrás", afirmou, "o senador Stephen Douglas disse a Abraham Lincoln que acabara de derrotá-lo na corrida pela presidência: 'Os sentimentos partidários devem ceder espaço ao patriotismo. Estou a seu lado, senhor presidente, e Deus o abençoe.' Bem, imbuído desse mesmo espírito, digo ao presidente eleito Bush que qualquer remanescente de rancor partidário deve ser deixado de lado e peço que Deus o abençoe na direção deste país".

Embora não soubesse para onde George W. Bush nos conduziria, eu tinha confiança na equipe que tomava forma. Alardeou-se que a América estava testemunhando a segunda versão do governo Ford, mas aquilo que para alguns não passava de pilhéria era para mim muito significativo. Gerald Ford foi um homem muito correto, lançado numa presidência que ele nunca buscara e que jamais teria sido capaz de conquistar por conta própria. Como demonstrou na corrida contra Jimmy Carter, em 1976, ele não era muito bom na luta sem luvas da politicagem das campanhas presidenciais: o sonho dele fora ser presidente da Câmara dos Representantes. Entretanto, no tumulto da renúncia de um presidente em desgraça, ele proclamou: "Nosso longo pesadelo nacional chegou ao fim", e reuniu em torno dele as pessoas mais talentosas que eu já vira para dirigir o dia-a-dia do governo.

E, agora, em dezembro de 2000, George W. Bush estava formando o núcleo de seu governo com os baluartes da administração Ford, agora bem mais velhos e muito mais experientes. O novo secretário de Defesa, Donald Rumsfeld, foi o primeiro chefe da Casa Civil de Ford na Casa Branca. Com o ex-presidente, Rumsfeld se revelara extremamente eficaz. Convocado de volta a Washington, de sua missão como embaixador dos Estados Unidos na OTAN, Rumsfeld rapidamente organizou a Casa Branca de Ford e a governou com grande habilidade, até que Ford o nomeou para o seu primeiro mandato como secretário de Defesa, em 1975. Depois que retornou ao setor privado, Rumsfeld assumiu as rédeas de uma problemática G. D. Searle, empresa farmacêutica de porte mundial. Convidado para ser consultor econômico externo da empresa, fiquei fascinado ao ver como esse ex-instrutor de vôo da Marinha dos Estados Unidos, ex-congressista e ex-membro do governo se adaptara com tanta facilidade ao mundo dos negócios.

Outro prócere do governo Ford era o novo secretário do Tesouro, meu amigo Paul O'Neill. Paul impressionara todo o mundo como vice-diretor do Escritório de Gestão e Orçamento. O cargo dele era de nível médio, mas o chamávamos para todas as reuniões importantes, pois ele dominava todos os detalhes do orçamento. Deixando o governo para ingressar no mundo dos negócios, galgou a posição de CEO da Alcoa – eu era membro do Conselho de Administração que o contratara. Durante os 12 anos em que exerceu o cargo, ele foi um grande sucesso. Quando se preparava para se aposentar, fiquei entusiasmado ao saber que ele estava no alto da lista de candidatos a secretário do Tesouro. Dick Cheney me disse por telefone que Paul se reunira com o presidente eleito, Bush, e que se sentia num dilema. "Ele tem duas páginas de prós e contras", disse Cheney. "Será que você poderia conversar com ele?"

Para mim, foi um grande prazer pegar o telefone para cumprir aquela missão. Usando com Paul as mesmas palavras que Arthur Burns me falara nos últimos dias do governo Nixon, disse-lhe: "Realmente precisamos de você aqui." Esse argumento, que fora importante para me convencer a deixar Nova York para trabalhar no governo pela primeira vez, também funcionou com Paul. Eu achava que a presença dele seria importante para o novo governo. Será que os programas e orçamentos do presidente fomentariam as perspectivas de longo prazo da economia americana? Qual seria o calibre de sua equipe de assessores e de pessoal de apoio? Nessas circunstâncias, parecia-me que convocar Paul para ser o homem que assina as notas de dólar seria um grande passo na direção certa.

E havia outra consideração, em parte pessoal e em parte profissional. Como o presidente Clinton me reconduzira ao cargo de chairman do Fed em princípios de 2000, eu ainda tinha pelo menos três anos naquela posição. O Fed e o Departamento do Tesouro tinham executado belas músicas juntos durante boa parte da década de 1990. (Tudo bem, vez por outra ocorreram algumas dissonâncias.) Gerenciáramos a política econômica durante o mais prolongado período de prosperidade econômica da moderna história americana, improvisamos com eficácia nos tempos de crise e ajudamos a Casa Branca a combater os horrendos déficits federais da década de 1980. Minha colaboração com os três secretários do Tesouro de Clinton, Lloyd Bentsen, Bob Rubin e Larry Summers, contribuíra para esse sucesso e nos considerávamos amigos para toda a vida. Eu queria desenvolver uma dinâmica igualmente profícua com o novo governo – para o bem tanto do Fed quanto de mim mesmo. Portanto, senti-me gratificado quando Paul finalmente disse sim.

Evidentemente o mais importante veterano do governo Ford que retornava à Casa Branca foi o vice-presidente eleito. Dick Cheney sucedera a Rumsfeld, seu mentor, como chefe da Casa Civil da presidência, tornando-se, aos 34 anos, a pessoa mais jovem a ocupar a posição . Com sua combinação de intensidade e, às vezes, de tranqüilidade de esfinge, ele demonstrara extraordinária capacidade no exercício do cargo. A camaradagem que construíramos naqueles anos que se seguiram a Watergate não desaparecera. Eu o via nas reuniões da equipe de Ford e em outras oportunidades, durante os anos em que foi congressista, e vibrei quando o primeiro presidente Bush o nomeara secretário de Defesa, em 1989. Poucos são os pontos em comum entre as atribuições do secretário de Defesa e do chairman do Federal Reserve; entretanto, mesmo assim, preservamos o relacionamento um com o outro.

E, agora, ele era o vice-presidente eleito. Eu sabia que muitos comentaristas acreditavam que ele seria muito mais que vice-presidente, pois era bem mais experiente em assuntos nacionais e internacionais que George W. Bush, achando que ele se tornaria, de fato, chefe de governo. Essa não era minha opinião – com base no pouco que conhecia do presidente eleito, minha experiência é que ele seria seu próprio homem.

Nas semanas seguintes à eleição, Cheney quis conhecer minhas opiniões, assim como, tenho certeza, buscou contribuições de outros velhos amigos. Como ele e a esposa, Lynn, ainda não tinham mudado para a residência oficial da vice-presidência, no Observatório Naval, nas tardes de domingo eu ia de carro até a casa deles, em McLean, Virgínia, subúrbio de Washington, onde ele e eu nos sentávamos-nos à mesa da cozinha ou nos acomodávamos no escritório.

O tom de nossa amizade mudou com sua nova posição: eu não mais o chamava de Dick, mas, sim, de "senhor vice-presidente", e, embora ele não tenha exigido essa formalidade, tampouco a dispensou. Nossas conversas versavam principalmente sobre os desafios com que se defrontavam os Estados Unidos. Muitas vezes, entrávamos em detalhes muito específicos. Uma das questões mais importantes era energia. O recente espigão dos preços do petróleo fora um lembrete de que, mesmo no século XXI, a oferta de recursos básicos da era industrial ainda se revestia de grande interesse estratégico. Com efeito, a primeira grande iniciativa de Cheney no cargo foi formar uma força-tarefa para tratar de assuntos referentes à política energética. Assim, apresentei-lhe minha análise sobre o papel do petróleo na economia e sobre como os mercados internacionais de petróleo e gás natural estavam evoluindo. Também falamos sobre energia nuclear, gás liquefeito e outras fontes energéticas.

O maior desafio econômico no front doméstico, argumentei, era o envelhecimento de 30 milhões de baby boomers. A aposentadoria deles não mais se situava no horizonte distante, como na época em que eu me envolvera com a reforma da Seguridade Social, durante o governo Reagan. Os baby boomers mais velhos entrariam na casa dos sessenta daí a seis anos e as demandas financeiras sobre o sistema se tornariam extremamente pesadas a partir de 2010. A Seguridade Social e o Medicare precisavam de grande reformulação para se manterem solventes e eficazes no longo prazo.

Dick deixou claro que a política econômica interna não seria sua área de atuação. Mesmo assim, ele se mostrou curioso sobre minhas idéias; ouviu-as com atenção e não raro fazia anotações que, presumi, ele passaria adiante.

Em fins de dezembro e em princípios de janeiro, permiti-me um pouco de fantasia, imaginando que aquele seria o governo que talvez teria existido se Gerald Ford houvesse conseguido o 1% dos votos de que precisava para vencer Jimmy Carter e conseguir o segundo mandato. E, o mais importante, pela primeira vez desde 1952 o Partido Republicano conquistava não só a Casa Branca, mas também a Câmara dos Representantes e o Senado. (O Senado, na verdade, estava dividido em partes iguais entre republicanos e democratas, mas, como presidente do Senado, Cheney mantinha o voto de desempate.) Eu achava que aquela era uma oportunidade de ouro para promover as idéias de livre mercado e de governo efetivamente conservador sob o ponto de vista fiscal. Reagan trouxera o conservadorismo de volta à Casa Branca na década de 1980; Newt Gingrich o devolvera ao Congresso em 1994. Mas ninguém o integrara nos dois poderes, como o novo governo tinha condições de fazer.

Eu alimentava grandes expectativas em relação aos quatro anos seguintes, em que pelo menos teria a oportunidade de trabalhar em conjunto com muitos dos melhores e mais brilhantes do governo, pessoas com quem eu compartilhara numerosas experiências memoráveis. Sob o ponto de vista pessoal, minhas expectativas se confirmaram. Mas, em relação às políticas públicas, em breve eu veria meus velhos amigos se desviarem para rumos inesperados. As idéias – e, às vezes, os ideais – mudam com o passar do tempo. Eu era uma pessoa diferente daquela que se empolgou com o brilho da Casa Branca, um quarto de século atrás. E o mesmo ocorria com meus velhos amigos. Não em personalidade e caráter, mas, sim, em opiniões sobre como o mundo funciona e, portanto, sobre o que é importante.

Nas semanas anteriores à posse do novo governo, o FOMC se empenhava para compreender uma situação complicada: a súbita desaceleração de nossa economia de US$10 trilhões de dólares e as implicações práticas para o Fed dos enormes superávits públicos. Quando o FOMC se reuniu no dia seguinte ao de minha reunião com o presidente eleito, a inflexão para baixo era o principal item da agenda.

A previsão de recessões é tarefa traiçoeira, pois elas são induzidas em parte por comportamentos não-racionais. Os sentimentos sobre as perspectivas econômicas geralmente não evoluem aos poucos de otimismo, para neutralidade e, por fim, para pessimismo; é como o estouro de uma represa. As barragens e comportas contêm as águas, até que aparecem as primeiras rachaduras, e tudo desaba, inundando as áreas circunvizinhas. A força da torrente arrasta todos os fragmentos de confiança ainda remanescentes, só deixando medo em seu rastro. Parecíamos estar diante de desastre semelhante. Como observou Bob McTeer, chefe do banco do Federal Reserve, de Dallas, "o palavrão que começa com R agora é usado sem acanhamento por quase todo o mundo".

Decidimos que, se as condições não melhorassem nas próximas duas ou três semanas, teríamos de reduzir as taxas de juros. Por enquanto, nossa atitude consistiria, simplesmente, em manifestar preocupação. Assim, emitimos uma declaração pública nos seguintes termos: "O Comitê continuará a monitorar de perto a evolução da situação econômica... Consideraremos, sobretudo, o risco de condições que possam gerar debilidade econômica no futuro previsível." Ou, conforme a tradução cáustica de um membro do comitê: "Ainda não estamos em pânico."

Em duas semanas, ficou claro que a tendência de baixa não apresentava sinais de reversão. Em 3 de janeiro, primeiro dia útil do ano, nós nos reunimos de novo em teleconferência e cortamos a taxa de juros dos fundos federais em meio ponto percentual, para 6%. A mídia tratou a mudança como se fosse surpresa, embora já a tivéssemos insinuado antes do Natal, mas foi bom: o Fed estava reagindo aos mercados e à economia.

Na verdade, achávamos que aquele corte talvez fosse o primeiro de muitos outros que seriam necessários para estabilizar a economia. Transmiti ao Comitê a minha opinião de que quaisquer reduções subseqüentes teriam de ser feitas com mais rapidez que de costume. A mesma tecnologia que estava impulsionando o crescimento da produtividade também poderia estar acelerando o processo de ajustamento cíclico. Uma economia just-in-time demandava política monetária just-in-time. Com efeito, esse seria o nosso fundamento ao cortamos a taxa de juros dos fundos federais em mais meio ponto percentual, antes do fim de janeiro, e novamente em março, abril, maio e junho, trazendo-a para 3,75%.

A outra questão que pairava sobre o FOMC era o desaparecimento da dívida nacional. Por mais estranho que possa parecer em retrospectiva, essa possibilidade era real, em janeiro de 2001. Quase uma década de aceleração do crescimento da produtividade e de disciplina orçamentária dera condições ao governo dos Estados Unidos de gerar superávits "até onde os olhos conseguiam enxergar". Tomando de empréstimo a frase cunhada pelo diretor de orçamentos do presidente Reagan, David Stockman, ao projetar déficits mais de uma década antes. Mesmo levando em conta a recessão que parecia tomar forma, o Escritório de Orçamentos do Congresso se preparava para elevar sua projeção do superávit para espantosos US$5,6 trilhões em dez anos. A nova cifra superava em US$3 trilhões a previsão de 1999 e em US$1 trilhão a de julho do ano anterior, do mesmo órgão.

Eu sempre tive dúvidas sobre a continuidade dos superávits orçamentários. Em face da tendência inerente aos políticos de errar no lado dos gastos, achava difícil imaginar o Congresso sempre acumulando qualquer coisa, a não ser déficits, ou mesmo equilibrando com regularidade o orçamento. Meu ceticismo quanto à probabilidade de que os superávits fossem duradouros fora a razão por que, um ano e meio antes, eu exortara o Congresso a adiar a redução de impostos de quase US$800 bilhões por ano, que o presidente Clinton acabou vetando.

No entanto, eu tinha de reconhecer que o consenso geral entre economistas e estatísticos que eu respeitava – não apenas do Escritório de Orçamentos do Congresso, mas também do Tesouro e do Fed – era que, nas condições então vigentes, a economia continuaria acumulando superávits. Parecia que o surto de crescimento da produtividade, desencadeado pela revolução tecnológica, estava derrubando os velhos pressupostos. À medida que aumentava o superávit contínuo, intensificava-se em mim certa sensação de perda. O modelo econômico que orientava meu raciocínio parecia obsoleto. O Congresso, na verdade, não estava gastando mais dinheiro com mais rapidez que a arrecadação do Departamento do Tesouro. Será que a natureza humana havia mudado? Durante meses, me vi às voltas com a possibilidade dessa hipótese – era uma questão de acreditar em velhas teorias ou em ilusões de ótica.

Meus colegas do FOMC também pareciam um tanto desorientados. Em nossa reunião de fins de janeiro, passamos horas tentando adivinhar como o Fed operaria num admirável mundo novo de dívidas federais mínimas. Evidentemente, descartar-se do ônus da dívida seria um acontecimento feliz para o país, mas, sem dúvida, imporia um grande dilema para o Fed. Nossa primeira alavanca de política monetária consistia em comprar e vender títulos do Tesouro – os papagaios de Tio Sam. No entanto, à medida que se amortizasse o débito, esses valores mobiliários se tornariam escassos, impondo ao Fed a busca de novo conjunto de ativos para conduzir a política monetária. Durante quase um ano, economistas seniores do Fed e operadores de mercado analisaram a questão de que outros ativos poderíamos comprar e vender.

O resultado foi um denso estudo de 380 páginas que bateu em nossas mesas em janeiro. A boa notícia foi que teríamos condições para continuar operando; a má notícia foi que nada se comparava ao tamanho do mercado de títulos do Tesouro. Para conduzir a política monetária, o relatório concluía, o Fed teria de aprender a gerenciar um portfolio complexo de bônus municipais, de bônus emitidos por governos estrangeiros, de títulos hipotecários e de outros instrumentos de débito. Era um cenário espantoso. "Eu me senti como uma espécie de Alice no País das Maravilhas", disse Cathy Minehan, presidente do banco do Federal Reserve de Boston, quando a questão surgiu pela primeira vez, e todos sabíamos o que ela queria dizer com aquilo. A discussão em si já mostrava a rapidez e a profundidade da mudança que admitíamos ter ocorrido no panorama econômico.

O superávit também era o que empolgava Paul O'Neill e eu, quando nos reunimos em janeiro para trocar idéias sobre o orçamento. Evidentemente, ambos sabíamos que a previsão de US$5,6 trilhões, do Escritório de Orçamentos do Congresso, para o superávit no período de dez anos devia ser desempacotada. Cerca de US$3,1 trilhões seria dinheiro intocável – reservado para a Seguridade Social e para o Medicare. Sobrariam, então, possíveis US$2,5 trilhões em dinheiro utilizável. Com se sabe, um grande corte de impostos fora a peça central da campanha de George Bush. Ele, logo de início, se diferenciara do pai, ao proclamar: "Não se trata apenas de 'Nada de novos impostos'. Trata-se, isto sim, de 'Corte de impostos, e Deus me ajude'." Cortar impostos era o melhor uso do superávit, garantia Bush, rejeitando a posição de Al Gore, segundo a qual prioridades igualmente importantes seriam pagar a dívida e criar programas sociais, como ele afirmara no primeiro debate: "Meu adversário acha que o superávit é dinheiro do governo. Não é o que eu penso. Acho que é o dinheiro do povo trabalhador da América." Seguindo o exemplo de Reagan, Bush propunha uma vasta desoneração tributária de US$1,6 trilhão, a ser implementada em dez anos e abrangendo todas as faixas de renda. Já Gore propunha uma redução de US$700 bilhões na carga tributária.

Num contexto de superávit, qualquer tipo de corte de impostos era uma idéia sensata. O'Neill e eu estávamos de acordo. Como ele observou, os tributos agora correspondiam a 20% do PIB, em comparação com a média histórica de 18%. Mas também devíamos considerar outros usos do superávit, dos quais o mais importante era o pagamento da dívida pública – no que Al Gore estava certo. O endividamento federal para com o público, que é a sua denominação técnica, se situava, na época, em US$3,4 trilhões, dos quais mais de US$2,5 trilhões eram considerados "redutíveis", ou passíveis de serem liquidados imediatamente (a dívida irredutível incluía bônus de poupança e outros títulos, que os investidores podiam não querer vender).

Outro importante item de nossa lista de desejos era a reforma da Seguridade Social e do Medicare. Já havia muito tempo, eu esperava ver a Seguridade Social transformada em sistema de contas privadas. A implementação de tal mudança, ao mesmo tempo em que se cumpririam as obrigações vigentes em relação aos trabalhadores e aposentados de hoje, provavelmente exigiria o desembolso inicial de mais US$1 trilhão em recursos adicionais. E o país nem mesmo começara a tratar da questão dos custos cada vez mais altos do Medicare. Retiráramos essa questão da mesa quando eu dirigi a comissão da reforma da Seguridade Social para o presidente Reagan quase 20 anos antes, mas, com o envelhecimento dos baby boomers, o desafio tornava-se cada vez mais premente. Constatei que os estatísticos estavam incluindo na contagem dos pintos enorme quantidade de ovos que ainda estavam na chocadeira, ao prever superávits dez anos à frente. O que aconteceria se tais excedentes não se concretizassem?

O'Neill adotou premissas tão conservadoras quanto as minhas em relação aos déficits. A resposta dele foi a adoção de "gatilhos" – a inclusão de cláusulas em qualquer nova legislação referente a aumento de gastos ou a redução de impostos prevendo sua postergação ou atenuação, caso os superávits não se realizassem nas condições previstas. Concordei que algum tipo de mecanismo de condicionamento poderia ser eficaz. Uma das mais importantes realizações do Congresso e dos dois últimos governos tinha sido converter o equilíbrio orçamentário em princípio fundamental. Agora, sempre que criava novo programa, o governo precisava definir a fonte de fundos, aumentando impostos ou reduzindo outros gastos. "Não vamos voltar ao vermelho", declarei.

Realmente, os acontecimentos em janeiro avançaram com muita rapidez. Os preparativos para um novo governo e um novo Congresso são sempre frenéticos e, naquele ano, foram ainda mais febris, em conseqüência da longa disputa sobre os resultados da corrida presidencial. Bush e sua equipe de transição tinham apenas seis semanas, em vez de dez, como de costume, para o apronto até o dia da posse.

Como se esperava, os impostos eram o tema mais importante. Durante uma conversa pessoal, em meados de janeiro, Cheney disse a O'Neill e a mim que, depois de eleições tão disputadas, uma vitória nítida de seu programa de redução de impostos era fundamental. Tal afirmação confirmava a observação intransigente de Cheney, num programa de entrevistas na TV, domingo de manhã, poucas semanas antes: "Como presidente eleito, Bush foi muito claro, ele concorreu com base em determinada plataforma que foi elaborada com muito cuidado; esse é o seu programa e essa é a sua agenda; e não temos qualquer intenção de recuar."

Circulando por Washington havia muito tempo, tive a sensação de estar identificando um padrão já conhecido. As promessas de campanha são o ponto de partida de toda nova presidência. Cada governo, ao assumir, apresenta propostas orçamentárias e outros planos semelhantes aos de campanha. O problema de transformar essas promessas em iniciativas, contudo, é que as plataformas são escritas para percepção política, não para surtir efeitos ótimos. A agenda política é um manual de orientação elaborado às pressas, baseado nas circunstâncias da época. Por definição, não pode ser considerado política consumada para o funcionamento do governo. Invariavelmente, outras forças em atuação – no Congresso e no Executivo – funcionam como choque de realidade, testando e moderando os planos. Sabia disso por experiência – trabalhara para Nixon, na campanha de 1968, e para Reagan, em 1980, e em nenhum dos casos as promessas e as previsões sobreviveram à primeira semana do novo governo.

Mas eu não previ quão diferente seria a Casa Branca de Bush. A posição deles era: "Isso é o que prometemos; isso é o que entregaremos", e de fato falavam sério, literalmente. Pouco se importaram com o debate rigoroso sobre políticas econômicas ou com a ponderação das conseqüências a longo prazo. Como o próprio presidente disse a O'Neill uns dois meses depois, ao rejeitar uma sugestão sobre como o plano do governo para a reforma da Seguridade Social poderia ser melhorado: "Não foi essa minha abordagem durante a campanha." Meu amigo logo se viu como um estranho no ninho; para minha grande decepção, a formulação de políticas econômicas no governo Bush sempre esteve sob as mãos firmes do staff da Casa Branca.

O superávit foi o primeiro item na agenda da Comissão de Orçamentos do Senado, quando o novo Congresso se reuniu. E foi assim que me vi sentado sob as fortes luzes da sala de audiências, na manhã de 25 de janeiro, quinta-feira, na iminência de desencadear um grande furor político.

As principais questões, como disse o chairman da Comissão, Pete Domenici, ao dar-me as boas-vindas, era se os superávits projetados a longo prazo seriam transitórios ou permanentes e, se os excedentes continuarem subindo, "O que fazer com eles?". Minha resposta nos anos anteriores teria sido simplesmente: "Pagar a dívida." Mas, agora, os superávits projetados eram tão grandes que a amortização da dívida seria concluída em poucos anos. No entanto, os superávits prosseguiriam. Os estatísticos do Escritório de Orçamentos do Congresso agora projetavam superávits de US$281 bilhões, em 2001; US$313 bilhões, em 2002; e de US$359 bilhões, em 2003; e assim por diante. Em 2006, supondo que não ocorresse nenhuma grande mudança na política fiscal, o EOC esperava que a dívida reduzível estivesse totalmente paga – depois disso, os superávits teriam de ser mantidos em alguma forma de ativos não-federais. Em 2006, o superávit romperia US$500 bilhões. A partir de então, mais de meio trilhão de dólares fluiria para os cofres de Tio Sam a cada ano.

Ao contemplar essa hipótese, senti-me um tanto perplexo: US$500 bilhões por ano é uma acumulação quase inimaginável – mais ou menos equivalente ao total de ativos dos cinco maiores fundos de pensão dos Estados Unidos, em conjunto, *a cada ano*. O que o Tesouro faria com esse dinheiro? Onde investi-lo?

Os únicos mercados suficientemente grandes para absorver tais quantias são os de ações, os de bônus e os de imóveis, nos Estados Unidos e no exterior. Surpreendi-me imaginando funcionários do governo americano atuando como os maiores investidores do mundo. Deparei com a mesma perspectiva no passado e considerei a idéia verdadeiramente assustadora. Dois anos antes, o presidente Clinton propusera investir US$700 bilhões dos fundos de Seguridade Social no mercado de ações. Para evitar interferências políticas em decisões de investimento, a idéia dele era criar algum mecanismo de gestão privada para supervisionar os fundos. Mas, com tal alavancagem financeira à disposição do governo, logo imaginei os abusos que poderiam ter ocorrido sob um Richard Nixon ou um Lyndon Johnson. Como eu disse à Comissão de Tributação da Câmara dos Representantes, não acreditava que fosse "politicamente viável blindar esses fundos enormes contra a intromissão do governo". Para meu alívio, Clinton abandonou a idéia pouco depois. Agora, contudo, ela em breve voltaria à tona.

Considerando tudo isso, logo me ocorreu outra grande preocupação: superávits crônicos poderiam ser quase tão desestabilizadores quanto déficits crônicos.

Decidi propor uma maneira de Tio Sam pagar suas dívidas e deixar pouco ou nenhum superávit adicional a ser investido, depois que a dívida chegasse a zero. Para tanto, seria necessário aumentar gastos ou cortar impostos e, para mim, o melhor curso parecia claro. Sempre me preocupei com a dificuldade de conter gastos, depois de que são criados ou aumentados. A mesma proposição não é tão inquestionável em relação aos cortes de impostos. As receitas tributárias não podem cair abaixo de zero, mas não há limite superior para as despesas. Além disso, a desoneração tributária reduz a carga sobre as empresas privadas, podendo ampliar a base de tributação. Poderíamos, alternativamente, esperar mais dois anos e, então, se os superávits prosseguissem, promover forte redução nos impostos, para eliminar os excedentes. Mas não havia meios de saber, na época, se essa seria uma escolha prudente; sob pressão inflacionária, a desoneração tributária acabaria estimulando uma economia já aquecida. O único curso de ação que realmente me atraía era agir imediatamente para pôr a política fiscal no que chamei de "trajetória de descida" para um orçamento equilibrado. Com esse propósito, seria necessário reduzir gradualmente os superávits ao longo de vários anos, por meio de uma combinação de cortes de impostos e de reforma da Seguridade Social.

Dois projetos de lei sobre o corte de impostos já estavam sobre a mesa. No primeiro dia do novo Congresso, os senadores Phil Gramm e Zell Miller apresentaram um projeto incorporando o plano de US$1,6 trilhão da campanha de Bush; e o líder da minoria no Senado, Tom Daschle, propusera plano mais modesto, de US$700 bilhões. Qualquer uma dessas desonerações tributárias serviria a meu propósito de reduzir gradualmente o superávit e dispor de dinheiro suficiente para a reforma da Seguridade Social.

Evidentemente, em algum desvão da minha mente, eu ainda receava que o Congresso e a Casa Branca pudessem, mais uma vez, exagerar nos gastos ou que as receitas caíssem inesperadamente, situações que resultariam no retorno violento dos déficits. Assim, ao escrever meu depoimento, fui cuidadoso em incluir a idéia de Paul O'Neill de tornar condicionais os cortes de impostos. Pedi ao Congresso que considerasse "dispositivos que limitassem as iniciativas de redução do superávit, se as projeções referentes aos excedentes e à dívida federal não fossem satisfeitas". Se os superávits crônicos não evoluíssem conforme as previsões, as reduções de impostos ou os aumentos de gastos deveriam ser limitados ou eliminados.

Não consegui desvencilhar-me de minha convicção de muitas décadas de que os vieses de nosso sistema político favorecem os déficits. Portanto, não tive dúvidas em fechar o depoimento com uma forte nota de advertência: "Com a euforia de hoje em torno dos superávits", escrevi, "não é difícil imaginar a rápida dissipação da contenção fiscal desenvolvida a duras penas nos últimos anos. Precisamos resistir às políticas que possam rapidamente reativar os déficits do passado e os desequilíbrios fiscais que se seguiriam em sua esteira".

Meu gabinete forneceu aos líderes da Comissão de Orçamentos uma cópia de minhas observações com um dia de antecedência, como geralmente fazíamos com depoimentos complexos que não tinham ligação direta com os mercados financeiros. Surpreendi-me ao receber na quarta-feira à tarde um telefonema do eminente democrata Kent Conrad, de North Dakota. Ele perguntou se eu poderia passar no gabinete dele para uma conversa. Ex-comissário de impostos, Conrad estava no Senado havia tanto tempo quanto eu era chairman do Fed, e era conhecido pelo conservadorismo fiscal. Depois de agradecer-me pela visita, o senador foi direto ao ponto. "Você vai criar um grande rebuliço", disse. "Por que você está apoiando o corte de impostos de Bush?" Ele previu que meu depoimento não só garantiria a aprovação das propostas da Casa Branca, mas também contribuiria para liquidar o consenso sobre disciplina fiscal que o Congresso construíra durante anos.

"Isso não é, em absoluto, o que estou dizendo", retruquei, observando que meu depoimento endossava algum tipo de desoneração tributária para eliminar o superávit, mas não necessariamente a do presidente. Meus principais objetivos ainda eram a redução da dívida e a eliminação dos déficits. Expus minha avaliação da intensidade com que as perspectivas do superávit haviam mudado, explicando como o crescimento da produtividade, de acordo com praticamente todos os analistas, parecia ter assumido, definitivamente, ritmo mais acelerado – ou ao menos ritmo mais acelerado nos próximos anos, alterando fundamentalmente as expectativas de receita. Por fim, concordei que ainda era crucial enfatizar a contenção fiscal e me dispus a me estender sobre a necessidade de um mecanismo de segurança, como os gatilhos de O'Neill, se o senador me indagasse sobre esse ponto durante a sessão de perguntas e respostas.

Ao sair, eu sabia que o senador Conrad não estava inteiramente satisfeito com essa resposta. Mas não aceitava a idéia de que meu pronunciamento exerceria influência tão forte sobre o Congresso. Os políticos nunca hesitaram em ignorar, em parte ou no todo, minhas recomendações no passado, agindo conforme suas conveniências. Não me recordo de ter revertido a tendência, quando defendi cortes nos benefícios da Seguridade Social. Não tinha a intenção de favorecer este ou aquele lado em relação a que cortes de impostos eram melhores – como eu diria ao senador Domenici, na manhã seguinte, durante a audiência, quando ele me pediu para endossar o plano de George Bush, que era antes de tudo uma proposta política. Eu era analista, não político; minha função seria ainda mais árdua e muito pouco divertida se eu tivesse de me preocupar com as implicações políticas de tudo que eu dissesse. Eu estava oferecendo o que considerava uma nova abordagem e esperava que meu depoimento acrescentasse importante dimensão ao debate.

Retornei ao Fed e ainda não estava havia uma hora em minha cadeira quando recebi uma ligação de Bob Rubin. "Kent Conrad me telefonou", disse. "Ele falou que eu precisava conversar com você antes do seu depoimento." Bob, que não tinha lido minha minuta, mas soubera de todos os detalhes durante a conversa com Conrad, disse que concordava com algumas preocupações do senador. Com um grande corte de impostos, advertiu Bob, "o risco é comprometer a mentalidade política da disciplina fiscal".

Ele e eu tínhamos trabalhado durante anos para promover aquele consenso; e, então, perguntei-lhe se ele sabia que eu ainda propunha a redução da dívida como meta mais importante. "Eu compreendo", disse ele. Então, qual era o problema, perguntei. "Bob, com que ponto do meu depoimento você não concorda?"

Fez-se silêncio. Finalmente, ele respondeu: "A questão não é tanto o que você está dizendo. É como será percebido."

"Não posso responsabilizar-me pelas percepções alheias", respondi, com alguma irritação. "Não funciono dessa maneira. Não posso atuar assim."

Em breve se constataria que Conrad e Rubin estavam certos. Meu depoimento sobre corte de impostos se revelou politicamente explosivo. A agitação começou antes mesmo de minha chegada ao Capitólio: cópias da minuta que eu fornecera na véspera tinham vazado e o *USA Today* daquela manhã publicava em chamada de primeira página: "Greenspan apoiará corte de impostos." Tanto Conrad quanto Domenici foram citados no artigo que se seguia, com Domenici confirmando que eu estava propenso a mudar minha posição sobre os cortes de impostos "em face do tamanho dos superávits".

A sala de audiências estava mais cheia do que eu já vira em qualquer outra ocasião, com vinte senadores e seus assessores, uma parede de câmeras e um grande público. A leitura de meu depoimento demorou cerca de meia hora. Ao terminar, eu não sabia o que esperar. O senador Conrad logo se manifestou, agradecendo-me pelo que declarou ter sido uma abordagem "muito equilibrada" – algo elegante da parte dele, achei, pois eu não havia mudado uma única palavra depois de nossa conversa no dia anterior.

Em seguida, perguntou: "Pelo que eu ouvi de seu depoimento, o senhor está propondo que não abandonemos a disciplina fiscal?"

"Sem dúvida, senador", respondi, dançando um pouco o *pas de deux* que eu sugerira no dia anterior. Discorri, então, sobre minhas opiniões a respeito da necessidade contínua de redução da dívida e de contenção fiscal.

Chegou, então, a vez dos outros senadores, e, durante as duas horas seguintes, as perguntas se dividiram com nitidez entre as linhas partidárias. Embora ambos os lados tivessem proposto reduções de impostos, os republicanos foram os que mais vibraram ao me ouvir abençoar a idéia. "Agora que sabemos muito bem aonde vamos", disse Phil Gramm, do Texas. "Quanto mais cedo prepararmos o orçamento, melhor, e vamos tocá-lo!" A maioria dos democratas manifestou desânimo em seus comentários. "O senhor está provocando um estouro da manada", disse Fritz Hollings, de South Carolina. Paul Sarbanes, de Maryland, fez coro: "Não seria absurdo se a imprensa publicasse um artigo com o título: Greenspan tira a tampa da poncheira." A queixa mais contundente foi a do senador que serviu durante mais tempo em toda a história americana, Bob Byrd. Com seu sotaque arrastado de West Virginia, ele começou: "Olha, eu sou batista. Nós temos um livro de cânticos. Nós temos uma canção em nosso livro de cânticos, 'A Âncora Segura'. Tenho observado sua atuação durante esse período de expansão econômica e acho que ela foi um pedaço bem grande dessa âncora. Tenho ouvido suas exortações ao longo de muitos dos últimos anos, dizendo que temos de pagar nossa dívida, que essa é a necessidade básica. Acredito que o senhor estava certo e estou um tanto espantado pelo fato de que a âncora parece estar deslizando."

Observações como essa são do tipo que a gente nunca esquece. Ao final da audiência, eu esperava que as idéias que eu havia exposto – os riscos de déficits excessivos, a proposta da "trajetória de descida", a noção de gatilhos – seriam lembradas à medida que prosseguisse o processo legislativo. Mas, por enquanto, conformei-me com a certeza de que meu depoimento seria distorcido com objetivos políticos. Depois, disse à minha mulher: "Estou traumatizado, em estado de choque, com a constatação de que se faz tanta política no Capitólio."

A Casa Branca não tardou em sinalizar sua satisfação – o próprio presidente Bush se reuniu com os repórteres naquela tarde para chamar meu depoimento de "ponderado e acertado". Os principais jornais também interpretaram o depoimento como político. "Os cortes de impostos são inevitáveis e faz sentido que Mr. Greenspan tenha evitado desavenças com o novo governo logo em sua fase inicial", escreveu o *Financial Times*. O *New York Times* afirmou que eu estava ajudando a Casa Branca da mesma maneira como eu havia apoiado o programa de redução dos déficits orçamentários do presidente Clinton no início de seu primeiro mandato, em 1993: "Da mesma maneira como seu apoio evasivo do plano de Mr. Clinton significou inestimável cobertura política, seu endosso contido do corte de impostos hoje deu novo ímpeto ao esforço dos republicanos para conseguir a aprovação do maior corte de impostos desde o governo Reagan."

Ao ler esses comentários, percebi que, embora não tivesse intenções políticas, eu não havia considerado adequadamente as emoções do momento. Acabáramos de passar por uma crise constitucional que envolvia a eleição do próprio presidente, situação que, conforme vim a constatar retrospectivamente, não é o melhor momento para tentar transmitir uma posição cheia de nuances, baseada em análises econômicas. Eu teria prestado o mesmo depoimento se Al Gore fosse o presidente.

Fiz o que pude para manter o conceito de gatilhos durante as semanas seguintes. Nas audiências do Congresso, em fevereiro e março, chamei a atenção, reiteradamente, para a imprecisão de todas as previsões e continuei a tocar o tambor pela inclusão de garantias: "É fundamental que se adotem estratégias orçamentárias capazes de lidar com possíveis decepções", disse a uma comissão da Câmara dos Representantes, em 2 de março.

Poucos dias depois, um pequeno grupo bipartidário de conservadores fiscais do Senado convocou uma coletiva de imprensa e declarou que os gatilhos seriam a melhor solução. Reuni-me com esses senadores – cinco republicanos e seis democratas, sob a liderança de Olympia Snowe, do Maine – e os encorajei.

Mas os gatilhos, logo se constatou, nunca tiveram muita chance. As lideranças de ambos os lados não gostavam da idéia. No dia de meu depoimento, quando os jornalistas perguntaram ao porta-voz da Casa Branca, Ari Fleischer, sobre a inclusão de garantias antidéficit no corte de impostos do presidente, ele respondeu, sem rodeios: "Precisamos convertê-lo em lei *permanente*." Pouco depois, a revista *Time* citou o principal assessor político, Karl Rove, qualificando o conceito de gatilhos como algo que "para o presidente, já chegou morto". E, quando o presidente Bush divulgou formalmente seu plano orçamentário de 2002, em fevereiro, ele incluía corte de impostos de US$1,6 trilhão, exatamente como propusera durante a campanha. A liderança democrata também rejeitou o conceito de gatilhos. "Não se precisa de gatilhos quando se limita o tamanho do corte de impostos", afirmou o líder da minoria no Senado, Daschle. Em princípios de março, a liderança republicana na Câmara dos Representantes não hesitou em impedir que uma emenda contendo gatilhos chegasse ao plenário e aprovou o corte de impostos de Bush praticamente sem nenhuma alteração. Quando o debate passou para o Senado, os gatilhos nunca conseguiram nenhum apoio adicional.

Afinal, Bush alcançou vitória inequívoca. No valor de US$1,35 trilhão, o corte de impostos que, por fim, foi aprovado era menor do que ele queria, mais ou menos na metade do caminho entre os planos republicano e democrático. Mas foi estruturado à maneira de Bush, como uma redução abrangente e indiscriminada. A legislação incluía apenas um aspecto importante que não tinha sido previsto no plano original: uma restituição de impostos aos contribuintes, envolvendo quase US$40 bilhões do superávit de 2001, pela qual cada família receberia de volta até US$600, dependendo do valor do imposto de renda que tivessem recolhido no ano anterior. O Congresso aprovou a "restituição de Bush", como veio a ser denominada, a título de estímulo de curto prazo, com o objetivo de sacudir a economia de seu estupor. "Os contribuintes americanos terão mais dinheiro no bolso", declarou o presidente, "e a economia receberá uma bem merecida injeção de ânimo".

O presidente promulgou a lei do corte de impostos em 7 de junho – tempo recorde para uma grande iniciativa orçamentária. Eu estava disposto a ser otimista sobre os efeitos da legislação. Ela eliminaria os superávits antes que se tornassem perigosos. E, embora a desoneração tributária não tivesse sido concebida como estímulo a curto prazo – a economia não precisava disso quando o pessoal de Bush a imaginou durante a campanha – era bem possível que, por obra do acaso, ela produzisse esse efeito. O momento, agora, era oportuno.

Minha desilusão com o fato de a legislação ter sido aprovada sem gatilhos, contudo, logo se tornou mais intensa. Em semanas, ficou claro que eu errara ao deixar de ser cético sobre os superávits. Aquelas previsões cor-de-rosa sobre dez anos de excedentes logo se revelaram erro crasso.

Mesmo antes de os cheques de restituição de Bush irem para o correio, de repente e sem explicações, a arrecadação federal despencou. O fluxo de pagamentos do imposto de renda de pessoa física ao Tesouro, com ajuste sazonal pelo Departamento de Comércio, começou a entrar bilhões de dólares aquém das previsões. Os alardeados superávits, ainda altos no momento em que Bush sancionou o corte de impostos em junho, quando ainda se previa que perdurassem por muitos anos, efetivamente desapareceram da noite para o dia. A partir de julho, a tinta vermelha voltou para ficar.

Nossos melhores estatísticos foram surpreendidos pela mudança; os especialistas em orçamento demoraram muitos meses, tabulando dezenas de milhões de declarações do imposto de renda, para montar o quebra-cabeça do que dera errado. A queda da arrecadação foi reflexo evidente do declínio amplo e contínuo do mercado de ações. Entre janeiro e setembro de 2001, o S&P 500 perdeu mais de 20%

de seu valor. Daí decorreu redução acentuada no imposto devido sobre ganhos de capital e sobre o exercício de opções – queda bem mais abrupta do que esperavam os especialistas. Da mesma maneira como a alta do mercado durante o boom de tecnologia gerara os superávits, a baixa do mercado depois do estouro da bolha pontocom os eliminou.

Como foi possível que as previsões contivessem erro de tal magnitude? A moderação da inflexão para baixo da economia iludira os estatísticos tributários, levando-os a esperar queda mais branda na arrecadação. Porém, em 2002, a extensão do colapso era evidenciada pelos números. Em janeiro de 2001, o Escritório de Orçamentos do Congresso estimara receita total de US$2,236 trilhões no exercício financeiro de 2002. Em agosto de 2002, esse número encolhera para US$1,860 trilhão – revisão de US$376 bilhões para menos, em 18 meses. Desse dinheiro, US$75 bilhões eram conseqüência do corte de impostos de Bush e US$125 bilhões decorriam do enfraquecimento da atividade econômica. Os outros US$176 bilhão, importância espantosamente alta, refletiam o que os orçamentistas denominam mudanças técnicas – linguagem cifrada para itens que não podem ser explicados pelo que está acontecendo na economia ou no Capitólio, tais como rombos nas estimativas de tributação sobre ganhos de capital.

Naquele mês de setembro, Bob Woodward veio entrevistar-me em meu gabinete sobre a situação da economia. Ele estava preparando um novo capítulo para a edição em brochura de *Maestro*, best-seller sobre mim e sobre o Fed. Disse-lhe que estava intrigado com o curso que a recessão de 2001 vinha tomando – era diferente de tudo que eu já tinha visto. Depois da forte queda do nível de confiança, em dezembro, e do declínio significativo dos preços das ações, no outono, eu me preparara para uma inflexão para baixo no PIB. A produção industrial caíra 5% durante o ano. O PIB, contudo, se manteve firme. Em vez de mergulhar em vale profundo, estávamos num platô. (Na verdade, a economia acabou apresentando leve expansão no ano.)

A fraca intensidade da recessão parecia conseqüência de forças econômicas globais que haviam puxado para baixo as taxas de juros de longo prazo e deflagrado forte aumento nos preços dos imóveis em muitas partes do mundo. Nos Estados Unidos, o aumento do valor dos imóveis foi tão acentuado que as famílias, deixando-se entusiasmar, pareciam mais dispostas a gastar. Essa situação, associada ao aumento da produtividade, teria dotado a economia americana de novo grau de empuxo, ou de capacidade de flutuação.

Assim, disse Woodward, tentando resumir, "talvez a história da economia este ano seja a do desastre que não aconteceu, em vez de inflexão para baixo".

"É muito cedo para dizer", respondi. "Até que tudo se estabeleça como padrão, ninguém sabe."

A conversa não foi muito diferente de dezenas de outras entrevistas com jornalistas durante o verão – exceto quanto ao momento. Era quinta-feira, 6 de setembro, pouco antes de minha partida para uma reunião com banqueiros internacionais, na Suíça. A data em minha passagem de volta era terça-feira, 11 de setembro.

CAPÍTULO 11

DESAFIO À NAÇÃO

Durante um ano e meio, depois de 11 de setembro de 2001, vivemos no limbo. A economia conseguiu expandir-se, mas seu crescimento foi incerto e débil. Os negócios e os investidores se sentiam sitiados. A crise imediata dos primeiros meses seguintes – a caçada dos suspeitos da Al Qaeda, os ataques de antrax, a guerra do Afeganistão – cedeu vez ao esforço ingente para enfrentar as ansiedades e os custos da segurança interna. A falência da Enron, em dezembro de 2001, agravou a incerteza e a melancolia, ao desencadear uma onda de escândalos contábeis e de falências de alta visibilidade, expondo a ganância e a malfeitoria infecta que fora o lado obscuro do grande boom econômico.

Às vezes, parecia que as más notícias não tinham fim: as controvérsias sobre o financiamento da campanha, os assassinatos cometidos por um franco-atirador, em Washington, DC, o bombardeio terrorista de uma boate em Bali. No verão de 2002, a WorldCom, gigante das telecomunicações, se afundou numa nuvem de fraude contábil – com US$107 bilhões em ativos, foi a maior falência da história.

Depois veio a SARS, doença contagiosa semelhante à gripe que começou na China e, durante semanas, prejudicou as atividades de negócios, de viagens e de comércio. Durante esse período, como se sabe, o governo estava intensificando seus ataques a Saddam Hussein, até que, em março e abril, a invasão do Iraque e a derrubada de Saddam Hussein ocuparam as manchetes.

Por trás de tudo isso pairava a expectativa de ataques terroristas contra o território americano. Na Washington oficial, sobretudo, era difícil desvencilhar-se do sentimento de ameaça iminente: novas barreiras no trânsito, pontos de verificações, câmeras de vigilância e guardas fortemente armados se espalhavam por toda parte. Para mim, as caminhadas de duas quadras de casa para o trabalho já não eram possíveis e as câmeras que registravam o indicador da mala eram coisa do passado. Todas as manhãs, eu era levado de carro para a garagem subterrânea do Fed, sob forte esquema de segurança. Quem visitava o Fed, embora ainda pudesse deixar o carro no estacionamento do prédio, tinha de esperar que cães farejadores vasculhassem o veículo em busca de explosivos – inclusive entrando no porta-malas.

Uma grande dúvida atormentava Washington: "Por que não um segundo ataque?" Se a intenção da Al Qaeda realmente era a ruptura da economia americana, conforme declarara bin Laden, os ataques teriam de continuar. Nossa sociedade era aberta; nossas fronteiras, porosas; e nossa capacidade de detectar armas e bombas, ainda fraca. Fiz essa pergunta a muita gente nos níveis mais altos do governo, e ninguém parecia ter uma resposta convincente.

A expectativa de outros atos terroristas afetava quase todas as atividades do governo. E, inevitavelmente, a bolha de segurança que criáramos para proteger nossas instituições influenciava todas as decisões. Em 2002, o novo programa de segurança interna passaria a restringir significativamente as liberdades individuais, em conseqüência de medidas como maior rigor nas necessidades de identificação, aumento da quantidade de pontos de inspeção, restrições à liberdade de ir e vir e limitação da privacidade em geral.* De início, os líderes de ambos os partidos estavam unidos no mesmo barco. Mas, com o passar do tempo e com a ausência de novos ataques, os políticos aos poucos voltaram às posições anteriores a 11 de setembro, sobre liberdades civis, alguns com mais rapidez do que outros. Exercício interessante é desenvolver hipóteses sobre como estariam os Estados Unidos hoje se tivessem ocorrido um segundo, um terceiro e um quarto ataques. Será que nossa cultura resistiria a tais investidas? Será que conseguiríamos manter uma economia viável, a exemplo dos israelenses, hoje, e dos ingleses, durante as décadas em que enfrentaram os atos terroristas praticados pelo Exército Republicano Irlandês? Tenho grande confiança em que conseguiríamos, mas sempre há dúvidas.

A reação do Fed a todas essas incertezas foi manter nosso programa de redução agressiva das taxas de juros de curto prazo. A conseqüência foi o prolongamento da

*O Homeland Security Act em si era menos draconiano, mas efetivamente restringiu as liberdades civis, ao facilitar para o governo o indeferimento de pedidos de acesso aos arquivos federais, baseados no Freedom of Information Act; ao impor penalidades mais severas a funcionários públicos que revelassem "informações críticas sobre infra-estrutura", obtidas de empresas privadas; e ao desenvolver um programa de monitoramento da vida diária dos cidadãos.

série de sete cortes que já havíamos efetuado em princípios de 2001, para atenuar o impacto do colapso das pontocom e do declínio do mercado de ações em geral. Depois dos ataques de 11 de setembro, reduzimos a taxa dos fundos federais quatro outras vezes e, depois, mais uma vez, no auge dos escândalos empresariais de 2002. Em outubro daquele ano, a taxa dos fundos federais era de 1,25% – número que quase todos nós teríamos considerado demasiado baixo dez anos antes (na verdade, os juros nunca tinham estado tão baixos desde os dias de Dwight Eisenhower). Como servidores públicos cujas carreiras no governo tinham sido dedicadas integralmente ao combate à inflação, a experiência de efetuar cortes tão drásticos parecia, sem dúvida, estranha. No entanto, mesmo assim, a economia estava, sem dúvida, nas garras da desinflação, situação em que as forças do mercado, em conjunto, mantêm baixos os níveis dos salários e dos preços e reduzem as expectativas de inflação, determinando a queda das taxas de juros de longo prazo.

A inflação, ao menos no momento, não era problema. Entre 2000 e 2003, as taxas de juros de longo prazo continuaram a despencar – os juros dos títulos do Tesouro de dez anos caíram de 7% para menos de 3,5%. Era evidente que a derradeira explicação se situava bem além das costas americanas, pois as taxas de juros de longo prazo em todo o mundo também apresentavam tendência de queda. A globalização, sem dúvida, exercia impacto desinflacionário.

Porém, deixamos de lado esse tema mais amplo para enfrentar o desafio imediato com que se defrontava o Fed: o enfraquecimento da economia. A premissa de trabalho do FOMC era a de que o aumento de preços não representava ameaça iminente, o que nos conferia a flexibilidade de reduzir as taxas de juros de curto prazo.

Em 2003, contudo, a letargia e a desinflação da economia já tinham ido tão longe que o Fed precisava levar em conta um perigo mais exótico: deflação. Tratava-se da possibilidade de que a economia americana estivesse entrando em espiral incapacitante como a que víramos paralisar o Japão durante treze anos. O tema para mim era muito inquietante. Nas economias modernas, cuja doença crônica é a inflação, a deflação é moléstia rara. Afinal, os Estados Unidos já haviam abandonado o padrão-ouro. Eu não podia conceber deflação numa economia sob o padrão de moeda fiduciária. Se a deflação parecesse iminente, poderíamos acelerar as impressoras e emitir tantos dólares quantos fossem necessários para deter a espiral deflacionária. Agora, eu tinha minhas dúvidas. O Japão, usando linguagem figurada, tinha aberto suas torneiras monetárias, reduzido as taxas de juros a zero e incorrido em grandes déficits orçamentários, mas o nível de preços continuou em queda. Os japoneses pareciam incapazes de romper o cerco da deflação e devem ter ficado muito receosos de terem imergido no tipo de espiral declinante que ninguém havia testemunhado desde a década de 1930.

A deflação tornou-se foco de preocupação crescente no Fed. Embora tivesse gerado, a duras penas, crescimento real do PIB de 1,6%, em 2002, a economia, sem dúvida, sofria restrições. Mesmo empresas poderosas como Aetna e SBC Communications estavam gerando lucros insatisfatórios, demitindo pessoal e enfrentando dificuldades para manter os aumentos de preços. O desemprego subira de 4%, em fins de 2000, para 6%.

Na reunião do FOMC de fins de junho, em que decidimos reduzir as taxas de juros ainda mais, para 1%, a deflação foi o tópico mais importante. Concordamos com essa iniciativa, não obstante o consenso de que a economia provavelmente não precisava de outra redução nos juros. O mercado de ações, finalmente, dera sinais de recuperação e nossas previsões indicavam crescimento do PIB muito mais forte na segunda metade do ano. Entretanto, mantivemos o desaperto, com base na ponderação dos riscos. Queríamos eliminar de vez a possibilidade de deflação corrosiva; estávamos dispostos a correr o risco de que, reduzindo as taxas, poderíamos insuflar bolhas ou gerar surtos inflacionários que, em seguida, teríamos de combater. Fiquei satisfeito com a maneira como sopesamos os riscos. Só o tempo diria se fora uma decisão acertada, mas foi, sem dúvida, um processo decisório bem conduzido.

Os gastos dos consumidores sustentaram a economia durante a letargia pós-11 de setembro e o fator que mantivera os gastos dos consumidores foi o mercado imobiliário. Em muitas partes dos Estados Unidos, os imóveis residenciais, energizados pela queda nas taxas de juros dos empréstimos hipotecários, começaram a registrar forte valorização. Os preços de mercado dos imóveis prontos subiram 7,5% ao ano em 2000, 2001 e 2002, mais que o dobro dos níveis predominantes poucos anos atrás. Não só a construção de novas moradias atingiu níveis sem precedentes, nas também a compra e venda de imóveis usados quebrou recordes históricos. O boom imobiliário elevou o moral da população – mesmo quem não estivesse vendendo a casa, percorria o bairro e via os preços de venda de imóveis semelhantes, o que significava que o seu imóvel também valia muito mais.

Em princípios de 2003, as taxas de juros dos empréstimos hipotecários de trinta anos eram inferiores a 6%, o nível mais baixo desde os anos 1960. Os empréstimos hipotecários a taxas flutuantes custavam ainda menos. Essa situação estimulou a rotatividade dos imóveis, o que, por sua vez, empurrou os preços ainda mais para cima. Desde 1994, a proporção de famílias que residiam em casa própria vinha aumentando. Em 2006, mais ou menos 69% dos domicílios eram dos próprios residentes, em comparação com 64%, em 1994, e com 40%, em 1980. O aumento foi ainda mais acentuado entre hispânicos e negros, na medida em que a maior afluência e o estímulo dos financiamentos subprime, ou de segunda linha, criaram condições para que muitos membros de grupos minoritários comprassem seu primeiro imóvel. Esse estímulo à compra da casa própria aumentou a quantidade de pessoas com interesses concretos no futuro do país e fez bem para a coesão nacional. A casa própria ainda hoje ressoa com tanta profundidade quanto há um século. Mesmo na era digital, tijolo e argamassa são os fatores que nos dão estabilidade e nos fazem sentir em casa.

Os ganhos de capital, sobretudo os que se converteram em dinheiro, começaram a estimular os gastos dos novos-ricos. Em breve, os estatísticos detectavam o aumento nos gastos de consumo correspondente ao aumento nos ganhos de capital. Alguns analistas estimavam que de 3% a 5% do aumento na riqueza imobiliária se manifestou na demanda por todos os tipos de bens e serviços, como carros, eletrodomésticos, turismo e entretenimento. E, evidentemente, muita gente aplicou dinheiro na reforma e na expansão da casa própria, acelerando ainda mais o boom. Esse aumento de gastos foi quase todo financiado por empréstimos hipotecários, cuja obtenção foi muito facilitada pelas instituições financeiras.* O efeito líquido de tudo isso foi muito bem descrito pelo colunista de economia Robert Samuelson, da revista *Newsweek*, que, em 30 de dezembro de 2002, escreveu: "O boom do mercado de habitações salvou a economia. Cheios do mercado de ações, os americanos mergulharam numa orgia imobiliária. Compramos e vendemos, demolimos e construímos."

Evidentemente, booms atraem bolhas, como os acionistas das pontocom aprenderam a duras penas. Será que estávamos cainhando para um crash doloroso do mercado imobiliário? Essa preocupação despontou de início em mercados aquecidos, como San Diego e Nova York, nos quais os preços, em 2002, aumentaram em 22% e em 29%, respectivamente, e onde alguns investidores àquela altura começavam a encarar casas e apartamentos como a maneira mais eficaz de ficar rico rápido. O Fed acompanhou de perto esses acontecimentos. À medida que o boom progredia, as evidências de especulação se tornaram notórias. O mercado de residências unifamiliares nos Estados Unidos se concentra, de maneira predomi-

*Quando um imóvel mudava de mãos, o comprador quase sempre contraía financiamento imobiliário que superava o saldo devedor do empréstimo hipotecário do vendedor. O aumento líquido do valor remanescente da dívida garantida pelo imóvel era recebido como dinheiro pelo vendedor. Esse aproveitamento do "home equity", ou seja, o valor de mercado do imóvel menos o saldo devedor do empréstimo hipotecário, tende a acompanhar, mas não é exatamente igual ao ganho de capital realizado na venda.

nante, na casa própria. A proporção de compras para investimento ou para especulação raramente chegou a mais de 10% do total.* Em 2005, nos Estados Unidos, os investidores respondiam por 28% das compras de casas, de acordo com a National Association of Realtors. Boa parte ou quase todo esse aumento das compras de moradias por investidores se refletiu em aceleração significativa na rotatividade dos imóveis usados. No mesmo ano, os noticiários de TV apresentavam reportagens sobre os "flippers" – jovens especuladores em lugares como Las Vegas e Miami, que usavam o crédito fácil, para investir em cinco ou seis novos empreendimentos, no intuito de vendê-los com grande lucro, mesmo antes da entrega das chaves. No entanto, essas situações ainda eram estritamente regionais. Eu dizia ao público que estávamos enfrentando não uma bolha, mas uma camada de espuma – muitas bolhas pequenas e locais que nunca cresceram a ponto de ameaçar a saúde da economia como um todo.

Bolha ou espuma, a festa estava ficando menos animada em fins de 2005, quando os novos compradores de imóveis começaram a achar os preços cada vez mais inacessíveis. Os preços mais altos exigiam financiamentos mais elevados, que passaram a absorver parcelas cada vez maiores da renda mensal. A época inebriante em que os compradores se dispunham a pagar preços superiores ao de venda, ou seja, o pedido pelo vendedor, para afastar outros pretendentes, já pertencia ao passado. Os preços de venda se mantiveram constantes, mas os compradores não apresentavam propostas de compra. Em conseqüência, os volumes de venda entraram em forte queda, tanto para imóveis novos quanto para imóveis usados. O boom chegara ao fim.

O boom imobiliário fora parte de uma tendência internacional histórica. As taxas de juros haviam caído não só nos Estados Unidos, mas também no Reino Unido, na Austrália e em muitos outros países com mercado de crédito imobiliário bem desenvolvido. Em resposta à queda global das taxas de juros de longo prazo, os preços dos imóveis dispararam em todo o mundo. A revista *The Economist*, que acompanha os preços dos imóveis em vinte países, estimou que, entre 2000 e 2005, o valor de mercado dos imóveis residenciais nos países desenvolvidos aumentou de US$40 trilhões para mais de US$70 trilhões. A maior fatia desse aumento – US$8 trilhões – ocorreu nos Estados Unidos, mas a experiência das outras economias foi sugestiva, pois seus booms começaram e terminaram um ano

*Essas transações, quase sempre, são feitas por pessoas que compram e alugam habitações. Em geral, são proprietários de apartamentos ou de residências bifamiliares, dúplex ou geminadas, uma das quais é alugada.

ou dois antes do nosso. Na Austrália e no Reino Unido, a demanda começou a esfriar em 2004, pelas mesmas razões que mais tarde se repetiram também nos Estados Unidos: os compradores de primeira viagem foram expulsos do mercado pela alta dos preços, provocando o recuo dos investidores especulativos. Aspecto importante é que, quando o boom terminou nesses países, os preços se estabilizaram ou declinaram levemente, mas, até o momento em que esta página foi escrita, não houve crash.

Por causa do boom imobiliário e da conseqüente explosão de novas modalidades de financiamento hipotecário, a família típica americana acabou ficando com uma casa mais valiosa e com maior acesso à riqueza por ela representada. Evidentemente, os empréstimos hipotecários também são maiores, mas, como as taxas de juros estão mais baixas, a parcela da renda familiar absorvida pelo serviço da dívida não mudou muito entre 2000 e 2005.

No entanto, a recuperação econômica posterior a 11 de setembro teve um lado obscuro. Sua magnitude foi emperrada por mudança perturbadora na concentração de renda. Nos últimos quatro anos, os aumentos nos salários médios horários do pessoal em nível de supervisão ultrapassaram significativamente os aumentos nos rendimentos médios horários do pessoal de produção e em outras posições de não-supervisão. (No caso de muitas famílias, a queda da renda real foi compensada por ganhos de capital com seus imóveis, embora o grosso desses ganhos de capital tenha beneficiado famílias nas faixas de renda média alta e alta.)

As diferenças de renda se refletiam nas pesquisas de opinião, mesmo com o retorno do crescimento econômico. Em 2004, o PIB real se expandia a saudáveis 3,9% ao ano, o desemprego declinava e os salários horários e mensais agregados também apresentavam bom desempenho. No entanto, boa parte do aumento na renda média decorria de ganhos desproporcionalmente elevados pelos trabalhadores de alta qualificação. O pessoal muito mais numeroso que se enquadrava na faixa de renda média não estava assim tão bem. Portanto, não admira que os pesquisadores, ao telefonarem para mil famílias, tenham constatado que 60% delas atribuíam péssima avaliação à economia, enquanto apenas 40% a consideraram apenas satisfatória. As economias de duas classes são típicas dos países em desenvolvimento, mas nunca, desde 1920, os americanos experimentavam tamanha desigualdade de renda. Em geral, quando os números agregados eram bons, os resultados das pesquisas de opinião pública também eram positivos.

Mais recentemente, a evolução do boom imobiliário causou prejuízos para alguns grupos. A grande massa de proprietários, que havia construído patrimônio substancial com suas casas, à medida que os preços subiam, não enfrentou grandes dificuldades. Porém, muitas famílias de baixa renda, que tinham aproveitado as ofertas de empréstimos hipotecários subprime para comprarem sua primeira casa, juntaram-se ao boom tarde demais para desfrutarem seus benefícios. Sem outros recursos patrimoniais em que se amparar, estão enfrentando dificuldades com as prestações mensais, situação que tem acarretado numerosas execuções de hipotecas. Dos quase US$3 trilhões de empréstimos hipotecários concedidos em 2006, um quinto era subprime e outro quinto do tipo chamado Alt-A, ou seja, contraídos por proprietários com bons antecedentes de crédito, mas cujas prestações mensais geralmente só abrangem juros e cuja documentação referente a renda e a outras características é inadequada. O mau desempenho desses dois quintos acarretou aperto significativo na disponibilidade de crédito, com impacto perceptível sobre as vendas de casas. Eu estava consciente de que a atenuação das condições do crédito imobiliário para os mutuários subprime aumentava o risco financeiro e subsidiava a compra da casa própria, distorcendo os efeitos naturais das forças do mercado. Mas eu acreditava naquela época, como agora, que os benefícios da ampliação do acesso à casa própria justificavam esses aspectos negativos. A proteção dos direitos de propriedade, tão fundamental nas economias de mercado, exige certa massa crítica inicial de proprietários, para conquistar apoio político.

Por mais que a resiliência geral da economia me animasse, eu me sentia angustiado com o desempenho do governo. Em 2002, a tinta vermelha voltava a inundar as contas públicas: geramos déficit de US$158 bilhões, deterioração de mais de um quarto de trilhão de dólares, em comparação com o superávit de US$127 bilhões, em 2001.

O presidente Bush continuou a orientar o seu governo no sentido de cumprir as promessas da campanha presidencial: cortar impostos, reforçar a defesa nacional e incluir no Medicare o benefício dos medicamentos tarjados. Esses objetivos não eram irrealistas à luz dos grandes superávits projetados. Mas os superávits desapareceram entre seis e nove meses depois da posse de George W. Bush. E no velho mundo dos déficits crescentes, os objetivos já não eram de todo apropriados. Mesmo assim, ele continuou a perseguir as promessas de sua campanha presidencial.

Ainda mais problemática para mim foi a rapidez com que o Congresso e o governo abandonaram a disciplina fiscal. Quatro anos de superávit haviam transformado a frugalidade em mercadoria cada vez mais escassa no Capitólio. Os superávits são irresistíveis para servidores públicos que desabrocham no "almoço de graça" político. Não há como contar, por tão numerosas, as cartas que recebi do Congresso, na década de 1990, expondo diferentes esquemas para gastar mais ou para tributar menos, nos quais a regra "pay-go", ou da responsabilidade fiscal, era contornada por alguma prestidigitação financeira obscura, com o propósito de escamotear seus custos. No Congresso, a escrituração contábil por partidas dobradas se tornara arte perdida.

Mas, finalmente, a ficha caiu e o governo abandonou a pretensão. No último ano da administração Clinton, o Congresso ignorou os limites de gastos discricionários que se auto-impusera, para legislar sobre US$1 trilhão de aumento de despesas no período de dez anos. Sem esse gasto, o superávit recorde de US$1 trilhão em 2000 teria sido ainda maior. Até que, com George Bush, sobrevieram os cortes de impostos, sem qualquer redução de despesas e, na esteira do 11 de setembro, com o agravante de gastos ainda mais perdulários.

Evidentemente, as leis aprovadas após 11 de setembro incluíam despesas necessárias com a defesa e com a segurança interna. Porém, as medidas fiscais decorrentes da emergência nacional pareceram espicaçar o apetite do Congresso para gastos demagógicos. Um dos primeiros exemplos foi um projeto sobre meios de transporte, que envolvia gastos de US$60 bilhões, aprovado quase por unanimidade naquele dezembro. Ele destinava grandes verbas ao reforço da segurança da aviação civil e criava um tributo sobre passagens aéreas para compensar em parte o aumento de custo – iniciativas sensatas, dir-se-ia. No entanto, o pacote também incluía mais de US$400 milhões em verbas puramente demagógicas – fundos para rodovias retirados do controle estatal e destinados pelos legisladores a pequenos projetos rodoviários em suas bases eleitorais.

Fiquei ainda mais chocado com a lei agrícola de maio. Era uma bondade que estourava o orçamento em US$250 bilhões, ao longo de seis anos, revertendo iniciativas anteriores, conseguidas depois de muita luta, que reduziam os subsídios aos agricultores e abriam o comércio de produtos agrícolas às forças do mercado. O novo pacote aumentou em muito os subsídios ao algodão e aos grãos e amontoou subsídios sobre tudo o mais, desde açúcar até grão-de-bico. O presidente da Comissão de Agricultura da Câmara dos Representantes, o republicano do Texas Larry Combest, patrocinou o projeto, além de democratas do Meio-Oeste, como o líder da maioria no Senado, Tom Daschle, de South Dakota.

Mas há um remédio para excessos legislativos: chama-se veto presidencial. Em conversas nos bastidores com economistas seniores do governo, não fiz segredo de minha opinião de que o presidente Bush deveria rejeitar alguns projetos. Dessa maneira, ele deixaria claro que o Congresso não tem carta branca para o fisiologismo e para o populismo. Mas a resposta que recebi de um alto funcionário da Casa Branca foi que o presidente não queria desafiar o presidente da Câmara dos Representantes, Dennis Hastert. "Acha que pode controlá-lo melhor não se antagonizando com ele", disse.

E, realmente, o não-exercício do poder de veto se tornou marca registrada da presidência de Bush. Em seus primeiros seis anos na Casa Branca, ele não rejeitou um único projeto, situação inédita na história. Johnson, Nixon, Carter, George H.W. Bush e Clinton, todos vetaram dezenas de projetos. E Jerry Ford vetava sem hesitação – mais de 60 projetos em menos de três anos. Essa disposição criou condições para que ele, mesmo enfrentando grande maioria democrata no Congresso, exercesse grande poder e orientasse os legisladores em direções que considerava importantes. Para mim, a abordagem "colaboração sem confrontação" de Bush foi um grande erro – custou ao país a eficácia do sistema de freios e contrapesos, essencial para a disciplina fiscal.

O falecimento oficial da disciplina fiscal em Washington ocorreu em 30 de setembro de 2002. Esse foi o dia em que o Congresso permitiu a expiração da principal lei antidéficit dos Estados Unidos. O Budget Enforcement Act, de 1990, fora um monumento ao comedimento do Congresso. Promulgada com apoio bipartidário, durante o mandato do primeiro presidente Bush, a lei desempenhara papel importante no controle do déficit federal, ajudando a preparar o cenário para o boom de 1990. Nela, o Congresso impôs-se rigorosas limitações discricionárias, além de regras severas "pay-go" (*pay-as-you-go* – pagamento em bases correntes), exigindo que os aumentos de gastos ou os cortes de impostos fossem compensados em outras áreas do orçamento. A transgressão de tais dispositivos disparava automaticamente graves penalidades, como reduções generalizadas em programas sociais e em despesas com a defesa – cortes que qualquer político evitaria a todo custo.

Mas o Budget Enforcement Act nunca previu anos de superávit (ironicamente, seu objetivo era alcançar um orçamento equilibrado em 2002). E, no surto de gastos de fins da década de 1990, o Congresso explorou tecnalidades para desprezar as regras. Como disse antigo funcionário da Câmara dos Representantes, "Deveríamos combater os déficits, mas não havia déficits". No entanto, agora, com as garantias a ponto de expirarem, a enxurrada dos déficits estava de volta.

Em meados de setembro, fiz o apelo mais contundente possível para que o Congresso mantivesse essa primeira linha de defesa. "As normas referentes à execução do orçamento estão para vencer", disse à Comissão de Orçamentos da Câmara dos Representantes. "Não preservá-las será um grave erro, pois, sem direções claras e metas construtivas, o viés político implícito de gerar déficits orçamentários de novo se enraizará. Se não preservamos as regras orçamentárias e não reafirmarmos nosso compromisso com a responsabilidade fiscal, anos de esforço ingente terão sido em vão." As piores conseqüências não ocorreriam de imediato, reconheci, mas seriam nefastas. E adverti: "A história sugere que o abandono da disciplina fiscal acabará empurrando para cima as taxas de juros, inibindo as despesas de capital, desacelerando o crescimento da produtividade e nos impondo escolhas mais difíceis no futuro".

O trecho de meu depoimento, como de costume, já havia circulado com antecipação. Não se tratava, obviamente, da mensagem que os membros da comissão gostariam de ouvir. Dos quarenta e três congressistas que compunham o órgão, apenas cerca da metade compareceu. Observei a reação dos congressistas ao ler um trecho em que eu invocava o consenso bipartidário histórico de que resultara o Budget Enforcement Act. Em sua maioria, predominava nas fisionomias um olhar vago. Pior ainda, a sessão de perguntas e respostas deixou claro que poucos legisladores, se é que havia algum, tinham interesse em perpetuar as restrições aos gastos. Em vez de se referirem à minha proposta e aos grandes perigos econômicos de que eu os advertira, os perguntantes simplesmente transferiram o foco para outros temas. As discussões se concentraram quase que exclusivamente em desoneração tributária, presente e futuro, prós e contras. E essas foram as questões que, no dia seguinte, dominaram as notícias esparsas sobre meu depoimento.

No Senado, Pete Domenici, Phil Gramm, Kent Conrad e Don Nickles, além de outros conservadores fiscais, ainda se empenharam para manter os mecanismos de equilíbrio orçamentário. No entanto, a vontade política já estava definida. Tudo o que conseguiram foi prorrogar por mais seis meses uma regra procedimental que tornava um pouco mais difícil a aprovação de leis que ampliassem o déficit. Mas, sem as penalidades previstas no Budget Enforcement Act, a regra não tinha garras. A disciplina orçamentária que nos servira tão bem sem dúvida estava morta.

Depois da vitória arrasadora dos republicanos nas eleições de meio de mandato, em novembro de 2002, a situação piorou ainda mais. Glenn Hubbard, chairman do Conselho de Assessores Econômicos, argumentou, num discurso em dezembro, que o equilíbrio ou o desequilíbrio orçamentário fazia pouca diferença para a economia como um todo. "Espera-se que os debates se desloquem para outros temas", afastando-se da idéia de que déficits orçamentários elevados aumentam as taxas de juros a longo prazo e comprometem o crescimento, disse. "Isso é rubinomics e achamos que o conceito está completamente errado." Deixando de lado a mordacidade contra os democratas, a observação de Hubbard estava certa num contexto de curto prazo. Os mercados de títulos mobiliários se tornaram tão eficientes que as taxas de juros vigentes se movimentam apenas quando novas informações acarretam mudanças nas expectativas sobre déficits orçamentários e sobre dívida pública. As mudanças incrementais e imediatas na oferta de obrigações do Tesouro dos Estados Unidos são, em geral, muito pequenas em relação à oferta global de instrumentos de dívida com nível de segurança comparável. Pequenas mudanças nos preços relativos (ou seja, nas taxas de juros) podem induzir os investidores a substituir volumes consideráveis de títulos do Tesouro por obrigações de empresas de alta qualidade ou por bônus de governos estrangeiros. A recíproca também é verdadeira: mudanças na dívida pública ou, por extensão, nos déficits orçamentários se associam a mudanças surpreendentemente pequenas nas taxas de juros. O tamanho e a eficiência do mercado global de bônus que competem com os títulos do Tesouro dos Estados Unidos obscurecem as correlações básicas a longo prazo entre déficits orçamentários federais, dívida pública e taxas de juros.

Às vezes, quando uma questão é complexa, não raro um exercício esclarecedor é levá-la a situações extremas. Se fosse verdade que os déficits não importam e que os cortes de impostos não associados a reduções de gastos são boas políticas públicas, por que, então, simplesmente não eliminar *todos* os impostos? O Congresso poderia tomar emprestado tanto quanto quisesse e gastar como mais lhe aprouvesse, sem medo de que o mar de dívidas em rápida acumulação viesse a erodir o crescimento econômico. No entanto, como já vimos reiteradas vezes nos países em desenvolvimento, o endividamento público desenfreado, decorrente de déficits orçamentários constantes, produz hiperinflação e semeia devastação econômica.

Portanto, os déficits *devem* importar. A questão crucial para os formuladores de políticas não é "Será que os déficits prejudicam o crescimento?", mas, sim, "Com que intensidade os déficits prejudicam o crescimento?". Com efeito, Hubbard, cujos modelos econométricos demonstram que mudanças na dívida pública, representada por títulos do Tesouro, exercem apenas pequeno impacto sobre as taxas de juros, escreveu, há pouco tempo, não obstante, que "nossas descobertas não devem ser interpretadas como implicação de que os déficits não importam. Níveis substancialmente grandes, persistentes e insustentáveis de dívida pública podem acabar exercendo pressões crescentes sobre as fontes internas e externas de empréstimos... Nos Estados Unidos, hoje, obrigações implícitas, sem financiamento garantido, vinculadas à Seguridade Social e ao Medicare, são sobremodo preocupantes". Porém, as sutilezas do debate acadêmico se perderam em meio às realidades políticas. O Congresso e o presidente encararam as restrições orçamentárias como inibidoras das leis almejadas. E, assim, "Os déficits não importam", para minha tristeza, se tornou parte da retórica econômica dos republicanos.

Foi difícil para mim aceitar que essas idéias se tornassem o ethos dominante e se convertessem em política econômica do Partido Republicano. Mas eu já tivera uma antevisão desse panorama muitos anos antes, na década de 1970, durante o almoço com um jovem congressista do norte de Nova York, chamado Jack Kemp. Em 1996, ele foi candidato a vice-presidente dos Estados Unidos, na chapa de Bob Dole. Ele se queixou de que os democratas sempre compravam votos, por meio de aumento generalizado nos gastos públicos. E, no fim das contas, os déficits daí resultantes acabavam estourando no colo de um governo republicano. "Por que *nós* também não podemos ser um pouco irresponsáveis?", perguntou, surpreendendo-me. "Por que não cortamos impostos e não distribuímos as bondades antes deles?" E, de fato, é o que está acontecendo agora. Minha sensibilidade como libertário fora atingida.

Em fins de dezembro de 2002 e em princípios de janeiro, tomei a iniciativa inusitada de insistir com os mais graduados economistas da Casa Branca para que assumissem uma posição mais racional. Não posso dizer que meu protesto exerceu efeito substancial, mas a Casa Branca talvez tenha percebido que o bordão "os déficits não importam" parecia muito radical, pois eles mudaram a retórica quando o presidente Bush apresentou seu plano orçamentário de 2004. "Meu governo acredita com convicção no controle e na redução do déficit, à medida que a economia se fortalece e que cumprimos nossos objetivos de segurança nacional", declarou o presidente ao Congresso em 3 de fevereiro de 2003. E acrescentou que os déficits no momento eram inevitáveis, por causa da necessidade de novas desonerações tributárias para estimular o crescimento da economia e de novos gastos para financiar a guerra contra o terrorismo. No dia seguinte, John Snow, que sucedera recentemente a Paul O'Neill como secretário do Tesouro, bateu na mesma tecla. "Os déficits importam", disse ele à Comissão de Tributação da Câmara dos Representantes, mas os déficits projetados no novo orçamento do presidente eram, ao mesmo tempo, "gerenciáveis" e "inevitáveis".

Para mim, o novo orçamento foi um pouco mais desestimulante. As despesas totalizavam mais de US$2,2 trilhões e a última linha era um déficit projetado acima de US$300 bilhões, em 2003 e 2004, e outro de US$200 bilhões (com base em premissas um tanto cor-de-rosa, eu achava), em 2005. A proposta, como era de esperar, previa aumentos substanciais nos gastos com a segurança interna e com a defesa externa. No entanto, ainda não previa fundos para a Guerra com o Iraque, que já pairava no horizonte. Caso o conflito se concretizasse, o governo teria de buscar verbas especiais, o que empurraria o déficit ainda mais para cima.

A peça central do orçamento era uma segunda grande rodada de cortes de impostos, que o presidente Bush propusera, pela primeira vez, poucas semanas antes. Dessas desonerações, a mais custosa era a eliminação parcial da dupla tributação de dividendos. Durante anos, eu defendi a total eliminação da dupla taxação de lucros distribuídos pelas empresas sob a forma de dividendos, como contribuição para os investimentos de capital. O novo plano também acelerava a redução generalizada do imposto de renda, que entraria em vigência imediatamente, e tornava definitiva a revogação do imposto sobre heranças. Em resumo, as projeções eram de que o pacote tributário acrescentaria US$670 bilhões, ou mais de US$1 trilhão, se as desonerações fossem permanentes, ao longo de dez anos, ao custo de US$1,35 trilhão da primeira rodada de renúncias fiscais de Bush.

Mitch Daniels, diretor do Escritório de Gestão e Orçamento, logo observou que o déficit orçamentário de US$300 bilhões equivalia a apenas 2,7% do PIB – proporção relativamente modesta com base nos padrões históricos. É verdade, mas minha principal preocupação eram as conseqüências a longo prazo dos benefícios prometidos, que deixarão buracos muito grandes nos futuros orçamentos. Devemos preparar-nos para a aposentadoria dos baby boomers (os primeiros entraram na casa dos sessenta em 2006), com orçamentos equilibrados ou superavitários, para enfrentarmos os anos difíceis pela frente.*

Dizia-se que novos cortes de impostos contribuiriam para revitalizar o crescimento econômico. Mas, com base nas análises do Fed, a letargia persistente resultava não da falta de estímulos, mas da ansiedade e incerteza sobre a guerra com o Iraque, que dominava os noticiários. Em 5 de fevereiro, Colin Powell proferiu seu discurso nas Nações Unidas, acusando o Iraque de ocultar armas de destruição em massa; dez dias depois, houve passeatas contra a guerra em cidades de todo o mundo. Até que se resolvesse a situação do Iraque não havia como afirmar se novos cortes de impostos fariam sentido. Eu disse ao Comitê de Bancos do Senado, em 11 de fevereiro: "Sou uma das poucas pessoas que ainda não está convencida de que estímulo é a política desejável neste momento específico."

Muito mais urgente que os cortes de impostos, disse, era a necessidade de enfrentar a ameaça imposta pelos novos déficits crescentes. Restabeleçam as limitações estatutárias aos gastos e revigorem as regras "pay-go", exortei os senadores. "Receio que, se os mecanismos de garantia de aplicação e de execução das leis referentes ao processo orçamentário não forem restaurados, a conseqüente falta de di-

*Os superávits não mais envolviam a ameaça de acumulação de ativos privados, ao contrário do que ocorria em 2001, pois o nível de endividamento era agora substancialmente mais alto do que se contemplava naquele ano.

reção clara e de objetivos construtivos criará espaço para que os déficits orçamentários novamente criem raízes." Essa situação, por sua vez, acarretaria problemas que nenhum estímulo seria capaz de resolver. O argumento da economia do lado da oferta (*suply-side economics*), de que o crescimento mais rápido facilitaria a contenção dos déficits, era, sem dúvida, verdadeiro, disse. Exceto na hipótese improvável de que os ganhos com a desoneração tributária sejam totalmente poupados pelos beneficiários, a parcela destinada ao consumo aumenta o PIB e a base tributária e, em conseqüência, a arrecadação tributária. Portanto, a redução nominal é maior que a perda de arrecadação. Porém, ainda há perda. Considerando o tamanho das lacunas com que nos defrontamos, adverti, "não se pode contar com o crescimento econômico para eliminar déficits nem para evitar as escolhas difíceis que serão necessárias para restaurar a disciplina fiscal".

O fato de eu estar questionando abertamente o plano do governo causou muita agitação. "Não, senhor presidente: Greenspan critica duramente os déficits crescentes", foi uma das manchetes do *Financial Times* na manhã seguinte. No entanto, os próprios títulos das matérias nos jornais americanos mostravam que eu não tinha conseguido deslocar os debates para o ponto certo. Meu intuito era levar as pessoas a compreender a necessidade de contenção fiscal, abrangendo não só os impostos, mas também, ainda mais importante, os gastos. Mas todos se concentravam apenas nos impostos. O *Washington Post* escreveu: "Greenspan diz que os cortes de impostos são prematuros: o medo da guerra é o culpado pela estagnação". O *USA Today* disse: "Greenspan recomenda adiar o corte de impostos". E ninguém na liderança do Congresso assumiu a causa dos controles orçamentários.

A questão dos cortes de impostos logo se transformou em circo da mídia. Naquela semana, mais de 450 economistas, inclusive dez ganhadores do Prêmio Nobel, publicaram uma carta argumentando que a desoneração tributária proposta por Bush aumentaria os déficits sem ajudar muito a economia; a Casa Branca contrapôs-se com outra carta, assinada por 250 economistas, apoiando o plano. Eu conhecia muitos dos nomes – os 450 eram principalmente keynesianos, enquanto os 250 eram, em sua maioria, adeptos da economia do lado da oferta. Entretanto, todo aquele debate gerou menos luz que calor e logo foi eclipsado pela guerra no Iraque. Em maio, quando o Congresso aprovou e o presidente sancionou o corte de impostos, a necessidade de disciplina orçamentária nem entrava na lista de prioridades. Sei como Cassandra provavelmente se sentiu.

Durante o governo Bush, principalmente depois de 11 de setembro, passei mais tempo na Casa Branca do que em qualquer outra época em minha carreira. Pelo menos uma vez por semana, eu percorria a pequena distância entre meu gabinete e o elevador que me deixava na garagem do Fed, e de lá partia de carro para o percurso de menos de um quilômetro até o portão sul da Casa Branca. Essas excursões às vezes envolviam reuniões de rotina com Steve Friedman, chefe da Comissão Econômica Nacional, Al Hubbard, sucessor dele, ou com outro economista do primeiro escalão. De tempos em tempos, visitava Dick Cheney, Condoleezza Rice, Andy Card e outros. Às vezes, evidentemente, eu ia lá para ver o presidente.

Eu voltara a ser consultor. As agendas dessas reuniões abrangiam economia internacional, dinâmica global da energia e do petróleo, futuro da Seguridade Social, desregulamentação, fraudes contábeis, problemas com empréstimos hipotecários e, quando fosse o caso, política monetária. Muitas das idéias em que mais me empenhei para transmitir durante essas reuniões são expostas nos próximos capítulos.

O governo Bush revelou-se muito diferente da reencarnação do governo Ford que eu havia imaginado. Agora, os aspectos políticos eram muito mais dominantes. Como chairman do Fed, eu sem dúvida era uma força independente, além de já estar em cena havia muito tempo, mas, sem dúvida, não me qualificava com parte do círculo interno, nem queria ser.

Logo ficou claro que não havia lugar no governo para um gavião contrário ao déficit, sem papas na língua, como Paul O'Neill. Algumas iniciativas a cujo planejamento ele e eu dedicáramos muitas horas – a transição para a seguridade social privada, por exemplo, e nova lei rigorosa sobre a prestação de contas pelos CEOs – não foram objeto de melhor receptividade que os gatilhos que defendemos durante a primeira rodada de cortes de impostos. A franqueza de Paul o antagonizara com o governo, que enfatizava a lealdade, a coerência e a persistência na defesa dos pontos de vista da equipe. Paul passou boa parte de seus dois anos como secretário do Tesouro às turras com os economistas de Bush, sobretudo com Larry Lindsey, principal arquiteto da desoneração tributária. Depois das eleições de 2002, a Casa Branca forçou a renúncia dos dois. Substituiu Paul por outro ex-CEO, John Snow, que dirigira a enorme empresa ferroviária CSX. John demonstrou ser melhor administrador que Paul, além de porta-voz muito mais habilidoso e eficaz da política econômica, ou seja, tudo que a Casa Branca queria de seu secretário do Tesouro.

O presidente e eu continuamos a nos relacionar muito no estilo daquela primeira manhã no Madison Hotel. Várias vezes por ano, ele me convidava para almoçar em sua sala de jantar privativa, em geral com o vice-presidente Cheney, com Andy Card e com alguns dos principais assessores econômicos. Nessas reuniões, como na primeira, eu falava quase o tempo todo – sobre tendências e problemas econômicos globais. Eu falava tanto que não me lembro de nenhuma vez em que tenha tido tempo de comer. Acabava mordiscando alguma coisa no escritório.

Durante os cinco anos em que interagimos, o presidente Bush honrou seu compromisso com a autonomia do Fed. Como se sabe, durante boa parte desse tempo, mantivemos as taxas de juros de curto prazo extremamente baixas, razão por que não havia muitos motivos para queixas. No entanto, mesmo em 2004, depois da retomada do crescimento econômico e do início da seqüência de aumentos das taxas de juros, a Casa Branca não fazia comentários. Enquanto isso, o presidente demonstrou tolerância e até receptividade em relação às minhas críticas à sua política fiscal. Cerca de um mês depois de eu ter contestado seus argumentos em favor de novo corte de impostos, por exemplo, ele anunciou a intenção de nomear-me para um quinto mandato. O anúncio me pegou de surpresa, pois meu novo mandato só expiraria daí a um ano.

O governo também aceitou os conselhos do Fed sobre políticas que considerávamos essenciais para a saúde dos mercados financeiros. A mais importante foi a batalha que iniciou o esforço de 2003 para limitar os excessos da Fannie Mae (Federal National Mortgage Association) e da Freddie Mac (Federal Home Loan Mortgage Corporation), entidades incumbidas pelo Congresso de fornecer fundos para financiamentos imobiliários. Ambas são beneficiárias de subsídios indiretos, na forma de taxas de juros com prêmios de risco de crédito muito baixos em suas captações de recursos no mercado financeiro, em face da presunção de que Tio Sam as socorrerá, em casos de inadimplência. As Fannie e Freddie usavam esse subsídio para aumentar seus lucros e para promover o próprio crescimento. Essas empresas empregavam lobistas habilidosos e contavam com poderoso apoio no Congresso. O presidente Bush ganharia muito pouco capital político ao apoiar quaisquer medidas contra essas entidades. No entanto, esteve ao lado do Fed durante uma luta de dois anos que resultou em reformas cruciais.

Minha maior frustração continuou sendo a relutância do presidente em usar o poder de veto contra os gastos descontrolados. Não muito tempo atrás, tive a oportunidade de avaliar a mudança na situação fiscal dos Estados Unidos a partir de janeiro de 2001, quando o atual governo tomou posse. Comparei as projeções orçamentárias até setembro de 2006, sob as políticas da época (leis e convenções orçamentárias então existentes) com os resultados reais até a mesma data. A dívida pública prevista para fins de setembro de 2006 era de US$1,2 trilhão. A situação real era de US$4,8 trilhões. É uma diferença bastante grande. Sem dúvida, parte significativa da insuficiência de receita resultou da avaliação inadequada pelo EOC da queda iminente na arrecadação de tributos sobre ganhos de capital e outros, decorrente do declínio do mercado de ações. Mas, em 2002, o fato já era conhecido pelo governo e pelo Congresso – que eu muito pouco alteraram suas políticas.

O resto da insuficiência se deve a decisões políticas – reduções de impostos e aumentos de gastos. Os custos da Guerra do Iraque e da luta antiterrorismo não explicam a lacuna. As verbas para ambas as finalidades totalizaram US$120 bilhões no exercício financeiro de 2006, conforme estimativas do Escritório de Orçamentos do Congresso. Trata-se de quantia vultosa, mas rapidamente absorvível por uma economia de US$13 trilhões. As despesas federais com a defesa nacional, que, no exercício fiscal de 2000, foram de 3% do PIB, o ponto mais baixo em sessenta anos, saltaram de volta para cerca de 4%, em 2004, e desde então se estabilizaram – situavam-se em 4,1%, em 2006. (Em comparação, os gastos com a defesa nacional no apogeu da Guerra do Vietnam absorviam 9,5% do PIB e, durante a Guerra da Coréia, mais de 14%.)

Porém, os gastos com o setor civil, denominados despesas discricionárias com não-defesa, ultrapassaram de longe as projeções feitas nos tempos de bonança dos superávits do novo milênio. O mais desanimador para mim foi a promulgação, em fins de 2003, da lei sobre medicamentos tarjados. Em vez de promover as reformas tão necessárias do programa, estima-se que a nova lei aumentou em mais de US$500 bilhões, no período de dez anos, os altos custos do sistema, já de difícil gerenciamento. Embora essa iniciativa tenha significado o cumprimento de mais uma promessa de campanha do presidente, ela não previu nenhuma fonte de recursos, sob a forma de aumento de receita ou de redução de despesas.

E esse não foi um evento isolado. À medida que o governo e o Congresso definiam o curso que resultou em déficit superior a US$400 bilhões, em 2004, os republicanos efetivamente tentaram racionalizar o abandono do ideal libertário de governo pequeno. "Constatou-se que o povo americano não queria grande redução no tamanho do governo", escreveu o congressista John Boehner, de Ohio, em exposição de motivos logo após a aprovação da lei sobre medicamentos tarjados. Boehner fora o arquiteto da tomada da Câmara dos Representantes pelos republicanos, nove anos antes, mas agora o partido se defrontava com "novas realidades políticas", disse. Em vez de encolher o tamanho do governo, o melhor que se poderia esperar era a desaceleração de seu crescimento. "Os republicanos aceitaram certas realidades, como os ônus de governança majoritária", escreveu. Governo maior e mais eficiente deve ser o grande objetivo, argumentavam ele e outros líderes partidários. Cumpriram o primeiro, mas não o segundo objetivo.

E a realidade era ainda mais feia. Para muitos líderes partidários, a alteração do processo eleitoral para possibilitar um governo republicano permanente se converteu em grande objetivo. O presidente e o líder da maioria da Câmara dos Representantes, Hastert e Tom DeLay, pareciam fortemente inclinados a afrouxar os cadarços do saco de dinheiro, sempre que alguma bondade pudesse contribuir para o acréscimo de alguns assentos à maioria republicana. A liderança do Senado se revelou apenas um pouco mais razoável. O líder da maioria, Bill Frist, médico excepcionalmente inteligente que defendia a disciplina fiscal, não tinha a força de personalidade necessária para bater cabeças. Conservadores como Phil Gramm, John McCain, Chuck Hagel e John E. Sununu também não se fizeram ouvir.

O Congresso estava ocupado demais com a orgia de gastos. Os abusos na distribuição de verbas, em 2005, resultaram na exacerbação do lobby e no agravamento da corrupção. O Pork Barrel Reduction Act, destinado a combater a politicagem e o fisiologismo na elaboração e na execução do orçamento, promovido, posteriormente, por um grupo bipartidário liderado por John McCain, observou que a designação de verbas especiais (*earmarks*) nas apropriações do Congresso proliferaram de 3.023, em 1996, no fim do primeiro mandato de Clinton, para quase 16 mil, em 2005, no início do segundo mandato de Bush. Era difícil avaliar o total gasto com o fisiologismo e politicagem na distribuição de verbas – embora algumas dessas verbas especiais talvez sejam legítimas – mas, com base em qualquer critério, elas eram da ordem de dezenas de bilhões de dólares. Sem dúvida, tais somas são porcentagem muito pequena do orçamento federal de mais de US$2 trilhões, mas esse não é o ponto. Essas verbas especiais são canários em mina de carvão, indicando o colapso da disciplina fiscal. E os canários pareciam doentes.

Depois que os republicanos perderam o controle do Congresso na eleição de novembro de 2006, Dick Armey, ex-líder da maioria republicana na Câmara dos Representantes, publicou artigo muito sensato na página de opiniões do *Wall Street Journal*, com o título "Fim da Revolução", em que remontava à conquista do Congresso pelos republicanos, em 1994:

> Nossa pergunta básica naqueles anos era: *Como reformar o governo e devolver dinheiro e poder ao povo americano?* Mas os inovadores das políticas públicas e os construtores do "Espírito de 94" foram substituídos, em boa parte, por burocratas, induzidos por uma visão estreita. E a pergunta passou a ser: *Como preservar o poder político?* Os comportamentos aberrantes e os escândalos que acabaram definindo a maioria republicana em 2006 foram conseqüência direta dessa mudança.

Armey estava absolutamente certo. Os republicanos no Congresso perderam o rumo. Trocaram princípios por poder. E terminaram sem um nem outro. Mereciam perder.

Meus olhos se encheram de lágrimas, enquanto observava as multidões de americanos que prestavam homenagem silenciosa a Gerald R. Ford, nos últimos dias de 2006. Elas encheram as ruas, enquanto o cortejo levava o corpo do trigésimo oitavo presidente dos Estados Unidos da Base Aérea de Andrews para o Capitólio, onde seria velado. Aos 93 anos, ele fora nosso presidente mais longevo. Era extraordinário ver Washington DC, tão dilacerado pelos choques entre os partidos e hospedando um governo tão disfuncional, abraçar universalmente aquele símbolo de cavalheirismo bipartidário de uma era distante. Era um tributo àquela alma cordial, mas também uma demonstração da sede dos americanos pela civilidade na política, que Ford representava e que havia tanto tempo pertencia ao passado.

Ford foi derrotado por Jimmy Carter nas eleições presidenciais de 1976 e revestiu-se de grande simbolismo o fato de Carter ter proferido um dos discursos fúnebres, durante o sepultamento de Ford, em Grand Rapids, Michigan, pranteado pelo povo que ele representara no Congresso, durante um quarto de século. O que custou a eleição de Ford, em 1976, foi o perdão presidencial que ele concedera a Richard Nixon. A decisão provocara uma tempestade de fogo entre os democratas, para os quais Nixon deveria ser responsabilizado por suas improbidades no cargo. No entanto, com o passar dos anos, muitos democratas eminentes passaram a acreditar que o perdão de Ford fora essencial para que a América superasse o trauma de Watergate. O senador Ted Kennedy classificou-o como "extraordinário ato de coragem". O senador Kennedy fez essa afirmação em 21 de maio de 2001, quando Ford foi homenageado com o John F. Kennedy Profile in Courage Award, da Kennedy Library, em Boston.

Ao olhar pela janela de meu carro, que participava do cortejo naquele dia ensolarado, a apenas poucos metros do coche com o caixão (eu era carregador honorário do féretro), não pude deixar de refletir sobre o que acontecera com a política americana desde que Jerry Ford porfiava com Tip O'Neill, então presidente do Congresso democrata, das 9 às 17 horas, e depois convidava o velho amigo para coquetéis na Casa Branca.

Tornei-me integrante do governo Ford em 1974, quando o trauma de Watergate ainda dominava Washington. No entanto, o fervor partidário era deixado de lado depois que o sol se punha. Os jantares de que eu participava (ritual político de Washington) eram sempre bipartidários. Os senadores e deputados de ambos os partidos interagiam com baluartes do governo, com jornalistas e com os corretores de poder da cidade. Durante 2005, meu último ano completo no governo, ainda havia jantares ritualísticos, mas eles eram extremamente partidários. Em muitas ocasiões, eu era o único republicano presente. E nos "jantares republicanos" a que eu comparecia, poucos eram os democratas, se é que havia algum. Os eventos anuais em black-tie, patrocinados principalmente pela mídia – o Gridiron e outros jantares de correspondentes – ainda eram tão bipartidários quanto nos anos Ford. Mas o clima de camaradagem era forçado e artificial.

Há muitas análises acadêmicas, mas quase nenhuma opinião em comum, sobre as causas do atrito partidário. Existe até uma tese curiosa de que os dias alciônicos da camaradagem bipartidária das décadas de 1950 e 1960 foram aberração histórica e que os atritos de hoje não são muito destoantes dos padrões consagrados. De meu poleiro mais estreito, depois de observar a evolução bem-sucedida da "estratégia sulista" de Nixon, durante a campanha de 1968, parece, em retrospectiva, que as raízes de nossa disfunção política remontam a uma mudança na representação conservadora do Sul no Congresso, cujo controle passou dos democratas para os republicanos, depois do Civil Rights Act (Lei dos Direitos Civis), de 1964. Os democratas eram muito mais numerosos que os republicanos na década de 1960, e durante todos aqueles anos, desde o New Deal, eles haviam controlado o Congresso e a Casa Branca. Com o domínio do Sul, os democratas sulistas construíram importante ascendência no Congresso e mantiveram a presidência das comissões desde a presidência de Franklin D. Roosevelt. A coalizão instável de liberais do norte e conservadores do Sul ainda não se fragmentara em torno dos direitos civis e da política fiscal.

Segundo a lenda, Lyndon Johnson teria declarado o seguinte em relação ao Partido Democrata, ao assinar o Civil Rights Act: "Perdemos o Sul para as próximas gerações." Se realmente disse isso, ele foi profético. Os senadores democratas do Sul, liderados por Richard B. Russell, da Georgia, se sentiram traídos por seu líder do Texas. A representação democrata dos estados do Deep South (Sudeste, compreendendo Alabama, Georgia, Louisiana, Mississipi e South Caroline) caiu de 17 de 18, em 1964, para 4 de 18, no Congresso eleito em 2004. A participação dos democratas na Câmara dos Representantes declinou na mesma proporção. Com o deslocamento de indústrias do Norte para o Sul, tendência que começou depois da Segunda Guerra Mundial, o domínio dos democratas sobre a política do Sul já estava fadado a mudar. Não há dúvidas, contudo, de que o Civil Rights Act acelerou o processo. Senti-me triste com o fato de, sob a perspectiva republicana, um bom resultado tenha sido atingido por motivos errôneos.

Os quatro grupos partidários do Congresso, dois em cada casa, mudaram drasticamente ao longo dos anos. Cada grupo, dois republicanos e dois democratas, eram compostos de liberais, moderados e conservadores. Sem dúvida, as proporções diferiam por partido, mas raramente havia coesão suficiente para produzir maiorias esmagadoras para a aprovação de qualquer lei em qualquer dos grupos partidários. Os resultados das votações geralmente eram da ordem de 60% *versus* 40% em favor dos democratas ou dos republicanos.

Refletindo a reorientação das afiliações partidárias no Sul, os grupos partidários no Congresso se tornaram predominantemente liberais (democratas) ou conservadores (republicanos). Assim, projetos de lei que costumavam dividir os votos dos partidos com pequenas diferenças (60% contra 40%) hoje geram padrões mais próximos de 95% *versus* 5%. Em conseqüência, as leis se tornaram altamente partidárias. Hoje, não são raras as votações em que 100% de um partido vota "sim" e 100% do outro partido vota "não".

Talvez haja quem argumente que, em nossa longa história, nunca houve muito amor entre liberais e conservadores. Mas as pessoas não ostentavam cartazes de "partido conservador" ou de "partido liberal". Os mecanismos de governança – participações em comissões e postos de liderança – eram democratas ou republicanos, e o poder do partido exercia o domínio. O domínio dos republicanos na política dos estados do Sul gerou paridade numérica entre os dois partidos, mas, ao mesmo tempo, provocou um cisma ideológico entre republicanos conservadores e democratas liberais. E deixou um amplo centro desatendido, com base no qual um candidato presidencial independente e bem financiado poderia emergir em 2008 ou, se não então, em 2012.

O cisma político foi além do fascínio exercido pelos próceres. A governança se tornou perigosamente disfuncional. A mídia e as grandes multidões que prestaram extraordinária homenagem a Gerald Ford também lastimavam o falecimento da política colegiada. Os americanos, mediante o exercício do voto, tinham expulsado os republicanos da liderança do Congresso menos de dois meses antes. Não acho que os democratas venceram. Foram os republicanos que perderam. Os democratas assumiram o poder no Congresso porque foram o único partido que restou de pé.

Muitas vezes fico pensando se uma chapa composta de um republicano para a presidência e um democrata para a vice-presidência – ou o contrário – não atrairia o vasto centro desassistido. Talvez essa questão não importasse se o mundo estivesse em paz. Com a predominância crescente da "mão invisível" da globalização supervisionando os bilhões de decisões econômicas diárias, a identidade dos líderes seria menos importante. Mas esse não tem sido o caso desde 11 de setembro. O importante é ainda quem segura as rédeas do governo.

CAPÍTULO 12

UNIVERSALIDADE DO CRESCIMENTO ECONÔMICO

Como chairman do Fed, raramente me dava ao luxo de olhar além das questões urgentes com que se defrontava a política econômica dos Estados Unidos, no intuito menos pragmático de explorar as diversas maneiras como interagem a natureza humana e as forças do mercado. Nos capítulos anteriores, contei a história de como vim a compreender o funcionamento do mundo econômico – processo de aprendizado que já se estende por sessenta anos, em que não faltaram falsos inícios e epifanias. Nos capítulos seguintes, exporei algumas das conclusões a que cheguei; tentarei transmitir minha compreensão das forças que mantêm coesa a economia mundial e impulsionam sua evolução, assim como as forças que ameaçam dispersá-la.

Desde cedo em minha carreira profissional me dei conta da importância da competição nos negócios, como indutor básico do crescimento econômico e da melhoria do padrão de vida nos Estados Unidos. Ao me expandir para um contexto global, décadas mais tarde, precisei mudar muito pouco minha perspectiva. No entanto, eu tinha muito a aprender. Quando fui nomeado chairman do Federal Reserve Board, em 1987, pelo presidente Reagan, muitos comentaristas manifestaram preocupação com a minha falta de experiência econômica internacional. Com boas razões. Enquanto dirigia a Townsend-Greenspan, voltada para a economia interna, pouco lidava com a economia internacional, a não ser em questões relacionadas com o petróleo. Durante período que passei no Conselho de Assessores Econômicos, em meados da década de 1970, tive experiências com os sucessos e tribulações da Europa e, até certo ponto, da Ásia emergente. Mas só quando cheguei ao

Federal Reserve, em agosto de 1987, imergi nos detalhes do resto do mundo e nas forças que o impulsionavam. As crises periódicas da América Latina, nas décadas de 1980 e 1990, o colapso da União Soviética e de sua economia, a quase inadimplência do México em 1995 e as crises financeiras assustadoras que se espalharam pelos mercados emergentes e culminaram com o default da Rússia, em 1998, remanejaram drasticamente minhas prioridades e focos. Meu primeiro tutor no Federal Reserve foi o chefe da Divisão de Finanças Internacionais, Ted Truman. Parente distante do presidente Harry Truman, ele conquistara seu PhD por Yale, onde lecionou durante vários anos, antes de ingressar no Fed. Aprendi muito com Ted, mas, depois de uma longa carreira brilhante no Federal Reserve, Truman, em 1998, foi nomeado secretário do Tesouro assistente para assuntos internacionais. A substituta dele, Karen Johnson, com doutorado pelo MIT, deu continuidade à minha formação.

Durante todo o tempo que passei no Fed, sempre mantive intensa interação com vários especialistas sobre praticamente todas as questões imagináveis de economia internacional, desde as regras opacas de contabilidade orçamentária que regulam nossas contribuições financeiras para o FMI até a economia do rio Pérola, na China. Eu tinha de reciclar constantemente minhas idéias sobre como a economia americana atuava no contexto sempre crescente da globalização. Supervisionando minha formação em economia dos Estados Unidos, além de Don Kohn, também se destacava David Stockton, economista chefe do Fed desde 2000 e membro do staff do Fed desde 1981. Ele nunca buscou nem recebeu a cobertura dispensada pela imprensa aos governadores da instituição; porém, as mensagens que os observadores do Fed supunham estar extraindo dos discursos dos governadores eram, na verdade, as previsões dele sobre a economia dos Estados Unidos. Nós, governadores, aprendemos a ver nele profissional de apoio indispensável nos bastidores.*

Muito antes de Adam Smith escrever sua obra-prima de 1776, *A Riqueza das Nações*, as pessoas já se perguntavam qual seria o caminho mais curto e mais direto para a prosperidade. Sem dúvida, trata-se de discussão sem fim. Porém, mesmo assim, todos os dados geralmente apontam para três importantes características gerais que influenciam o crescimento global: 1) a extensão da competição interna e, sobretudo para os países em desenvolvimento, a extensão da abertura do país para

---

*David era tão reservado que só depois de trabalharmos em estreito relacionamento durante anos vim a descobrir que seu antepassado distante, Richard Stockton, foi um dos signatários da Declaração de Independência dos Estados Unidos.

o comércio e sua integração com o resto do mundo; 2) a qualidade das instituições do país, que contribuem para o funcionamento da economia; e 3) o sucesso de seus formuladores de políticas na implementação das medidas necessárias à estabilidade macroeconômica.

No entanto, não obstante o aparente consenso geral de que essas três condições são essenciais para a prosperidade, acho que, caso se fizesse uma pesquisa entre especialistas em desenvolvimento econômico, muitos deles as apresentariam em diferentes ordens de importância e provavelmente também enfatizariam diversos aspectos de cada uma. Minha experiência me leva a considerar a garantia do direito de propriedade pelo Estado a principal instituição promotora do crescimento, pois, sem essa certeza, de pouco adiantariam o livre-comércio, os enormes benefícios da competição e as vantagens comparativas.

As pessoas, em geral, não se esforçarão para acumular o capital necessário ao desenvolvimento econômico se não tiverem certeza de sua propriedade. Esta, por sua vez, pode estar sujeita a muitas condições. Eu realmente sou dono de um pedaço de terra ou tantas são as restrições à minha propriedade que ela é de pouco valor para mim? Ou, ainda mais importante, se o governo, de maneira arbitrária, pode confiscar meus bens, qual é o valor do meu direito de propriedade? Sob o medo constante da expropriação, que esforço despenderei para melhorar minha propriedade? E que preço obterei por ela se resolver vendê-la?

Ao longo dos anos, tem sido impressionante ver os efeitos de até pequenas doses de propriedade privada. Quando a China concedeu formas altamente diluídas de propriedade aos residentes de áreas rurais que cultivavam lotes pertencentes à comunidade, a produtividade agrícola e os padrões de vida ostentaram aumentos substanciais. Estigma extremamente comprometedor para o planejamento central da União Soviética era o fato de grande parte de suas colheitas ser oriunda de terras privadas que representavam apenas pequena fração das terras cultiváveis.

Se a vida exige propriedades físicas – alimentos, roupas, moradias – as pessoas precisam de proteção legal para usar e dispor de tais bens, sem a ameaça de confisco arbitrário pelo Estado ou pela turba nas ruas. Sem dúvida, as pessoas precisam sobreviver – e efetivamente sobrevivem – em sociedades totalitárias. Mas a existência delas é menos pujante. John Locke, filósofo inglês do século XVIII, cujas contribuições para o Iluminismo evocaram um conjunto de princípios que exerceram profunda influência sobre os Pais da Pátria dos Estados Unidos, escreveu em

1690 que o homem "tem, por natureza, o poder" de preservar "sua vida, sua liberdade e seus bens contra as ofensas e atentados de outros homens".*

Infelizmente, a noção de direito de propriedade ainda é fonte de conflitos, sobretudo em sociedades que questionam a moralidade da busca de lucro. Afinal, o único propósito do direito de propriedade é proteger os bens, a fim de que possam ser usados para gerar lucro. O direito de propriedade não é defensável em sociedades que ainda mantenham qualquer resíduo significativo do conceito marxista de que propriedade é "roubo". Tal noção se baseia no pressuposto de que a riqueza criada sob o regime de divisão de trabalho é produzida por todos os participantes e, em conseqüência, é coletiva. Assim, quaisquer direitos inerentes ao indivíduo teriam sido "usurpados" da sociedade como um todo. Essa visão, evidentemente, é anterior a Marx e tem raízes profundas em muitas religiões.

A premissa do direito de propriedade e da legalidade de sua transferência deve estar profundamente imbuída na cultura da sociedade para o funcionamento eficaz das economias de livre mercado. No Ocidente, a validade moral do direito de propriedade é objeto de aceitação, ou pelo menos de aquiescência, por quase toda a população. As atitudes e opiniões sobre o direito de propriedade são transmitidas entre as gerações por meio dos valores familiares e dos sistemas educacionais. Tais atitudes derivam dos mais profundos valores individuais que regem as interações sociais. Em conseqüência, a transição dos chamados direitos coletivos das economias socialistas para os direitos de propriedade individuais das economias de mercado tende a ser lenta. Alterar o que uma nação ensina a seus filhos é tarefa profundamente difícil que, sem dúvida, não pode ser realizada da noite para dia.

Evidentemente, nem todas as democracias protegem o direito de propriedade com o mesmo fervor. Na verdade, as variações são muito amplas. A Índia, a maior democracia do mundo, regula de tal maneira a atividade empresarial que chega a debilitar consideravelmente o direito de usar e dispor com liberdade dos bens individuais, indicador básico do grau de proteção do direito de propriedade. Tampouco é fato que todas as sociedades nas quais o direito de propriedade é protegido com firmeza sempre se inclinam para a vontade majoritária da população em todas

*A asserção de Locke, em seu *Segundo Tratado sobre o Governo Civil*, merece ser transcrita na íntegra: "Tendo nascido, como foi demonstrado, com direito à liberdade perfeita e ao desfrute sem limites de todos os direitos e privilégios que lhe são concedidos pela lei da natureza, em igualdade de condições com qualquer outro homem e com quantos outros haja no mundo, o homem tem, por natureza, o poder não só de preservar suas propriedades, ou seja, sua vida, sua liberdade e seus bens, contra as ofensas e atentados de outros homens, mas também de julgar e punir as transgressões dessa lei por outros, segundo seu convencimento de como a ofensa o justifique, mesmo com a morte em si, no caso de crimes em que a hediondez do fato, em sua opinião, o exija" (Capítulo 7, Seção 87).

as questões públicas. Decerto, em seus primeiros anos, Hong Kong não dispunha de processos democráticos, mas, sim, de uma "lista de direitos" protegidos pela lei comum britânica. Cingapura, com base em herança semelhante, protege a propriedade e os contratos, pilares essenciais da eficiência dos mercados, mas não apresenta algumas das outras características das democracias ocidentais, com as quais estamos familiarizados. No entanto, as democracias que garantem a liberdade de imprensa e a proteção dos direitos das minorias são as formas mais eficazes de governo na salvaguarda dos direitos de propriedade, em grande parte porque tais garantias raramente permitem que a insatisfação chegue ao ponto de acarretar mudanças explosivas nos regimes econômicos. O capitalismo autoritário, por outro lado, é inerentemente instável, pois fomenta remédios extralegais por parte de grandes grupos de cidadãos injustiçados. Esse risco se manifesta sob a forma de custos financeiros mais elevados.

Embora o debate sobre direitos de propriedade e sobre democracia tenda, sem dúvida, a perdurar, fiquei impressionado com uma observação de Amartya Sen, ganhador do Prêmio Nobel de economia: "Na terrível história da fome no mundo, nunca houve fome maciça em qualquer país independente e democrático, dotado de imprensa relativamente livre. Essa regra não tem exceções, onde quer que se procure." Como a imprensa nos regimes autoritários tende à autocensura, as políticas de intervenção nos mercados, as causas mais comuns de rupturas na distribuição de alimentos, não são divulgadas nem corrigidas até tarde demais.

A importância do direito de propriedade é questão mais ampla que a criação de incentivos aos investimentos por empresas estabelecidas e mesmo de estímulos a inventores de garagem. Hernando de Soto, economista peruano, veio ao Federal Reserve em janeiro de 2003, com o objetivo de me expor uma idéia aparentemente radical para elevar o padrão de vida de segmentos significativos dos pobres do mundo. Uma das atribuições de meu cargo era receber visitantes estrangeiros. Essas oportunidades eram fontes valiosas de informações para mim e para o pessoal do Fed que participava dessas reuniões. A reputação dele, pelo menos tanto quanto pude julgar, era a de um idealista bem intencionado e mal orientado, ou, em termos menos eufemísticos, um Dom Quixote em luta contra moinhos de vento. A idéia simplista dele era a de que boa parte dos posseiros desfrutava do uso efetivo do imóvel – casa ou terra – mas sem título de propriedade que lhes possibilitasse vendê-lo por dinheiro ou usá-lo como garantia na obtenção de empréstimos em bancos ou em outras instituições financeiras. Se fosse possível conceder a essas pessoas a propriedade legal dos imóveis, liberar-se-ia muita riqueza. Achei que se tratava de idéia inovadora que deveria ser considerada; decerto, as enormes quantias gastas desde a Segunda Guerra Mundial com ajuda externa, em função de outras teorias de desenvolvimento, não resultaram em grandes realizações.

Em todo caso, estava curioso o suficiente para reunir-me com ele. Seus cálculos sugeriam mais de US$9 trilhões em propriedades imobiliárias inexploradas em todo o mundo. Aquilo me deixou pensativo. Caso esse número refletisse a realidade, ainda que de maneira muito aproximada, a idéia poderia resultar em notável acréscimo ao valor da propriedade sob proteção legal na economia mundial. Ele vinha expondo seu ponto de vista a políticos de muitos países em desenvolvimento, na tentativa de regularizar boa parte das situações de fato de posse de imóveis no mundo pobre. De Soto estava otimista, mas eu não acreditava que ele conseguisse realizar suas expectativas.

Depois que ele foi embora, fiquei pensando: "Será que De Soto descobriu algo que nos passou despercebido?" Parecia-me evidente que ele teria muita dificuldade em convencer políticos geralmente corruptos a ceder direitos sobre o que seria propriedade estatal, de fato, se não de direito, imbuídos de magnanimidade política. Havia duas barreiras aparentemente insuperáveis aos objetivos de De Soto. Primeiro, muitos políticos acreditavam em alguma forma de propriedade coletiva, mesmo que não comungassem da idéia de que a propriedade era "roubo". Além disso, talvez ainda mais relevante, o reconhecimento legal do direito dos posseiros de vender ou de hipotecar seus imóveis capacitaria vastos segmentos da sociedade, com diluição comparável do poder dos políticos. A legalização desses imóveis extinguiria o poder latente de confiscar arbitrariamente vastas áreas sob ocupação ilegal. Contudo, incidentes recentes na China sugerem como tais arbitrariedades podem ser desestabilizadoras sob o ponto de vista político. Como parte do esforço de modernização, muitas autoridades provinciais e locais chinesas, praticando sua modalidade de destruição criativa, confiscam de tempos em tempos terras ocupadas, para alguma forma de desenvolvimento. As revoltas têm sido generalizadas. A concessão aos camponeses de direitos de propriedade inequívocos referentes à terra que cultivam *seria* um grande avanço na busca de soluções para esses conflitos.* Embora os meios para chegar lá talvez ainda não estejam muito claros, o objetivo final de Hernando de Soto é muito aliciante.

A proteção da propriedade sempre foi um alvo móvel, uma vez que a lei tenta acompanhar continuamente a natureza das mudanças econômicas. Mesmo nos

*O "reconhecimento" do direito de propriedade na China pelo Congresso Nacional do Povo, em março de 2007, esquivou-se de conceder direitos inequívocos aos posseiros de terras rurais.

Estados Unidos, onde é ampla a proteção dos direitos de propriedade, as reivindicações de donos de imóveis em New London, Connecticut, cujas terras foram desapropriadas pelo governo municipal, em 2005, para a realização de empreendimentos comerciais, foram submetidas à Suprema Corte federal, cujo veredicto em favor do governo municipal provocou intensos clamores no Congresso. Assim, não admira que diferentes culturas tenham diferentes opiniões sobre se e em que extensão a propriedade deve ser protegida. A questão se torna ainda mais crucial na medida em que a propriedade se torna cada vez mais intelectual. Analiso com mais detalhes esse aspecto no Capítulo 25.

Embora o império da lei e o direito de propriedade me pareçam ser os pilares institucionais mais importantes do crescimento econômico e da prosperidade, outros fatores, sem dúvida, também são essenciais.

Historicamente, as sociedades que buscam altos níveis de gratificação instantânea e se dispõem a contrair empréstimos a serem pagos com rendas futuras não raro padecem de inflação e de estagflação. As economias dessas sociedades tendem a gerar grandes déficits orçamentários públicos, financiados com a moeda fiduciária das impressoras. A inflação daí resultante leva à recessão ou a situações ainda mais graves, geralmente porque os bancos centrais são forçados a promover o aperto monetário. E, mais uma vez, o processo volta ao início. Muitos países da América Latina são sobremodo propensos a essa "doença" populista. Lamento que os Estados Unidos não sejam de todo imunes a tal moléstia.

Poucas vezes abordei essa questão; porém, importante fator macroeconômico do sucesso dos países é a extensão da flexibilidade da economia e, portanto, sua resiliência a choques. A recuperação econômica dos Estados Unidos, depois de 11 de setembro, é atestado da importância da flexibilidade, conforme observei na introdução deste livro. Além disso, flexibilidade e direito de propriedade são idéias correlatas. Para desenvolver flexibilidade, os mercados competitivos devem ser livres para promover seus próprios ajustes, ou seja, os participantes do mercado devem ter liberdade para alocar a propriedade da maneira que lhes parecer mais adequada. Em geral, as restrições à precificação, ao endividamento, às associações e às práticas de mercado retardam o crescimento. Seu oposto, a desregulamentação, se associa cada vez mais com "reforma". (Menos de cinco décadas atrás, "reforma" se relacionava com regulamentação das atividades de negócios. As idéias determinam as políticas públicas.)

Outro importante requisito para o funcionamento adequado do capitalismo de mercado tampouco é comum nas listas de fatores que contribuem para o crescimento econômico e para a melhoria do padrão de vida: confiança na palavra alheia.

Não obstante a possibilidade de pleitear ressarcimento legal por atos ou fatos considerados ofensivos aos próprios direitos nos contextos em que predomina o império da lei, se mais do que pequena fração dos contratos em aberto fossem submetidos à apreciação do Judiciário, os tribunais ficariam abarrotados de processos, comprometendo o próprio império da lei.

Isso significa que nas sociedades livres, regidas pelos direitos e responsabilidades de seus cidadãos, a vasta maioria das transações, ou seja, a observância dos termos e condições dos contratos, deve ser voluntária, o que pressupõe, por necessidade, confiança na palavra das pessoas com quem se fazem negócios, que, na maioria das vezes, são estranhas. É extraordinário que, conforme observei em capítulo anterior, não nos surpreendamos com o fato de grande quantidade de contratos, sobretudo nos mercados financeiros, serem de início verbais, com confirmação por escrito apenas em data posterior, mesmo depois de muitos movimentos de preços. Também é notável o quanto confiamos no farmacêutico que avia a receita prescrita por nosso médico. Ou a credibilidade que outorgamos aos fabricantes de automóveis ao aceitarmos que os veículos corresponderão às especificações. Não somos tolos. Baseamo-nos no interesse próprio de nossas contrapartes em cumprir o prometido. Basta imaginar como seriam as transações comerciais se essa não fosse a cultura predominante no ambiente de negócios. A divisão e a especialização do trabalho, tão fundamentais para a melhoria do padrão de vida, seriam impossíveis.

Conforme observei em capítulo anterior, o bem-estar material, ou seja, a criação de riqueza, exige a assunção de riscos. Não temos a certeza de que seremos bem-sucedidos em nossas ações para adquirir alimentos, roupas e abrigo, por exemplo. Porém, quanto maior for nossa confiança nas pessoas com quem transacionamos, maior será a acumulação de riqueza. Nos sistemas de mercado baseados na confiança, a reputação terá valor econômico significativo. A capitalização formal da reputação ou, em outras palavras, certos ativos intangíveis reconhecidos nos balanços patrimoniais sob a forma de ágio na aquisição de participações societárias, é fator importante na estimativa do valor de mercado das empresas.

A reputação e a confiança dela decorrente sempre me pareceram ser atributos essenciais do capitalismo de mercado. As leis, na melhor das hipóteses, podem regular apenas pequena fração das atividades cotidianas que se realizam nos mercados. Quando se perde a confiança, também se solapa a capacidade do país de executar transações comerciais. As incertezas do mercado geradas pela existência de contrapartes nem sempre confiáveis aumentam o risco de crédito e, portanto, elevam as taxas de juros.

Como regulador das atividades bancárias durante mais de dezoito anos, concluí que a regulamentação do governo não pode substituir a integridade individual. Com efeito, qualquer forma de garantia de crédito pelo governo diminui a necessidade de que as partes angariem reputação de honestidade. Reconhece-se, evidentemente, que as garantias do governo são superiores à reputação individual. No entanto, certas garantias formais, como seguro de depósito, têm conseqüências custosas. Minha conclusão, que suponho também seja a de muitos outros reguladores, é que a primeira e a mais eficaz linha de defesa contra a fraude e a insolvência é a vigilância das partes. Por exemplo, JPMorgan analisa minuciosamente as demonstrações financeiras da Merrill Lynch antes de qualquer transação. Não recorre à Securities and Exchange Commission para verificar a solvência da Merrill Lynch.

Embora a atividade bancária e a assistência médica sejam os exemplos mais visíveis do valor de mercado da reputação, o conceito permeia todas as outras profissões. Quando eu era criança, as piadas sobre os escrúpulos dos vendedores de carros usados eram muito comuns, mas a verdade é que os vendedores de carros usados notoriamente inescrupulosos não durarão muito tempo no mercado. Hoje, quase todos os campos profissionais estão sujeitos a *algum tipo* de arcabouço regulatório, situação que torna mais difícil isolar os efeitos da reputação, mas isso ainda é possível no setor de comércio eletrônico. A Alibris, por exemplo, é um site que atua como corretor entre vendedores e compradores de livros usados. Quem quiser comprar um exemplar de *A Riqueza das Nações*, de Adam Smith pode pesquisar no Alibris os nomes de vendedores de livros em todo o país que tenham exemplares disponíveis. Os clientes têm a oportunidade de avaliar a confiabilidade dos vendedores de quem compraram pelo menos um livro, e tais avaliações sem dúvida desempenham papel importante na escolha do livreiro pelo comprador. Essa forma de feedback público é poderoso incentivo para que os vendedores sejam honestos quanto às condições de suas mercadorias e quanto à qualidade e à rapidez do atendimento do pedido. Mas ninguém é imune ao ceticismo dos clientes: como chairman do Fed, eu era procurado por outros banqueiros centrais com grandes reservas em dólar em busca de informações sobre a segurança de seus investimentos.

O mais surpreendente em qualquer lista de fatores críticos do crescimento e da melhoria do padrão de vida é o que nela não deve ser incluído. Como é possível que a superabundância de recursos naturais – petróleo, gás natural, cobre, minério de ferro – não melhore significativamente a produção e a riqueza do país? Paradoxalmente, a maioria dos analistas conclui que, em especial nos países em desenvolvimento, a bonança de recursos naturais tende a reduzir, em vez de melhorar, o padrão de vida.

O perigo assume a forma de um mal econômico apelidado "doença holandesa". A revista *The Economist* cunhou o termo na década de 1970, para descrever as agruras do setor manufatureiro holandês depois da descoberta de gás natural. A doença acomete quando a demanda externa por um produto de exportação aumenta a taxa de câmbio da moeda do país exportador. Esse aumento no valor da moeda torna menos competitivos os outros produtos de exportação do país. Esse padrão geralmente é citado pelos analistas como a razão por que países relativamente pobres em recursos, como Hong Kong, Japão e Europa Ocidental, prosperaram, enquanto países ricos em petróleo, como a Nigéria e outros, não foram muito longe.*

"Daqui a dez ou vinte anos, vocês verão: o petróleo será a nossa ruína", eis como o ex-ministro do petróleo da Venezuela e co-fundador da OPEP, Juan Pablo Pérez, se referiu a esse flagelo, na década de 1970. Ele previu corretamente a incapacidade de quase todos os países da OPEP de usar suas riquezas para promover diversificação significativa de suas atividades, não mais se limitando a petróleo e derivados. Além de distorcer o valor da moeda, a fartura de recursos naturais também produz efeitos sociais incapacitantes. A riqueza fácil, não porfiada, tende a comprometer a produtividade. Alguns países produtores de petróleo, do Golfo Pérsico, oferecem tantas amenidades a seus cidadãos que os não imbuídos de forte disposição para o trabalho se entregam ao ócio. Certas atividades menos qualificadas são executadas por imigrantes e trabalhadores com visto temporário, que, prazerosamente, recebem o que para eles é um bom salário. E ainda existem efeitos políticos adversos: os grupos dominantes usam parte das receitas oriundas dos recursos abundantes para aplacar o povo e evitar manifestações contra o regime.

Não admira que o minúsculo São Tomé e Príncipe, na costa ocidental da África, ao descobrir grandes reservas de petróleo em suas águas territoriais, tenha manifestado reação contraditória sobre sua exploração. O presidente Fradique de Menezes observou o seguinte, em 2003: "Prometi ao povo que evitaremos o que há

---

*No caso da Holanda, a forte demanda por gás natural resultou em grandes compras de florim, o que aumentou o valor da moeda holandesa em relação ao dólar, ao marco alemão e a todas as outras grandes moedas. Em conseqüência, todas as demais exportações da Holanda, exceto as de gás natural, ficaram em situação de desvantagem competitiva nos mercados mundiais. Os produtores de bens exportados pagavam os salários e outros custos em florim, situação que, em razão da taxa de câmbio mais alta, significava custos mais elevados em dólar e em outras moedas. Assim, para manter a competitividade nos mercados externos, os exportadores holandeses de outros produtos que não fossem gás natural recebiam menos moeda nacional por suas mercadorias e tinham de conviver com margens de lucro mais baixas ou, com mais probabilidade, aumentar os preços em dólar e vender menos. Essa situação ficou conhecida como doença holandesa – embora os Países Baixos tenham enfrentado o problema sem grandes danos para a economia.

quem chame de 'doença holandesa', 'crude awakening' (duro despertar) ou 'maldição do petróleo'. As estatísticas mostram que os países em desenvolvimento ricos em recursos apresentam desempenho muito pior que os pobres em recursos, em termos de crescimento do PIB. Seus indicadores sociais também se situam abaixo da média. Em São Tomé e Príncipe, estamos determinados a evitar esse paradoxo da abundância."

A doença holandesa aflige principalmente os países em desenvolvimento, por eles estarem pouco preparados para rechaçá-la. Ao mesmo tempo, a escala dos desafios tende a ser maior: como a natureza distribui os seus tesouros sem levar em conta o tamanho ou a sofisticação das economias nacionais, a bonança de recursos encontra condições mais propícias para reduzir o crescimento do PIB de países em desenvolvimento do que de países desenvolvidos. Em geral, parece que se o país se torna "desenvolvido" antes da descoberta da cornucópia de recursos naturais, ele fica imune a qualquer efeito pernicioso duradouro. No entanto, a doença holandesa pode manifestar-se em qualquer lugar. O Reino Unido foi acometido de notório surto da moléstia em princípios da década de 1980, depois do início da exploração de petróleo no Mar do Norte. Como o Reino Unido se transformara de importador líquido em exportador líquido de petróleo, a taxa de câmbio da libra esterlina subiu e o preço das exportações inglesas, durante algum tempo, perdeu a competitividade. A Noruega, com população inferior a 5 milhões, teve de adotar medidas drásticas para proteger sua pequena economia da descoberta de grandes quantidades de petróleo no Mar do Norte, em fins da década de 1970. Para tanto, o país criou um grande fundo de estabilização, que reduziu as pressões sobre a taxa de câmbio da coroa norueguesa, depois do pico de fins da década de 1970. E, na esteira do colapso do comunismo, também a Rússia está enfrentando hoje a doença holandesa.

Nos últimos trinta e cinco anos, período em que muitos países lutaram para liberalizar suas economias e melhorar a qualidade de suas políticas públicas, a renda *per capita* global apresentou forte aumento. Isso ocorreu principalmente no caso dos países que, até então, eram economias sob planejamento central e que, depois da queda do Muro de Berlim, adotaram alguma forma de capitalismo de mercado. Reconheço a notória dificuldade de quantificar os índices de pobreza, mas, de acordo com estudo relativamente recente, a parcela da população mundial que vive com menos de US$1 por dia, critério muito comum para traçar a linha da pobreza, caiu drasticamente ao longo das últimas três décadas – de 17%, em 1970, para 7%, em 1998, representando um declínio de 200 milhões de pessoas. Além disso, desde 1970, a taxa de mortalidade infantil declinou em mais de 50%, as taxas de matrícula em escolas apresentaram forte aumento, enquanto o analfabetismo caiu.*

Embora, sob uma perspectiva global, a riqueza tenha aumentado e a qualidade de vida tenha subido, esse sucesso não foi uniforme entre as diferentes regiões e países. As economias do Leste Asiático são histórias de sucesso citadas com freqüência. Algumas delas, como China, Malásia, Coréia do Sul e Tailândia, se destacam não só pelo forte crescimento, mas também pela grande redução nos índices de pobreza. Além disso, a Ásia não está sozinha. A renda *per capita* na América Latina também se expandiu durante o período, com queda nos índices de pobreza, embora o progresso tenha sido um tanto mais lento. Mas, infelizmente, os níveis de renda *per capita* em muitos países da África subsaariana caíram.

É impressionante para mim que nossas idéias sobre a eficácia da competição de mercado basicamente não tenham mudado desde o Iluminismo do século XVIII, quando surgiram pela primeira vez, em grande extensão, na mente de um único homem, Adam Smith. Com a falência do planejamento central, em fins do século XX, as forças do capitalismo foram estimuladas ainda mais pela crescente globalização. Sem dúvida, a visão dos economistas sobre o que é eficaz para melhorar o bem-estar material continuará a evoluir com o passar do tempo. No entanto, sob certo aspecto, a história da competição de mercado e do capitalismo por ela representado é a narrativa do fluxo e do refluxo das idéias de Adam Smith. Nessas condições, a historia do trabalho de Smith e de sua receptividade merece especial atenção. Também serve para preparar o cenário de meu próximo capítulo, que trata do grande "problema" inerente ao capitalismo: o de a destruição criativa ser vista com freqüência e por muita gente como apenas destruição. A história das idéias de Smith é a história das atitudes em relação às rupturas sociais provocadas pelo capitalismo e de seus possíveis remédios.

Nascido em Kirkcaldy, Escócia, em 1723, Smith viveu numa época influenciada pelas idéias e acontecimentos da Reforma. Pela primeira vez na história da civilização ocidental, os indivíduos começaram a ver-se a si mesmos como capazes de

*Os números sobre índices de pobreza são do Banco Mundial e de um estudo de 2002, do economista Xavier Sala-i-Martin, da Universidade de Colúmbia. A linha de pobreza de US$1 por dia é medida em dólares de 1985, com base na paridade do poder de compra. Os economistas usam a paridade do poder de compra como alternativa para as taxas de câmbio de mercado ao avaliar e comparar a produção e a renda entre países. É uma maneira útil, ainda que inexata, de medir o padrão de vida dos residentes de um país, em parte porque leva em conta bens e serviços "não-comercializáveis" (*nontradable*) – por exemplo, cortes de cabelo masculinos. O Banco Mundial fundamenta o PPP nos preços de 1985 de bens e serviços básicos nas moedas locais, ajustados pela inflação, e adota esse critério nos cálculos das taxas de pobreza mundial a US$1 e US$2 por dia.

agir com independência, sem as restrições impostas pela religião e pelo Estado. As idéias modernas de liberdade e de liberdade política e econômica se tornaram correntes. Essas idéias, em conjunto, foram o início da Era do Iluminismo, sobretudo na França, na Escócia e na Inglaterra. De repente, passou a prevalecer a visão de uma sociedade em que os indivíduos, orientados pela razão, tinham liberdade de escolher seus destinos. O que hoje conhecemos como império da lei – especificamente, a proteção dos direitos dos indivíduos e de suas propriedades – se estabeleceu com firmeza, estimulando as pessoas a produzir, a comerciar e a inovar. As forças do mercado começaram a erodir os costumes rígidos que perduravam desde os tempos feudais e medievais.

Ao mesmo tempo, a nascente Revolução Industrial estava provocando revoltas e rupturas. Fábricas e ferrovias mudaram a paisagem inglesa, fazendas se converteram em pastos para carneiros, no intuito de fornecer matéria-prima à florescente indústria têxtil, desenraizando enorme multidão de camponeses. A nova classe industrial entrou em conflito com a aristocracia, cuja riqueza era hereditária. A mentalidade protecionista, conhecida como mercantilismo, que servia aos interesses dos proprietários de terras e dos colonialistas, começou a perder seu domínio sobre o comércio e sobre os ofícios.

Em meio a essas circunstâncias complexas e atordoantes, Adam Smith identificou um conjunto de princípios que lançou clareza conceitual sobre aparente caos da atividade econômica. Smith estruturou uma visão global de como funcionavam as então emergentes economias de mercado, proporcionando a primeira análise abrangente de por que alguns países são capazes de alcançar elevado padrão de vida, enquanto outros fazem pouco progresso.

Smith começou como professor-assistente em Edinburgh; logo retornou a Glasgow como professor. Uma de suas áreas de especialização era o que ele chamava "o progresso da opulência" na sociedade (como profissão, a economia ainda nem tinha nome). Ao longo dos anos, a fascinação de Smith pelo comportamento dos mercados só se intensificava, e depois de um intervalo lucrativo de dois anos na França, como tutor de um jovem lorde escocês, ele voltou para casa, em Kirkcaldy, em 1766, e se dedicou em tempo integral à sua obra magna.

O livro que ele produziu dez anos depois, que veio a ser conhecido simplesmente como *A Riqueza das Nações*, é uma das grandes realizações da história do intelecto humano. Com efeito, Smith tentou responder ao que talvez seja a mais importante questão macroeconômica: "O que faz uma economia crescer?" Em *A Riqueza das Nações*, ele identifica corretamente a acumulação de capital, o livre-comércio, a atuação adequada, mas circunscrita, do governo e o império da lei como os fundamentos da prosperidade dos países. Mais importante, ele foi o primeiro a enfatizar a iniciativa pessoal: "O esforço natural de todos os indivíduos para melhorar as próprias condições, quando exercido com liberdade e segurança, é princípio tão poderoso que, apenas esse fator, sem a contribuição de qualquer outro, é capaz de levar a sociedade à riqueza e à prosperidade." Ele concluiu que, para aumentar a riqueza das nações, todos os homens, com observância das leis, devem ser "livres para perseguir seus interesses própris, à sua maneira". A competição era fator crítico, pois motiva cada indivíduo a tornar-se mais produtivo, em geral por meio da especialização e da divisão do trabalho. E, quanto maior for a produtividade, maior será a prosperidade.

Isso levou à sua mais famosa frase – os indivíduos que competem por ganhos privados, escreveu ele, atuam como se "conduzidos por mão invisível" para promover o bem público. A metáfora mão invisível, como se sabe, conquistou a imaginação do mundo – talvez por dar a impressão de atribuir benevolência e onisciência como que divinas ao mercado, cuja atuação é, na realidade, tão impessoal quanto a seleção natural, teoria que Darwin desenvolveu e descreveu mais de meio século depois. Mas a expressão "mão invisível" não parece ter sido muito importante para Smith; em toda a sua obra, ele a usou apenas três vezes. O efeito que ela descreve, contudo, é algo que ele discerne em todos os níveis da sociedade, desde os grandes fluxos de bens e mercadorias entre os países até as transações cotidianas entre vizinhos: "Não é pela benevolência do açougueiro, do cervejeiro ou do padeiro que desfrutamos de nosso jantar, mas pelo zelo com que cuidam de seus interesses próprios."

O insight de Smith quanto à importância dos interesses próprios foi ainda mais revolucionário pelo fato de que, em toda a história, em muitas culturas, agir com vistas aos interesses próprios – na verdade, se empenhar no acúmulo de riqueza – era percebido como impróprio e até ilegal. Contudo, na visão de Smith, se o governo simplesmente proporcionar estabilidade e liberdade e, de resto, se mantiver fora das atividades privadas, as iniciativas pessoais cuidarão do bem comum. Ou, como ele disse numa conferência, em 1755: "Pouco mais é necessário para erguer um Estado, da mais primitiva barbárie até o mais alto grau de opulência, além de paz, de baixos impostos e de boa administração da justiça: todo o resto corre por conta do curso natural das coisas."

Smith conseguiu extrair amplas inferências sobre a natureza das organizações e das instituições comerciais, com base em surpreendentemente poucas evidências empíricas. Em todo o mundo civilizado, a atuação do livre mercado primeiro criou níveis de sustentação adequados, para possibilitar o crescimento das populações e depois – muito mais tarde – gerou prosperidade suficiente para fomentar o aumento geral do padrão de vida e para prolongar a expectativa de vida. Os avanços mais recentes possibilitaram que as pessoas nos países desenvolvidos estabelecessem objetivos pessoais de longo prazo. Nas gerações anteriores, esse luxo era inacessível, a não ser para lascas insignificantes da população.

O capitalismo também mudou o estilo de vida. Durante boa parte da história conhecida, vivia-se em sociedades estáticas e previsíveis. Um jovem camponês do século XII olhava para frente e se via cultivando o mesmo pedaço de terra das propriedades do senhor feudal, até morrer de algo como doença, fome, desastre natural ou violência. E esse fim geralmente não tardava muito. A expectativa de vida no nascimento era, em média, de vinte e cinco anos, mais ou menos o mesmo que fora no milênio anterior. Além disso, o camponês poderia esperar que seus filhos e seus netos cultivassem a mesma gleba. Talvez essa vida programada com rigidez tenha oferecido o senso de segurança que decorre de certa previsibilidade, mas pouco espaço deixou para as iniciativas individuais.

Decerto, a melhoria das técnicas agrícolas e a expansão do comércio além dos domínios feudais, em boa parte auto-suficientes, aumentaram a divisão do trabalho, elevaram o padrão de vida e criaram condições para a expansão das populações nos séculos XVI e XVII. Porém, a velocidade do crescimento era glacial. No século XVII, as grandes massas ainda se dedicavam às mesmas práticas de produção de seus antepassados de muitas gerações anteriores.

Smith sustentou que trabalhar com mais inteligência, em vez de apenas com mais afinco, era o caminho para a riqueza. Nos parágrafos iniciais de *A Riqueza das Nações*, ele salientou o papel crucial exercido pelo crescimento da produtividade do trabalho. Determinantes fundamentais do padrão de vida de um país, dizia ele, eram "as qualificações, a destreza e o julgamento com que atua a mão-de-obra", o que contrariava as teorias então vigentes, como o preceito mercantilista de que a riqueza de um país se media pelo acúmulo de barras de ouro ou o postulado fisiocrata de que o valor deriva da terra. "Qualquer que seja o solo, o clima e a extensão territorial de determinado país", escreveu Smith, "a abundância ou a escassez de sua oferta anual" dependerá da "capacidade produtiva da mão-de-obra". Dois séculos de reflexão econômica pouco acrescentaram a esses insights.

Com a ajuda de Smith e de seus sucessores imediatos, o mercantilismo aos poucos foi substituído pela ampla difusão da liberdade econômica. Na Inglaterra, o processo chegou ao fim com a revogação das Leis do Milho, em 1846, um conjunto de tarifas que, durante muitos anos, haviam bloqueado as importações de grãos, mantendo artificialmente altos os preços e, portanto, as rendas dos proprietários de terras – e, evidentemente, elevando o preço do pão para os assalariados do setor manufatureiro. Àquela altura, a aceitação da economia de Smith estava promovendo a reorganização da vida comercial em boa parte do mundo "civilizado".

No entanto, a reputação e a influência de Smith desvaneceram-se com o avanço da industrialização. Ele não era herói para as muitas pessoas que lutaram durante os séculos XIX e XX contra o que consideravam a barbárie e a injustiça típicas das economias de mercado *laissez-faire*. Robert Owen, inglês bem-sucedido, dono de fábrica, acreditava que o capitalismo *laissez-faire*, por sua própria natureza, poderia levar apenas à pobreza e à doença. Ele fundou um movimento utópico que propunha, em suas palavras, "vilas de cooperação". Em 1826, seus adeptos constituíram o primeiro desses assentamentos – New Harmony, em Indiana. Ironicamente, as brigas entre os residentes determinaram o fracasso da experiência em dois anos. Mas o carisma de Owen continuou a atrair grandes séqüitos entre os que lutavam para tirar o sustento de ambientes de trabalho assustadores.

Karl Marx pouco ligou para Owen e suas utopias, mas tampouco era devoto de Smith. Embora o rigor intelectual de Smith o atraísse – na visão de Marx, Smith e outros dos chamados economistas clássicos descreveram com exatidão as origens e o funcionamento do capitalismo – Marx achava que Smith não se dera conta do principal ponto, qual seja, de que o capitalismo era apenas uma etapa. Marx o considerava fase histórica de uma progressão inevitável para a revolução do proletariado e para o triunfo do comunismo. Seus seguidores acabaram afastando segmento substancial das populações do mundo das garras do capitalismo – durante algum tempo.

Ao contrário de Marx, os socialistas fabianos de fins do século XIX não pregavam a revolução. O grupo assim se denominou inspirado no general Fabius, da antiga Roma, que rechaçou o exército invasor de Aníbal, por meio de uma estratégia militar de atrito, não de confronto. Do mesmo modo, o propósito dos fabianos não era destruir o capitalismo, mas impor-lhe restrições. O governo, acreditavam, devia garantir ativamente o bem-estar público, protegendo-o da árdua competição dos mercados. Advogavam o protecionismo no comércio e a nacionalização das terras, contando em suas fileiras com luminares como George Bernard Shaw, H. G. Wells e Bertrand Russell.

Os fabianos prepararam o terreno para a moderna democracia social, e a influência deles no mundo acabou sendo pelo menos tão poderosa quanto a de Marx. Embora o capitalismo tenha conseguido, com brilhantismo, melhorar, cada vez mais, o padrão de vida dos trabalhadores ao longo dos séculos XIX e XX, foi o efeito moderador do socialismo fabiano, segundo argumenta muita gente, que teria tornado as economias de mercado politicamente palatáveis, contendo a difusão do comunismo. Os fabianos participaram da fundação do Partido Trabalhista inglês. Também exerceram profunda influência sobre as colônias britânicas, à medida que conquistavam a independência: na Índia, em 1947, Jawaharlal Nehru se inspirou nos princípios fabianos ao definir a política econômica que se aplicaria a um quinto da população mundial.

Quando li pela primeira vez Adam Smith, depois da Segunda Guerra Mundial, o prestígio de suas teorias estava em baixa. E, durante boa parte da Guerra Fria, as economias em ambos os lados da cortina de ferro se mantiveram sob forte regulamentação ou sob planejamento central. "Laissez-faire" se convertera praticamente em expressão de opróbrio; os mais destacados defensores do capitalismo de livre mercado eram iconoclastas como Ayn Rand e Milton Friedman. O pêndulo do pensamento econômico começou a oscilar na direção de Smith em fins da década de 1960, exatamente quando iniciei minha carreira pública. A recuperação foi longa e lenta, sobretudo em sua terra natal. Um economista americano que procurou o túmulo de Smith numa igreja de Edinburgh, em 2000, diz ter aberto caminho entre latas de cerveja e entulho, para ler a inscrição desgastada na pedra:

AQUI JAZEM OS RESTOS MORTAIS DE ADAM SMITH
AUTOR DE TEORIA DOS SENTIMENTOS MORAIS E
DE A RIQUEZA DAS NAÇÕES

No entanto, também a Escócia mudou de atitude, outorgando a Smith a espécie de homenagem que ele merece. A sepultura agora ganhou nova lápide, em que se lêem transcrições de *A Riqueza das Nações*, e uma escola nas imediações de Kirkcaldy foi rebatizada com o nome de Smith. Planeja-se instalar uma estátua de bronze dele, com três metros de altura no Royal Mile de Edinburgh. Como convinha, ela foi financiada por recursos privados. E, sob o ponto de vista pessoal, em fins de 2004, tive o prazer de aceitar um convite de meu bom amigo J. Gordon Brown, havia muito tempo ministro das finanças da Inglaterra, para proferir a primeira Aula Inaugural no Memorial de Adam Smith, em Kirkcaldy, Escócia, cidade onde Brown cresceu e Adam Smith nasceu. O fato de um líder do Partido Trabalhista inglês, cujas raízes no socialismo fabiano são tão diferentes dos princípios esposados por Smith, patrocinar um evento como esse é, realmente, sinal dos tempos. Conforme observo mais adiante, o Reino Unido tentou conciliar alguns dos princípios dos fabianos com o capitalismo de mercado. Mas isso ocorreu, em maior ou menor extensão, em todo o mundo comercial.

CAPÍTULO 13

AS FORMAS DE CAPITALISMO

Em meio aos comentários dos participantes, na grande sala de reuniões, apinhada de gente, da sede do FMI, eu conseguia ouvir a cantilena e a gritaria dos dissidentes antiglobalização na rua. Era abril de 2000, e algo entre dez mil e trinta mil estudantes, membros de grupos religiosos, sindicalistas e ambientalistas acorreram a Washington para protestar contra a reunião, naquela primavera, do Banco Mundial e do Fundo Monetário Internacional. Embora os ministros das finanças e os banqueiros centrais que enchiam a sala não conseguissem distinguir as palavras do vozerio, não era difícil captar a sua essência. A multidão protestava contra o que considerava a depredação resultante do crescente comércio global, sobretudo a opressão e a exploração dos pobres, nos países em desenvolvimento. Ocorrências como aquela me entristeciam e me entristecem, pois, se os manifestantes conseguirem destruir o comércio global, os mais prejudicados serão as centenas de milhões de pobres do mundo, as mesmas pessoas em cujo nome faziam tudo aquilo.

Embora o planejamento central já não seja forma confiável de organização econômica, é evidente que a batalha intelectual que se trava em favor de seus rivais – o capitalismo de livre mercado e a globalização – de modo algum já foi vencida. Durante doze gerações, o capitalismo realizou sucessivos avanços, à medida que o padrão e a qualidade de vida alcançavam níveis sem precedentes em grandes áreas do planeta. A pobreza reduziu-se drasticamente e a expectativa de vida mais do que dobrou. A elevação dos níveis de bem-estar material – a decuplicação da renda *per capita*, em dois séculos – criou condições para que a Terra suportasse o aumento de seis vezes na população mundial. No entanto, para muitos, ainda é difícil aceitar o capitalismo, muito menos abraçá-lo.

O problema é que a dinâmica que define o capitalismo, a intransigente competição de mercado, se choca com o anseio humano por estabilidade e certeza. Ainda mais importante, amplos segmentos da sociedade são dominados por forte senso de injustiça, cada vez mais intenso, em relação à distribuição das recompensas do capitalismo. A competição, a força mais poderosa do capitalismo, gera ansiedade em todos nós. Uma das principais fontes desse sentimento é o medo crônico de perda do emprego. Outra angústia ainda mais profunda decorre das mudanças constantes, positivas ou negativas, promovidas pela competição, no *status quo* e no estilo de vida, cuja estabilidade é fonte de conforto para a maioria das pessoas. Estou certo de que as siderúrgicas americanas, às quais prestei consultoria na década de 1950, estariam muito mais felizes hoje se as siderúrgicas japonesas não tivessem melhorado tanto sua qualidade e produtividade. No sentido contrário, duvido que a IBM tenha vibrado ao ver os softwares de processamento de textos substituírem suas veneráveis máquinas elétricas Selectric.

O capitalismo promove um cabo-de-guerra dentro de cada um de nós. Somos ao mesmo tempo o empreendedor agressivo e o espectador passivo, refestelado no sofá diante da televisão, que, no fundo, prefere o estresse competitivo menos intenso de uma economia em que todos os participantes auferem a mesma renda. Embora a competição seja essencial para o progresso econômico, não posso afirmar que, pessoalmente, sempre gostei do processo. Nunca vi com bons olhos empresas rivais tentando atrair clientes da Townsend-Greenspan. Mas, para competir, tive de melhorar. Precisei oferecer melhores serviços. Empenhei-me em aumentar minha produtividade. No final das contas, evidentemente, melhorei minha situação em decorrência desse esforço. O mesmo ocorria com meus clientes e acho que também com meus concorrentes. Bem no fundo, essa é provavelmente a mensagem do capitalismo: "destruição criativa" – o sucateamento das velhas tecnologias e das velhas maneiras de fazer as coisas para ceder espaço ao novo – é a única maneira de aumentar a produtividade e, portanto, de elevar o padrão de vida de maneira duradoura. A descoberta de ouro, de petróleo ou de outros recursos naturais, a história nos ensina, não produz o mesmo efeito.

Não há como negar as conquistas do capitalismo. As economias de mercado foram bem-sucedidas ao longo dos séculos, mediante a erradicação completa dos ineficientes e dos mal dotados e a premiação dos que se antecipam às demandas dos consumidores e a atendem por meio do uso eficiente de recursos de mão-de-obra e de capital. As novas tecnologias impulsionam cada vez mais esse processo capitalista inexorável em escala global. Na medida em que os governos "protegem" parcelas de suas populações contra o que consideram árduas pressões competitivas, a conseqüência é padrão de vida material mais baixo para o povo.

Infelizmente, o crescimento econômico não pode gerar satisfação ou felicidade duradoura. Se isso fosse possível, a decuplicação do PIB *per capita* mundial nos últimos dois séculos teria fomentado ascensão eufórica no grau de satisfação humana. As evidências sugerem que a renda crescente efetivamente aumenta a felicidade, mas apenas até certo ponto e somente durante algum tempo. Além do nível em que as necessidades básicas já estão plenamente atendidas, a felicidade é um estado relativo que, no longo prazo, está em boa parte desvinculado do crescimento econômico. Já se demonstrou que a felicidade é determinada sobretudo pela maneira como encaramos nossa vida e nossas realizações em comparação com as de nossos pares. À medida que se difunde a prosperidade, ou talvez até em conseqüência de sua disseminação, muita gente passa a temer a competição e a mudança que ameaçam seu senso de status, que é fundamental para a sua auto-estima. A felicidade depende muito mais de como as rendas das pessoas se comparam com as de seus pares, percebidos como tais, ou até com as de seus modelos, do que do próprio desempenho e resultados, em termos materiais e absolutos. Quando se perguntou a alguns alunos de pós-graduação de Harvard, tempos atrás, se eles ficariam mais felizes com US$50 mil por ano, se seus pares ganhassem a metade; ou com US$100 mil por ano, se seus pares ganhassem o dobro, a maioria escolheu o salário mais baixo. Quando li pela primeira vez essa história, ri e a deixei de lado. Mas ela fez vibrar alguma corda sensível em mim que trouxe à tona a lembrança havia muito latente de um estudo fascinante, de 1947, de Dorothy Brady e de Rose Friedman.

Brady e Friedman apresentaram dados demonstrando que a parcela da renda que a família americana média gasta com bens de consumo e com serviços é determinada em grande parte pela renda familiar, considerada não isoladamente, mas, sim, em comparação com a renda familiar média do país. Assim, o estudo sugere que uma família com a renda familiar média do país em 2000 gastaria a mesma proporção da renda que uma família com a renda familiar média em 1900, mesmo que, depois de ajustada pela inflação, a renda de 1900 correspondesse a apenas pequena fração da de 2000. Refiz e atualizei os cálculos e confirmei a conclusão.* O comportamento dos consumidores não mudou muito ao longo dos últimos cento e vinte cinco anos.

*Desde 1888, o Department of Labor dos Estados Unidos publica periodicamente pesquisas sobre renda e despesas dos consumidores. Coligi dados de sete pesquisas, realizadas entre 1888 e 2004. Os dados brutos pareciam não oferecer padrão consistente até que eu confrontei o índice de gasto de cada faixa de renda com a renda familiar média de cada ano. Então, como no estudo de Brady e Friedman, em todos os sete estudos, o índice de gastos em relação à renda, no caso das famílias com um terço da renda média das famílias americanas, se concentra em torno de 1,3 (os gastos superam a renda em 30%). O índice gasto/despesa, em seguida, cai até chegar a 0,8, no nível de duas vezes a renda média.

Os dados deixaram claro que o quanto as pessoas gastam ou poupam é determinado não pelo nível de seu poder de compra real, mas, sim, por sua classificação na escala de renda, ou seja, por sua renda em comparação com a dos outros.* O mais notável nessas descobertas é que elas já eram válidas mesmo em fins do século XIX, quando as famílias gastavam proporção muito maior da renda com alimentos do que em 2004.**

Nada disso teria surpreendido Thorstein Veblen, economista americano que, em seu livro *Teoria da Classe Ociosa*, escrito em 1899, ofereceu ao mundo a expressão "consumo conspícuo". Ele observou que as compras de bens e serviços pelos indivíduos se relacionam com o que ele costumava chamar de "competir com os Silvas". Se Katie tem um iPod, Lisa também tem que ter um. Sempre achei que Veblen exagerou em sua análise, mas não há dúvida de que ele identificou um elemento muito importante no comportamento das pessoas. Como mostram os dados, todos nós somos muito sensíveis, sob o ponto de vista competitivo, em relação à remuneração e aos gastos de nossos pares. Eles podem ser amigos, mas também são considerados rivais na hierarquia do grupo. Já se demonstrou que as pessoas se sentem mais felizes e menos estressadas quando suas rendas sobem com a ascensão da economia nacional e as pesquisas comprovam que os ricos em geral são mais felizes que as pessoas situadas mais abaixo na escala de renda. Porém, em razão da própria psicologia humana, a euforia inicial resultante do aumento do padrão de vida aos poucos se esmaece à medida que o novo-rico se ajusta às melhores condições de vida. O novo nível em breve passa a ser considerado "normal". Qualquer ganho na satisfação humana é transitório.***

As reações conflitantes das pessoas ao capitalismo disseminou várias modalidades de práticas de capitalismo, no período do pós-guerra, desde as muito regulamentadas, ou sujeitas a muitas normas, até as pouco limitadas, ou sujeitas a poucas restrições. Embora cada indivíduo tenha uma opinião, constata-se a tendência nítida de

---

*Outra maneira de chegar à mesma conclusão é observar que não existe tendência nítida a longo prazo na taxa de poupança das famílias americanas. No entanto, todas as pesquisas mostram que a taxa de poupança é mais alta nas famílias de renda superior do que nas famílias de renda inferior. Para que ambas as afirmações sejam verdadeiras (e se a distribuição de renda não romper sua faixa histórica), as famílias de qualquer nível de renda devem poupar menos à medida que a renda agregada sobe com o tempo. A extensão da tendência declinante da poupança deve relacionar-se diretamente com a taxa de crescimento da renda familiar média.

**Alimentos, evidentemente, é equivalente muito útil de nível de subsistência, que deve vincular-se ao ponto em que a família se situa na hierarquia grupal em termos de renda.

***Felizmente, essa psicologia também atua em sentido contrário. Dificuldades financeiras agudas provocam depressão profunda. Mas quem não apresenta outros problemas psicológicos se recupera com o tempo. Eles voltam a sorrir.

que cada sociedade se reúna em torno de um ponto de vista comum, que geralmente difere consideravelmente das escolhas de outras sociedades. Tenho a impressão de que essa tendência resulta da necessidade das pessoas de pertencerem a grupos definidos pela religião, pela cultura e pela história, a qual, por sua vez, é reforçada por outra necessidade inata, que é a de seguir líderes, no âmbito das famílias, das tribos e dos países. É um traço universal que provavelmente reflete o imperativo do ser humano de fazer escolhas que governem seu comportamento cotidiano. A maioria das pessoas, em boa parte das situações, não se sente à altura da tarefa e busca orientação nas imposições religiosas, nas recomendações dos membros da família e nos pronunciamentos dos presidentes. Quase todas as organizações humanas refletem essa necessidade de hierarquia. As visões compartilhadas pelos membros de qualquer sociedade, na prática, são aquelas adotadas por sua liderança.

Se a felicidade dependesse apenas do bem-estar material, todas as formas de capitalismo convergiriam para o modelo americano que tem sido o mais dinâmico e produtivo. No entanto, esse mesmo paradigma é também é o que gera mais tensão, sobretudo no mercado de trabalho. Conforme observado no Capítulo 8, cerca de quatrocentas mil pessoas nos Estados Unidos perdem o emprego todas as *semanas*, e outras seiscentas mil mudam de emprego ou pedem demissão voluntariamente. A permanência média dos americanos no emprego é de 6,6 anos, bem menos que os 10,6 anos dos alemães e os 12,2 anos dos japoneses. As sociedades baseadas no mercado, que hoje são praticamente todas, tiveram de escolher onde querem situar-se no espectro entre dois extremos, que poderiam ser simbolizados por dois pontos no mapa: o frenético mas altamente produtivo Vale do Silício, de um lado, e a imutável Veneza, de outro.

Para cada sociedade, a escolha, na verdade, o trade-off entre riqueza e ausência de estresse, parece basear-se na história e na cultura. Ao falar em cultura, refiro-me aos valores comuns entre os membros de uma sociedade, que lhes foram incutidos em idade muito tenra e que permeia todos os aspectos da vida.

Alguns aspectos da cultura nacional acabam afetando ostensivamente o PIB. Atitudes positivas em relação ao sucesso nos negócios, por exemplo, reações favoráveis profundamente enraizadas na cultura, têm atuado ao longo das gerações como importantes trampolins para o bem-estar material. Sem dúvida, as sociedades imbuídas de tais atitudes garantem aos negócios muito mais liberdade de competição do que as sociedades que vêem as empresas como entidades aéticas ou geradoras de tensão. Com base em minha experiência, mesmo muitas das sociedades que reconhecem as vantagens do bem-estar material do capitalismo competitivo se vêem em conflito por duas razões correlatas. Primeiro, a competição e o risco geram estresse, que a maioria das pessoas prefere evitar; segundo, em não poucas prevalece uma ambivalência profunda em relação à acumulação de riqueza. De um lado, a riqueza é meio muito procurado de ostentar status (Veblen compreenderia esse ponto). De outro, essa percepção é combatida por crença muito fomentada, que muito bem se expressa através da famosa injunção bíblica: "É mais fácil um camelo passar pelo fundo de uma agulha do que um rico entrar no Reino de Deus." A ambivalência a respeito da acumulação de riqueza material tem uma longa história cultural que até hoje permeia as sociedades. Ela exerceu profunda influência sobre o desenvolvimento do estado de bem-estar social e da rede de segurança social que se situa em seu núcleo. Argumenta-se que a irrestrita assunção de riscos aumenta a concentração de riqueza e de renda. O objetivo do Estado de bem-estar social é reduzir essa concentração de renda e de riqueza, o que se faz, principalmente, por meio de legislação que, através da regulamentação, limita a assunção de riscos e, através da tributação, reduz as recompensas pecuniárias que podem advir da assunção de riscos.

Embora as raízes do socialismo sejam seculares, seu empuxo político corre em paralelo a muitas prescrições religiosas referentes à sociedade civil, na tentativa de mitigar a angústia dos pobres. A busca de riqueza tem sido considerada aética, se não imoral, desde muito antes do surgimento do Estado de bem-estar social.

Essa ética antimaterialista sempre foi considerada fator que se opõe, até certo ponto, à aceitação tanto da competição dinâmica quanto das livres instituições do capitalismo (supressora de baixa intensidade da aceitação da competição dinâmica e das livres instituições do capitalismo). Muitos dos grandes empreendedores da indústria americana do século XIX se viram em conflito sobre a moralidade de acumular ganhos materiais oriundos de suas realizações e abriram mão de boa parte de sua riqueza. Até hoje, ainda existe um resíduo de culpa quanto à acumulação de riqueza sob a superfície de nossa cultura de mercado, mas o grau de ambivalência em relação à acumulação de riqueza e as atitudes em relação à assunção de riscos diferem amplamente através das regiões do globo terrestre. Veja o caso dos Estados Unidos e da França, por exemplo, cujos valores mais fundamentais, em ambos os casos, têm suas raízes no Iluminismo. Pesquisa recente mostra que 71% dos americanos concordam que o livre mercado é o melhor sistema econômico disponível, com o que concordam apenas 36% dos franceses. Outra pesquisa indica que três quartos dos jovens franceses, de ambos os sexos, aspiram a um emprego no governo. Poucos jovens americanos expressam essa preferência.

Esses números indicam notável diferença na tolerância ao risco. Os franceses são muito menos inclinados a sofrer as pressões competitivas do livre mercado e a maioria esmagadora busca a segurança de um emprego no governo, não obstante as amplas evidências de que a assunção de riscos é essencial para o crescimento econômico. Não posso afirmar que quanto maior for a disposição para correr riscos, maior será a taxa de crescimento. Obviamente, o jogo negligente raramente vale a pena. A assunção de riscos que tenho em mente é do tipo calculado com racionalidade, em que se baseia a maioria das decisões das empresas. Não há dúvida de que as restrições à liberdade de ação, essência da regulamentação das atividades de negócios pelo governo, ou a alta tributação de empreendimentos bem-sucedidos inibe a disposição para o empreendedorismo por parte dos participantes do mercado. Para mim, o grau de tolerância ao risco, no final das contas, é o principal atributo que distingue os países que adotam várias formas de capitalismo. Ou os diferentes graus de aversão ao risco decorrem da animosidade ética contra a acumulação de riqueza ou o estresse da batalha competitiva não afeta as conseqüências. Ambas se refletem na escolha das restrições legais à competição, que diluem o capitalismo *laissez-faire*, importante objetivo do Estado de bem-estar social.

Porém, outros fatores menos fundamentais também inibem o comportamento competitivo. O de maior proeminência política é a inclinação de muitas sociedades para proteger os "tesouros nacionais" contra os vendavais da destruição criativa ou, pior ainda, contra a propriedade estrangeira. Essa é uma restrição perigosa à competição internacional e também outro atributo que diferencia as culturas entre si. Em 2006, por exemplo, autoridades francesas impediram uma empresa italiana de comprar a Suez Company, grande gestora de concessionárias de serviços públicos com sede em Paris, promovendo a fusão da Suez com a Gaz de France. Tanto a Espanha quanto a França haviam adotado medidas protecionistas semelhantes.

Os Estados Unidos tampouco se eximem de tais comportamentos. Por exemplo, em 2005, a China National Offshore Oil Corporation (CNOOC), subsidiária da terceira maior empresa petrolífera do país, fez uma oferta para a aquisição da Unocal, empresa petrolífera americana, por US$18,5 bilhões em dinheiro. Tal oferta superou outra, de US$16,5 bilhões, em dinheiro e em ações, da Chevron. A proponente americana gritou "falta", afirmando que a proposta representava concorrência desleal por parte de uma empresa controlada pelo governo. Os legisladores dos Estados Unidos se queixaram de que "a busca do governo da China por recursos energéticos mundiais" representava uma ameaça estratégica. Em agosto, a oposição política atingiu tal intensidade que a CNOOC retirou sua oferta, dizendo que a controvérsia gerara "nível de incerteza que configurava risco inaceitável". A Chevron ficou com o negócio, à custa de valioso ativo dos Estados Unidos: nossa reputação de realizar transações internacionais limpas e não-discriminatórias, especialmente nosso compromisso de garantir às empresas estrangeiras o mesmo tratamento dispensado às empresas nacionais em termos de regulamentação.

Apenas três meses depois, uma empresa árabe, Dubai Ports World, comprou uma empresa que gerenciava terminais de contêineres na costa leste dos Estados Unidos e do golfo do México. O negócio desencadeou mais protestos no Congresso, quando legisladores de ambos os partidos alegaram que a gestão árabe de portos americanos solaparia as iniciativas antiterroristas e comprometeria a segurança nacional. Finalmente, em março de 2006, sob pressão, a Dubai Ports World anunciou que transferiria a gestão dos portos a uma empresa americana não identificada. Nunca ficou demonstrado que realmente havia qualquer ameaça significativa à segurança dos Estados Unidos.

Em termos mais amplos, a profundidade da reverência de um país pela tradição e a intensidade de suas iniciativas, não importa quão mal orientadas, para preservá-la estão enraizadas na necessidade das pessoas de viver num ambiente estável, com que estejam acostumadas e que lhes proporcione alegria e orgulho.

Embora eu seja forte defensor do novo e opositor do arcaico, não proponho a demolição do edifício do Congresso dos Estados Unidos, para em seu lugar se erigir instalações mais modernas e funcionais. No entanto, qualquer que seja a profundidade dos sentimentos de cada um sobre a questão, na medida em que se inibe a destruição criativa para preservar ícones, compromete-se algum grau de aprimoramento no padrão de vida material.

Evidentemente, há outros exemplos de intervenção governamental perturbadora e contraproducente, num país de mercados competitivos. Quando líderes do governo procuram rotineiramente indivíduos ou organizações do setor privado e, em troca de apoio político, lhes concedem favores, diz-se que a sociedade está nas garras do "capitalismo de compadrio". Casos sobremodo espantosos foram o da Indonésia de Suharto, no último terço do século XX; o da Rússia, logo depois da queda da União Soviética; e o do México, durante os muitos anos sob o controle do PRI (Partido Revolucionário Institucional). Os favores geralmente tomam a forma de exploração monopolista de certos mercados, de acesso preferencial às vendas de ativos do governo ou de relacionamento especial com detentores do poder político. Tais ações distorcem o uso efetivo do capital e, em conseqüência, reduzem o padrão de vida.

E ainda há a questão mais ampla da corrupção, de que o capitalismo de compadrio é apenas parte. Em geral, a corrupção se torna provável sempre que o governo tem favores a conceder ou algo a vender. Se houvesse livre fluxo de bens e de pessoas entre as fronteiras nacionais, as alfândegas e os funcionários de imigração, por exemplo, não teriam nada a vender. Com efeito, não existiriam nem mesmo essas funções públicas. Tal era a situação dos Estados Unidos antes da Primeira Guerra Mundial. É difícil para um americano do século XXI compreender a extensão em que o governo não interferia nos negócios naqueles primeiros anos. Os poucos casos de corrupção descobertos na época atraíam grandes manchetes nos jornais. No início do século XIX, ocorreram transações questionáveis referentes à construção de canais. Do mesmo modo, a construção da ferrovia transcontinental, envolvendo enormes subsídios sob a forma de concessão de terras, engendrou muitas atividades fraudulentas, que culminaram com o escândalo Union Pacific-Crédit Mobilier, de 1872. Por mais infreqüentes que fossem, tais escândalos são o que se lembra desse período.

Não obstante o forte envolvimento do governo nos negócios desde a década de 1930, vários países se destacam pelos baixos índices de corrupção, embora seus servidores públicos, no exercício de suas funções reguladoras, desfrutem de poder discricionário potencialmente vendável. Especialmente impressionantes são os casos da Finlândia, Suécia, Dinamarca, Islândia, Suíça, Nova Zelândia e Cingapura. A cultura, evidentemente, também exerce algum papel no nível de corrupção das sociedades. Meu bom e velho amigo Jim Wolfensohn, como presidente do Banco Mundial, de 1995 a 2005, amoldou as políticas da instituição para restringir a corrupção nos países em desenvolvimento. Sempre achei que essa seria uma contribuição crítica para o progresso mundial.

Não se dispõe de indicadores diretos do impacto de costumes culturais sobre a atividade econômica. Porém, uma joint venture da Heritage Foundation e do *Wall Street Journal* combinou nos últimos anos estatísticas do Fundo Monetário Internacional, da Economist Intelligence Unit e do Banco Mundial para calcular o Índice de Liberdade Econômica (Index of Economic Freedom) de 161 países. Esse indicador reúne, entre outras considerações, a força e a eficácia dos direitos de propriedade, a facilidade de abrir e fechar novas empresas, a estabilidade da moeda, a situação das práticas trabalhistas, a abertura para investimentos estrangeiros e para o comércio internacional, o nível de corrupção e a parcela do produto nacional consumida pelo setor público. Evidentemente, existe alta dose de subjetividade na quantificação desses atributos qualitativos. Mas, tanto quanto sou capaz de julgar, as avaliações extraídas desses dados parecem bater com minhas observações mais casuísticas.

O índice de 2007 aponta os Estados Unidos como a mais "livre" das grandes economias; ironicamente, Hong Kong, agora parte da China não-democrática, situa-se no topo da lista. Talvez não seja coincidência que as economias classificadas nos sete primeiros lugares (Hong Kong, Cingapura, Austrália, Estados Unidos, Reino Unido, Nova Zelândia e Irlanda) tenham raízes na Inglaterra – terra de Adam Smith e do Iluminismo inglês. Mas a origem britânica, evidentemente, não transmite marca permanente. Zimbabwe, ex-colônia britânica (como Rodésia do Sul), se inclui entre as últimas.

Quanto maior for a liberdade econômica, maior será o escopo para o risco do negócio e sua recompensa, o lucro, e, portanto, maior também será a propensão para assumir riscos. As sociedades em que predominam pessoas dispostas a assumir riscos formam governos cujas regras fomentam a assunção de riscos produtivos sob o ponto de vista econômico: direito de propriedade, abertura comercial e igualdade de oportunidades. Suas leis criam poucos benefícios regulatórios a serem vendidos por servidores públicos ou por políticos. O índice mede o grau de esforço *consciente* do país para restringir os mercados competitivos. A classificação, portanto, não é necessariamente indicador de "sucesso" econômico uma vez que cada país, ao longo do tempo, por meio de suas políticas e leis, escolhe o próprio grau de liberdade econômica.* Por exemplo, a Alemanha, que se situa no décimo nono lugar, optou por manter um grande Estado de bem-estar social, que consome parcela substancial do produto nacional. Além disso, os mercados de trabalho da Alemanha são muito restritivos; demitir empregados é muito caro. No entanto, ao mesmo tempo, a Alemanha se classifica no topo da lista em termos de liberdade para abrir e para fechar negócios, de proteção ao direito de propriedade e de predominância do império da lei. A França (número quarenta e cinco) e a Itália (número sessenta) apresentam perfis igualmente heterogêneos.

O teste definitivo da utilidade desse processo de pontuação é se ele se correlaciona com o desempenho econômico. E a resposta é positiva. O coeficiente de correlação de 157 países entre o "Escore de Liberdade Econômica" e o nível de renda *per capita* é 0,65, algo impressionante para um conjunto de dados tão heterogêneo.**

Assim, resta uma questão crítica: admitindo que os mercados de competição aberta fomentem o crescimento econômico, será que existe um trade-off ótimo entre desempenho econômico e o estresse competitivo por ele imposto, de um lado, e a civilidade defendida, por exemplo, pelos europeus continentais e por muitos outros? Muitos europeus, jocosamente, estigmatizam o regime econômico dos

---

*Em alguns casos, contudo, os obstáculos políticos impediram que os governos criassem ou abolissem instituições para melhor refletir as escolhas culturais de seus constituintes.

**No cálculo do índice, todos os dez elementos recebem o mesmo peso. A atribuição de pesos com base nas correlações de séries temporais aumentaria o grau de correlação.

Estados Unidos como "capitalismo de caubói". Os mercados livres altamente competitivos são considerados obsessivamente materialistas, carecendo, em boa parte, de valores culturais significativos. Compreendi com grande clareza essa diferença marcante entre os Estados Unidos e a Europa continental no apoio aos mercados competitivos vários anos atrás, por meio de um solilóquio atribuído ao ex-primeiro ministro conservador francês, Édouard Balladur, em que teria indagado: "O que é mercado? É a lei da selva, a lei da natureza. E o que é civilização? É a luta contra a natureza." Embora reconhecendo a capacidade da competição de promover o crescimento, muitos observadores, contudo, continuam receosos de que os atores econômicos, para alcançar esse crescimento, devam comportar-se em consonância com a lei das selvas. Esses observadores, então, optam por menos crescimento, em favor de mais civilidade, ou, ao menos, assim supõem.

Porém, será que existe mesmo um trade-off entre a conduta cívica, conforme definição de quem considera deplorável o comportamento competitivo, e a qualidade da vida material almejada pela maioria das pessoas? Com base numa perspectiva de longo prazo, a existência, em condições significativas, desse trade-off não é assim tão óbvia. Durante o último século, por exemplo, o crescimento econômico induzido por mercados competitivos nos Estados Unidos gerou recursos muito além dos necessários para manter a subsistência. Esse excedente, mesmo nas economias competitivas mais agressivas, tem sido empregado, em grande medida, para melhorar a qualidade de vida sob vários critérios. Para ficar apenas numa pequena lista: 1) maior longevidade, em conseqüência, primeiro, da ampla disponibilidade de água potável limpa e, depois, do rápido avanço da tecnologia médica; 2) universalidade da educação, criando condições para muito mais mobilidade social; 3) melhoria substancial nas condições de trabalho e 4) capacidade de melhorar o meio ambiente, mediante a proteção de recursos naturais em parques nacionais, em vez de utilizá-los para a sustentação de níveis de subsistência mínimos.* Em nível mais fundamental, os americanos têm usado os grandes aumentos de riqueza, gerados por nossa economia de mercado, para comprar o que muita gente consideraria maior civilidade.

Sem dúvida, nem todas as atividades empreendidas nos mercados são cívicas. Muitas, embora legais, são sem dúvida desprezíveis, como o aproveitamento de brechas legais e o abuso de confiança para solapar a eficiência dos mercados. Mas a disciplina dos mercados nos Estados Unidos, para citar um caso, está bastante enra-

*A tragédia do desmatamento das florestas tropicais da Amazônia brasileira é que os habitantes da região precisam cortar árvores para sobreviver.

izada no império da lei para limitar essas aberrações. Observe-se que, não obstante os graves abusos de confiança por parte de negócios e líderes financeiros americanos nas últimas décadas, o crescimento da produtividade, importante métrica da eficiência das empresas, acelerou entre 1995 e 2002. Falarei mais sobre governança corporativa no Capítulo 23.

O que a história nos diz sobre a estabilidade das culturas econômicas ao longo das gerações? O que ela sugere a respeito do impacto da cultura sobre o desempenho no futuro? Hoje, a cultura americana é muito diferente da predominante em nossos primórdios, embora continue enraizada nos valores dos Pais da Pátria. Por mais livre que ainda pareça ser o capitalismo americano, ele é hoje uma imagem pálida do regime econômico de nossos primeiros dias. Provavelmente, estivemos mais perto do capitalismo puro nas décadas anteriores à Guerra Civil. Adotando em grande parte, mas não inteiramente, a política do *laissez-faire* em relação aos empreendimentos privados e às práticas de negócios, o governo federal oferecia pouca ou nenhuma proteção social aos aspirantes a capitalistas, na corrida pela criação de riqueza. Quem fracassasse, como ocorria com muita gente, tinha que sacudir a poeira, dar a volta por cima e recomeçar tudo de novo, a partir do zero, em geral nos assentamentos em rápido crescimento da fronteira americana. Décadas mais tarde, Herbert Spencer, adepto de Charles Darwin, cunhou a frase "sobrevivência do mais apto", filosofia de competição que captava boa parte do ethos prevalecente no nascedouro da América. O New Deal, de Franklin Delano Roosevelt, ainda estava a um século de distância, no futuro.

Quando eu tinha pouco mais de vinte anos, fui cativado pela imagem de uma sociedade capitalista do tipo faroeste, baseada, segundo minhas fantasias, sobretudo no mérito. Eu ainda não me dera conta da flagrante contradição entre os preceitos constitucionais, de um lado, e a escravidão e seu tratamento das pessoas como propriedade, de outro. Não obstante a adoção de algumas restrições às práticas de negócios por meio de leis aprovadas sob o estímulo populista de fins do século XIX, a economia dos Estados Unidos na década de 1920 preservava boa parte do brilho do *laissez-faire* do início do século anterior.

Decerto, os anos do New Deal geraram vasta rede de restrições, por meio de nova legislação, à competição até então desenfreada, regulamentação que, em boa parte, perdura até hoje. Algumas das arestas mais cortantes da destruição criativa foram amainadas pelas novas leis. O Congresso aprovou o Employment Act, de 1946, que formalizou muitas das iniciativas casuístas da década de 1930, determinando que o governo dos Estados Unidos deveria formular suas políticas públicas, de modo a garantir emprego para "aqueles capazes e dispostos a buscar trabalho".

Não se tratava, de modo algum, de um grito de guerra marxista, mas era uma mudança nítida no papel do governo em relação aos assuntos econômicos, que predominava antes do New Deal de Roosevelt. A mesma lei também criou o Conselho de Assessores Econômicos, que eu viria a presidir 20 anos depois. O novo compromisso com a presença permanente do governo nas questões econômicas degradou nitidamente o papel dos mercados.

No entanto, com a ajuda da onda de desregulamentação que se iniciou em meados da década de 1970, os Estados Unidos ainda é a grande economia mais competitiva do mundo e a cultura americana ainda exibe boa parte da propensão ao risco e do gosto por aventura dos primeiros anos do país. Mais de um século depois de Frederick Jackson Turner declarar, em 1893, que a fronteira estava fechada, os americanos anda se deleitam com as histórias das proezas dos caubóis audazes que, depois da Guerra Civil, tangiam os rebanhos pela Trilha Chisholm, do Texas até os armazéns ferroviários do Kansas.

As mudanças culturais nos Estados Unidos são notáveis, sem dúvida, mas um tanto estreitas no contexto de mais de dois milênios de história humana escrita, durante a qual ocorreram transformações tectônicas nas instituições. Além disso, acho que os Estados Unidos são bastante estáveis sob o ponto de vista cultural para que se esperem poucas mudanças no horizonte de até duas gerações. E reitero essa afirmação mesmo consciente de que a imigração proveniente da América Latina alterará a composição cultural de nossa sociedade, pois estamos falando de pessoas que optam por deixar seus países de origem, rejeitando, aparentemente boa parte da cultura populista que tanto tem inibido o crescimento econômico da América Latina. Esse também foi o caso da imigração aberta, na virada para o século passado, absorvida com sucesso no cadinho étnico de nosso país.

No período menos premente depois da Segunda Guerra Mundial, mas antes de a globalização tomar força, os governos foram capazes de construir redes de segurança social e de adotar outras políticas para proteger os cidadãos dos efeitos da destruição criativa. Nos Estados Unidos, grandes expansões da Seguridade Social, do seguro-desemprego, da legislação sobre segurança do trabalho e, evidentemente, do Medicare encabeçaram uma lista muito mais longa. A maioria dos países industrializados agiu da mesma maneira. A fatia do PIB dos Estados Unidos destinada a benefícios sociais do governo aumentou de 3,4%, em 1947, para 8,1%, em 1975 (e de lá para cá só fez subir). Embora se reconhecesse, em geral, que tais iniciativas de redes de segurança adicionassem custos substanciais aos mercados de trabalho e de produtos, reduzindo, assim, sua flexibilidade, os formuladores de políticas não as viram como obstáculos significativos ao crescimento econômico. A demanda reprimida que se acumulou durante a Depressão e a Segunda Guerra Mundial impeliu para frente o PIB mundial.

Nas economias não muito abertas ao comércio internacional, a competição não era tão punitiva quanto hoje para os menos eficientes, razão por que segmentos expressivos da sociedade ainda se recordam com nostalgia daquelas circunstâncias. Nos mercados competitivos de hoje, a preservação desse tipo de rede de segurança que se desenvolveu no passado se mostra cada vez mais problemática, sobretudo na maioria dos países da Europa continental, onde o alto desemprego parece crônico. Governos de todas as espécies ainda podem optar por ajudar as pessoas a adquirir as habilidades de que precisam para usar as novas tecnologias. E quase sempre tentam complementar a renda daqueles que têm enfrentado maiores dificuldades de adaptação. Mas a tecnologia e a competição internacional estão cobrando alto preço por formas mais intrusivas de intervenção, que comprometem os incentivos do mercado à poupança, ao investimento e à inovação. Na Índia, por exemplo, os ingressos de investimentos estrangeiros diretos sem dúvida estão sendo inibidos pela regulamentação ainda opressiva.

Os governos europeus que se constituíram depois da Segunda Guerra Mundial, refletindo o viés coletivista, desenvolveram redes de segurança muito mais amplas que a dos Estados Unidos e, em conseqüência, as economias européias, ainda hoje, são estruturalmente mais rígidas. Conforme observei em capítulo anterior, quando iniciei minha carreira de economista logo depois da Segunda Guerra Mundial, a confiança no capitalismo estava em seu ponto mais baixo, desde seus primórdios, no século XVIII. Nos meios acadêmicos, o capitalismo era considerado ultrapassado. Boa parte da Europa estava fascinada por uma ou mais das várias formas de socialismo. Os socialistas e os comunistas tinham presença significativa nos parlamentos europeus. Em 1945, os comunistas amealharam um quarto dos votos franceses. A Inglaterra avançou dramaticamente no rumo de uma economia planejada sob o governo trabalhista do pós-guerra, situação em que não estava de modo algum sozinha. A Alemanha Ocidental, sob ocupação aliada, encontrava-se, de início, sob forte regulamentação. Principalmente por erro de interpretação do poderio econômico soviético, o planejamento central, mesmo sob formas um tanto diluídas, exerceu forte influência sobre o pensamento econômico europeu.

Depois da guerra, a Europa e o Japão, evidentemente, estavam em ruínas, e mesmo nos Estados Unidos, poucas pessoas previam com confiança o crescimento econômico. Com efeito, as recordações da década de 1930 eram tão vívidas que se tinha medo de que a Depressão retomaria o ímpeto. Na Inglaterra, berço do capitalismo, os receios em relação à economia do pós-guerra eram tão profundos que os eleitores consideraram o reverenciado líder dos tempos de guerra, Winston Churchill, pouco voltado para as necessidades econômicas internas e, sem cerimônia, não o reelegeram, enquanto ele se reunia em Potsdam com Truman e Stalin. O novo governo trabalhista nacionalizou segmento significativo da indústria britânica. Na Alemanha, o sistema de bem-estar social, iniciado por Bismarck na década de 1880, se expandia.

A sabedoria convencional atribui ao Plano Marshall a recuperação da Europa. Não questiono sua contribuição, mas ele foi pequeno demais para explicar a dinâmica notável da recuperação do pós-guerra. Eu diria que a abertura dos mercados de produtos e financeiros, em 1948, pelo diretor de economia da Alemanha Ocidental, Ludwig Erhard, foi, de longe, o mais importante estímulo à retomada da Europa Ocidental no pós-guerra. A Alemanha Ocidental, como se sabe, viria a se tornar a potência econômica dominante da região.

Com o passar dos anos, desenvolveu-se uma desilusão crescente com a rigidez e com os resultados do planejamento econômico e todas as economias européias se movimentaram para o capitalismo de mercado, embora com diferenças no tempo e na intensidade. Em sua maioria, embora reconhecendo os aspectos negativos da destruição criativa, os defensores do mercado convenceram as populações quanto aos benefícios do capitalismo, conquistando, assim, vitórias nas eleições. Em razão de profundas diferenças culturais, contudo, cada país adotou suas próprias versões matizadas.

A Inglaterra se afastou da trilha socialista em parte como conseqüência das crises cambiais, que forçou o recuo para mercados mais competitivos. Margaret Thatcher sacudiu a Inglaterra, para convertê-la em paradigma capitalista. Conheci Margaret Thatcher em 1975, numa missão na Embaixada da Inglaterra, em Washington, pouco depois de ela tornar-se líder do Partido Conservador. E foi realmente um grande encontro. Sentado ao lado dela durante o jantar, estava preparado para uma conversa enfadonha com uma política tradicional. "Diga-me, chairman Greenspan", ela perguntou, "por que será que nós na Inglaterra não calculamos o M3?". Eu acordei. M3 é um indicador arcano da oferta de moeda, adotado pelos seguidores de Milton Friedman. Passamos a noite falando sobre economia de mercado e sobre os problemas com que se defrontava a economia inglesa. Repeti uma preocupação que já expressara ao presidente Ford, em abril daquele ano: "A economia britânica parece ter chegado ao ponto em que eles precisam aumentar a intensidade dos estímulos fiscais do governo apenas para não sair do lugar. Essa é sem dúvida uma situação muito perigosa."

Minha impressão favorável de Thatcher melhorou ainda mais depois que ela se tornou primeira-ministra. Eleita para o cargo em 1979, ela enfrentou sem hesitação a esclerose econômica da Inglaterra. Sua grande batalha foi com os mineiros, que entraram em greve em março de 1984, depois que ela anunciou o fechamento de algumas minas de carvão estatais não-lucrativas. Outra greve do sindicato dos mineiros, em 1973, tinha contribuído para a queda do governo Edward Heath. Porém, a estratégia de Thatcher de construir grandes estoques de carvão antes do anúncio do fechamento das minas protegeu o país contra as faltas de energia, receio que garantira ao sindicato sua força de barganha no passado. Sitiados, os trabalhadores militantes capitularam depois de um ano e voltaram ao trabalho.

A adoção do capitalismo de mercado por Thatcher conquistou a aceitação relutante do eleitorado britânico. Ela foi reeleita em 1983 e em 1987, e foi o chefe de governo inglês com mandato contínuo mais longo desde 1827. Seu trabalho espetacular foi finalmente solapado, não pelo eleitorado inglês, mas por uma revolta dentro do Partido Conservador. Ela foi forçada a sair em fins da década de 1990. Thatcher manteve-se amarga em relação àqueles que a removeram do poder. O insulto ainda supurava em setembro de 1992, quando, pouco depois da humilhante retirada forçada da Inglaterra do Mecanismo de Taxa de Câmbio da Comunidade Européia, me encontrei com ela e com o marido Denis Thatcher num jantar. Denis, cheio de esperanças de uma restauração, contou a história da observação de um motorista de táxi de Londres, depois do desastre financeiro: "Governadora, espero vê-la de volta ao Número Dez, ainda este mês". Não era para acontecer.

O Partido Conservador, sob o Primeiro-ministro John Major, ainda estava no poder, dois anos depois, quando a morte prematura de John Smith, lançou seus vices, Gordon Brown e Tony Blair, à liderança do Partido Trabalhista. Pouco depois, no outono de 1994, Brown e Blair entraram em meu gabinete no Federal Reserve. Ao trocarmos cumprimentos, pareceu-me que Brown era o chefe. Blair se manteve em segundo plano, enquanto Brown falou quase o tempo todo sobre o novo Partido Trabalhista. Já eram coisa do passado os princípios socialistas de líderes trabalhistas do pós-guerra, como Michael Foot e Arthur Scargill, dirigente aguerrido do sindicato dos mineiros. Brown defendia a globalização e o livre mercado e não parecia interessado em reverter boa parte do que Thatcher mudara na Inglaterra. O fato de ele e Blair terem transposto os umbrais de um renomado defensor do capitalismo, a saber, eu, reforçou minhas impressões.

No cargo desde 1997, Tony Blair e Gordon Brown, chefes de um Partido Trabalhista rejuvenescido e muito mais centrista, aceitaram as mudanças estruturais profundamente importantes de Thatcher nos mercados de produtos e de trabalho da Inglaterra. Com efeito, Brown, ministro das Finanças, cujo mandato se prolongou por tempo recorde, pareceu-me deleitar-se com o notável surto de flexibilidade econômica da Inglaterra. (Brown encorajou meu proselitismo entre nossos colegas do G7 sobre a importância da flexibilidade para a estabilidade econômica.) Qualquer coisa que tenha remanescido de socialismo na Inglaterra do século XXI é um mero resquício do passado. O socialismo fabiano ainda se refletia na rede de segurança da Inglaterra, mas, sob minha perspectiva, em forma muito diluída. O sucesso da Inglaterra com a injeção de livre mercado de Thatcher e com o "novo" Partido Trabalhista sugere que as reformas dos últimos anos com vistas à aceleração do PIB tendem a perdurar durante as próximas gerações.

A evolução da Inglaterra, da economia engessada dos anos imediatamente seguintes à Segunda Guerra Mundial para uma das economias mais abertas do mundo, se reflete na jornada intelectual de Gordon Brown, que me descreveu sua formação, em 2007: "Dediquei-me à economia, sobretudo por causa da preocupação com a justiça social que aprendi com meu pai. Como os primeiros socialistas fabianos, senti que essa era uma falha da economia, e a resposta era o keynesianismo – mais demanda, pelo menos possibilitando a criação de empregos. Nos anos 80, concluí que precisávamos de uma economia mais flexível para criar empregos. Minha compreensão da globalização abrangente é que devemos combinar estabilidade, livre-comércio, abertura dos mercados e flexibilidade, com investimentos na preparação das pessoas para os trabalhos do futuro, mormente por meio da educação. Espero que, na Inglaterra, estejamos mais bem preparados para os desafios econômicos globais, reforçando nossas políticas de estabilidade por meio do compromisso com o livre mercado, não com o protecionismo; da mais aberta política competitiva do mundo; de mercados flexíveis; e do aumento substancial dos investimentos nas pessoas, através da educação de programas correlatos."

O nível de atividade econômica necessário para restaurar a infra-estrutura da Alemanha, destruída pela guerra, e para explorar as tecnologias desenvolvidas durante a guerra impulsionaram o crescimento do PIB alemão. Quase totalmente imprevisto, o "milagre econômico" alemão conferiu à República Federal o status de potência econômica mundial, mal haviam transcorrido quatro décadas. O crescimento da Alemanha Ocidental alcançou a média espantosa de 6% ao ano, entre 1950 e 1973. A taxa média de desemprego manteve-se irrisória durante toda a década de 1960, resultado inconcebível nos anos de depressão anteriores à guerra. Quando comecei a fazer previsões em fins da década de 1950 para a economia americana como um todo, eu via a Europa como um grupo de mercados para os quais exportávamos, financiados com a ajuda americana, não como economias com as quais competíamos. Poucas décadas depois, a Europa se convertera em formidável força competitiva.

A estrutura da indústria e do comércio dos Estados Unidos no pós-guerra refletia a antipatia histórica pela grandeza, resultante de uma sociedade de pequenas fazendas (em parte, como conseqüência das concessões de terras no Oeste) e de pequenas empresas. As cartas patentes de bancos raramente eram concedidas a empresas já estabelecidas. A competição de empresas estatais com o setor privado era algo inusitado. O assalto populista às grandes empresas culminou com a decisão paradigmática da Suprema Corte dos Estados Unidos de desmembrar a Standard Oil Trust em 1911.

Com essa tradição contrária à grandeza, os Estados Unidos diferiam da Alemanha, assim como da Europa, em geral. As economias européias do pós-guerra adotaram a propriedade de empresas pelo governo e, por lei, estimularam a formação de grandes sindicatos de âmbito setorial e negociações trabalhistas em nível nacional. Na Alemanha, a representação trabalhista nos conselhos de administração de empresas tornou-se obrigatória. Grandes empresas e grandes sindicatos controlavam a economia. Grandes instituições financeiras, denominadas bancos universais, foram incentivadas a financiar grandes empresas, mediante investimentos e empréstimos. Esse ethos de grandeza tinha suas raízes na cartelização da economia em fins do século XIX, fomentada em parte pelas necessidades militares.

Nas décadas imediatamente seguintes à Segunda Guerra Mundial, a destruição criativa na Europa foi muito pouco destrutiva e extremamente construtiva. Boa parte da "destruição" do que teriam sido consideradas instalações obsoletas depois da guerra já havia sido feita pelos bombardeios. O estresse do processo capitalista e a necessidade de uma rede de segurança econômica até a década de 1970 se manifestaram em grau mínimo. As empresas alemãs se expandiram rapidamente, mesmo em face de formidáveis restrições regulatórias e culturais.

Em fins da década de 1970, contudo, o milagre econômico alemão estava perdendo a força. A Alemanha Ocidental em boa parte já tinha eliminado toda a demanda acumulada de reconstrução que tanto estimulara sua economia. Agora, a demanda estava diminuindo e o crescimento econômico, desacelerando. A destruição criativa – a necessidade de mudanças econômicas dolorosas e o remanejamento de recursos econômicos – que se manteve em grande parte latente desde o fim da guerra – agora ressurgia. Boa parte da infra-estrutura econômica que havia sido instalada na década de 1950 beirava a obsolescência. As empresas e os empregados começaram a sentir a tensão.

A legislação trabalhista, promulgada para proteger os empregos pouco depois da guerra, era de pouca valia num período de enorme demanda por trabalho. Nos anos de rápido crescimento econômico, os empregadores viviam sob pressão para *contratar* trabalhadores em quantidade suficiente para atender à demanda crescente. Eles raramente analisaram os novos custos impostos por lei para demitir empregados, pois as chances de efetivamente neles incorrer pareciam remotas. Agora o equilíbrio estava mudando, à medida que a reconstrução do pós-guerra chegava ao fim. O custo de demitir pessoal logo aumentou a relutância dos empregadores em admitir pessoal. Na Alemanha Ocidental, a taxa de desemprego subiu de um mínimo de 0,4%, em 1970, para quase 7%, em 1985, e mais de 9%, em 2005. A guinada ascendente cíclica da economia global estimulou o crescimento da Alemanha, induzido por exportações, reduzindo a taxa de desemprego, que chegou a 6,4%, em 2007. No entanto, os problemas estruturais de mais longo prazo – alto desemprego e baixa produtividade – ainda careciam de soluções adequadas. Os custos da demissão têm sido grande obstáculo à admissão de pessoal.

De maneira mais geral, a OCDE identifica a alta incidência de impostos sobre a remuneração dos empregados e os generosos benefícios aos desempregados como fatores que também contribuem para um nível de desemprego na Europa Ocidental bem acima da média dos Estados Unidos. De acordo com o FMI, a produtividade na EU-15* correspondia, em 2005, a apenas 83% da vigente nos Estados Unidos, em comparação com 90%, em 1995. Atualmente, o nível da produtividade do trabalho de nenhum membro supera o dos Estados Unidos. O FMI atribui a diferença crescente em relação aos Estados Unidos "à adoção mais lenta de novas tecnologias, principalmente os rápidos avanços na tecnologia da informação e de comunicação", em face de menores investimentos em TIC no setor financeiro e no comércio varejista e atacadista. Segundo o FMI, isso implica a necessidade de a Europa reduzir suas barreiras à competição.

O mais forte golpe contra os níveis anteriores de crescimento econômico da Alemanha Ocidental foi a decisão fatídica de que, como parte da unificação da Alemanha Ocidental e da Alemanha Oriental, os ativos e passivos denominados em marcos da segunda fossem convertidos em marcos da primeira pela paridade um para um. Como se descobriu que os níveis de produtividade na Alemanha Oriental antes da unificação eram bem inferiores aos da Alemanha Ocidental, re-

*Os quinze países da União Européia, antes da expansão de 2004, quando foram admitidos mais oito países.

ceava-se que a indústria daquela seria de todo não-competitiva e se afundaria numa sucessão de falências. Mas a não-conversão em bases um para um provocaria uma corrida maciça da força de trabalho do Leste para o Oeste, argumentou o então chanceler Helmut Kohl, provavelmente com razão. Fosse como fosse, a indústria da Alemanha Oriental teria de ser subsidiada pela República Federal para sobreviver. Além disso, o Leste ganhou acesso à generosa rede de segurança da Alemanha Ocidental, o que, desde então, tem exigido a transferência de aproximadamente 4% ou mais do PIB alemão para amparar aposentados e desempregados do Leste.

O chanceler Kohl concluiu que, quando o padrão de vida da Alemanha Oriental finalmente alcançasse o da Alemanha Ocidental, as dificuldades estariam resolvidas, cessando a drenagem de recursos dos contribuintes da Alemanha Ocidental. Kohl achava que o ajuste demoraria de cinco a dez anos. Karl Otto Pöhl, presidente muito eficaz do Deutsche Bundesbank, banco central da Alemanha Ocidental, comentou comigo e com outras pessoas, nos dias anteriores à unificação, seu receio de que as conseqüências para a Alemanha seriam graves. Aquela avaliação revelou-se premonitória.

Os franceses são sobremodo especiais, pois o senso de civilidade e de história orienta a economia de maneira muito consciente. A maioria dos franceses rejeita a competição de mercado, a própria base sobre a qual funcionam as economias capitalistas. Ela é vista como incivil ou como "lei das selvas", nas palavras de Balladur. No entanto, eles protegem as instituições do capitalismo – o império da lei e, especialmente, o direito de propriedade – tão bem quanto qualquer outro país desenvolvido.

O conflito intelectual se manifesta no dia-a-dia da atividade econômica. Os franceses publicamente rejeitam o liberalismo econômico dos mercados abertos e da globalização. Em 2005, o presidente Jacques Chirac afirmou com ousadia que o "ultraliberalismo é hoje uma ameaça tão grande quanto o comunismo o foi em seus dias". No entanto, a França tem um amplo conjunto de empresas de classe mundial, que competem com muita eficácia (e auferem quatro quintos de seus lucros no exterior). A França, como a Alemanha, desbravou o caminho do continente para a zona econômica de livre-comércio da União Européia, que comemorou seu qüinquagésimo aniversário em março de 2007. (Para ser exato, os motivos foram menos econômicos e mais uma iniciativa no sentido da integração política do continente, que tinha sido devastado por duas guerras mundiais durante um terço de século.) Entretanto, a não-aprovação de uma nova Constituição européia num referendo na França e em outros lugares deteve o processo da integração.

Embora a representação sindical no setor privado da França seja relativamente baixa, acordos coletivos nacionais vinculam todos os empregados, sindicalizados ou não. Os sindicatos, portanto, manejam considerável poder no mercado e, especialmente, no governo. Na França, assim como na Alemanha, a regulamentação fomentada pelos sindicatos para proteger o emprego, onerando a demissão de pessoal, restringiu a admissão de pessoal, elevando o desemprego a níveis bem mais altos que os vigentes em economias nas quais os custos de demissão são mais baixos, como nos Estados Unidos.

O aumento dos custos trabalhistas para as empresas (sobretudo os custos da aposentadoria) leva os governos franceses a, de tempos em tempos, promover em desespero reformas modestas, apenas para acabar sendo dissuadido de seu intuito por marchas da oposição sobre o Champs-Élysées, tática que tem sido motivo de grandes dissabores.

É difícil não ser pessimista sobre as perspectivas econômicas da França. Nos rankings mundiais de renda *per capita*, a França caiu da décima primeira posição, em 1980, para a décima oitava posição, em 2005, de acordo com dados do FMI. A taxa de desemprego em princípios da década de 1970 situava-se na média de 2,5%. Desde fins da década de 1980, ela tem variado entre 8% e 12%.* No entanto, o senso de liberdade e de nacionalismo do povo francês é tão difuso que, quando acuados, eles parecem reagrupar-se e envolver-se produtivamente na comunidade global. Receio que teremos mais do mesmo agora que Nicolas Sarkozy foi eleito presidente. Sob meu ponto de vista, ele oferece esperança. Sem dúvida, em público, ele tem sido obstinadamente protecionista. Mas, em minhas conversas com ele, como ministro das Finanças, em 2004, ele demonstrou admiração pelo modelo econômico de flexibilidade dos Estados Unidos. Em todo caso, os mercados competitivos mundiais o impulsionarão naquela direção. Cultura e bem-estar econômico tendem a conflitar-se.

A Itália acumula muitos dos mesmos problemas econômicos da França e, sob vários aspectos, as mesmas perspectivas. Roma foi o centro da civilização durante mais de dois milênios. Como a França, a Itália também teve seus altos e baixos, mas sempre lutou para superar as dificuldades. A adoção do euro em 1999 logo conferiu à Itália o poder econômico de uma moeda forte (a lira precisou desvalorizar-se continuamente para manter a competitividade global da Itália), taxas de juros baixas e inflação residual. Mas sua cultura de extravagância fiscal não arrefeceu com a nova moeda. Sem a válvula de segurança de depreciações periódicas, a economia

*Em abril de 2007, a taxa era de 8,2%.

italiana tem ficado para trás. As conversas sobre o retorno da Itália à lira (e às desvalorizações) estão na ordem do dia. O problema de como e quando a Itália poderia retornar à lira envolve formidável complexidade e altíssimos custos. A visão e o medo do abismo talvez forcem o governo italiano a promover as reformas cuja necessidade é óbvia tanto para os italianos quanto para seus parceiros globais.

Mas a história e a cultura de civilidade em si não sustentarão a economia da área do euro, nem a União Européia de maneira mais geral. A reunião de março de 2002, em Lisboa, dos líderes europeus reconheceu que o modelo econômico da Europa precisava de ajustes competitivos. Lá se lançou o que veio a ser conhecido como Agenda de Lisboa, que definiu o objetivo de, em dez anos, construir uma Europa plenamente inovadora e competitiva. Até agora, o progresso tem ficado bem aquém dessa meta louvável. Precisa-se de alguns avanços para superar as desvantagens. No último ano ou algo em torno disso, a Europa tem exibido sinais de crescimento cíclico, induzido pelo surto de prosperidade da economia mundial. No entanto, por motivos que exporei no Capítulo 25, o ritmo do crescimento mundial desacelerará e, a não ser que sejam enfrentados com disposição e eficácia, os problemas econômicos estruturais de natureza cultural continuarão sendo um entrave.*

O Japão provavelmente é a sociedade caracterizada por maior uniformidade cultural entre as grandes potências industriais. Suas leis de imigração, de um modo geral, desestimulam a radicação no país de pessoas que não tenham ascendência japonesa, além de promover a conformidade. Trata-se de sociedade que valoriza a civilidade e rejeita a destruição criativa. Os japoneses se arrepiam ante a alta rotatividade no emprego e as freqüentes demissões de pessoal, decorrentes da eliminação ou evolução de empresas obsoletas. No entanto, desde o fim da Segunda Guerra Mundial até 1989, o Japão conseguiu desenvolver uma das mais bem-sucedidas economias capitalistas do mundo. A reconstrução do pós-guerra absorveu toda a força de trabalho – muito poucos empregados foram demitidos e o Japão tornou-se famoso pela prática do emprego vitalício. Do mesmo modo, empresas mal gerenciadas eram salvas pela demanda crescente. Por volta de 1989, o valor que os investidores mundiais atribuíam ao terreno onde se situa o Palácio Imperial era considerado equivalente ao valor de todos os imóveis da Califórnia. Lembro-me de refletir na ocasião sobre como eram bizarras essas avaliações.

---

*Partes da área do euro, contudo, já empreenderam consideráveis reformas. A Irlanda e os Países Baixos, em especial, desenvolveram programas que reduziram a taxa de desemprego, e as reformas trabalhistas incompletas da Alemanha, em princípios da década, talvez já estejam exercendo impacto mais forte do que o imaginado de início.

Nos últimos anos, o Japão tem lutado para recuperar-se do crash do mercado de ações e do mercado imobiliário de 1990. Com a valorização imobiliária, os bancos japoneses aplicaram muito dinheiro em empréstimos garantidos por imóveis. Quando ocorreu a virada e os preços despencaram, as garantias tornaram-se insuficientes. Mas em vez de cobrar os empréstimos, declarando seu vencimento antecipado, como teria agido a maioria das instituições financeiras ocidentais, os bancos japoneses recuaram. Demorou anos e muitas operações de salvamento pelo governo, antes que os preços dos imóveis se estabilizassem e o sistema bancário reiniciasse as operações de empréstimo e financiamento, com estimativas realistas das operações de liquidação duvidosa e, em conseqüência, do capital disponível.

Com base nesse e em outros episódios, concluo que o Japão se comportou de maneira diferente da de outros países capitalistas. Minha epifania foi constatar o que o desprestígio e a humilhação significam para os japoneses. Em janeiro de 2000, reuni-me com Kiichi Miyazawa, ministro das Finanças e ex-primeiro-ministro do Japão, no escritório dele em Tóquio. Depois da costumeira troca de afabilidades (o inglês dele é fluente), parti para uma análise detalhada da deterioração do sistema bancário japonês. Eu já tivera muitas dessas conversas com Miyazawa, formulador de políticas públicas muito eficaz. Agora, eu estava contando a história de como, nos Estados Unidos, havíamos constituído a Resolution Trust Corporation para liquidar os ativos de nossas cerca de 750 associações de poupança e empréstimo e como, tão logo a maioria dos imóveis supostamente invendáveis foi retirada das prateleiras, o mercado imobiliário ressuscitou e o novo setor de poupança e empréstimo, agora menor, começou a prosperar. Sugeri que a estratégia do governo dos Estados Unidos de 1) declarar a falência de grande parte do inadimplente setor de poupança e empréstimo, 2) transferir seus ativos para um veículo de liquidação e 3) descartar os ativos com grande desconto, de maneira a restabelecer a liquidez do mercado imobiliário, era muito compatível com a situação japonesa.

Depois de ouvir com paciência a minha preleção, Miyazawa sorriu discretamente, ao dizer: "Alan, você analisou com muita sensibilidade nossos problemas bancários. Quanto à sua solução, esse não é o estilo japonês." Declarar a falência de devedores insolventes e liquidar suas garantias reais era algo a ser evitado, assim como demitir pessoal. Os japoneses seguem um código de civilidade que praticamente veta situações de desprestígio e humilhação.

Hoje, como naquela época, não tenho dúvida de que a adoção de uma estratégia como a da RTC, durante a fase de estagnação econômica do Japão, de 1990 a 2005, teria abreviado o período de ajuste e restabelecido o funcionamento normal da economia japonesa anos antes. Durante boa parte daquele período, os previsores, inclusive eu, sempre antecipávamos a recuperação, mas ela nunca se concretizava. Qual seria a força econômica invisível que detinha o avanço do Japão? Minha conversa com Miyazawa forneceu uma boa explicação. A carência não era econômica, mas cultural. Os japoneses aceitaram de propósito os enormes custos da estagnação econômica para evitar o desprestígio e a humilhação de muitas empresas e indivíduos. Não consigo imaginar a política econômica dos Estados Unidos seguindo essa trajetória.

Por mais curioso que pareça, o mesmo senso de solidariedade coletiva provavelmente poupará a economia japonesa das necessidades de financiamento das aposentadorias que afligirá praticamente todos os grandes países desenvolvidos nos anos vindouros. Recentemente, perguntei a uma alta autoridade japonesa como o Japão lidaria com o que parece ser comprometimento excessivo e, talvez, inviável por parte do governo com os futuros aposentados japoneses. Ele respondeu que os benefícios seriam reduzidos e que isso não seria problema – os japoneses veriam a mudança como do interesse nacional, o que seria suficiente. Também não consigo imaginar o Congresso dos Estados Unidos nem os eleitores americanos se comportando com tanta razoabilidade.

A Europa Continental foi capaz de reconstruir suas economias dilaceradas pela guerra em ritmo capitalista, não obstante os óbices regulatórios impostos pela cultura socialista democrática então predominante. Da mesma maneira como a necessidade excepcional de reconstruir o continente nunca impôs grandes restrições à rede de segurança do Estado de bem-estar social, o crescimento também acelerado do Japão nas primeiras três décadas depois da guerra nunca exigiu demissões em massa de trabalhadores nem forçou os bancos a pedir a falência de devedores insolventes. O prestígio e a honra nunca foram prejudicados.

Com a redução das taxas de crescimento da Europa na década de 1980, o Estado de bem-estar social tornou-se mais oneroso, acentuando a desaceleração. Também no Japão, com o estouro da bolha de preços do mercado imobiliário, a recusa dos bancos de executar os devedores agravou o problema econômico. Em face da quase paralisação do mercado imobiliário, os bancos não podiam fazer avaliações realistas dos bens que garantiam seus ativos e, em conseqüência, não tinham como dizer se eles próprios continuavam solventes. Nessas condições, a prudência impunha a contenção de empréstimos a novos clientes. Como os bancos dominavam o sistema financeiro japonês, a intermediação financeira, tão vital em qualquer grande economia desenvolvida, praticamente secou. As forças deflacionárias, então, assumiram o controle. Só quando o longo declínio dos preços dos imóveis ricocheteou no fundo, em 2006, foi possível avaliar com razoabilidade a solvência dos bancos. Desde então, os bancos voltaram a conceder novos empréstimos, propiciando marcante retomada da atividade econômica.

Embora eu tenha dedicado boa parte deste capítulo à avaliação do impacto das forças econômicas sobre as grandes economias, muitas dessas mesmas forças também atuam, por exemplo, no Canadá, na Escandinávia e nos países do Benelux. Não dei ao Canadá, nosso maior parceiro comercial, com o qual compartilhamos a mais longa fronteira do mundo desprovida de defesa, a merecida cobertura, pois muitas das tendências econômicas, políticas e culturais do Canadá são reflexos das da Inglaterra e dos Estados Unidos, que já receberam o devido destaque neste livro.

A Austrália e a Nova Zelândia são sobremodo interessantes na maneira como se desenvolveram, depois da adoção de reformas de abertura dos mercados e do reforço gradual dos laços com a Ásia, especialmente com a China. Com efeito, a Austrália e a Nova Zelândia são apenas dois dos exemplos aparentemente infindáveis do último quarto de século de como a abertura para a competição de economias até então engessadas gerou grande aumento no padrão de vida. O primeiro-ministro do Trabalho da Austrália, Bob Hawke, na década de 1980, ao defrontar-se com uma economia amarrada por leis inibidoras da competição, partiu para uma série de reformas importantes, mas dolorosas, especialmente nos mercados de trabalho. Reduziram-se significativamente as tarifas de importação e permitiu-se a flutuação da taxa de câmbio. Essas reformas deflagraram surpreendente virada econômica. A recuperação que se iniciou em 1991 perdurou até 2006, sem recessão, aumentando em mais de 40% a renda *per capita* real. A Nova Zelândia, instigada por Roger Douglas, ministro das Finanças, engajou-se em reformas semelhantes, na metade da década de 1980, obtendo os mesmos resultados impressionantes.

A Austrália sempre me fascinou como microcosmo dos Estados Unidos sob muitos aspectos. É uma terra com muitos espaços abertos, semelhantes, sob alguns pontos de vista, ao Oeste americano. A jornada dos primeiros exploradores australianos no desbravamento daquele vasto continente, praticamente inabitado, lembra a exploração do Noroeste americano por Lewis e Clark. De valhacouto de facínoras ingleses, em fins do século XIX, a sociedade australiana desenvolveu nível de cultura cuja imagem mais representativa é a da Sydney Opera House. Sei que não posso generalizar com base em poucos anos de observação, mas, não obstante, durante meus mandatos no Fed, não raro observei a Austrália como indicador antecedente de muitos aspectos do desempenho econômico dos Estados Unidos. Por exemplo, o recente boom imobiliário começou e terminou na Austrália um ano ou dois antes de nos Estados Unidos. Monitoro continuamente o déficit em conta-corrente da Austrália, que persistiu durante muito mais tempo (desde 1974) que o dos Estados Unidos, sem impacto macroeconômico significativo evidente, além da grande e crescente propriedade por estrangeiros de ativos empresariais australianos.

Os fortes laços que se desenvolveram entre a Austrália e os Estados Unidos durante os primeiros anos tormentosos da Segunda Guerra Mundial persistiram até os dias de hoje. A Austrália, agora com uma vibrante economia de mercado, exerce influência inusitadamente forte sobre os Estados Unidos, considerando seu tamanho (população de 21 milhões) e sua distância (cerca de 12.000 km entre Sydney e Los Angeles). Sempre me impressionei com a profundidade do talento econômico de um país tão pequeno. Achei Ian McFarlane, governador há muitos anos do Reserve Bank of Australia (banco central do país) extremamente perspicaz em relação aos assuntos globais, assim como Peter Costello, tesoureiro, o que equivale a ministro das finanças. John Howard, primeiro-ministro, impressionou-me por seu profundo interesse pelo papel da tecnologia no aumento da produtividade nos Estados Unidos, enquanto a maioria dos chefes de governo não se preocupa com esses detalhes. Ele me consultou sobre essas questões durante numerosas visitas aos Estados Unidos entre 1997 e 2005. Mas ele não precisava de preleções sobre política monetária, pois seu governo, em 1996, concedera total independência ao Reserve Bank of Australia.

Este capítulo tratou do surgimento de várias formas de práticas capitalistas nas economias de mercado desenvolvidas. Mas ainda restam três importantes países que não podem ser encarados como simples trade-offs entre competição desenfreada e restrições da rede de segurança social: China, Rússia e Índia. Os três seguem, até certo ponto, as regras do mercado, mas com importantes desvios que não são fáceis de categorizar nem de prever. A China está ficando cada vez mais capitalista, com apenas algumas regras formais sobre direito de propriedade. A Rússia tem leis, mas a conveniência política dita a extensão em que são observadas. E os direitos de propriedade na Índia estão sujeitos a tanta regulamentação específica, não raro aplicada de forma discricionária, que não são tão vinculantes quanto deveriam ser para atrair investimentos estrangeiros diretos. Esses países abrigam dois quintos da população mundial, mas geram menos de um quarto do PIB do mundo. A evolução de suas políticas, culturas e economias no próximo quarto de século deixará marcas profundas no futuro econômico do planeta.

CAPÍTULO 14

AS ESCOLHAS COM QUE SE DEPARA A CHINA

Em minha última visita à China como chairman do Fed, em outubro de 2005, Zhu Rongji, premier aposentado da China, e a esposa dele, Lao An, ofereceram um pequeno jantar de despedida na elegante Diaoyutai, Casa de Hóspedes de Estado, onde a liderança chinesa entretém dignitários visitantes. Zhu e eu tivemos a oportunidade de conversar durante um chá formal, antes do jantar. Seu estilo e suas palavras me deixaram com sérias dúvidas sobre se ele de fato estava aposentado, conforme insistia a imprensa oficial. Ele se mostrou totalmente absorto e informado sobre as principais questões entre nossos países e pareceu tão imaginoso e incisivo quanto sempre fora durante os onze anos de nossa amizade.

Ao trocarmos opiniões sobre a taxa de juros da China e sobre os desequilíbrios comerciais dos Estados Unidos, fiquei admirado com os conhecimentos detalhados dele sobre as dificuldades econômicas da China e sobre os remédios necessários. Mais uma vez, impressionou-me o nível de sofisticação com que ele abordava essas questões, incomum mesmo entre líderes mundiais. Ao longo dos anos, exploramos muitos assuntos: como a China poderia desenlaçar sua rede de segurança social do emaranhado de empresas estatais em desintegração, das quais ainda dependia; a melhor forma de supervisão bancária; a necessidade de que o então nascente mercado de ações chinês se desenvolvesse por conta própria, além de outros temas.

Passei a gostar muito de Zhu e fiquei triste ao constatar que dificilmente voltaríamos a nos encontrar. Ficamos amigos quando ele era vice-premier e presidente do Banco Central da China, e acompanhei de perto a carreira dele. Ele era herdeiro intelectual de Deng Xiaoping, o grande reformador econômico que conduzira a

China da era da bicicleta para a era dos automóveis, com todas as implicações daí decorrentes. Ao contrário de Deng, que tinha ampla base política, Zhu era um técnico; a influência dele, tanto quanto posso julgar, resultava do forte apoio de Jiang Zemin, presidente da China de 1993 a 2003 e líder do Partido de 1989 a 2002. Foi Zhu quem possibilitou a realização de muitas das amplas reformas institucionais que haviam sido iniciadas por Deng.

Tão pragmático quanto marxista, Deng dera partida na transformação da China, de economia agrária autárquica, sob planejamento central, em presença formidável no cenário mundial. A marcha do país para o mercado começou em 1978, quando, por causa de grave seca, as autoridades foram forçadas a relaxar os rigorosos controles administrativos que, havia muito tempo, se impunham sobre as atividades agrícolas individuais. Sob as novas regras, os camponeses podiam reter grande parte de sua produção para consumo ou venda. Os resultados foram surpreendentes. A produção agrícola aumentou drasticamente, estimulando a desregulamentação e o surgimento de mercados para produtos agrícolas. Depois de décadas de estagnação, a produtividade agrícola floresceu.

O sucesso na agricultura encorajou a difusão da reforma para a indústria. Mais uma vez, bastou atenuar um pouco as restrições para que o crescimento superasse as expectativas, reforçando os argumentos dos reformadores, que pretendiam avançar com mais rapidez para os padrões dos mercados competitivos. No entanto, ninguém jamais ousou chamar o novo modelo de "capitalismo". Preferiam eufemismos, como "socialismo de mercado" ou, na famosa expressão de Deng, "socialismo com características chinesas".

Os líderes chineses eram demasiado perspicazes para não perceber as contradições e limitações da economia socialista e as evidências de sucesso do capitalismo. Na verdade, por que outra razão embarcariam em empreendimento tão ambicioso e, ao mesmo tempo, tão estranho às tradições do Partido Comunista? À medida que a China, inexoravelmente, avançava cada vez mais na estrada para o capitalismo, o progresso econômico tornou-se tão aliciante que o debate ideológico dos primeiros anos parecia ter passado para a história.

Pisei pela primeira vez na China em 1994, muito depois do início das reformas. Retornei várias vezes. Como todos os visitantes, fiquei impressionado e, por vezes, perplexo com as mudanças que se constatavam de uma para outra visita. A economia chinesa, medida pela paridade do poder de compra, se tornara a segunda maior do mundo, atrás apenas da dos Estados Unidos. A China também emergira como o maior consumidor de commodities em geral, o segundo maior consumidor de petróleo e o maior produtor de aço, e também deixara de ser a economia da bicicleta, da década de 1980, para transformar-se no país que produziu mais de sete milhões de veículos a motor em 2006, com fábricas já planejadas para ir muito mais longe. Arranha-céus estão brotando em campos que, durante milênios, permaneceram imutáveis de colheita a colheita. A uniformidade do vestuário, sempre da mesma cor cáqui, que durante gerações caracterizou os chineses, cedeu a vez a um insurreto espectro de cores. E, à medida que a renda aumentava com a prosperidade, também emergiu a cultura do consumo. Hoje, a propaganda, outrora desconhecida, é um dos setores em mais rápido crescimento na China, e os gigantes do varejo internacional, como Wal-Mart, Carrefour e B&Q, estão competindo com os inovadores lojistas chineses.

Numa terra em que o tempo das fazendas coletivas não está assim tão distante, parece que já se está garantindo com eficácia o direito de propriedade de imóveis urbanos; do contrário, os investimentos estrangeiros em imóveis, fábricas e títulos mobiliários já teriam secado há muito tempo. Os investidores se comportam como se esperassem conseguir retornos sobre seus investimentos e a recuperação do principal. E assim tem sido.* Os cidadãos chineses agora têm o direito de possuir a própria moradia, inclusive de comprá-la e vendê-la, criando grande oportunidade de acumulação de capital. Hernando de Soto, presumo, está feliz. E, em março de 2007, o Congresso Nacional do Povo aprovou direito de propriedade mais abrangente, que assegura aos indivíduos a mesma proteção legal que é garantida ao Estado. Mas seu escopo ainda está muito aquém do vigente nos países desenvolvidos. A garantia do direito de propriedade exige não só um estatuto, mas também sistemas administrativos e judiciais que assegurem a aplicação e a execução da lei. Sob esse aspecto, a China ainda está atrasada. O Judiciário imparcial ainda é um objetivo no horizonte chinês. Há lacunas, sobretudo nos direitos de propriedade intelectual: são comuns as queixas de investidores estrangeiros em joint ventures de que a tecnologia aplicada em nova fábrica é copiada em instalações de propriedade exclusiva do sócio chinês, que compete diretamente com o empreendimento conjunto.

Importante vítima da afluência crescente da China é o compromisso do país com suas raízes revolucionárias comunistas. Em minhas numerosas reuniões com autoridades econômicas e financeiras chinesas, não me recordo de ter ouvido uma

*Sem dúvida, a drástica liberação dos preços em grandes segmentos do mercado varejista estimulou os investimentos estrangeiros. Em 1991, quase 70% dos preços de varejo baseavam-se no mercado – quase o dobro da porcentagem de 1987, quando surgiram as primeiras evidências de que o planejamento central atrás da cortina de ferro se desmantelava. Em fins da década de 1980, reduziu-se significativamente o imposto de importação sobre peças e componentes de produtos destinados à exportação, aumentando a lucratividade das exportações.

única vez as palavras "comunismo" ou "Marx". Evidentemente, eu me relacionava, em grande parte, com liberais. Até cheguei a participar de um intercâmbio ideológico, em 1994, quando "debati" o capitalismo de livre mercado com Li Peng, marxista fervoroso e antecessor de Zhu como premier. Ele era muito bem informado sobre as práticas econômicas dos Estados Unidos e formidável debatedor. Desde o início ficou claro que eu não estava enfrentando um marxista dialético do tipo com que costumava lidar na universidade. Li ouviu com atenção o meu cuidadoso arrazoado sobre por que a China deveria abrir seus mercados com mais rapidez. Ele respondeu, perguntando como eu poderia explicar o controle de preços e salários de Nixon, em 1971, se os Estados Unidos estavam tão empenhados na desregulamentação dos mercados. Vibrei com a constatação de que ele sabia perguntar. Ele não só estava ligado ao mundo real, mas também, para um reputado linha-dura, parecia quase razoável. Reconheci que o controle de preços tinha sido má política e que o único benefício daquela iniciativa fora a reafirmação de sua ineficácia. E acrescentei que, desde então, jamais voltáramos a incorrer no mesmo erro. Contudo, eu não tinha a esperança de mudar a opinião dele. Ambos estávamos na triste situação de autoridades governamentais que se envolvem em debates, mas que, mesmo quando se demonstra estarem sustentando posições errôneas, carecem de poderes para reconhecer o erro. Por mais que eu tenha tentando convencê-lo, ou ele a mim, nenhum de nós poderia afastar-se, publicamente, das políticas oficiais de nossos governos.

Há anos não falo com Li Peng e apenas fico imaginando o que ele deve ter pensado quando, em 2001, a China ingressou na Organização Mundial do Comércio, bastião do livre-comércio internacional. Eu sempre fora defensor resoluto da normalização permanente das relações comerciais com a China, convicto de que a plena aceitação daquele país no sistema de comércio mundial beneficiaria os cidadãos chineses, cujo padrão de vida subiria, e as empresas e agricultores americanos, que descobririam um mercado mais acessível e ainda inexplorado. Em maio de 2000, a pedido do presidente Clinton, falei na Casa Branca sobre minhas esperanças de integrar totalmente a China no mercado global, argumentando que tal iniciativa fomentaria os direitos individuais e fortaleceria o império da lei. Na ocasião, eu disse aos jornalistas: "A história tem demonstrado que o fator implícito em qualquer remoção de poder dos planejadores centrais e na conseqüente ampliação dos mecanismos de mercado, como seria o caso do ingresso da China na OMC, é a difusão mais generalizada dos direitos individuais." O ingresso da China em instituições financeiras globais trouxe outros benefícios. Hoje, os banqueiros centrais chineses desempenham papel fundamental no Banco de Compensações Internacionais

(BIS), na Suíça, entidade de há muito associada a instituições financeiras capitalistas. Zhou Xiaochuan, nomeado governador do banco central da China em 2002, foi muito bem recebido nas reuniões regulares do BIS, com a presença de banqueiros centrais dos principais países em desenvolvimento. Além da fluência em inglês e da familiaridade com finanças internacionais, Zhou contribuiu com avaliações francas do que está acontecendo na China, que poucos poderiam obter de outras fontes. Ele detalhava com freqüência a maneira como o mercado financeiro chinês estava evoluindo e me deu uma nova perspectiva. Em 2006, depois de deixar o Fed, atuei com Zhou num comitê para a análise de questões financeiras relacionadas com o Fundo Monetário Internacional. Ele e seus colegas, que ainda estavam imersos no planejamento central havia apenas alguns anos, já tinham se tornado grandes atores na operação do sistema financeiro global.

Significativamente, a China também está absorvendo muitas características da cultura ocidental. O HSBC, um dos principais bancos internacionais, tem patrocinado, já há dois anos, um torneio de golfe multibilionário em Xangai. Campos de golfe estão pipocando por toda parte na China e o surpreendente não é o fato em si, mas, sim, a constatação de ninguém se surpreender com a tendência.* Poucos esportes simbolizam tanto o capitalismo quanto o golfe. A União Soviética tem jogadores de tênis profissionais, mas não jogadores de golfe.

Já me disseram que há mais orquestras sinfônicas clássicas na China que nos Estados Unidos. E fiquei surpreso quando o presidente Jiang Zemin me disse que seu compositor favorito era Franz Schubert. Trata-se, sem dúvida, de uma grande distância em relação à cultura que recebeu o presidente Nixon em sua visita à China em 1972.

Sempre fui da opinião de que glasnost e a perestroika de Mikhail Gorbachev foram as causas imediatas da queda da União Soviética, ao exporem ao povo soviético os valores "liberais" que Stalin e a maioria de seus sucessores haviam ocultado durante tanto tempo. Depois que se abriu a caixa de Pandora, considerando a maneira como se difundiram as idéias, a queda do coletivismo na URSS e seus satélites foi apenas uma questão de tempo. Os esforços do Politburo Comunista Chinês para controlar as informações pela Internet sugerem que eles chegaram à mesma conclusão e não querem assistir à repetição da história.

---

*Tiger Woods ficou em segundo lugar em ambos os torneios de Xangai. No entanto, recentemente, o golfe tem sido fonte de controvérsia em algumas universidades chinesas, em que os estudantes protestaram contra os esforços da administração para construir "campos de treinamento" onde ensinar o esporte. Entretanto, outro torneio de golfe internacional realizou-se em março de 2007, na Ilha Hainan, da China.

Em 1994, de pé perto do local na Praça da Paz Celestial onde, em 1949, Mao Zedong declarou o estabelecimento da República Popular da China, eu podia apenas me admirar de como vinha sendo difícil a transição da China para a modernidade – e, não obstante, como estava sendo bem-sucedida nos últimos anos. Aqui, onde ocorrera um massacre de estudantes apenas cinco anos antes, contra a liberdade de manifestação, também fiquei pensando como, depois de gerações de doutrinação marxista, uma sociedade de 1,3 bilhão de pessoas podia mudar de rumo e abandonar os valores que lhe foram inculcados durante os anos amoldáveis da infância. Talvez, apesar do grande progresso econômico, esses valores sejam mais persistentes do que parecem à primeira vista. Embora a mudança seja ubíqua, a efígie do chairman Mao ainda adorna a moeda chinesa, sinal de que a força da tradição continua poderosa.

O Partido Comunista chegou ao poder por meio de uma revolução e desde seus primórdios buscou legitimidade política como arauto de uma filosofia que era justa e que oferecia bem-estar material para toda a população. O bem-estar material, contudo, é apenas um dos anseios por que lutam os seres humanos e, sozinho, é incapaz de sustentar um regime autoritário. A exaltação da nova afluência logo desvanece e, com o tempo, passa a ser apenas a base sobre a qual se desenvolvem novas expectativas ainda mais ambiciosas. No último quarto de século foram os rápidos aumentos no padrão de vida que conquistaram o apoio das pessoas.

Seja como for, foi apenas uma questão de tempo para que as contradições inerentes ao regime comunista se tornassem manifestas. Os espectros de Marx e de Mao, que jaziam em paz durante os anos de afluência crescente, se agitaram, em 2006, na pessoa do octogenário Liu Guoguang, economista marxista aposentado, que descarrilou uma proposta de emenda constitucional destinada a explicitar e a ampliar os direitos de propriedade. Ele ergueu a faixa ideológica do Estado comunista e, ao angariar apoio inesperado, fez prevalecer sua posição no Congresso Nacional do Povo. O terreno havia sido preparado por observações incendiárias de Gong Xiantian, professor da Faculdade de Direito da Universidade de Beijing, que vinham circulando pela Internet. Em resposta às críticas da esquerda marxista, o presidente Hu Jintao afirmou que a China deveria "persistir sem hesitação na reforma econômica". Resta saber se essa erupção ideológica é o último estertor de uma geração agonizante ou um estremecimento mais profundo na trajetória da China para o capitalismo. Encorajador, como já observei, foi a aprovação da emenda pelo Congresso Nacional do Povo, em março de 2007, apenas com pequenas alterações.

Em relação à geração passada, a liderança chinesa tem sido muito inventiva em evitar o reconhecimento explícito do que praticamente todo o mundo já concluiu:

apesar de seu brilhantismo, Karl Marx estava errado em sua análise da maneira como as pessoas podem organizar-se com o propósito de criar valor. Para Marx, a propriedade dos meios de produção pelo Estado era requisito essencial para que a sociedade fosse capaz de produzir riqueza e justiça. Assim, na sociedade de Marx, apenas o Estado era detentor do direito de propriedade em relação a praticamente tudo, por delegação do povo. A concessão de direitos de propriedade aos indivíduos é fonte de exploração e só poderia efetivar-se em detrimento do "coletivo", ou seja, da sociedade como um todo. Ele argumentou em favor da coletivização da divisão do trabalho. Todos trabalhando juntos por um único objetivo seriam muito mais produtivos do que os mercados, suscetíveis às diferentes escolhas dos indivíduos. Mas será que os seres humanos otimizam seu potencial numa sociedade coletivizada? O árbitro de última instância de todos esses paradigmas é a realidade. Será que as coisas realmente funcionam conforme essas propostas? Na prática, o modelo econômico de Marx – na Rússia e alhures – não foi capaz de produzir riqueza e justiça, como hoje é notório. As razões para a propriedade coletiva se revelaram falsas.

Os socialistas do Ocidente, ajustando-se ao fracasso da economia marxista, redefiniram o socialismo, para não mais exigir que todos os meios de produção pertencessem ao Estado. Alguns simplesmente defendem a regulamentação por parte do governo, em vez da propriedade estatal, para fomentar o bem-estar social.

Deng Xiaoping, defrontando-se com a realidade de Marx ter caído em desfavor, contornou a ideologia comunista e escorou a legitimidade do Partido em sua capacidade de atender às necessidades materiais da população de mais de um bilhão de pessoas. E, assim, desencadeou um processo que levou a um aumento quase sem precedentes de dezoito vezes no PIB real *per capita,* à queda da mortalidade infantil e ao aumento da expectativa de vida. Mas, como receava muita gente na liderança do Partido, a substituição dos controles governamentais pela precificação de mercado começou a enfraquecer o controle político exercido pelo Partido.

Vi como isso funcionava numa visita a Xangai em 1994. Uma alta autoridade contou a história de como, cinco anos antes, ele havia sido incumbido de supervisionar um depósito. No exercício da função, tinha de estar presente, todos os dias, às 5 horas para distribuir os produtos agrícolas que chegavam a Xangai, disse-me. O trabalho dele era determinar quem recebia o quê. Embora não tenha descido a detalhes sobre como tomava essas decisões, ele sem dúvida exercia considerável poder – posso imaginar os favores que lhe foram oferecidos por distribuidores desejosos de cultivar sua boa vontade. Mesmo assim, ele disse ter vibrado quando o depósito foi convertido em mercado aberto, com os distribuidores fazendo propostas pelos produtos. Agora, em vez de apenas uma pessoa decidir quem ficaria com os brotos de bambu, e a que preço, os compradores e os vendedores negociam até chegar a um acordo. O mercado determina o preço e a produção é distribuída de acordo com a oferta e a demanda – exemplo claro da diferença fundamental entre economia de comando e economia de mercado. Por causa dessa mudança, confidenciou-me alegremente meu interlocutor, sua vida se tornara muito mais fácil. "Agora, não mais preciso me levantar às quatro horas da madrugada. Durmo até tarde e o mercado faz o meu trabalho."

Pensei comigo mesmo: "Será que ele tem idéia do que acabou de afirmar?" À medida que os mercados assumem o comando, o controle exercido pelo Partido Comunista encolhe. O sistema comunista é uma pirâmide em que o poder flui de cima para baixo. O secretário-geral delega poder discricionário a dez pessoas, por exemplo, que se reportam diretamente a ele. Cada uma dessas pessoas, por sua vez, também outorga poder discricionário a muitos outros subordinados, que também lhes prestam contas. O sistema se sustenta porque cada delegado é controlado pelo superior hierárquico imediato. Essa é a fonte do poder político. É assim que o partido governa. Porém, se a precificação de mercado substituir qualquer nível da pirâmide, perde-se o controle. Não se podem preservar, ao mesmo tempo, a precificação de mercado e o controle político. Um anula o outro. Essa realidade já está gerando forte tensão na estrutura de poder do Partido.

Parece que, até hoje, os veteranos do Partido estão conseguindo conviver com esse dilema fundamental. No entanto, a afluência crescente aos poucos está libertando os camponeses chineses da tirania do solo e dos imperativos da subsistência, criando condições para que se dêem ao luxo de protestar contra o que consideram injustiça. Não acho que o Partido esteja consciente de que a afluência e as iniciativas recentes na área de educação estejam empurrando a China para um regime menos autoritário. Hoje, o presidente Hu parece manejar menos poder político que Jiang Zemin, em sua época, e este menos que Deng Xiaoping. E Deng muito menos que Mao. Ao fim dessa estrada, em cujo percurso o poder cada vez menor, encontra-se o Estado de bem-estar social da Europa Ocidental. Mas, ao longo do caminho, é preciso superar os muitos obstáculos que ainda separam a China do status de "país desenvolvido", a meta proclamada de Deng. Muitos dos enormes desafios com que se defrontam os reformadores da China são bem conhecidos: a velha guarda reacionária; a vasta população rural que até hoje pouco participa do surto de prosperidade e, com raras exceções, não pode migrar para as cidades; os enormes nacos remanescentes da economia de comando no estilo soviético, inclusive as empresas estatais ainda inchadas e ineficientes; o sistema bancário de um modo geral em dificuldade, que atende aos mamutes estatais; a ausência de moderna expertise financeira e contábil; a corrupção, subproduto quase inevitável da estrutura de poder piramidal, baseada na autoridade discricionária; e, finalmente, a falta de liberdade política, que talvez não seja condição necessária para o funcionamento dos mercados no curto prazo, mas que é importante válvula de segurança para as agruras do povo, decorrentes da injustiça e da iniqüidade. Além disso, a liderança chinesa precisa lidar com a inveja crescente em relação aos novos-ricos e com revolta popular contra a poluição. Embora tenha aberto partes importantes de sua economia às forças do mercado, a China ainda é cerceada por controles administrativos, remanescentes do planejamento central. Por conseguinte, a economia ainda é rígida e receio que não seria capaz de absorver os choques debilitantes que os Estados Unidos suportaram depois de 11 de setembro.

Tem-se melhor idéia da gravidade dos problemas com que ainda se depara a China quando se analisa a dificuldade com que a liderança vem desmantelando os controles remanescentes do planejamento central. Depois do primeiro surto de afluência, resultante da liberalização que se seguiu às reformas de Deng, em 1980, não se fizeram novos avanços durante anos. Os principais óbices eram o regime cambial inadequado e as leis que inibiam a liberdade dos cidadãos de migrar de áreas rurais para áreas urbanas ou de cidades pequenas para cidades grandes. Apenas a eliminação de boa parte dessas graves restrições do planejamento central, embora ainda incompleta, criou condições para que a China tomasse o caminho do crescimento acelerado que percorreu na última década.

O primeiro foco foi o regime cambial da moeda chinesa, o renmimbi, ou RMB. Não, a taxa de câmbio não estava muito baixa, como muita gente se queixa hoje; no início da década de 1980, ela estava alta demais. Os planejadores centrais haviam fixado a taxa de câmbio do RMB em nível irrealista, em face do valor muito mais baixo que predominava no mercado negro. O comércio internacional à taxa oficial era compreensivelmente lento. Os exportadores chineses, cujos custos eram incorridos em RMB tinham de cobrar preços altos demais em dólar apenas para ficar no ponto de equilíbrio. Quando o contraste com o novo comércio interno, desregulado e florescente, se tornou óbvio, as autoridades monetárias aos poucos desvalorizaram o RMB. Mas o processo demorou quatro anos. Em 1994, o câmbio era totalmente livre para transações comerciais e o mercado negro de RMB desapareceu. O RMB subiu de menos de dois para mais de oito por dólar.

Depois da letargia inicial, as exportações chinesas explodiram, subindo de US$18 bilhões, em 1980, para US$970 bilhões, em 2006, taxa de crescimento anual de quase 17%. Bem mais de metade das exportações chinesas são produzidas com itens importados, e o valor dos produtos exportados se torna cada vez mais alto, como sugere o aumento no preço de exportação médio, que supera a variação dos índices de preços, com base numa cesta de produtos fixa.* O que não se sabe ao certo, contudo, é quanto do aumento nos preços médios reflete a melhoria da qualidade dos produtos intermediários importados para a montagem dos produtos de exportação.

Isso é importante, pois, quanto maior for a intensidade com que os produtos chineses se tornarem de alta tecnologia, maior será o impacto competitivo da China sobre o mundo desenvolvido. A China está subindo com rapidez a escala tecnológica e já está exportando produtos muito mais sofisticados que os de uma década atrás. Mas será que são mesmo os chineses os responsáveis por essa maior sofisticação de seus produtos? Ou a China simplesmente está montando produtos com componentes mais avançados produzidos por outros países? A revista *The Economist*, refletindo em parte a visão do Peterson Institute of International Economics, observou, na primavera de 2007, que "o modelo de exportação da China... consiste, em boa parte, em fornecer mão-de-obra e terra barata a estrangeiros. Até mesmo a empresa de computadores domésticos mais bem-sucedida do país... terceiriza sua produção para empresas de Taiwan". Presumo, contudo, que a proporção de componentes importados nos produtos de exportação chineses tenda a ser cada vez menor, mediante sua substituição gradual por produtos nacionais com maior valor agregado.

A trajetória ascendente das exportações avançou em paralelo ao êxodo de trabalhadores rurais para as cidades. A população rural atingiu seu pico em 1995, com quase 860 milhões. Onze anos depois regredira para 737 milhões. Essa redução resultou não só da migração para as cidades e de algumas mudanças conceituais, mas também da urbanização das terras rurais, à medida que surgiam novos enclaves industriais, principalmente no delta do rio Pérola, contíguo à vibrante Hong Kong. Na década de 1970, essa área fértil abrigava fazendas e vilarejos sonolentos, mas, nos últimos quinze anos, investidores estrangeiros pioneiros, procedentes de Hong Kong e de outros lugares, promoveram o crescimento da região. O delta agora produz tudo, de brinquedos a têxteis, com boa parte de sua produção destinada à exportação. A contribuição de Hong Kong, como exemplo e fonte de ajuda, para o desenvolvimento da economia do delta do rio Pérola foi impressionante.

---

*O Departamento de Comércio dos Estados Unidos, por exemplo, calcula o preço dos produtos importados da China, com base em pesos fixos. Em 2005, os Estados Unidos absorviam 21% do total das exportações chinesas.

Quando a China restabeleceu sua soberania sobre a antiga colônia inglesa, em 1997, eu não tinha muita esperança na sobrevivência do capitalismo em Hong Kong. A idéia de que a China honraria seu compromisso de preservar Hong Kong como um dos bastiões do capitalismo durante cinqüenta anos parecia-me um tanto ingênua. A coexistência de capitalismo e comunismo, lado a lado, sob a mesma autoridade soberana, simplesmente não parecia factível. Mas o princípio "um país, dois sistemas", de Deng, revelou-se, na prática, muito diferente do que eu receava. A China, em vez de inculcar na cultura e na economia de Hong Kong as pegadas do comunismo, se deixou influenciar cada vez mais pelas regras culturais e econômicas de Hong Kong.

A média anual de 1,4% de mudança líquida de população rural para população urbana, ao longo da última década, aumentou consideravelmente a produtividade da China: o estoque de capital nas áreas urbanas é bem mais sofisticado que nas áreas rurais. As Zonas Econômicas Especiais (ZES), inauguradas em 1980, que se concentram na fabricação de produtos para exportação em instalações financiadas por capital estrangeiro, foram um grande sucesso. O progresso na privatização de algumas empresas estatais foi significativo e outras estão passando por grande reestruturação. Em conseqüência, o nível de emprego nessas organizações apresentou forte queda, sinal de que a destruição criativa prossegue em ritmo razoável.

Em conseqüência da reestruturação de várias empresas estatais e da privatização da maioria das restantes, as obrigações dessas entidades em termos de seguridade social e de bem-estar foram transferidas para órgãos públicos ou para instituições financeiras privadas. Obviamente, as empresas estatais não teriam condições de competir se tivessem de assumir o custo integral da rede de segurança social. O inchaço da folha de pagamento das empresas estatais como forma indireta de seguro-desemprego está desaparecendo. Num desses chás tradicionais no Grande Salão do Povo, majestosa construção na Praça da Paz Celestial, em 1997, o presidente chinês, Jiang Zemin, descreveu-me como ele dirigira uma grande empresa siderúrgica estatal. Ele se orgulhava de, com muito menos trabalhadores, produzir tanto aço quanto uma rival no nordeste da China.

Dúvida que não passa de conjectura é se a migração rural para as cidades teria sido ainda mais rápida se não fossem as restrições tradicionais e duradouras aos deslocamentos internos da população, as quais, em sua forma atual, remontam a 1958. Todos os chineses, desde o nascimento, são obrigados a viver na mesma área geográfica da mãe. As autorizações especiais para mudanças são concedidas a apenas pequena fração da população. Essa imobilidade forçada atende às necessidades dos planejadores centrais de garantir que as peças da economia continuem no mesmo lugar, de modo a garantir os resultados do planejamento central, embora, decerto, o controle político também seja um objetivo. As restrições à migração também limitam efetivamente as escolhas das pessoas referentes a trabalho e ocupação.

Não posso imaginar como se pode prosperar nesse ambiente, embora eu suponha que essa situação já represente um avanço em comparação com o pesadelo da Revolução Cultural. Os esforços em curso da atual liderança para atenuar essas restrições são importantes e auspiciosos. Porém, o medo de êxodos em massa das fazendas para as cidades e as perspectivas de inquietação social daí resultantes têm inibido a mudança, não só nessa área, mas também em vários outros aspectos da vida chinesa.

No entanto, a supressão das frustrações impostas à média das pessoas nas áreas rurais, onde a maioria da população ainda reside, é receita certa para a insurreição. À medida que a economia em rápido crescimento libera multidões de chineses para perseguir objetivos além da mera subsistência, essas novas massas passam a ter condições de contemplar as situações que consideram injustas, reais ou imaginárias. A China não dispõe das válvulas de segurança da democracia para desativar as fontes de inquietação. Pessoas ressentidas que não têm o direito de voto para afastar do poder seus representantes tendem a revoltar-se.

A hiperinflação da China na década de 1940 é citada com freqüência como causa dos levantes que guindaram os comunistas ao poder em 1949, lição que eles aprenderam bem. Assim, compreende-se que o maior medo dos comunistas na área econômica seja a inflação como fator desestabilizador da sociedade. John Maynard Keynes observou em 1919: "Lenin, sem dúvida, estava certo. Não existe meio mais sutil e mais seguro de solapar as bases da sociedade do que corromper sua moeda. O processo engaja todas as forças ocultas das leis econômicas no processo de destruição e o faz de maneira que nem mesmo um único homem em milhões é capaz de diagnosticar."

Os líderes chineses nutrem profunda apreensão de que, se a inflação não for contida, a economia ficará debilitada, aumentando o desemprego nas áreas urbanas e semeando a inquietação. Consideram a estabilidade da taxa de câmbio condição necessária para evitar a tão temida instabilidade no mercado de trabalho. Eles estão errados. A atual política de eliminar os riscos de câmbio acarreta rupturas muito mais sérias. Como o PIB *per capita* da China cresceu mais rápido que o de seus parceiros comerciais, em conseqüência principalmente da tecnologia "emprestada" pelas economias desenvolvidas, a competição internacional tende a elevar a demanda por moeda chinesa.* Compensar essa demanda e manter o RMB relativamente estável de 2002 a 2007 exigiu compras acumuladas com RMB pelas autoridades monetárias chinesas bem acima de US$1 trilhão.** Para enxugar, ou esterilizar, o excesso de dólares resultante da compra de ativos estrangeiros, o banco central chinês emitiu grande volume de títulos de dívida, denominados em RMB. Mas essa providência não foi suficiente. A oferta de moeda, em conseqüência, tem crescido a taxas muito superiores às do crescimento do PIB nominal. Isso é combustível para a inflação.

Questão diferente, mas igualmente problemática para os líderes chineses, é o rápido agravamento da concentração de renda. A partir de concentração muito baixa, na década de 1980, quando prevalecia a uniformidade da pobreza, o surgimento de uma sociedade em que a disparidade de renda, segundo avaliação do Banco Mundial, é superior à dos Estados Unidos e da Rússia, é realmente espantoso. Outra dor de cabeça é o sistema bancário chinês, que, até hoje, ainda não passou por nenhuma reforma eficaz. No entanto, o preço das ações dos bancos chineses disparou ao longo de 2006 e continuou subindo em 2007. O Banco Industrial e Comercial da China, controlado pelo Estado, levantou US$22 bilhões, em 2006, a maior oferta pública inicial de 2006. Outros bancos estatais também lançaram grandes ofertas públicas iniciais, que se estenderam ao exterior. Contudo, boa parte do interesse por instituições estatais chinesas reflete o pressuposto dos investidores de que o governo chinês efetivamente garante os passivos desses bancos, pois já reforçou o capital das instituições financeiras com US$60 bilhões oriundos das enormes reservas da China em divisas estrangeiras e, no processo, liquidou muitos dos empréstimos de liquidação duvidosa dos bancos. Historicamente, os bancos chineses têm financiado muitos investimentos politicamente úteis, embora muitos deles, evidentemente, não atendam a nenhum propósito econômico relevante.

---

*A demanda pelos produtos dos países detentores de mão-de-obra de baixo custo aumenta a demanda pela moeda dos países produtores em relação à de outros países. Com o aumento da demanda, o valor da moeda também sobe em comparação com o valor da moeda dos demais países. E essa elevação do valor da moeda tenderá a prosseguir até que o valor dos salários, ajustado pela taxa de câmbio (e pelos diferenciais de produtividade), suba até o nível prevalecente nos demais países competidores.

**O imperativo político de os chineses resistirem ao aumento no valor do RMB tem sido motivo de grande consternação entre políticos americanos e de outros países, por acreditarem, erroneamente, que a contenção da alta do RMB é a principal causa do aumento das importações americanas provenientes daquele país e da conseqüente perda de emprego nos setores manufatureiros. A valorização do RMB provavelmente diminuiria o déficit comercial com a China, mas não o déficit total dos Estados Unidos. Os importadores americanos simplesmente recorreriam a outros países com mão-de-obra de baixo custo para substituir as vendas dos exportadores chineses, que deixaram de ser competitivos. (As compras de US$1 trilhão, da China, desde 2001, abrangem dólares americanos e outras moedas convertidas para dólares.)

Além disso, o ainda incipiente sistema bancário não dispõe do grau de flexibilidade necessário para efetuar ajustes econômicos. As economias de mercado a toda hora perdem o equilíbrio, mas as mudanças induzidas pelo mercado nas taxas de juros e nas taxas de câmbio, além de ajustes nos preços dos produtos e dos ativos, logo restabelecem a estabilidade. O governo chinês não permite a flutuação das taxas de juros em função dos níveis de oferta e procura, mas as manipula mediante medidas administrativas, juntamente com mudanças nos níveis de reservas a serem mantidas pelos bancos. Mas só o faz depois que as evidências de desequilíbrios econômicos se tornam inquestionáveis, quando, invariavelmente, já é tarde demais, razão por que, quase sempre, essas medidas são ineficientes ou mesmo contraproducentes. As autoridades monetárias orientam os bancos quanto aos níveis de empréstimo, quando se dão conta do excesso de crescimento, mas, de novo, a intervenção é tardia. Essas iniciativas raramente enfrentam de maneira adequada os desequilíbrios financeiros. Ironicamente, a segregação entre as finanças chinesas e as do resto do mundo blindou a China contra a crise financeira que se difundiu pelo globo em 1997-1998.

A China necessita, desesperadamente, de expertise financeira, o que não é de admirar, pois pessoas com tais qualificações pouco tinham a fazer sob o planejamento central. O mesmo ocorria com profissionais de marketing, contadores, gestores de risco e outros especialistas tão essenciais no dia-a-dia de uma economia de mercado. Tais qualificações apenas recentemente foram incluídas nos currículos escolares, mas ainda levará algum tempo para que a economia, sobretudo o setor bancário, passe a dispor de pessoal qualificado em níveis adequados. Em dezembro de 2003, Liu Mingkang, novo chairman da Comissão Reguladora de Bancos da China, visitou o Federal Reserve Board, quando reconheceu que os bancos chineses carecem de expertise profissional em análise de crédito e admitiu que a presença cada vez maior de bancos estrangeiros na China poderia ser útil. Sugeri que o que a China realmente necessitava era de pessoas que já houvessem trabalhado em economias de mercado e que fossem dotadas dos olhos agudos e do julgamento competitivo dos bons analistas de crédito do Ocidente. Muito progresso já se fez desde então, mas muito ainda precisa ser feito.

Como a função financeira é irrelevante sob o planejamento central, os bancos chineses não são realmente instituições financeiras tais como as conhecemos no Ocidente. Por força de orientação política, os bancos estatais chineses, no passado, forneciam fundos para o pagamento de compromissos assumidos pelo Estado. Não havia analistas de crédito para conceder empréstimos com base na probabilidade de que viessem a ser pagos, apenas agentes de transferência de fundos. Os empréstimos de liquidação duvidosa na contabilidade da renda nacional são parte da reconciliação entre o PIB, o valor de mercado presumido da produção, de um lado, e a remuneração dos empregados e o lucro dos agentes econômicos, as despesas debitadas à produção, de outro. Na medida em que são comuns os maus investimentos, parte do PIB medido é desperdício e não tem valor. O nível de empréstimos de liquidação duvidosa dos chineses suscita as mesmas perguntas sobre o verdadeiro significado dos números divulgados sobre o PIB chinês. Contudo, convém observar que, mesmo os investimentos que acabam não gerando nenhum valor duradouro, consomem suprimentos e matérias-primas. Assim, os níveis publicados do PIB chinês talvez sejam razoavelmente úteis na avaliação dos recursos necessários à sua produção, ou seja, como indicador do valor da demanda de insumos.

Mesmo depois de levar-se em conta a qualidade questionável de alguns dados divulgados pela China, os resultados das reformas que se iniciaram em fins da década de 1970 ainda são realmente notáveis. Basta observar as grandes mudanças em Beijing, Xangai e Shenzhen, e as mudanças em menor escala, mas ainda reais, no país em geral, para concluir que a China é tudo, menos um vilarejo Potemkin.

Com base em minha experiência, foram os tecnocratas no governo chinês – principalmente no Banco Central, no Ministério das Finanças e, surpreendentemente, nas agências reguladoras – que pressionaram por iniciativas de mercado. A maioria dessas entidades, contudo, exerce apenas funções consultivas. As principais decisões políticas competem ao Conselho de Estado e ao Politburo e é por mérito desses órgãos que se adotaram orientações voltadas para os mercados. Obstáculo remanescente de extrema importância, que ameaça o domínio do Partido Comunista em sua essência, é o desafio ideológico. O objetivo de Deng Xiaoping de elevar a China à categoria de "país desenvolvido intermediário" até meados do século exige ainda mais rigor nos direitos de propriedade, mesmo contra a resistência de marxistas da velha guarda.

Não obstante o progresso do direito de propriedade em áreas urbanas, o mesmo não ocorre em áreas rurais, onde residem 737 milhões de chineses. O reconhecimento de direitos de propriedade sobre terras agrícolas seria rompimento inequívoco com as tradições comunistas para ser concedido com facilidade. Os agricultores podem arrendar terras e vender produtos em mercados abertos, mas não têm direito garantido por lei à terra que cultivam, razão por que não podem comprá-la nem vendê-la e, tampouco, oferecê-la como garantia de empréstimos. Nas últimas décadas, com o avanço da urbanização sobre as zonas rurais, as autoridades locais confiscaram enormes extensões de terra, oferecendo como compensação apenas pequena fração do que a terra realmente valeria como parte de um enclave urbano.

Tais confiscos têm sido uma das principais razões dos protestos recentes, cada vez mais intensos, assim como da inquietação crescente. Alta autoridade policial chinesa relatou que o número de manifestações públicas em todo o país subiu para setenta e quatro mil, em 2004, em comparação com dez mil, uma década antes. As estimativas para 2006 foram um pouco mais baixas. A concessão de títulos de propriedade de terras agrícolas poderia, com uma simples penada, reduzir substancialmente a disparidade de riqueza entre residentes urbanos e rurais.

Embora o propósito de supremacia econômica se situe no próprio âmago das iniciativas do Partido, as lideranças têm outros objetivos, dentre os quais a situação de Taiwan não figura entre os menos importantes. Muitos, talvez a maioria, dos líderes sabem que o confronto militar espantaria os investimentos de capital estrangeiro e comprometeria seriamente as aspirações do país de construir uma economia de classe mundial.

Em suma, a liderança do Partido Comunista se defronta com escolhas muito difíceis. A trajetória em que se encontra hoje acabará levando o Partido a abandonar suas raízes filosóficas e a adotar de maneira mais formal alguma modalidade de capitalismo de mercado. Será que, nesse caso, ele se metamorfoseará em partido socialista democrático, como tem ocorrido em muitos Estados do antigo bloco soviético? Será que, se assim ocorrer, ele aceitará o pluralismo político como conseqüência provável, o que em si ameaçará a hegemonia do Partido? Ou, em face de tudo isso, o Partido Comunista abandonará a reforma e retornará a um regime ortodoxo de planejamento central e de autoritarismo generalizado, o que, decerto, solapará a prosperidade de que a liderança depende como condição da própria legitimidade?

Não tenho dúvida de que o Partido Comunista da China será capaz de manter um regime autoritário, quase capitalista, relativamente próspero, durante algum tempo. Mas, sem a válvula de segurança política do processo democrático, questiono a possibilidade de sucesso duradouro desse regime. A maneira como se farão essas escolhas terá profundas implicações, não só para a China, mas também para o mundo todo, assunto a que retornarei mais adiante.

CAPÍTULO 15

OS TIGRES E O ELEFANTE

Antes de a China reinventar-se como enorme gorila econômico do Leste asiático, os países apelidados de "Tigres Asiáticos" testaram e aperfeiçoaram o modelo econômico que a China viria a escolher. A explosão de crescimento econômico da China, detonada pelas exportações, seguiu, sem dúvida, o caminho que já havia sido escolhido por esses Tigres – principalmente Hong Kong, Taiwan, Coréia e Cingapura. O modelo desses países é simples e eficaz. O país em desenvolvimento abre no todo ou em parte sua economia aos investimentos estrangeiros, para empregar uma força de trabalho mal remunerada, mas bem educada. Às vezes, é politicamente mais fácil definir áreas geográficas específicas, como as Zonas Econômicas Especiais da China, para receber os investimentos estrangeiros e sua tecnologia. Fundamental nesse modelo é que os investidores recebam garantias de que, se forem bem-sucedidos, serão capazes de colher as recompensas. Isso exige que os direitos de propriedade sejam respeitados pelos países em desenvolvimento.

Considerando a devastação da Ásia durante a Segunda Guerra Mundial e as guerras na Coréia e no Vietnam, os avanços econômicos partiram de uma plataforma muito baixa. O PIB *per capita* de boa parte do Leste da Ásia não estava muito acima dos níveis de subsistência. Bastou a conjugação de investimentos de capital protegidos e de mão-de-obra de baixo custo para deflagrar surtos de progresso por toda a região. No início, ainda não se tratava de economias de livre mercado. Diferentes formas de planejamento central e de propriedade estatal eram muito comuns. A Coréia, imitando o Japão, concedeu condições favoráveis a gigantescos conglomerados de negócios (*chaebol*). Taiwan tinha grandes empresas estatais e, como os outros tigres, cercava de forte proteção comercial a indústria interna.

A maioria desses países contava com líderes carismáticos, mas autocráticos. Lee Kuan Yew, de Cingapura, desencadeou o surgimento de uma cidade pequena, mas de classe mundial; outros autocratas, como o general Suharto, que governou o sistema de capitalismo de compadrio da Indonésia, alcançou, em tese, menos sucesso. O primeiro-ministro da Malásia, Mahathir Mohamad, que ainda nutre ressentimentos do passado colonial de seu país, foi um líder nacional muito forte.

Em diferentes ocasiões, conversei com muitos desses líderes, mas não posso dizer que passei a conhecê-los. Tive mais contato com Lee Kuan Yew, mais recentemente, em 2006, e sempre o considerei impressionante, embora nem sempre nossos pontos de vista fossem coincidentes. Conheci-o no famoso (ou infame, dependendo de suas perspectivas) Bohemian Grove, estância exclusivamente para homens, situada nos bosques da Califórnia (a revista *Time* uma vez enviou uma mulher disfarçada de homem para preparar uma reportagem sobre as práticas clandestinas do clube), numa ocasião em que ele lá estava como convidado de George Shultz.

Quando visitei o dr. Mahathir, na Blair House (casa de hóspedes oficial de Washington, para chefes de Estado e outros dignitários visitantes), em maio de 2002, achei-o menos flamejante do que esperava. Na verdade, ele pareceu ao mesmo tempo ponderado e interessado, desde que eu não fizesse qualquer referência à prisão, por ordem dele, de Anwar Ibrahim, ministro das Finanças da Malásia e seu provável sucessor político. Anwar era muito respeitado nos meios financeiros internacionais. Acho que o vice-presidente dos Estados Unidos, Al Gore, falou por todos nós quando, em 2000, ele denunciou "o julgamento espetaculoso... que escarneceu dos padrões internacionais de justiça". Mesmo em nossos momentos de mais sectarismo, não consigo imaginar esse jogo duro político nos Estados Unidos.

Quando os ministros das finanças e os governadores de bancos centrais do G7 visitaram a Tailândia, em 1991, e fizemos um tour pelo espalhafatoso palácio, fiquei procurando vestígios de Anna Leonowens, lendária preceptora inglesa do século XIX, que foi recrutada para educar os filhos do soberano do país, então conhecido como Sião. Um de seus descendentes, o rei Bhumibol Adulyadej, está no poder há mais de sessenta anos. Tenho um fascínio todo especial pelo papel da monarquia na Tailândia. A autoridade legal do rei Bhumibol não é muito bem definida, mas o soberano é reverenciado e, aparentemente, tem muita autoridade moral. Quando um impasse político culminou com um golpe militar, em setembro de 2006, o rei atenuou o impacto da transição ao aparecer na televisão ao lado do líder do golpe, o comandante do Exército, Sonthi Boonyaratglin.

Todos os líderes desses governos autoritários foram bem-sucedidos, de início, ao arrancarem seus países da letargia econômica. As indústrias do Leste Asiático, altamente subsidiadas e protegidas, passaram a exportar cada vez mais e melhoraram o padrão de vida do povo ao longo da década de 1970. Não obstante os grandes desperdícios e ineficiências das economias planejadas ou quase planejadas, muitas realmente progrediram. Porém, as inflexibilidades das economias sujeitas a muita intervenção impõem limitações ao progresso. Assim, para evitar a estagnação, os tigres do Leste da Ásia reduziram suas barreiras ao comércio externo e, na década de 1980, já se haviam desvencilhado dos subsídios que asfixiavam a competição, dos quais boa parte da economia asiática, à exceção das indústrias exportadoras, ainda dependia.

Os exportadores continuaram a competir com eficácia nos mercados internacionais, à medida que as tecnologias que aumentavam a produtividade (tomadas de empréstimo aos países desenvolvidos), associadas aos baixos salários, geravam altas taxas de retorno. No entanto, como as empresas voltadas para a exportação tiveram de aumentar seus salários a fim de atrair a força de trabalho de que precisavam para atender às encomendas em rápido crescimento, as demais empresas, em resposta, também tiveram de oferecer melhor remuneração, para manter seus trabalhadores. Em conseqüência, o padrão de vida dos trabalhadores no Leste Asiático registrou aumentos significativos.

Na mesma época, os Tigres Asiáticos, além de exportar para os países desenvolvidos, também desenvolveram o comércio uns com os outros. A concentração em tarefas especializadas, cada vez mais estreitas, quase sempre aprimora a competência e aumenta a produção por trabalhador, sobretudo quando os concorrentes estão próximos uns dos outros e os custos de transporte, em conseqüência, são baixos. Os Tigres, ao se defrontarem com mercados de trabalho cada vez mais escassos e, por conseguinte, com salários crescentes, começaram a perder a vantagem competitiva inicial em produtos intensivos em mão-de-obra para competidores com custos mais baixos na própria Ásia, na América Latina e, mais recentemente, na Europa Oriental. Felizmente, a educação, desde o início, foi prioridade no esforço dos Tigres em busca de maior competitividade. Assim, o Leste Asiático foi capaz de avançar para produtos mais complexos: semicondutores, computadores e vasta gama de itens de alta tecnologia que oferecem alto valor agregado no mercado internacional. O acúmulo de capital e a disponibilidade de força de trabalho mais sofisticada impulsionaram vários Tigres no salto para economias desenvolvidas, em termos de renda e de status.

Mas será que esses ganhos ocorrem à custa do resto do mundo, principalmente, como se alega, dos Estados Unidos e da Europa? A resposta é não. A expansão do comércio não é jogo de soma zero. Com efeito, as exportações e importações globais têm aumentado com muito mais rapidez que o PIB mundial já há mais de meio século. Esse fenômeno ocorreu no caso dos Tigres porque as altas tarifas de importação e outras barreiras ao comércio resultaram em grandes diferenças persistentes entre custos de fabricação, mormente os de mão-de-obra. À medida que se reduziam as barreiras, em conseqüência das negociações comerciais globais e das grandes melhorias nas tecnologias de transporte e de comunicações, as atividades manufatureiras migravam para o Leste da Ásia e para a América Latina, aumentando a renda real dessas regiões. Ao mesmo tempo, os Estados Unidos e outros paises desenvolvidos se especializavam cada vez mais em produtos conceituais e em serviços intelectuais, com alto valor de mercado. Nos Estados Unidos, por exemplo, o valor adicionado em finanças e seguros aumentou de 3% do PIB, em 1953, para 7,8%, em 2006, ao passo que, no setor industrial, caiu significativamente no mesmo período. No Capítulo 25, tratarei das causas e das implicações dessa mudança dramática nos Estados Unidos.

Os deslocamentos da produção, como a transferência de algumas atividades de fabricação de têxteis e de vestuário para o exterior, permitiu a migração de recursos para produtos e serviços mais valorizados pelos consumidores mundiais. O resultado líquido tem sido o aumento da renda real, em média, tanto para os trabalhadores americanos quanto, por exemplo, para os do Leste da Ásia. O adjetivo "líquido", evidentemente, obscurece o trauma da perda de empregos por que passaram os trabalhadores das indústrias têxteis e de vestuário.

As economias do Leste da Ásia percorreram um longo caminho desde suas raízes humildes de meio século atrás. Mas será que continuarão avançando, especialmente no ritmo dos últimos anos? Será que o progresso da região mais uma vez será limitado por crises financeiras, como as que produziram efeitos tão devastadores em 1997? Tais crises são improváveis, ao menos com as mesmas características. Desde 1997, os Tigres Asiáticos eliminaram drasticamente a falta de reservas em moeda estrangeira. Mais importante, desatrelaram do dólar suas taxas de câmbio, o que eliminou boa parte dos investimentos de curto prazo em "carry-trade", cuja desmontagem, no contexto de reservas inadequadas, desencadeou a crise.* Assim, choques econômicos inesperados devem ser absorvidos com mais facilidade do que uma década atrás.

*Com taxas de câmbio fixas em relação ao dólar, contraíam-se empréstimos em dólar para financiar investimentos em empréstimos de alto rendimento a tomadores do Leste da Ásia. Com a flutuação das taxas de câmbio, a percepção de risco dessas operações aumentou substancialmente.

Mas será que a ampliação do comércio e a melhoria do padrão de vida prosseguirão para sempre? Sim. Esse é o dom dos mercados livres competitivos e da acumulação irreversível de tecnologia. O volume de comércio entre fronteiras tem poucos limites nacionais.* As exportações de Luxemburgo, por exemplo, corresponderam a 177% do PIB, em 2006, e suas importações a 149%. No entanto, depois da grande abertura dos mercados mundiais, sobretudo depois da queda da União Soviética, muitas barreiras e ineficiências já foram eliminadas. Sob certo aspecto, a maioria dos frutos situados nos galhos mais baixos da abertura comercial já foi colhida. Sem dúvida, a incapacidade de concluir a rodada de Doha de negociações comerciais em 2006 deve acarretar alguma desaceleração no ritmo de melhoria do padrão de vida em todo o mundo. A taxa de declínio das barreiras comerciais quase certamente diminuirá, à medida que nos aproximamos do ponto de resistência política insuperável a reduções ainda mais acentuadas. Tudo isso sugere que o crescimento das economias voltadas para exportações, como as do Leste da Ásia, tende a não ser tão rápido quanto o das últimas seis décadas.

A convergência ou pelo menos a redução dos spreads, ajustados ao risco, entre os custos dos vendedores e dos produtores de bens comercializados no âmbito internacional – industrializados e primários – diminuirá a eficácia das estratégias de crescimento baseadas em exportações. E, embora as políticas de crescimento voltadas para exportações de serviços desfrutem de alta visibilidade – por exemplo, a exportação de serviços de call-center e de computação da Índia para os Estados Unidos, processo conhecido nos Estados Unidos como terceirização – tais mercados são muito pequenos.

Um dos obstáculos ao crescimento indefinido das exportações da China e dos Tigres é o aumento dos custos de produção. Numa das maiores ironias do pós-guerra, o Vietnam agora está sendo procurado como a próxima plataforma de produção para a expansão do comércio baseado em mercado – leia-se capitalista. Sob o Acordo de Comércio Bilateral entre Estados Unidos e Vietnam, de 2001, as exportações vietnamitas para os Estados Unidos aumentaram oito vezes, de US$1,1 bilhão, em 2001, para US$9,3 bilhões, em 2006. As exportações americanas para o Vietnam mais do que dobraram.

A história dos Estados Unidos depois da Segunda Guerra Mundial registra duas derrotas militares na guerra para conter o comunismo. A primeira foi a retirada rápida das forças americanas, ao se defrontar com o avanço maciço do Exér-

*Para qualquer país, a diferença entre exportações e importações não pode ser maior que o PIB menos as mudanças nos estoques e, para o mundo como um todo, as exportações são iguais às importações. Mas não há limite aos fluxos brutos.

cito chinês em direção à Coréia do Norte, depois de atravessar o rio Yalu, no inverno de 1950; a segunda foi a humilhação de abandonar o Vietnam do Sul, em 1975. No entanto, podemos ter perdido algumas batalhas, mas não perdemos a guerra. Tanto a China comunista quanto o Vietnam comunista estão lutando para afrouxar as camisas-de-força do planejamento central, a fim de respirarem a liberdade econômica do capitalismo, embora sem proclamar em voz alta o que estão fazendo. Em 2006, o Merrill Lynch, dos Estados Unidos, seguindo o exemplo do Citigroup um ano antes, obteve o direito de comprar, vender e operar de um modo geral com ações vietnamitas na incipiente bolsa de valores da cidade de Ho Chi Minh. Quando Bill Gates, o capitalista mais rico do mundo, visitou Hanói, ele foi recebido pelos mais altos líderes do Partido Comunista do Vietnam e por uma multidão de admiradores. Será que os milagres nunca cessarão? As idéias são importantes. Com efeito, as idéias capitalistas da América se mostraram mais poderosas que nossas espadas.

Talvez mais que qualquer outro país analisado neste livro, a Índia seja o símbolo mais poderoso da pujança do capitalismo de mercado e da estagnação do socialismo. A Índia se transforma com rapidez em duas entidades: um cerne de modernidade de classe mundial dentro de uma cultura histórica que em boa parte se manteve estagnada durante gerações.

Esse cerne de modernidade parece ter ultrapassado de longe o modelo de manufatura para exportação, intensivo em mão-de-obra, típico do século XX, adotado pela China e pelo resto do Leste Asiático. Em vez disso, a Índia se concentrou em serviços globais de alta tecnologia do século XXI, segmento da atividade econômica mundial com as mais altas taxas de crescimento. A centelha de modernidade deflagrou avanços em todo o setor de serviços da Índia, como comércio, turismo e construção civil relacionada com o turismo. A aceleração do crescimento do PIB real, de 3,5%, entre 1950 e 1980, para 9%, em 2006, foi verdadeiramente notável. Esses avanços arrancaram mais de 250 milhões de pessoas da pobreza extrema, em nível de subsistência, com renda inferior a US$1 por dia.

No entanto, o PIB *per capita* da Índia, que se encontrava em paridade com o da China em princípios da década de 1990, agora corresponde a apenas um quinto daquele. Com efeito, a US$730 por pessoa, ele está abaixo do da Costa do Marfim e do de Lesoto. A razão por que a Índia não conseguiu seguir a China no trecho inicial da escalada para o desenvolvimento é de cunho ideológico.

Quando a Inglaterra declarou a independência da Índia, em 1947, ela retirou do país todas as instituições do governo britânico, mas deixou atrás de si um conceito que cativou a elite indiana: o socialismo fabiano. Jawaharlal Nehru, discípulo do reverenciado Mahatma Gandhi e primeiro-ministro da Índia durante os dezesseis anos seguintes à independência, foi muito atraído pela argumentação dos fabianos, para o que contribuiu sua percepção da competição de mercado como algo destrutivo. Em conseqüência, por causa de Nehru, o socialismo ainda exercia forte influência sobre a política econômica indiana, muito tempo depois de ter sido abandonado pela Inglaterra.

Nehru ficou fascinado pelo planejamento central como extensão racional das atividades coordenadas dos seres humanos, com o objetivo de criar bem-estar para muitos, em vez de para poucos. Como primeiro-ministro, ele de início se concentrou na propriedade estatal de setores estratégicos, principalmente energia elétrica e indústria pesada, ao mesmo tempo em que impunha rigorosos controles sobre todos os demais setores, administrados por um quadro de autoridades públicas capazes, que ostentavam aparente benevolência.

Em breve, esses controles ubíquos, o "license raj" ou domínio da licença, como vieram a ser conhecidos, haviam impregnado praticamente toda a atividade econômica da Índia. Precisava-se de licença, de alvará ou de estampilha para quase todas as atividades econômicas imagináveis. Sob tais restrições, a Índia se acomodou em plácida taxa de crescimento, que veio a ser conhecida como "os 3% hindus". A burocracia não sabia o que fazer. Aquele sistema "científico" deveria acelerar o crescimento. Mas não foi o que aconteceu. No entanto, abolir os controles seria abandonar os princípios igualitários do socialismo fabiano.

Como a pletora de licenças, alvarás e estampilhas não parecia ajudar a economia (com efeito, a estava sufocando), todas as decisões da burocracia, ao conceder autorizações, logo deixaram de lado todos os propósitos mais elevados e se tornaram puramente arbitrárias. Mas, conforme observei ao descrever a pirâmide de autoridade do Partido Comunista chinês, discricionaridade é poder. Mesmo os servidores civis indianos mais escrupulosos relutavam em abrir mão desse poder e os menos escrupulosos tinham algo para vender. Não admira que a Índia se classificasse, e ainda se classifique mal em todas as avaliações de corrupção.

Assim, a burocracia que controlava com firmeza quase todos os segmentos da economia indiana relutava em ceder o poder. Essa relutância foi apoiada e reforçada pelos poderosos e enraizados sindicatos trabalhistas da Índia e, em especial, pelos partidos comunistas, que sempre se destacaram na política indiana. Além de ser forma de organização econômica, o socialismo, por causa de sua premissa básica de propriedade coletiva, também é fonte de implicações culturais profundamente importantes, a maioria das quais foi esposada por grande parte dos indianos.

A Índia impressiona como a maior democracia do mundo. Por definição, as democracias elegem representantes do povo, situação que, como não poderia deixar de ser, também se aplica à Índia, com a peculiaridade de que lá, ela tem favorecido, de maneira significativa, os que dizem acreditar nos princípios coletivistas do socialismo. A noção de que os intelectuais do governo, induzidos pelo bem comum da sociedade como um todo, são capazes de determinar a alocação adequada dos recursos, muito melhor que as forças erráticas do livre mercado, toca fundo na Índia.

Em junho de 1991, um funcionário da velha linha, P.V. Narasimha Rao, do Partido do Congresso, com orientação esquerdista, tornou-se primeiro-ministro. A economia cambaleava à beira do colapso, refletindo mais de quatro décadas de planejamento central de fato. Agora, ao se tornar evidente que a Índia sofria as conseqüências dos mesmos paradigmas falhos que haviam estiolado a Europa Oriental, uma grande mudança estava em formação. Para a surpresa de todos, Rao rompeu uma longa tradição e, ao se defrontar com crise iminente no balanço de pagamentos, partiu para o combate a vários aspectos da mão estupefaciente dos controles. Uma de suas providências foi nomear Manmohan Singh ministro das Finanças.

Singh, economista com mentalidade de mercado, conseguiu abrir uma pequena brecha na economia regimental – deu os primeiros passos liberalizantes em amplo conjunto de áreas – e demonstrou mais uma vez que um pouco de liberdade econômica e de competição é capaz de exercer extraordinária alavancagem no crescimento econômico. As vozes anticapitalistas foram silenciadas durante algum tempo pela gravidade da crise, situação que abriu uma janela de oportunidade para a desregulamentação. O capitalismo de mercado conquistou um ponto de apoio e demonstrou sua eficácia.

Boa parte da história recente da economia global é a saga dos Estados sob planejamento central da Europa Oriental e da China adotando a competição de mercado e sendo recompensados por rápida aceleração no crescimento econômico. A Índia não é ator importante nesse enredo. Para ser exato, Singh iniciou muitas reformas; porém, em muitas áreas críticas, ele foi tolhido pelas inclinações socialistas duradouras de sua coalizão governamental. Mesmo hoje, as empresas com mais de cem empregados, salvo raras exceções, não podem demitir ninguém sem autorização do governo.

As reformas iniciadas por Singh em 1991 ainda estão em andamento. Algumas reduções nas barreiras tarifárias permitiram que os empreendedores participassem de mercados internacionais competitivos.* Tanto a exportação quanto a importação de bens subiu consideravelmente em relação ao PIB nominal, e as exportações líquidas de software aumentaram de US$5,8 bilhões, em 2001, para US$22,3 bilhões, em 2006. Evidentemente, os exportadores indianos ainda precisam enfrentar a burocracia em casa, mas, para eles, agora, a proteção dos direitos de propriedade e a formação dos custos e dos preços estão, em boa parte, bem além do controle da burocracia.**

A liberalização de Singh, combinada com a redução dos custos das telecomunicações globais, com as habilidades em inglês dos indianos educados e com os baixos salários, impulsionou a Índia para a linha de frente da prestação de serviços terceirizados a empresas: call centers, engenharia de software, processamento de sinistros para seguradoras, empréstimos hipotecários, contabilidade, avaliações de exames de raios X e uma variedade cada vez mais ampla de serviços via Internet. Os engenheiros de software indianos ajudaram o mundo a enfrentar o desafio do vírus do milênio.

A imagem da Índia como grande prestadora de serviços terceirizados tornou-se especialmente visível para os americanos, que, exageradamente, passaram a encarar a Índia como fonte de desemprego para amplos segmentos de trabalhadores em funções de escritório. Porém, as incursões competitivas da Índia têm sido de moderadas a pequenas, principalmente em proporção à sua força de trabalho de 450 milhões de pessoas.

O total de empregos oferecidos pela indústria de tecnologia da informação da Índia situa-se hoje em mais ou menos 1,5 milhão, cinco vezes o nível de 1999. Quase todo o aumento se concentrou na exportação de serviços. Aparentemente, outros 3 milhões de empregos foram criados nos setores de telecomunicações, de energia e de construção civil, em conseqüência do surto de prosperidade em TI. Em termos diretos e indiretos, isso não chega a representar 1% do nível total de emprego na Índia. E esse é o problema.

---

*No entanto, as tarifas da Índia ainda correspondem ao dobro dos níveis médios vigentes nos países do Sudeste Asiático, aumentando o custo dos materiais consumidos na produção para exportação. A Índia responde por apenas 2,5% do comércio global de bens e serviços. A China absorve 10,5%.

**Os direitos de propriedade na Índia são muito prejudicados pelo custo de garantir a execução de um contrato. De acordo com o Banco Mundial, precisa-se de 425 a 1.165 dias, dependendo do estado, para assegurar o cumprimento dos contratos mediante ações judiciais. A propriedade de nove décimos das terras na Índia está sendo questionada nos tribunais.

A indústria de TI e outros serviços, que se limitam às grandes cidades de Bangalore, Dehli e Mumbai, representaram a travessia do século XX para o século XXI. No entanto, como se queixou uma autoridade pública durante uma entrevista à BBC, em princípios de 2007, "Vá além do brilho de algumas cidades e você retorna ao século XIX." Para que a Índia se transforme em grande ator na arena internacional, que é sua aspiração, ela precisará construir fábricas que atraiam grande parte de seus trabalhadores agrícolas para enclaves urbanos, a fim de produzir produtos de exportação intensivos em mão-de-obra, ou seja, seguir a mesma trajetória tradicional dos Tigres Asiáticos e da China.

As atividades industriais na Índia, contudo, mesmo as de alta tecnologia, foram estropiadas por décadas de leis trabalhistas destruidoras de emprego; pela infra-estrutura decrépita, incapaz de gerar energia elétrica confiável* e por rodovias e ferrovias que inibem a movimentação de componentes industrializados e de produtos acabados entre fábricas e mercados. Em face da legislação trabalhista onerosa, aplicável a estabelecimentos com dez ou mais empregados, mais de 40% de todos os empregos do setor industrial se concentram em unidades cujo efetivo de pessoal varia de cinco a nove trabalhadores, em comparação com 4% na Coréia. A produtividade nesses pequenos estabelecimentos indianos corresponde a 20% ou menos da de grandes empresas; evidentemente, essas unidades minúsculas não são capazes de gerar as economias de escala possíveis em grandes empresas. Para que suas atividades de produção em grande escala algum dia sejam capazes de eliminar a diferença entre os padrões de vida da Índia e da China, rivais que se comparam com tanta freqüência, a Índia precisará estimular a migração da mão-de-obra rural para o setor manufatureiro nas áreas urbanas. E, para encorajar o deslocamento de trabalhadores tão enraizados na terra, o setor industrial precisará tornar-se globalmente competitivo. Para tanto, será preciso eliminar as camadas remanescentes do "licence raj". O que está em jogo é o destino de três quintos da força de trabalho da Índia, que labutam com ineficiência na agricultura. Essa vasta população precisa de uma mudança dramática para melhor.

A Índia rural está atolada em pobreza mais sombria que a de qualquer outro lugar do mundo fora da África subsaariana. É aqui que reside alta concentração dos analfabetos da Índia (dois quintos da população adulta) e a maioria dos mais de 250 milhões de indianos que vivem com menos de US$1 por dia. Metade das casas da Índia não tem eletricidade. A produtividade nas áreas agrícolas corresponde a ape-

*Muitos estabelecimentos de negócios instalaram seus próprios pequenos geradores para garantir o abastecimento de energia elétrica.

nas um quarto da registrada nas áreas não-agrícolas. O rendimento das safras de arroz é a metade do obtido no Vietnam e um terço do da China. A situação do algodão é ainda pior. O rendimento do trigo, que tanto se beneficiou com o enriquecimento das sementes durante a revolução verde da década de 1970, ainda é de apenas três quartos do da China. Apenas no chá a Índia é mais produtiva do que seus concorrentes da Ásia. Além disso, o transporte rodoviário que liga as fazendas e as cidades é tão inadequado que a produção de safras perecíveis se restringe em boa parte ao consumo local. Relata-se que um terço das safras apodrece a caminho dos mercados.

O crescimento da produtividade agrícola desacelerou desde a década de 1980. Embora o clima, em parte, seja culpado, os altos subsídios e a intervenção direta do governo na agricultura inibem a atuação das forças do mercado. Nos últimos anos, o governo gastou mais de 4% do PIB em subsídios, principalmente com alimentos e fertilizantes, embora os subsídios estatais à energia e à irrigação sejam bem superiores. Mesmo que os trabalhadores agrícolas sejam incentivados a migrar para as cidades, onde a produtividade é mais alta, como ocorreu na China, deve-se manter a produção agrícola que alimenta 1,1 bilhão de pessoas. A capacidade da Índia de aumentar as importações de alimentos é limitada. Portanto, o crescimento da produtividade agrícola é a única maneira viável de garantir a disponibilidade de alimentos, à medida que o setor industrial atrai trabalhadores das áreas rurais. Na Índia, necessita-se desesperadamente de competição de mercado na agricultura.

Martin Feldstein, eminente economista de Harvard, num contexto um tanto diferente, salientou uma situação irônica que se aplica ao dilema da política agrícola da Índia, em ensaio publicado pelo *Wall Street Journal*, em 16 de fevereiro de 2006: "Na Índia, é grande a oferta de telefonia celular a baixo custo, pois a atividade foi considerada supérflua e ficou por conta do mercado, ao passo que é difícil conseguir eletricidade, pois se trata de serviço essencial que, portanto, é gerenciado pelo governo."

Infelizmente, a eliminação dos grandes subsídios agrícolas parece não ser mais provável em Delhi que em Paris ou em Washington. Os subsídios duradouros são capitalizados no valor da terra. Os beneficiários líquidos dos subsídios são sempre os proprietários da terra quando da criação dos subsídios. Os futuros proprietários pagam pela expectativa de continuidade do fluxo de subsídios como parcela integrante do preço da terra. Esses novos adquirentes não são, em princípio, beneficiários líquidos. O aumento da tributação sobre terras agrícolas – que é, na realidade, o que ocorre com a redução de subsídios, sem qualquer compensação – não é aceito sem resistência pelos proprietários de terras. Já se conseguiu algum progresso marginal na redução desses subsídios, mas o ataque frontal será difícil, considerando as inclinações do Partido do Congresso e de seus vinte e três parceiros de coalizão, inclusive os comunistas. O primeiro-ministro Singh é economista com mentalidade reformadora, de alta reputação, mas ele não tem o poder autoritário que deu condições a Deng Xiaoping para iniciar na China, em 1978, a reforma agrícola. Mas a democracia indiana está à altura dessa tarefa. Ela precisa apenas concentrar-se nas necessidades urgentes da população da Índia. Doses muito altas de desregulamentação e de competição de mercado podem difundir a revolução da TI para o resto do país.*

O modelo de manufatura para exportação, de que a Índia necessita com urgência, oferece antecedentes de sucesso impressionantes em outras partes da Ásia. É um modelo que emprega em centros urbanos de fabricação em massa trabalhadores rurais de baixa remuneração e com algum nível de qualificação. Ingrediente crítico tem sido os investimentos estrangeiros diretos (IED) que incorporam tecnologias avançadas e são atraídos pela garantia de proteção ao direito de propriedade, geralmente por meio de nova legislação. Com o colapso do planejamento central, este modelo se espalhou pelo mundo em desenvolvimento, sobretudo na China.

Mas, sem dúvida, o "license raj" desestimula os investimentos estrangeiros diretos. Em 2005, a Índia recebeu US$7 bilhões em IED, valor apequenado pelos US$72 bilhões da China. O estoque acumulado de IED da Índia, correspondente a 6% do PIB, em fins de 2005, se compara com 9% do Paquistão, com 14% da China e com 61% do Vietnam. A razão por que o IED ficou tão atrás na Índia talvez não seja mais bem explicado por nenhum outro fator do que pela relutância da Índia em abraçar plenamente as forças do mercado. Tudo isso fica evidente em face da resposta não raro estática do país aos problemas econômicos. Ao se defrontar com o agravamento da inflação dos alimentos, em princípios de 2007, a resposta não foi permitir que os preços mais altos promovessem o aumento da oferta. Em vez disso, a solução encontrada foi proibir a exportação de trigo até o fim do ano e suspender as negociações em mercados futuros, para "coibir a especulação", ou seja, inibiram-se as próprias forças de mercado de que a economia indiana precisa para escapar da camisa-de-força da burocracia.

*O crescimento da produção industrial da Índia acelerou desde 2004, mas o país ainda está atrás do crescimento da China em serviços e, principalmente, em produção industrial.

CAPÍTULO 16

AS COTOVELADAS DA RÚSSIA

Dizer que eu fiquei surpreso não faz justiça ao momento. O principal assessor econômico de Vladimir Putin, Andrei Illarionov, me procurou depois de uma reunião bilateral Estados Unidos-Rússia, no Fundo Monetário Internacional, em outubro de 2004, e perguntou: "Da próxima vez que vier a Moscou, você toparia se encontrar comigo e com alguns dos meus amigos para conversarmos sobre Ayn Rand?" Para mim, era absolutamente surpreendente que Rand, defensora inflexível do capitalismo *laissez-faire* e inimiga ferrenha do comunismo, tenha penetrado nos enclaves enclausurados da liderança intelectual da Rússia. Putin, decerto, sabia da obstinação com que Illarionov defende os livres mercados competitivos, quando o chamou para ser seu principal assessor econômico. Seria, assim, Illarionov um indício das inclinações políticas de Putin? Será que a cultura sob a qual todos os russos foram educados estava sendo descartada com tanta rapidez? Parecia incrível que Putin, ex-membro da KGB, tivesse desenvolvido uma perspectiva tão anti-soviética em tão pouco tempo?

A realidade, obviamente, é muito mais complexa. Ao ser nomeado presidente em exercício por Boris Yeltsin, em fins de 1999, Putin chegou ao ápice de uma ascensão espantosa ao longo das fileiras hierárquicas, que começara apenas quatro anos antes, quando começou a trabalhar em Moscou como assessor presidencial. Em tais circunstâncias, foi nomeado vice-chefe de administração presidencial em 1997 e chamou a atenção do mundo, em 1998, quando, como chefe do Serviço de Segurança Federal, ordenou a invasão da Chechênia pelas tropas russas. Sua presidência foi apoiada por reformadores, que se sentiram confiantes em que ele promoveria a evolução contínua para uma economia de mercado. Desde o início, Putin manifestou apoio a tais reformas, embora argumentasse que elas deveriam levar em conta as "realidades russas", inclusive a tradição de Estado paternalista.

Em dois anos, Putin, junto com Illarionov, promoveu no Duma uma agenda agressiva de reforma tributária, de desregulamentação e de alguma privatização das terras, com o objetivo inequívoco de orientar a Rússia rumo à economia global.

Mas, depois dessa adoção promissora do capitalismo, Putin começou a descambar para o autoritarismo. Aparentemente, receava que a Rússia se tornasse sujeita às forças do mercado, sobre as quais não exercia controle. Em especial, ele achava que os oligarcas – oportunistas empreendedores que se apossaram de boa parte da riqueza produtiva da Rússia, através de acordos especiais de empréstimos por ações (*loans-for-shares*) com o Kremlin, durante a década de 1990 – usavam sua nova riqueza para subverter o regime. Em conseqüência, a partir de 2003, começou a surgir uma estratégia econômica diferente. Por meio da aplicação seletiva da legislação, tanto da nova e quanto da tradicional, Putin reassumiu o controle de vultosos recursos energéticos, trazendo-os de volta para a órbita do Kremlin. Os principais indutores do crescimento econômico da Rússia – petróleo e gás – estão sendo nacionalizados em ritmo acelerado, por meio de monopólios estatais, como a Gazprom, que domina o gás natural, e a Rosneft, que domina o petróleo. Mikhail Khodorlovsky, fundador da Yukos Oil, foi preso e destituído de seus ativos, que a Rosneft acabou engolindo.

Não é minha intenção julgar se Khodorkovsky era culpado dos crimes de que foi acusado. Mas a mudança brusca do Kremlin, ao se afastar de sua posição inicial em favor do liberalismo de mercado, sem dúvida decepcionou Illarionov, que, em breve, passou a criticar o chefe em público, taxando abertamente a tributação retroativa dos ativos de Yukos e as manipulações financeiras mal disfarçadas em favor da Rosnef de "estelionato do ano".

Considerando as raízes de Putin na KGB e sua educação numa sociedade coletivizada, é pouco provável que ele compreenda em profundidade o funcionamento do livre mercado. Mas a escolha de Illarionov como principal assessor econômico sugeria que ele havia sido atraído pelos sucessos evidentes do capitalismo no desenvolvimento de altos padrões de vida. Mais recentemente, contudo, é possível que Putin tenha passado a considerar-se mais ameaçado pela aparente anarquia do capitalismo de Yeltsin do que inspirado pela força estabilizadora da mão invisível de Adam Smith. Mais uma vez, contudo, duvido que Adam Smith tenha sido a questão básica na mente de Putin. O confisco da riqueza oriunda do petróleo e do gás e o corte inopinado e desastrado do abastecimento de gás natural à Ucrânia e à Europa Ocidental, durante dois dias, em janeiro de 2006, com toda probabilidade se destinavam mais a restabelecer a relevância internacional da Rússia.

O notável em tudo isso é que tenha demorado tanto para Illarionov ser demitido. Ele acabou sendo dispensado de sua função como representante presidencial perante os chefes de governo do G8 e, em 2005, renunciou ao cargo, afirmando que a Rússia não era mais um país livre. No entanto, o mandato prolongado de Illarionov no Kremlin talvez tenha refletido a atração relutante de Putin pelos paradigmas do capitalismo. A ambivalência de Putin quanto ao total abandono das idéias democráticas de Yeltsin vieram à tona numa conversa com o ex-lider soviético Mikhail Gorbachev, que a descreveu numa entrevista radiofônica, em 2006. Segundo Gorbachev, o presidente Putin teria dito que "a influência dos grupos mafiosos e de outros elementos semelhantes é tão forte que as eleições se converteram em transações de compra e venda". Isso é ruim, afirmou Gorbachev que Putin lhe teria dito, "pois não se pode cultivar a democracia e, ao mesmo tempo, combater a criminalidade e a corrupção, se os criminosos conseguem infiltrar-se de tal maneira nas fileiras do governo".*

Será que Putin se sentiria mais atraído para a democracia, se o crime e a corrupção fossem eliminados em grande parte, ou ele é apenas um debatedor eficaz em favor do autoritarismo? Gorbachev parece acreditar na primeira hipótese. Decerto, parte significativa da economia, sob Putin, continua a desvencilhar-se das algemas do planejamento central soviético, indício da aceitação de maior liberdade.**

Putin se comporta como se acreditasse que os livres mercados são bons para a maior parte da economia soviética. Mas também é provável que, na opinião dele, o controle estatal de fato de grande parte dos ativos energéticos evitaria a exploração das jóias da coroa da economia russa pelos oligarcas. Essas jóias da coroa, evidente-

---

*Na mesma entrevista de 1º de março de 2006, Gorbachev disse: "Como país em transição, é inevitável que se limitem algumas liberdades e que se cometam alguns erros. Mas estou convencido de que nosso presidente não está tentando implementar nenhum regime autoritário." Ironicamente, ele fez esses comentários na Rádio Europa Livre, sistema de radiodifusão americano, criado para contrapor-se à propaganda soviética. Em entrevista de 18 de agosto de 2006, também na Rádio Europa Livre, ele acrescentou: "A toda hora surgem acusações de que a democracia está sendo suprimida e de que a liberdade de imprensa está sendo sufocada. A verdade é que a maioria dos russos discorda desse ponto de vista. Encontramo-nos numa conjuntura histórica difícil. Nossa transição para a democracia não tem sido suave – quando Putin chegou ao poder, acho que sua primeira prioridade era impedir a desagregação do país, o que demandava certas medidas que não podiam ser consideradas típicas da democracia dos livros-textos. Sim, constatam-se certas tendências antidemocráticas preocupantes... Contudo, eu não dramatizaria a situação."

**Exceção gritante é o monopólio de gás natural da Rússia: a Gazprom, criada em 1992. Sua formação de preços e seu racionamento dos fornecimentos lembram a opacidade e as ineficiências do planejamento central soviético. Sua enorme infra-estrutura de gasodutos e oleodutos, em conseqüência, não está recebendo manutenção adequada e está ficando obsoleta.

mente, se tornaram muito mais valiosas depois que os preços do petróleo e do gás atingiram níveis correspondentes a várias vezes os vigentes em 1998.

Não mais respaldada pelo prestígio militar da União Soviética durante a Guerra Fria, a Rússia, no começo do século XXI, se viu relegada a ser ator muito menos importante no cenário mundial. A Ucrânia, a Georgia e outras ex-repúblicas soviéticas, se afastaram da órbita e do controle da Rússia. Para enfrentar essa situação, Putin talvez esteja recorrendo estrategicamente a um recurso que, sob muitos aspectos, é mais poderoso que o Exército Vermelho: sua enorme presença nos mercados de energia mundiais. As Forças Armadas da URSS eram contidas pela reação potencial dos Estados Unidos. Mas a Rússia não se vê ameaçada por nenhuma retaliação maciça se usar o gás natural como arma econômica ou política. Como a Rússia é fornecedor crítico de gás natural à Europa Ocidental (e às ex-repúblicas soviéticas, também chamadas "exterior próximo", ou *near abroad*, como a Ucrânia), seu poder de mercado é em grande parte inconteste. Além disso, a Rússia também se tornou grande ator no mercado mundial de petróleo bruto, embora seu poder aqui seja menor que no mercado de gás natural, pois o petróleo não pode ser monopolizado com tanta facilidade.

Acho que Putin ficou espantado com a reação do Ocidente à maneira como conduziu as negociações sobre o pedido da Gazprom por preços mais altos pelo fornecimento de gás natural à Ucrânia – ele foi denunciado ostensivamente por suas táticas intimidadoras em estilo soviético, que culminaram com a breve suspensão do abastecimento. Porém, é provável que tenha perguntado a si mesmo se os capitalistas não devem cobrar o máximo tolerável pelos mercados, sem qualquer hesitação em explorar suas vantagens econômicas em busca do lucro. Além disso, ele estava apenas eliminando os subsídios que a Ucrânia vinha recebendo da Rússia havia anos – a insuficiência no fornecimento de gás à Europa Ocidental, associada a tais eventos, não foi intencional. Será que os ícones da América no século XIX, como Vanderbilt ou Carnegie, não teriam agido da mesma maneira? Acho que não. Capitalistas de verdade, interessados em proteger seus lucros duradouros, teriam buscado ajustes graduais, em nome do bom relacionamento com os clientes e do máximo de rentabilidade a *longo prazo*. Embora pareça que, desde a paralisação do abastecimento, a Ucrânia esteja aceitando com mais docilidade as políticas da Rússia em relação ao exterior próximo, o incidente levou os clientes da Europa Ocidental a procurar alternativas para o gás russo, especialmente o gás natural liquefeito, e outras fontes de abastecimento por meio de gasodutos.

Mas, no curto prazo, a política de gás e de petróleo de Putin tem sido um sucesso impressionante. Menos de duas décadas depois de sua queda como líder da gigantesca União Soviética, reconquistou integralmente a atenção global. E, embora Putin tenha desmontado aos poucos partes significativas da democracia construída sob Yeltsin, eu gostaria de acreditar que, como Mikkail Gorbachev disse em agosto de 2006, "A Rússia mudou tanto que recuar agora seria impossível".

Não há como negar que Putin, de maneira seletiva, estimulou aberturas de mercado e promoveu melhorias significativas no império da lei. Apoiou mudanças drásticas do que restou do sistema legal soviético coletivizado. A função dos juízes e dos tribunais russos, notoriamente corruptos, foi redefinida para reduzir as oportunidades de suborno dos magistrados e de manipulação política das sentenças. Por exemplo, leis promulgadas em 2001 eliminaram muitas exigências sem sentido econômico de que as empresas obtivessem licenças, inspeções e certificações de produtos – burocracia que era convite aberto à corrupção oficial. (Razão por que era alta a demanda por cargos burocráticos mal remunerados.) Os direitos de propriedade foram ampliados nos anos recentes, embora os conflitos sobre direitos de compra e venda de áreas agrícolas reflitam em boa parte a mesma ressaca ideológica que perdura na China. A não ser para desafiar o poder do Kremlin, o povo russo é livre – para viajar, para se reunir, para se envolver em todas as armadilhas das sociedades democráticas.

A economia russa hoje seria mais bem descrita como economia de mercado amparada por uma legislação ainda imperfeita. Segmento significativo dos recursos mais valiosos do país está em mãos do Estado ou dos aliados do Kremlin. O controle político foi reforçado mediante o controle das principais operações de mídia, incentivando-se o restante a praticar a autocensura. Putin e suas políticas ainda são imensamente populares. As objeções do povo russo são poucas; aparentemente o caos da democracia de Yeltsin – inclusive as inadimplências financeiras que destruíram poupanças – deixou um resíduo de profunda insatisfação. Pesquisa divulgada em 2006 relatou que quase metade do povo russo valoriza mais o bem-estar material que a liberdade e os direitos humanos: democracia e liberdade de expressão não são altas prioridades. Podendo escolher entre, de um lado, as liberdades democráticas e a instabilidade econômica da era de Yeltsin e, de outro, a estabilidade e o autoritarismo que emergiram com Putin, a maioria dos russos hoje prefere Putin.

Essa realidade me entristece, mas não me surpreende. Talvez nós, no Ocidente, tenhamos sido muito impetuosos ao esperar mudança radical num povo que, durante mais de sete décadas, foi doutrinado para o coletivismo. Como Gorbachev um dia escreveu no *Financial Times* (12 de julho de 2006): "As economias dos grandes países ocidentais demoraram muitas décadas, na verdade, séculos, para se desenvolver e amadurecer. Há menos de vinte anos, a Rússia ainda era um Estado totalitário, baseado no planejamento central; nossa trajetória para a reforma exigirá um pouco mais de tempo, até para nós mesmos." Mas a história sugere que, assim como se rebelaram contra o caos da década de 1990, os russos também se cansarão das restrições à liberdade política. A natureza humana, sob esse aspecto, é altamente previsível. A reação não é questão de se, mas de quando.

Desde seu colapso, em 1998, a recuperação da economia russa superou a maioria das expectativas de todos os analistas. O PIB real *per capita* avançou bem acima dos níveis anteriores à crise. A taxa de desemprego, que pairava em torno de 13%, em 1998, declinou para menos de 7%, em princípios de 2007. A taxa de inflação recuou para um dígito, depois de um pico de 127% em julho de 1999, e as reservas em divisas estrangeiras do país subiram de US$8 bilhões, em fins de 1999, para quase US$300 bilhões, em 2007. A dívida externa do governo já foi quase toda paga.

Evidentemente, boa parte do crédito por esse notável desempenho econômico se deve ao aumento dramático nos preços do petróleo e do gás natural. O aumento no valor das exportações de petróleo e de gás respondeu por um quinto do crescimento do PIB nominal entre 1998 e 2006. No entanto, raras são as bonanças de recursos naturais que não impõem uma barganha do tipo faustiano. Os formuladores de políticas econômicas da Rússia estão diante de um dilema assustador: o aumento mais rápido na taxa de câmbio do rublo fomentará a difusão da doença holandesa, mas as compras de ativos estrangeiros para desacelerar a valorização da taxa de câmbio do rublo podem liberar a inflação, dependendo do mecanismo utilizado. Qualquer uma dessas conseqüências comprometeria parcela considerável do progresso econômico da Rússia desde a dissolução da União Soviética.

Os sintomas da doença holandesa já são evidentes. Com o aumento das exportações de petróleo e de gás, o valor do rublo disparou e o valor das demais exportações russas ficou para trás. Entre 1998 e 2006, o valor do rublo em relação às moedas dos parceiros comerciais da Rússia dobrou, depois do ajuste pelas respectivas taxas de inflação. O impacto era previsível: as demais exportações, com exclusão das de petróleo e de gás, aumentaram em termos reais a taxas correspondentes à metade das de expansão das exportações de petróleo e de gás.

Plenamente conscientes do perigo que enfrentam – depois de terem observado os efeitos destrutivos da doença holandesa sobre as economias de muitos países produtores da OPEP – os russos estão lutando para contrabalançar tais impactos. O tratamento comum para a doença holandesa é comprar moedas estrangeiras com a moeda do país e, assim, tentar combater o aumento da taxa de câmbio do país, induzido pelo mercado. A esperança é evitar, ou pelo menos mitigar, os efeitos competitivos negativos da taxa de câmbio mais alta sobre os bens produzidos no país. No caso da Rússia, o Banco Central usa vasta quantidade de rublos para comprar dólares ou euros.

Mas isso aumenta a base monetária, matéria-prima da oferta de moeda, e envolve o risco de provocar inflação. Entre 1998 e fins de 2006, a oferta de moeda – papel-moeda em circulação mais depósitos à vista – aumentou à taxa anual de 45%. A oferta de moeda unitária – ou seja, a oferta de moeda dividida pela produção – subiu à taxa anual de 35%.* O fato de mesmo a taxa de inflação relativamente alta da Rússia, de 10% ao ano, continuar bem inferior à taxa de aumento da oferta de moeda unitária é, sem dúvida, intrigante e preocupante para as autoridades monetárias russas, que temem a recidiva da inflação.

Evidentemente, o Banco Central da Rússia, como todos os bancos centrais, tem a capacidade de destruir e de criar dinheiro, o que é feito mediante a venda ao público de títulos de dívida denominados em rublos, esterilizando o produto da venda. Mas a atuação do BCR é limitada pela falta de um amplo mercado de títulos da dívida em rublos e de um sofisticado sistema bancário que facilite a colocação dos bônus, conseqüência do baixo status dessas instituições na Rússia. Sem meios imediatos para absorver e destruir o excesso de rublos decorrente das compras de dólares e de outras moedas estrangeiras pelo BCR, a Rússia em breve teria de limitar suas compras de divisas estrangeiras e permitir que o rublo se valorizasse com mais rapidez – provocando a recaída da doença holandesa.

O ministro das Finanças, Alexei Kudrin, e sua equipe passaram a enfrentar esse desafio em 2004. Estabeleceram um preço nominal de longo prazo para o petróleo, que, quando superado, determina o desvio das receitas oriundas das exportações de petróleo para um fundo especial administrado pelo Ministério das Finanças. Os recursos desse assim denominado Fundo de Estabilização podem ser investidos apenas em ativos estrangeiros predeterminados (principalmente bônus de governos estrangeiros). A compra direta de ativos estrangeiros, denominados em moeda estrangeira, com o "excesso" orçamentário decorrente das exportações de petróleo evita o aumento da base monetária e, portanto, reduz o potencial de inflação. No segundo trimestre de 2007, o saldo do fundo já era superior a US$117 bilhões, dos quais 97% es-

*No longo prazo, o nível geral de preços tende a acompanhar a oferta de moeda unitária, uma vez que os preços são definidos em termos monetários – por exemplo, US$4 por bushel de trigo. Em termos simples, quanto maior for a disponibilidade de dinheiro para comprar o fluxo de bens e serviços produzidos, mais elevado será o preço médio.

tavam aplicados em moedas estrangeiras (quase tudo em dólares e em euros, em parcelas iguais). Para os políticos russos, o lado negativo do fundo de estabilização é retirar de circulação e tornar inacessível muito dinheiro. Embora seja verdade que os gastos públicos da Rússia aumentaram significativamente com a explosão das receitas decorrentes das exportações de petróleo e de gás, Kudrin conseguiu, até agora, resistir às pressões para se refestelar na bonança do petróleo e do gás. Encontrei-me muitas vezes com Kudrin quando ele comparecia como convidado às reuniões dos ministros de finanças e dos banqueiros centrais dos países do G7. Ele é muito capaz, mas receio que esteja enfrentando batalha demasiado árdua. Não sei até que ponto ele influencia Putin fora da área restrita de finanças públicas.

A Rússia ainda é um país em desenvolvimento, cujos recursos de petróleo e gás dominam o PIB. De acordo com o Banco Mundial, a renda nacional bruta *per capita* da Rússia, em 2005, era inferior à do México e mais ou menos igual à da Malásia. A capacidade de lidar com o estresse da doença holandesa obviamente é afetada pela gravidade do vírus em comparação com o tamanho da economia.

Contudo, por que teria a Rússia de se preocupar, se sua economia é abençoada pela fartura de petróleo e de gás? O país está usando parte de sua receita de exportação para importar do resto do mundo bens de consumo de alta qualidade. Faz alguma diferença que esses bens de consumo sejam produzidos no país ou no exterior? Na verdade, não teria nenhuma importância se o valor adicionado do petróleo e do gás continuasse a crescer, em conseqüência do aumento contínuo da produção ou dos preços. Mas, em última instância, a produção de petróleo e de gás é limitada pela geologia, e os preços descem, assim como sobem. O rendimento dos reservatórios de petróleo e, sobretudo, de gás natural diminui a taxas que exigem um fluxo contínuo de novos poços para manter a produção constante, que dirá para mantê-la crescente. Sem aumentos de preços infinitos, a produção constante de petróleo e de gás implica estagnação do valor adicionado por trabalhador. Os investimentos em petróleo e gás desaceleraram nos últimos anos. A conseqüência daí advinda seria a estagnação do padrão de vida. Decerto, para neutralizar esse risco, o governo russo está usando parte das receitas de petróleo e gás para financiar de maneira direta ou indireta a aquisição de ativos produtivos não relacionados com energia. A lista é longa – aço, alumínio, manganês, titânio, navios e aeronaves. Mas esses itens se baseiam em tecnologias desenvolvidas há um século. Além disso, essas indústrias estão fadadas a servir como "ícones nacionais" em vez de como organizações geradoras de lucro. Ainda não se sentiu a presença da Rússia na vanguarda das tecnologias do século XXI, embora o presidente Putin e seus assessores tenham anunciado planos ambiciosos em 2005, para a criação de zonas de alta tecnologia, ainda que sob controle estatal.

A queda acentuada do valor do rublo, depois do colapso da Rússia em 1998, forçou a conversão de uma economia em grande parte não-competitiva, construída ao longo de gerações sob planejamento central, em economia marginalmente competitiva. Com a produção por hora tão baixa, em fábricas dispersas pela vastidão territorial da Rússia, o descarte contínuo de fábricas com excesso de pessoal trouxe muitos setores para as margens da competitividade internacional. A grande demanda reprimida por bens de consumo na Rússia, combinada com a possibilidade de vultosos investimentos estrangeiros, decerto teria impulsionado a produção de bens de consumo, se os investidores ao menos pudessem contar com a garantia dos direitos de propriedade.*

Não obstante previsto nos códigos, os direitos de propriedade na Rússia ainda são tênues. Nos últimos anos, o Duma aprovou leis importantes para reforçar o Estado de direito. E a estrutura legal formal que impera na Rússia de hoje representa um aprimoramento marcante em comparação com a economia de mercado negro do início da década de 1990. No entanto, uma coisa é mudar a lei; outra muito diferente é garantir a observância das novas regras. Putin recorreu à aplicação seletiva de estatutos novos ou da legislação já existente para promover a retomada do controle dos recursos energéticos pelo Estado. O problema é essa aplicação seletiva das leis, não a falta de novas leis. Em termos de segurança jurídica, há pouca diferença entre um país cujas leis restringem ou inibem os direitos de propriedade e outro em que os plenos direitos de propriedade previstos em lei são aplicados discricionariamente, de acordo com as prioridades políticas. Direitos aplicados com arbitrariedade não são direitos.

As sociedades civilizadas construíram um vasto conjunto de imperativos e de convenções culturais que governam as interações das pessoas umas com as outras e com o Estado. Muito poucas dessas regras são escritas e a maioria de nós não tem plena consciência da extensão em que as forças sociais, a religião e a educação direcionam nossas escolhas mais elementares do dia-a-dia. Decerto, nosso sistema legal também se baseia nesses valores, mas, necessariamente, apenas em termos gerais.

Assim, um país como a Rússia pode reescrever seu código legal, mas a reordenação do código cultural é tarefa que demorará anos, se não gerações. Com base nos relatos de Gorbachev sobre suas discussões com Putin, isso talvez explique, mas, de modo algum sanciona, o recente surto de autoritarismo na Rússia. Na Rússia, se o "sistema" não estiver funcionando, puxam-se as rédeas da política, eliminando-se o pluralismo político e o processo democrático tortuoso que o impulsio-

*Evidentemente, a forte "sobrevalorização" do rublo sem dúvida inibiria tais investimentos.

na. A estabilidade e a tranqüilidade política são altamente valorizadas em comparação com o aparente caos dos mercados altamente competitivos de bens e serviços ou com as batalhas democráticas pelo poder político.

O capitalismo, motor do bem-estar material, floresce melhor em contextos políticos competitivos. O governo autoritário não oferece as necessárias válvulas de segurança que, nas sociedades capitalistas, possibilitam a solução de conflitos de maneira pacífica. A economia global – que precisa avançar para que, mundo afora, os padrões de vida continuem a subir e a pobreza bata em retirada – requer a válvula de segurança do capitalismo: democracia.

A Rússia está fadada a influenciar o prosseguimento da evolução do capitalismo global. As próximas duas décadas determinarão se essa influência será limitada pelo lento crescimento da economia interna, solapada pela doença holandesa, e pela má distribuição dos recursos de capital, tão típica dos regimes autoritários. Sem dúvida, até hoje, a Rússia parece estar atenuando os efeitos da doença holandesa mais à feição de um país desenvolvido do que no estilo de um país em desenvolvimento. Portanto, jamais faço pouco da Rússia. Como aluno de pós-graduação, sempre me impressionei com a proporção significativa de grandes insights matemáticos, complementados por notas de rodapé com nomes russos. Essa cultura, eu achava na época, merecia uma economia bem mais sofisticada que a produzida e mantida pelos soviéticos. A Rússia moderna desfruta de nova oportunidade para alcançar a eminência econômica. Muito depende de quem Putin consagrar como seu sucessor. Com sua energia e com seus recursos militares, a Rússia será um grande ator no cenário mundial durante décadas a fio. No entanto, ainda é cedo demais para concluir que tipo de ator entrará em cena.

CAPÍTULO 17

AMÉRICA LATINA E POPULISMO

Em dezembro de 1999, Pedro Malan, ministro da Fazenda do Brasil, sentou-se diante de mim, no outro lado da mesa, numa reunião em Berlim. Representante típico dos muitos formuladores de políticas econômicas, altamente competentes, da América Latina, ele era um dos participantes daquela primeira reunião do Grupo dos Vinte, organização de ministros das finanças e de governadores de bancos centrais que se constituíra depois de vários anos tumultuosos nas finanças globais. Embora já nos conhecêssemos, a formação do grupo era vista como uma maneira de contribuir para a certeza de que as economias de mercado emergentes participariam integralmente das discussões sobre os acontecimentos econômicos globais.*

Como presidente do Banco Central do Brasil, em 1994, Malan, sob a liderança do presidente brasileiro, Fernando Henrique Cardoso, foi um dos arquitetos do Plano Real, bem-sucedido no combate à inflação galopante, que chegara a mais de 5.000% nos doze meses entre meados de 1993 e meados de 1994. Embora eu tenha grande admiração por Malan, não consegui desvencilhar-me de uma dúvida persistente e incômoda sobre o país: Como uma economia pode ser tão mal gerenciada a ponto de exigir reforma tão drástica? Mesmo o próprio Cardoso hoje afirma: "Quando assumi o cargo, fiquei pensando, quem em seu juízo perfeito gostaria de ser presidente do Brasil?"*

*Os ministros das Finanças e os banqueiros centrais do G20 são as autoridades monetárias dos países do G7 (Canadá, França, Alemanha, Itália, Japão, Reino Unido e Estados Unidos), de outros doze países (Argentina, Austrália, Brasil, China, Índia, Indonésia, México, Rússia, Arábia Saudita, África do Sul, Coréia do Sul e Turquia) e da União Européia.

**Nota da Editora*: No original: "When the job fell to me, who in their right mind would have wanted to be president of Brazil?"

Em termos mais amplos, por que será que a América Latina sacolejou de uma para outra crise econômica e saltitou entre regimes civis e militares, nas décadas de 1970, 1980 e 1990? A resposta simples é que, com muito poucas exceções, a América Latina não conseguiu desmamar-se do populismo econômico que, em sentido figurado, desarmou todo um continente em sua competição com o resto do mundo. Senti-me ainda mais desanimado ante a constatação de que, não obstante os inquestionáveis maus resultados econômicos das políticas populistas praticadas por quase todos os governos da América Latina, numa época ou noutra, desde o fim da Segunda Guerra Mundial, tais conseqüências não pareceram atenuar o impulso de recorrer ao populismo econômico.

Sem dúvida, o século XX não foi bom para os vizinhos ao sul dos Estados Unidos. De acordo com o eminente historiador econômico Angus Maddison, a Argentina começou o século com PIB *per capita* real maior que o da Alemanha e equivalente a quase três quartos do americano. No fim do século, contudo, o PIB *per capita* da Argentina tinha declinado para metade ou menos do da Alemanha e dos Estados Unidos. O do México, durante o século, caiu de um terço para um quarto do PIB *per capita* dos Estados Unidos.* O empuxo econômico de seus vizinhos do norte não foi suficiente para evitar a queda. Durante o século XX, os padrões de vida dos Estados Unidos, da Europa Ocidental e da Ásia subiram, cada um deles, mais de um terço mais rápido que os da América Latina. Apenas a África e a Europa Oriental apresentaram desempenho pior.

Segundo os dicionários, "populismo" é uma filosofia política que apóia os direitos e os poderes do povo, geralmente em oposição aos de uma elite privilegiada. Vejo o populismo *econômico* como resposta de uma população empobrecida aos fracassos da sociedade, caracterizada pela existência de uma elite econômica considerada opressora. Sob o populismo econômico, o governo cede às demandas do povo, sem levar muito em conta os direitos individuais ou as realidades econômicas sobre como aumentar ou mesmo apenas sustentar as riquezas do país. Em outras palavras, ignoram-se as conseqüências economias adversas das políticas públicas, por deliberação ou sem intenção. O populismo é mais ostensivo, como seria de esperar, em economias com alto nível de desigualdade de renda, como na América Latina. Com efeito, a desigualdade em todas as economias da América Latina se inclui entre as mais altas do mundo, mais elevada que em qualquer economia do Leste Asiático.

As raízes da desigualdade na América Latina se situam bem fundas no cerne da colonização européia, que, do século XVI ao século XIX, explorou a escravidão e

---

*Os PIBs *per capita* estão expressos em termos reais.

as populações indígenas. De acordo com o Banco Mundial, ainda hoje se vêem os remanescentes desse quadro, no tamanho da disparidade de renda inter-racial. Em conseqüência, a América Latina se tornou solo fértil para o surgimento do populismo econômico no século XX. A pobreza acachapante convive lado a lado com a afluência conspícua. As elites econômicas são sempre acusadas de usar o poder do governo para rechear os próprios bolsos.

Erroneamente, ainda hoje os Estados Unidos são vistos como a principal causa da miséria econômica ao sul de suas fronteiras. Durante décadas, os políticos latino-americanos arengaram contra o capitalismo empresarial dos Estados Unidos e contra o "imperialismo ianque". Sobremodo embaraçoso para os latino-americanos foram os cem anos de domínio econômico e militar dos Estados Unidos e o uso da "diplomacia das canhoneiras" para assegurar os direitos de propriedade dos americanos. O presidente Theodore Roosevelt, em 1903, deu um passo adiante, incentivando uma revolta que separou da Colômbia o território que hoje constitui o Panamá, depois que aquele país não deu permissão para que os Estados Unidos construíssem o atual canal. Não foi à toa que Pancho Villa se tornou herói para os mexicanos. Villa vinha aterrorizando assentamentos americanos na fronteira e uma incursão militar americana no México, em 1916, liderada pelo general John Pershing, não conseguiu prendê-lo.

A mais ampla reação latino-americana foi a de Lázaro Cárdenas, em desafiadora manifestação antiamericana, que o transformou, talvez, no presidente mexicano mais popular do século XX. Em 1938, ele expropriou todas as instalações petrolíferas de propriedade de estrangeiros, principalmente as da Standard Oil of New Jersey e da Royal Dutch Shell. Essa iniciativa teve conseqüências sombrias e duradouras para o México.* No entanto, Cárdenas é lembrado como herói. O nome de família, quase sozinho, por pouco não elegeu seu filho, Cuauhtémoc, para a presidência do México, em 1988.

Desde o fim da Segunda Guerra Mundial, remontando, na verdade, à Política de Boa Vizinhança, de Roosevelt, a política externa americana tem tentado melhorar nossa imagem negativa. Ademais, acho que analistas mais objetivos considerariam os investimentos americanos do pós-guerra importante fator para a prosperidade da América Latina. Mas a história paira pesada na região. As crenças que se transmitem entre gerações, a cultura da sociedade, mudam com muita lentidão. No século XXI, muitos latino-americanos ainda arengam contra os Estados Uni-

*A Petróleos Mexicanos (Pemex), monopólio estatal do petróleo, sucessora das empresas estrangeiras, está enfrentando dificuldades. A não ser que ela obtenha assistência estrangeira, até hoje proibida, na exploração de petróleo em águas profundas, suas reservas entrarão em declínio.

dos. Hugo Chávez, em especial, tem trabalhado sem descanso para difundir sentimentos antiamericanos.

O populismo econômico prega reformas, não revoluções. Seus adeptos são claros sobre as insatisfações a serem tratadas, mas suas prescrições são vagas. Ao contrário do capitalismo e do socialismo, o populismo econômico não se baseia em análise formal das condições necessárias para a criação de riqueza e para o aumento do padrão de vida. É atitude muito pouco racional. É mais um grito de dor. Os líderes populistas fazem promessas irresistíveis para eliminar ou atenuar situações percebidas como injustas. As panacéias mais comuns são a redistribuição de terras e o indiciamento de uma elite corrupta que, alegadamente, rouba dos pobres; os líderes prometem terra, habitação e comida para todos. "Justiça" também é termo muito explorado, geralmente na acepção redistributiva. Em todas as suas formas, evidentemente, o populismo econômico se opõe ao capitalismo de livre mercado. Mas tal oposição incorre em erro essencial e se baseia em falso conceito de capitalismo. Eu e muito mais gente, dentro e fora da região, diríamos que os populistas econômicos teriam muito mais chance de alcançar seus objetivos por meio de mais capitalismo, não de menos. Onde quer que se constatem situações de sucesso – em todos os lugares em que o padrão de vida subiu para a maioria da população – a ampliação dos mercados abertos e o reforço dos direitos de propriedade desempenharam papel crucial.

A melhor evidência de que o populismo é basicamente uma reação emocional, em vez de algo baseado em idéias, é o próprio fato de não recuar, mesmo em face de reiterados fracassos. Brasil, Argentina, Chile e Peru viveram vários episódios de políticas populistas fracassadas, desde o fim da Segunda Guerra Mundial. No entanto, aparentemente, as novas gerações de líderes não aprenderam com o passado e continuam a perseguir as soluções simplistas do populismo. Em tese, assim agindo, pioraram ainda mais as coisas.

Lamento que os movimentos populistas ignorem seus fracassos econômicos anteriores, na tentativa de desenvolver soluções para suas atuais mazelas, mas não me surpreendo com essa miopia nem com a rejeição do capitalismo de livre mercado. Com efeito, confesso, com algum senso de ironia, que sempre fiquei intrigado com a disposição das grandes massas, geralmente compostas de pessoas com baixo nível de escolaridade, e de seus líderes governamentais, para aderir às regras do capitalismo de mercado. O capitalismo de mercado é uma grande abstração que nem sempre é compatível com a visão espontânea de como funciona a economia. Presumo que os mercados sejam aceitos em face de sua longa história de criação de riqueza. Contudo, muita gente não raro se queixa, inclusive para mim: "Não sei como os mercados funcionam, parece que sempre estão à beira do caos." Esse sentimento não é de todo ilógico, mas, conforme se aprende em introdução à economia, quando as economias de mercado se desviam durante algum tempo de uma trajetória aparentemente estável, reações competitivas entram em ação para restabelecer o equilíbrio. Uma vez que a retomada do equilíbrio envolve milhões de transações, a compreensão do processo é muito difícil. As abstrações em sala de aula não passam de meros indícios da dinâmica que, por exemplo, criou condições para que a economia americana se estabilizasse e crescesse, depois dos ataques de 11 de setembro.

O populismo econômico imagina um mundo mais simples e direto, no qual as estruturas teóricas não passam de dispersões em relação às necessidades evidentes e prementes. Seus princípios são simples. Se há desemprego, o governo deve contratar os desempregados. Se o dinheiro está escasso e as taxas de juros, em conseqüência, estão altas, o governo deve impor limites artificiais ou, então, imprimir mais dinheiro. Se as importações estão ameaçando empregos, proíba as importações. Por que tais respostas seriam menos razoáveis que a suposição de que, para dar partida no carro, basta girar a chave de ignição?

A resposta é que, nas economias onde milhões de pessoas trabalham e transacionam todos os dias, os diferentes mercados estão de tal forma entrelaçados que, quando se atua sobre determinado desequilíbrio, deflagra-se, inadvertidamente, uma série de outros desequilíbrios. Quando se limitam os preços da gasolina, surgem situações de escassez e se formam longas filas diante dos postos de abastecimento, conforme se tornou muito evidente para os americanos em 1974. A beleza do sistema de mercado é que, quando funciona bem, o que ocorre quase todo o tempo, ele tende a promover seu próprio equilíbrio. A visão populista equivale à contabilidade por partidas simples. Registra apenas os créditos, como os benefícios imediatos da redução dos preços da gasolina. Acredito que os economistas devam praticar a contabilidade por partidas dobradas.

Prejudicado pela falta de especificidades significativas na elaboração de suas políticas econômicas, o populismo, para atrair seguidores, precisa recorrer a uma justificativa moral. Assim, os líderes populistas devem ser carismáticos e exibir uma aura de tocador de obras e até de competência autoritária. Muitos, talvez a maioria, desses líderes saíram das fileiras militares. Eles, na verdade, não defendem a superioridade conceitual do populismo em relação aos livres mercados. Não adotam o formalismo intelectual do marxismo. A mensagem econômica deles é simples retórica, salpicada de termos e expressões como "exploração", "justiça" e "reforma agrária", sem qualquer menção a "PIB" ou a "produtividade". Para os camponeses que cultivam o solo alheio, a redistribuição de terras é meta acalentada. Os líderes populistas jamais se referem às possíveis conseqüências negativas de suas propostas, que podem ser devastadoras. Robert Mugabe, presidente do Zimbabwe desde 1987, cumpriu a promessa de confiscar as terras dos colonizadores brancos. Mas os novos donos não estavam preparados para o gerenciamento da terra. A produção de alimentos despencou, exigindo importações em grande escala. A renda tributável caiu abruptamente, levando Mugabe a recorrer às impressoras para o financiamento dos gastos públicos. No momento em que esta página foi escrita, a conseqüente hiperinflação esgarçava o pacto social de Zimbabwe. Uma das economias mais bem-sucedidas da África em toda a história está em processo de destruição.

Hugo Chávez, que se tornou presidente da Venezuela em 1999, está seguindo o exemplo de Mugabe, ao violentar e politizar a outrora orgulhosa indústria petrolífera venezuelana – a segunda maior do mundo meio século atrás. O nível de manutenção básica dos campos petrolíferos declinou bruscamente quando ele substituiu boa parte do quadro técnico não-político da empresa petrolífera estatal por apaniguados de seu governo. Daí resultou perda permanente de várias centenas de milhares de barris por dia em capacidade produtiva. A produção venezuelana de petróleo bruto caiu da média diária de 3,2 milhões de barris, em 2000, para 2,4 milhões de barris por dia, no segundo trimestre de 2007.

No entanto, a sorte sorriu para Chávez. Suas políticas públicas teriam levado à falência a maioria dos outros países. Desde que ele assumiu a presidência, contudo, a demanda mundial de petróleo resultou na quase quadruplicação dos preços, poupando-o, pelo menos por enquanto, de conseqüências mais sérias. Contando o petróleo bruto pesado, a Venezuela talvez tenha uma das maiores reservas petrolíferas do mundo. No entanto, petróleo no solo não vale mais que quando jaz latente durante milênios, a não ser que se construa uma economia para a sua extração.*

Entretanto, ao assumir suas posições políticas, Chávez se defronta com um grande dilema. Dois terços das receitas de petróleo do país são oriundos das vendas aos Estados Unidos. Para a Venezuela, seria muito doloroso desmamar-se de seu principal cliente, pois, em grande parte, produz um tipo de petróleo bruto pesado que exige a capacidade das refinarias americanas. Evidentemente, preços mais altos criariam condições para que Chávez absorvesse os custos adicionais. Porém, ao intensificar a compra de influência no exterior e a busca de apoio político em casa, ele está, aos poucos, mas inexoravelmente, atando seu futuro político aos preços do petróleo. Ele precisa de preços cada vez mais altos. É possível que a sorte não lhe sorria para sempre.

---

*Foi o que aconteceu com a Venezuela, em 1914, ano em que a Royal Dutch Shell trouxe a tecnologia necessária para o desenvolvimento de suas riquezas.

O mundo deve sentir-se aliviado por nem todos os populistas carismáticos se comportarem como Chávez e Mugabe, ao assumirem o cargo. Luiz Inácio Lula da Silva, populista brasileiro com grande séquito, foi eleito presidente em 2002. Antecipando-se à sua vitória, o mercado de ações brasileiro caiu, as expectativas de inflação subiram e os tão ambicionados investimentos estrangeiros recuaram. Mas, para surpresa da maioria, inclusive minha, ele manteve em boa parte as políticas sensatas do Plano Real, que Cardoso, seu antecessor, adotara para combater a hiperinflação brasileira de princípios da década de 1990.

O populismo econômico faz grandes promessas, sem considerar como financiá-las. Com muita freqüência, o cumprimento das promessas gera carências de receita fiscal e impossibilita a obtenção de empréstimos do setor privado ou de investidores estrangeiros. Essa situação quase sempre leva o governo a recorrer em desespero ao banco central como instituição pagadora. Forçar o banco central a imprimir dinheiro para aumentar o poder de compra do governo quase sempre dispara a tempestade de fogo da hiperinflação. O resultado em toda a história tem sido quedas de governos e graves ameaças à estabilidade social. Esse padrão caracterizou os episódios de inflação de 1994, no Brasil; de 1989, na Argentina; de meados da década de 1980, no México; e de meados da década de 1970, no Chile. Os efeitos sobre as sociedades foram devastadores. Conforme concluíram os conceituados economistas internacionais Rudiger Dornbusch e Sebastian Edwards, "ao fim de todo experimento populista, os salários reais estão mais baixos do que no começo". A hiperinflação pipoca periodicamente nos países em desenvolvimento – com efeito, ela é uma de suas tendências características.

Será que a América conseguirá dar as costas ao populismo econômico? Ao longo das últimas duas décadas, não obstante os reiterados fracassos da política macroeconômica, ou, talvez, por causa deles, os principais países da região desenvolveram um pequeno grupo de economistas que, decerto, têm credenciais para liderar a América Latina em nova direção. A lista inclui muitos formuladores de políticas de especial talento, com cuja maioria tive a oportunidade de trabalhar, em períodos muito difíceis nas décadas recentes: Pedro Aspe, Guillermo Ortiz, José Argel Gurria e Francisco Gil Diaz, no México; Pedro Malan e Arminio Fraga Neto, no Brasil; Domingo Cavallo, na Argentina; e outros. Muitos deles possuem graus avançados em economia, concedidos por prestigiosas universidades americanas. Alguns avançaram ainda mais, para tornar-se chefes de Estado – Ernesto Zedillo, no México; e Fernando Henrique Cardoso, no Brasil. E a maioria instituiu reformas e políticas de liberalização dos mercados produtivos, enfrentando fortes resistências populistas, que acabaram aprimorando suas economias. Em minha opinião, a

América Latina estaria em muito pior forma sem esses profissionais capazes. No entanto, a profunda disparidade entre a visão de mundo da maioria desses formuladores de políticas e a cultura das respectivas sociedades, que as mantêm propensas ao populismo econômico, caracteriza-se pela persistência obstinada.

A tênue estabilidade econômica da América Latina foi focalizada com acuidade em 2006, durante as eleições presidenciais do México, que tem a segunda maior economia da região. Não obstante todo o sucesso econômico do país, desde a crise cambial de fins de 1994, que empurrou o México para a beira da inadimplência, um populista incendiário – Andrés Manuel López Obrador – por muito pouco não foi eleito o presidente. Se, no exercício do cargo, ele seria mais Lula que Chávez, não sei dizer.

Será que uma sociedade com profundas raízes populistas é capaz de mudar com rapidez? As pessoas podem e devem. Mas será que a estrutura de mercado de uma sociedade desenvolvida – suas leis, suas práticas e sua cultura – podem ser impostas a uma sociedade que se constituiu sobre a plataforma de velhos antagonismos? O Plano Real, do Brasil, sugere que é possível.

Desde a estabilização de 1994, a inflação do Brasil está sob controle, à exceção do transitório surto de preços durante a crise a desvalorização cambial de 40%, em fins de 2002. A economia vem apresentando bom desempenho e o padrão de vida está subindo. Sem dúvida, o fato de a desvalorização cambial não ter desencadeado mais que uma breve erupção de inflação pode ser atribuído mais às forças desinflacionárias globais que às políticas públicas internas, mas a economia brasileira parece estar funcionando em favor do povo brasileiro.

A experiência da Argentina, por outro lado, é mais sombria. Sua economia entrou em colapso em 2002, com a ruptura da atrelagem constitucional do peso ao dólar, pela paridade de um para um, que durara uma década, acarretando grande devastação nos níveis de emprego e no padrão de vida. A história do desastre é ilustrativa da extensão em que os formuladores de políticas públicas com mentalidade reformista podem avançar, sem o apoio implícito da população às diretrizes básicas imprescindíveis. O impulso da sociedade para atender às necessidades correntes, por exemplo, não pode ser inibido pela imposição de camisas-de-força financeiras. A sociedade deve experimentar progresso e confiar em seus líderes antes de se dispor a investir no longo prazo. Essa mudança de cultura, em geral, demanda muito tempo.

A Argentina se caracterizava, sob muitos aspectos, por uma cultura européia, antes da Primeira Guerra Mundial. Uma sucessão de programas econômicos fracassados e surtos de inflação galopante geraram instabilidade econômica. O país perdeu terreno na comparação econômica com outros países, sobretudo durante o regime autocrático de Juan Perón. Sua cultura, aos poucos, passou por grandes transformações. Mesmo o governo do bem-intencionado Raul Alfonsín não conseguiu estancar a inflação explosiva e a estagnação opressiva da economia argentina, fortemente regulamentada.

Finalmente, em 1991, a situação tornou-se tão desesperadora que o recém-eleito presidente Carlos Menen, que, ironicamente, concorreu sob a bandeira de Perón, recorreu à ajuda de seu capaz ministro das Finanças, Domingos Cavallo. Com o apoio de Menen, Cavallo atrelou o peso ao dólar americano, na base de um para um. Essa estratégia extremamente arriscada poderia ter explodido horas depois de sua implementação. Mas a ousadia da manobra e a aparente credibilidade do compromisso galvanizaram os mercados financeiros mundiais. As taxas de juros da Argentina despencaram bruscamente, a inflação caiu de 20.000%, ano após ano, em março de 1990, para taxas anuais de um dígito em fins de 1991. Fiquei perplexo e esperançoso.

Em conseqüência, o governo argentino conseguiu levantar vastas quantidades de dólares nos mercados internacionais, a taxas de juros apenas um pouco mais altas que as oferecidas pelos títulos do Tesouro dos Estados Unidos. Na época, a visão reformista de Cavallo parecia muito mais sensata que a retórica desinformada de muitos legisladores e governadores provinciais argentinos. As opiniões deles lembravam muito a irresponsabilidade fiscal das décadas anteriores. Lembro-me de observar Cavallo, do outro lado da mesa, em outra reunião do G20, e ficar pensando comigo mesmo se ele estava consciente de que a âncora cambial do peso só se sustentaria como base para a tomada de empréstimos enquanto não fosse usada em demasia. A preservação daquela ampla camada protetora de dólares provavelmente teria criado condições para a manutenção indefinida da atrelagem monetária. No entanto, o sistema político da Argentina não resistiu à tentação de usar aquela profusão de moeda forte, aparentemente sem custo, na tentativa de acomodar as demandas dos constituintes.

Aos poucos, mas inexoravelmente, a camada protetora decorrente da capacidade de contrair empréstimos em dólar começou a exaurir-se. Geralmente, os dólares decorrentes dos empréstimos eram trocados por pesos, no esforço inútil para respaldar a paridade peso-dólar. Chegou-se ao fundo do poço em fins de 2001. Para proteger sua reserva remanescente de dólares, o banco central retirou a oferta de dólares por pesos à paridade de um para um nos mercados internacionais. Em conseqüência, em 7 de janeiro de 2002, o peso despencou. Em meados de 2002, precisava-se de mais de três pesos para comprar um dólar.

A insolvência maciça da Argentina descambou para um período inicial de disparada da inflação e dos juros, mas, para minha grande surpresa, a tranqüilidade financeira foi restaurada com relativa rapidez. O forte declínio do peso estimulou as exportações e a atividade econômica. A inflação foi problema muito menor do que sugeria a história de tais episódios no passado. Acho que daqui a uma década os historiadores econômicos concluirão que foram as forças desinflacionárias da globalização que atenuaram o ajuste.

O que considero inusitado nesse episódio não foi o fato de os líderes argentinos em 2001 não terem conseguido arregimentar a contenção fiscal necessária para manter a paridade peso-dólar, mas, sim, terem sido capazes de, durante algum tempo, convencer a população a manter o grau de restrições que o peso atrelado exigia. Tratava-se, sem dúvida, de uma política que almejava promover mudanças drásticas nos valores culturais, a fim de restaurar a estatura internacional de que a Argentina desfrutara nos anos imediatamente anteriores à Primeira Guerra Mundial. Entretanto, a inércia cultural revelou-se, como em muitas experiências anteriores, uma barreira demasiado resistente.

Não que os países desenvolvidos, como os Estados Unidos, nunca tenham flertado com o populismo econômico. Contudo, em minha opinião, é improvável que líderes populistas consigam mudar a Constituição ou a cultura dos Estados Unidos para semear a devastação de um Perón ou de um Mugabe. William Jennings Bryan, com seu empolgante discurso "Cruz de Ouro", na convenção Democrata de 1896, foi, para mim, a voz mais eficaz do populismo econômico da história americana. ("Não pressionarás sobre a fronte do trabalho essa coroa de espinhos", declarou. "Não crucificarás a humanidade nessa cruz de ouro.") No entanto, duvido que a América tivesse mudado muito, caso ele houvesse sido eleito presidente.

Eu diria o mesmo de Houey Long, de Louisiana, cuja retórica "compartilhe a riqueza", da década de 1930, rendeu-lhe a governadoria e um assento no Senado americano. Seus olhos estavam na Casa Branca, quando ele foi assassinado, em 1935. Contudo, o populismo, sem dúvida, não é genético. O filho dele, Russell, que eu conheci muito bem como chairman, durante longo período, da Comissão de Finanças do Senado, era defensor convicto do capitalismo e das desonerações tributárias para as empresas.

Evidentemente, ao longo da história americana, muitas foram as ocorrências de políticas populistas, desde o movimento da prata livre, de fins do século XIX, até boa parte da legislação do New Deal, mas raros foram os casos de governos populistas. O exemplo mais recente foi o malfadado congelamento de preços e salários de Richard Nixon, de agosto de 1971. Porém, o episódio do presidente Nixon e outros anteriores de políticas populistas foram aberrações na evolução econômica dos Estados Unidos. Ao contrário, as políticas e os governos populistas na América Latina têm características endêmicas e, em conseqüência, muito mais funestas.

Presume-se que o populismo econômico seja uma ampliação da democracia para a economia. Não é. Os verdadeiros democratas apóiam uma forma de governo em que a maioria predomina em todas as questões públicas, mas nunca transgredindo os direitos básicos dos indivíduos. Nessas sociedades, os direitos das minorias são protegidos contra as maiorias. Optamos por conceder à maioria o direito de determinar todas as questões de políticas públicas, desde que se preservem os direitos individuais.*

A democracia é um processo tortuoso e, decerto, nem sempre é a forma de governo mais eficiente. No entanto, concordo com a tirada espirituosa de Winston Churchill: "A democracia é a pior forma de governo, exceto todas as demais que já foram experimentadas de tempos em tempos." Para o bem ou para o mal, não temos escolha senão presumir que as pessoas que atuam em liberdade acabarão tomando as decisões certas sobre como governar-se. Se a maioria tomar decisões erradas, as conseqüências serão adversas – culminando, até, com o caos civil.

O populismo vinculado aos direitos individuais é o que a maioria das pessoas chama de democracia liberal. O "populismo econômico", na acepção adotada pela maioria dos economistas, contudo, designa, implicitamente, uma democracia em que, de um modo geral, não se levam em conta os "direitos individuais". As democracias não-qualificadas, em que 51% do povo pode, legalmente, extinguir os direitos dos restantes 49%, degeneram em tirania.** O termo, então, torna-se pejorativo quando aplicado aos congêneres de Perón, que, para a maioria dos historiadores, é o principal responsável pelo longo declínio econômico da Argentina, depois da Segunda Guerra Mundial. A Argentina ainda padece sob seu legado.

Nunca se alcança vitória definitiva na batalha pelo capitalismo. A América Latina demonstra essa realidade talvez com mais clareza que qualquer outra região. A concentração de renda e uma classe dominante proprietária de terras, com raízes nos conquistadores espanhóis e portugueses do século XVI, ainda fomentam ressentimentos profundos e supurantes. O capitalismo na América Latina ainda é, na melhor das hipóteses, uma luta.

---

*Pode-se exigir maioria qualificada para a aprovação de certas leis. Por exemplo, nos Estados Unidos, apenas a maioria qualificada pode derrubar o veto presidencial – mas foram maiorias simples nas assembléias dos treze estados originais que ratificaram a Constituição americana, optando pela atual forma de governo.

**Muitos dos Pais da Pátria dos Estados Unidos receavam que, sem as primeiras dez emendas à Constituição dos Estados Unidos da América – o Bill of Rights – a regra da maioria se converteria em tirania.

CAPÍTULO 18

CONTAS-CORRENTES E ENDIVIDAMENTO

"O endividamento a curto prazo dos consumidores... está chegando a um ponto de inflexão histórico... deve ajustar-se em breve à capacidade do país de ficar na corda bamba, que não é ilimitada", declarou a *Fortune* em março de 1956. Um mês depois, a revista acrescentou: "As mesmas considerações gerais se aplicam à dívida hipotecária – mas com dupla intensidade." O economista-chefe, Sandy Parker, e o co-autor Gil Burck, chegaram a essas conclusões amargas depois de perscrutar dados detalhados sobre a situação financeira das famílias americanas. (Os dados haviam sido compilados por mim, trabalhando como consultor da *Fortune*.) Mas a preocupação não era só deles – muitos economistas e formuladores de políticas receavam que o índice do endividamento das famílias em relação à renda familiar tinha atingido um ponto em que já havia o perigo de insolvência e inadimplência. Mas os receios se revelaram indevidos, pois os ativos e o patrimônio líquido das famílias crescia com mais rapidez do que supúnhamos.

Hoje, quase cinqüenta anos depois, o índice de endividamento das famílias em relação à renda ainda está subindo e os críticos continuam torcendo as mãos. Com efeito, não me recordo de uma década em que não tenham ocorrido surtos de ansiedade por causa do endividamento das famílias e das empresas. No entanto, esses receios ignoram um fato fundamental da vida moderna: nas economias de mercado, o endividamento crescente caminha de mãos dadas com o progresso. Em termos mais formais, a dívida sempre subirá em relação à renda, enquanto perdurarem o aumento da divisão do trabalho e a da especialização de tarefas, o crescimento da produtividade e, em conseqüência, a ampliação *tanto* dos ativos quanto dos passivos como porcentagem da renda. Portanto, a alta contínua do índice de endividamento em relação à renda, no caso das famílias, ou do total da dívida não-financeira em relação ao PIB, não é em si indicador de estresse.*

Vale a pena lembrar-se desse ensinamento, ao nos voltarmos para uma questão semelhante: o aumento do déficit comercial dos Estados Unidos e o conceito mais amplo de déficit em conta-corrente. O déficit em conta-corrente dos Estados Unidos tem subido em ritmo acelerado nos últimos anos, de zero, em 1991, para 6,5% do PIB, em 2006. Ao mesmo tempo, deixou de ser apenas nota de rodapé misteriosa em periódicos acadêmicos para adquirir status de manchete em todo o globo. Nessas condições, foi um dos itens da agenda de quase todas as reuniões econômicas internacionais de que participei nos últimos anos. É o foco do medo mundial de que os desequilíbrios externos dos Estados Unidos – o hiato dramático entre as importações e as exportações do país – precipitem o colapso do dólar americano e desencadeie uma crise financeira mundial. O dólar em declínio poderia converter-se no ponto de convergência dos receios dos formuladores de políticas sobre a sustentabilidade da globalização, a qual, por sua vez, é o determinante de boa parte da prosperidade crescente do mundo nas últimas décadas.

As preocupações com o déficit externo americano não são infundadas. Não há dúvida de que, a partir de certo ponto, os investidores externos não quererão aumentar ainda mais a proporção de ativos americanos em seus portfolios. É a contrapartida financeira do déficit no balanço de pagamentos. A essa altura, o desequilíbrio dos Estados Unidos deve estreitar-se, com a probabilidade de que o dólar venha a cair para estimular as exportações e desestimular as importações americanas. Além disso, não se pode rechaçar de todo a hipótese de mudanças súbitas no sentimento dos investidores, com o risco concomitante de rápido declínio na taxa de câmbio do dólar. Contudo, também é fácil exagerar a probabilidade de colapso do dólar. Acontecimentos em curso na economia mundial criaram condições para o aumento dramático na escala dos superávits e dos déficits sustentáveis – inclusive os que envolvem fluxos entre fronteiras – nos anos recentes, sem incidentes. Conforme observo no Capítulo 25, muitos são os desequilíbrios com que devemos preocupar-nos nos anos vindouros, especialmente nosso déficit federal potencial. Eu incluiria o déficit em conta-corrente dos Estados Unidos entre os últimos itens da lista de prioridades.

*A dívida não-financeira inclui a dívida das famílias, das empresas e do governo, mas exclui a dívida dos bancos e de outros intermediários financeiros.

No cerne das preocupações com o déficit em conta-corrente dos Estados Unidos está o fato de que, em 2006, o financiamento dessa lacuna – ou seja, a entrada de dinheiro do exterior – absorveu mais de três quintos de *todas* as poupanças externas dos sessenta e sete países que apresentaram superávit em conta-corrente naquele ano.* Os países em desenvolvimento, que respondem por metade desses superávits, ao que parece, não lograram encontrar investimentos suficientemente lucrativos em casa para superar os riscos internos, de mercado e políticos. Os Estados Unidos, uma década atrás, não teriam condições de gerar déficit em conta-corrente anual de US$800 bilhões, pela simples razão de que não conseguiriam atrair poupanças estrangeiras para financiá-lo. Em 1995, por exemplo, as poupanças de além fronteiras eram inferiores a US$350 bilhões.

Os analistas concordam que em geral é útil raciocinar sobre o saldo em conta-corrente dos países em termos de seu equivalente em contabilidade: a poupança interna de um país (ou seja, as economias das famílias, das empresas e do governo do país) menos seus investimentos no próprio país (principalmente em ativos de capital produtivos e em moradias).** Mas aí termina o acordo.

O saldo em conta-corrente de um país e a diferença entre a poupança interna e a despesa interna com investimentos sempre serão iguais, por construção e no cômputo final.*** No entanto, os que decidem poupar não são, por definição, os mesmos que decidem investir. Com efeito, se somarmos a quantia total em dólar das poupanças planejadas, de um lado, e dos investimentos planejados, de outro, para qualquer período determinado, elas quase nunca serão iguais. Só se tornam iguais depois que os planos de poupança e de investimentos são forçados a mudar, à medida que os fluxos de comércio, de renda e de ativos se alinham entre si sob a pressão das mudanças nas taxas de câmbio, nos preços, nas taxas de juros e, portanto, nos níveis da atividade econômica. Como é o caso com todas essas reconciliações promovidas pelo mercado, os ajustes de todas as variáveis ocorrem ao mesmo tempo. Trata-se do equivalente a uma solução para um conjunto de equações simultâneas. O talão de cheques do mundo sempre deve equilibrar-se.

As causas do enorme déficit em conta-corrente dos Estados Unidos nos últimos anos são tão interativas que é difícil destrinçá-las. Por exemplo, um aumento na poupança das famílias, *mantendo-se iguais todas as outras variáveis*, reduziria o

---

*As poupanças do exterior são a soma dos saldos positivos dos países que geram superávits.

**Em geral, a contabilidade da renda nacional estabelece que a diferença entre poupança interna e investimento interno equivale à poupança externa líquida, que é uma aproximação razoável do saldo em conta-corrente.

***Existem algumas diferenças técnicas, mas elas não são importantes.

déficit em conta-corrente do país. Mas as outras variáveis nunca se mantêm inalteradas. Os aumentos na poupança das famílias implicam redução nos gastos das famílias – e, talvez, como conseqüência, declínios na poupança das empresas, na medida em que caem os lucros. E a diminuição daí decorrente na arrecadação de tributos incidentes sobre os lucros também comprimiria a poupança do governo, e assim por diante. Como todos os componentes dos níveis de poupança e de investimento estão interligados, os relacionamentos causais são obscuros.

A maioria dos analistas estrangeiros e muitos dos Estados Unidos atribuem ao crescente déficit orçamentário dos Estados Unidos a causa básica dos desequilíbrios em conta-corrente. Mas, durante a última década, o equilíbrio fiscal às vezes tomou direção oposta à do déficit em conta-corrente. Enquanto o orçamento acumulava superávits entre 1998 e 2005, por exemplo, o déficit em conta-corrente se manteve em alta.

Há quem argumente que as grandes compras de obrigações do Tesouro dos Estados Unidos pelas autoridades monetárias de outros países, primeiro do Japão e depois da China, para conter suas taxas de juros, elevaram o valor do dólar e, em conseqüência, contribuíram para o grande aumento das importações americanas (de 13% do PIB, em princípios de 2002, para mais de 18%, em fins de 2006). Existe, sem dúvida, alguma verdade nessa tese, mas, com base em minha experiência, as estimativas do impacto das tentativas iniciais de manipular as taxas de câmbio têm sido muito exageradas.* Muito mais significativa é a situação do dólar dos Estados Unidos como a mais importante moeda de reserva do mundo, o que, até agora, tem fomentado o financiamento de nosso déficit externo. Muitos observadores, contudo, também interpretam essa situação como vulnerabilidade – as autoridades

*Não tenho muita dúvida de que as compras de centenas de bilhões de dólares pelas autoridades monetárias da China para conter a taxa de câmbio têm sido bem-sucedidas. O sistema financeiro chinês ainda é bastante primitivo para que ainda sejam poucos os mecanismos de mercado que compensariam tais aquisições. Mas, aparentemente, essa não é a situação do Japão. Poucas são as evidências de que as compras de centenas de bilhões de dólares para conter o iene tenham surtido muito efeito. O Japão é parte de um sistema financeiro internacional muito sofisticado, capaz de absorver enormes quantidades de títulos, com conseqüências apenas marginais sobre taxas de juros e sobre as taxas de câmbio. Por exemplo, operações de swap envolvendo bilhões de dólares em títulos do Tesouro dos Estados Unidos e quantias equivalentes em bônus com alta avaliação de crédito podem ser realizadas a baixo custo em termos de pontos básicos. Em outras palavras, grandes acúmulos ou liquidações de títulos do Tesouro dos Estados Unidos exercerão efeitos apenas modestos sobre as taxas de juros. O mesmo se aplica às taxas de câmbio. As autoridades monetárias japonesas compraram US$20 bilhões, num único dia, alguns anos atrás, sem evidências de impacto significativo na taxa de câmbio do iene. Meses depois, sem estar muito consciente da sensibilidade política de tais operações, mencionei em público a compra ineficaz. Meus amigos japoneses não gostaram da brincadeira. Novamente, em março de 2004, os japoneses abruptamente encerraram um período de intervenções muito agressivas contra o iene. A taxa de câmbio mal respondeu.

monetárias externas podem fechar suas posições em dólar de uma hora para a outra, como comportamento de massa, convertendo suas reservas para euros ou ienes. Tratarei dessa questão no Capítulo 25.

A explicação mais convincente para o aumento histórico nos déficits em conta-corrente dos Estados Unidos é atribuí-los a um amplo conjunto de forças. Evidentemente, tal hipótese não é tão atraente quanto o recurso a uma única hipótese contundente, quanto nosso déficit orçamentário federal; porém, é mais compatível com a realidade das finanças internacionais. O recrudescimento dos déficits em conta-corrente parece ter coincidido com o advento de nova fase bem delineada na globalização. Os principais fatores causais, em minha opinião, foram o grande declínio no que os economistas chamam de "viés doméstico" e a forte aceleração no crescimento da produtividade dos Estados Unidos.

Viés doméstico é a tendência paroquial dos investidores de aplicar suas poupanças no próprio país, mesmo que isso signifique abrir mão de oportunidades mais lucrativas no exterior. Quando se está familiarizado com um ambiente de investimentos, percebem-se menos riscos do que no caso de outros investimentos objetivamente comparáveis, em contextos mais distantes e menos familiares. A diminuição do viés doméstico se reflete na maior disposição dos poupadores para ir além das fronteiras nacionais e para investir em ativos estrangeiros. Tal mudança aumenta os superávits em conta-corrente de alguns países e, em contrapartida, aumenta os déficits de outros. Evidentemente, para todo o mundo, as exportações devem ser iguais às importações e o saldo em conta-corrente consolidado é sempre zero.

O viés doméstico foi muito nítido, no âmbito global, durante o meio século seguinte à Segunda Guerra Mundial. A poupança interna era direcionada quase que exclusivamente para investimentos internos, ou seja, fábricas, equipamentos, estoques e habitações dentro das fronteiras soberanas do investidor. Num mundo com viés doméstico excepcionalmente forte, os desequilíbrios externos eram pequenos.

No entanto, a partir da década de 1990, o viés doméstico começou a diminuir perceptivelmente, em conseqüência da eliminação gradual das restrições aos fluxos de capital transfronteiriços, o que mais ou menos coincidiu com o impulso ao capitalismo competitivo, depois da queda do planejamento central. A propriedade privada e os investimentos além-fronteiras se difundiram e ganharam força. Ademais, o avanço das tecnologias da informação e de telecomunicações efetivamente encolheu os tempos e as distâncias que separavam os mercados em todo o mundo. Em síntese, grandes melhorias na tecnologia e na governança expandiram os horizontes geográficos dos investidores, tornando os investimentos estrangeiros menos arriscados do que pareciam nas décadas anteriores. As evidências crescentes da proteção aos direitos de propriedade dos estrangeiros, com a queda do planejamento central, reduziram os riscos ainda mais.

Assim, a correlação ponderada entre taxas de poupança nacional e taxas de investimento interno para países ou regiões que representam praticamente todo o produto interno bruto do mundo, medida do grau do viés doméstico, caiu de um coeficiente em torno de 0,95, em 1992, altura em que pairava desde 1970, para algo em torno de 0,74, em 2005. (Se em todos os países a poupança fosse igual ao investimento – ou seja, se o viés doméstico fosse de 100% – o coeficiente de correlação seria de 1,0. Por outro lado, se não houvesse viés doméstico e se o nível de poupança interna não tivesse qualquer relação com o nível e localização dos investimentos, o coeficiente seria 0.)*

Apenas na última década associou-se a expansão do comércio ao surgimento de déficits comerciais e em conta-corrente cada vez maiores na economia americana, acompanhados de correspondente ampliação dos superávits externos agregados de muitos dos parceiros comerciais dos Estados Unidos, inclusive, mais recentemente, da China. Em 2006, surgiram grandes superávits em conta-corrente: China (US$239 bilhões), Japão (US$170 bilhões), Alemanha (US$146 bilhões) e Arábia Saudita (US$96 bilhões), todos representando recordes de alta sem precedentes. Os déficits, além do dos Estados Unidos (US$857 bilhões), incluíam os da Espanha (US$108 bilhões), Reino Unido (US$68 bilhões) e França (US$46 bilhões). Para se ter uma idéia da amplitude da dispersão (a extensão em que os desequilíbrios poupança menos investimento de cada país se afastam de zero), calculei a soma absoluta dos desequilíbrios em conta-corrente dos países (desprezando os sinais de mais e menos) como porcentagem do PIB mundial. Esse índice situava-se entre 2% e 3%, de 1980 a 1996. Em 2006, havia chegado a quase 6%.

O decréscimo do viés doméstico é o principal fator determinante da expansão dos superávits e dos déficits, mas as diferenças entre as taxas de retorno ajustadas ao

---

*Obviamente, se a poupança interna fosse exatamente igual aos investimentos internos em todos os países, todas as contas-correntes estariam equilibradas e não haveria dispersão dos saldos. Assim, a existência de desequilíbrios nas contas-correntes exige que a correlação entre poupança interna e investimentos internos – o que reflete o grau de viés doméstico – seja inferior a 1,0.

**"Ajuste ao risco" é o termo usado pelos economistas para reconhecer que, para atrair investidores, os investimentos arriscados devem oferecer taxas de retorno mais elevadas para compensar as possíveis perdas. Trata-se de uma estimativa da parcela do retorno sobre o ativo que apenas reflete o adicional de remuneração decorrente do grau de risco mais elevado.

risco também podem ter sido uma das causas.** E, sem dúvida, as taxas de retorno relativas, ajustadas ao risco, são fator crítico na escolha dos países em que serão investidos os excessos de poupança.

Desde 1995, as taxas de crescimento da produtividade nos Estados Unidos (mais altas que as taxas ainda baixas no exterior) produziram, ao que tudo indica, expectativas de taxas de retorno ajustadas ao risco também mais altas, que resultou em aumento desproporcional na demanda global por ativos dos Estados Unidos. Esse fato explica, em boa parte, por que porcentagens tão altas das poupanças externas foram direcionadas para os Estados Unidos.*

Espero que os debates sobre as causas da forte alta recente no déficit em conta-corrente dos Estados Unidos prossigam ainda durante algum tempo. Pergunta muito mais importante, contudo, é se o ajuste externo aparentemente inevitável será benigno ou, como teme muita gente, acarretará uma crise financeira internacional que culminará com o colapso do dólar. Conforme observei, considero muito mais provável o desfecho mais benigno.

O mais preocupante é o que acontecerá quando os estrangeiros começarem a resistir em aumentar ainda mais a fatia de seus portfolios representada por créditos líquidos contra residentes nos Estados Unidos, o que está implícito nas atuais tendências dos saldos externos. Os déficits em conta-corrente têm aumentado como posição líquida negativa cada vez maior dos investimentos internacionais efetuados pelos residentes nos Estados Unidos (quase US$2,5 bilhões, em fins de 2005), com o conseqüente aumento dos custos do serviço da dívida. Essa tendência não pode persistir indefinidamente. Em algum momento, mesmo que as taxas de retorno dos investimentos nos Estados Unidos continuem altas, em termos competitivos, os investidores estrangeiros hesitarão ante a concentração crescente de seus portfolios em ativos americanos. O princípio tradicional de não guardar todos os ovos numa única cesta também se aplica às finanças globais, da mesma maneira como é válido no âmbito das famílias. Se e quando o apetite dos estrangeiros por ativos americanos perder um pouco da

---

*Para facilitar comparações, todas as demais moedas foram convertidas para dólares com base nas taxas de câmbio de mercado. A paridade do poder de compra (PPP), principal alternativa de conversão, não é método adequado para lidar com fluxos transfronteiriços de poupança e de investimento. Para o mundo como um todo, a poupança deve ser igual ao investimento, independentemente da moeda de registro. Nos anos de 2003 a 2005, o valor absoluto da discrepância estatística entre poupança e investimento em todo o mundo era de US$330 bilhões por ano, com base no PPP, mas de apenas US$66 bilhões, adotando-se as taxas de câmbio de mercado.

voracidade, as conseqüências daí advindas logo se refletirão na menor demanda por moeda americana e, assim, na queda da taxa de câmbio do dólar.* O dólar mais baixo, evidentemente, desestimulará os importadores e estimulará os exportadores. Por conseguinte, a resistência em si dos estrangeiros em financiar o déficit externo americano já será fator determinante da redução do déficit. A diversificação não só das reservas das autoridades monetárias do mundo, mas também, ainda mais relevante, das reservas internacionais dos investidores privados, produzirá efeitos inevitáveis.

Os analistas receiam que, em conseqüência do crescente serviço da dívida dos Estados Unidos para com estrangeiros, ou o déficit comercial americano se reduz drasticamente (e até se transforma em superávit) e/ou os estrangeiros se tornam ainda mais propensos a investir em ativos americanos e continuam fornecendo fundos para que os devedores americanos possam arcar com os custos do endividamento.** Isso ainda não é problema, pois a taxa de retorno dos mais de US$2 trilhões de investimentos diretos dos Estados Unidos no exterior era de 11% em 2005, muito mais alta que as taxas de juros hoje pagas a estrangeiros sobre a dívida externa americana. O resultado é que o pagamento do serviço da dívida e a distribuição de dividendos pelos Estados Unidos a estrangeiros ainda são menores que a renda recebida de estrangeiros pelos Estados Unidos. Mas, com o inexorável aumento líquido da dívida (igual ao déficit em conta-corrente, ajustado pelos ganhos e perdas de capital), os pagamentos líquidos dos Estados Unidos a estrangeiros serão muito maiores.

A razão pela qual suspeito que o grande déficit em conta-corrente dos Estados Unidos em 2006 não teve sérias conseqüências negativas para a economia americana é o fato de ter sido, em grande parte, manifestação da especialização e da divisão do trabalho cada vez maior que se desenvolve num ambiente global

*Estou desconsiderando o fato de que nem todos os créditos contra residentes nos Estados Unidos são em dólar e que nem todos os créditos em dólar, como os em eurodólares, são contra residentes nos Estados Unidos. No entanto, a imbricação entre créditos em dólar e créditos contra residentes nos Estados Unidos é tão grande que as diferenças se tornam desprezíveis.

**Geralmente me perguntam por que isso é problema, considerando que quase todos os ativos dos Estados Unidos são denominados em dólares. Será que os estrangeiros não aceitarão pagamentos em dólares americanos? Sim, em geral aceitarão. Mas se os credores comerciais resolverem manter os pagamentos em dólar, eles terão aumentado seus investimentos em ativos americanos. Se, contudo, venderem os dólares a terceiros (em troca de sua própria moeda), os terceiros estarão investindo em ativos americanos. Se ninguém quiser manter mais ativos americanos aos preços atuais, os dólares terão de ser vendidos com desconto nos mercados de câmbio estrangeiros, exercendo pressão de baixa sobre a taxa de câmbio do dólar.

de alta tecnologia totalmente novo. A reunião de todas as evidências – casuísticas, circunstanciais e estatísticas – gera forte indício, pelo menos para mim, de que o déficit em conta-corrente dos Estados Unidos, em nível recorde, reflete um conjunto mais amplo de déficits e de superávits compensadores crescentes, que refletem as transações das entidades econômicas americanas – famílias, empresas e governos – em boa parte dentro das fronteiras americanas. Tais déficits e superávits, em tese, estão crescendo há décadas, talvez gerações. O longo movimento de alta nessa fatia mais ampla de déficits tem sido persistente, mas gradual. Contudo, o componente isolado desse vasto conjunto que capta apenas o financiamento externo líquido dos desequilíbrios isolados das entidades econômicas americanas – nosso déficit em conta-corrente – aumentou para 6,5% do PIB americano, em 2006, em comparação com índices desprezíveis, em princípios da década de 1990.

Sob minha perspectiva, os formuladores de políticas têm concentrado foco muito estreito nos créditos externos contra residentes dos Estados Unidos, em vez de em todos os créditos, tanto externos quanto internos, que influenciam o comportamento econômico e podem ser motivo de preocupação sistêmica. Os saldos em conta-corrente se referem apenas a transações que transpõem fronteiras soberanas. Nossas tabulações a esse respeito têm raízes remotas na obsessão dos mercantilistas de princípios do século XVIII de alcançar superávits em seus balanços de pagamentos, de modo a trazer ouro – então a medida da riqueza das nações – para dentro do país.

Se mensurássemos os saldos líquidos financeiros de unidades geográficas muito menores, como cada um dos estados americanos ou cada uma das províncias canadenses (o que não fazemos) ou de grupos de países muito mais amplos, como América do Sul ou Ásia, as tendências dessas medidas e de suas implicações aparentes talvez fossem muito diferentes do indicador convencional, referente aos Estados nacionais soberanos: o saldo em conta-corrente.

A escolha da unidade geográfica adequada para tal avaliação depende do que se pretende apurar. Presumo que, na maioria dos casos, pelo menos na formulação de políticas, pretendemos avaliar o grau de estresse econômico que seria augúrio de resultados econômicos significativamente adversos. Nesse caso, o melhor julgamento exigiria dados sobre saldos financeiros, no nível de detalhes em que se tomam as decisões econômicas: famílias, empresas ou governos. É onde se experimenta o estresse e, portanto, onde se originam as ações e as tendências capazes de desestabilizar a economia.

Quando uma família gasta mais em consumo e em investimentos, como na compra da casa,* do que o valor de renda – ou seja, mais dinheiro saindo do que entrando – ocorre o que os economistas chamam de déficit financeiro familiar. Já quando a família economiza sob a forma de acumulação de ativos financeiros ou da redução do endividamento, a situação é de superávit financeiro familiar, ou fluxo de caixa positivo. Designações semelhantes se aplicam às empresas e aos governos – federais, estaduais e locais. Quando consolidamos esses déficits e superávits para todos os residentes nos Estados Unidos, ficamos com um resíduo que é o crédito líquido ou o débito líquido dos americanos em relação aos estrangeiros – ou seja, o superávit ou o déficit dos Estados Unidos em conta-corrente.**

Porém, antes da consolidação, os índices tanto dos superávits financeiros quanto dos déficits financeiros de cada entidade econômica dos Estados Unidos – famílias, empresas e governos – em relação às respectivas rendas, em média, estiveram em alta durante décadas, talvez mesmo desde o século XIX.*** No entanto, durante boa parte desse período, os déficits de algumas entidades econômicas eram quase que integralmente compensados pelos superávits das demais entidades econômicas. Assim, nossos saldos em conta-corrente eram pequenos.**** O que ocorreu de especial na década passada foi que o declínio do viés doméstico, associado a significativos ganhos de capital com a casa própria e com outros ativos, fomentaram grande aumento nas compras de bens e serviços produzidos no exterior por residentes nos Estados Unidos, financiados de bom grado por investidores estrangeiros.

Os créditos líquidos agregados apenas contra estrangeiros (nossa conta-corrente) apresentam quadro estatístico incompleto do grau de nosso estresse econômico potencial. Podem superestimar ou subestimar a questão pendente para a economia como um todo. Com efeito, se vivêssemos num mundo em que a soberania ou as fronteiras não fossem relevantes para as transações de bens, serviços e ativos, os indicadores de estresse das unidades econômicas mais estreitas seriam, sem dúvida, os mais informativos. Os saldos em conta-corrente no âmbito dos países têm importantes usos especiais

*Evidentemente, os investimentos podem ser negativos. Por exemplo, a venda de uma casa ou a liquidação de estoques.

**Na verdade, ainda há algumas pequenas transferências de capitais que reconciliam os lançamentos necessários para chegar ao saldo em conta-corrente.

***A afirmação é verdadeira tanto para a renda de cada entidade quanto para a renda interna bruta do país, ou para seu equivalente, o produto interno bruto. Não há perda de renda na consolidação das rendas individuais no total nacional.

****Uma exceção foram os déficits em conta-corrente depois da Guerra Civil americana, refletindo em boa parte o financiamento externo da vasta rede ferroviária que respondeu por parcela considerável da atividade econômica dos Estados Unidos até o fim do século.

em relação às taxas de câmbio, mas suspeito que o indicador seja usado com muita freqüência para sugerir algumas doenças mais genéricas. Isso é um erro.

Os desequilíbrios comerciais e financeiros têm aumentado dentro das fronteiras dos Estados Unidos há algum tempo. Eles refletem a especialização crescente da função econômica, que remonta pelo menos ao início da Revolução Industrial. A rejeição da auto-suficiência dos indivíduos e dos países resultou da divisão do trabalho, processo que continuamente subdivide as tarefas, criando níveis cada vez mais profundos de especialização e de habilidades, melhorando, em conseqüência, a produtividade e o padrão de vida. Essa especialização fomenta o comércio entre as entidades econômicas e, como ocorreu mesmo nos primórdios do comércio, também com os parceiros comerciais internacionais.

Com o passar do tempo, proporções cada vez maiores das famílias, das empresas não-financeiras e dos governos nacionais e locais dos Estados Unidos financiaram seus investimentos de capital com recursos oriundos de outras fontes, além da renda familiar, da geração de caixa das empresas e dos impostos arrecadados pelos governos. Nos primórdios da história americana, quase todo esse financiamento era originário de instituições financeiras do próprio país ou de outras entidades também americanas. As dívidas de residentes nos Estados Unidos para com estrangeiros eram pequenas. A tendência crescente (e arriscada) de contrair empréstimos como antecipação de rendas futuras por parcela significativa dos americanos se reflete no aumento persistente dos ativos e passivos das famílias e das empresas em relação à renda.

Estudos detalhados do staff do Federal Reserve Board, com base em dados oriundos de mais de cinco mil empresas americanas não-financeiras, abrangendo o período de 1983 a 2004, concluíram que o crescimento do total dos déficits das empresas em que as despesas de capital eram superiores à geração de caixa sempre foi mais acelerado que o crescimento do valor agregado pelas empresas. A soma dos superávits e dos déficits, ignorando o sinal, como proporção de um número representativo do valor agregado pelas empresas apresenta aumento médio de 3,5% ao ano.* Os dados sobre a dispersão dos déficits financeiros das entidades econômicas dos Estados Unidos, a não ser no caso de empresas não-financeiras, são esparsos. Estudo distinto e menos satisfatório, envolvendo apenas saldos financeiros parcialmente consolidados de diferentes entidades econômicas, em relação ao PIB nominal, mostra um aumento ao longo do último quarto de século na soma absoluta dos

*Os superávits (e os déficits) correspondem ao lucro antes das receitas e das despesas extraordinárias, mais depreciação, menos despesas de capital. O número representativo do valor agregado é o lucro bruto, ou vendas menos custo dos produtos vendidos.

superávits e dos déficits 1,25 ponto percentual por ano superior ao aumento do PIB nominal.*

O aumento da dispersão dos desequilíbrios das entidades econômicas dentro dos Estados Unidos parece ter diminuído de ritmo ao longo da última década, de acordo com cálculos baseados em dados de saldos financeiros parcialmente consolidados. Uma vez que o crescimento do déficit em conta-corrente acelerou durante esses anos, é plausível presumir que o processo geral de dispersão dos desequilíbrios das entidades econômicas dos Estados Unidos prosseguiu, mas com parcelas cada vez maiores dos déficits das famílias, das empresas e dos governos sendo financiados por fontes externas, em vez de internas. Trata-se, sem dúvida, de algo óbvio no financiamento do déficit orçamentário federal dos Estados Unidos e das despesas de capital das empresas.** Em síntese, a expansão do déficit em conta-corrente dos Estados Unidos durante a última década reflete, em tese, o deslocamento do comércio e dos financiamentos de dentro para fora dos Estados Unidos.

Assim, a história da erosão do saldo em conta-corrente dos Estados Unidos é a história dos desequilíbrios financeiros internos que transbordaram as fronteiras soberanas do país em princípios da década de 1990, a partir de quando passaram a ser medidos como déficits crescentes em conta-corrente. Qualquer saldo que começa como superávit (como ocorreu em 1991) e se converte em déficit em rápido cres-

---

*A medida estima os desequilíbrios poupanças menos investimentos entre os sete setores não-financeiros consolidados, que constam das estatísticas macroeconômicas dos Estados Unidos: famílias, empresas, negócios não-agrícolas e não-empresariais, fazendas, governos estaduais e locais, governo federal e resto do mundo. Incluo o setor "resto do mundo" porque ele mede superávits ou déficits de residentes nos Estados Unidos, embora tais superávits ou déficits reflitam a acumulação dos créditos líquidos contra estrangeiros ou as obrigações perante estrangeiros. Os outros seis setores refletem créditos líquidos contra ou obrigações apenas perante residentes nos Estados Unidos.

Realmente temos muitos dados sobre as conseqüências dos superávits e dos déficits: níveis de dívidas e de ativos não-consolidados. O vínculo, evidentemente, seria exato apenas se algumas entidades econômicas sempre incorressem em déficits e as restantes sempre gerassem superávits. Nesse caso, a acumulação dos déficits geraria a mudança no saldo devedor não-consolidado e a acumulação dos superávits geraria a mudança nos ativos. Se isso fosse verdade, poderíamos inferir o grau de dispersão em relação às estimativas de ativos e passivos não-consolidados. Com efeito, durante o último meio século, à exceção do período atípico entre 1986 e 1991, quando o colapso do setor de poupança e empréstimo distorceu os números referentes à dívida, a taxa de mudança nos ativos e passivos em relação ao PIB nominal não aumentou.

**Entre 1995 e 2006, a proporção de passivos empresariais não-financeiros devidos a estrangeiros apresentou forte alta como porcentagem do total de passivos empresariais não-financeiros. A proporção de obrigações do Tesouro dos Estados Unidos de propriedade de estrangeiros subiu de 23% para 44% no mesmo período. Os empréstimos estrangeiros às famílias americanas sempre foram desprezíveis.

cimento é sempre causa de preocupação e quase inevitavelmente se transforma em questão política. Mas a não ser que faça muita diferença, por exemplo, que uma empresa domiciliada nos Estados Unidos recorra a fontes externas em vez de internas para financiar suas despesas de capital, o indicador mais relevante de desequilíbrio deve combinar tanto financiamentos internos quanto financiamentos externos. Em tese, as pressões sobre as entidades econômicas dos Estados Unidos aumentaram pouco com o deslocamento das fontes de financiamento. A elevação dos índices de desequilíbrio (tanto externo quanto interno) em relação ao PIB é tendência muito mais moderada e muito menos assustadora do que a exibida apenas por seus componentes externos (só a conta-corrente).

Muitas empresas americanas, por exemplo, que antes compravam componentes de fornecedores internos, agora recorrem a fornecedores externos. Essas empresas geralmente vêem as fontes internas e externas tão concorrentes entre si quanto apenas os fornecedores internos uns com os outros. A mudança de abastecedores internos para externos afeta a contabilidade do balanço de pagamentos internacional, mas, em tese, não altera o estresse macroeconômico. Para ser exato, as empresas e os trabalhadores que perdem vendas sofrerão impacto negativo, pelo menos até serem remanejados para áreas mais competitivas. Mas isso não é diferente das conseqüências da competição interna. A única diferença significativa na mudança para fornecedores estrangeiros são os efeitos sobre a taxa de câmbio durante e depois do processo de ajuste. Sob a perspectiva do estresse individual, contudo, os impactos são semelhantes aos resultantes de uma mudança nos preços de importante componente adquirido.

Outra evidência de que os superávits e os déficits das entidades econômicas domiciliadas nos Estados Unidos subiram em relação aos níveis de renda durante o século passado é o aumento dos ativos dos intermediários financeiros em relação aos ativos não-financeiros e ao PIB nominal. São essas instituições financeiras que, em boa parte, aceitam depósitos e concedem empréstimos em contraposição aos superávits e aos déficits financeiros das entidades econômicas americanas. As famílias depositam a renda que não gastam em bancos comerciais e em instituições de poupança, por exemplo. O empréstimo dos recursos oriundos desses depósitos financia os investimentos de outras entidades em moradias, em equipamentos e em fábricas. Em conseqüência, o tamanho dessas instituições também é equivalente aproximado de tais superávits e déficits. Com efeito, pode-se conjeturar que é a necessidade de intermediar esses superávits e esses déficits crescentes que, ao longo das gerações, tem impulsionado o desenvolvimento das formidáveis instituições financeiras dos Estados Unidos.

Desde 1946, os ativos dos intermediários financeiros dos Estados Unidos, mesmo excluindo o crescimento desmesurado dos empréstimos hipotecários, subiram 1,8% ao ano em relação ao PIB nominal. De 1896 (a partir de quando se dispõe de dados abrangentes sobre o assunto) até 1941, os ativos dos bancos, de longe os mais importantes intermediários financeiros durante esses anos, subiram 0,6% ao ano em relação ao PIB.

Implícito na dispersão cada vez mais ampla de superávits e déficits financeiros das diferentes entidades econômicas é a expectativa de déficits acumulados crescentes por parte de algumas delas e, portanto, de possível aceleração do aumento da dívida como proporção da renda ou de seu equivalente, o PIB.* De 1900 a 1939, as dívidas privadas não-financeiras nos Estados Unidos subiram quase 1% mais rápido por ano, em média, que o PIB nominal. A Segunda Guerra Mundial e suas seqüelas desinflaram o endividamento durante algum tempo; o que, em conseqüência, reduziu a proporção da dívida em relação ao PIB. A tendência ascendente do índice de endividamento, contudo, logo foi retomada: o aumento do endividamento das empresas superou o da produção bruta em 1,8%, de 1956 a 1996, e em 1,2%, de 1996 a 2006.**

O aumento do índice de endividamento em relação à renda, no caso das famílias, ou do total da dívida não-financeira em relação ao PIB, não é, em si, indicador de estresse. É, em boa parte, conseqüência da dispersão do crescente desequilíbrio financeiro das entidades econômicas que, por sua vez, reflete a tendência de aumento da divisão do trabalho e do grau de especialização. Tanto os ativos quanto as dívidas do setor não-financeiro subiram mais rápido que a renda na última metade do século passado. Mas as dívidas estão crescendo com mais rapidez que os ativos; ou seja, a alavancagem tem aumentado. A dívida das famílias, como porcentagem dos ativos, por exemplo, chegou a 19,3%, em fins de 2006, em comparação com 7,6%, em 1952. O passivo não-financeiro das empresas como porcentagem dos ativos aumentou de 28%, em 1952, para 54%, em 1993, mas recuou para 43% em fins de 2006, quando as empresas embarcaram em grandes programas para melhorar seus balanços patrimoniais.

---

*Os déficits acumulados de cada uma das entidades econômicas aumentarão a dívida líquida – ou seja, a dívida bruta menos ativos financeiros. Na grande maioria dos casos, a dívida bruta subirá com a dívida líquida.

**A tendência no sentido da dispersão dos desequilíbrios financeiros dentro do país é provável não só nos Estados Unidos, mas também em outros países. A existência dessa tendência é sugerida pelo aumento das dívidas não-financeiras não-consolidadas das maiores economias industriais, exclusive os Estados Unidos, ao longo das últimas três décadas, que superou o crescimento do PIB em 1,6 ponto percentual ao ano.

É difícil avaliar até que ponto é problemático esse aumento duradouro na alavancagem. Como a aversão ao risco é inata e imutável, a disposição para assumir alavancagem ou endividamento crescente ao longo das gerações provavelmente reflete melhoria da flexibilidade financeira, que possibilita aumento da alavancagem sem aumento do risco, pelo menos até certo ponto. Os banqueiros, nos anos imediatamente seguintes à Guerra Civil americana, tinham a percepção de que era necessário apoiar dois quintos de seus ativos com capital próprio. Menos era muito arriscado. Hoje, os banqueiros se sentem à vontade com um décimo. No entanto, as falências são menos comuns atualmente que há 140 anos. A mesma tendência se aplica às famílias e às empresas. O aumento da alavancagem parece ser conseqüência de melhorias maciças na tecnologia e na infra-estrutura, não do aumento da propensão dos seres humanos ao risco. Obviamente, surtos de endividamento acima do propiciado pelas novas tecnologias é convite para crises. Não sei exatamente onde se situa o ponto de desequilíbrio. Além disso, a experiência de fins da década de 1950, com o ônus da dívida dos consumidores, aumenta minha relutância em subestimar a capacidade da maioria das famílias e das empresas em gerenciar a própria situação financeira.

É tentador concluir que o déficit em conta-corrente dos Estados Unidos é basicamente subproduto de forças duradouras e que, em tais condições, é em boa parte benigno. Afinal, parece que realmente temos sido capazes de financiá-lo com relativa facilidade nos últimos anos. Mas será que os aumentos contínuos nos déficits das famílias e das empresas não-financeiras, em si, geram tensão econômica crescente? E é relevante que tais aumentos estejam sendo financiados por fontes internas ou externas? Se as decisões econômicas fossem tomadas sem levar em conta os riscos cambiais ou transfronteiriços, seria possível argumentar que os desequilíbrios em conta-corrente não têm especial significado econômico e que a acumulação de dívidas para com estrangeiros teria poucas implicações além da solvência dos devedores em si. Pouco importaria que as dívidas das entidades americanas fossem para com credores internos ou externos.

Mas as fronteiras nacionais de fato são relevantes, pelo menos até certo ponto. Os pagamentos do serviço da dívida referentes a empréstimos estrangeiros devem ser financiados em última instância por exportações de bens e serviços ou por entradas de capital, enquanto os decorrentes de empréstimos internos dispõem de base mais ampla. No caso das empresas, as transações transfronteiriças podem tornar-se mais complexas em conseqüência da volatilidade das taxas de câmbio; porém, em geral, trata-se de risco normal em negócios. É verdade que o processo de ajuste de mercado parece ser menos eficaz ou transparente além-fronteiras do que no âmbito interno. Os preços de mercadorias idênticas, em localidades próximas, mas em diferentes lados da fronteira, por exemplo, podem apresentar grandes diferenças, conforme se tem visto, mesmo quando expressos na mesma moeda.* Assim, desequilíbrios em conta-corrente transfronteiriços podem envolver grau de estresse econômico provavelmente mais alto que o decorrente de desequilíbrios apenas internos. Os riscos legais e cambiais nos negócios transfronteiriços representam acréscimos importantes aos riscos internos normais. Mas até que ponto essas diferenças são significativas?

A globalização está mudando muitos de nossos paradigmas econômicos. Talvez seja razoável presumir que a dispersão mundial dos saldos financeiros de entidades econômicas não-consolidadas como proporção do PIB mundial, conforme já observamos, continuará a subir, à medida que se difunde pelo mundo o aumento da especialização e da divisão do trabalho. No entanto, afirmar que a dispersão dos saldos em conta-corrente do mundo continuará aumentando é questão mais do que aberta. Tal crescimento implicaria redução ainda mais acentuada no viés doméstico. Porém, num mundo de Estados nacionais, o viés doméstico pode declinar apenas até certo ponto. O provável é que acabe se estabilizando, como talvez já tenha acontecido.** Nesse caso, o déficit em conta-corrente dos Estados Unidos provavelmente se converterá em equilíbrio.

Nesse ínterim, qualquer que seja o significado e as possíveis implicações negativas do déficit em conta-corrente, a manutenção da flexibilidade econômica, como já salientei, talvez seja a maneira mais eficaz de conter tais riscos. O acúmulo de créditos em dólar contra os domiciliados nos Estados Unidos já está gerando preocupações sobre a concentração do risco – a mesma preocupação com o excesso de ovos numa única cesta, que poderia levar os credores estrangeiros a trocar dólares por outras moedas, mesmo quando os investimentos em dólar renderem mais. Embora os investidores estrangeiros ainda não tenham reduzido de maneira significativa seus financiamentos dos investimentos de capital dos Estados Unidos, desde princípios de 2002 o valor do dólar em relação a outras moedas

*A divergência persistente entre muitos preços de mercadorias idênticas entre os países-membros da área do euro, que se seguiu à criação da nova moeda, é analisada em John H. Rogers (2002). No caso de preços americanos e canadenses, ver Charles Engel e John H. Rogers (1996).

**As medidas do coeficiente de correlação do viés doméstico se estabilizaram desde 2000. O mesmo ocorreu com os indicadores de dispersão. Isso é compatível com o aumento da participação dos Estados Unidos nos déficits.

tem declinado, assim como a proporção de ativos em dólar em alguns portfolios internacionais.*

Caso se contenha a atual tendência um tanto perturbadora de aumento do protecionismo e na hipótese de que os mercados se mantenham bastante flexíveis, as mudanças nas condições comerciais, nas taxas de juros, nos preços dos ativos e nas taxas de câmbio devem aumentar as poupanças americanas em relação aos investimentos internos, o que reduziria a necessidade de financiamento externo e reverteria a tendência da última década de maior dependência em relação a recursos oriundos do exterior. Se, contudo, a mudança perniciosa no sentido da irresponsabilidade fiscal nos Estados Unidos e em outros países não for combatida e ainda for agravada pela reversão protecionista da globalização, o processo de ajuste do déficit em conta-corrente talvez seja muito doloroso para os Estados Unidos e para nossos parceiros comerciais.

*Do total equivalente a mais de US$40 trilhões em créditos internacionais decorrentes de empréstimos bancários e de bônus empresariais informados pelo setor privado ao Banco de Compensações Internacionais, em fins do terceiro trimestre de 2006, 43% eram em dólares e 39% eram em euros. As autoridades monetárias têm demonstrado inclinação um pouco maior pelas obrigações em dólar: em fins do terceiro trimestre de 2006, do total equivalente de US$4,7 trilhões mantidos como reserva em moeda estrangeira, aproximadamente dois terços eram em dólares e cerca de um quarto em euros.

CAPÍTULO 19

GLOBALIZAÇÃO E REGULAMENTAÇÃO

Com base em todos os critérios contemporâneos, o mundo anterior a 1914 dava a impressão de caminhar irreversivelmente para níveis mais altos de civilidade e de civilização; a sociedade humana parecia perfectível. O século XIX dera fim ao hediondo tráfego negreiro. A violência desumana parecia em declínio. Além da Guerra Civil americana, na década de 1860, e da breve Guerra Franco-Prussiana, de 1870-71, não ocorrera nenhum grande conflito envolvendo grandes partes do mundo "civilizado", desde a era napoleônica. O ritmo da inventividade global se acelerara durante todo o século XIX, difundindo ferrovias, telefones, luz elétrica, cinema, automóveis e incontáveis conveniências domésticas. Os avanços da medicina, a melhoria da nutrição e a distribuição em massa de água potável elevaram a expectativa de vida, no que chamamos de mundo desenvolvido, de trinta e seis anos, em 1820, para mais de cinqüenta, em 1914. O senso de irreversibilidade de tanto progresso era universal.

A Primeira Guerra Mundial foi mais devastadora para a civilidade e para a civilização do que a fisicamente mais destrutiva Segunda Guerra Mundial: aquela arrasara uma idéia. Não consigo deixar de refletir sobre aqueles anos anteriores à Primeira Guerra Mundial, quando o futuro da humanidade parecia sem obstáculos e sem limites.* Hoje, nossa perspectiva é totalmente diferente da de um sécu-

*Ainda tenho um livro de meus tempos de estudante, *Economics and the Public Welfare*, em que o economista aposentado Benjamin Anderson evocou o idealismo e o otimismo daquela era perdida, de maneira que nunca esqueci: "As pessoas que cultivam recordações adultas e compreensão madura do mundo que precedeu a Primeira Guerra Mundial olham para o passado com grande nostalgia. Havia na época um senso de segurança que desde então jamais existiu. O progresso era

lo atrás, mas talvez um pouco mais compatíveis com a realidade. Será que o terrorismo, o aquecimento global e o ressurgimento do populismo serão para a atual era de globalização, promotora da vida, o que a Primeira Guerra Mundial foi para o período de bonança que a antecedeu? Ninguém é capaz de responder com certeza. Mas, ao abordar o assunto, vale a pena sondar as raízes e as instituições da economia pós-Segunda Guerra Mundial que elevaram o padrão de vida de praticamente todos os habitantes do planeta e ajudaram a restaurar as esperanças da humanidade.

As economias, consideradas de *per se*, crescem e prosperam à medida que seus habitantes aprendem especialidades e praticam a divisão do trabalho. O mesmo também ocorre na escala global. A globalização – o aprofundamento da especialização e a ampliação da divisão do trabalho além das fronteiras nacionais – é sem dúvida fundamental para a compreensão de boa parte de nossa história econômica recente. A capacidade crescente de realizar transações e de assumir riscos em todo o mundo está criando uma economia verdadeiramente global. A produção se torna cada vez mais internacional. Parcela considerável do que é montado em forma vendável num país consiste cada vez mais de componentes oriundos de muitos continentes. A capacidade de identificar as fontes de abastecimento de trabalho e de materiais mais competitivas em todo o mundo, em vez de apenas no âmbito do país, não só reduz os custos e a inflação de preços, mas também eleva o índice do valor dos produtos em relação ao valor dos insumos – o indicador mais amplo da produtividade e equivalente útil de padrão de vida. Em média, os níveis de padrão de vida apresentaram melhorias substanciais. Centenas de milhões de pessoas nos países em desenvolvimento foram arrancadas da pobreza de subsistência. Outras centenas de milhões estão experimentando agora níveis de afluência de que as pessoas nascidas em países desenvolvidos desfrutaram durante toda a vida.

Por outro lado, o aumento da concentração de renda que tem acompanhado a globalização reavivou a batalha entre as culturas do bem-estar social e do capitalismo – conflito que muita gente supôs ter acabado de uma vez por todas, depois da desgraça do planejamento central. Também a ameaça do terrorismo paira sobre a sociedade, pondo em risco o império da lei e, em conseqüência, a prosperidade da

---

considerado algo certo... As sucessivas décadas anteriores haviam sido testemunhas de crescente liberdade política, da difusão progressiva das instituições democráticas, da elevação contínua do padrão de vida das massas... Em questões financeiras, a boa-fé dos governos e dos bancos centrais também era um pressuposto. Os governos e os bancos centrais nem sempre conseguiam cumprir suas promessas, mas, nesses casos, sentiam-se envergonhados, e adotavam medidas para levar avante seus compromissos tão longe quanto possível".

humanidade. Encontra-se em curso um debate mundial sobre o futuro da globalização e do capitalismo, cujo desfecho definirá as características do mercado global e nosso estilo de vida nas próximas décadas.

A história nos adverte de que a globalização é reversível. Podemos perder muitos dos ganhos históricos do último quarto de século. As barreiras ao intercâmbio e ao comércio, que desabaram depois da Segunda Guerra Mundial podem ser reconstruídas, mas não sem conseqüências semelhantes às decorrentes do crash do mercado de ações de 1929.

Tenho duas sérias preocupações quanto à nossa capacidade de preservar o impulso do recente progresso material do mundo. A primeira é o recrudescimento da concentração de renda, com intensidade crescente, ameaçando a harmonia e a estabilidade das sociedades democráticas. Receio que essa desigualdade venha a desencadear retrocessos talvez convenientes, sob o ponto de vista político, mas, sem dúvida, destrutivos, sob o ponto de vista econômico. A segunda é o impacto da inevitável desaceleração do processo de globalização em si, capaz de reduzir o crescimento mundial e comprometer a ampla aceitação do capitalismo, que se seguiu ao colapso da União Soviética. As pessoas se ajustam com rapidez a padrões de vida mais altos e, caso o progresso se torne mais lento, sentem-se destituídas e buscam novas explicações ou novas lideranças. Ironicamente, o capitalismo hoje parece desfrutar de maior prestígio em muitas partes do mundo em desenvolvimento, que vêm experimentando crescimento acelerado – China, parte da Índia e quase toda a Europa Oriental – que em seu próprio berço – a Europa Ocidental, onde o crescimento tem sido mais lento.

Mundo "plenamente globalizado" é aquele em que a produção, o comércio e as finanças não sofrem restrições e são impulsionadas pela busca do lucro e pela assunção de riscos, de maneira totalmente indiferente às distâncias e às fronteiras nacionais. Essa situação jamais será atingida. A aversão ao risco, inerente à natureza humana, e o viés doméstico, manifestação dessa repulsa, significam que a globalização tem limites. A liberalização do comércio nas décadas recentes acarretou importante redução das barreiras à livre movimentação de bens, serviços e fluxos de capital. Porém, a continuidade do progresso será cada vez mais difícil, conforme demonstrou o impasse na rodada de Doha de negociações comerciais.

Considerando que parcela considerável de nossa experiência recente não tem precedentes, é difícil determinar em quanto tempo se esgotará a dinâmica da globalização em curso. E, mesmo então, devemos ser cuidadosos para não cair na armadilha de equiparar o nivelamento da globalização ao esgotamento das oportunidades para novos investimentos. O fechamento da fronteira americana em fins do século XIX, por exemplo, não significou, como muita gente receava, o início da estagnação econômica.

A recuperação econômica no período subseqüente à Segunda Guerra Mundial foi fomentada, de início, pelo amplo reconhecimento por parte dos economistas e dos líderes políticos de que o surto de protecionismo que se seguiu à Primeira Guerra Mundial tinha sido causa básica da profundidade da Grande Depressão. Em conseqüência, os formuladores de políticas se empenharam na destruição sistemática das barreiras comerciais e, muito mais tarde, dos obstáculos aos fluxos financeiros. Antes da queda da União Soviética, a globalização foi acelerada ainda mais quando a alta inflação da década de 1970 suscitou o repensamento das políticas econômicas e das atividades regulatórias intervencionistas que emergiram dos anos de Depressão.

Em conseqüência da desregulamentação, do aumento da inovação* e da redução das barreiras ao comércio e ao investimento, o intercâmbio comercial transfronteiriço nas últimas décadas se expandiu em ritmo muito mais acelerado que o PIB, acarretando aumento comparável, em média, no índice de importações em relação ao PIB, em todo o mundo. Em conseqüência, a maioria das economias está cada vez mais exposta aos rigores e às tensões da competição internacional, que, embora um pouco diferentes do estresse da competição interna, parecem menos controláveis. A insegurança no emprego nas economias desenvolvidas, decorrente do aumento das importações, cobrou seu preço sob a forma de menor pressão sobre os salários – o medo da perda do emprego reprimiu as reivindicações dos empregados. Em conseqüência, as importações, cujos preços, por necessidade, são competitivos, têm contido as pressões inflacionárias.

Os volumes do comércio internacional registraram ganhos desmesurados nas primeiras décadas seguintes à Segunda Guerra Mundial, mas as exportações e as importações de cada país em grande parte cresceram em paralelo. Desequilíbrios comerciais significativos e persistentes foram raros até meados da década de 1990. Apenas nessa época iniciou-se a globalização dos mercados de capitais, reduzindo os custos dos financiamentos e, portanto, aumentando o estoque mundial de capital real, o que se constituiu em importante indutor do crescimento da produtivida-

*A queda drástica dos custos das telecomunicações, à medida que a fibra óptica se espalhava pelo mundo, e a redução generalizada dos custos dos transportes também representaram estímulos importantes ao comércio transfronteiriço.

de. Muitos poupadores, até então propensos, ou constrangidos, a investir no âmbito de suas próprias fronteiras soberanas, se lançaram além-fronteiras, em busca de novas oportunidades de investimento. Em face da variedade mais ampla de fontes de financiamento, reduziu-se o custo médio de capital para as empresas. O rendimento das notas do Tesouro americano, com prazo de dez anos, paradigma tradicional das taxas de juros mundiais, vem apresentando tendência declinante desde 1981. Já havia diminuído em 50%, quando da queda do Muro de Berlim, e de novo caiu outra metade, em meados de 2003.

O conseqüente avanço dos mercados financeiros globais resultou em melhorias substanciais na eficiência com que se investem as poupanças mundiais, fator que contribui indiretamente para o aumento da produtividade mundial.* Na minha visão, de 1995 em diante, os mercados globais, em grande parte não-regulamentados, com algumas notáveis exceções, parecem avançar com tranqüilidade de um para outro estado de equilíbrio. A mão invisível de Adam Smith está presente em escala global. Mas como será que atua essa mão invisível? Por que será que atravessamos longos períodos de emprego e produção estáveis ou crescentes, com mudanças apenas graduais nas taxas de câmbio, nos preços, nos salários e nas taxas de juros? Será que estamos sendo tolos em confiar em tal estabilidade, quando a vemos nos mercados? Ou como um dia perguntou um ministro das finanças recém-ungido: "Como podemos controlar o caos inerente ao comércio e as finanças internacionais sem regulamentação e sem intervenções governamentais expressivas?" Considerando os trilhões de dólares das transações transfronteiriças diárias, das quais poucas estão sujeitas a algum tipo de registro público, como alguém pode ter certeza quanto ao funcionamento de um sistema global não-regulamentado? No entanto, ele funciona, entra dia, sai dia. Obviamente, não é impossível que ocorram colapsos sistêmicos, mas tais ocorrências são extremamente raras. A confiança em que a economia global funcionará como deve funcionar exige que se compreenda o papel das forças que promovem o equilíbrio. (Infelizmente, tais forças parecem mais evidentes para os economistas que para os advogados ou para os políticos que elaboram os regulamentos.)

O "caos" global de hoje, para explorar o equívoco de meu amigo ministro das finanças, não tem precedente histórico. Nem mesmo nos "dias dourados" do *laissez-faire* internacional mais ou menos completo, anteriores à Primeira Guerra Mundial, as finanças globais desempenharam papel tão importante. Conforme ob-

*Mesmo hoje, fração significativa das poupanças do mundo é desperdiçada, no sentido de que financia investimentos de capital em boa parte improdutivos, sobretudo no setor público.

servei, o volume do comércio internacional vem subindo com muito mais rapidez do que o PIB real do mundo, desde o fim da Segunda Guerra Mundial. Essa expansão reflete a abertura dos mercados internacionais, assim como grandes avanços nos recursos de telecomunicações, que inspiraram a revista *The Economist*, poucos anos atrás, a proclamar "a morte da distância". A fim de facilitar o financiamento, o seguro e a pontualidade de todo esse comércio, o volume de transações financeiras transfronteiriças tem aumentado com rapidez ainda maior que a da expansão dos mercados. Formas inteiramente novas de instrumentos financeiros tiveram de ser inventadas ou desenvolvidas – derivativos de créditos, títulos lastreados em ativos, futuros de petróleo e congêneres, que criam condições para o funcionamento muito mais eficiente do sistema de comércio mundial.

Sob muitos aspectos, a aparente estabilidade do comércio e do sistema financeiro globais é a reafirmação de um princípio simples, consagrado pelo tempo, que foi promulgado por Adam Smith em 1776: os indivíduos que comerciam livremente uns com os outros, seguindo seus interesses próprios, geram uma economia estável e crescente. O modelo de mercado perfeito, típico de livro-texto, realmente funciona, se suas premissas básicas forem observadas: as pessoas devem ter liberdade para agir em busca de seus interesses individuais, sem as restrições de choques externos ou de políticas econômicas. Os erros e euforias inevitáveis dos participantes do mercado global e as ineficiências disseminadas por tais falhas produzem desequilíbrios econômicos, grandes e pequenos. No entanto, mesmo durante as crises, as economias sempre parecem corrigir-se a si mesmas (embora o processo às vezes demore um pouco).

As crises, pelo menos durante algum tempo, desestabilizam as relações que caracterizam o funcionamento normal dos mercados. Elas criam oportunidades para a obtenção de lucros extraordinariamente altos na compra ou venda de alguns bens, serviços e ativos. A correria dos participantes do mercado para aproveitar essas oportunidades pressiona os preços, as taxas de câmbio e as taxas de juros de volta a níveis adequados, eliminando, assim, tanto as margens de lucro anormais quanto as ineficiências que as criaram. Em outras palavras, os mercados, dotados de plena liberdade para refletir as preferências de valor dos consumidores mundiais, tenderão a equalizar as taxas de lucro ajustadas ao risco em todo o globo. Em geral, taxas de retorno ajustadas ao risco muito baixas são evidência de desperdício de recursos produtivos, como fábricas e equipamentos. Apenas quando mudanças abruptas na exuberância ou nos pavores humanos preponderam sobre os processos de ajuste do mercado a maioria dos desequilíbrios se torna visível para todos. Mas, a essa altura, a visibilidade de todos eles é excessiva.

O ritmo acelerado da globalização do comércio está sendo superado pela velocidade crescente da globalização das finanças. Sistema financeiro global eficaz é aquele que orienta as poupanças do mundo para o financiamento dos investimentos de capital que produzirão com mais eficácia os bens e serviços mais valorizados pelos consumidores. Os Estados Unidos, como os estrangeiros não hesitam em observar, economizam muito pouco. Nossa taxa de poupança nacional – nada mais que 13,7% o PIB em 2006 – fizeram dos Estados Unidos, de longe, o país desenvolvido que menos poupou. Mesmo incluindo a poupança externa que é investida na economia interna americana, os investimentos totais do país, no nível de 20% do PIB, foi o terceiro mais baixo entre os grandes países industriais do G7. Porém, como empregamos nossas magras poupanças com muita eficiência e desperdiçamos muito pouco, desenvolvemos um estoque de capital que gerou a mais alta taxa de crescimento da produtividade entre os países do G7 durante quase toda a década passada.

Componente implícito no preço de todos os bens e serviços é o custo dos serviços financeiros associados à sua produção, distribuição e comercialização. Tal componente se expandiu muito como proporção do preço e é a causa do rápido aumento da renda das pessoas com habilidades em finanças. O valor desses serviços se destaca mais nos Estados Unidos, onde, conforme já observei, a parcela do PIB que flui para instituições financeiras, inclusive seguradoras, subiu drasticamente nas últimas décadas.*

Os sistemas de informação que fornecem detalhes sem precedentes sobre a situação dos mercados financeiros apóiam a capacidade das instituições financeiras de identificar rapidamente oportunidades de lucro anormais ou situadas em nichos – ou seja, aquelas cujas taxas de retorno ajustadas ao risco estão acima do normal. Retornos atípicos em mercados basicamente não-regulados geralmente decorrem de ineficiências no fluxo das poupanças do mundo para os investimentos de capital. Grandes compras desses ativos de nicho restabelecem a "normalidade" de seus preços. Embora, decerto, esse não seja o objetivo dos participantes do mercado em busca de lucro, os ajustes de preços daí decorrentes, parafraseando Adam Smith, beneficiam todos os consumidores do mundo.

*Boa parte do aumento do valor agregado pelos Estados Unidos, decorrente de serviços financeiros, acaba na cidade de Nova York, onde se situa a Bolsa de Valores de Nova York e muitas das principais instituições financeiras do mundo. Mas outra parte também se espalha pelos Estados Unidos, onde se origina e deve ser financiado um quinto do PIB mundial. Londres, como se sabe, é rival cada vez mais forte de Nova York como centro financeiro internacional (sob alguns aspectos, supera Nova York em finanças transfronteiriças), mas quase toda a atividade financeira britânica tem origem em Londres. As necessidades financeiras do resto da Inglaterra são, em comparação com as dos Estados Unidos, relativamente pequenas.

Os altos lucros financeiros atraíram um grande aparato de pessoas e de instituições altamente qualificadas. O aspecto mais evidente dessa tendência é o revigoramento do setor de fundos de hedge. Aquilo de que me lembro como periferia remansosa das finanças, meio século atrás, se transformou em vibrante setor trilionário, dominado por empresas americanas. Os fundos de hedge e os fundos de private equity parecem representar as finanças do futuro, embora ainda não o sejam no presente. O valor excepcionalmente alto que o mercado (ou seja, os consumidores, indiretamente) atribuiu aos serviços financeiros a partir de meados da década de 1990, levou muitos sócios juniores de empresas de investimentos a criar butiques de fundos de hedge. Em conseqüência, o mercado de fundos de hedge ficou saturado durante algum tempo, em 2006. Alguns fundos não conseguiram evitar a liquidação, à medida que muitos estreantes tentavam colher os lucros de um nicho que seus antecessores exploravam com tanto sucesso. Mas o que foi colhido são frutos do passado; o dinheiro fácil já foi quase todo embora, e muitos desses indivíduos, ansiosos por se tornarem magnatas de fundos de hedge, assistiram à queda abrupta de seus recém-formados patrimônios líquidos. Entretanto, poucas pessoas de fora do contexto derramaram lágrimas por causa dessas agruras.

Mesmo assim, as estratégias de investimento dos fundos de hedge continuam a ser úteis para a eliminação de spreads anormais nos mercados e, talvez, até para a superação de muitas ineficiências. Com efeito, os fundos de hedge se transformaram em importantes atores nos mercados de capitais mundiais. Diz-se que respondem por parcelas significativas do volume de negociações da Bolsa de Valores de Nova York e, em termos mais gerais, que fornecem boa parte da liquidez em mercados que, do contrário, se caracterizariam pela baixa movimentação. Basicamente, não estão sujeitos a qualquer regulamentação pelo governo, e espero que continuem assim. A imposição de normas apenas servirá para sufocar a busca entusiástica por nichos de lucro. Os fundos de hedge desapareceriam ou acabariam como veículos de investimento não-diferenciados e sem características próprias, deixando a economia mundial em pior situação.

Hoje, o mercado em si regula os fundos de hedge, por meio do que é conhecido como vigilância pela contraparte. Em outras palavras, os fundos de hedge se sujeitam às restrições impostas por seus próprios investidores de alta renda, pelos bancos e por outras instituições que lhes emprestam dinheiro. Para proteger seus próprios acionistas, esses emprestadores têm incentivos para monitorar muito de perto as estratégias de investimentos dos fundos de hedge. Na condição de, primeiro, membro do Conselho de Administração de um banco (JPMorgan) e, depois, como regulador de bancos, tenho muita consciência de como os bancos dispõem de muito mais recursos, inclusive pessoal, para compreender o que os outros bancos e os fundos de hedge estão fazendo, em comparação com a regulação baseada em manuais, das agências reguladoras do mercado financeiro. No entanto, por melhores que sejam as instituições financeiras na promoção de boas práticas bancárias, elas teriam poucas chances de descobrir a maioria das fraudes e desfalques, sem a ajuda dos *whistleblowers* (informantes que atuam sob proteção legal).

Grande falha da vigilância pela contraparte, no âmbito privado, foi o quase colapso da Long Term Capital Management, em 1998, por ocasião do desastre financeiro descrito no Capítulo 9. Os fundadores da LTCM, entre os quais se incluíam dois ganhadores do Prêmio Nobel, eram tão venerados que podiam recusar-se a oferecer garantias, o que efetivamente fizeram – concessão fatal por parte dos credores. Não demorou muito para que a LTCM se visse sem oportunidades para gerar lucros de nicho, depois que os imitadores seguiram o pioneiro e exauriram o mercado. Em vez de devolver todo o capital (e não apenas parte) aos acionistas e declarar concluída sua missão, os principais dirigentes da LTCM se transformaram em jogadores compulsivos, fazendo grandes apostas que tinham pouco a ver com seu plano de negócios original. Em 1998, a LTCM perdeu as calças.

O episódio sacudiu o mercado. Mas foi indicativo do desenvolvimento do setor e do sistema financeiro em geral, a ponto de, quando outro notável fundo dos Estados Unidos, o Amaranth, naufragou em 2006, com prejuízo superior a US$6 bilhões, o sistema financeiro mundial mal registrou algum tremor.

Inovação financeira recente de grande importância foi o *credit default swap* (swap de default ou swap de inadimplência). O CDS, como é chamado, é um derivativo que transfere o risco de crédito, quase sempre de um instrumento de dívida, a um terceiro, cobrando certo preço. Preservar o potencial de lucro de uma transação de empréstimo, mas transferir o risco de crédito, é uma bênção para os bancos e para outros intermediários financeiros, que, com o objetivo de gerar boa taxa de retorno sobre o patrimônio líquido, precisam alavancar seus balanços patrimoniais, mediante a aceitação de depósitos ou o aumento do endividamento. Na maioria das vezes, essas instituições emprestam dinheiro e prosperam. Porém, em períodos de adversidade, elas em geral enfrentam problemas de créditos de liquidação duvidosa, que, no passado, as forçavam a promover fortes reduções nos níveis de empréstimos, as quais, por sua vez, solapavam ainda mais a atividade econômica.

Um veículo de mercado para transferência de risco por parte desses emprestadores altamente alavancados ou endividados pode ser fundamental para a estabilidade econômica, sobretudo num ambiente global. Para atender a essa necessidade, inventou-se o CDS, que rapidamente conquistou os mercados. O

Banco de Compensações Internacionais, em meados de 2006, estimou em mais de US$20 trilhões o valor nocional global dos CDSs, em comparação com US$6 trilhões, em fins de 2004. A capacidade de amortecimento desses instrumentos foi demonstrada com contundência entre 1998 e 2001, quando os CDSs foram usados para diluir o risco de US$1 trilhão em empréstimos para a rápida expansão das redes de telecomunicações. Embora grande proporção desses empreendimentos tenha ficado insolvente durante a depressão das empresas de alta tecnologia, nenhuma grande instituição credora enfrentou problemas. As perdas acabaram sendo absorvidas por instituições altamente capitalizadas – seguradoras, fundos de pensão e semelhantes – que haviam atuado como grandes fornecedores de proteção contra o default de crédito. E todas essas entidades resistiram bem ao choque. Assim, não se repetiram as inadimplências em cascata das crises anteriores.

Infelizmente, sempre que os problemas dos fundos de hedge chegam aos noticiários, intensificam-se as pressões pela regulamentação do setor. Os fundos de hedge são, aos mesmo tempo, tomadores de altos riscos e operadores de grandes volumes, prossegue o raciocínio – será que isso não demonstra que são perigosos? Será que o governo não deveria controlá-los? Deixando de lado a redução da liquidez do mercado que poderia resultar de tais iniciativas, não consigo depreender os benefícios que resultariam da regulamentação. Os fundos de hedge mudam a composição de suas carteiras com tanta rapidez que seu balanço patrimonial de encerramento de determinado dia provavelmente será inútil às 11 horas da manhã seguinte – razão por que os analistas teriam de escrutar os fundos praticamente a cada minuto. Qualquer restrição normativa às estratégias e às táticas de investimento dessas entidades (que é o que fazem os regulamentos) limitaria a assunção de riscos, que é parte integrante da contribuição dos fundos de hedge para a economia global e, principalmente, para a economia dos Estados Unidos. Por que circunscrever o vôo das abelhas polinizadoras de Wall Street?

Digo isso depois de ter atuado como regulador durante dezoito anos. Quando aceitei a nomeação do presidente Reagan para ser chairman do Fed, o fator que mais me atraiu foi o desafio de aplicar o que eu aprendera sobre economia e sobre política monetária ao longo de quase quatro décadas. No entanto, eu sabia que o Federal Reserve também era grande regulador dos bancos e poderoso supervisor do sistema de pagamentos dos Estados Unidos. Por mais que eu fosse defensor ferrenho do livre funcionamento dos mercados, eu sabia que, como chairman, eu também seria responsável pelo vasto aparato regulatório do Fed. Será que eu conseguiria reconciliar esse dever com minhas crenças?

Na verdade, eu havia cruzado esse Rubicão muito tempo atrás, durante meu mandato como chairman do Conselho de Assessores Econômicos do presidente Ford. Embora a atribuição básica do CAE fosse rechaçar esquemas de política fiscal irresponsáveis, eu por vezes aceitava aumentos da regulamentação – quando a proposta parecia ser a menos ruim entre as opções políticas que se ofereciam ao governo. Como chairman do Fed, decidi que minhas opiniões pessoais sobre regulamentação teriam de ser deixadas de lado. Afinal, eu assumiria o cargo sob o juramento de defender a Constituição dos Estados Unidos e as leis cuja garantia de observância se enquadra na esfera de atuação do Federal Reserve. Como eu era atípico em minha oposição libertária a boa parte da regulamentação, minha intenção era ser muito neutro em relação a tais questões e permitir que outros governadores do Federal Reserve tomassem as iniciativas.

Entretanto, ao tomar posse, tive uma surpresa agradável. Eu já sabia, com base em meus relacionamentos com membros do staff do Fed, principalmente durante o governo Ford, o quanto aqueles profissionais eram qualificados. O que eu ignorava era a orientação do pessoal para o livre mercado, que, conforme eu viera a constatar, predominava até na Divisão de Supervisão e Regulação Bancária. (Seu chefe, Bill Taylor, era um regulador amistoso, embora absolutamente profissional. O presidente Bush, pai, depois o nomeou chefe da Federal Deposit Insurance Corporation. Sua morte prematura, em 1992, foi sério golpe para os colegas e para o país.) Assim, embora as recomendações do staff do Federal Reserve Board se destinassem a implementar determinações do Congresso, elas eram sempre formuladas com a visão mais ampla de fomentar a competição e permitir a atuação dos mercados. Enfatizava-se menos a proibição e mais a prestação de contas e a plena divulgação de informações pela gerência, de modo a criar condições para o funcionamento mais eficaz dos mercados. O staff também reconhecia o poder da vigilância pela contraparte, como a primeira linha de proteção contra excessos e impropriedades.

Essa visão sobre a regulamentação foi sem dúvida influenciada pelos economistas da instituição e do Conselho de Governadores. Em geral, eles eram sensíveis à necessidade de respaldar as forças competitivas do mercado, cuja atuação tende a ser tolhida pela rede de segurança financeira dos Estados Unidos. Essa rede de segurança – que inclui salvaguardas como seguro de depósitos e acesso dos bancos aos recursos de redesconto e ao vasto sistema de pagamentos eletrônicos do Fed – reduz a importância da reputação como restrição ao endividamento excessivo. No entanto, o empenho dos gestores em proteger sua reputação é importante em todos os negócios, principalmente no setor bancário, no qual o bom conceito é fundamental para a solidez geral das operações bancárias. Se o portfolio de empréstimos ou a seriedade e competência dos funcionários de um banco forem objeto de suspeita, os depositantes desaparecem, e quase sempre com muita rapidez. No entanto, quando os depósitos são garantidos por seguro, as corridas são menos prováveis.

Ao estudar os danos causados pelas corridas bancárias durante a Depressão, concluí que, no cômputo geral, o seguro de depósito é positivo.* No entanto, a simples existência da rede de segurança financeira sem dúvida fomenta o "risco moral", termo usado na área de seguros para descrever por que os clientes praticam ações que jamais ousariam com tanta impetuosidade, se não estivessem segurados contra as conseqüências adversas de seu comportamento. Portanto, a regulamentação dos depósitos e dos empréstimos bancários deve ser desenvolvida com cuidado para minimizar o inevitável risco moral dela decorrente. A democracia sempre envolve trade-offs.

Fiquei muito feliz ao constatar que atuar como regulador não seria tão oneroso quanto eu receava. Nas centenas de votações do Conselho de Governadores durante meu mandato, vi-me em posição minoritária apenas uma vez. (Eu sustentei que determinada lei de proteção aos consumidores que exigia a divulgação de taxas de juros baseava-se num método de cálculo falho – aspecto irrelevante no debate filosófico.) Além de nunca compartilhar do fervor de alguns pelo debate sobre a redação das normas, adotei a posição confortável de manifestar-me apenas sobre questões que considerava importantes para o funcionamento do Federal Reserve ou do sistema financeiro como um todo.

Com o passar dos anos, aprendi muito sobre o tipo de regulamentação que gera menos interferência. Aqui estão três regras práticas:

1. As regulamentações aprovadas durante crises sempre devem passar, posteriormente, pelo processo de sintonia fina. A Lei Sarbanes-Oxley, aprovada às pressas pelo Congresso na seqüência das falências da Enron e da WorldCom, que impõe às empresas maiores exigências de divulgação de informações, é hoje forte candidata à revisão.

*Sempre achei que o sistema de pagamentos deveria ser totalmente privado, mas constatei que o Fedwire, o sistema eletrônico de transferência de fundos operado pelo Federal Reserve, de fato oferece algo fora do alcance de qualquer banco privado: compensações finais sem risco. A janela de redesconto do Fed atua como emprestador de última instância, função que o setor privado não pode exercer, sem comprometer o valor para os acionistas dos bancos.

2. Às vezes, vários reguladores são melhores que um. O regulador solitário torna-se avesso ao risco, tentando proteger-se de todos os resultados negativos imagináveis, tornando difícil e onerosa a observância de suas normas. Nos setores financeiros, nos quais o Fed compartilha jurisdição regulatória com o Comptroller of the Currency e com a Securities and Exchange Commission, e outras autoridades, tendíamos a controlar-nos mutuamente.
3. Os regulamentos sobrevivem à própria razão de ser e devem ser renovados periodicamente. Aprendi essa lição com Virgil Mattingly, chefe havia muito tempo do departamento jurídico do Federal Reserve Board. Ele levava muito a sério a determinação estatutária de rever cada norma de cinco em cinco anos; as que fossem consideradas obsoletas eram revogadas sem cerimônia.

Uma área em que é preferível mais envolvimento do governo, em minha opinião, é o da erradicação de fraudes, que são a pior praga de qualquer sistema de mercado.* Na verdade, Washington agiria bem se redirecionasse recursos hoje destinados à criação de novos regulamentos para a melhoria substancial da garantia de observância das normas já vigentes de prevenção de fraudes e de desfalques.

Não é raro ver legisladores e reguladores se apressarem para promulgar novas leis e normas em resposta a falhas do mercado, incorrendo em erros cuja solução demora décadas. Conforme eu vinha argumentando há muito tempo, o Glass-Steagall Act, que, em 1933, segregou dos bancos comerciais os negócios com títulos mobiliários, se baseou em premissas falsas. Os depoimentos perante o Congresso, em 1933, continham numerosos casos que deram a falsa impressão de que as atividades dos bancos com títulos mobiliários estavam solapando a solidez do mercado. Apenas depois da Segunda Guerra Mundial, quando os computadores possibilitaram a avaliação do sistema bancário como um todo, tornou-se evidente que os bancos que praticavam negócios *com* títulos mobiliários resistiram melhor à crise de 1930 que aqueles sem tais atividades. Poucos meses depois de minha posse no Fed, o Conselho de Governadores apresentou uma proposta segundo a qual os bancos novamente poderiam vender títulos mobiliários em suas agências, sob condições muito restritivas. O Conselho de Governadores continuou a estimular a atenuação das restrições, e em vários de meus depoimentos defendi mudanças na lei.

*A fraude destrói o próprio processo de atuação do mercado, pois os participantes do mercado precisam confiar na veracidade dos demais.

Somente em 1999 o Glass-Steagall foi revogado pelo Gramm-Leach-Bliley Act. Felizmente, o Gramm-Leach-Bliley, que restabeleceu a tão necessária flexibilidade dos setores financeiros, não é aberração. A conscientização quanto aos efeitos prejudiciais do excesso de regulamentação e a necessidade de constante adaptação da economia às novas realidades avançaram substancialmente nos últimos anos. Não podemos recuar.

A globalização, ou seja, a difusão do capitalismo para os mercados mundiais, a exemplo do capitalismo em si, é objeto de intensas críticas por parte de quem vê apenas o lado negativo da destruição criativa. No entanto, todas as evidências confiáveis indicam que os benefícios da globalização superam em muito seus custos, mesmo além das searas econômicas. Por exemplo, o economista Barry Eichengreen e o cientista político David Leblang, em trabalho publicado em fins de 2006, encontraram "provas [durante o período de 130 anos, de 1870 a 2000] de correlação positiva, em ambos os sentidos, entre globalização e democracia". Eles constataram "que a abertura comercial promove a democracia... O impacto da abertura financeira sobre a democracia não é tão forte, mas ainda aponta na mesma direção [e]... as democracias são mais propensas a eliminar os controles de capital".

Assim, devemos empenhar-nos em atenuar os receios induzidos pelo lado obscuro da destruição criativa, em vez de impor limites à atividade econômica de que depende a prosperidade mundial. A inovação é tão importante para nossos mercados financeiros globais quanto para a tecnologia, para os bens de consumo e para a assistência médica. Para acompanhar a expansão da globalização, nosso sistema financeiro precisará manter sua flexibilidade. O protecionismo, qualquer que seja o pretexto, político ou econômico, não importa qual seja seu impacto, sobre o comércio ou sobre as finanças, é receita certa para a estagnação econômica e para o autoritarismo político. Podemos apresentar melhores resultados. Na verdade, devemos.

CAPÍTULO 20

O ENIGMA

"O que está acontecendo?", queixei-me, em junho de 2004, a Vincent Reinhart, diretor da Divisão de Assuntos Monetários do Federal Reserve Board. Eu estava confuso, pois havíamos aumentado a taxa de juros dos fundos federais e o rendimento das notas do Tesouro de dez anos, além de não terem subido, ainda haviam caído. Era um padrão que estávamos acostumados a ver apenas nos estágios mais avançados ciclos de aperto de crédito, quando as taxas de juros de longo prazo começam a refletir plenamente a redução das expectativas de inflação, em conseqüência do aumento das taxas de juros pelo Fed.* A queda dos rendimentos no começo de um ciclo de aperto era extremamente incomum.

Aquele ciclo de aperto mal começara. Eu tinha sinalizado seu começo menos de dois meses antes, quando, em depoimento perante o Joint Economic Committee do Congresso, emiti sinal claro de que a intenção do Fed era aumentar as taxas de juros: "As taxas dos fundos federais devem aumentar em algum momento para evitar o surgimento de pressões inflacionárias... O Federal Reserve reconhece que a prosperidade sustentada exige a preservação da estabilidade dos preços e, se necessário, agirá para garantir esse resultado." Nossa esperança era aumentar as taxas dos empréstimos hipotecários a níveis que desmontariam o boom imobiliário, que, àquela altura, estava produzindo muita espuma.

*Padrão mais típico foi o das taxas de juros de longo prazo em 1994, por exemplo. Em fevereiro e nos meses seguintes, aumentamos as taxas dos fundos federais num total de 175 pontos-base, com o objetivo de desmontar qualquer alta incipiente nas expectativas de inflação. O rendimento das notas do Tesouro de longo prazo aumentou. Apenas em fins de 1994, depois que aumentamos as taxas dos fundos federais em mais 75 pontos-base, o rendimento entrou em queda.

A resposta do mercado foi imediata. Prevendo o aumento no rendimento dos bônus, que geralmente acompanha a alta inicial nas taxas dos fundos federais, os participantes do mercado construíram grandes posições a descoberto com instrumentos de dívida de longo prazo. O rendimento das notas do Tesouro de dez anos subiu cerca de um ponto percentual durante as várias semanas seguintes. Nosso programa de aperto parecia estar no rumo certo. Porém, em junho, pressões do mercado que pareciam sair não se sabe de onde, empurraram as taxas de longo prazo de volta para baixo. Achando que talvez estivéssemos testemunhando uma aberração, fiquei perplexo e intrigado.

Episódios de mercado inexplicáveis são algo com que os formuladores de políticas do Fed precisam lidar a toda hora. Em muitas ocasiões, consegui desencavar as causas de alguma peculiaridade na precificação do mercado, depois de observar durante um ou dois meses a evolução da anomalia. Em outras ocasiões, a aberração continuou um mistério. As mudanças de preços, evidentemente, resultam de alterações no equilíbrio entre oferta e demanda. Porém, os analistas conseguem observar apenas as conseqüências das alterações. A não ser que se psicanalise todos os participantes do mercado para determinar o que os levou a agir de determinada maneira, é possível que nunca sejamos capazes de explicar certos episódios. O crash do mercado de ações em outubro de 1987 é um desses casos. Até hoje, existem várias hipóteses sobre o que deflagrou aquela queda recorde de um dia. As explicações variam desde as relações tensas com a Alemanha até as altas taxas de juros então vigentes. Sem dúvida, havia mais vendedores do que compradores, mas ninguém sabia por quê.

Não descobri uma explicação para o episódio de 2004 e concluí que deve ter sido apenas mais um desses estranhos eventos efêmeros que não deveria repetir-se. Eu estava errado. Em fevereiro e março de 2005, a anomalia se manifestou de novo. Reagindo ao contínuo aperto do Fed, as taxas de longo prazo começaram a subir, mas, como em 2004, as forças do mercado entraram em ação para tornar tais aumentos pouco duradouros.

Quais seriam essas forças do mercado? Elas, sem dúvida, eram globais, pois os declínios nas taxas de juros de longo prazo durante aquele período foram pelo menos tão acentuados nos principais mercados financeiros estrangeiros quanto nos Estados Unidos. A globalização, como se sabe, vinha atuando como poderosa força desinflacionária desde meados da década de 1980. Eu estava ainda intrigado com o vasto padrão de mudança que eu havia esboçado para meus colegas do FOMC em dezembro de 1995, dizendo-lhes: "É muito difícil encontrar forças inflacionárias em qualquer lugar do mundo. Algo diferente está acontecendo." Eu ainda não podia demonstrá-lo, mas expliquei o que achava que era a resposta:

> Vocês talvez se lembrem de que, no início do ano, levantei a questão do impacto extraordinário da aceleração do avanço tecnológico, principalmente das tecnologias do silício, sobre o giro do estoque de capital. O que se constata é a redução muito acentuada no prazo médio dos estoques e o surgimento, em conseqüência, de alto grau de insegurança para os participantes do mercado de trabalho, que precisam lidar com a mudança contínua no aparato tecnológico. Um exemplo que talvez torne mais perceptível essa tendência, embora seja irrealista, é como as secretárias se sentiriam se as teclas das máquinas de escrever mudassem de lugar a cada dois anos. É o que realmente está acontecendo com toda a força de trabalho. Para mim, isso explica cada vez mais por que os padrões salariais estão tão contidos nos últimos tempos. Prova recente, muito importante, do que está acontecendo é o número sem precedentes de contratos de trabalho com prazos de cinco a seis anos. Nunca havíamos tido contratos de trabalho com prazos superiores a três anos nos últimos 30 a 40 anos... As mudanças tecnológicas subjacentes que respaldam essa hipótese aparecem apenas uma vez por século, ou a cada cinqüenta anos... Além disso... a redução do tamanho dos produtos, em conseqüência da tecnologia dos microprocessadores, determinou... forte queda nos custos de transporte. Estamos fabricando produtos muito pequenos, cuja movimentação é barata... [Igualmente importante] é a contribuição dramática da tecnologia de telecomunicações para a redução do custo das comunicações... Com a difusão de produtos de tamanho reduzido e com a queda dos custos das comunicações, o planeta ficou cada vez menor... Estamos assistindo agora... à proliferação da terceirização... em constante expansão por todo o globo. Enquanto tudo isso ocorre, o que se esperaria ver – e o que de fato está acontecendo – é a combinação do aumento da eficiência do capital com a redução nominal dos custos unitários de mão-de-obra... Trata-se de um novo fenômeno que suscita questões interessantes quanto a se, de fato, encontra-se em curso algo de importância muito mais profunda em prazos mais longos.

Dificilmente poderíamos ter certeza de estarmos avaliando de maneira adequada nosso mundo em mutação nos próximos cinco ou dez anos, disse-lhes, mas a passagem do tempo acentuaria ainda mais os contornos do fenômeno da desinflação mundial. Com a chegada do novo milênio, os sinais se tornaram cada vez mais evidentes, mesmo entre os países em desenvolvimento, em cujas histórias abundavam episódios inflacionários. Em 2003, o México, orgulhosamente, conseguiu comercializar pela primeira vez bônus denominados em peso, com prazo de vinte anos, apenas oito anos depois de o país ter enfrentado grave crise de liquidez, quando o governo não conseguia encontrar compradores nem mesmo para títulos de curto prazo, denominados em dólar, que demandou uma operação de salvamento liderada pelos Estados Unidos. Embora o México tenha adotado várias medidas importantes para pôr em ordem sua situação fiscal e monetária, depois da quase inadimplência de 1995, nada sugeria que o país seria capaz com tanta rapidez de encontrar comprador para bônus denominados em peso, com prazo de vinte anos, oferecendo rendimento relativamente baixo. A acidentada história macroeconômica do México impunha até então que suas emissões de títulos de dívida de longo prazo fossem denominadas em moedas estrangeiras para atrair investidores.

O México não foi um caso isolado. Os governos de outros países em desenvolvimento estavam emitindo, cada vez mais, títulos de dívida de longo prazo, em suas próprias moedas, a taxas de juros que os países desenvolvidos teriam aceitado de bom grado apenas uma década antes. E, como já observei, o Brasil, ao contrário de experiências anteriores, tinha conseguido absorver uma desvalorização cambial de 40%, em 2002, enfrentando pressões inflacionárias apenas de curto prazo e relativamente modestas.

A inflação vinha arrefecendo em praticamente em todo o mundo. As expectativas de inflação, que se expressavam no rendimento dos títulos de dívida de longo prazo, despencavam, com a remuneração oferecida pelos países em desenvolvimento atingindo baixas sem precedentes. Taxas de inflação anual da ordem de dois e às vezes de três dígitos, marca registrada histórica dos países em desenvolvimento, já haviam desaparecido, com raras exceções. Os episódios de hiperinflação tornaram-se extremamente incomuns.* O aumento médio anual do índice de preços ao consumidor nos países em desenvolvimento foi de 50%, de 1989 a 1998, em comparação com menos de 5%, em 2006.

No entanto, embora a globalização tenha reduzido as taxas de juros de longo prazo, não tínhamos motivos para esperar no verão de 2004 que o aperto da política monetária pelo Fed não empurraria para cima as taxas de juros de longo prazo. Prevíamos que a alta apenas partiria de um ponto mais baixo que no passado. A reação sem precedentes que então ocorreu sugeria que, além da globalização, também se manifestavam outras forças profundamente importantes, cujos efeitos, em

*Zimbabwe, que malversara sua economia, foi a principal exceção.

sua plenitude, ainda estavam em formação. Eu me sentia perplexo e chamei aquela situação sem precedentes históricos de "enigma" (*conundrum*). Minha perplexidade não foi atenuada pelas numerosas garrafas de vinho com o rótulo Conundrum que chegaram à minha sala. Não me recordo da safra.

Evento pouco percebido que ocorreu na Europa ofereceu a primeira pista para esclarecer o mistério. A Siemens, uma das grandes empresas exportadoras da Alemanha, informara ao sindicato dos trabalhadores, IG Metall, em 2004, que se eles não concordassem com uma redução de salários superior a 12% em duas fábricas, havia a hipótese de ambas as instalações serem transferidas para a Europa Oriental. Encurralado, o IG Metall aquiesceu e assim se sustou o êxodo das fábricas da Siemens para as novas economias livres da Europa Oriental.* O acontecimento fez vibrar alguma corda em mim, pois eu já havia visto relatórios de confrontações semelhantes antes. Aquilo me levou a rever os padrões dos aumentos salariais na Alemanha. Os empregadores havia muito tempo se queixavam de que os altos salários os estavam tornando pouco competitivos, embora a remuneração média por hora não viesse subindo com muita rapidez – a uma taxa anual de 2,3%, entre 1995 e 2002. Era óbvio que, finalmente, a mensagem deles estava produzindo efeitos. A partir de 2002, o aumento do custo da mão-de-obra foi reduzido, abruptamente, para metade daquela taxa, e se manteve muito lento até fins de 2006.

A Siemens e o resto da indústria alemã, com a ajuda de reformas que permitiram o uso mais amplo dos chamados trabalhadores temporários, conseguiram amortecer os aumentos de salários, de custos e, em conseqüência, de preços. As expectativas de inflação caíram com a queda nas taxas de inflação efetivas. Evidentemente, a perda de poder de barganha pelo IG Metall resultou inteiramente de forças que atuavam fora das fronteiras alemãs – a entrada no cenário competitivo de pelo menos 150 milhões de trabalhadores bem educados e mal remunerados, que haviam escapado das garras do sistema econômico sob planejamento central do império soviético.

O fim da Guerra Fria – o recuo de ambas as superpotências nucleares que se encontravam à beira da guerra – foi o evento geopolítico mais significativo da segunda metade do século, sem nenhum outro de igual magnitude. O significado econômico da extinção da União Soviética é, em si, espantoso, conforme observei no Capítulo 6. A queda do Muro de Berlim expôs uma situação de ruína econômica tão devastadora que o planejamento central, que já fora aplaudido como substi-

*Em setembro de 2006, a Volkswagen negociou acordo semelhante para reduzir a remuneração horária de seus empregados em troca da segurança no emprego, ameaçada pelo remanejamento de fábricas.

tuto "científico" do "caos" do mercado, caiu em desgraça terminal. Não houve necrológio nem pós-morte econômica. Ele simplesmente desapareceu, sem um soluço, dos discursos políticos e econômicos. Em conseqüência, a China comunista, que havia descoberto as virtudes práticas dos mercados uma década antes, acelerou sua marcha rumo ao capitalismo de livre mercado, sem, evidentemente, jamais reconhecer que aquilo era o que estava fazendo. A Índia começou a despertar do socialismo democrático do ex-primeiro ministro Jawaharlal Nehru. E qualquer idéia que as economias emergentes porventura estivessem cultivando quanto à implementação ou à expansão de qualquer forma de planejamento central no âmbito de toda a economia logo foi deixada de lado.

Em breve, bem mais de um bilhão de trabalhadores, muitos deles com boa escolaridade, todos mal pagos, começaram a gravitar para os mercados competitivos do mundo, oriundos de economias que, quase no todo ou em parte, haviam permanecido, durante muito tempo, sob planejamento central e isoladas da competição global. O FMI estima que, em 2005, mais de 800 milhões de membros da força de trabalho mundial atuavam em economias voltadas para exportações e, portanto, em mercados competitivos, ou seja, aumento de 500 milhões, desde a queda do Muro de Berlim, em 1989, e de 600 milhões, desde 1980, com o Leste Asiático respondendo por metade desse crescimento. Em menor número, outros trabalhadores da Europa Oriental abandonaram a "proteção" dos regimes sob planejamento central e ingressaram em mercados internos competitivos. Entretanto, muitas centenas de milhões de pessoas, sobretudo na China e na Índia, ainda precisam fazer a transição.

Essa migração de trabalhadores para os mercados reduziu os salários mundiais, a inflação, as expectativas inflacionárias e as taxas de juros, e, em conseqüência, contribuiu significativamente para a aceleração do crescimento econômico mundial. Embora os níveis de remuneração dessa nova força de trabalho representassem apenas pequena fração do prevalecente nos países desenvolvidos, o impacto foi muito forte. Não só as importações de produtos de baixo preço desalojaram algumas atividades produtivas e, portanto, os respectivos trabalhadores de países desenvolvidos, mas também os efeitos competitivos dos trabalhadores desalojados em busca de novos empregos contiveram os salários da mão-de-obra que não se encontrava diretamente na linha de fogo da competição externa. Além disso, a migração de trabalhadores mal remunerados da Europa Oriental para a Europa Ocidental expôs parte das forças de trabalho endógenas da Europa Ocidental ao recrudescimento da competição por empregos. Finalmente, as exportações oriundas das economias até então sob planejamento central pressionaram os preços das exportações de todas as economias.

Se esse influxo de bilhões de trabalhadores de baixo custo atingisse em massa os mercados de trabalho mundiais da noite para o dia, não tenho dúvida de que a conseqüência teria sido o caos. A transição das economias da Europa Oriental dominadas pelos soviéticos durou uma década, mas não foi de modo algum tranqüila. No entanto, ela representou apenas um dos possíveis movimentos tectônicos. De tudo isso, as transformações mais impactantes foram as da China, onde os dados sobre a força de trabalho, à medida que são confiáveis, sugerem um deslocamento migratório lento, mas em gradual aceleração, sob controle do governo, das províncias rurais para os mercados dinâmicos das regiões do delta do rio Pérola e rumo a outras áreas voltadas para exportações. Enormes multidões de trabalhadores chineses trocaram a vida agrícola por empregos de manufatura e serviços em áreas urbanas. Empresas sob controle privado passaram a absorver fatias significativas da força de trabalho chinesa, composta de quase 800 milhões de pessoas. Em 2006, a agricultura se reduzira a pouco mais que dois quintos do total da oferta de trabalho. O emprego em atividades manufatureiras se manteve constante nos anos recentes, não obstante a redução maciça da força de trabalho em empresas estatais. O maior aumento da oferta de emprego na última década ocorreu no setor de serviços.

Igualmente importante, o ritmo ou a velocidade da migração de empregos de economias sob planejamento central para economias de mercado é o fator determinante do grau de pressão desinflacionária sobre os custos da mão-de-obra e, portanto, sobre os preços nos países desenvolvidos. Em razão dos efeitos indiretos das importações e das imigrações competitivas, a inclusão de *novos* trabalhadores de baixa remuneração afeta toda a estrutura de custos da mão-de-obra nos países desenvolvidos. Quanto mais rápidos forem os acréscimos aos mercados competitivos, maiores serão as pressões para baixo sobre os salários e preços dos países desenvolvidos. De início, o impacto geral talvez tenha sido a redução de apenas uns dois pontos percentuais na taxa de crescimento anual dos salários. O fato de grandes efeitos sistêmicos resultarem de impacto inicial aparentemente tão modesto talvez pareça tão absurdo quanto um homem levantando uma tonelada de aço. No entanto, com uma alavanca, não seria impossível. A trajetória do crescimento foi alterada, engendrando um círculo de salários mais baixos, que geram expectativas de inflação mais baixas, que, por sua vez, diminuem o crescimento dos salários e contêm o aumento dos preços.

A China é, de longe, o fator que mais contribui para essa tendência. Ao longo do último quarto de século, a taxa cada vez mais alta da migração de trabalhadores para as províncias costeiras, voltadas para exportações, exerceu sobre as economias desenvolvidas pressões crescentes de desinflação de salários (e preços).

Mas essa constatação também sugere que, depois que se completar o deslocamento maciço de trabalhadores desejosos e capazes de competir nos mercados mundiais, oriundos das economias até há pouco sob planejamento central, cessarão as pressões para baixo sobre os salários e preços dos países desenvolvidos, ao menos as procedentes dessas fontes globais. Em 2000, metade da força de trabalho da China ainda estava empregada no setor primário (principalmente na agricultura). A Coréia do Sul atingira esse nível em 1970, e daí em diante manteve a tendência de queda. Hoje, o nível de emprego no setor primário da China é de 45% da força de trabalho, ao passo que na Coréia do Sul situa-se abaixo de 8%. Se a China seguir, ao longo do próximo quarto de século, a trajetória histórica da Coréia do Sul, sua *taxa* de migração interna (que ainda está crescendo) não chegaria ao pico ainda durante muitos anos. Porém, a qualidade dos dados, tanto os da Coréia do Sul, nos primeiros anos, quanto os da China, hoje, limita a clareza com que podemos avaliar as mudanças nas taxas de migração. Ademais, em face das diferenças entre a China de hoje e a Coréia do Sul de vinte e cinco anos atrás, em termos de tamanho, orientação ideológica e políticas econômicas, as analogias são apenas sugestivas.

A hora crítica para as perspectivas econômicas mundiais e para os formuladores de políticas não será quando cessarem as migrações de trabalhadores, mas quando se iniciar a desaceleração das taxas de aumento desses movimentos migratórios. Sabemos que essa desaceleração é inevitável, uma vez que, em algum momento, por mais distante que esteja, a transição para mercados competitivos chegará ao fim. Quando as taxas de aumento dos fluxos de trabalhadores chegarem ao máximo, os efeitos desinflacionários começarão a diminuir e as pressões inflacionárias se tornarão mais fortes. Esse ponto de inflexão talvez ainda esteja em algum ponto distante do futuro, como sugere a analogia com a Coréia. Porém, ao surgirem as primeiras evidências de que tal processo se encontra em curso, logo se arregimentariam as forças cada vez mais antecipatórias das finanças globais, precipitando o ponto de inflexão talvez para três anos ou até menos.

Embora a forte redução da inflação e das expectativas de inflação depois da queda do Muro de Berlim tenha comprimido o ágio embutido nas emissões de títulos de dívida de longo prazo, por conta da inflação, seus efeitos sobre as taxas de juros reais têm sido apenas a diminuição dos prêmios de risco, em conseqüência da menor volatilidade dos mercados, decorrente de expectativas de inflação mais baixas. O resto do declínio nas taxas de juros reais parece resultar do aumento significativo da média da propensão a poupar do mundo, em comparação com a propensão a investir essas poupanças em ativos produtivos. O excesso de poupança inundou os mercados financeiros globais, pressionando para baixo as taxas de juros reais. Porém, também isso parece ser conseqüência do deslocamento dos países em desenvolvimento para mercados competitivos e do surto de crescimento daí resultante, depois da queda da União Soviética.

Os investimentos globais em fábricas, equipamentos, estoques e moradias sempre devem ser iguais à poupança global – os meios líquidos para o financiamento desses investimentos. Todo ativo deve ter um dono. O valor de mercado dos créditos "documentais" contra todos os novos ativos de capital deve ser igual ao valor de mercado desses ativos. Sob certo aspecto, o talão de cheques do mundo deve ser equilibrado. As poupanças, no final das contas, devem ser iguais aos investimentos no contexto mundial como um todo. Mas as empresas e as famílias planejam seus investimentos antes de saberem que poupadores do mundo os financiarão. E os poupadores do mundo planejam suas poupanças antes de saberem que investimentos financiarão. Assim, as intenções de investimento em qualquer período quase nunca são iguais às intenções de poupança.

Quando os investidores e os poupadores tentam realizar suas intenções no mercado, quaisquer desequilíbrios entre os dois lados provocam mudanças nas taxas de juros reais, até que se alcance a igualdade entre os níveis reais de investimento e de poupança. Se as intenções de investimento superarem as intenções de poupança, as taxas de juros reais subirão o suficiente para dissuadir os investidores de investir e/ou persuadir os poupadores a poupar mais. Se as intenções de poupança superarem as intenções de investimento, as taxas de juros reais cairão. Fora dos livros-textos, esse processo não é seqüencial, mas simultâneo e instantâneo. Nunca se observam níveis diferentes de investimentos globais reais e de poupanças globais reais.

Não obstante tenham rendas mais baixas, as famílias e as empresas do mundo em desenvolvimento poupam proporções maiores da renda do que as famílias e as empresas dos países desenvolvidos. Os países desenvolvidos dispõem de vastas redes financeiras que emprestam aos consumidores e às empresas, a maioria das vezes com garantias, criando condições para que muitas delas gastem além de suas rendas. Os países em desenvolvimento contam com redes financeiras muito menos amplas, diminuindo a tentação de se incorrer em gastos superiores à renda. Além disso, a maioria dos países em desenvolvimento ainda está tão perto dos níveis de subsistência que as famílias precisam garantir-se contra contingências futuras. Procuram algum tipo de garantia contra situações de extrema provação, e como poucos desses países contam com redes de segurança social adequadas como proteção contra adversidades, a única solução para as famílias é conseguir poupar algum dinheiro. As pessoas são forçadas a poupar para dias chuvosos e para a aposentadoria.*

Conforme relatado ao FMI, as poupanças como porcentagem do PIB nominal nas economias avançadas (ou seja, nos países desenvolvidos), durante as décadas de 1980 e 1990, tendiam a pairar nas proximidades de 21% a 22%, em comparação com 23% a 24% nos países em desenvolvimento. Porém, a partir de 2000, a adoção dos mercados competitivos pelo mundo em desenvolvimento finalmente começou a produzir frutos. Os investimentos estrangeiros diretos, em busca de mão-de-obra barata e sob o estímulo de direitos de propriedade cada vez mais confiáveis, começaram a acelerar o crescimento induzido por exportações.**

Nos últimos cinco anos, o crescimento dos países em desenvolvimento tem correspondido a duas vezes o dos países desenvolvidos. Suas taxas de poupança, lideradas pela da China, subiu de 24%, em 2001, para 32%, em 2006, quando o consumo nessas sociedades culturalmente conservadoras ficou para trás e os investimentos se mantiveram bem aquém do aumento na poupança. As taxas de poupança no mundo desenvolvido descambaram para menos de 20%, desde 2002. Os investimentos mundiais aumentaram muito pouco, como porcentagem do PIB, quase totalmente concentrado nos países em desenvolvimento.*** Os países exportadores de petróleo preferiram investir apenas pequena fração do aumento de suas receitas em expansão da capacidade produtiva de petróleo.

Evidentemente, os economistas podem medir a poupança; porém, como as intenções de poupar raramente constam de qualquer registro, as estimativas de tais propensões são apenas um pouco melhores que adivinhações. No entanto, não é absurdo supor que, no âmbito mundial, as intenções de poupança superaram as in-

*Uma de minhas primeiras análises estatísticas para o National Industrial Conference Board, mais de meio século atrás, mostrou que, nos Estados Unidos, os agricultores poupavam proporção maior da renda do que os citadinos, embora, em valores absolutos, a renda média daqueles fosse inferior à destes. As rendas urbanas não estavam sujeitas aos caprichos do clima que afligiam a maioria das famílias de agricultores naquela época. Observe-se que, então, os grupos de pares dos agricultores eram agricultores e, portanto, os padrões de gastos urbanos ainda não haviam influenciado as comunidades rurais.

**Os investimentos estrangeiros diretos na China, conforme já observamos, aumentaram gradualmente de 1980 a 1990, mas, então, setuplicaram em 2006, como evidência de que o capitalismo de mercado era a força mais eficaz para a difusão da prosperidade. Certos ou errados, os investidores estrangeiros devem ter acreditado que a lição havia sido absorvida pelas autoridades governamentais chinesas e estava sendo incorporada à sua legislação por vezes ambígua.

*Um pequeno problema nessas avaliações é que as poupanças e os investimentos mundiais registrados são separados por uma discrepância estatística.

tenções de investimento nos últimos anos, como se evidencia pelo declínio mundial nas taxas de juros de longo prazo – ou seja, aquelas ajustadas pelas expectativas de inflação. Mesmo sem mudanças nas intenções de comportamento de poupança de ninguém, a participação crescente das economias em desenvolvimento na renda mundial, com taxas de poupança cronicamente mais altas, aumentaria ano a ano, persistentemente, a intenção de poupança do mundo. E essa tendência perduraria enquanto as taxas de crescimento das economias em desenvolvimento superarem as das economias desenvolvidas, conforme tem ocorrido desde 2000. Em geral, quando as taxas de juros reais caem, os economistas têm dificuldade em determinar se a causa próxima foi um aumento nas intenções de poupança ou uma queda nas intenções de investimento. Mas o surto de aumento da poupança nos países em desenvolvimento, da qual apenas metade foi investida no mundo em desenvolvimento, sugere fortemente que foi o transbordamento das poupanças dos países em desenvolvimento que pressionou para baixo as taxas de juros reais. Uma vez que os investimentos efetivamente registrados dos países desenvolvidos apresentaram aumentos apenas modestos (impulsionados por taxas mais baixas), as *intenções* de investimento no mundo desenvolvido, como proporção do PIB, devem ter ficado estáveis ou quase estáveis. De fato, conforme observo no Capítulo 25, as intenções de investimento nos Estados Unidos têm ficado para trás nos anos recentes, a julgar pela fatia maior da geração de caixa das empresas que foi devolvida aos acionistas, presumivelmente por falta de novas oportunidades de investimento. Esses dados são compatíveis com a idéia de que a queda das taxas de juros de longo prazo na presente década, tanto nominais quanto reais, é, sobretudo, efeito de forças políticas, em vez de conseqüência da atuação normal das forças do mercado.

Se os países em desenvolvimento continuarem a crescer em ritmo acelerado e suas redes financeiras se expandirem para conceder mais empréstimos ao número cada vez maior de cidadãos com renda discricionária crescente, suas taxas de poupança estão fadadas a cair, pelo menos de volta aos níveis das décadas de 1980 e 1990. O desejo inerente à natureza humana de competir com os Silvas já se manifesta nos mercados de consumo incipientes do mundo em desenvolvimento. Os aumentos nos níveis de consumo tenderiam a eliminar as pressões para baixo do excesso de poupança sobre as taxas de juros reais.* Mas isso provavelmente ocorreria, mesmo que a taxa de crescimento da renda dos países em desenvolvimento entre em desaceleração. Em todas as economias, os gastos raramente acompanham os

*Desde que, evidentemente, as intenções de investimento como proporção do PIB não caiam em paralelo.

aumentos inesperados de renda; daí o aumento nas taxas de poupança. Com a desaceleração do crescimento da renda de volta à tendência, as taxas de poupança tendem a cair.

Portanto, à medida que as forças de trabalho das economias outrora sob planejamento central forem completando a transição para mercados competitivos e os sistemas financeiros cada vez mais sofisticados dos países em desenvolvimento acentuarem a propensão inata dos seres humanos para mais consumo e menos poupança, a inflação, os ágios decorrentes da expectativa de inflação e as taxas de juros aos poucos deixarão de contar com os efeitos de amortecimento produzidos pela desinflação da última década. Tratarei do momento desses eventos no último capítulo.

A capacidade das economias em desenvolvimento de continuar a crescer mais rápido que as economias desenvolvidas desaparecerá a não ser que os países em desenvolvimento consigam suplementar as tecnologias que tomarem de empréstimo com novos insights e inovações de seus cientistas e engenheiros de alta tecnologia. Novos profissionais estão sendo formados na China, na Índia e em outros lugares, com base nas tecnologias do século passado desenvolvidas no Ocidente. É razoável esperar que alguns desses profissionais sejam capazes de contribuir para que seus países superem os níveis tecnológicos das economias desenvolvidas. Porém, mais importante para o crescimento econômico – e, talvez, até condição necessária para que a tecnologia da China, da Índia ou da Rússia vá além da dos Estados Unidos, por exemplo – é a certeza política.

Até que ponto o sistema político dos Estados Unidos – a proteção aos direitos individuais, em especial, aos direitos de propriedade, o grau de regulamentação relativamente baixo e os níveis de corrupção pouco expressivos – contribuíram para o abismo entre os padrões de vida dos habitantes dos Estados Unidos e dos países em desenvolvimento? Acho que muito. Contudo, embora talvez tenhamos universidades de classe mundial, nossos sistemas educacionais de nível fundamental e médio, conforme observo no Capítulo 21, são profundamente deficientes na formação de talentos internos para operar nossa infra-estrutura cada vez mais complexa, capaz de produzir níveis de bens e serviços que nenhum outro país já conseguiu emular.

Os cidadãos dos países em desenvolvimento, incapazes de encontrar em casa taxas de retorno adequadas, depois de ajustadas ao risco, investem nos Estados Unidos, onde, durante mais de dois séculos, os direitos de propriedade de todos – cidadãos americanos e estrangeiros – receberam proteção legal segura e igualitária. Poucos países em desenvolvimento protegem os direitos de propriedade dos próprios cidadãos com a mesma segurança com que os Estados Unidos protegem os direitos de propriedade dos estrangeiros. Quando digo taxas de retorno "ajustadas ao risco", refiro-me ao grau de risco dos países em desenvolvimento, assim como de vários países desenvolvidos, de confisco ostensivo de investimentos ou de seus equivalentes, na forma de legislação de fachada, de tributação arbitrária, de aplicação discricionária das leis e de corrupção galopante.

O ponto que quero enfatizar é que qualquer avaliação adequada da eficácia dos direitos de propriedade de um país deve abranger fatores como nível de regulamentação e grau de arbitrariedade na garantia de observância das leis. A corrupção, além disso, aumenta os custos de propriedade. A maioria dos países em desenvolvimento não consegue boa avaliação em todos esses fatores. Com efeito, importante razão por que continuam "em desenvolvimento" e enfrentam dificuldades para tornar-se "desenvolvidos" é a baixa pontuação na garantia de observância dos direitos de propriedade. A avaliação dos Estados Unidos é alta. Seus "prêmios de risco político" se incluem entre os mais baixos do mundo.*

Já de imediato consigo imaginar o estreitamento significativo da brecha em conhecimento tecnológico entre as economias desenvolvidas e em desenvolvimento. No entanto, acho difícil prever mudança tão marcante, em curto prazo, no autoritarismo da China, na burocracia sufocante da Índia ou na garantia de observância errática dos direitos de propriedade na Rússia. Com efeito, a percepção de tais riscos políticos pelos investidores muda com tal lentidão que provavelmente transcorreriam alguns anos depois da consolidação de mudanças fundamentais e confiáveis até que a consideração de tais riscos seja eliminada, em boa parte, da tomada de decisões econômicas.

Sempre achei que níveis de inflação tão baixos quanto 1% não seriam sustentáveis em economias que adotassem moedas fiduciárias, no contexto de sociedades democráticas sob o ponto de vista competitivo, ainda com resíduos de populismo. (Será que algum país está imune?)** A oferta dessa moeda, pela própria natureza, está sujeita apenas às restrições impostas pelo banco central, que não pode ser totalmente blindado contra influências políticas. As inflações americanas de 1946, de 1950 e de fins da década de 1970 permanecem vívidas demais em minha me-

---

*Contudo, a reputação dos Estados Unidos tem sido um pouco prejudicada pelo impedimento de algumas aquisições de alta visibilidade por estrangeiros – da Unocal, por uma empresa chinesa, em 2005, e de uma empresa que gerenciava portos americanos, pela Dubai Ports World, em 2006.

**Considerando o viés de alta dos preços medidos, uma taxa de inflação oficial de 1% provavelmente significará estabilidade de preços.

mória. (Questionei essa minha visão, em 2003, em face da deflação japonesa, embora, no final das contas, não tenha lançado raízes nos Estados Unidos.) Se a taxa de inflação típica de uma moeda fiduciária com mandato democrático for da ordem de 1% a 2%, que fator seria capaz de manter a inflação abaixo desse nível, à medida que as duas grandes forças desinflacionárias que analisei neste capítulo forem arrefecendo? A resposta mais óbvia é política monetária. Chegará um momento em que os banqueiros centrais, conforme observo no Capítulo 25, serão pressionados mais uma vez para conter as pressões inflacionárias.

Os banqueiros centrais ao longo das últimas várias décadas absorveram um princípio importante: a estabilidade de preços é o caminho para o máximo de crescimento econômico sustentável. Muitos economistas, de fato, consideram a política monetária dos bancos centrais a principal causa da redução da inflação em todo o mundo durante a última década. Gostaria de acreditar nisso. Não nego que ajustamos a política monetária em conformidade com a tendência desinflacionária global, à medida que essa nova força se tornava cada vez mais nítida. No entanto, duvido muito que a política monetária ou a credibilidade antiinflacionária dos bancos centrais tenha exercido o principal papel na queda das taxas de juros de longo prazo na última ou nas duas últimas décadas. Esse declínio (e o enigma) pode ser explicado por duas forças, além da política monetária. Com efeito, ao longo de toda a minha experiência, desde meados da década de 1990, com a interação entre as políticas monetárias dos bancos centrais do mundo, de um lado, e os mercados financeiros, de outro, sempre fiquei impressionado com a relativa facilidade com que se reduzia a inflação. As pressões inflacionárias de que eu tinha consciência tão aguda em fins da década de 1980 estavam, em boa parte, ausentes ou, mais exatamente, latentes. O "enigma" expôs esse ponto.

Para julgar o sucesso na contenção da inflação, os bancos centrais observam as mudanças nas expectativas de inflação, implícitas nas taxas de juros nominais de longo prazo. O sucesso é evidente quando as taxas de juros de longo prazo caem por força de um aperto monetário agressivo. Porém, pelo que me lembro, na maioria de nossas iniciativas para enfrentar pressões inflacionárias crescentes, o tal aperto monetário agressivo não foi necessário. Até mesmo uma leve "pisada no freio" provocava o declínio das taxas de juros de longo prazo. Parecia fácil demais, algo muito diferente das crises de política monetária da década de 1970. As notas do Tesouro de dez anos rendiam 8,7% no dia em que tomei posse como chairman do Fed e subiu para 10,2% na Black Monday. O rendimento das notas do Tesouro, então, se manteve em queda durante os dezesseis anos seguintes, qualquer que fosse, aparentemente, a política monetária do Fed. Muitas vezes eu ficava pensando em quanto teríamos de aumentar a taxa dos fundos federais para elevar os juros da nota do Tesouro de dez anos durante um período duradouro. Contrapor-se aos enormes fluxos financeiros globais teria sido uma tarefa formidável, enquanto as forças internacionais pressionavam para baixo as expectativas de inflação e as taxas de juros reais de longo prazo, ao mesmo tempo em que pressionavam para cima os preços das ações e dos imóveis. As forças que impulsionavam a nota do Tesouro de dez anos pareciam cada vez mais globais. Nessas circunstâncias, a melhor orientação é seguir com o fluxo – calibrar a política monetária para que seja compatível com as forças globais. E foi o que fizemos. Ao longo das grandes transformações financeiras com que se defrontou o Fed enquanto fui chairman, nossas estratégias eram eficazes na medida em que identificávamos que políticas monetárias eram mais consistentes com a estabilidade dos mercados financeiros americanos. Duvido que tivéssemos recursos suficientes para opor-se às pressões para baixo sobre as taxas de juros de longo prazo, que se tornavam cada vez mais globais.

O amplo conjunto de experiências recentes que mostram a eficácia com que a estabilidade de preços contribui para a aceleração do crescimento econômico e para a elevação dos padrões de vida será um grande incentivo para que os banqueiros centrais do mundo contenham as pressões inflacionárias no futuro. Conforme eu disse num depoimento perante o Congresso americano alguns anos atrás, a política monetária deve fazer com que até as economias com moedas fiduciárias se comportem "como se ancoradas em ouro". Será que o mundo aprendeu para sempre os benefícios da estabilidade dos preços para o crescimento da economia e para a elevação dos padrões de vida, passando a adotar políticas monetárias que a preservem? Tratarei dessa questão no Capítulo 25.

CAPÍTULO 21

EDUCAÇÃO E DESIGUALDADE DE RENDA

Apesar dos impressionantes cinco anos de crescimento econômico acima da média, que derrubaram a taxa de desemprego para bem abaixo de 5%, a maioria dos americanos, em 2006, relatou insatisfação expressiva com a situação da economia. Entre as pessoas de renda média prevalecia o sentimento de que as recompensas da prosperidade econômica dos últimos anos não haviam sido distribuídas com equidade. E, com efeito, embora a eqüidade dependa dos olhos do observador, é verdade que a concentração de renda vem crescendo desde a década de 1980.* O humor de parcela significativa dos participantes de pesquisas está muito amargo. O perigo é que políticos populistas, explorando essa disposição de ânimo, sejam capazes de arregimentar maiorias inesperadas no Congresso para a aprovação de ações políticas contraproducentes e imediatistas que transformem uma situação de mau humor em crise econômica verdadeiramente séria.

No entanto, bem mais grave que o atual estado de ansiedade é um problema mais antigo e profundo: as experiências de muita gente no dia-a-dia do mercado de trabalho parecem contradizer as evidências bem documentadas de que os mercados competitivos ao longo de décadas vêm elevando os padrões de vida da vasta maioria dos americanos e em boa parte do resto do mundo. Muita gente percebe os mercados cada vez mais competitivos, que são a marca registrada da economia globalizada, de alta tecnologia, dos dias de hoje, como destruidores incessantes de em-

*O indicador mais comum de concentração da renda familiar, por exemplo, o "coeficiente de Gini", subiu constantemente entre 1980 e 2005, de 0,403 para 0,469. As pesquisas de opinião atribuem a cada respondente igual peso, e há muito mais pessoas de rendas baixa e média que estão se dando mal do que pessoas de renda superior que estão se dando bem.

pregos, gerando perdas extremamente visíveis. As grandes demissões de pessoal são divulgadas pela mídia. As reduções de efetivo de pessoal nas fábricas e nos escritórios dos Estados Unidos parecem um drama sem fim.

Portanto, não admira que a competição geralmente seja vista como ameaça à segurança no emprego. Ela tampouco é percebida como fator determinante de salários mais altos, embora, no fim das contas, sempre tenha exercido e decerto continuará exercendo esse papel. Nas décadas seguintes à Segunda Guerra Mundial, os salários reais subiram à medida que os mercados competitivos transferiam o capital e os trabalhadores que atuavam em instalações obsoletas e de baixa produtividade para outras mais novas e mais intensivas em tecnologia e, portanto, mais produtivas na geração do PIB do país. Em conseqüência, com o crescimento do bolo da economia, também aumentaram as recompensas para o capital e para o trabalho. Além disso, as forças competitivas tendiam a manter as fatias da renda nacional que se destinavam à remuneração dos empregados e à remuneração do capital relativamente estáveis ao longo de décadas. A fatia do lucro tende a aumentar e a do trabalho tende a diminuir nos estágios iniciais dos ciclos econômicos, revertendo-se a situação nas fases posteriores. E, com efeito, se observarmos as duas últimas décadas, constatamos que o resultado líquido é o fato de a distribuição das fatias da renda nacional entre o capital e o trabalho não ter sido muito diferente da que predominou na última metade de século. Isso significa que as tendências da remuneração real por hora acompanharam de perto a produção por hora (ou seja, a produtividade) desde o fim da Segunda Guerra Mundial,* o que, por sua vez, implica que a distribuição entre remuneração do trabalho, de um lado, e o lucro decorrente do aumento da produtividade, de outro, tem sido estável.

Tudo isso diz pouco, contudo, sobre a distribuição da remuneração do trabalho em si, que inclui a renda dos trabalhadores de fábrica, de outros trabalhadores que não exercem funções de supervisão e dos executivos de empresas, entre outras. Não é muito reconfortante para um trabalhador de chão de fábrica saber que seu salário sobe o mínimo possível, enquanto o CEO da empresa recebe bônus multibilionários. A distribuição da remuneração do trabalho é determinada por um conjunto específico de forças competitivas que governam a oferta e a demanda de habilidades. Na última década, acompanhei a remuneração horária e men-

*Se a renda real do trabalho for proporção fixa da renda nacional real ou PIB, então $L = a \cdot Y$, onde L = renda real do trabalho e Y = PIB real, com a sendo a fatia do PIB destinada ao trabalho. $L = w \cdot H$, onde w é o salário real e H é o número de horas trabalhadas. Como $w \cdot h = a \cdot Y$ então $2 = a \cdot (Y/h)$, onde (Y/h) = produção real por hora. Assim, se no longo prazo a fatia do trabalho é fixa, o salário real deve ser proporcional à produção por hora.

sal de quatro quintos da força de trabalho americana fora do setor agrícola, em funções de produção e em outras que não envolvem supervisão, em comparação com o quinto remanescente, em funções de supervisão, abrangendo profissionais qualificados e gerentes. Na primavera de 2007, a força de trabalho supervisora recebia remuneração horária média de aproximadamente US$59 por hora, contra US$17 por hora dos empregados em funções de não-supervisão. Isso significa que um quinto do total de americanos empregados ganhava 46% do total da remuneração. Em 1997, essa porcentagem era de 41%.* O aumento tem sido persistente ao longo da década. A remuneração horária média dos trabalhadores de produção subiu 3,4% por ano, enquanto a dos trabalhadores em cargos de supervisão aumentou em mais de 5,6% por ano.

Os americanos, em geral, sentem-se bem com altas rendas oriundas de esforços que, comprovadamente, contribuem para o bem-estar econômico do país e, portanto, são bem merecidas. Embora a noção do que seja "merecido" e "não merecido" esteja aberta a interpretações, não se hesita em tirar conclusões. Nos últimos anos, por exemplo, o eleitorado americano e seus representantes em Washington decididamente se mostram menos tolerantes em relação aos vultosos aumentos na remuneração dos executivos de empresas, assunto a que retornarei no Capítulo 23.

O conjunto complexo de forças do mercado, com base no qual a produção do país é distribuída como renda entre os vários produtores do PIB, é pouco visível para a média dos americanos. Não adianta argumentar que a competição irrestrita deixa a sociedade, em média, em melhor situação, quando, nos anos recentes, os trabalhadores vêem seus chefes ganharem grandes bônus, enquanto eles conseguem, no máximo, aumentos salariais irrisórios. As pessoas precisam experimentar em primeira mão as vantagens da competição. Se assim não for, algumas delas recorrerão a líderes populistas que prometem, por exemplo, erigir barreiras protecionistas. Tal protecionismo é percebido, erroneamente, como garantia de empregos bem remunerados em empresas siderúrgicas, automobilísticas, têxteis e de produtos químicos – ícones do poderoso *passado* econômico da América. Mas os consumidores do século XXI estão menos ansiosos pelos produtos desses setores do que seus pais; a economia interna dos Estados Unidos, em conseqüência, não mais garantirá os salários relativos e os níveis de emprego oferecidos por essas indústrias

*Os números são estimados e batem com os dados do Bureau of Labor Statistics sobre folha de pagamento (supervisão *versus* não-supervisão), remuneração horária média dos trabalhadores que não exercem funções de supervisão e remuneração total, inclusive bônus e exercício de opções sobre ações, conforme estimativa do Departamento de Comércio, com base em relatórios trimestrais apresentados ao Departamento do Trabalho por quase todos os empregadores.

nas negociações trabalhistas de outros tempos. Nesse contexto, os níveis de emprego nos setores siderúrgico e têxtil estão muito abaixo dos picos das décadas de 1950 e 1960. E o declínio tende a prosseguir.

A perda de empregos nos setores manufatureiros tradicionais nos Estados Unidos não raro é vista como esvaziamento preocupante da economia. Mas não é. Ao contrário, o deslocamento dos empregos tradicionais em empresas siderúrgicas, automobilísticas e têxteis, por exemplo, para seus equivalentes mais modernos nas áreas de computação, telecomunicações e tecnologia da informação é tendência benéfica, de modo algum prejudicial, para o padrão de vida dos americanos. As empresas manufatureiras tradicionais não mais são símbolos de tecnologia de ponta; suas raízes mais profundas remontam ao século XIX, se não a épocas mais distantes. Os consumidores do mundo têm sido atraídos cada vez mais para produtos que incorporam novas idéias – para telefones celulares, por exemplo, em vez de para bicicletas. O comércio global nos garante acesso a uma ampla gama de produtos, sem a necessidade de que os fabriquemos no próprio país.

Caso cedêssemos aos anseios de pessoas mal informadas sob o ponto de vista econômico e levantássemos obstáculos ao comércio com o exterior, o ritmo da competição sem dúvida desaceleraria e as tensões, de início, talvez se atenuassem. Afinal, o controle de preços e salários de Richard Nixon desfrutou de grande popularidade, ao ser imposto em agosto de 1971. Mas a euforia se dissipou com rapidez, à medida que apareciam os primeiros sinais de escassez. É possível que esse cenário de insatisfação crescente se repetisse caso se aumentassem as tarifas de importação. O padrão de vida dos americanos em breve começaria a estagnar e até a declinar, em conseqüência do aumento dos preços, da redução das escolhas e, talvez, com maior visibilidade, da redução das exportações geradoras de emprego, em conseqüência de provável retaliação por parte de nossos parceiros comerciais.

Não mais é possível pagar altos salários aos empregados do setor manufatureiro, pois são os consumidores que, no fim do dia, remuneram os trabalhadores das fábricas. E eles estão mais exigentes. Preferem os preços do Wal-Mart. E esses preços, que refletem os baixos salários da China, não podem ser sustentados pela indústria americana tradicional, com os níveis salariais do passado. Qualquer tentativa de forçar os consumidores americanos a pagar preços acima do mercado para sustentar os salários não-competitivos das fábricas americanas acabaria gerando sérias resistências. Mas, a essa altura, o padrão de vida dos americanos já teria caído. O Peterson Institute of International Economics estima que o efeito cumulativo da globalização desde o fim da Segunda Guerra Mundial aumentou em 10% o nível do PIB dos Estados Unidos. O fechamento de nossas portas ao comércio diminuiria o padrão de vida dos americanos em igual porcentagem. Em comparação, o retraimento profundamente doloroso do PIB real dos Estados Unidos, do terceiro trimestre de 1981 ao terceiro trimestre de 1982, foi de apenas 1,4%. Quem afirma ser melhor que menos pessoas experimentem o estresse da globalização, mesmo significando que algumas pessoas fiquem menos ricas, cria uma falsa escolha. Depois de emparedado, o país perde sua verve competitiva e começa a estagnar. E a estagnação resulta em dor ainda mais intensa para mais pessoas.

Se esse desfecho sombrio for inaceitável, como tenho certeza que é, o que pode ser feito para contrabalançar as percepções distorcidas de como se criam e se destroem empregos e de como se gera renda? E de que maneira enfrentar a realidade do avanço contínuo da desigualdade de renda? Tanto as falsas noções quanto a desigualdade de renda estão solapando o apoio aos mercados competitivos. Conforme já apontei várias vezes, os mercados competitivos e, por extensão, o capitalismo e a globalização, não se sustentam sem o apoio de grande proporção da sociedade. O império da lei, sob o qual funcionam as instituições econômicas do capitalismo, deve ser percebido como "justo" para que tais instituições continuem a receber amplo apoio. A única maneira de atenuar o viés contra uma economia que promove continuamente o remanejamento oportuno da mão-de-obra é reforçar os incentivos de mercado à criação de emprego e descobrir maneiras produtivas de mitigar a dor dos desempregados. Esse problema não é novo. Entretanto, a crescente desigualdade de renda é, realmente, inédita. Portanto, devem-se analisar suas raízes e adotar as medidas políticas necessárias.

Os Beatles alcançaram grande sucesso na Inglaterra, mais se deram muito melhor ainda quando conquistaram acesso ao mercado mundial e colheram os benefícios do grande público cativo e das vendas de discos em níveis sem precedentes, a que nunca teriam acesso caso se limitassem apenas ao mercado interno. Ninguém se queixou da globalização. Tampouco não houve quem reclamasse da boa sorte de Roger Federer. Seu desempenho no tênis não lhe teria rendido tanto se ele estivesse confinado em sua terra natal, a Suíça. As empresas, evidentemente, também auferem grandes vantagens quando conseguem transpor suas fronteiras soberanas, vantagens que repassam, em parte, para os clientes do mercado interno, por meio de preços mais baixos e, em parte, aos acionistas. Como diriam os economistas, o custo marginal de tornar-se global representa fração muito pequena do aumento da receita decorrente dos mercados mundiais. O comércio transfronteiriço contribui para a diluição dos custos fixos internos, principalmente com pesquisa e desenvolvimento. A Boeing e a Airbus, por exemplo, não teriam desenvolvido tantos tipos diferentes de aeronaves se seus mercados estivessem limitados às vendas em seus próprios países.

Até muito recentemente, a julgar pelas numerosas rodadas de negociações comerciais bem-sucedidas, a globalização, em geral, tem sido bem aceita. Poucas são as dúvidas, contudo, de que, impulsionada pela rápida expansão da inovação e da competição, a globalização tem sido importante fator determinante do aumento da concentração de renda em praticamente todos os lugares. Nas últimas duas décadas, as inovações, sobretudo as relacionadas com a Internet, têm avançado com mais rapidez do que conseguimos preparar-nos para aplicar as tecnologias de ponta. Portanto, a deficiência da oferta em relação à demanda de qualificações avançadas está pressionando para cima os salários dos trabalhadores mais qualificados em comparação com os dos trabalhadores menos qualificados. Não há nenhuma razão decisiva para que a velocidade de avanço das tecnologias inovadoras, que geralmente vem em ondas, seja acompanhado de imediato pelo aumento da oferta de trabalhadores qualificados para a sua implementação. Os insights que impulsionam as tecnologias de ponta emergem de parcela muito pequena da força de trabalho.

À medida que a globalização aumentava o ágio sobre o salário dos trabalhadores qualificados, a inovação tecnológica também impunha seu preço aos trabalhadores não-qualificados. A demanda por trabalhadores semiqualificados diminuiu à medida que as tarefas repetitivas foram sendo substituídas por programas de computador. Lembro-me das empresas de arquitetura e engenharia com centenas de metros quadrados de pessoas mergulhadas sobre as pranchetas, trabalhando em desenhos detalhados do mais novo complexo de edifícios ou da mais recente aeronave. Todos esses empregos pertencem ao passado – expulsos de cena pela computação gráfica. Os trabalhadores não-qualificados de baixa renda, principalmente em serviços não sujeitos à competição global, se deram um pouco melhor. O receio dos americanos de que a imigração esteja minando seus níveis salariais ainda precisa ser confirmado por provas inequívocas. Em geral, os trabalhadores de baixa renda se deram mal na década de 1980, mas se saíram um pouco melhor nos últimos anos.

Durante o último quarto de século, à medida que as rendas nas faixas média e baixa do espectro de distribuição ficavam para trás, a dos situados nas faixas mais afluentes subiram com rapidez. Os americanos já haviam assistindo ao mesmo fenômeno. A última vez em que a renda nos Estados Unidos se concentrou nas mãos de relativamente tão poucas pessoas foi num breve período em fins da década de 1920 e, acho que de maneira um pouco mais duradoura, nos anos anteriores à Primeira Guerra Mundial. Em face do rápido desenvolvimento dos Estados Unidos como mercado nacional, nos últimos anos do século XIX, a renda se tornara altamente concentrada nos primeiros anos do século XX, quando os Rockfellers, os Fords, os Morgans e os Carnegies conseguiram ultrapassar os limites dos próprios feudos locais para multiplicar várias vezes suas rendas. Os novos-ricos eram um grupo muito maior que as poucas famílias tradicionais que enchiam as páginas sociais na virada do século. No entanto, a impressionante disparidade de renda nos primórdios do século XX foi impulsionada por uma concentração de riqueza muito mais densa que a de hoje. Parcela considerável da concentração de renda daquela época foi conseqüência dos juros, dos dividendos e dos ganhos de capital que se acumulavam sobre a própria riqueza já existente, em vez de decorrência dos diferenciais na remuneração do trabalho.*

Em contraste, a concentração de renda, hoje, se deve mais à alta remuneração de certos profissionais, resultante do desequilíbrio entre a oferta e a demanda de pessoal altamente qualificado. Contudo, a tendência é inquietante. Os gestores de empresas, coerentemente, identificam a falta de trabalhadores de alta qualificação como um dos principais problemas crônicos de hoje e se dispõem a oferecer generosos pacotes de remuneração para atrair talentos.

Os avanços tecnológicos raramente são tranqüilos. Por vezes, os ajustes dos mercados a tais surtos de demanda demoram anos. Para tanto, os empregadores aumentam os salários dos trabalhadores qualificados, o que atrai talentos do exterior e estimula os residentes a adquirir maior escolaridade ou, de alguma outra maneira, a desenvolver as habilidades escassas. Mas a reação leva tempo e o acesso a estrangeiros qualificados é restrito. Nesse ínterim, o aumento dos níveis de remuneração do pessoal qualificado, sem a contrapartida de aumento proporcional na remuneração dos menos qualificados, concentra a renda nas faixas superiores. Em geral, além das iniciativas protecionistas, a contribuição da globalização para o aumento da desigualdade não tem atraído forte oposição – ao menos por enquanto. Entretanto, as dificuldades com que se deparara a iniciativa multilateral mais recente (a rodada de Doha de negociações comerciais) para atenuar ainda mais as restrições ao comércio internacional ergueu bandeiras vermelhas políticas contra a maior difusão da globalização.

---

*Os dados sobre distribuição de riqueza em fins do século XIX são esparsos, mas a grande prevalência da renda imobiliária confirma as vastas evidências circunstanciais daquela época. O declínio da distribuição de renda na década de 1930, estendendo-se até a Segunda Guerra Mundial, foi conseqüência da queda no valor dos ativos e das perdas de capital, do forte aperto dos mercados de trabalho durante o conflito e dos controles de preços e salários que inibiam o funcionamento da oferta e da demanda. A propósito, uma das conseqüências de tais controles foi o surgimento da assistência médica como benefício das empresas aos empregados, como meio de atrair trabalhadores cujos salários estavam congelados. As conseqüências do sistema são evidentes demais para as empresas americanas de hoje.

Em maior ou menor extensão, a maioria dos países desenvolvidos experimentou o impacto da globalização tanto quanto os Estados Unidos. Contudo, embora esses países também enfrentem crescente concentração de renda, o impacto para eles parece estar sendo bem mais brando que para os americanos. Os Estados Unidos são sem dúvida uma atipicidade entre seus parceiros comerciais globais e isso exige explicação mais ampla sobre as causas da concentração de renda na sociedade americana. Parte da explicação reside nos sistemas de bem-estar social mais elaborados, especialmente na Europa, que envolvem programas de distribuição de renda muito mais amplos que os considerados aceitáveis nos Estados Unidos. Mas essa situação não é nova. Tais disparidades já existiam bem antes de 1980, quando a desigualdade de renda começou a transformar-se em problema global.

Causa muito provável do rumo recente dos acontecimentos parecem ser as disfunções na educação fundamental e média nos Estados Unidos. Estudo realizado pela primeira vez em 1995, pela Lynch School of Education, Boston College, revelou que, embora nossos alunos da quarta série, em escala de comparação global, se classificassem acima da média em matemática e em ciências, quando chegavam à última série do ensino médio já haviam caído para níveis bem abaixo da média internacional. Nessa avaliação, os países líderes incluíam Cingapura, Hong Kong, Suécia e Países Baixos.* Estudos subseqüentes, em 1999 e 2003, indicaram avanços relativos apenas modestos por parte dos Estados Unidos. Esse desastre educacional não pode ser atribuído à qualidade de nossas crianças. Nossos alunos se situavam na média, ou acima, aos nove ou dez anos de idade. O que será que estamos fazendo com elas nos sete ou oito anos seguintes para que alcancem resultados tão ruins em relação às crianças de outros países? A que erros as estamos induzindo, no processo de aprendizado, para que os recrutadores das empresas reprovem grande quantidade de candidatos "educados", em disputa por cargos de baixa qualificação, por serem incapazes de escrever frases coerentes ou de somar com exatidão uma coluna de números?

Não admira que, em conseqüência, muitos de nossos alunos padeçam de baixo nível de qualificação depois da formatura, ampliando a oferta de mão-de-obra menos qualificada em confronto com a demanda em queda. Pode-se apenas imaginar como os mercados de trabalho americanos se comportariam se os estudantes fossem capazes de emular as realizações de seus colegas de Cingapura.** Essas dispari-

---

*O estudo e seu acompanhamento estão disponíveis no site do International Study Center, em http://timss.bc.edu.

**Ironicamente, muitos educadores de Cingapura se maravilham com a capacidade empreendedora dos jovens americanos.

dades nos níveis de qualificação, resultantes de deficiências na educação, associadas às forças da globalização e da inovação, talvez expliquem em boa parte, se não na totalidade, o fato de os salários reais situados nos níveis intermediário e baixo da distribuição de renda não terem aumentado no mesmo ritmo dos salários reais dos níveis mais altos. No último quarto de século, a perda de capacidade pelos sindicatos trabalhistas de conseguir aumentos de salários provavelmente exerceu algum efeito na renda da classe média. Porém, seja como for, não pode ter sido fator significativo na maior intensidade da concentração de renda nos Estados Unidos que em seus parceiros comerciais, uma vez que a globalização enfraqueceu o poder de barganha dos sindicatos em todo o mundo.

As principais áreas de atuação das políticas públicas para enfrentar o problema do aumento da desigualdade, em minha opinião, são, basicamente, a educação e a migração. Os mercados já estão atuando nessa direção. Precisamos acelerar o processo. Acima de tudo, devemos explorar melhor as forças da competição que moldaram o desenvolvimento da educação nos Estados Unidos e facilitar a imigração de pessoas altamente qualificadas. Retornarei a esses pontos mais adiante.

Nas três décadas seguintes à Segunda Guerra Mundial, não obstante os avanços das tecnologias e da globalização, os Estados Unidos conseguiram manter estável a distribuição de renda. Será que a maneira como o fizemos e as lições a extrair da experiência nos ajudarão a elaborar políticas públicas capazes de controlar o agravamento da desigualdade de renda e, talvez, de reverter a tendência?

A composição das qualificações de nossa força de trabalho ao fim da Segunda Guerra Mundial era mais ou menos correspondente às necessidades de nossas já então complexas instalações de capital. Em conseqüência, os diferenciais qualificação-remuneração eram estáveis e as mudanças percentuais nas remunerações eram basicamente as mesmas em todos os níveis. O grande acréscimo de pessoal com nível universitário à força de trabalho, em parte como resultado dos financiamentos concedidos pelo GI Bill, foi suficiente para conter os aumentos salariais entre o pessoal altamente qualificado. Os salários reais dos menos qualificados também subiram, em parte como resultado da eficácia da educação de nível médio e das muitas habilidades aprendidas durante a guerra. Em suma, a proficiência técnica em todos os níveis parecia aumentar mais ou menos em linha com as necessidades de nossa infra-estrutura cada vez mais complexa, estabilizando a distribuição de renda nos Estados Unidos durante três décadas. Embora, evidentemente, o GI Bill e o treinamento em serviço, no meio militar, durante a Segunda Guerra Mundial, não tenham sido, no começo, iniciativas induzidas pelo mercado, ambas contribuíram para atender às necessidades de um mercado de trabalho em mutação.

A partir de 1980, contudo, começou a firmar-se a tendência de aumento persistente na desigualdade de renda.* Os cargos de classe média, com alta remuneração, nas fábricas americanas, vêm sofrendo as pressões da tecnologia e das importações desde que atingiram o pico de quase vinte milhões em meados de 1979. No entanto, nos últimos anos, o medo da terceirização de atividades de serviços, até então não sujeitas à competição internacional, aumentou a insegurança no emprego, sentimento que, fomentado pela competição global, era novo para muitos americanos de renda média, que, cada vez mais, se dispunham a renunciar aos aumentos de salário em troca de garantias de emprego.

Nossas instituições de ensino reagiram ao descompasso das qualificações, que se tornou evidente um quarto de século atrás, mas apenas em parte. Quando eu era jovem (na década de 1940), a educação era considerada atividade preparatória para uma vida de trabalho. Todos consideravam a educação formal como algo que se fazia nos primeiros anos de vida. Ou se concluíam os estudos no ensino médio ou se partia para o grau universitário ou outros mais elevados. Qualquer que fosse o diploma que se obtinha no final das contas, já se estava preparado para a vida. Um adolescente com diploma de ensino médio seguiria o pai na usina siderúrgica local ou, se tivesse diploma universitário, procuraria emprego como assistente de um executivo numa grande empresa. Os empregos nas siderúrgicas pagavam altos salários e quase todos que conseguiam chegar lá tinham a esperança de passar o resto da vida trabalhando na empresa. Os jovens assistentes do sexo masculino esperavam substituir os chefes um dia. Já as moças quase sempre trabalhavam como secretárias ou professoras, depois de se formarem, na expectativa de se casar e constituir família. Na década de 1940, apenas 30% das mulheres na faixa etária de vinte e cinco a 54 anos trabalhavam fora ou procuravam emprego. (Hoje, o número é superior a 75%.)

No entanto, à medida que a competição promovia a destruição criativa, os índices de rotatividade de pessoal se aceleraram e a visão de passar toda a vida com um único empregador se desvaneceu. Quando o século XX já se aproximava do final, era evidente que os recém-formados no ensino médio ou no ensino superior provavelmente teriam muitos empregos diferentes durante a vida de trabalho e, talvez, até atuassem em mais de uma profissão. Em resposta, a educação formal aos poucos se transformou em esforço de toda a vida. Os mercados reagiram a essas mudanças.

---

*Curiosamente, apesar do aumento marcante na concentração de renda durante o último quarto de século, poucas são as evidências de que a distribuição de riqueza nos Estados Unidos tenha sofrido alterações substanciais.

A primeira evidência disso foi o grande aumento das matrículas em escolas comunitárias. Depois de serem vistas durante anos como remanso da educação americana, essas instituições hoje estão na vanguarda. As matrículas nos cursos de dois anos nessas escolas de ensino profissionalizante aumentaram de 2,1 milhões, em 1969, para 6,5 milhões, em 2004. Quase um terço dos alunos tem trinta anos ou mais. Elas se especializam no ensino de habilidades práticas, de aplicação imediata no trabalho, e são especialmente úteis na reciclagem de pessoas que perderam o emprego e buscam novas oportunidades. Alguns currículos típicos: manutenção eletrônica, tecnologia de reparo de colisões, enfermagem, terapia de massagem e segurança de informações em computadores. Essas ocupações de renda média de hoje exigem muito mais habilidades que as demandadas de um trabalhador enquadrado em faixa de renda correspondente, quando eu entrei na força de trabalho, em fins da década de 1940.

Proporção crescente da população também está tirando proveito da instrução relacionada com o trabalho. A "universidade empresarial" avança em ritmo acelerado para transformar-se em recurso permanente da educação de adultos, orientado especificamente para as necessidades do trabalho. Muitas empresas, insatisfeitas com as qualificações dos novos empregados, suplementam sua formação e habilidades, equipando-os para competir com sucesso nos mercados mundiais. A General Motors dispõe de um amplo sistema "universitário", com dezesseis escolas funcionais. O McDonald's forma mais de cinco mil empregados por ano, numa instituição que recebeu o nome adequado de Universidade do Hambúrguer.

No entanto, essas respostas às necessidades do mercado não são novas na educação americana. Sempre fizeram parte de sua própria essência. Na virada do século passado, os avanços tecnológicos demandavam trabalhadores dotados de nível mais alto de habilidades cognitivas que o exigido pela economia rural dominante nas décadas anteriores – por exemplo, a capacidade de ler manuais, de interpretar desenhos ou de compreender fórmulas matemáticas. Os jovens eram recrutados nas áreas rurais, onde as oportunidades eram limitadas, para ocupações mais produtivas nos negócios e, em especial, no setor manufatureiro em expansão. Nosso sistema educacional também reagiu: nas décadas de 1920 e 1930, as matrículas no ensino médio se expandiram rapidamente. A nova atribuição dessas instituições era preparar os alunos para a vida no trabalho. No contexto das demandas da economia naquela época, o diploma do ensino médio representava o treinamento necessário para ser bem-sucedido na maioria dos aspectos dos empreendimentos americanos. As recompensas econômicas do mercado de trabalho para quem tinha diploma do ensino médio aumentaram e, em conseqüência, as taxas de matrícula no ensino médio dispararam. Quando os Estados Unidos entraram na Segunda Guerra Mundial, o nível de escolaridade típico de um jovem de dezessete anos era o diploma de nível médio – realização que destacava os Estados Unidos dos demais países.

Novas demandas criadas pelo progresso econômico também exerceram importante influência sobre a evolução de nosso sistema de educação superior. Embora muitos estados já tivessem estabelecido escolas em terras concedidas pelo governo federal,* tais iniciativas se fortaleceram em fins do século XIX, quando os estados cujas economias se concentravam na agricultura e na mineração procuraram beneficiar-se com os novos métodos de produção científicos.

No começo do século XX, o conteúdo da educação nas universidades americanas já tinha evoluído do currículo clássico para uma nova modalidade que combinava ciências, estudos empíricos e artes liberais modernas. As universidades também responderam à necessidade de aplicação das ciências – especialmente química e física – à fabricação de aço, borracha, produtos químicos, medicamentos, derivados de petróleo e outros itens que demandavam novas tecnologias de produção.

A reputação dos Estados Unidos como líder mundial em educação superior se fundamenta na capacidade dessas instituições versáteis, em conjunto, de atender às necessidades práticas da economia e, mais importante, de liberar o pensamento criativo que a impulsiona para frente. Foi o reconhecimento desses valores que atraiu segmentos tão vastos da população mundial de estudantes para as instituições de ensino superior do país. No entanto, embora nossas universidades e, sobretudo, nossas escolas comunitárias tenham reagido de maneira impressionante, nossas escolas de ensino fundamental e médio, nas décadas recentes, não se mostraram à altura dos novos desafios.

Até aqui, manifestei preocupação quanto às condições do ensino fundamental e médio dos Estados Unidos, ao mesmo tempo em que louvei o sistema universitário de classe mundial que construímos ao longo de gerações. Deve ficar claro, contudo, que, se também aquele não se tornar de classe mundial, este último ou passa a depender de alunos estrangeiros ou também afundará na mediocridade. A idade média de nossos cientistas e engenheiros está aumentando, de acordo com a National Science Foundation, e muitos deles se aposentarão em poucos anos, reduzindo a oferta de trabalhadores qualificados em relação às necessidades crescentes de um

*A partir de 1862, o governo federal passou a conceder terras (e depois financiamentos) aos estados para a criação de instituições educacionais que ensinassem engenharia, agricultura e táticas militares. Cornell, Texas A&M, Universidade da Califórnia, em Berkeley, e Penn State estão entre as mais de uma centena de instituições fundadas sob o programa de concessão de terras.

estoque de capital cada vez mais complexo. Se não formos capazes de substituir esses profissionais, o diferencial entre os salários do pessoal qualificado e não-qualificado tenderá a aumentar, uma vez que não se divisa no horizonte escassez comparável de trabalhadores menos qualificados.

Uma das habilidades de que carece boa parte das pessoas com diploma do ensino médio é proficiência em matemática. Essa qualificação, mais que qualquer outra, é necessária para se conseguir os chamados empregos qualificados. Não me considero muito versado nos detalhes da educação dos Estados Unidos no século XXI. Contudo, pessoas cujas credenciais acadêmicas eu respeito e que dispõem de condições para avaliar e opinar se queixam de que os professores de matemática de minha infância foram substituídos por professores graduados em educação, mas, muitas vezes, sem formação específica em matemática ou em ciências e nem mesmo com competência na matéria. Em 2000, por exemplo, quase dois quintos dos professores de matemática das escolas secundárias públicas não tinham especialização nem subespecialização em matemática, em educação matemática ou em campos correlatos. Lou Gerstner, ex-chairman da IBM e fundador da Teaching Commission, observou num ensaio para o *Christian Science Monitor* (13 de dezembro de 2004): "O âmago do problema é a maneira arcana como recrutamos e preparamos professores, além da escala salarial rígida" para todos os professores, qualquer que seja especialidade, "não importa a premência com que a sociedade necessite de certo conjunto de qualificações nem o desempenho do professor em sala de aula. Isso é insensato, embora ainda seja o padrão na profissão".

Diferentes escalas salariais para professores do ensino médio de diferentes disciplinas talvez contrarie o ethos do magistério. Talvez o dinheiro não devesse ser incentivo. Mas é. Sem dúvida, há professores de matemática em nossas escolas de ensino médio bastante dedicados para abrir mão dos salários muito mais altos que poderiam ganhar em outros empregos. Mas eles devem ser poucos, pois, como também observa Gerstner, "de acordo com um estudo de 2000 abrangendo os maiores distritos escolares urbanos, quase 95% relatou necessidade imediata de professores de matemática – um problema quantitativo que agrava o problema qualitativo que sem dúvida já enfrentamos".

Fica cada vez mais claro que uma escala de salários uniforme quando a demanda está longe de ser uniforme é uma forma de fixação de preços que solapa a capacidade de atrair professores de matemática qualificados. Como as oportunidades financeiras para professores de matemática ou ciências fora do magistério são vastas e as chances para professores de literatura inglesa fora do magistério são limitadas, os professores de matemática tendem a apresentar qualificações e desempenho inferior ao da média dos profissionais de ensino situados no mesmo nível salarial. É provável que ensinar matemática seja a única alternativa restante para quem não consegue emprego mais lucrativo. No entanto, a afirmação de modo algum se aplica aos professores de literatura inglesa ou de história americana.

Além disso, os aposentados ou os pais de alunos com boa escolaridade, que se apresentam como voluntários para lecionar, em tempo parcial, matérias como matemática, em que tenham alguma proficiência, são rejeitados por não serem graduados em educação. Felizmente, propostas para eliminar essas situações disfuncionais estão ganhando força.

Por exemplo, James Simons, matemático emérito, que aplicou suas habilidades para construir um dos mais bem-sucedidos fundos de hedge de Wall Street, em 2004, convergiu seus esforços para a melhoria do ensino de matemática em escolas do segundo grau. Sua iniciativa Math for America desenvolveu um programa de concessão de bolsas de estudo de alto estipêndio para recrutar e treinar professores de matemática de ensino médio. Em 2006, o senador Chuck Schumer, de Nova York, apoiou a iniciativa e propôs legislação para levá-la avante.

O aumento da sensibilidade das escolas do ensino fundamental e médio em relação às forças do mercado deve ajudar a restaurar o equilíbrio entre a demanda e a oferta de trabalhadores qualificados nos Estados Unidos. Não sei se o sistema de vouchers, que introduz um elemento de competição nas escolas públicas, é a resposta definitiva. Mas acho que Rose e Milton Friedman, ao dedicarem o fim de suas carreiras brilhantes à promoção dessa iniciativa, estavam no caminho certo. (Não me recordo de nenhum dos dois algum dia estar no caminho errado.)

Outro passo para melhorar a competição é um trabalho interessante escrito para o Hamilton Project (criação de Robert Rubin) no Brooking Institution. Os autores observam que a certificação de professores (que geralmente exige graduação em educação) tem pouco a ver com a eficácia do docente. Eles recomendam que se abra o magistério a outras pessoas qualificadas – inclusive para quem possuir graduação de nível superior em cursos de quatro anos, mas que não cumprem as exigências formais para a certificação. Segundo a estimativa dos autores, a remoção dos obstáculos à certificação estimularia recém-formados de nível universitário e profissionais mais velhos a tentarem a carreira do magistério. Além disso, também sugerem o monitoramento do desempenho dos professores e dos alunos e a imposição de maiores dificuldades para a obtenção da estabilidade. Eles simularam essas recomendações num modelo baseado no desempenho de 150 mil alunos de Los Angeles, de 2000 a 2003. Os autores concluíram que, se o sistema escolar tivesse eliminado o quarto menos qualificado dos professores, os resultados dos alunos nos testes de avaliação teriam aumentado em nada menos que quatorze pontos percentuais. Trata-se de mudanças muito grandes e, mesmo que realizáveis apenas de maneira fracionária, tais melhorias no desempenho acadêmico poderiam ser eficazes para eliminar a inferioridade dos jovens estudantes americanos.

Reconhecimento de como é ruim a formação dos americanos em matemática e, talvez, motivo para alguma esperança foi o relatório de setembro de 2006 do National Council of Teachers of Mathematics (Conselho Nacional de Professores de Matemática), mudando sua recomendação inadequada de 1989. O relatório anterior propôs um currículo que abandonava a ênfase em habilidades matemáticas básicas (multiplicação, divisão, raiz quadrada e assim por diante) e pressionava os alunos a buscar soluções mais espontâneas e a estudar uma variedade de tópicos especiais em matemática. Nunca entendi como se pode aprender matemática sem forte base nas noções elementares e sem se concentrar em alguns tópicos de cada vez. Pedir as crianças para usar a imaginação antes de terem condições de saber o que estão imaginando me parecia absurdo.

Outro imperativo da educação vai além de fomentar as forças do mercado nas escolas. Reconheço que, deixados por conta própria, os incentivos do mercado não atingirão a educação das crianças "retardatárias" (tomando de empréstimo termo corrente das atuais leis sobre educação). Os custos do igualitarismo educacional são, sem dúvida, altos e, talvez, de difícil justificação, sob os aspectos de eficiência econômica e produtividade no curto prazo. Alguns alunos alcançam determinado nível de educação com muito mais facilidade e, portanto, a custos muito mais baixos que outros. No entanto, é perigoso para as sociedades democráticas permitir que algumas crianças fiquem fora de sincronia com as instituições. Essa negligência contribui para exagerar a concentração de renda e poderia ser muito mais onerosa para a sustentação do capitalismo e da globalização no longo prazo. Tais escolhas envolvem julgamentos de valor que vão bem além dos imperativos do mercado.

A não ser que nossa população residente, com a ajuda de nossas escolas, seja capaz de fornecer os níveis de qualificação de que precisa a economia americana, o que hoje não ocorre, precisaremos da imigração de contingentes cada vez maiores de trabalhadores qualificados, à medida que nossos baby boomers qualificados forem deixando a força de trabalho. Como Bill Gates, presidente da Microsoft, afirmou sucintamente durante depoimento ao Congresso, em março de 2007, "a América enfrentará dificuldades infinitamente maiores para manter sua liderança tecnológica se fechar as portas exatamente para as pessoas mais capazes de nos ajudar na competição". E acrescentou que os Estados Unidos estão "enxotando os melhores e mais brilhantes do mundo, precisamente quando mais precisamos deles".

Boa parte de nossa escassez de talentos pode ser eliminada com a reforma da educação. O mundo está avançando com muita rapidez para nos darmos ao luxo de procrastinações políticas e burocráticas. Precisamos tratar com urgência de duas incapacidades dos Estados Unidos: a crescente concentração de renda e o custo cada vez maior de prover pessoal para cuidar de nosso estoque de capital altamente complexo. A "cura" de ambos os males consistiria em abrir os Estados Unidos para o enorme pool, em expansão acelerada, de trabalhadores qualificados em todo o mundo. Nossas oportunidades de emprego para trabalhadores qualificados são as mais bem remuneradas do planeta. Assim sendo, se os Estados Unidos permitissem a migração aberta de trabalhadores qualificados para o país, os efeitos seriam a rápida redução do diferencial de salários entre trabalhadores qualificados e trabalhadores menos qualificados e a eliminação da escassez de trabalhadores qualificados.* As situações de escassez ocorrem porque estamos inibindo o funcionamento dos mercados de trabalho competitivos do mundo. Normas administrativas discriminatórias substituíram os mecanismos de precificação. No processo, criamos nos Estados Unidos uma elite privilegiada de trabalhadores qualificados nativos, cuja renda está sendo respaldada por quotas de imigração para profissionais qualificados, daí resultando uma situação muito pouco competitiva. A eliminação de tais restrições, numa única penada, reduziria boa parte da desigualdade de renda e enfrentaria o problema de um estoque de capital potencialmente não-competitivo.

Evidentemente, a política de imigração é influenciada por muitos outros fatores, além da economia. Um de seus condicionantes é a questão muito mais difícil que envolve o desejo da população de preservar suas raízes culturais que garantem a coesão social e fomentam o intercâmbio voluntário para o benefício de todos. Os Estados Unidos sempre foram capazes de, no final das contas, absorver ondas de imigração e de manter os direitos e liberdades individuais previstos pelos Pais da Pátria. Mas as transições sempre foram mais difíceis do que sugere a visão retrospectiva. Para se manter na liderança mundial e elevar o padrão de vida da população, os Estados Unidos terão de melhorar substancialmente seus sistemas de ensino fundamental e médio ou reduzir as barreiras à entrada de imigrantes qualificados.

*O aumento do hiato de renda entre trabalhadores qualificados e trabalhadores menos qualificados em todo o mundo sugere que a escassez de habilidades é problema global. Como a migração internacional está sujeita a vários obstáculos, o preço das qualificações não é convergente no âmbito global. É, sem dúvida, problema mais sério nos Estados Unidos do que em outros lugares. Portanto, a abertura da imigração qualificada para os Estados Unidos exerceria pressões ascendentes sobre os salários dos trabalhadores qualificados fora dos Estados Unidos e contribuiria para pequeno aumento na concentração de renda no resto do mundo; também reduziria o nível salarial dos trabalhadores qualificados nos Estados Unidos.

Na verdade, a implementação de ambas as soluções proporcionaria ao país importantes benefícios econômicos.

As políticas públicas são um conjunto de escolhas. Podemos construir muros excludentes em torno dos Estados Unidos para impedir a entrada de bens, serviços e pessoas capazes de competir com os produtores e trabalhadores do país. O resultado seria a perda da centelha competitiva, cuja conseqüência seria uma economia estagnada e enfraquecida. Nosso padrão de vida cairia e a insatisfação social fermentaria e eclodiria, à medida que a tão exaltada superpotência fosse perdendo sua posição de liderança mundial.

Alternativamente, podemos engajar-nos cada vez mais no mundo de alta tecnologia, cada vez mais competitivo, enfrentar a incapacidade de nosso sistema educacional de fornecer trabalhadores qualificados em quantidade suficiente para conter o aumento assustador da desigualdade de renda no país e depois abrir nossas fronteiras para o pool global cada vez mais amplo de trabalhadores qualificados.

Nenhuma alternativa permitirá a melhoria contínua do padrão de vida dos americanos sem os desafios e as tensões da abertura das fronteiras para mercadorias e pessoas. Formular políticas públicas é fazer escolhas. E todas as escolhas implicam benefícios e custos. Para conquistar os benefícios precisamos aceitar os custos.

CAPÍTULO 22

O MUNDO SE APOSENTA, MAS SERÁ QUE TEM CONDIÇÕES?

Quase todo o mundo desenvolvido encontra-se à beira de um abismo demográfico sem precedentes: enorme exército de trabalhadores, a geração baby boom, está na iminência de deixar a força de trabalho para se reunir à legião dos aposentados. Não há jovens trabalhadores em quantidade suficiente para substituí-los e a escassez será ainda pior entre os profissionais qualificados. A vanguarda da mudança é sobremodo evidente na Alemanha, onde, apesar do alto desemprego, a séria escassez de pessoal qualificado se agrava cada vez mais. Um executivo de recrutamento de pessoal da Alemanha declarou ao *Financial Times* (28 de novembro de 2006): "A batalha para a conquista de trabalhadores já começou e, considerando as tendências demográficas na Alemanha e em partes do sul e do leste da Europa, é possível que ela fique muito pior."

Esse deslocamento tectônico é realmente um problema do século XXI. A aposentadoria é fenômeno relativamente novo na história da humanidade; a média da expectativa de vida um século atrás, em boa parte do mundo desenvolvido, era de apenas quarenta e seis anos. Relativamente poucas pessoas sobreviviam tempo suficiente para experimentar a aposentadoria.

O índice de idosos inativos em relação à população economicamente ativa vem crescendo no mundo industrializado há pelo menos 150 anos. A velocidade do aumento diminuiu acentuadamente com o nascimento da geração baby boom, depois da Segunda Guerra Mundial. Mas a dependência dos idosos quase certamente voltará a aumentar com mais rapidez à medida que os baby boomers atingirem a idade de aposentadoria. A aceleração será sobremodo dramática no Japão e na Europa. No Japão, a porcentagem da população com pelo menos sessenta e cinco anos subiu de 13% para 21% na última década, e os demógrafos das Nações Unidas estimam que chegue a 31% em 2030. A população japonesa economicamente ativa já está declinando e se prevê que caia de oitenta e quatro milhões, em 2007, para sessenta e nove milhões, em 2030. Também se projeta a queda da população economicamente ativa da Europa, embora menos que a do Japão.

As mudanças previstas para os Estados Unidos não são tão graves, porém, ainda assim, impõem desafios assustadores. As projeções para o próximo quarto de século são de desaceleração da taxa de crescimento anual da população economicamente ativa nos Estados Unidos, de 1%, hoje, para mais ou menos 0,3%, em 2030. Ao mesmo tempo, a porcentagem da população com mais de sessenta e cinco anos apresentará forte aumento. Embora a idade média da população deva continuar aumentando, boa parte do envelhecimento da força de trabalho já ocorreu com o envelhecimento da geração baby boom. Depois que os baby boomers começarem a se aposentar, a idade média da força de trabalho dos Estados Unidos deve estabilizar-se.

Essas mudanças previstas na estrutura etária da população e da força de trabalho resultam principalmente do declínio da fertilidade que se seguiu ao surto de natalidade do pós-guerra. Depois de atingir o pico em 1957, com 3,7 nascimentos por mulher, a taxa de fertilidade dos Estados Unidos caiu para 1,8, em meados da década de 1970. Desde 1990, ela se estabilizou em pouco menos de 2,1, a chamada taxa de reposição, ou o nível necessário para manter a população constante, na ausência de imigração ou de mudanças na longevidade.* A redução do número de filhos por família desde o baby boom levou inevitavelmente a um aumento projetado no índice de idosos em relação à população economicamente ativa.

A continuidade da imigração, contudo, mitigará o impacto da taxa de natalidade decrescente e o crescimento da população também será sustentado pelo aumento na expectativa de vida. Em 1950, um homem americano com sessenta e cinco anos podia esperar viver em média até os setenta e oito anos, enquanto agora a probabilidade é que atinja os 82 anos. E, caso prossigam as tendências em curso, em 2030 deverá chegar aos oitenta e três anos. A expectativa de vida das mulheres está aumentando da mesma maneira, de oitenta anos, em 1950, para mais ou menos oitenta e quatro, hoje, e oitenta e cinco, por volta de 2030, de acordo com previsões de 2007 do Social Security Board of Trustees.**

---

*A taxa de fertilidade usada aqui é a taxa de fertilidade total. É medida como o número médio de filhos gerados por cada mulher durante a vida, se experimentasse as taxas de natalidade por idade, observadas em qualquer ano.

*Os trustees, ou agentes fiduciários, da Seguridade Social e do Medicare são o secretários do Tesouro e do Trabalho e dois agentes fiduciários públicos nomeados pelo presidente.

Os americanos não só estão vivendo mais tempo, mas também, em geral, estão desfrutando de mais saúde. Os índices de invalidez dos mais velhos estão caindo, como reflexo de melhorias em todas as fases da medicina, além da mudança da natureza do trabalho, que se torna menos extenuante, do ponto de vista físico, e mais demandante, em termos intelectuais, mantendo tendência que se manifesta já há um século, no sentido de produção econômica mais conceitual e menos física. Em 1900, por exemplo, apenas um em cada dez trabalhadores exercia atividade profissional, técnica ou gerencial. Em 1970, a proporção dobrou e hoje esses tipos de atividades respondem por cerca de um terço de nossa força de trabalho. Conseqüência inevitável dessa tendência de envelhecimento gradual da população é que as pessoas cada vez mais serão capazes de trabalhar até idade mais avançada e terão estímulos para retardar a aposentadoria.

Como as pessoas na faixa dos sessenta anos já acumularam muitos anos de valiosa experiência, a postergação da aposentadoria desses trabalhadores em apenas alguns anos poderá exercer impacto expressivo sobre a produção da economia. Mas não há como evitar a realidade: quase toda a geração baby boom já estará aposentada por volta de 2030 e a duração dessas aposentadorias será superior à de qualquer outra geração. Será que esses "anos dourados" serão de fato dourados? Como será que a força de trabalho que se seguirá à dos baby boomers, cujo crescimento será mais lento do que o destes, produzirá bens e serviços não só para si mesma e para os demais membros da família nuclear, mas também para uma população de aposentados de dimensões até então sem precedentes?

A dura realidade da demografia exercerá efeitos profundos sobre o equilíbrio do poder econômico no mundo. O envelhecimento não é questão imediata para os países menos desenvolvidos, com exceção da China, que conteve suas taxas de natalidade por meio do planejamento central – a política governamental de um filho por casal. As Nações Unidas prevêem que a fatia da população mundial residente nos países desenvolvidos de hoje cairá dos atuais 18,3% para 15,2%, em 2030. A maneira como os países desenvolvidos reagirão a tais mudanças pode atenuar ou intensificar em grande extensão as mudanças no equilíbrio de poder econômico do mundo. Fundamental para o tipo de desfecho será se os países desenvolvidos, ao se defrontarem com a perda de poder e de prestígio, se tornarão introspectivos e erigirão barreiras ao comércio com o florescente mundo em desenvolvimento. A habilidade com que os governos transferirão recursos reais de fatias cada vez menores da população, representadas pela força de trabalho produtiva, para fatias cada vez maiores, representadas pelos aposentados, provavelmente será uma questão crucial do próximo quarto de século. Nas sociedades de-

Fiquei espremido entre Hillary Clinton e Tipper Gore, quando o presidente Bill Clinton apresentou seu pacote de redução do déficit a uma sessão conjunta do Congresso, em 17 de fevereiro de 1993. Embora eu tenha ficado pouco à vontade com a encenação política da distribuição dos assentos, desfrutei das companhias e, mais importante, aplaudi o foco do presidente na redução do déficit. *Luke Frazza/AFP/Getty Images.*

Achava o presidente Clinton entusiasticamente envolvido com as questões econômicas.

ACIMA: *Ron Sachs/CNP/Corbis;* ABAIXO: *Fotografia oficial da Casa Branca.*

Andrea e eu nos casamos na Inn at Little Washington,
Virginia, em 6 de abril de 1997.
Cortesia de Denis Reggie.

Do outro lado da rede, com o secretário do Tesouro Lloyd Bentsen, na quadra de tênis do Senado, 1994. Lloyd, um bom amigo, desempenhou papel que nunca foi devidamente valorizado no lançamento das políticas econômicas bem-sucedidas de Clinton.

Cortesia do Departamento do Tesouro dos Estados Unidos.

À medida que a economia americana se tornava cada vez mais integrada com a economia mundial durante meu mandato como chairman do Fed, também eu me envolvia cada vez mais em programas de ajuda a outros países que enfrentavam crises econômicas. Deixando de lado a hipérbole da capa da revista, o secretário do Tesouro, Robert Rubin, o vice-secretário do Tesouro, Lawrence Summers e eu mantivemos relações de trabalho inusitadamente produtivas e harmoniosas; tenho grande respeito por ambos.

Time Magazine/Time Life Pictures/ Getty Images.

No auge do surto das pontocom, a CNBC inventou um artifício chamado "indicador da mala", que consistia em acompanhar-me com câmeras nas manhãs das reuniões do FOMC, quando eu chegava ao Fed. Se minha mala parecesse vazia, dizia a teoria, minha mente estava tranqüila e a economia ia bem. Mas, se a mala estivesse estufada, era iminente o aumento das taxas de juros. *Cortesia da CNBC.*

Andrea e eu visitamos a equipe de gestão de crises do vírus do milênio, que ficou de prontidão no Fed, depois do "Jantar do Milênio", na Casa Branca de Clinton, em 31 de dezembro de 1999. *Cortesia de Howard Amer.*

Depondo sobre a economia americana perante a Comissão Conjunta de Economia do Congresso, em 21 de abril de 2004. A admoestação "Primeiro, não prejudicar" é aplicável tanto aos médicos quanto ao chairman do Fed, quando este fala em público.
Fotografia de David Burnett/Contact Press Images.

O presidente eleito George W. Bush e eu nos defrontamos com a imprensa, depois de nossa primeira reunião, em 18 de dezembro de 2000, no Madison Hotel, Washington.

Cynthia Johnson/Time Life Pictures/Getty Images.

Fui empossado como chairman do Fed pela quinta e última vez em 19 de junho de 2004, pelo vice-presidente Cheney, na casa de Gerald Ford, Colorado.

Fotografia oficial da Casa Branca/David Bohrer.

Os principais ministros das finanças (fileira de trás) e banqueiros centrais (fileira da frente) do mundo, reunidos em Washington, DC, para uma reunião dos formuladores de políticas econômicas do mundo. Entre os ministros das finanças estão Nicolas Sarkozy, hoje presidente da França (segundo a partir da esquerda), e o atual primeiro-ministro da Inglaterra, Gordon Brown (fileira de trás, na ponta direita). *Cortesia de Banca d'Italia.*

Um grupo de manifestantes procurou impedir a reunião anual do Banco Mundial / FMI, de 17 de abril de 2000, em Washington. Ironicamente, a intensidade de tais protestos públicos aumentou quase que em paralelo com a diminuição do poder dos Estados nacionais, de maneira isolada ou coordenada, para vergar as forças do mercado global à sua vontade. *AP Images/Khue Bui.*

Durante minha viagem à Inglaterra, em setembro de 2002, tive a honra de ser sagrado Cavaleiro pela rainha Elizabeth e de inaugurar o novo Edifício do Tesouro. Em 2005, recebi título honorário da Universidade de Edinburgh, na presença de meu amigo, então ministro das finanças da Inglaterra, Gordon Brown.

ACIMA: *AP Images/David Cheskin;* ABAIXO: *Chistopher Furlong/Getty Images.*

Fiquei impressionado com a rapidez com que a liderança chinesa passou a compreender com relativa sofisticação o funcionamento das economias de mercado, considerando a distância a ser percorrida. Aqui, estou reunido com o presidente chinês, Jiang Zemin, no Grande Salão do Povo, em Beijing. O ministro das finanças chinês, Jin Renqing, está à direita. *Coleção de Alan Greenspan.*

O premier chinês, Zhu Rongji, emparelha-se com Mikhail Gorbachev por seu impacto sobre os acontecimentos econômicos mundiais. Em sucessivas reuniões, durante muitos anos, ele e eu nos tornamos bons amigos. Bob Rubin e eu estivemos com ele durante sua visita a Washington, DC, em 1999, quando ele insistiu com o presidente Clinton e com o Congresso para que apoiassem a acessão da China à Organização Mundial do Comércio.
Epix/Getty Images.

Observando a Praça da Paz Celestial de uma sacada, perto do local em que Mao proclamou a criação da República Popular da China.
Coleção de Alan Greenspan.

Conversando com alunos de uma escola de ensino médio, em Washington, DC, sobre a importância de continuar na escola, como parte de um programa de formação financeira, em junho de 2003. A solução pra alguns de nossos problemas mais graves consiste na reforma da educação das crianças. *AP Images/Susan Walsh.*

Durante os funerais do presidente Ford, na Rotunda do Capitólio, em 30 de dezembro de 2006. À minha esquerda, na fileira da frente, estão Henry Kissinger, Brent Scowcroft e Bob Dole. Fiquei impressionado com a manifestação de tristeza do povo por ocasião da morte de Ford e não pude deixar de interpretá-la, em parte, como nostalgia por uma época de menos fisiologismo e partidarismo na vida política americana. *Mark Wilson/Getty Images.*

Na posse de Ben Bernanke como décimo quarto chairman do Federal Reserve, em 6 de fevereiro de 2006. Senti-me muito tranqüilo em transferir o cargo a sucessor tão experiente. *Jim Young/Reuters/Corbis.*

Com Roger Ferguson, colega e vice-chairman do Fed durante oito anos e meio de grande importância histórica, no período de 1997 a 2006. *Fotografia de Diana Walker.*

"OLÁ. AS COISAS... TUDO ESTÁ DESPENCANDO NA GARAGEM, DE GREENSPAN...
OLHA, ESSA REGULAGEM VAI DEMORAR MAIS DO QUE EU PENSEI."

"E, por fator, faça com que Alan Greenspan aceite as coisas que não pode mudar, dê-lhe coragem para mudar as coisas que pode mudar e sabedoria para perceber a diferença."

A caricatura é parte do ofício.

A TENTAÇÃO DE ALAN GREENSPAN

ALAN GREENSPAN APOSENTADO

Doce harmonia.

Fotografia de Harry Benson.

mocráticas, a atividade política se tornará sobremodo árdua, à medida que parcela cada vez maior do eleitorado for passando à condição de beneficiários de aposentadorias e pensões.

A economia da aposentadoria não deixa muito lugar a dúvidas: recursos suficientes deverão ser amealhados durante a vida de trabalho para financiar o consumo durante a aposentadoria. O critério de sucesso de todos os sistemas de seguridade social é a efetiva disponibilidade de recursos na aposentadoria. Os sistemas financeiros referentes à aposentadoria facilitam a segregação de recursos que tornem possível o consumo de bens e serviços depois da aposentadoria, mas eles em si não *produzem* esses bens e serviços. Nos Estados Unidos, o Congresso pode aprovar e o presidente pode promulgar legislação que, por exemplo, garanta direitos a determinado nível de assistência médica após a aposentadoria. Mas quem garantirá a disponibilidade de hospitais, de empresas farmacêuticas, de médicos, de paramédicos e de infra-estrutura hospitalar e de apoio para converter esse compromisso formal em serviços médicos eficazes?

O teste simples a que deve ser submetido qualquer sistema de aposentadoria é sua capacidade de garantir a disponibilidade dos recursos reais prometidos aos aposentados, sem sobrecarregar demais a população economicamente ativa. Sob esse critério, os Estados Unidos talvez estejam em curso de colisão com a realidade. Os mais velhos baby boomers adquirirão direito à Seguridade Social em 2008. Em 2030, de acordo com projeções das Nações Unidas, as pessoas com sessenta e cinco anos de idade ou mais abrangerão mais de 23% da população adulta, em comparação com 16% hoje. Essa enorme mudança demográfica submeterá todos os nossos sistemas financeiros de aposentadorias e pensões a grave estresse e exigirá ajustes sem precedentes. O fato de maior proporção dos dependentes ser de idosos, não de crianças, sobrecarregará ainda mais os recursos da sociedade, uma vez que os idosos consomem muito mais recursos *per capita* que as crianças.

Depois de anos de recuo, a participação de pessoas mais velhas na força de trabalho dos Estados Unidos aumentou um pouco de uns tempos para cá, em face das pressões crescentes sobre as rendas de aposentadoria e em virtude da escassez cada vez maior de pessoal especializado.* Conforme já observei, essa participação, sem dúvida, continuará em alta. Entretanto, a maneira mais eficaz de melhorar o padrão de vida no futuro e de acomodar as aspirações tanto dos trabalhadores quanto

*Não obstante a viabilidade cada vez maior do trabalho em idades mais avançadas, os americanos se aposentam cada vez mais cedo. Em 1940, por exemplo, a idade média de aposentadoria dos homens era sessenta e nove; em 2005, a idade média diminuiu para sessenta e dois.

dos aposentados é aumentar a poupança do país e a produtividade de seus usos.* Precisaremos de muito mais poupança nas décadas futuras para financiar a construção de instalações de capital – por exemplo, fábricas e equipamentos na vanguarda da alta tecnologia – capazes de efetivamente produzir mais recursos que realmente garantam os benefícios de aposentadoria prometidos aos baby boomers. E teremos de fazê-lo sem onerar demais os trabalhadores de amanhã.

No entanto, qualquer que seja a medida, as poupanças adicionais necessárias para cuidar do iminente surto de aposentados serão demasiado vultosas para levantar sérias questões sobre se o governo federal americano será capaz de cumprir os compromissos de aposentadoria já assumidos.

Os trustees da Seguridade Social calculam que seria necessário ou um aumento *imediato* nas contribuições sobre a folha de pagamento, dos atuais 12,4% para 14,4%, ou um corte imediato e geral nos benefícios, da ordem de 13%, ou alguma combinação das duas hipóteses, para fechar o déficit de financiamento nos próximos setenta e cinco anos. A postergação ou a gradação dos ajustes imporia medidas mais drásticas no futuro, sob a forma de contribuições mais elevadas ou de benefícios mais baixos. Embora o déficit projetado seja problemático, ele, em si, não acarretará dificuldades econômicas ou fiscais insuperáveis. Mais importante, as projeções dos benefícios da Seguridade Social são relativamente confiáveis. Isso porque as previsões demográficas sobre a população aposentada se incluem entre as mais exatas e porque a Seguridade Social é um programa de benefícios definidos, o que facilita razoavelmente a previsão de pagamentos por beneficiário.

O Medicare, em contraste, é problema muito mais sério. Os agentes fiduciários prevêem déficit de 75 anos para a Parte A do Medicare, o Fundo de Seguro Hospitalar, que poderia ser fechado mediante ou o aumento imediato de 3,5 pontos percentuais em cima dos atuais 2,9% incidentes sobre a base tributável da folha de pagamento (passando para o total de 6,4%) ou com o corte imediato de 50% nos benefícios ou com alguma combinação das duas hipóteses. Mas esse não é o fim da questão. Os custos da Parte B do Medicare, que paga as contas dos médicos e de outros pacientes não-internados, e da nova Parte D, que assume a cobertura de medicamentos tarjados, devem aumentar rapidamente. Mas tais custos terão de ser financiados pela arrecadação tributária geral, não pelas contribuições sobre a folha

*Além disso, os Estados Unidos também podem tomar empréstimos no exterior, o que deve aumentar o estoque de capital físico do país; ou seja, parcela menor de nosso PIB futuro estará disponível para consumo pelos residentes nos Estados Unidos.

de pagamento. Embora não tão visíveis quanto os tributos referentes ao seguro hospitalar, o peso dos benefícios das Partes B e D sobre a receita de impostos é da mesma ordem de magnitude dos da Parte A.

Os trustees públicos, prevendo os custos do Medicare sob diferente perspectiva, comentaram, em 2006, que "se as projeções para as próximas décadas se revelarem confiáveis, não se considerando a hipótese de aumento de receitas específicas, em apenas 15 anos o custeio dos benefícios vigentes exigiria transferências correspondentes a 25% da arrecadação do imposto de renda federal... – mais do triplo do ônus fiscal de 2005. Menos de dez anos depois, tais transferências equivaleriam a quase 40% da mesma receita tributária". Porém, nem mesmo esses números refletem necessariamente toda a extensão do problema, pois as projeções dos benefícios do Medicare são altamente incertas.

Os gastos com saúde têm aumentado com mais rapidez que a economia já há muitos anos, crescimento impulsionado em boa parte pelos avanços na tecnologia. Sabemos muito pouco sobre a velocidade com que evoluirá a tecnologia médica ou sobre como tais inovações se traduzirão em gastos no futuro. As inovações tecnológicas podem melhorar em muito a qualidade do tratamento médico e são capazes, em alguns casos, de reduzir os custos da assistência médica em si e, decerto, os custos da administração hospitalar. Mas, como a tecnologia amplia o conjunto de possibilidades de tratamento, ela também tem o potencial de aumentar os gastos gerais – não raro em grandes proporções.

À medida que se divulgarem suficientemente os gastos privados com saúde, hoje pouco conhecidos, os pesquisadores serão capazes de, pela primeira vez, avaliar tratamentos e resultados para um amplo espectro de doenças. Suponho que o resultado será o desenvolvimento de um padrão das melhores práticas nacionais. Por fim, também se divulgarão avaliações de hospitais e médicos, acirrando a competição de mercado. No entanto, nada disso deverá ocorrer com muita rapidez. A prática médica envolve o que sempre se caracterizou como relacionamento muito particular entre médicos e pacientes, e ambas as partes relutam em abrir brechas na privacidade.

A assistência médica nos Estados Unidos evoluiu de maneira muito diferente entre as várias regiões. Suponho que, no âmbito nacional, as melhores práticas, ao eliminar os piores tratamentos e profissionais, aprimorarão, em média, os resultados. Mas não se sabe com certeza se a conscientização nacional e a demanda por melhores práticas aumentarão ou diminuirão as despesas médicas. Precisamos ter em mente que as incertezas – mormente nossa incapacidade de identificar o limite superior de nossas futuras demandas por assistência médica – justificam muito cuidado na formulação de políticas públicas. A razão fundamental para avançar com cautela é que os novos programas logo criam grupos de interesses dispostos a resistir com ferocidade a qualquer redução. Em conseqüência, nossa capacidade de controlar iniciativas geradoras ou ampliadoras de déficits, se elas depois se revelarem excessivas ou mal direcionadas, é muito limitada.

Os formuladores de políticas devem errar pelo excesso de prudência, ao considerarem novas iniciativas geradoras de direitos. Sempre é possível promover futuras ampliações, se houver maior disponibilidade de recursos, mas é muito difícil reduzir as concessões, se os meios ficarem aquém dos compromissos. Eis por que, em minha opinião, a adoção do programa de medicamentos tarjados, em 2003, antes de resolver a questão mais premente de outras áreas do Medicare, com sérios déficits ou desequilíbrios, foi um erro, talvez muito grave.*

Tendo participado de numerosos estudos que simularam os custos e os benefícios futuros do Medicare, sempre me surpreendi com a variedade dos possíveis resultados, para, por exemplo, 2030. Conforme observei, a faixa de possibilidades para a Seguridade Social é muito estreita. Os demógrafos, evidentemente, manejam com a mesma eficiência os números referentes aos futuros beneficiários do Medicare. Mas o custo médio por beneficiário *sob as leis vigentes* depende não só das futuras tecnologias, mas também das escolhas dos pacientes e de toda uma série de outras variáveis.

A complexidade das previsões é tal que os agentes fiduciários tiveram de recorrer a um algoritmo simples – a taxa de crescimento projetada dos benefícios por beneficiário do Medicare em relação à taxa de crescimento projetada do PIB *per capita*. O aumento dos gastos reais do Medicare por beneficiário ficou na média aproximadamente 4% ao ano durante a última década, cerca de dois pontos percentuais mais alto que o crescimento do PIB real *per capita*. Os agentes fiduciários públicos vão adiante, observando: "Parece razoável presumir que o aumento dos gastos (*per capita*) com a assistência médica e com o Medicare diminuirá aos poucos até chegar à taxa de crescimento do PIB – pois é de se imaginar a necessidade de impor algum limite superior à parcela de sua renda crescente que os americanos pretendam destinar à assistência médica." Essa afirmação, de fato, pode revelar-se verdadeira.

Mas, como é evidente para qualquer pessoa que conheça o estilo de Washington, tal pressuposto também envolve um salto muito espetacular. Implica grau de restrição que não consta das leis vigentes e parte da premissa de vitória fiscal

*Felizmente (e inusitadamente), o custo da Parte D do Medicare, referente a medicamentos tarjados, até hoje ficou aquém das projeções iniciais. No entanto, ainda se trata de grande item de despesa, que tende a aumentar e que não dispõe de fonte de financiamento específica.

em batalha política ainda a ser travada. Conforme observam os próprios trustees públicos, “nenhum confronto desse tipo já ocorreu na última metade de século”. Portanto, é de se presumir que carga tributária projetada para atender aos gastos crescentes com o Medicare provavelmente seria ainda mais alta se baseada estritamente nos direitos já previstos em lei e nas atuais tendências das despesas com assistência médica.

Há muito trabalho pela frente para acertar o Medicare. Deve ser evidente que pretender cobrir no futuro a totalidade dos déficits da Seguridade Social e do Medicare exclusivamente por meio de aumento de impostos é inviável sob o ponto de vista econômico. Para tanto, seriam necessárias alíquotas sem precedentes em tempos de paz. A partir de certo ponto, os aumentos nas alíquotas se tornam contraproducentes: ao absorver poder de compra e reduzir os incentivos ao trabalho e aos investimentos, a elevação da carga tributária reduz a taxa de crescimento da economia. Em conseqüência, a ampliação da base tributária desacelera e o aumento da receita tributária projetada não se realiza em sua plenitude.

E, assim, nos resta uma realidade assustadora: a solução para os déficits no financiamento dos seguros sociais federais exigirá cortes de benefícios. E o governo tem a obrigação moral de efetuar esses cortes o quanto antes, para que os futuros aposentados tenham o máximo de tempo possível par ajustar seus planos de trabalho, de poupança e de gastos depois da aposentadoria. A falta de aviso prévio aos americanos de que a renda de aposentadoria com que contavam será reduzida pode provocar sérias rupturas na vida das pessoas.

Depois que se determinar o nível de benefícios que a Seguridade Social e o Medicare podem prometer com um mínimo de razoabilidade, como será que as políticas públicas poderão garantir a efetiva disponibilidade de recursos reais para cumprir esses compromissos? Apenas o foco na solvência financeira no âmbito dos sistemas da Seguridade Social e do Medicare, sem levar em conta o panorama macroeconômico mais amplo, não garante a disponibilidade dos recursos necessários. Sem poupança líquida adicional, não se disporá dos recursos reais indispensáveis para assegurar os benefícios futuros. Portanto, ao se tratar dos desequilíbrios da Seguridade Social e do Medicare, precisamos ter a certeza de que as medidas adotadas agora para financiar os compromissos de benefícios no futuro correspondam a aumentos reais na poupança nacional e nos ativos produtivos financiados.

Precisamos, com efeito, tornar reais as “caixas fortes” imaginárias do passado recente, que conteriam o dinheiro para financiar os futuros benefícios da Seguridade Social. Esses cofres pareciam tão reais para muitos americanos que o ex-presidente da Câmara dos Representantes, Tom Foley, conta a história da repreensão que recebeu da mãe, por tentar demovê-la dessa crença: "Mr. Foley", disse ela, "Espero que o senhor não se ofenda por eu lhe transmitir minha surpresa e choque ao descobrir que o líder da maioria na Câmara dos Representantes não sabe nada sobre a Seguridade Social". Na época, as propostas referentes à caixa forte teriam exigido não só a segregação dos fundos fiduciários no orçamento, para propósitos contábeis, mas também que o Congresso impusesse o equilíbrio do restante do orçamento. Por um breve período, durante os anos de vibrantes superávits fiscais na virada do milênio, assumiu-se um compromisso bipartidário exatamente nesse sentido. Mas, infelizmente, o compromisso caiu por terra quando se tornou evidente que, em contexto econômico menos favorável, a preservação do equilíbrio orçamentário, exclusive Seguridade Social e Medicare, demandaria gastos muito mais baixos ou impostos muito mais altos.

Não enfrentar os desequilíbrios entre as promessas aos futuros aposentados e a capacidade da economia de cumprir tais compromissos pode ter graves conseqüências para os aposentados em si e para a economia com um todo. No fim das contas, espero que os desequilíbrios no financiamento do Medicare se resolvam com a revogação dos benefícios aos mais afluentes.* As loucuras da política e o até agora intratável aumento contínuo na desigualdade de renda, em minha opinião, não deixam alternativa política confiável. O restabelecimento do equilíbrio poderia resultar da criação de contas privadas (o que eu apóio) ou da exigência de submissão dos benefícios do Medicare à comprovação de necessidade pelos beneficiários, ou *mean-test* (como ocorre com o Medicaid). Além dessas soluções, só resta outra possibilidade realista que é o racionamento, que conta com pouco apoio nos Estados Unidos. A maioria dos benefícios do Medicare no futuro decerto se concentrará nos grupos de média e baixa rendas. Os serviços médicos para as pessoas situadas nas faixas de renda superiores seriam financiados por seguros-saúde privados, sem subsídios, ou por pagamentos efetuados diretamente pelos próprios usuários, provavelmente na forma de co-pagamentos que se aproximariam de 100%. Muita gente rejeitará o conceito do Medicare como programa de bem-estar social, em que geralmente se enquadram os programas sujeitos à comprovação de necessidade pelos beneficiários; porém, essa é uma imposição da aritmética demográfica do século XXI, numa economia global altamente competitiva.

---

*Não se sabe ao certo em quanto a redução dos benefícios diminuiria os gastos com serviços médicos. Vários anos atrás, pedi ao pessoal do Federal Reserve Board para simular o nível das despesas com serviços médicos até 2004, assumindo que nunca se tivessem promulgado os direitos aos benefícios do Medicare e do Medicaid. O staff concluiu que as despesas seriam apenas um pouco mais baixas. As eficiências de mercado, contudo, seriam muito consideráveis.

Embora eu seja a favor de políticas de imigração liberais, não defendo essa posição como meio de expandir a população trabalhadora, a fim de aumentar as contribuições sociais e de eliminar os déficits da Seguridade Social e do Medicare. Tampouco, por motivos que exporei mais adiante, podemos contar com aumentos fortuitos na produtividade; o teto de longo prazo para aumentos na produção por hora nos Estados Unidos parece ser de 3% ao ano, sendo 2% ao ano o resultado mais provável. Em suma, provavelmente não teremos bastantes pessoas trabalhando nem teremos aumentos suficientes na produção média de cada trabalhador para cobrir a enorme lacuna de recursos no custeio dos benefícios garantidos pela legislação vigente.

Com tantas incógnitas, receio que, em face da situação demográfica e dos limites ao aumento da produtividade, talvez já tenhamos assumido compromissos altos demais, além de nossa capacidade, com o nível de serviços médicos para os baby boomers aposentados. Conforme já observei, o Congresso pode criar direitos, mas isso, em si, não produz os recursos econômicos necessários para fornecer os hospitais, os médicos, os paramédicos e as empresas farmacêuticas que serão fundamentais em 2030 para cumprir a letra das leis vigentes. E, em 2030, as transferências de recursos reais dos trabalhadores ativos para os aposentados talvez sejam demasiado grandes a ponto de se tornarem inaceitáveis. As demandas sobre a produção do país, decorrentes da expansão dos benefícios sem fonte de custeio, talvez excedam em muito a produção de uma força de trabalho que, possivelmente, será apenas um pouco maior que a existente hoje. Em síntese, as promessas terão de ser quebradas, ou, melhor dizendo, talvez precisem ser "esclarecidas".

As grandes incertezas sobre a efetiva disponibilidade de recursos no futuro talvez se reflitam nas dúvidas sobre as taxas de reposição das rendas dos aposentados. Considerando as enormes lacunas esperadas entre as necessidades dos aposentados e mesmo as grandes expectativas de direitos com fundamento na legislação vigente, os fundos de pensão e as seguradoras privadas terão de desempenhar papel cada vez mais importante. Em fins de 2006, os fundos de pensão privados nos Estados Unidos tinham US$5,6 trilhões em ativos, US$2,3 trilhões nos programas tradicionais de benefícios definidos e US$3,3 trilhões nos planos de contribuição definida, principalmente na modalidade 401(k).* Os fundos de pensão privados e de distribuição de lucros pagaram benefícios no valor de US$344 bilhões, em 2005.** Em

*Além disso, US$3,7 milhões eram mantidos em contas de aposentadoria individuais (individual retirement accounts – IRAs).

**O seguro-saúde em grupo pagou mais US$581 bilhões, mas, em sua maioria, para pessoas com menos de sessenta e cinco anos.

comparação, a Seguridade Social e o Medicare desembolsaram US$345 bilhões. Aqueles provavelmente alcançarão estes à medida que os trabalhadores americanos e seus empregadores adotarem as providências necessárias para atender aos objetivos de renda de aposentadoria dos atuais trabalhadores.

Mas isso ainda está a alguns anos de distância. Agora, os fundos de pensão de benefícios definidos enfrentam problemas. Tais esquemas podem dar certo em conjunturas de expectativa de vida relativamente curta depois da aposentadoria e em contextos de acelerado crescimento demográfico. O tamanho sem precedentes da geração baby boom e sua longevidade projetada reduziram drasticamente as vantagens dos planos de benefícios definidos. Grandes volumes de obrigações perante pensionistas já foram amparados pela Pension Benefit Guaranty Corporation.

A responsabilidade pelos direitos previstos em planos de benefícios é, evidentemente, do empregador: o fundo de pensão não passa de mecanismo de apoio. Mas, como a legislação prevê determinados níveis de financiamento, as empresas vêem seus fundos de pensão de benefícios definidos como oportunidades de lucro – quanto maiores forem as receitas de investimentos dos fundos de pensão, menos caixa adicional precisará ser injetado no fundo pela empresa patrocinadora. E quanto menor for a infusão de caixa, mais baixo será o custo da mão-de-obra e mais altos serão os lucros. Em conseqüência, a empresa é levada a descobrir maneiras de reduzir os pagamentos ao fundo.

Como as empresas sabem com razoável certeza quem se aposentará, quando e com que benefícios prometidos no futuro, será que não é simples apurar o custo? Nem tanto. Os custos prováveis para uma empresa que patrocine plano de benefícios definidos dependem, em parte, da situação dos benefícios de pensão na hipótese de falência. Por exemplo, se os benefícios de pensão, por contrato, tiverem prioridade no rateio dos recursos da empresa em caso de falência, o cálculo do custo dos benefícios é inequívoco. Em tais circunstâncias, as empresas podem optar por constituir um fundo de pensão baseado em títulos do Tesouro dos Estados Unidos, sem risco, compatibilizando os vencimentos com a programação de pagamentos de benefícios. Estes seriam gerados pelo principal e pelos juros acumulados de títulos do Tesouro com vencimento no ano em que os benefícios se tornarem devidos. Na prática, as empresas tentam por todos os meios contornar esquema tão simples, por ser o mais dispendioso. Ações, imóveis, títulos de alto risco e até debêntures AAA oferecem retorno mais alto que os títulos do Tesouro. Mas todas essas alternativas envolvem riscos de inadimplência, hipótese em que a empresa patrocinadora teria de recorrer a seus próprios ativos ou abrir mão de pagar suas obrigações.

O debate quanto à taxa de retorno a ser almejada pelos fundos de pensão e, portanto, sobre o grau de risco a ser aceito, depende, no fim das contas, do grau de certeza que a empresa aspira em relação ao pagamento dos benefícios prometidos. Quanto maiores forem os riscos dos recursos do fundo de pensão, maior será a margem de lucro do investimento.

A teoria financeira parece tornar ilusória a obtenção de retornos mais elevados. Se os mercados estiverem precificando corretamente os riscos, a taxa de retorno do fundo de pensão deve ser indiferente ao grau de risco do portfolio, uma vez que taxas de retorno mais altas seriam compensadas pelas perdas com títulos mais arriscados e vice-versa. Mas o que se comprova em teoria nem sempre se confirma na prática. (Ou, de maneira mais apropriada, precisa-se de nova teoria.) Os gestores dos fundos de pensão dirão que as taxas de retorno reais, efetivamente realizadas, no longo prazo, dos investimentos em ações são superiores às chamadas taxas de retorno médias, ajustadas ao risco, da economia como um todo. A compilação de taxas de retorno desde o século XIX confirma que, ao longo de décadas, as carteiras diversificadas de ações sempre geram taxas de retorno reais acima da média. Conforme já observei, é possível que essa realidade resulte de uma aversão ao risco inerente à natureza humana. Portanto, os fundos de pensão de benefícios definidos, capazes de manter seus investimentos durante décadas, geralmente aplicam a maioria de seus recursos em ações. Com o objetivo de reduzir os custos para a empresa, os fundos de pensão de benefícios definidos assumem riscos, inclusive o de flutuações de curto prazo nos preços das ações e de outros ativos. E esses riscos, decorrentes em boa parte de grandes investimentos em ações, têm conseqüências, tanto positivas quanto negativas.

Quando os preços das ações estão em alta, os ganhos de capital efetivamente pagam parcela significativa das contribuições da empresa para seus programas de benefícios definidos. Como, nessas situações, as contribuições em dinheiro são mais baixas, os lucros divulgados, em conseqüência, também são mais altos. Ao contrário, quando os preços das ações caem, conforme ocorreu de 2000 a 2002, muitos fundos de pensão ficam subfinanciados.

Não há como contornar o fato de que os riscos da carteira comprometem os benefícios dos aposentados. Nos últimos anos, muitas empresas com grandes passivos em fundos de pensão subfinanciados, como empresas siderúrgicas e de aviação, optaram pela falência e transfeririam suas obrigações perante pensionistas para a Pension Benefit Guaranty Corporation – ou seja, para o contribuinte americano. Felizmente, o Pension Protection Act, de 2006, reduziu significativamente a exposição dos contribuintes aos déficits dos fundos de pensão privados, embora, de modo algum, tenha eliminado tais lacunas.

Todos os fundos de pensão de benefícios definidos geram taxas de retorno variáveis e, principalmente no curto prazo, imprevisíveis. Mas a empresa tem a obrigação legal de pagar benefícios fixos "definidos". Isso exige que um terceiro, quase sempre a empresa patrocinadora em si, faça o swap das receitas variáveis do portfolio de um plano de benefícios definidos pelos pagamentos fixos previstos em contrato. Em parte como conseqüência, muitas empresas adotaram planos de pensão de contribuição definida. A proporção dos recursos dos fundos de pensão sob a forma de planos de benefícios definidos caiu de 65%, em 1985, para 41%, em 2006.

E a tendência de queda não mostra sinais de arrefecimento. As empresas patrocinadoras de planos de contribuição definida provavelmente concentrarão o foco em formas de investimentos ao alcance dos empregados e até em algumas regras sobre a rapidez com que, depois da aposentadoria, os recursos podem ser desembolsados. Prevejo que os planos de contribuição definida aos poucos substituirão parte da Seguridade Social, na medida em que, com o passar do tempo, os recursos financeiros desta se reduzirem em conseqüência da queda do índice entre trabalhadores ativos e beneficiários aposentados. À medida que a magnitude e as implicações da carga da aposentadoria aos poucos se tornarem evidentes para os aposentados em potencial, é possível que uma população idosa cada vez mais afluente considere necessário postergar a aposentadoria. Porém, de maior relevância, a efetiva transferência de recursos dos trabalhadores para os aposentados terá de ser financiada, cada vez mais, pelos planos 401(k), pelos seguros privados e por muitos outros veículos de financiamento ainda inéditos.

Nos Estados Unidos, a maioria dos baby boomers de alta renda dispõem de patrimônio e de fontes de renda que devem revelar-se mais do que adequados para financiar a aposentadoria. Já os de rendas média e baixa enfrentarão problemas de financiamento mais sérios. O esforço para manter os atuais programas de Seguridade Social do governo, fundamentados no sistema de financiamento em bases correntes, cuja aritmética exige altos índices de trabalhadores em relação a aposentados, se mostrará cada vez mais problemático e inaceitável. A única opção viável, quase certamente, será alguma forma de financiamento privado. Fiz uma pergunta no título deste capítulo: "O mundo se aposenta, mas será que tem condições?". A resposta é: descobrirá maneiras. O mundo não tem escolhas. A demografia é o destino.

CAPÍTULO 23

GOVERNANÇA CORPORATIVA

"Você acha que eu tenho que aceitar o Prêmio Enron?" Perguntei em novembro de 2001 a meu velho amigo e mentor Jim Baker. "Ele é parte do programa do Instituto Baker, para o qual você está dando essa palestra", respondeu. Eu não sabia que se ofereceria um prêmio naquele jantar. As ações da Enron estavam desabando e em três semanas a empresa se tornaria insolvente. Naquele novembro, "prêmio" não parecia um termo apropriado. Mas, como eu devia muito a Jim Baker, desde que não houvesse apresentação oficial nem envolvimento de dinheiro, concordei em aceitar o prêmio.

A Enron me intrigava desde quando ouvi Jeffrey Skilling, que em breve seria CEO da empresa, fazer uma apresentação durante uma reunião do Conselho do Federal Reserve de Dallas, em dezembro de 2000. Ele deu uma explicação muito sofisticada sobre como operava sua empresa de alto desempenho, do século XXI. Foi impressionante. Mas saí de lá com algumas dúvidas persistentes: O que a Enron produz? Como ela ganha dinheiro? Entendi as estratégias inteligentes de derivativos e de hedging da empresa, mas eles estavam protegendo que fluxo de lucros?

A queda da Enron, de acordo com explicação de Skilling, depois do fato consumado, foi precipitada pelo colapso da confiança na empresa, o que destruiu sua capacidade de contrair empréstimos. Para mim, essa afirmação não parecia muito exata. Eu achava que se uma grande empresa siderúrgica enfrentasse uma crise de confiança, suas máquinas ainda teriam algum valor. Já a impalpável Enron, contudo, desfez-se numa nuvem de fumaça, deixando poucos vestígios, a não ser a raiva dos empregados e dos acionistas. Eu nunca vira uma grande empresa americana degradar-se de ícone a pária e daí para a morte com tal rapidez.

O desastre da Enron e o escândalo que cercou a derrocada da WorldCom no verão seguinte foram sobremodo preocupantes para mim. Nos vinte e cinco anos anteriores ao meu ingresso no Fed, eu atuara no Conselho de Administração de quinze companhias abertas (não ao mesmo tempo, evidentemente) e desenvolvi grande familiaridade com as alavancas do poder nessas organizações. Também me tornei cada vez mais consciente da desconexão entre a efetiva governança das grandes empresas americanas e da percepção dessa governança pelo público e por nossos líderes políticos. O público, já sem confiança da ética dos negócios (quando já não considerasse a expressão em si como oximoro), receava eu, não estava preparado para aceitar revelações que solapassem suas crenças tradicionais e difusas sobre a governança das empresas. Muitas dessas práticas míticas havia muito tempo já tinham sido abandonadas por imposição dos imperativos da economia moderna.

Ao longo de todo o século XIX e no início do século XX, os acionistas, não raro detentores do controle societário, participavam ativamente da governança das empresas americanas. Nomeavam o Conselho de Administração, que, por sua vez, contratava o CEO e os outros diretores e determinava a estratégia da empresa. A governança corporativa tinha todos os adornos de governo representativo democrático. Porém, a propriedade das empresas se diluiu ao longo das gerações seguintes e as habilidades gerenciais e empreendedoras dos fundadores nem sempre foram herdadas pela prole. Com a evolução das instituições financeiras durante o século XX, as participações acionárias se tornavam cada vez mais questão de investimento, em vez de instrumento de propriedade ativa. Se um acionista não gostasse da maneira como a empresa estivesse sendo gerenciada, bastava vender as ações. Apenas raramente se questionavam os gestores de empresas razoavelmente lucrativas. Imperceptivelmente, a governança corporativa se deslocou do controle pelos acionistas para o controle pelo CEO. Afora manifestações de preocupação expressas de uns poucos acadêmicos, a mudança ocorreu discretamente e, em boa parte, por omissão.

À proporção que os acionistas se envolviam cada vez menos, os CEOs começaram a apresentar-lhes listas de candidatos ao conselhos de administração, que em breve se limitavam a referendar as decisões da diretoria executiva. Periodicamente, o paradigma se extraviava, quando a empresa ou seus gestores se metiam em problemas. Mas tais episódios eram relativamente raros. A governança corporativa se metamorfoseara em autoritarismo. O CEO entrava na sala de reuniões do Conselho de Administração, explicava o novo programa de investimentos de capital da empresa e passava a palavra ao diretor financeiro para maiores esclarecimentos.

Então, sem mais análises e discussões, o Conselho de Administração aprovava o projeto. O CEO de uma empresa lucrativa hoje recebe vastos poderes do Conselho de Administração que, basicamente, foi nomeado por ele.

Ao longo de décadas, órgãos governamentais e vários grupos de interesse pressionaram os grandes investidores institucionais, principalmente os fundos de pensão, a efetivamente exercer o direito de voto conferido por suas ações, de maneira a restabelecer a "democracia empresarial" do passado. Porém, essas instituições argumentavam que a responsabilidade delas perante seus cotistas era investir com rentabilidade e que sua especialidade era avaliar o valor de mercado das investidas, não gerenciar as próprias empresas. Alguns fundos de pensão abertos se tornaram mais participantes, mas suas intervenções eram marginais. Como passar do tempo, as forças de mercado estão induzindo os fundos de ações privados a se comprometerem cada vez mais com a supervisão da gestão de suas propriedades societárias; porém, embora a tendência se firme cada vez mais, esses fundos ainda representam um segmento muito pequeno da governança corporativa. As forças de mercado também estão impulsionando fusões e aquisições, processos a que os gestores raramente sobrevivem incólumes. As assim denominadas aquisições de controle hostis podem ser vistas como pura manifestação de democracia empresarial, ao se reconhecer que a única "hostilidade" é entre um conjunto de novos acionistas, de um lado, e os gestores entrincheirados, de outro. Os atuais acionistas vendem voluntariamente suas ações e, em muitos casos, estão ansiosos por fazê-lo e em estado de graça com os preços obtidos.

Portanto, não admira que, com tanto autoritarismo espalhado por aí, a falta de prestação de contas adequada pelos gestores das empresas tenha disseminado práticas abusivas. Durante meu quarto de século como membro de conselhos de administração, não havia dúvida de que os pequenos abusos eram generalizados. E, não raro, transpunham a fronteira do pequeno.

Assim, tampouco me surpreendeu o fato de os desmesurados pacotes de remuneração dos CEOs nos últimos anos haverem atraído manifestações públicas por sua impropriedade. Mais inquietante tem sido o aumento drástico do índice de remuneração do CEO em relação à média salarial dos empregados. Os conselheiros que determinam os salários dos executivos contra-argumentam que algumas decisões dos CEOs criam enorme valor de mercado para os acionistas. Nos mercados globais, a diferença entre uma manobra certa e outra quase certa pode representar centenas de milhões de dólares, ao passo que, uma geração atrás, quando o campo de jogo era muito mais nivelado, a diferença teria sido de dezenas de milhões. Os conselhos de administração, conscientes dessas condições, se sentem pressionados pela competição a buscar "o melhor entre os melhores" CEOs. E, obviamente, estão dispostos a pagar o necessário para conquistar as "estrelas".

Em geral, a remuneração dos CEOs quase sempre se vincula de maneira muito estreita ao valor de mercado das empresas. A média da capitalização de mercado das empresas do S&P 500 subiu de menos de US$2 bilhões, em 1980, para US$26 bilhões, em 2006. A média do valor de mercado das dez maiores empresas do S&P 500 em 2006 era de US$260 bilhões. A remuneração dos CEOs de empresas americanas desse porte aumentou à taxa de 10% ao ano entre 1993 e 2006,* o triplo do aumento anual de 3,1% nos ganhos dos trabalhadores de produção e em posições não-gerenciais das empresas privadas. Em síntese, praticamente todo o abismo entre a remuneração do CEO e os salários dos trabalhadores reflete o aumento do valor de mercado das empresas, impulsionado pelas forças de mercado. Mas essa é a remuneração dos CEOs *em média*. Ocultos no conjunto, encontram-se numerosas excrescências. Mesmo os conselhos de administração mais argutos às vezes fazem escolhas lamentáveis, e tais erros se manifestam sob a forma de gordas remunerações por resultados comprovadamente esquálidos.

Com base em minha experiência, outro fator que contribui para o excesso de remuneração dos CEOs é o aumento geral no preço das ações, fora do controle da média dos executivos. O preço das ações das empresas e, portanto, o valor das opções nelas baseadas, é fortemente influenciado por amplas forças econômicas – como taxas de juros, inflação e numerosos outros fatores que absolutamente nada têm a ver com o sucesso ou fracasso de determinada estratégia de negócios. Numerosos são os exemplos desanimadores de CEOs que quase jogaram suas empresas no buraco e assistiram a declínios significativos no preço de suas ações, *em comparação* com o valor dos papéis das concorrentes e do mercado de ações em geral. Mesmo assim, os CEOs colheram grandes recompensas porque o desempenho do mercado de ações como um todo ainda assim puxou os preços das ações retardatárias da empresa.**

---

*Segundo se argumenta, outros fatores também entram em atuação. Mas a competição global não se inclui entre os principais determinantes, pois os salários dos executivos na Europa e no Japão não subiram nem de longe tanto quanto os dos Estados Unidos. O argumento de que os conselhos de administração das empresas são compostos de compadres do CEO talvez explique o nível da remuneração, mas não as taxas de aumento nos últimos anos. Ademais, o compadrio empresarial também foi intenso no passado.

**O valor das ações de determinada empresa compete com o de todas as demais pela escolha dos investidores ao comporem suas carteiras. Portanto, se uma ou mais empresas se saírem bem e o preço de suas ações subirem no mercado, os preços das ações de empresas com desempenho inferior parecem menos atrativos, *em termos comparativos*. Essa é a razão por que os movimentos de preços de ações totalmente díspares apresentam correlações significativas.

A adoção de ações ou de opções sobre ações como componente da remuneração dos executivos exige que as recompensas reflitam o sucesso ou o fracasso das decisões gerenciais. A concessão de opções sobre ações em vez de dinheiro é mais eficaz quando se as amarra a indicadores do desempenho da empresa com o de um grupo de concorrentes cuidadosamente escolhidos, ao longo do tempo. Algumas empresas efetivamente vinculam o valor dos bônus em ações e/ou em opções ao desempenho relativo, mas a maioria não age assim.*

Se o hiato entre a remuneração dos executivos e a dos empregados da empresa, que atingiu sua maior amplitude em 2000, retomar o aumento, espero que os acionistas ampliem o foco para além dos retornos sobre os investimentos e prestem atenção à remuneração do CEO. Se esta for inadequada, os bolsos que estão sendo pungueados são os deles. Não cabe aqui qualquer cogitação quanto a controles de salários pelo governo. O que está em questão não é o dinheiro dos contribuintes.

Eu já tinha consciência dessa tendência de "excesso" de remuneração para os executivos cerca de uma geração atrás. Lembro-me de uma discussão sobre os salários dos executivos seniores da Mobil Corporation, durante uma reunião do comitê de remuneração, em princípios da década de 1980. A administração havia contratado Graef "Bud" Crystal, bem conhecido consultor na área de remuneração de executivos, para "ajudar" os conselheiros na determinação de níveis salariais adequados.** Ele apresentou uma série de gráficos demonstrando que os salários dos altos executivos da empresa situavam-se apenas na média de seus pares em outras empresas. Obviamente, afirmou Crystal, a Mobil queria que os salários de seus executivos ficassem acima da média. Isso levou um de meus colegas do Conselho de Administração, o CEO da American Express, Howard Clark, a perguntar com um brilho nos olhos: "Bud, você recomenda que os salários de todos os executivos de empresas fiquem acima do salário médio dos executivos de empresas?" Então, eu interferi, em uníssono, sugerindo que a análise de regressão de Bud dos salários dos executivos continha falhas. No fim das contas, os altos executivos da Mobil receberam boa parte, mas não todo o aumento que tinham em vista, quando atiçaram Bud contra o comitê.

Porém, mesmo com o crescente conformismo e subserviência dos conselhos de administração, montados sob medida pelos CEOs, durante boa parte do século XX, não raro surgiam dissonâncias para alterar a direção das empresas em busca de melhor uso de seus recursos. Pouco antes de entrar no Fed, juntei-me à maioria dos

*As opções sobre ações estão sujeitas a abusos que parecem repetir-se indefinidamente, conforme demonstrou o escândalo da pré-datação de opções no outono de 2006.

**Nos anos mais recentes, Crystal deu uma guinada e passou a criticar o processo de remuneração de executivos.

membros do Conselho de Administração da Alcoa, em rebelião contra o CEO Charles Parry, que vinha pressionando os conselheiros a escolher o diretor de operações, C. Fred Fetterolf, como seu sucessor, depois da aposentadoria. Não havia dúvidas quanto à profundidade com que Fetterolf conhecia os aspectos técnicos internos da empresa, mas vários conselheiros independentes achavam que lhe faltava uma perspectiva externa mais ampla, que seria muito importante para a Alcoa na década seguinte. Os dissidentes, liderados por W. H. Krome George, ex-chairman da Alcoa, entre os quais se incluíam eu, Paul Miller, do First Boston, Paul O'Neill, presidente da International Paper, e outros, se reuniram uma noite no Links Club, em Nova York, e concluíram que tínhamos de contrapor uma alternativa à escolha de Charlie. Fizemos rápida pesquisa entre os presentes e ficamos com O'Neill, meu velho amigo e colaborador durante o governo Ford. O apoio da maioria dos demais conselheiros e um pouco de pressão sobre Paul o lançou numa carreira muito bem-sucedida como chairman da Alcoa, até que George W. Bush o convidou para secretário do Tesouro, em 2001.*

Durante meu quarto de século como membro ativo de conselhos de administração, observei que, entre as grandes empresas, o CEO, que escolhia os conselheiros, geralmente procurava pessoas notoriamente qualificadas, geralmente CEOs de outras empresas. Contudo, eu nem sempre podia dizer se os conselhos de administração de alto nível eram compostos pelo conhecimento de seus membros e por sua capacidade de aconselhamento ou se o CEO apenas precisava dar a aparência de pluralidade ao que era, na realidade, um regime autoritário. Provavelmente, os dois propósitos estavam presentes em diferentes graus.

Não obstante todas as suas deficiências óbvias, a governança corporativa nos Estados Unidos, durante o século passado, deve ter desenvolvido características positivas, pois, do contrário, a economia americana dificilmente teria ascendido à atual situação de liderança mundial. Não há dúvida de que as empresas americanas foram altamente produtivas e lucrativas, assumindo a vanguarda de boa parte das tecnologias do século passado. Essa constatação, além de minhas observações durante um quarto de século de experiência em conselhos de administração, me leva a concluir, embora com relutância, que, se os proprietários já não mais atuam como gestores, o controle e o autoritarismo exercidos pelo CEO são provavelmente a única maneira de dirigir uma empresa com sucesso. Parece não haver alternativas confiáveis para a prática hoje comum de atribuir os poderes de governança ao CEO e esperar que mesmo os conselheiros por ele escolhidos o mantenham à altu-

*Em todo caso, Paul O'Neill estava na iminência de aposentar-se e passar as rédeas para Alain Belda.

ra da tarefa e que, no caso de mau desempenho persistente, com subserviência do Conselho de Administração, os caçadores de empresas entrarão em ação e assumirão o controle, reformulando a administração.

Quando eclodiram os recentes escândalos empresariais, primeiro na Enron e depois na WorldCom, fiquei um tanto aliviado com o fato de a natureza autoritária da moderna governança corporativa não ter virado tema do dia, não obstante as muitas manifestações de justa preocupação com os abusos fomentados pelo autoritarismo. As fraudes contábeis conquistaram todas as atenções. O que todo o mundo estava na iminência de aprender era que a moderna contabilidade empresarial se baseia, em grande parte, numa série de previsões que não refletem necessariamente a história da empresa. Isso significa que parcela significativa dos relatórios das empresas envolve ampla discricionariedade e, com muita freqüência, está sujeita a abusos. Por exemplo, o cálculo do passivo contingente vinculado a pensões e aposentadorias e os possíveis lançamentos contra o lucro daí resultantes exige várias projeções incertas, que oferecem vasta gama de possíveis custos, todos razoavelmente defensáveis. Os bancos que recebem prestações mensais de financiamentos hipotecários não podem afirmar ao certo, até que o empréstimo seja totalmente amortizado ou se torne inadimplente, se determinado pagamento efetuado pelo devedor é de juros e/ou de principal. As despesas de depreciação que lançam a despesa do investimento no equipamento ao longo de determinado período, estão sujeitas, compreensivelmente, à ampla discricionariedade, dependendo da expectativa de vida útil do item. Não admira que as gerências de muitas empresas, ao se depararem com dificuldades competitivas, tendam a distorcer favoravelmente os resultados, até os limites da fraude inquestionável. Algumas, sem dúvida, ultrapassaram a linha divisória. Mas a discricionariedade contábil pode ir apenas até certo ponto. O telhado um dia teria de cair. E caiu.

No desfecho dos escândalos da Enron e da WorldCom, reduziu-se o poder dos CEOs a aumentou-se o dos conselhos de administração e dos acionistas. À medida que se desdobravam os escândalos, também mudava o tom das reuniões dos conselhos de administração. Quando o CEO entrava na sala de reuniões do Conselho de Administração, dizia a piada, ele ficava pensando se o primeiro item da agenda seria a sua demissão. Em breve, o humor se tornou ainda mais negro. Outra anedota do mesmo ano era que os CEOs, em média, passavam metade de seu tempo com o chefe do departamento jurídico, discutindo como manter os dois fora da prisão. Exagero? Evidentemente. Mas o humor negro muitas vezes se aproxima da realidade. Todo o mundo concordava que o CEO estava dedicando menos tempo a atividades produtivas, expandindo o negócio.

O roubo dos ativos dos acionistas pelos diretores da Enron e da WorldCom deflagrou uma tempestade política. Algumas manifestações de populismo antiempresarial se mantinham à espreita, sob a superfície da política americana, desde a época dos Barões Ladrões de fins do século XIX. Debatido às pressas e aprovado por grande maioria, o Sarbanes-Oxley Act foi promulgado em 2002. Para minha surpresa, ele impunha reformas úteis, inclusive ao exigir declaração expressa do CEO de que, com base no melhor de sua capacidade de julgamento, a contabilidade da empresa de fato reflete o valor do negócio. Não importam os princípios contábeis geralmente aceitos (GAAP) nem as normas do Financial Accounting Standards Board (FASB); esqueça as regras do Internal Revenue Service (Receita Federal) e os legalismos da Securities and Exchange Commission (Comissão de Valores Mobiliários); a pergunta ao CEO é: Os livros da empresa, de acordo com o melhor de *seus* conhecimentos, refletem com exatidão a verdadeira situação financeira do negócio?

Para mim, essa exigência também resolveu a questão muito espinhosa sobre que conjunto de normas contábeis refletia de maneira mais adequada a situação da empresa: se as normas contábeis internacionais, baseadas em princípios, ou as normas americanas do FASB e do GAAP, mais prescritivas. A exigência do Sarbanes-Oxley Act de manifestação expressa do CEO e do diretor financeiro sobre a veracidade das demonstrações financeiras contornou a complexidade de escolha. Atribuiu a responsabilidade pela interpretação dos resultados financeiros à pessoa realmente responsável. Se o CEO dispõe de poder discricionário legal para escolher o sistema contábil e é responsabilizado pela veracidade dos relatórios contábeis, os acionistas estão em melhores condições.

Mas também não há dúvida, sobretudo em retrospectiva, que, ao aumentar o ônus regulatório, a Sarbanes-Oxley reduziu a flexibilidade competitiva dos Estados Unidos. A Seção 404, em especial, se revelou demasiado onerosa – ao exigir que certas melhores práticas contábeis sejam observadas pelos auditores da empresa, os quais, por sua vez, são supervisionados por um novo órgão, o Public Accounting Oversight Board (PCAOB).

Hoje, transcorridos alguns anos, poucas pessoas da comunidade de negócios diriam que o custo e o esforço de implementação da seção 404, para não mencionar a dispersão do foco dos gestores, que deixam de concentrar-se exclusivamente nas iniciativas de expansão dos negócios, geraram ganhos líquidos para as empresas ou para a economia dos Estados Unidos como um todo. No cômputo geral, o Sarbanes-Oxley Act tem sido um ônus desnecessário; além disso, igualmente importante, ele se baseia em certos mitos sobre os níveis de governança viáveis.

A nova lei americana enfatizou o papel do comitê de auditoria da empresa e exigiu que seu presidente tivesse qualificações profissionais. A implicação é que esse órgão, agora turbinado, terá condições para desencavar as malfeitorias das empresas, principalmente fraudes, e de apresentar aos acionistas demonstrações financeiras mais exatas do que as elaboradas no passado. Durante meus mais de dezoito anos como regulador de bancos, eu me lembro de muitos poucos casos de descoberta de fraudes e malversações por meio de análises e auditorias, por mais amplos que fossem nossos poderes. Embora o objetivo da supervisão bancária não seja revelar atividades criminosas, os auditores de bancos do Fed, em duas ocasiões, atribuíram altas avaliações à agência de um banco japonês em Nova York, que, durante anos, abrigou amplo esquema de defraudação. Finalmente, um *whistleblower* (informante que atua sob proteção legal) denunciou os crimes. Na verdade, muito poucos reguladores de meu conhecimento podem dar exemplos de fraudes e de malversações reveladas por outros meios que não a denúncia de informantes. Reconheço de pronto que os comitês de auditoria anteriores à Sarbanes-Oxley tampouco fizeram grandes descobertas de malfeitorias executivas. Porém, a verdade é que os comitês de auditoria, novos ou velhos, não têm condições de descobrir irregularidades, a não ser recorrendo a vasto exército de investigadores, que sufocariam a empresa com uma fiscalização aparatosa e dispendiosa, inibindo a disposição para assumir riscos e, em última instância, ameaçando a viabilidade da empresa.

Outros dispositivos do Sarbanes-Oxley Act enaltecem os conselheiros "independentes". De alguma maneira, argumenta-se, a multiplicidade de vozes dissonantes preservará a honestidade da gestão. Na prática, conselheiros independentes dos executivos tendem a ter muito pouca experiência no negócio para cuja supervisão foram nomeados. Não é provável que conheçam os tipos de fraudes possíveis. Sempre achei que o presidente Roosevelt estava certo quando, ao lhe perguntarem como ele pôde nomear Joseph P. Kennedy, especulador de Wall Street (e pai de JFK), como primeiro chairman da Securities and Exchange Commission. Não seria aquele um caso clássico de raposa tomando conta do galinheiro? Roosevelt respondeu: "Escolha um ladrão para pegar um ladrão."

As empresas podem adotar apenas uma estratégia. Vozes "independentes", competindo entre si, com agendas totalmente diferentes, solapam a eficácia do CEO e do próprio Conselho de Administração. Já atuei em conselhos de administração compostos de membros dissidentes. Nesses casos, a atuação dos conselhos de administração se limitava a tomar as decisões de sua competência exclusiva. O que faltava nessas reuniões era a troca proveitosa de idéias, que orientam o CEO na definição da estratégia de negócios. Quando existem conselheiros dissidentes – como aqueles que representam investidores potenciais, cujo único propósito é assumir o controle societário da empresa – sendo a natureza humana como é, a maioria dos intercâmbios entre os conselheiros que apóiam o CEO, de um lado, e os gestores executivos, de outro, ocorre fora da sala de reuniões.

Não pretendo invectivar as tomadas de controle das empresas. Ao contrário, essas mudanças são importante facilitador da destruição criativa e, sem dúvida, recurso eficaz, de última instância, pelo qual os acionistas podem moldar suas empresas. No entanto, embora a substituição dos gestores não raro seja necessária, não se pode dirigir uma empresa de maneira eficaz quando vozes contraditórias e poderosas adotam diferentes objetivos. É isso ou aquilo. Se o Conselho de Administração estiver eivado de interesses conflitantes, a governança corporativa sofrerá as conseqüências. Se os conselheiros não concordarem com a estratégia do CEO, que o substituam. A dissonância no âmbito da empresa, evidentemente, é inevitável em períodos de transição. Mas não é algo a ser perseguido por seus próprios méritos. A cacofonia só produz tinta vermelha.

A idéia de incluir no Conselho de Administração representantes dos vários stakeholders da empresa – sindicato, comunidade, clientes, fornecedores e assim por diante – tem um belo tom democrático. Mas não me parece que seja de bom alvitre e suspeito que não dará certo. O mundo altamente competitivo de hoje exige que cada empresa siga a orientação de um único estrategista. Submeter a estratégia de cada jogo à votação de todo o time é receita certa para a derrota. Acho que, no fim das contas, algumas das arestas mais cortantes da Sarbanes-Oxley serão aparadas, principalmente a seção 404.

Por melhor que se tenha revelado a governança corporativa nos Estados Unidos, ao longo de décadas, não obstante as suas mazelas, as necessidades de ajustes ao ambiente global em constante mutação revelaram certas lacunas que exigem atenção. A exatidão da contabilidade é fundamental para o funcionamento do capitalismo de livre mercado. Se os sinais que orientam a alocação dos recursos do país estiverem distorcidos, os mercados serão menos eficazes na elevação do padrão de vida. O capitalismo expande a riqueza basicamente por meio da destruição criativa – o processo pelo qual o fluxo de caixa gerado por capital obsoleto e de baixo retorno, suplementado por novas poupanças, é reinvestido em novos empreendimentos de alta tecnologia e de alto retorno. No entanto, para que o processo funcione, os mercados necessitam de dados confiáveis para avaliar os retornos sobre os ativos.

As despesas com opções sobre ações é um bom exemplo. Em 2002, participei da batalha em torno desse aspecto pouco conhecido, mas fundamental, da bolha das pontocom da década de 1990. Meu bom amigo Warren Buffett, que não é neófito em avaliação de empresas, já tinha entrado na briga antes. As empresas de alta tecnologia, em especial, estavam envolvidas num grande esquema para não pagar salários, que eram deduzidos no cálculo do lucro líquido, e oferecer opções sobre ações, que, na época, não afetavam o lucro líquido. Isso fazia enorme diferença nos resultados de algumas empresas. Em 2005, por exemplo, a Intel divulgou lucro líquido de US$8,7 bilhões; segundo avaliação da própria empresa, levando em conta o custo das opções, esse número seria menor em US$1,3 bilhão. Argumentei que as opções, que atraíam pessoas qualificadas – recursos reais – para as empresas, não eram, em princípio, diferentes dos salários em dinheiro ou de qualquer outra forma de remuneração.

A exatidão no cálculo do lucro exige acurácia na contabilidade de custos. Os custos da mão-de-obra devem ser contabilizados de maneira correta para que os gestores não recebam sinais enganosos sobre o desempenho da empresa. A forma da remuneração – dinheiro, opções sobre ações ou acesso ao restaurante executivo – é irrelevante. A empresa precisa conhecer o valor de mercado dos novos empregados. Estes, ao aceitarem um pacote de remuneração (inclusive opções), estão, de fato, definindo seu salário de mercado, o qual, por sua vez, reflete o preço dos recursos de mão-de-obra necessários à geração de lucro pelo empreendimento.

Numa economia tão grande, diversificada e complexa como a americana, a mensuração exata do desempenho da empresa é fundamental para que os recursos do país sejam direcionados para os usos mais eficientes. A determinação dos custos dos insumos, por sua vez, é essencial para determinar se a empresa está gerando lucro por meio de suas atividades de negócios. As variações nos valores atribuídos a certos itens do balanço patrimonial, com base em previsões incertas, são cada vez mais importantes na determinação do sucesso da estratégia da empresa. O princípio básico da mensuração do lucro, como o valor dos produtos menos o valor dos insumos, não foi alterado pela complexidade da mensuração.

Assumir que as concessões de opções não são despesas é assumir que os recursos reais que contribuíram para a criação do valor dos produtos foram gratuitos. Decerto, os acionistas que concedem opções sobre ações aos empregados não ignoram os custos decorrentes da diluição potencial de sua participação na capitalização de mercado da empresa.

As opções são importantes para o setor de capital de risco e muita gente nas indústrias de alta tecnologia argumentou vigorosamente contra quaisquer mudanças nas práticas então vigentes, sustentando que o uso de opções é uma forma de remuneração extremamente valiosa (correto); que o reconhecimento das despesas associadas a tais concessões reduziria o uso de opções,* prejudicando as empresas de alta tecnologia (talvez); que o efeito das opções sobre "lucros por ação totalmente diluídos" já está reconhecido (irrelevante);** e que não somos capazes de medir os custos das opções com exatidão suficiente para justificar seu reconhecimento nas demonstrações financeiras (errado).***

Essa questão contábil aparentemente obscura é, na verdade, de importância fundamental para a representação exata do desempenho das empresas. Houve quem argumentasse que o não-reconhecimento das concessões de opções como despesa seria uma grande ajuda no levantamento de capital para o financiamento da rápida exploração de tecnologias avançadas. Embora a contribuição vital de novas tecnologias para o crescimento da economia seja evidente, nem todas as novas idéias criam valor líquido. Nem todas as novas idéias devem ser financiadas. Durante o surto de prosperidade das pontocom, desperdiçou-se muito capital com empreendimentos cujas perspectivas pareciam mais promissoras do que se revelaram na realidade. O desperdício é subproduto inevitável da assunção de riscos, fator primordial do crescimento econômico. Contudo, o desperdício torna-se desnecessariamente grande quando as demonstrações financeiras que ajudam os investidores a alocar investimentos não são exatas.

As concessões de opções sobre ações, quando elaboradas de maneira adequada, podem ser altamente eficazes no alinhamento dos interesses dos executivos com os dos acionistas. Lamentavelmente, muitos desses esquemas foram desenvolvidos para atender a interesses particulares. Assim, eu não deveria ter ficado surpreso quando numerosas falanges de lobistas dos setores de alta tecnologia descobriram o caminho do Fed. Recebi vários grupos de CEOs, geralmente liderados pelo astuto Craig Barrett, da Intel. Mas os visitantes não contavam com minha experiência de um quarto de século em conselhos de administração. Eu gostava de contestar os argumentos deles. Muitas vezes, me sentia tentado a perguntar a

*Isso seria verdade se os recebedores de opções tivessem sido iludidos quanto ao verdadeiro desempenho do lucro da empresa.

**Esse ajuste corrige apenas o denominador (o número de ações) do lucro por ação. É sobre a estimativa do numerador (lucro) que versa o debate contábil. As concessões de opções realmente têm o potencial de aumentar o número de ações em circulação e, portanto, de reduzir o lucro por ação.

***A estimativa das despesas com opções é aproximada. Mas o mesmo ocorre com muitas outras estimativas que influenciam o lucro. Além disso, mesmo aquelas que não lançam explicitamente as opções como despesas, todas as empresas já incluem, implicitamente, a estimativa das despesas com opções em suas declarações do resultado. Evidentemente, esse número para a maioria das empresas é zero. Será que as concessões de opções realmente não tinham valor nem representaram custo para a empresa?

Craig, que passei a respeitar e a estimar, ou a qualquer um dos lobistas que por um motivo ou outro chegavam à minha porta: "Se eu conseguisse convencê-lo de que seus argumentos estão errados, você teria condições de, no atual emprego, mudar de opinião?" Nunca perguntei. Não era necessário. Eu estava na mesma situação de quando, em 1994, me envolvi num debate com o então premier da China, Li Peng, sobre capitalismo *versus* comunismo (ver Capítulo 14).

Os argumentos em favor do reconhecimento das concessões de opções como despesa acabaram prevalecendo. Em dezembro de 2004, o FASB mudou suas regras para exigir o lançamento como despesa das concessões de opções sobre ações, a partir de 2005. As novas regras entraram em vigor depois de quase terem sido bloqueadas pelo Congresso, atendendo aos argumentos de empreendedores de alta tecnologia.

Mesmo antes dos escândalos de 2002, havia muita ansiedade política por causa do aumento da remuneração dos executivos, em comparação com o salário médio dos trabalhadores de produção. Conforme explico no Capítulo 25, o crescimento inexorável na parcela do PIB americano representada por componentes de natureza conceitual, sobretudo tecnológicos, aumentou em várias vezes, ao longo de muitas gerações, o valor do poder intelectual em relação ao valor dos músculos humanos. Sou bastante velho para me lembrar de quando as proezas físicas no trabalho eram fonte de lenda e de reverência. Uma grande estátua de Paul Bunyan, o lenhador mítico, ainda é atração na região dos lagos no norte de Minnesota. Os estivadores de um século atrás eram exaltados por sua força bruta. Hoje, as atividades então executadas por estivadores são controladas por jovens mulheres, diante de um painel computadorizado.

A remuneração relativa em nossa sociedade é determinada pelo mercado e reflete as preferências de valor de todos os participantes da economia. Será que existe melhor árbitro? Outro padrão igualmente consistente, mas que nunca foi aplicado com sucesso, é o de que todos os trabalhadores devem compartilhar parcelas iguais dos resultados de seus esforços coletivos. Conforme esse ethos, todas as disparidades salariais são injustas. Mas a afirmação de que certo conjunto de disparidades de renda é grande demais ou pequeno demais exige um critério de avaliação. "Grande demais" aceita a premissa de que *algum* nível de disparidade é justificável. Mas por que não deveria ser mais baixo? Ou, o que também é possível, mais alto?

Argumento no Capítulo 21 que as disparidades de renda são politicamente desestabilizadoras para as sociedades. Porém, soluções que envolvam controles de salários pelo governo, em vez de, por exemplo, diferentes modalidades de assistência aos trabalhadores de baixa renda para que adquiram habilidades mais valiosas, muitas vezes é remédio pior que a doença. Mesmo considerando os aspectos falhos da governança corporativa, os salários dos executivos são, em última instância, e é preciso reconhecer essa realidade, aceitos voluntariamente pelos acionistas da empresa. Conforme já disse antes, não há espaço para o governo nessa transação. Os controles de salários, como os controles de preços, sempre resultam em graves distorções inesperadas.

Considerando o abismo entre acionistas e gestores, o paradigma do CEO autocrático parece ser o único arranjo que permite o funcionamento eficaz das empresas. Não podemos evitar o imperativo autoritário das estruturas empresariais de hoje. Mas podemos garantir o afastamento de CEOs com desempenho insatisfatório, se não pelos atuais acionistas, ao menos por outros mais ativos, facilitando-se para tanto as aquisições de controle. Um passo nessa direção seria atenuar o rigor das regras de acesso a listas de acionistas, hoje, em boa parte, controladas pelos gestores titulares. Os acionistas que querem preservar o anonimato podem recorrer aos chamados "street names"* Fusões, aquisições e cisões são parte vital da competição e da destruição criativa. O surgimento de fundos de private equity parece ser uma resposta do mercado à relutância dos fundos de pensão e de outros investidores institucionais em se envolverem, como proprietários, na vigilância da gestão das empresas, como era comum em gerações anteriores. Os fundos de private equity, que investem em ativos subavaliados e que, nessas condições, alcançam taxas de retorno acima da média, são a prova de que o capital não havia sido alocado de maneira adequada na economia. A transferência desses ativos para investidores que saibam gerenciá-los contribui para o crescimento econômico. A ampliação do controle pelos acionistas sem dúvida limitaria esquemas que só atendem aos interesses individuais dos gestores, embora corram por conta dos proprietários da empresa.

O controle da gestão das empresas pelos acionistas é essencial para o sistema de capitalismo de mercado. Nas empresas, como na maioria das outras instituições humanas, a delegação de autoridade resulta em certo grau de autoritarismo. O equilíbrio adequado do controle efetivo da governança das empresas nunca estará totalmente isento de controvérsias.

*"Street name" designa a situação em que os títulos ficam em nome da corretora ou de terceiros, em vez de em nome do acionista.

CAPÍTULO 24

A DURADOURA ESCASSEZ DE ENERGIA

Quando os furacões Katrina e Rita fustigaram o frágil baixo-ventre do vasto complexo petrolífero Texas-Louisiana, dos Estados Unidos, no verão de 2005, abriu-se um grande buraco na oferta mundial. Os preços da gasolina, do óleo diesel e do óleo para aquecimento doméstico dispararam.

O desastre foi um acidente à espera de que acontecesse. Os preços do petróleo vinham subindo desde 2002, à medida que o consumo global aos poucos absorvia a camada amortecedora do excesso de capacidade mundial, que chegara a 10 milhões de barris por dia, em 1986. No passado, essa camada amortecedora era adequada para absorver choques, mesmo da magnitude do Katrina e do Rita, sem impacto preocupante sobre os preços. Em 2005, contudo, o equilíbrio no abastecimento mundial do petróleo se tornara tão precário que mesmo uma paralisação inesperada para manutenção em algumas refinarias da Costa Leste, no começo do ano, havia sido suficiente para provocar aumentos de preços.

Não obstante as previsões periódicas de que o mundo estava ficando sem petróleo, as reservas de petróleo recuperáveis no subsolo aumentaram no mesmo ritmo do consumo entre 1986 e 2006. Tal fato resultou, em grande parte, do desenvolvimento de tecnologias que aumentaram a quantidade de petróleo extraível dos reservatórios existentes. Mas os produtores mundiais foram muito menos eficazes no efetivo desenvolvimento de capacidade de extração de petróleo de suas cavernas profundas. A construção de instalações de perfuração e de exploração ficou para trás, à medida que os países com grandes reservas disponíveis, sobretudo os membros da Organização de Países Exportadores de Petróleo (OPEP), não investiram o suficiente em poços e em infra-estrutura de petróleo bruto para atender à demanda crescente.* Assim, enquanto o consumo de petróleo e as reservas de petróleo mundiais cresceram à taxa média de 1,6% ao ano, entre 1986 e 2006, a capacidade de produção de petróleo bruto aumentou à taxa de apenas 0,8% ao ano.

Por que será que as empresas petrolíferas não investiram parcela maior de suas receitas, em crescimento acelerado? Todas as reservas petrolíferas da OPEP estão sob a propriedade e o controle de monopólios estatais. As receitas do petróleo são a principal fonte de financiamento de que os países-membros dispõem para atender às necessidades de populações em rápida expansão. Os investimentos em energia devem competir com muitas outras prioridades, inclusive com programas em alguns países para a diversificação da economia interna, fortemente concentrada em petróleo e gás. Já as empresas de petróleo e gás do setor privado, em contraste com suas congêneres estatais, destinaram parcelas muito maiores de seus fluxos de caixa para investimentos em energia, nos últimos anos. Porém, com as reservas de petróleo dos países em desenvolvidos já muito exauridas, em conseqüência de mais de um século de exploração, o retorno sobre esse investimento muito menos rentável, sob a forma de aumento das reservas petrolíferas, tem correspondido a pequena fração da rentabilidade obtida pelas empresas estatais dos países da OPEP. Mais importante, as empresas petrolíferas internacionais do setor privado cada vez mais estão sendo impedidas de ter acesso às reservas dos países da OPEP.** Já se foi de há muito a época em que essas empresas desfrutavam de monopólio virtual da expertise tecnológica. Elas não mais têm muito a oferecer em troca do acesso às riquezas de petróleo do Oriente Médio.

Meio século atrás, as Sete Irmãs – Standard Oil of New Jersey, Royal Dutch Shell, Texaco e outras gigantes – controlavam o petróleo mundial. Hoje, as empresas privadas internacionais são meras sombras do que foram no passado de glória. Evidentemente, seus lucros dispararam, na medida em que os preços de seus grandes estoques de petróleo também atingiram alturas sem precedentes.*** Mas elas não têm muitas oportunidades de investir com lucro em exploração e desenvolvimento. E, com o acesso limitado às reservas da OPEP, as empresas internacionais têm poucas alternativas, além de devolver boa parte de sua geração de caixa aos acionistas, mediante recompra de ações ou distribuição de dividendos.

---

*De acordo cm a Agência Internacional de Energia, os gastos mundiais com exploração e desenvolvimento dobraram entre 2000 e 2005; porém, com os custos subindo acima de 10% ao ano, o aumento em termos reais foi inferior a 4% ao ano. Isso não foi suficiente para converter reservas de petróleo em crescimento adequado da capacidade de produção de petróleo bruto.

**As empresas estrangeiras estão totalmente proibidas de investir nas reservas de petróleo e gás da Arábia Saudita, do Kuwait e do México. Além disso, a maioria dos países com empresas de petróleo estatais está proibindo, de fato, o acesso estrangeiro às suas reservas de petróleo e gás.

*O método contábil "último a entrar, primeiro a sair" (*last-in, first-out*), reduziria, mas não eliminaria, esses espigões de lucro.

À exceção da Aramco, da Arábia Saudita, nenhum dos monopólios estatais da OPEP manifestou o desejo de restringir os aumentos nos preços, em conseqüência da maior capacidade de exploração de petróleo bruto. Ao contrário, parecem mais preocupados com o risco de que o excesso de capacidade pressione para baixo os preços e as enormes receitas com que contam para atender a finalidades políticas internas. Quando me reuni com Ali Al-Naimi, o elegante ministro do petróleo saudita, em maio de 2005, até ele se mostrou nitidamente insatisfeito com as medidas que os Estados Unidos estavam propondo para restringir o consumo de petróleo e, em conseqüência, diminuir as receitas da OPEP oriundas do petróleo. Todo o poder do país de Al-Naimi se baseia em suas reservas comprovadas superiores a 260 bilhões de barris, além do grande potencial de ampliá-las ainda mais. Ele está muito consciente de que, se os preços do petróleo subirem ainda mais, o consumo talvez se reduza para sempre, à medida que os grandes consumidores mundiais deslocarem a ênfase para a conservação do petróleo. Boa parte do consumo de petróleo é determinada pela propensão ao consumo das frotas de veículos automotores, das fábricas e das famílias. Embora seja impossível alterar essa infra-estrutura da noite para o dia, ela pode e deve mudar. Os sauditas aprenderam essa lição na década de 1970. O crescimento do consumo apresentou forte desaceleração nos anos seguintes aos choques de preços e nunca se recuperou, mesmo depois da queda dos preços. O que aconteceu então pode repetir-se agora. Hoje, os Estados Unidos são responsáveis por um quarto do consumo mundial de petróleo; se reduzíssemos nossas taxas de aumento do consumo e, principalmente, se os demais países também adotassem medidas de contenção, a proeminência mundial da Arábia Saudita decerto diminuiria.

Desde que o presidente Franklin D. Roosevent se reuniu com o rei Ibn Saud a bordo do USS *Quincy*, em fevereiro de 1945, as relações Estados Unidos-Arábia Saudita têm sido estreitas. Foi uma empresa petrolífera americana, a Standard Oil of California, que descobriu petróleo nas areias sauditas, em março de 1938, sob concessão outorgada em 1933. E também foi um consórcio de empresas petrolíferas americanas que constituiu a Arabian American Oil Company (Aramco) para desenvolver esses recursos. Os laços se mantiveram firmes entre o país que se tornou, em 1992, o maior produtor mundial de petróleo e os Estados Unidos (sempre o maior consumidor do mundo). As relações entre os dois países até sobreviveram à nacionalização da Aramco pela Arábia Saudita, em 1976.* Como membro do Conselho de Administração da Mobil, de 1977 a 1987, eu conhecia muito bem as

*A Arábia Saudita conquistou participação acionária controladora de 60% da Aramco, em 1974, antes de sua completa nacionalização.

ligações duradouras dos Estados Unidos com a Arábia Saudita. Até 1976, os dividendos oriundos da participação de 10% da Mobil na Aramco eram importante componente do lucro da empresa americana e o acesso ao petróleo bruto dos sauditas nos anos subseqüentes desempenhava papel de destaque nas operações da empresa. A Saudi Aramco tem investido parcela significativa do aumento de suas receitas com o petróleo, nos últimos cinco anos, em expansão da capacidade, embora ainda em proporção muito inferior à das empresas petrolíferas dos Estados Unidos, do Reino Unido, do Canadá, da Noruega e até da Rússia.

A relutância da OPEP em expandir a capacidade tem exercido forte impacto sobre o mercado do petróleo. A camada amortecedora entre a oferta e a demanda se estreitou até o ponto em que se tornou incapaz de absorver, sem conseqüências nos preços, paralisações até de pequena parte da produção mundial. Ameaças crescentes de violência contra os campos petrolíferos, oleodutos, depósitos e refinarias, mormente no Oriente Médio e na Nigéria, são fatores desestabilizadores desse equilíbrio frágil. O ataque terrorista de fevereiro de 2006 contra Abqaiq, enorme unidade de processamento de sete milhões barris de petróleo bruto, fracassou, mas por muito pouco. Segundo algumas avaliações, os atacantes ultrapassaram a primeira linha de defesa. Se tivessem sido bem-sucedidos, o conseqüente aumento de preços teria afetado seriamente os mercados financeiros mundiais e, dependendo do grau de paralisação das instalações, poderia ter interrompido boa parte da expansão econômica mundial ou ter produzido efeitos ainda piores. Mais recentemente, agravaram-se os temores de que, se o Irã se sentisse muito ameaçado ou provocado, poderia bloquear o Estreito de Ormuz, no Golfo Pérsico, artéria por onde passa um quinto do petróleo bruto mundial.

Felizmente, a atuação dos mercados criou nova espécie de camada amortecedora. Os produtores e os consumidores de petróleo do mundo desenvolvido e, mais recentemente, também os investidores elevaram os estoques de petróleo situados acima do solo a níveis sem precedentes. Durante boa parte da história do petróleo, apenas aqueles que fossem capazes de armazenar grandes volumes de petróleo tinham condições de negociar. Mantinham-se estoques principalmente por precaução, sobretudo contra grandes cortes de produção imprevistos, em qualquer lugar do mundo. Porém, avanços importantes em finanças abriram o caminho para que muito mais atores participassem dos mercados de petróleo e, em conseqüência, da determinação dos preços. Assim, quando, em 2004, ficou evidente que a indústria petrolífera mundial não investia o suficiente para expandir a capacidade de produção de petróleo bruto, a fim de atender à demanda crescente, pressagiando preços ainda mais altos, os fundos de hedge e outros investidores em busca de oportunidades de longo prazo na área de petróleo começaram a propor preços de compra mais altos. A tendência prosseguiu até que os proprietários se dispuseram a vender parte de seus estoques. Os investidores acumularam grandes posições compradas em futuros de petróleo bruto, principalmente no mercado de balcão. Considerando todas as posições compensatórias, os vendedores dos contratos que prometiam entregas futuras aos investidores possuíam necessariamente bilhões de barris em estoques privados de óleo espalhados por todo o mundo.

As vendas de petróleo a investidores por meio de contratos futuros deixaram muitas empresas de petróleo sem cobertura de hedge e expostas a surtos de demanda. Assim, procuraram substituir com rapidez os estoques já comprometidos. O aumento da demanda por reposição de estoques se sobrepôs ao crescimento da demanda para consumo, pressionando ainda mais a produção e os preços do petróleo. A conseqüência tem sido um acúmulo de estoques que reflete não só as precauções tradicionais do setor, mas também as quantidades adicionais mantidas em "custódia" para cumprir as obrigações perante os investidores, sob os termos dos contratos futuros. Em outras palavras, parte do petróleo existente nos tanques e nos oleodutos do mundo está sob o controle dos investidores. A extensão do rápido aumento da participação de instituições financeiras nos direitos sobre barris de petróleo físicos se reflete na quase sextuplicação, de dezembro de 2004 a junho de 2006, do valor nocional dos derivativos de commodities, principalmente petróleo, conforme informações ao Banco de Compensações Internacionais.

Os investidores e os especuladores que são os novos participantes do mercado de petróleo mundial, em que se transacionam mais de US$2 trilhões por ano, estão contribuindo para um processo de ajuste que se tornou urgente com a quase eliminação de adequada camada amortecedora da demanda mundial. A demanda pela comunidade de investimentos precipitou altas nos preços do petróleo, que, do contrário, teriam ocorrido mais tarde, motivando os investidores a contribuir para a acumulação de estoques sem precedentes e reforçando a fina camada amortecedora entre oferta e demanda. Ou seja, a entrada de investidores no mercado de petróleo não aumentou a oferta de petróleo no mundo, mas as atividades desses novos atores precipitaram a necessidade de ajustes nos preços que deslocou parte do petróleo bruto das reservas da OPEP para os estoques acima do solo do mundo desenvolvido. Essa situação, por sua vez, aumentou a segurança do abastecimento de petróleo, o que, presumo, reduzirá as pressões sobre os preços no curto prazo.

Essa aceleração do processo de ajuste e a subseqüente disparada dos preços da gasolina geraram, obviamente, forte controvérsia. Quando o petróleo bruto atingiu a cotação máxima de todos os tempos, a US$75 por barril, alguns críticos asseveraram que os especuladores e a indústria petrolífera estavam envolvidos em vasto esquema de manipulação de preços. A recente história americana está repleta de espigões nos preços do petróleo, resultando em acusações de conspiração da indústria petrolífera e determinando a realização de inquéritos pelo Congresso. Quando as investigações não revelam conluios, os relatórios são arquivados sem mais delongas e conseqüências. As conspirações são sempre excitantes e as mudanças de preços decerto têm sido significativas, para não dizer dolorosas, no caso de alguns consumidores. Mas a realidade é muito mais trivial: de novo estamos vendo a movimentação eficaz das forças de mercado.

Reflita sobre o seguinte: se os preços não tivessem subido, em face das compras preventivas dos investidores, o consumo de petróleo teria aumentado em ritmo mais acelerado, antecipando o momento em que a demanda bateria no teto da oferta. A essa altura, os consumidores em todo o mundo rapidamente esgotariam seus estoques, lançando os preços como um foguete até a estratosfera, com graves conseqüências para a estabilidade econômica mundial. Em vez disso, como reação aos preços mais altos, impulsionados pela demanda dos investidores, os produtores aumentaram consideravelmente a produção, desestimulando em parte o consumo. Embora a capacidade de produção de petróleo bruto continue inadequada, ela também subiu em resposta aos preços mais altos. O resumo é que, sem o aumento dos estoques em conseqüência da especulação, o mundo decerto acabaria sofrendo um choque do petróleo muito mais grave que o atual.

Se ainda contássemos com os dez milhões de barris de capacidade ociosa diária de duas décadas atrás, nem os surtos de demanda nem as paralisações temporárias resultantes de atos de violência, de desastres naturais ou de manutenções não-programadas exerceriam muito impacto sobre os preços, se chegassem a afetá-los. O equilíbrio precário entre oferta e demanda não decorre de escassez de petróleo no subsolo. O problema é que, afora a Saudi Aramco, os participantes dispostos a investir (empresas petrolíferas internacionais do setor privado) não encontram investimentos lucrativos e os participantes em condições de investir (empresas petrolíferas estatais) preferem não investir.

Muitos membros da OPEP anunciaram planos de curto prazo para o aumento da capacidade de produção, em resposta aos preços mais altos. Mas é difícil julgar o grau de firmeza desses planos. As oportunidades de expansão da produção de petróleo em outros lugares se limitam a poucas regiões, principalmente a ex-União Soviética. Porém, mesmo lá, os investimentos se desaceleraram, na esteira da nova consolidação da indústria petrolífera da Rússia, sob o controle do Kremlin.

Além do receio de insuficiência na capacidade de produção de petróleo bruto, a adequação da capacidade de refino do mundo também se tornou preocupante. A capacidade de refino mundial aumentou à taxa anual de apenas 0,9% entre 1986 e 2006, em linha com o crescimento inadequado da capacidade de produção de petróleo bruto, de 0,8% no mesmo período. De fato, durante a última década, a produção de petróleo bruto e de insumos para refino cresceu mais rápido que a capacidade de refino. A produção mundial das refinarias atingiu, recentemente, quase o limite da efetiva capacidade de refino. Se esta cair para níveis inferiores ao da capacidade de produção de petróleo bruto, a falta de capacidade de refino pode converter-se em restrição crítica ao aumento do consumo de petróleo – com raras exceções, o petróleo deve ser refinado antes do consumo. É possível que isso já esteja acontecendo no caso de certos tipos de petróleo bruto, considerando o desencontro crescente entre a maior proporção de tipos pesados e mais sulfurosos (ou "amargos") da produção mundial de petróleo bruto e a demanda mundial crescente por derivados de petróleo mais leves ou "mais doces". (Hoje, os petróleos mais pesados respondem por mais de dois terços da produção mundial.) Não podemos mudar a qualidade do petróleo que sai do subsolo. Daí a necessidade especial de promover aumentos adequados nos recursos de refino, para converter boa parte da produção mundial de petróleo bruto nas formas mais leves e doces demandadas pelos mercados mundiais, com vistas, principalmente, à produção de combustíveis para meios de transporte, que devem atender às exigências cada vez mais rigorosas de proteção do meio ambiente.

No entanto, a expansão e a modernização das refinarias avançam em ritmo muito lento. Por exemplo, desde 1976 não se constrói nenhuma refinaria nova nos Estados Unidos. Embora os projetos de várias já estejam nas pranchetas, problema muito sério é a incerteza quanto às futuras normas ambientais. Como as refinarias típicas acarretam compromissos de financiamento de 30 anos, tais incertezas tornam esses investimentos sobremodo arriscados. Para estimular a adequação da capacidade de refino nos Estados Unidos, será necessário garantir a aplicação das normas ambientais vigentes às novas refinarias ou definir de vez as normas que se aplicarão às futuras instalações. Dessa maneira se eliminariam as grandes incertezas e se impulsionariam as novas construções.

As conseqüências do atraso na modernização da capacidade de refino têm influenciado o spread significativo entre os preços dos petróleos brutos leves e doces, como o Brent, cujo refino é mais fácil, e os dos tipos pesados, como o Maya. Além disso, as pressões da capacidade de refino ampliaram as margens de lucro do mercado de refino, contribuindo para o aumento dos preços da gasolina e de outros produtos refinados.

Como chegamos a uma situação em que o equilíbrio entre oferta e procura é tão frágil a ponto de o clima, para não falar em atos de sabotagem ou em insurreições locais, ser capaz de provocar impactos significativos no fornecimento mundial de energia e, portanto, na expansão da economia global?

Durante a primeira grande onda de crescimento da indústria petrolífera, nos últimos anos do século XIX, os produtores julgavam que a estabilidade de preços seria essencial para a expansão contínua do mercado. O poder sobre os preços estava nas mãos dos americanos, em especial de John D. Rockefeller. Ele alcançou algum sucesso na estabilização dos preços, por volta da virada do século, ao conquistar o controle de nove décimos da capacidade de refino dos Estados Unidos. Mesmo depois que a Suprema Corte dos Estados Unidos desmembrou a Standard Oil, de Rockefeller, em 1911, o poder sobre os preços continuou com os Estados Unidos – primeiro com as empresas petrolíferas americanas e depois com a Texas Railroad Commission, agência reguladora estadual que disciplina a indústria do petróleo e do gás. Durante décadas, o órgão aumentou os limites de produção para conter os picos de preços e reduziu a produção permissível para evitar quedas acentuadas nos preços.*

De fato, há não tanto tempo quanto em 1952, a produção de petróleo bruto nos Estados Unidos (44% no Texas) ainda correspondia a mais da metade do total mundial. Em 1951, o excesso da produção de petróleo bruto do Texas foi lançado no mercado para conter o impacto da frustrada nacionalização do petróleo iraniano por Mohammed Mossadeq. Os excedentes americanos mais uma vez foram lançados no mercado para conter as pressões sobre os preços resultantes da crise do Suez, em 1956, e da Guerra dos Seis Dias, em 1967.

O papel histórico do petróleo americano, contudo, terminou em 1971, quando a crescente demanda mundial absorveu o excesso de capacidade de produção de petróleo bruto dos Estados Unidos. A essa altura, a independência energética dos Estados Unidos também chegou ao fim. O poder de precificação deslocou-se abruptamente, primeiro para uns poucos grandes produtores do Oriente Médio e, por fim, para as forças incontroláveis do mercado globalizado.

Para aproveitar seu poder de precificação recém-adquirido, muitos países produtores, em princípios da década de 1970, sobretudo no Oriente Médio, nacionalizaram suas empresas petrolíferas. A magnitude desse novo poderio, contudo, só se

*Por uma dessas peculiaridades da história, uma comissão reguladora de ferrovias se converteria em árbitro do equilíbrio mundial da oferta e demanda de petróleo. Embora incumbida de início de regular as ferrovias do Texas, ela mais tarde foi usada como veículo para regular a produção de petróleo bruto.

tornou evidente com o embargo do petróleo, em 1973. Nessa época, os preços do petróleo bruto em Ras Tanura, Arábia Saudita, subiram para mais de US$11 por barril, muito acima do US$1,80, cobrado de 1961 a 1970. O novo surto de aumento dos preços do petróleo, subseqüente à Revolução Iraniana de 1979 acabou impulsionando os preços para US$39 por barril, em fevereiro de 1981 – equivalente a US$77 por barril em preços de 2006. O pico de preços de 2006 atingiu o recorde de 1981, depois dos ajustes pela inflação.

Os aumentos de preços da década de 1970 encerraram, de repente, um período de crescimento extraordinário do consumo americano e mundial de petróleo, que, até então, excedia em muito o crescimento do PIB. Esse aumento da "intensidade" do uso de petróleo foi uma das principais características das décadas seguintes à Segunda Guerra Mundial. Em retrospectiva, vê-se que o surto dos preços dos produtos de petróleo entre 1972 e 1981 quase paralisaram o crescimento do consumo mundial. De fato, por volta de 1986, o excesso de oferta global pressionou para baixo os preços do petróleo bruto, até US$11 por barril. O consumo de petróleo ao longo do tempo se mostrou muito mais sensível ao preço do que qualquer um teria suposto. Em seguida à escalada dos preços da década de 1970, o consumo mundial de petróleo por equivalente em dólar real do PIB global declinou em mais de um terço. Nos Estados Unidos, entre 1945 e 1973, o consumo de produtos de petróleo havia aumentado à surpreendente taxa anual média de 4,5%, bem acima do crescimento do PIB real. Em contraste, entre 1973 e 2006, o consumo americano cresceu, em média, a apenas 0,5% ao ano, bem abaixo do aumento do PIB real. Em conseqüência, o índice do consumo de petróleo pelos Estados Unidos, em relação ao PIB caiu pela metade.

Boa parte do declínio no índice do consumo de petróleo em relação ao PIB resultou do aumento da participação de atividades menos intensivas em petróleo, típicas de setores como serviços, alta tecnologia e outros, no PIB total dos Estados Unidos. O restante do declínio pode ser atribuído a avanços na conservação de energia: melhor isolamento térmico das casas, maior eficiência energética dos veículos e racionalização dos processos de produção. Boa parte da mudança ocorreu em 1985. O progresso na redução na intensidade do uso de petróleo prosseguiu desde então, porém em ritmo mais lento. Por exemplo, depois do primeiro surto de aumento da eficiência energética de nossos veículos mais leves, durante a década de 1980, refletindo as altas anteriores no preço do petróleo, as melhorias se reduziram a mero gotejamento.

A desaceleração da queda na intensidade do uso de petróleo na economia americana depois de 1985 não é surpreendente, considerando a redução no nível geral dos preços do petróleo durante boa parte desse período. A elasticidade da demanda dos Estados Unidos em prazos mais longos (ou seja, a sensibilidade da demanda às mudanças de preços) se mostrou perceptivelmente mais alta ao longo das últimas três décadas do que a vigente nos anos 1960.

A taxa da intensidade do uso desde 1973 também se reduziu à metade na área do euro e a mais da metade na Inglaterra e no Japão. Em comparação, o uso do petróleo no mundo em desenvolvimento não raro é perdulário: nesses países os índices de consumo de petróleo em relação ao PIB atingem médias bem superiores às dos países desenvolvidos. A intensidade não diminuiu de maneira mensurável nos últimos anos, com exceção de algum declínio no México, no Brasil e, talvez, na China.

Embora as quotas de produção da OPEP tenham sido fator importante na determinação dos preços no último terço de século, a história desde 1973 tem sido função tanto do poder dos mercados quanto do poder sobre os mercados. O embargo do petróleo árabe que se seguiu à guerra árabe-israelense de 1973 levou muitos observadores, inclusive eu, a recear que o hiato entre a oferta e a demanda poderia ficar tão grande que o racionamento seria a única solução politicamente aceitável para a escassez de petróleo.* No entanto, não foi essa a solução do desequilíbrio oferta-demanda. Em vez disso, a pressão dos altos preços forçou mudanças no comportamento dos consumidores e o conseqüente declínio na intensidade do uso do petróleo. (Nos Estados Unidos, como se sabe, as novas normas sobre eficiência energética aplicáveis a automóveis e a caminhões leves desaceleraram o crescimento da demanda por gasolina. Eu e vários de meus colegas do Conselho de Assessores Econômicos acreditávamos, contudo, que mesmo sem normas governamentais, as forças do mercado teriam redundado em maior eficiência energética. De fato, o número de carros americanos pequenos e eficientes que foram importados para os mercados americanos aumentou durante toda a década de 1970, à medida que subiam os preços do petróleo.)

Esse efeito foi bastante intenso. Por exemplo, com base nas tendências então recentes no uso do petróleo, o Departamento de Energia dos Estados Unidos projetou em 1979 que os preços mundiais do petróleo chegariam a quase US$60 por barril em 1995 – o equivalente a mais de US$150 em preços de 2006. O fato de os

*Depois de observar que os aumentos rápidos nos níveis de consumo dos Estados Unidos antes de 1973 pareciam insensíveis às mudanças de preços, eu receava que os aumentos nos preços do petróleo necessários para reduzir a demanda aos níveis da produção, no caso de um longo embargo, não seriam politicamente aceitáveis. Afinal, o presidente Nixon impôs o controle de preços e salários em 1971 para conter a ansiedade em relação à inflação.

preços do petróleo não terem subido conforme as projeções comprova o poder dos mercados e a força das novas tecnologias por eles fomentadas.

Uma vez que a importância do petróleo como insumo do PIB mundial corresponde hoje a menos de dois terços da relevância de três décadas atrás, o efeito da alta dos preços do petróleo sobre a economia mundial durante a primeira metade de 2006, embora perceptível, se mostrou bem menos impactante para o crescimento da economia e para o aumento da inflação que os surtos da década de 1970. Ao longo de todo o ano de 2006, foi difícil encontrar sérias evidências de erosão da atividade econômica mundial em conseqüência dos grandes aumentos nos preços do petróleo. De fato, acabamos de passar por uma das mais intensas expansões da economia global desde o fim da Segunda Guerra Mundial. Os Estados Unidos, sobretudo, foram capazes de absorver o imposto implícito da alta dos preços do petróleo em 2006.

Entretanto, os detentores de estoques privados de petróleo, tanto indústrias quanto investidores, aparentemente consideram baixa a probabilidade de que alguma mudança nos fundamentos da oferta-demanda de petróleo seja suficiente para alterar as questões de longo prazo. Isso não significa que os preços do petróleo necessariamente subirão ainda mais. Se o mercado for eficiente, todos os conhecimentos que afetam as previsões do equilíbrio oferta-demanda já devem estar embutidos nos preços spot (à vista, para entrega imediata) do petróleo bruto.* Muitos analistas consideravam que os preços spot do início de 2007 incorporavam um grande prêmio de risco associado ao terrorismo. (A paz no Oriente Médio sem dúvida iniciaria forte queda nos preços do petróleo.) A movimentação dos preços do petróleo bruto exigiria uma mudança, ou a ameaça de uma mudança, no equilíbrio prospectivo oferta-demanda. A história nos diz que isso acontecerá – que o equilíbrio mudará com freqüência e em ambas as direções. A tecnologia não pode impedir esses movimentos. Mas é capaz de atenuar o impacto sobre os custos e preços, resultantes desse mercado apertado.

---

*Os preços spot, em princípio, incorporam o conhecimento dos participantes do mercado não só das forças que os determinam, mas também das que formam os preços futuros. Com efeito, quando os participantes do mercado percebem a iminência de aumento muito grande nos preços, os preços futuros a longo prazo sobem e puxam com eles os preços spot. Se o preço spot for mais baixo que o futuro em mais do que os custos de carregamento dos estoques, os especuladores poderão comprar petróleo no mercado spot, pagar juros sobre o dinheiro emprestado para manter os estoques de petróleo e, no vencimento do contrato, entregar o petróleo e embolsar o lucro. Essa arbitragem prosseguirá até que o preço spot caia ao nível do preço futuro, menos os custos de carregamento do estoque.

A modalidade de exploração e desenvolvimento tudo ou nada dos primeiros anos da indústria petrolífera foi substituída por uma abordagem mais sistemática. Nos últimos anos, mudanças drásticas na tecnologia expandiram as reservas existentes e mantiveram os custos de produção em níveis inferiores aos que prevaleceriam em outras condições. Imagens sísmicas e técnicas de perfuração avançadas estão facilitando a descoberta de reservatórios promissores em águas profundas, mormente no Golfo do México, e possibilitando o desenvolvimento contínuo de campos terrestres maduros. Seria de esperar que o custo de desenvolvimento de novos campos cairia. Porém, tais reduções foram mais do que absorvidas pelo impacto da escassez e pelos preços mais altos das plataformas de perfuração, além dos salários crescentes dos trabalhadores qualificados.* O impacto positivo da tecnologia não compensou integralmente o efeito negativo desses fatores.

Boa parte das inovações no desenvolvimento de petróleo fora da OPEP tem sido direcionada para superar os ambientes exploratórios cada vez mais inóspitos e onerosos, conseqüência de mais de um século de drenagem das fontes de petróleo bruto de acesso mais imediato. No entanto, em conformidade com o declínio a longo prazo dos custos marginais de extração, os preços futuros distantes do petróleo bruto (setenta anos) caíram de pouco mais de US$20 por barril, antes da primeira Guerra do Golfo, para menos de US$18 por barril, em média, em 1999. Entre 1991 e 2000, embora os preços spot tenham variado entre US$11 e US$35 por barril, os preços futuros distantes apresentaram pouca variação. Durante algum tempo, pareceu que tínhamos alcançado o nirvana da estabilidade de preços a longo prazo que as empresas petrolíferas buscavam desde os dias de John D. Rockefeller. Mas não era para ser. A estabilidade dos preços a longo prazo diminuiu substancialmente desde 2000, a partir de quando os preços futuros distantes vêm apresentando forte alta. Em junho de 2007, os preços para entrega em 2013 de petróleo bruto leve e doce superaram US$70 por barril. Esse surto, em tese, reflete a presunção cada vez mais forte de que os aumentos na capacidade de produção de petróleo bruto fora da OPEP não mais serão suficientes para atender à demanda crescente, sobretudo por parte da Ásia emergente. Além disso, tam-

*O longo período em que os preços do petróleo se mantiveram baixos diminuiu a oferta e a atratividade dos empregos na indústria petrolífera. O número de empregados em atividades de extração de petróleo e gás caiu do pico de 271 mil, em julho de 1982, para 118 mil, em fins de 2003. Os níveis de emprego no setor registraram forte recuperação em 2007. A oferta de pessoal não acompanhou a demanda. Assim, desde o outono de 2004, a remuneração horária média dos trabalhadores na indústria petrolífera subiu bem mais rápido que a média dos Estados Unidos como um todo.

bém se presume que o preço do petróleo bruto a longo prazo foi impulsionado desde 2000 pelo medo mais intenso de rupturas na oferta do Oriente Médio e alhures.

Por causa da concentração das reservas comprovadas (três quintos no Oriente Médio, três quartos na OPEP), boa parte dos investimentos em capacidade de produção de petróleo bruto, necessários para atender à demanda futura, sem aumentos de preços excessivos, deverá ser feita por empresas petrolíferas estatais da OPEP e de outras economias em desenvolvimento. Enquanto isso, a capacidade produtiva permanece em expansão, embora gradualmente, e as atividades de exploração e de desenvolvimento se mantêm constantes, nos países industriais desenvolvidos. A conversão das vastas reservas canadenses de Athabasca, sob a forma de areias betuminosas, em capacidade de produção efetiva, embora lenta, tornou competitiva essa fonte não-convencional de petróleo, aos preços de mercado recentes. Contudo, não obstante o aprimoramento da tecnologia e os altos preços, as reservas comprovadas nos países desenvolvidos estão diminuindo, pois sua expansão não acompanhou o aumento da extração.

Antes de tomar emprestada a bola de cristal dos oráculos, para perscrutar o futuro do petróleo, devemos estudar o resto do complexo energético com que o petróleo se encontra entrelaçado de maneira indestrinçável.

Em comparação com a do petróleo, a indústria do gás natural é relativamente nova. Durante boa parte dos primórdios da história da exploração do petróleo, os perfuradores não eram capazes de afirmar se uma perfuração bem-sucedida produziria petróleo bruto valioso ou gás natural, que era queimado, por falta de meios de transporte adequados. Porém, depois da eliminação de muitas das dificuldades de transporte, a produção de gás para o mercado aumentou mais de seis vezes entre 1940 e 1970. Nas últimas décadas, o gás natural emergiu como uma das principais fontes de energia, refletindo a miríade de novos usos na indústria e se destacando como fonte limpa de energia elétrica. Em 2005, a energia fornecida pelo gás natural correspondia a três quintos da gerada pelo petróleo. Em contraste com o petróleo, o gás natural consumido nos Estados Unidos é produzido quase que exclusivamente nos Estados Unidos e no Canadá, de onde os Estados Unidos, em 2006, importaram um quinto de seu consumo de vinte e dois trilhões de metros cúbicos. A razão para a ênfase na produção doméstica é que o manuseio do gás natural é ainda muito mais difícil que o do petróleo. É difícil transportá-lo em forma gasosa por meio de tubulações e é ainda mais desafiador manuseá-lo na forma criogênica, como gás liquefeito de petróleo (GLP). Seu armazenamento também é difícil: em forma gasosa, exige profundas cavernas de sal subterrâneas.

Às vezes, nos últimos anos, a oferta não tem acompanhado o aumento da demanda. Na verdade, os estoques de gás natural, mantidos em cavernas de armazenamento, atingiram baixas sem precedentes durante o inverno de 2003. Em conseqüência, os preços spot dispararam. As próprias tecnologias que aumentaram nossas taxas de êxito nas perfurações em busca de petróleo e gás também criaram condições para que exauríssemos os reservatórios de gás recém-descobertos em ritmo cada vez mais acelerado. Os dados referentes ao Texas, por exemplo, mostram que desde 2000 a produção oriunda de novos poços tem diminuído em mais de 60% depois de um ano de operação, em confronto com mais ou menos 25% no início da década de 1980. Em conseqüência, apenas para manter estável a produção líquida comercializada foi necessário aumentar as novas descobertas e as atividades de perfuração a elas associadas.

A combinação da demanda por gás em nossas usinas de energia elétrica – onde seu uso tende a ser menos danoso para o meio ambiente que a queima de carvão ou de petróleo – e a demanda contínua pelas famílias, pelos estabelecimentos comerciais e pela indústria exerceu forte pressão sobre a base de reservas de gás natural. Até recentemente, quase todas as novas instalações de produção de energia elétrica em fase de planejamento haviam sido convertidas para combustão de gás ou para combustão dupla, capazes de queimar gás ou petróleo. Para atender às previsões de demanda crescente, a tensão permanente entre necessidade de energia e preservação do meio ambiente sem dúvida aumentará nos próximos anos.

Os preços do gás natural, mesmo depois dos ajustes sazonais, têm apresentado, historicamente, muito mais volatilidade que os preços do petróleo bruto. Sem dúvida, isso reflete, em parte, a situação ainda um tanto incipiente do comércio global de gás natural – os mercados mais amplos e mais diversificados do petróleo tendem a atenuar a intensidade das oscilações de preços. Nos últimos anos, não obstante o aumento marcante nas atividades de perfuração nos Estados Unidos, a indústria do gás natural não tem conseguido expandir significativamente os níveis de produção nem aumentar as importações oriundas do Canadá.* A conseqüência têm sido fortes pressões sobre os preços.

---

*A expansão dos depósitos de areia betuminosa de Athabasca, no Canadá, e os insumos energéticos necessários a essa ampliação absorveram grande quantidade da oferta de gás do Canadá.

A capacidade ainda limitada da América do Norte de importar GLP restringiu efetivamente nosso acesso a ofertas abundantes de gás em outras partes do mundo. Por causa dessa limitação (em 2006, o GLP forneceu apenas 2% do consumo americano),* não temos conseguido competir com eficácia em indústrias como as de amônia e de fertilizantes, quando o preço do gás natural dispara nos Estados Unidos e não em outros países. As dificuldades relacionadas com as inadequações da oferta interna acabarão sendo resolvidas quando os consumidores e os produtores reagirem aos sinais oferecidos pelos preços do mercado. Na verdade, o processo já está em andamento. Além disso, como resultado de reduções substanciais nos custos de liquefação e transporte do GLP, constata-se o desenvolvimento de comércio global significativo de gás natural – ocorrência muito promissora.

Na ponta de liquefação do processo, novos investimentos estão em curso em todo o planeta, principalmente em Qatar, Austrália e Nigéria. Enormes navios-tanques se encontram em construção, mesmo sem o compromisso de contratos específicos de entrega em longo prazo. A disponibilidade crescente de GLP em todo o mundo deve resultar em aumentos substanciais de flexibilidade e de eficiência na alocação de recursos de gás natural. De acordo com tabulações da BP, as importações mundiais de gás natural em 2006 corresponderam a apenas 26% do consumo mundial, em comparação com 63% no caso do petróleo. Sem dúvida, a indústria do gás ainda tem um longo caminho pela frente, antes que o comércio nos mercados mundiais seja capaz de atender a necessidades inesperadas, por meio do rápido desvio de produtos de um país para outro, evitando, assim, grandes oscilações nos preços. No final das contas, esse amortecimento dos solavancos nos preços internacionais do gás natural exigirá a criação de um amplo mercado spot de GLP. Hoje, quase todo o comércio hidroviário de gás natural ainda se destina a contratos de longo prazo. As cargas spot ainda são incomuns, mas estão ficando mais freqüentes. O aumento da eficácia dos mercados spot exigirá mercados futuros robustos para a entrega de GLP, com instalações de armazenamento certificadas em todo o mundo para a entrega das mercadorias com o ajuste dos custos de transporte. As cargas spot podem ser comercializadas e entregues sob contrato e os mercados futuros de GLP acabarão fazendo a arbitragem contra os atuais mercados de gás canalizado nos Estados Unidos e no Reino Unido. Tais mercados ainda se situam no futuro distante, mas serão necessários

*Em 2006, dois terços das importações de GLP pelos Estados Unidos vieram de Trinidad, nosso maior fornecedor em longo prazo.

para que o gás natural conquiste a mesma flexibilidade de oferta que hoje caracteriza os produtos de petróleo. Por exemplo, depois do Katrina, os vazios nos mercados americanos de gasolina foram preenchidos com rapidez por meio de entregas spot oriundas da Europa.

Evidentemente, a pergunta mais importante é o que acontecerá com os preços do gás natural nos Estados Unidos, em conseqüência do aumento do comércio mundial de GLP e da expansão das importações de GLP pelos mercados americanos. Os preços de importação do GLP sob contratos de longo prazo seguem o preço spot Henry Hub nos Estados Unidos, sem as fortes altas e baixas alternadas.* No mercado spot global de GLP, os preços seriam mais voláteis que os dos contratos de longo prazo, mas, provavelmente, muito menos voláteis que os preços no Henry Hub.

Além do aumento dos fornecimentos de procedência externa, a América do Norte ainda dispõe de numerosas fontes inexploradas de gás. O Alasca e os territórios ao norte do Canadá contêm grandes quantidades de reservas recuperáveis de gás. Além disso, também são significativas as reservas de metano em jazidas de carvão e de gás nas chamadas areias impermeáveis (*tight sands*), das Montanhas Rochosas. As tecnologias de liquefação acenam com grandes benefícios futuros, por meio da conversão de gás natural em combustíveis líquidos para meios de transporte. Mas, por enquanto, o avanço dessas tecnologias está sendo retardado pelo forte aumento em todos os custos de desenvolvimento de projetos de energia e pelas dificuldades de expandir as plantas piloto para escala industrial.

No futuro mais distante, talvez uma geração ou mais à frente, ainda se dispõe da possibilidade de desenvolvimento de capacidade produtiva com base em hidratos de gás natural. Localizadas em sedimentos marítimos do Ártico, essas estruturas semelhantes a gelo armazenam imensas quantidades de metano. Embora as dimensões desses recursos potenciais ainda não estejam bem avaliadas, estimativas do U.S. Geological Survey indicam que só os Estados Unidos talvez possuam duzentos quatrilhões de pés cúbicos de gás natural, na forma de hidratos. Para se ter uma idéia do que isso significa, as reservas comprovadas de gás natural são da ordem de seis quatrilhões de pés cúbicos.

Evidentemente, a escassez de gás e de petróleo no longo prazo reforçou o interesse pela expansão do uso do carvão, das usinas nucleares e de fontes de energia renováveis, das quais as mais importantes são as usinas hidrelétricas e as usinas de re-

*Henry Hub é o local do gasoduto, em Louisiana, usado como ponto de referência para a precificação do gás.

ciclagem de resíduos e de subprodutos industriais e agrícolas. As energias solar e eólica também se mostraram economicamente viáveis em pequena escala e para usos especializados, mas, as duas juntas, respondem apenas por fração minúscula do uso de energia.

Os Estados Unidos têm grandes reservas de carvão, usadas basicamente para a geração de energia elétrica. Mas a queima de carvão em usinas elétricas tem sido limitada por questões referentes ao aquecimento global e outras relacionadas com danos ambientais. A tecnologia já atenuou algumas dessas preocupações e, considerando o espectro limitado de alternativas, o carvão tende a continuar sendo importante recurso no futuro energético dos Estados Unidos.

A energia nuclear é alternativa óbvia para o carvão na geração de energia elétrica. Embora os preços baixos dos combustíveis concorrentes e as preocupações quanto à segurança há anos estejam retardando o desenvolvimento do setor, as usinas nucleares não emitem gases do efeito estufa. A fatia da energia nuclear na produção de eletricidade nos Estados Unidos aumentou de menos de 5%, em 1973, para cerca de 20%, dez anos atrás, nível que se manteve desde então. Considerando as medidas que foram adotadas ao longo dos anos para aumentar a segurança das usinas nucleares e suas vantagens ambientais óbvias, em termos de redução das emissões de CO_2, não mais subsistem argumentos convincentes contra o aumento do uso de energia nuclear, em lugar do carvão, na produção de energia elétrica.

O grande desafio será encontrar maneira aceitável de armazenar o combustível usado e os resíduos radioativos. A energia nuclear suscita receios que vão além de quaisquer estimativas razoáveis. Decerto, existem histórias assustadoras de instalações nucleares soviéticas construídas com pouca atenção para os aspectos de segurança. Os habitantes de cidades secretas que não aparecem nos mapas da Rússia foram expostos a radiações nucleares na água e no ar durante décadas. A energia nuclear realmente não é segura sem importante infra-estrutura de proteção. Porém, também a água potável envolve riscos. As salvaguardas das usinas de energia nuclear nos Estados Unidos são tantas que nunca houve casos de morte nem de doenças graves resultantes de radiação atômica. A situação mais perigosa, evidentemente, foi a de Three Mile Island, que gerou grande pavor em 1979. Porém, depois de amplos estudos, não se encontraram provas do aumento do risco de câncer de tireóide e, dezessete anos depois do acontecimento, uma corte distrital dos Estados Unidos rejeitou pedidos de indenização baseados em tal presunção, em sentença mantida pelo Terceiro Tribunal de Recursos. No entanto, o veredicto *político* foi culpado.

A energia nuclear é recurso importante para combater o aquecimento global. Seu uso só deve ser evitado caso se comprove que constitui ameaça para a expectativa de vida em níveis que superem os benefícios ambientais dela decorrentes. Com base nesse critério, acho que usamos muito pouco a energia nuclear.

Poucas são as dúvidas de que o aquecimento global é realidade inequívoca, conseqüência da atividade humana. Provavelmente teremos de rebatizar o Glacier National Park quando suas geleiras desaparecerem, o que talvez ocorra por volta de 2030, de acordo com cientistas do parque. No entanto, na condição de economista, tenho sérias dúvidas sobre a viabilidade econômica de acordos internacionais que prevejam sistemas globais *cap-and-trade*, ou seja, que impõem tetos e geram créditos referentes às emissões de CO_2. Quase todos os economistas aplaudem o aspecto de comércio dos créditos. A necessidade de comprar licenças para poluir eliminaria parcela considerável das emissões de CO_2, geralmente associadas a atividades econômicas de baixo valor agregado. Contudo, o elemento crítico desses sistemas *cap-and-trade* é o limite geral concedido aos países. Em princípio, os países podem impor tetos às emissões totais de CO_2. Também podem leiloar ou doar "licenças" até seu limite predeterminado. As empresas que emitem menos CO_2 que sua cota dispõem do recurso de vender o saldo não usado no mercado aberto. As empresas cujas atividades as obrigarem a emitir CO_2 acima de sua cota podem comprar créditos de emissão no mercado aberto.

A eficácia de qualquer esquema *cap-and-trade*, contudo, depende do tamanho do limite. Esse é o calcanhar-de-aquiles. Por exemplo, a União Européia parecia ter implementado com sucesso um programa desse tipo em 2005, mas logo descobriu que seu teto era elevado demais, ou seja, pouco contribuía para a redução das emissões totais. A Comissão Européia relatou, em maio de 2006, que os quinze membros originais da União Européia, em 2010, mantido o mesmo ritmo, terão reduzido as emissões em apenas 0,6%, em comparação com os níveis de 1990. A meta do Protocolo de Kyoto é de 8% em 2012. Quando o fato veio à tona, o preço das licenças caiu em dois terços. O sistema era inconveniente para muito poucos.

Não existe maneira eficaz de reduzir significativamente as emissões sem causar impactos negativos para grande parte da economia. Seu efeito líquido é o de um tributo. Se o limite for baixo demais para fazer incursões expressivas nas emissões de CO_2, as licenças se tornarão dispendiosas e muitas empresas experimentarão aumentos de custos que as tornarão menos competitivas. O nível de emprego será reduzido e a renda real dos trabalhadores cairá. Será que os parlamentos nacionais terão condições de impor custos a seus constituintes, quando os benefícios de suas iniciativas se difundirão por todo o globo, não importa de onde provenham as reduções nas emissões de CO_2?

Em termos mais gerais, será que os governos democráticos podem resistir à acusação de que, por mais que imponham restrições às emissões de CO_2, é provável que elas sejam mais do que compensadas pelo aumento das emissões provenientes dos países em desenvolvimento, que não assinaram o Protocolo de Kyoto, em 1997? E será que se pode pedir aos países em desenvolvimento que não promovam as emissões de carbono associadas ao desenvolvimento econômico? Será que o acesso a licenças de poluição "gratuitas" deve ser fechado apenas depois que grande número de países se tornarem desenvolvidos? Duvido muito que acordos do tipo do de Kyoto gerem consenso mundial sobre alguma forma de penalidade pela emissão de gases do efeito estufa. Vomitar CO_2 na atmosfera é transgressão dos direitos de propriedade tanto quanto jogar lixo no quintal do vizinho. Mas a proteção desses direitos e a estimativa dos custos das transgressões são extremamente difíceis, pois a monitoração dos custos não é viável. Nossas dificuldades históricas recentes com acordos internacionais que exijam ampla aceitação, seja na Organização Mundial do Comércio, seja nas Nações Unidas ou em qualquer outro foro mundial, contribui para o meu pessimismo. Os sistemas *cap-and-trade* ou os de impostos sobre o carbono tendem a ser populares até que, em conseqüência, pessoas de carne e osso percam seu ganha-pão do dia-a-dia.

Evidentemente, o ideal seria desenvolver tecnologias que desvinculassem as emissões de carbono das atividades produtivas, antes da adoção de regimes *cap-and-trade*, tornando-os desnecessários. A desvinculação forçada, que é o objetivo dos limites, raramente otimiza a alocação dos recursos, conforme demonstraram de sobra as experiências do mundo com o planejamento central. Cortes forçados na produção sem dúvida gerarão reações políticas no sentido de restringir as importações. O processo leva à gradual reversão dos ganhos decorrentes da liberalização do pós-guerra. Os impostos sobre carbono poderiam não destruir empregos se fossem uniformes em todo o globo, mas sou cético quanto à viabilidade, mesmo que remota, de tal uniformidade. A não ser que se desenvolvam tecnologias para desvincular as emissões da produção, só será possível reduzir as emissões mediante níveis mais baixos de produção e de emprego. Se desenvolvermos essas tecnologias, as emissões ficarão abaixo dos níveis impostos pelos sistemas *cap-and-trade*. Os sistemas *cap-and-trade* eficazes devem criar incentivos de preços para o desenvolvimento de novas tecnologias, mas esse processo em si tenderia a ser prolongado demais a ponto de gerar desconforto político. Não existem soluções simples e indolores para esse problema aflitivo.

Receio que a reação mais provável à questão do aquecimento global será procrastinar até que os riscos para as economias nacionais se tornem mais evidentes – até que, por exemplo, os países sejam forçados a construir diques em torno de cidades vulneráveis, para conter o avanço do mar e das inundações. (Os holandeses há séculos têm conseguido bons resultados com seus diques; os venezianos não têm sido tão bem-sucedidos.) As correções urgentes tenderão a angariar muito mais apoio popular e político que as medidas preventivas contra ameaças não muito notórias. E ainda têm a vantagem de serem custeadas pela mesma população que aufere os benefícios. Porém, se os efeitos do aquecimento global forem além das inundações (por exemplo, mudanças climáticas catastróficas), as soluções ficarão aquém das necessidades.

Toda essa análise nos leva a outra dura verdade: dificilmente nos libertaremos do domínio do petróleo enquanto durarem suas reservas. A convocação do presidente Nixon, em 1973, para a "independência energética" foi discurso de palanque, tanto quanto outras declarações similares de seus sucessores na presidência dos Estados Unidos. A única definição significativa de independência energética é a liderança mundial dos preços, com base em ampla disponibilidade de reservas inexploradas no solo ou no tipo de excedente interno de petróleo bruto que a Texas Railroad Commission controlava. Sob a perspectiva de segurança nacional, a independência em petróleo que os Estados Unidos desfrutaram até 1971 já é coisa do passado remoto.

Quantos anos o petróleo ainda durará? A oferta encolherá bem antes do fim deste século, afirma a maioria dos especialistas. Evidentemente, não poucos gurus têm previsto o pico e o declínio da produção de petróleo desde pouco depois que o coronel Drake descobriu petróleo em 1959, em Titusville, Pensilvânia. Quase ninguém duvida que o petróleo um dia acabará. Os reservatórios são finitos, em capacidade e em quantidade. A produção de petróleo bruto atingiu o pico nos quarenta e oito estados americanos produtores, em 1948; no Alasca, em 1988; e no Mar do Norte, em 1999; e a produção do vasto campo Cantarell, no México, aparentemente chegou ao limite em 2005. Um dia, todos os reservatórios atingirão o pico e é pouco provável que se descubram outros grandes reservatórios no mundo desenvolvido, já todo cheio de marcas de perfurações. Ainda existe alguma expectativa quando à exploração e desenvolvimento em águas profundas, mas esses empreendimentos são dispendiosos. Não obstante os grandes investimentos, as reservas comprovadas nos países que compõem a Organização para Cooperação e Desenvolvimento Econômico caíram de 113 bilhões de barris, em 1997, para 80 bilhões de barris, em 2006, de acordo com a BP, fonte muito útil de dados desse tipo. As grandes descobertas mais recentes foram no Alasca, em 1967; no Mar do Norte, em novembro de 1969; e em Cantarell, em 1971.

Entretanto, estimar o dia em que a produção mundial de petróleo atingirá o pico não é simples, pois o avanço da tecnologia tem intensificado as recuperações de reservatórios e estendido as projeções de quando finalmente se esgotarão. Os "cenários de tendência central" do Departamento de Energia dos Estados Unidos hoje projetam para a metade do século o ponto em que a produção de petróleo atingirá o pico mundial.

Porém, muito antes que se manifeste a geologia do esgotamento das reservas de petróleo, as forças do mercado e as conseqüentes pressões sobre os preços tenderão a transformar boa parte dos atuais usos de petróleo nos Estados Unidos. Se a história for boa guia, o petróleo será substituído por alternativas menos dispendiosas, bem antes do esgotamento das reservas convencionais. Com efeito, o petróleo substituiu o carvão, apesar das ainda vastas reservas inexploradas, e o carvão substituiu a madeira, antes da devastação de nossas florestas. Prever que o equilíbrio entre oferta e demanda de petróleo ocorrerá em meados do século ou em qualquer outra data é um grande desafio; porém, tais projeções são, ainda assim, exercício útil, como primeira abordagem a nosso futuro energético.

Nossa experiência nos últimos cinqüenta anos – e, na verdade, em período muito mais longo que esse – afirma que as forças do mercado desempenharão importante papel fundamental na conservação de recursos energéticos escassos, direcionando-os para seus usos mais valorizados. Aprimoramentos tecnológicos induzidos pelo mercado e mudanças na estrutura da atividade econômica estão reduzindo a intensidade do uso de petróleo no mundo e os recentes aumentos no preço do petróleo provavelmente apressarão a desativação de instalações de produção intensivas em petróleo. Deixando de lado a atuação da Texas Railroad Commission, o impacto de políticas públicas intervencionistas desde o fim da Segunda Guerra Mundial tem sido pequeno e geralmente é superado pelas forças de mercado. O racionamento da gasolina em 1973, nos Estados Unidos, serviu apenas para criar longas filas diante dos postos de serviços. Embora as projeções de longo prazo sempre equilibrem a oferta e a demanda de petróleo em níveis bem mais altos que os atuais oitenta e cinco milhões de barris por dia, muitas coisas podem estar erradas em tais projeções, e os mercados captam essa situação.* (Receio que os gurus do petróleo não acreditem muito na lei de Murphy.)

Nos Estados Unidos, veículos híbridos movidos a eletricidade e a gasolina estão conquistando rapidamente fatias do mercado de automotores leves. No horizonte já se vislumbram veículos elétricos com baterias recarregáveis, agora ainda em fase exploratória. Recentemente, tive a oportunidade de dirigir um deles. Minha única queixa foi a de que, ao pisar no acelerador, o veículo arrancou, sob um silêncio estranho e perturbador. Acho que os modelos mais vendidos terão um sistema de áudio que simulará o som da aceleração do motor a gasolina. As pessoas querem o conforto do esperado.

Hoje, os veículos híbridos ou elétricos recarregáveis já têm um nicho no mercado. Em casos de crises globais que provoquem aumentos nos preços do petróleo, os veículos elétricos recarregáveis parecerão muito atraentes. E, ainda por cima, se forem recarregados em rede elétrica gerada por energia nuclear, estaremos removendo mais CO_2 da atmosfera do que seria possível mediante qualquer outra mudança viável em nosso estilo de vida. O Departamento de Energia dos Estados Unidos estima que, sem qualquer aumento na capacidade de geração, 84% dos 220 milhões de veículos leves que hoje rodam nas rodovias americanas poderiam ser recarregados durante a noite, quando os fatores de carga da eletricidade são muito baixos. Pequenos aumentos de capacidade seriam suficientes para abastecer o restante da frota.

Conforme já observei, o índice do consumo mundial de petróleo em relação ao PIB real, o indicador mais genérico da intensidade do uso do petróleo, chegou ao

*Dados sobre a produção mundial e, portanto, sobre o consumo são precários. A OCDE compila dados razoavelmente confiáveis sobre produção, consumo e estoques de petróleo dos países industrializados. Mas a produção da OCDE representa apenas um quarto da produção mundial. Os dados sobre a produção da maioria dos países da OPEP são segredos de Estado. Os operadores do mercado spot fazem estimativas baseadas no número e na capacidade dos petroleiros que deixam os portos de exportação. Para tanto, observam o nível de imersão do navio na água para estimar os volumes a bordo. Ao determinarem (às vezes através dos próprios destinatários das exportações) o peso por barril de petróleo dos exportadores, os observadores são capazes de converter essas estimativas de tonelagem para barris. As estimativas de consumo interno são adicionadas às estimativas de exportações, deduzidas as importações, para calcular a produção interna.

Embora tais estimativas sejam grosseiras, dados compilados pela Agência Internacional de Energia revelam a situação geral do equilíbrio do petróleo no mundo. Metade da capacidade de refino se situa nos países da OCDE e por eles é medida com exatidão. Boa parte do resto é informada ou estimada com exatidão razoável. A reconciliação definitiva é se a produção mundial de petróleo bruto, depois de considerados os respectivos estoques, bate com as estimativas de entrada da mercadoria nas refinarias. As discrepâncias são menores do que eu teria imaginado.

pico em 1973 e desde então tem caído continuamente até o nível atual de menos de dois terços do que era naquela época. No entanto, os países em desenvolvimento usam muito mais petróleo por dólar do PIB do que os países desenvolvidos: na China e na Índia, a proporção é duas vezes a da dos Estados Unidos; no Brasil e no México, 50% mais alta que nos Estados Unidos. Assim, embora eu espere que a intensidade do consumo de petróleo diminua na maioria, se não em todos os países, as grandes mudanças na composição do PIB mundial, com maior participação dos países em desenvolvimento (onde se consome petróleo com mais intensidade), implicam que a intensidade média do uso do petróleo no mundo cairá muito menos que a dos países desenvolvidos.

Duas poderosas forças econômicas impulsionam o deslocamento do PIB global para o mundo em desenvolvimento. A primeira é a demografia. A grande massa dos jovens trabalhadores do mundo vive em países em desenvolvimento. A segunda é o crescimento da produtividade fomentado pela adoção do capitalismo de livre mercado. Conforme observo no capítulo de encerramento deste livro, os países desenvolvidos que, por definição, se situam na vanguarda da tecnologia, precisam de novos insights inovadores para aumentar a produtividade. Já para os países em desenvolvimento, em geral, basta adotar as tecnologias existentes. Levando em conta todos esses fatores, a Agência Internacional de Energia (AIE) estima o crescimento do consumo de petróleo no mundo à média de 1,3% ao ano, entre 2005 e 2030. A Energy Information Administration, dos Estados Unidos, projeta 1,4%.

Decerto, existe petróleo suficiente no solo para atender ao aumento da demanda mundial de petróleo, de 84 milhões de barris por dia, em 2005, para 116 milhões de barris por dia, em 2030, projetados pela AIE. Mas será que os membros da OPEP, que, segundo previsões da AIE, fornecerão quase metade desse aumento, estarão dispostos a agir conforme as projeções? É possível. A população desses países está crescendo com rapidez, gerando necessidade cada vez maior de entrada de recursos nos orçamentos públicos e, portanto, de aumento das receitas decorrentes das exportações de petróleo. E também é perfeitamente plausível que os conflitos no Iraque cheguem ao fim e que o país gere mais de 5 milhões de barris de petróleo por dia, oriundos de suas reservas inexploradas, conforme previsões da EIA (em comparação com 2 milhões de barris por dia e 2006). Porém, muitas coisas têm que dar certo para que se cumpram os cenários benignos da AIE e da EIA para 2030 – o equilíbrio da oferta e da demanda mundiais de petróleo, com os preços reais apenas um pouco mais altos. Não consigo esquecer como o Departamento de Energia dos Estados Unidos estava errado, ao projetar, em 1979, o preço do barril de petróleo a US$150, em 1995 (em preços de 2006).*

Para atingir o duplo objetivo de aumentar a segurança nacional e conter o aquecimento global, a taxa de crescimento do consumo de petróleo nos Estados Unidos deve estabilizar-se e, por fim, o próprio consumo deve reduzir-se de maneira substancial. A grande oportunidade para a obtenção de maior impacto está nas rodovias americanas, onde se queima um em cada sete barris de petróleo consumidos *em todo o mundo*: 9,5 milhões de barris por dia e 2,5 milhões de barris por dia de diesel, em 2005, este último usado pela frota de oito milhões de caminhões pesados do país, que rodam em média menos de sete milhas por galão. Só esses caminhões pesados consomem tanto petróleo quanto toda a Alemanha. Apenas a China e o Japão, além dos Estados Unidos, evidentemente, consomem bem mais que os grandes veículos rodoviários de carga americanos.

Ao olhar para o futuro, não é provável que encontremos resposta à pergunta: "O que a OPEP precisa fazer?", tão útil quanto a resposta à indagação "O que é *provável* que eles façam?". As tentativas de reagir à dúvida "O que precisa ser feito?" produziram um registro histórico muito confuso de realizações. Assim, sinto-me mais inclinado a aceitar a "previsão de contingências" da AIE, segundo a qual a OPEP se retardará na expansão de sua capacidade de produção de petróleo bruto. A conseqüência, segundo a AIE, será o preço mundial médio de US$130 por barril (US$74, em preços de 2005), em comparação com cerca de US$50, em 2005. Nesse cenário, a demanda por petróleo em 2030 se manterá surpreendentemente forte – ainda de 109 milhões de barris por dia, em comparação com 84 milhões, em 2005. (O "reference case", ou caso de referência, da AIE, em que se presume que a OPEP não se atrase, chega a 116 milhões de barris por dia.) Esse não é um cenário de choque, pois muitos outros prevêem situações bem piores.

Confio em que, no fim das contas, permitiremos que os mercados orientem nossas preferências quanto às melhores alternativas para a redução do consumo de petróleo. As experiências com o racionamento, conforme já observei, foram muito ruins.* Outra maneira de limitar o consumo seria tributar a gasolina, no nível de US$3 ou mais por galão, implementado, gradualmente, ao longo de cinco ou dez

*O erro básico do Departamento de Energia foi subestimar a elasticidade-preço do petróleo a longo prazo. É a elasticidade-preço que determina a mudança de preço necessária para convergir a oferta e a demanda. Evidentemente, quanto menor for a elasticidade-preço, mais os preços têm que mudar para equilibrar as projeções de oferta e demanda.

*O racionamento de fato pareceu funcionar nos Estados Unidos durante a Segunda Guerra Mundial, porém, mesmo então, os mercados negros proliferaram.

anos, usando-se a arrecadação daí resultante para reduzir o imposto de renda ou outros tributos. Admito com relutância o uso da tributação como hipótese alternativa para alcançar os efeitos que os mercados competitivos podem produzir. Porém, embora os mercados do petróleo sejam altamente competitivos no mundo desenvolvido, a abordagem de mercado é sem dúvida vulnerável, num mundo em que um único ato de terrorismo é capaz de cortar grandes nacos da produção de petróleo e estropiar a economia global. Nenhum tipo de seguro nem de estratégia de hedge é capaz de oferecer proteção contra tais riscos. Geralmente nos esquecemos de que, para funcionar com eficácia, os mercados competitivos devem ser voluntários e livres, sem ameaças de violência significativas. Além disso, as negociações não podem estar sujeitas a embaraços. Lembre-se de que os mercados não são fins em si mesmos. São meios para promover a distribuição ótima dos recursos.

Os preços da gasolina devem subir substancialmente para nos livrarmos de nossa dependência em relação aos veículos automotores movidos a gasolina. O sobrepreço geopolítico parece não ser bastante alto para produzir esse resultado sem a contribuição de outros fatores. A expectativa de aumento nos preços da gasolina por meio de impostos (ou de algum aperto no fornecimento de petróleo) estimularia grandes avanços tecnológicos na produção de etanol. O etanol de milho, embora valioso, exerceria papel apenas limitado, pois sua capacidade de substituir a gasolina é, na melhor das hipóteses, pequena. Um alqueire de milho produz somente 7,2 galões de etanol (25,24 decímetros cúbicos de milho e 27,25 litros de etanol). Isso significa que a totalidade dos 11 bilhões de alqueires de milho que os Estados Unidos produziram em 2006 teriam rendido apenas 5,2 milhões de barris de etanol por dia, gerando energia equivalente a 3,9 milhões de barris de gasolina por dia, ou apenas um terço do uso rodoviário dos Estados Unidos e menos de um quinto dos 21 milhões de barris por dia que os americanos consumiram em 2006. E, evidentemente, se todo o milho fosse destinado à produção de etanol, nossos porcos morreriam de fome. O etanol de celulose, derivado da switchgrass, gramínea típica das pradarias americanas, talvez seja mais promissor. Estudo conjunto do Departamento de Agricultura e do Departamento de Energia dos Estados Unidos estima que os combustíveis extraídos de matéria vegetal, ou biomassa, têm "o potencial de fornecer, de maneira sustentável, muito mais que um terço do atual consumo de petróleo do país". Em outros países, o uso do biodiesel, combustível extraído de óleos vegetais e de outras fontes, pode contribuir para a substituição do petróleo da OPEP.

Alternativamente, se o etanol não der certo e os preços da gasolina estiverem altos demais, os veículos híbridos com baterias recarregáveis contribuirão para reduzir em muito, com o passar do tempo, o consumo de petróleo. Gradualmente, a tecnologia das baterias tem progredido; já se está gerando muita energia elétrica para a recarga das baterias e, decerto, não haverá falta, principalmente se as empresas adotarem a prática de precificação *peak-load*, ou seja, aumentar os preços nos horários de pico de demanda. Se nos livrarmos do medo das usinas nucleares, o receio de que os veículos híbridos com baterias recarregáveis acabarão sendo abastecidos por centrais elétricas tradicionais, que queimam carvão poluente, acabará sendo eliminado.

Os carros híbridos convencionais, os carros movidos a etanol de celulose e os veículos recarregáveis poderão eliminar o uso de boa parte do petróleo hoje consumido em nossas rodovias. O uso mais amplo de motores a diesel mais eficientes também resultaria em reduções significativas no consumo de petróleo. Mas a aceleração desse processo exigiria grande aumento na oferta de etanol de celulose ou altas substanciais nos preços da gasolina. A tributação produziria os mesmos efeitos da segunda alternativa. Considero irrelevante o argumento de que a elevação da carga tributária sobre a gasolina é politicamente inviável. Às vezes, a obrigação dos líderes é convencer os liderados de que estão errados. Os líderes que não agem assim são seguidores.

O imposto sobre a gasolina não seria demasiado oneroso, sobretudo se sua alíquota subir gradualmente, ao longo dos anos. As despesas das famílias com combustível para veículos automotores, que se situavam em 3% da renda disponível em princípios de 2007, encontram-se no mesmo nível em que estiveram de 1953 a 1973 e muito abaixo do pico de 4,5%, que vigorou durante a crise da década de 1980. Mesmo acima de US$3 por galão, em julho de 2006, o combustível para automóveis consumia apenas 3,8% da renda pessoal disponível. No entanto, os americanos não são muito sensíveis aos preços da gasolina. Reclamam dos preços mais altos, mas continuam a dirigir tanto quanto antes e reagem aos aumentos nos preços da gasolina diminuindo a quilometragem rodada apenas durante um curto período. A milhagem média por motorista licenciado continua a aumentar: de 10.500 milhas por motorista, em 1980, para 14.800 milhas, em 2006, taxa de crescimento de 1,3% ao ano. Com os preços mais altos, o crescimento desacelerou para 0,2% por ano. Os motoristas estão consumindo menos gasolina só porque passaram a comprar veículos mais eficientes.

É evidente que, por dependerem de fontes de petróleo e gás potencialmente hostis, os Estados Unidos estão vulneráveis a crises econômicas sobre as quais exercem pouco controle. O petróleo está de tal forma enraizado na economia mundial contemporânea que qualquer ruptura abrupta em seu fornecimento poderia provocar graves estragos na economia americana e na dos demais países. A segurança nacional dos Estados Unidos acabará exigindo que encaremos o petróleo como fonte de energia opcional, em vez de compulsória.

A economia global florescente devora grandes quantidades de energia. Apesar da queda dramática na quantidade de petróleo e, em geral, de energia, consumidas por dólar do PIB mundial, todas as previsões confiáveis de mais longo prazo concluem que a preservação da trajetória de crescimento mundial no próximo quarto de século, a taxas comparáveis com as dos últimos vinte e cinco anos, exigirá aumento de 25% a 40% nos atuais níveis de consumo de petróleo. Boa parte desse petróleo adicional será oriunda de regiões politicamente voláteis, pois, como vimos, é onde se situa quase todo o petróleo prontamente extraível.

O que devem fazer os governos cujas economias e cidadãos dependem muito das importações de petróleo, quando o fluxo de abastecimento se torna pouco confiável? A grande preocupação do mundo desenvolvido com as questões políticas do Oriente Médio sempre se relacionou com a segurança do abastecimento do petróleo. A reação à nacionalização da Anglo-Iranian Oil por Mossadeq, em 1951, depois revertida, e o esforço infrutífero da Inglaterra e da França, em 1956, para impedir a nacionalização do Canal de Suez, passagem crítica dos fluxos de petróleo para a Europa, pelo presidente do Egito, Nasser, são apenas dois importantes exemplos históricos. E por mais que manifestassem preocupação com as "armas de destruição em massa" de Saddam Hussein, as autoridades americanas e inglesas também estavam preocupadas com a violência numa área em que se concentram recursos indispensáveis para o funcionamento da economia mundial.

Lamento que seja politicamente inconveniente reconhecer o que todo o mundo sabe: o principal motivo da Guerra do Iraque é petróleo. Portanto, as projeções da oferta e da demanda mundial de petróleo que não levarem em conta o contexto altamente precário do Oriente Médio estarão fechando os olhos para o enorme gorila que poderia interromper o crescimento da economia mundial. Não tenho a pretensão de saber quando nem como se resolverão os conflitos no Oriente Médio. Mas tenho a certeza de que o futuro do Oriente Médio é consideração de extrema importância em qualquer previsão de longo prazo sobre o abastecimento de energia no mundo. Embora a intensidade do uso do petróleo hoje seja muito menor que no passado, o papel dessa fonte de energia ainda é tão importante que qualquer crise que reduza sua oferta pode infligir sérios danos à economia mundial. Enquanto as economias industrializadas não se libertarem do que o presidente George W. Bush chama de "vício do petróleo", a estabilidade dos países desenvolvidos e, portanto, da economia global continuará em risco.

CAPÍTULO 25

O FUTURO DÉLFICO

As pessoas sempre se sentiram fascinadas pela idéia de perscrutar o futuro. Os generais da Grécia Antiga consultavam o oráculo de Delfos para orientar suas aventuras militares. Até hoje os profetas fazem sucesso. Wall Street emprega exércitos de pessoas muito inteligentes para interpretar o que as entranhas dos mercados vaticinam sobre o preço das ações no futuro.

Até que ponto *podemos* prever o futuro? Todos nós temos a capacidade inata de ponderar probabilidades, dom que ajuda a orientar nossas ações em todos os campos da atividade humana, desde assuntos triviais até questões de vida ou morte. Nem sempre acertamos nesses julgamentos, mas eles sem dúvida foram bastante eficazes para permitir a sobrevivência e a multiplicação da espécie humana. Os modernos formuladores de políticas econômicas expressam esse processo decisório em termos matemáticos, mas o fato é que os seres humanos já avaliavam probabilidades muito antes de desenvolverem as equações matemáticas que hoje validam o processo.

Felizmente para os formuladores de políticas, constata-se certo grau de continuidade histórica na maneira como funcionam as sociedades democráticas e as economias de mercado. Esse encadeamento nos permite remontar ao passado e inferir estabilidades intrinsecamente persistentes que, embora não se revistam da certeza atribuível às leis físicas, mesmo assim oferecem uma janela para o futuro, capaz de proporcionar mais segurança que os resultados aleatórios dos jogos de cara ou coroa. Na verdade, temos muito a deduzir sobre a economia dos Estados Unidos e do mundo em geral nas décadas vindouras, sobretudo se adotarmos o insight de Winston Churchill: "Quanto mais se recua na observação do passado, mais se avança na visão do futuro."

A maioria das instituições jurídicas e econômicas se transforma com lentidão suficiente para facilitar a previsão dos rumos de sua evolução, com razoável grau de probabilidade. No entanto, vasta literatura acadêmica questiona até que ponto é possível prever com sucesso os resultados financeiros. Os proponentes da "teoria dos mercados eficientes" sustentam o argumento famoso de que todas as informações de conhecimento público, capazes de afetar os preços das ações, já são levadas em conta com eficiência pelos mercados, na formação dos preços de mercado. Logo, a não ser que o investidor disponha de conhecimentos especiais ou privilegiados, inacessíveis ao mercado em geral, não há como prever as variações de preços. Como prova, apontam para a bem conhecida incapacidade dos fundos de ações de gestão ativa de superar de maneira consistente o desempenho do S&P 500. A evidência de que alguns investidores se saem melhor que o mercado ano após ano, continuamente, não invalida o argumento. Seria de esperar. Mesmo que os resultados dos investimentos sejam apenas uma questão de chance, pequeno número de investidores se dará extraordinariamente bem – da mesma maneira como o jogador de cara ou coroa que acerta dez vezes seguidas. A probabilidade dessa sucessão de acertos é de apenas 0,1%; assim, quando se têm milhões de jogadores de cara ou coroa, ou de investidores, alguns milhares deles sempre alcançarão grande sucesso no jogo de cara ou coroa ou no mercado de ações.

No entanto, a teoria dos mercados eficientes não consegue explicar os crashes do mercado de ações. Como interpretar a queda sem precedentes do mercado de ações (acarretando a perda de mais de um quinto do valor total do Dow Jones Industrial Average) em 19 de outubro de 1987? Na condição de recém-ungido chairman do Fed, eu observava os mercados com muita atenção. Que nova informação veio à tona entre o fechamento do mercado no fim do horário de negociações da véspera e o encerramento subseqüente em 19 de outubro? Até hoje não sei. À medida que os preços afundavam durante todo o dia, a natureza humana manifestou-se sob a forma de pavor irracional, assumiu as rédeas da situação e os investidores procuraram mitigar a dor do medo desfazendo-se de suas posições, sem se preocupar com a lógica financeira da decisão. Nenhuma informação financeira puxava os preços para baixo. O temor infundado de incessante perda de riqueza simplesmente se tornara insuportável.* E, não obstante o avanço da economia e o aumento dos lucros das empresas, só depois de dois anos o Dow voltou aos níveis anteriores ao colapso.

---

*Não acho convincente a explicação repetida com freqüência de que a queda foi provocada pelos softwares de negociações. Quando os preços caíram, os investidores que se desfizeram de suas posições poderiam ter desligado os computadores.

Quando os mercados se comportam de maneira racional, como ocorre quase todo o tempo, eles parecem percorrer um "passeio aleatório" (*random walk*): o passado não oferece melhor indicação que os resultados de cara ou coroa sobre o rumo dos preços das ações. Porém, às vezes, o passeio se converte em disparada. Quando dominadas pelo medo, as pessoas se apressam em descartar suas posições e os preços das ações despencam. Quando impulsionadas pela euforia, arremetem os preços para altas insensatas.

Assim, a questão chave ainda é válida, nos termos em que a resumi numa reflexão de 1996, de que nunca me esquecerei: "Como saber quando a exuberância irracional aumentou indevidamente os valores dos ativos, que, então, se tornam sujeitos a contrações inesperadas e prolongadas?" Não raro se sugere que os investidores mais ricos são os melhores em avaliar mudanças na psicologia humana, não em estimar o lucro por ação da ExxonMobil. Toda uma escola de psicólogos do mercado de ações se desenvolveu em torno dessa tese. Eles se chamam *contrários* (*contrarians*). Operam nos mercados com base na visão de que a exuberância irracional acaba provocando queda nos preços das ações, quando os preços sobem sem razão plausível e, então, no momento em que essa realidade se torna evidente, o medo toma conta do mercado e os preços despencam. Os contrários se orgulham de operar contra a psicologia das multidões. Como os preços das ações são cíclicos, alguns se dão bem ao atuarem em sentido contrário ao das massas. No entanto, raramente se ouve falar dos que tentam esse método e perdem as calças. Do mesmo modo, raramente se contam as histórias de quem se dá mal no cara ou coroa.

Talvez, algum dia, os investidores aprendam a avaliar quando os mercados se afastam da racionalidade e se tornam insensatos. A propensão inerente à natureza humana de passar da euforia ao medo e depois voltar à euforia parece permanente: A experiência acumulada ao longo de gerações não parece ter atenuado essa tendência. Eu diria que aprendemos com a experiência e, sob certo aspecto, aprendemos mesmo. Quando me perguntam, por exemplo, que desequilíbrios e que problemas embaraçosos se situam no horizonte perscrutável, eu sempre respondo que as crises financeiras previsíveis pelos participantes do mercado raramente acontecem. Quando se percebe que algum inchaço no mercado de ações é sinal de colapso iminente, os especuladores e os investidores começam a desfazer-se de suas posições, o que esvazia a bolha em formação e evita o estouro. As erupções súbitas de medo ou de euforia são fenômenos imprevisíveis. A terrível queda das ações na "Black Monday" surgiu do nada.

O sucesso nos investimentos é difícil. Alguns dos investidores mais bem-sucedidos da história, como meu amigo Warren Buffett, foram os primeiros a compreender a anomalia hoje bem documentada de que a taxa de retorno das ações, mesmo depois do ajuste ao risco, supera a dos bônus menos arriscados e a de outros instrumentos de dívida, desde que se esteja disposto a comprar e *manter* as ações por muito tempo. "Meu prazo de investimento favorito é para sempre", declarou Buffett numa entrevista. O mercado paga um prêmio a quem esteja disposto a suportar a angústia de ver seu patrimônio líquido flutuar além do que o pessoal de Wall Street chama de "limite da insônia" (*sleeping point*).

As lições dos investimentos no mercado de ações se aplicam às previsões de economias inteiras. Como os mercados tendem a ajustar-se e a manter o rumo, as economias de mercado são mais estáveis e previsíveis no longo que no curto prazo – assumindo-se, evidentemente, que as sociedades e as instituições em que se fundamentam também continuem estáveis. As previsões econômicas de longo prazo se baseiam em dois conjuntos de dados históricos estáveis: 1) população, que é a estatística mais previsível com que lidam os economistas, e 2) crescimento da produtividade, conseqüência do aumento gradual do conhecimento e das fontes de crescimento sustentável. Como o conhecimento nunca se perde, a produtividade sempre aumenta.*

Assim, quais seriam as projeções razoáveis da economia americana para, digamos, 2030? A premissa do livre mercado globalizado ainda será válida, mantendo-se sob controle o protecionismo? (Protecionismo, nessa acepção, abrange não somente as barreiras ao comércio e às finanças internacionais, mas também as restrições governamentais contra a livre concorrência no mercado interno.) Será que teremos eliminado as disfunções de nossos sistemas de ensino fundamental e médio? Será que os efeitos do aquecimento global se manifestarão de maneira bastante gradual, sem afetar significativamente a atividade econômica dos Estados Unidos em 2030? E, finalmente, conseguiremos evitar os ataques terroristas contra o país? Não estamos considerando possibilidades que poderiam invalidar qualquer previsão, como uma grande guerra ou pandemia. Embora a lista de condições seja um tanto longa, se não pudermos partir dessas premissas, qualquer incursão no futuro mais distante será inútil.

Com base em minha experiência, o fator mais importante é a natureza do nosso império da lei. Não acho que a maioria dos americanos esteja consciente da importância da Constituição dos Estados Unidos para a prosperidade do país. O fato de ela ter sido, durante mais de dois séculos, proteção sem igual dos direitos individuais e, principalmente, dos direitos de propriedade, para todos os participantes da

*A produção por hora, indicador convencional da produtividade, às vezes pode declinar.

economia, natos ou imigrantes, é fator extremamente importante para a nossa felicidade e prosperidade. Não ter medo de uma polícia secreta capaz de realizar detenções arbitrárias para interrogatórios sobre "crimes" desconhecidos é algo muito valioso que não surge do nada, da mesma maneira como a certeza de não sofrer confisco arbitrário de uma propriedade à qual se dedicou toda a vida. O princípio da liberdade individual faz vibrar uma corda cultural profunda nos americanos: a crença, incorporada em nossa Constituição, na igualdade fundamental de todos os cidadãos perante a lei. A realidade nem sempre correspondeu a esse ideal. A discriminação contra os afro-americanos, em especial, nos força a rever periodicamente os primeiros debates constitucionais sobre escravidão e sua solução violenta durante a Guerra Civil. Já percorremos um longo caminho, mas ainda temos um longo percurso pela frente.

A proteção sem igual dos direitos de propriedade nos Estados Unidos há muito tempo atrai investimentos estrangeiros para as nossas praias. Alguns investidores aqui desembarcam para participar de uma economia aberta e vibrante; outros simplesmente vêem os Estados Unidos como um porto seguro para as suas poupanças, com o que não contam em seus países. Conforme explicarei mais adiante, a capacidade do sistema legislativo dos Estados Unidos de estender esses direitos de propriedade tão acalentados a uma economia impulsionada, sobretudo, por propriedades intelectuais será um grande desafio. E, evidentemente, o retrocesso mais prejudicial para o nosso padrão de vida será o ressurgimento do protecionismo e de outras políticas públicas que buscam a estabilidade por meio da prevenção de mudanças necessárias ao crescimento. A recidiva da regulamentação econômica será um grande passo para trás em nossa busca de um futuro próspero.

Talvez não seja fácil avaliar o impacto decorrente da correção do sistema escolar americano sobre os níveis da atividade econômica no futuro; porém, se não o fizermos e não começarmos a reverter um quarto de século de aumento na desigualdade de renda, é possível que se esgarcem os vínculos culturais que mantêm a coesão da sociedade americana. As conseqüências talvez sejam a exclusão social, a ruptura da autoridade e até a proliferação da violência em grande escala, comprometendo a civilidade de que dependem as economias em crescimento.

Ainda é mais difícil prever o momento em que se começarão a sentir os efeitos do aquecimento global. O consenso científico de hoje se concentra em impactos que provavelmente surgirão na segunda metade do século – milissegundo na escala das mudanças climáticas, mas horizonte temporal que se situa além de nossa capacidade de previsão. No entanto, espero que os mercados reajam antes mesmo de as respostas se tornarem claras – as seguradoras já estão repensando as coberturas contra tempestades e inundações, por exemplo. As perspectivas das mudanças climáticas também já estão afetando os mercados de energia.

Finalmente, há o risco de recorrência de ataques terroristas. Quando dominadas pelo medo, as pessoas se afastam das interações normais no dia-a-dia dos mercados, que são parte integrante de uma economia baseada na divisão do trabalho e na especialização. O ato terrorista de 11 de setembro foi um desses momentos decisivos que salientou a importância crítica de nossa economia amplamente desburocratizada e altamente flexível, capaz de resistir e de reagir ao choque com um mínimo de conseqüências duradouras. Provavelmente, os Estados Unidos seriam capazes de absorver ataques terroristas como os que são praticados hoje no Oriente Médio e na Europa. Porém, atentados mais ousados* ou guerras mais amplas sem dúvida seriam desestabilizantes.

Sinto-me animado com a capacidade das economias de mercado de perseverar em meio à violência e às ameaças de violência. Dados do Banco Mundial indicam que Israel construiu uma economia capaz de gerar renda *per capita* equivalente a quase a metade da vigente nos Estados Unidos e mais ou menos igual à da Grécia e de Portugal.** O PIB do Líbano em 2006, não obstante o confronto entre o Hezbollah e as Forças Armadas israelenses, caiu apenas 4%. Até o Iraque conseguiu manter a aparência de uma economia em funcionamento, apesar de todo o tumulto dos anos recentes.

Porém, a longa lista de advertências não manieta nossa capacidade de previsão. Afinal, tais restrições sempre existiram de uma forma ou de outra e, mesmo assim, o desempenho das projeções a longo prazo sobre a economia americana, com base em minha experiência, tem sido razoavelmente impressionante.

Portanto, considerando certa base de mercados globais flexíveis, protegidos pelo império da lei, o que podemos projetar como nosso futuro mais provável? Qual será o nível de atividade total mais plausível que podemos esperar para 2030, escolhido arbitrariamente como ano de nossas previsões? Podemos prever o PIB real desde que projetemos as horas trabalhadas e o nível de produtividade, como aproximação do PIB real por hora. Temos condições de estimar com algum grau de certeza o tamanho da população americana na faixa etária de dezesseis anos ou mais em 2030. A maioria dessas pessoas já nasceu. A proporção da população, sobretudo a parcela com menos de sessenta e cinco anos de idade, que participa da força de trabalho é alta e razoavelmente estável. A fatia com mais de sessenta e cin-

*Receio que uma explosão nuclear em solo americano talvez paralisasse temporariamente nossa economia.

**A ajuda dos Estados Unidos responde por apenas pequena parte da economia israelense.

co anos deve quase dobrar em 2030 e os 15% de participação dessas pessoas na força de trabalho também deve aumentar, acrescentando quantidade inusitada de trabalhadores idosos à população economicamente ativa. O volume de imigração na faixa de possibilidades viáveis sob os pontos de vista político e cultural não é muito importante para a previsão do total da força de trabalho. Nosso próximo passo será definir a proporção da força de trabalho total que provavelmente estará empregada em 2030 (ou em algum outro ano próximo, na hipótese de, por acaso, 2030 se enquadrar em período recessivo). Considerando nossas premissas e os antecedentes históricos da economia, é difícil imaginar que a taxa de emprego da força de trabalho civil se situe fora da faixa um tanto estreita de 90% a 96% (ou seja, taxa de desemprego entre 4% e 10%). A média dos Estados Unidos no período de cinqüenta anos é superior a 94%, com os anos não-recessivos (premissa para 2030) se aproximando de 95%. Combinando as taxas de participação na força de trabalho, as projeções de população, a taxa de desemprego de quase 5% e semana de trabalho estável, obtém-se taxa de crescimento anual das horas trabalhadas nos Estados Unidos até 2030 de 0,5%.*

O aspecto mais estimulante do crescimento da produtividade é sua extraordinária estabilidade nos últimos cento e poucos anos. Durante boa parte desse período, o crescimento substancial da produtividade da economia americana resultou da transferência de trabalhadores do setor agrícola para as fábricas urbanas e para o setor de serviços.** Porém, o aumento da produtividade nacional, decorrente do deslocamento de trabalhadores agrícolas para empregos não-agrícolas, mais produtivos, basicamente já se esgotou. Menos de 2% da força de trabalho dos Estados Unidos ainda continua em atividades agrícolas, número que não tende a mudar muito. Assim, o crescimento da produtividade dos Estados Unidos, no futuro, refletirá de perto o crescimento da produtividade não-agrícola. A produção por hora é o melhor indicador desse crescimento.

Todos os ganhos de eficiência são o resultado de novas idéias na maneira como as pessoas organizam sua realidade física. Sem dúvida, os seres humanos do século XXI são fisicamente mais altos e mais fortes que os das gerações anteriores, graças a

*Depois de um longo declínio, a partir do pico de sessenta horas, cerca de dois séculos atrás, a duração do trabalho semanal chegou a quarenta horas, no desfecho da Segunda Guerra Mundial, e se manteve constante desde então. O deslocamento da distribuição da força de trabalho para o setor de serviços (em que a semana de trabalho é mais curta) se refletiu em pequena redução geral na média semanal.

**Até hoje, a produção por hora nas áreas agrícolas é inferior à das regiões não-agrícolas, apesar dos aumentos substanciais no rendimento das safras e dos rebanhos, desde o fim da Segunda Guerra Mundial.

melhorias na nutrição e na saúde. Porém, isso acrescentou muito pouco à nossa capacidade de produzir. Ao longo do tempo, as novas idéias incorporadas em novas fábricas e equipamentos são os fatores que mais alavancam e multiplicam o esforço humano. Desde o desenvolvimento do tear mecânico, dois séculos atrás, até a Internet de nossos dias, a produção por hora aumentou cinco vezes.

Os estatísticos geralmente atribuem o crescimento da produção por hora a três "causas" econômicas básicas: a quantidade de instalações e de equipamentos físicos, que chamam de "aprofundamento do capital"; a qualidade da mão-de-obra, que é reflexo da educação; e fatores imponderáveis, que resultariam de reestruturações organizacionais e de novos insights sobre como gerar a produção do país. Em todas as categorias, o crescimento da produtividade resulta de idéias que se traduzem em bens e serviços valiosos. A qualidade das matérias-primas usadas no processo de produção contribui com acréscimos apenas modestos.

Ajustando-se os dados brutos sobre produção por hora, obtém-se um padrão de crescimento notavelmente estável, que remonta a 1870. Desde então, o crescimento anual da produção por hora em atividades não-agrícolas tem sido, em média, de mais ou menos 2,2%. Mesmo sem considerar os ciclos de negócios, as guerras e outras crises, a amplitude da taxa de aumento anual da produção por hora, em períodos consecutivos sobrepostos de quinze anos se situa entre 1% e 3%.* Suspeito que boa parte dessa volatilidade, já em si pequena, se deve a "ruído" estatístico, aberrações aleatórias resultantes da qualidade incerta dos dados, sobretudo nos anos anteriores à Segunda Guerra Mundial.

Há poucas dúvidas, contudo, de que a explosão do crescimento da produtividade não-agrícola dos Estados Unidos, de 1995 a 2002, cedeu espaço a ritmo de crescimento menos rápido. A produção por hora, por exemplo, depois do forte surto de crescimento que atingiu pico acima de 4% (taxa de mudança de quatro trimestres), em 2002 e 2003, caiu para 1%, no primeiro trimestre de 2007. As oportunidades lucrativas de novos avanços parecem ter minguado temporariamente, como tem ocorrido com freqüência no passado. As expansões inovadoras dão a impressão de virem em ondas. Novos produtos e novas empresas foram importantes fatores nos surtos de emissões de ações entre 1997 e 2000, e a aparente queda na aplicação das inovações desde então tem contribuído para o declínio nos lançamentos de ações. A desaceleração das inovações

*As taxas de crescimento desaceleraram depois do grande aumento nos custos de energia na década de 1970, provavelmente como conseqüência. O boom tecnológico da década de 1990 acelerou o crescimento da produção por hora, restabelecendo a tendência de longo prazo.

é ainda mais evidente na reversão drástica da tendência de reinvestimento do caixa gerado pelas empresas (resultado de ganhos anteriores na aplicação de novas tecnologias), que foi redirecionado de aplicações em capital fixo para a recompra das próprias ações ordinárias e para o pagamento de bonificações em dinheiro aos acionistas, no processo de implementação de fusões e aquisições. Tais devoluções de caixa aos acionistas de empresas não-financeiras subiu de US$180 bilhões, em 2003, para mais de US$700 bilhões, em 2006. Os investimentos em capital fixo, por outro lado, subiram de US$748 bilhões, em 2003, para apenas US$967 bilhões, em 2006. As empresas restituem capital aos acionistas quando não conseguem encontrar oportunidades de investimento que ofereçam taxas de retorno ajustadas ao risco mais altas que as proporcionadas pelos ativos já existentes. Grandes desembolsos de caixa para os acionistas geralmente sinalizam perspectivas de taxas de retorno mais baixas sobre os investimentos em capital fixo disponíveis para as empresa, resultado provável de ritmo mais lento de novas aplicações lucrativas em inovação.*

Sinais semelhantes se refletem nas tendências dos preços de equipamentos de alta tecnologia, que foi a força impulsora do aumento da produtividade total não-agrícola entre 1998 e 2002. No Federal Reserve, monitorávamos essas tendências de preços como indícios da taxa de crescimento da produtividade no próprio setor de equipamentos de alta tecnologia, responsável por parcela significativa dos ganhos recentes na produtividade total. Em geral, quedas de preços durante períodos prolongados só são possíveis se os custos unitários da mão-de-obra também estiverem caindo em paralelo, tendência improvável a não ser que a produtividade esteja crescendo com rapidez. Os preços de equipamentos e de software de processamento de informações, por exemplo, caíram mais de 4% em 2002; porém, a velocidade do declínio se reduziu a taxa anualizada inferior a 1% no primeiro trimestre de 2007. Os preços desses equipamentos e softwares diminuíram em todos os trimestres, desde 1991. No entanto, as reduções foram especialmente rápidas durante os períodos de surtos de inovação, como 1998, quando os possíveis compradores de PCs muitas vezes hesitavam em efetivar as compras, porque os preços estavam caindo rapidamente. Obviamente, a espera significava a oportunidade de comprar PCs mais baratos e melhores. A recente desaceleração da queda dos preços de itens de alta tecnologia é, portanto, mais uma confir-

*A restituição de capital aos acionistas de empresas com oportunidades de investimento menos promissoras e o reinvestimento em empresas com tecnologias de vanguarda é exemplo importante de financiamento da destruição criativa.

mação da redução na disponibilidade de novas aplicações tecnológicas de vanguarda que possam ser exploradas para aumentar a taxa de crescimento da produtividade total.

Quando este livro foi concluído, em junho de 2007, ainda não se dispunha de evidências de retomada do crescimento da produtividade nem de aceleração da queda dos preços de equipamentos de alta tecnologia. Mas a história indica que essa reversão ocorrerá. Sempre ocorreu.

Nossa experiência histórica não deixa muito lugar para dúvidas de que enquanto os Estados Unidos continuarem na vanguarda da tecnologia, o crescimento anual da produtividade a longo prazo deve situar-se entre 0% e 3%. Conforme já observei, desde 1870, o crescimento médio da produção por hora de negócios não-agrícolas foi ligeiramente superior a 2% ao ano, o que implica que o PIB real por hora subiu um pouco menos.* O período de quase um século e meio de dados abrange fases de guerras, de crises, de protecionismo, de inflação e de desemprego. Não acho que seja excesso de extrapolação presumir que as mesmas forças fundamentais que influenciaram os Estados Unidos nos últimos dois séculos também afetarão o país até 2030. Essa taxa de 2% provavelmente não é má estimativa da rapidez com que, em média, os seres humanos podem expandir as fronteiras da inovação e talvez seja nossa melhor previsão para o próximo quarto de século.

Porém, por que não mais – digamos, 4% ao ano algo acima disso? Afinal, em boa parte do mundo em desenvolvimento, a produção por hora tem atingido médias de crescimento bem superiores a 2%. No entanto, esses países ainda conseguem que o mundo desenvolvido lhes "emprestem" suas tecnologias de eficácia comprovada, em vez de empreenderem eles próprios o esforço lento e gradual de criação de novas tecnologias de vanguarda.

A produtividade dos Estados Unidos, em 2005, era duas vezes mais alta que em 1955, pois, em 2005, sabíamos muito mais que meio século antes sobre como funciona nosso mundo físico. Todos os anos, milhões de inovações melhoram aos poucos a produtividade total. O processo se tornou ainda mais evidente desde a descoberta das propriedades elétricas excepcionais dos semicondutores de silício, depois da Segunda Guerra Mundial. Gordon Moore, fundador da Intel, sugeriu em 1965 que a complexidade dos circuitos integrados, em relação ao custo,

*Boa parte do PIB, exclusive negócios não-agrícolas, é medida pelos insumos. Portanto, presume-se, implicitamente, a inexistência de aumento da produtividade.
É possível que, até 2030, os economistas tenham desenvolvido novos meios de medir diretamente a produtividade da economia, em vez de por equivalência, ou seja, a produção por hora.

dobraria a cada ano.* Ele se revelou profético. A miniaturização persistente de todos os aparelhos eletrônicos criou condições para que os grandes e desajeitados walkie-talkies da Segunda Guerra Mundial se transformassem nos minúsculos telefones celulares de hoje e que os televisores a válvula e os monitores de computador fossem substituídos por telas planas. Toda a produção de equipamentos, desde teares e veículos automotores até os roteadores e servidores da Internet, incorpora microprocessadores cada vez menores. Transformamos ondas luminosas em raios lasers que, quando associados a tecnologias digitais, melhoraram drasticamente as comunicações de dados e de voz e contribuíram para o desenvolvimento de todo um novo mundo de informações. Esses novos recursos criaram condições para que as empresas adotassem o método de estocagem just-in-time, que reduzissem as sobras e resíduos de produção e que atenuassem a necessidade de redundância nos efetivos de pessoal, como garantia contra problemas de produção e de abastecimento.

Mas por que será que o crescimento da produtividade não foi ainda mais acelerado? Será que já em 1980 não poderíamos ter desenvolvido nosso nível de conhecimentos de 2005, tendo dobrado, assim, as taxas de crescimento da produtividade (e de aumento no padrão de vida) entre 1955 e 1980? A reposta simples é que os seres humanos não são assim tão inteligentes. Nossa história sugere que o limite do crescimento a longo prazo da produtividade, nas economias situadas na vanguarda da tecnologia, é de no máximo 3% ao ano. A aplicação prática de novas idéias demora algum tempo e não raro só depois de algumas décadas seus efeitos se manifestam nos níveis de produtividade. Paul David, professor de história da economia em Stanford, escreveu, em 1989, um artigo pioneiro sobre o enigma de por que, nas palavras famosas de Robert Solow, ganhador do Prêmio Nobel, os computadores estavam "em todos os lugares, menos nas estatísticas sobre produtividade".

Foi o artigo de David que despertou meu interesse sobre as tendências duradouras da produtividade. Ele observou que, em geral, demorava décadas para que uma nova invenção se difundisse de maneira bastante ampla, de modo a afetar os níveis de produtividade. Como exemplo, cita a experiência dos Estados Unidos com a substituição gradual da máquina a vapor pelo motor elétrico.

*Dez anos depois, em 1975, Moore reviu sua análise e declarou: "Não tinha idéia de que essa seria uma afirmação exata, mas, surpreendentemente, em vez de dez duplicações, conseguimos nove, durante os dez anos." E acrescentou que, a partir de então, a taxa de duplicação desaceleraria para algo anda espantoso de uma a cada dois anos. Esse insight básico de Moore se manteve verdadeiro durante mais de quatro décadas.

Depois da espetacular iluminação do Baixo Manhattan por Thomas Edison, em 1882, levou quatro décadas para que apenas metade das fábricas do país já estivessem eletrificadas. A energia elétrica demonstrou toda a sua superioridade em relação à energia a vapor só depois que toda uma geração de fábricas de vários andares foi substituída por novas instalações, depois da Primeira Guerra Mundial. David explica de maneira muito convincente as causas da demora. As melhores fábricas da época eram muito mal projetadas para explorar todas as vantagens da nova tecnologia. Elas eram movidas pelos chamados grupos de tração, conjuntos complexos de polias e de eixos que transferiam a força de uma fonte central – motor a vapor ou turbina a água – para os equipamentos de toda a fábrica. A fim de evitar perdas e paralisações na transmissão de energia, o comprimento dos eixos de transmissão de força compartilhados não podia ser muito grande. Isso era mais fácil em fábricas verticais, com um ou mais eixos por andar, cada um movendo um grupo de máquinas.*

A simples adoção de grandes motores elétricos para movimentar os eixos de força existentes, mesmo quando viável, não aumentaria em muito a produtividade. Os donos das fábricas perceberam que o potencial revolucionário da eletricidade exigiria mudanças muito mais drásticas: a transmissão da energia por fios tornava obsoletas as fontes centrais de energia, os grupos de tração e os próprios edifícios. Como a eletricidade criava condições para que se equipasse cada máquina de produção com seu próprio motor pequeno e eficiente, entraram em voga as fábricas horizontais, num único nível. Nelas, era possível arrumar e remanejar as máquinas para maior eficiência e movimentar os materiais entre elas com facilidade. Porém, a substituição das fábricas urbanas por outras construídas nos espaços mais amplos das periferias foi um processo lento e intensivo em capital. Eis por que, conforme explica David, a eletrificação das fábricas americanas demorou dezenas de anos. Mas, por fim, milhões de hectares de fábricas horizontais, movidas a eletricidade, pontilharam o Meio-Oeste industrial dos Estados Unidos e o crescimento da produção por hora finalmente começou a acelerar.

O período de baixa inflação e de baixas taxas de juros do início da década de 1960, tanto quanto posso julgar, resultou da aplicação comercial da tecnologia militar da Segunda Guerra Mundial, assim como do grande acúmulo de invenções dos

*Lembro-me de quando visitei, na década de 1960, uma fábrica de estamparia alta e estreita, construída no início do século. Fiquei impressionado com aquela forma inusitada. Mas, só algumas décadas depois, descobri que havia entrado numa das últimas relíquias de certa fase da história industrial dos Estados Unidos.

anos de 1930.* Décadas depois, a manifestação retardatária da aceleração da produtividade se repetiu: os computadores (e a Internet) hoje são onipresentes, *inclusive as estatísticas sobre produtividade.***

E assim chegamos a uma conclusão. O efeito conjunto tanto do aumento anual projetado de 0,5% nas horas trabalhadas, entre 2005 e 2030, com base nas premissas demográficas já mencionadas, quanto do crescimento do PIB por hora a taxas médias anuais um pouco inferiores a 2% implica taxa de crescimento do PIB real ligeiramente abaixo de 2,5% por ano. Esse número se situa um pouco aquém da média de 3,1% ao ano, nos últimos vinte e cinco anos, quando a expansão da força de trabalho foi muito mais rápida.

A projeção confiável do PIB real em 2030 é o ponto de partida, mas não diz muito sobre a natureza da dinâmica que impulsionará a atividade econômica dos Estados Unidos no próximo quarto de século ou sobre a qualidade de vida dos americanos nos anos vindouros, pois, acima dessas tendências poderosas, pairarão as conseqüências do desfecho inevitável de importantes aspectos da globalização.

Em algum momento, a vasta migração econômica decorrente da globalização – a transferência de metade da força de trabalho mundial, de quase três bilhões de pessoas, que até então atuavam atrás dos muros das economias sob planejamento central, no todo ou em parte, para mercados competitivos – estará completa, ou tão completa quanto possível.

A *aceleração* contínua do fluxo de trabalhadores para mercados competitivos durante a última década atuou como poderosa força desinflacionária. Essa acelera-

*A baixa inflação foi conseqüência da estabilidade do custo unitário da mão-de-obra não-agrícola, decorrente do crescimento acelerado da produtividade, o que, por sua vez, resultou do aumento dos investimentos nas tecnologias já disponíveis, mas ainda pouco aplicadas. O professor David demonstrou a extraordinária defasagem entre avanço tecnológico e suas conseqüências em termos de aceleração do crescimento da produtividade total dos fatores, medida da aplicação da tecnologia e de outros insights. Esse episódio desinflacionário durou apenas poucos anos, chegando ao fim com a escalada da Guerra do Vietnam. Desinflação contínua muito mais ampla voltaria a ocorrer décadas depois, em conseqüência do fim da Guerra Fria.

**O crescimento da produtividade nas últimas décadas decorre principalmente da melhoria contínua e do desenvolvimento de redes de tecnologias correlatas. A inovação torna obsoletas partes das redes existentes, à medida que surgem novas tecnologias substitutas. A eficiência e a produtividade melhoram. Porém, a qualquer momento do processo, apenas somente algumas das tecnologias disponíveis já foram aplicadas. Os gerentes de compras sempre afirmaram que apenas metade de suas instalações incorpora tecnologia no estado da arte. A qualquer momento, parcela considerável das redes existentes se encontra em construção, indicando que a produtividade aumentará depois da conclusão das obras. O prazo de construção dessas redes, em dois anos ou em quatro anos, por exemplo, exerce forte impacto sobre a *taxa de crescimento* da produtividade.

ção conteve o crescimento dos salários e manteve a inflação baixa em praticamente todo o mundo. À exceção da Venezuela, da Argentina, do Irã e do Zimbabwe, a inflação durante 2006, em todos os países desenvolvidos e nos principais países em desenvolvimento, se situou entre 0% e 7%.* Também as taxas de juros de longo prazo se situaram em faixas igualmente estreitas. Com base em minha experiência, essa confluência global de taxas de inflação e de taxas de juros baixas, por força de pressões de âmbito mundial, é extremamente rara.

No caso das antigas economias sob planejamento central da Europa Oriental, a transição já está quase completa. Mas não é o caso da China, de longe o maior participante dessa mudança. Lá, a migração da força de trabalho, das províncias rurais para as fábricas altamente competitivas do delta do rio Pérola, tem sido gradual e controlada. Quase metade da força de trabalho da China, com quase 800 milhões de pessoas, hoje reside em áreas urbanas, mais sujeitas às forças competitivas.**

A velocidade da migração da mão-de-obra para mercados competitivos acabará desacelerando e, em conseqüência, as pressões inflacionárias começarão a diminuir. O ritmo de crescimento dos salários na China deve acelerar, assim como os níveis de inflação. O primeiro sinal, provavelmente, será o aumento dos preços de exportação, cujo impacto se medirá melhor com base nos preços dos produtos chineses importados pelos Estados Unidos.*** Os preços mais baixos dos produtos oriundos da China exerceram sucessivas ondas de efeitos. Contiveram os preços de produtos concorrentes fabricados nos Estados Unidos e limitaram os salários dos trabalhadores das respectivas indústrias produtoras – assim como os salários de qualquer pessoa que concorra no mercado de trabalho com aquelas que foram afetadas pela competição com os produtos chineses.**** Assim, a atenuação das pressões desinflacionárias

---

*Taxas de inflação medidas pelo índice de preços ao consumidor.

**Na Índia, embora os call centers e a florescente indústria de alta tecnologia ocupem as manchetes, o grosso do emprego ainda é rural. Espero algum aumento na taxa de migração das áreas rurais para as cidades, onde se produzem bens e serviços exportáveis, mas os números ainda não parecem grandes.

*Os preços de exportação divulgados pela China, que vêm subindo, parecem refletir mudança significativa na composição das vendas do país ao exterior, com maior participação de produtos com preços mais altos. Os índices de preços das importações americanas adotam quantidades fixas como fatores de ponderação.

***Esse processo é altamente alavancado no caso de importações que competem com produtos fabricados no mercado interno e, em especial, quando os custos de mão-de-obra são muito diferentes. Se um importador oferecer 10% de desconto em relação aos preços vigentes, os produtores internos que não alterarem seus preços perderão mercado. Se a fatia de mercado do produtor nacional for pequena, os efeitos da perda de participação podem ser devastadores. Os riscos são muito altos para que se admita a hipótese. Assim, pequenos volumes de importações geralmente produzem o efeito de reduzir os preços em todo o mercado interno.

deve fomentar a retomada da inflação de preços e salários nos Estados Unidos. Observe-se que os preços dos produtos provenientes da China subiram de maneira marcante na primavera de 2007 pela primeira vez em vários anos.

O ônus de gerenciar essa mudança recairá sobre o Federal Reserve. O árbitro final da inflação é a política monetária. Até que ponto essas pressões de preços serão significativas – e o quanto serão corrosivas – para a economia americana dependerá em grande parte da capacidade de reação do Fed. Quando as pressões desinflacionárias subjacentes e o excesso de propensão à poupança no mundo começarem a perder a força – ou, o que no fim das contas dá na mesma, quando as pressões inflacionárias e as taxas de juros de longo prazo apresentarem os primeiros sinais de alta – aumentará o grau de restrição monetária necessário para conter qualquer recrudescimento da inflação.

A maneira como o Federal Reserve responder ao ressurgimento da inflação e à queda esperada dos níveis de poupança mundial exercerá efeitos profundos não só sobre o desempenho da economia americana em 2030, mas também, por extensão, sobre nossos parceiros comerciais em todo o mundo. A atuação do Federal Reserve, antes de 1979, como agente antiinflacionário, conforme Milton Friedman várias vezes observou, não foi das melhores. Em parte, esses antecedentes de mau desempenho foram conseqüência de falhas de previsão e de análise, mas também resultaram de pressões de políticos populistas que, por natureza, são tendenciosos na defesa de taxas de juros mais baixas. (Friedman foi menos crítico em relação ao desempenho do Fed pós-1979.) Durante meu mandato de dezoito anos e meio, não me lembro de muitas pressões de presidentes ou do Congresso para que o Fed *aumentasse* as taxas de juros. Com efeito, acho que isso nunca aconteceu. Há tão pouco tempo quanto em 1991, o senador Paul Sarbanes, em resposta ao que considerava taxas de juros intoleravelmente altas, tentou suprimir o poder de voto dos presidentes dos bancos do Federal Reserve,* que ele considerava "falcões pela própria natureza", nas reuniões do FOMC. As taxas de juros caíram com a recessão de 1991, e a proposta foi arquivada.

Lamento dizer que a independência do Federal Reserve não decorre de cláusula pétrea. A discricionaridade do FOMC foi concedida por estatuto e pode ser retirada por estatuto. Receio que meus sucessores no FOMC, ao se empenharem em manter a estabilidade dos preços, no próximo quarto de século, enfrentarão resis-

*Tabulações históricas haviam indicado que os presidentes dos bancos eram mais propensos a apertos monetários que os membros do Conselho. E, ao contrário dos governadores do Federal Reserve, os presidentes dos bancos não são homologados pelo Senado.

tência populista por parte do Congresso, se não pela própria Casa Branca. Como chairman do Fed, fui muito poupado dessas pressões porque as taxas de juros de longo prazo, especialmente as taxas de juros dos financiamentos hipotecários, caíram persistentemente durante meu mandato.

É possível que o Congresso tenha observado a extraordinária prosperidade dos Estados Unidos e de outros países em conseqüência da inflação baixa e tenha aprendido com essa circunstância feliz. Porém, receio que a contenção da inflação por meio de taxas de juros mais altas será tão impopular no futuro quanto foi no passado, quando Paul Volcker agiu assim, mais de vinte e cinco anos atrás. "Você é um dos primeiros da fila para o linchamento público", declarou o senador Mark Andrews, sem meias palavras, em outubro de 1981; o senador Dennis DeConcini se queixou, em 1983, de que Volcker havia, "quase que sozinho, provocado uma das piores crises econômicas" da história americana. Em dezembro de 1982, de maneira ainda mais agourenta, a revista *BusinessWeek* afirmou: "Vários projetos de lei em tramitação limitam drasticamente a tão exaltada independência do Fed, outorgando ao Congresso e à Casa Branca participação mais direta na formulação da política monetária." Quando ficou evidente que o Fed estava no curso certo, as críticas desapareceram praticamente da noite para o dia – mas, infelizmente, também se dissipou a memória coletiva em relação a tais críticos tão bitolados e contraproducentes. Se nossos políticos não se lembrarem de que os acontecimentos comprovaram que as críticas à atuação do Fed estavam erradas, de que outra maneira melhorará a compreensão da política monetária por nossos líderes políticos? Questão importante referente ao futuro é o ambiente político com que se defrontará o Fed no esforço para preservar as taxas de inflação baixas que caracterizaram o último quarto de século.

E isso nos traz de volta à globalização. Se minhas suposições sobre a natureza das atuais pressões desinflacionárias estiverem certas, ao menos até certo ponto, os salários e os preços estão sendo contidos por deslocamentos maciços de trabalhadores de baixo custo, o que, por sua natureza, um dia chegará ao fim. A atenuação do grau de desinflação sugerida pela inflexão para cima nos preços das importações americanas provenientes da China na primavera de 2007 e a rigidez das taxas de juros reais de longo prazo, no momento da conclusão deste livro, alertam para a possibilidade de que a virada talvez ocorra mais cedo do que seria de supor. Portanto, em algum momento dos próximos anos, se não for contida, a tendência inflacionária de longo prazo retornará a patamares mais elevados.

Mais qual será essa taxa? Os níveis de preços, que podem ser bem estimados pelos historiadores econômicos, não mudaram muito nos Estados Unidos e em boa parte da Europa entre o século XVIII e a Segunda Guerra Mundial. Os preços eram definidos com base no ouro ou em outros metais preciosos e o papel-moeda era conversível em metais preciosos a preço fixo. Embora sujeitos a variações cíclicas, os preços das mercadorias e serviços não apresentavam tendências persistentes. Durante as guerras, os governos podiam imprimir dinheiro não-conversível em ouro ou prata e, em conseqüência, por vezes ocorriam altas de preços temporárias. Daí a expressão que se tornou comum durante a Revolução Americana: "Não vale um continental", nome da moeda na época da guerra. Durante a Guerra Civil, as "verdinhas" enfrentaram destino semelhante. A moeda fiduciária – papel-moeda criado por decreto do governo – era muito pouco prestigiada.

Naqueles anos, o governo era considerado incapaz de influenciar os ciclos econômicos, e poucos tentavam. O dinheiro era atrelado ao ouro ou à prata e os níveis de preços no longo prazo subiam ou desciam em boa parte devido a mudanças na oferta de ouro ou de prata. A taxa de inflação no longo prazo era basicamente zero. Além disso, dispõe-se de muitas evidências de que as taxas de juros (efetivamente sobre ouro tomado emprestado) nos séculos passados, não eram muito diferentes das vigentes no início do século XX.* Tudo isso sugere que, durante séculos, a inflação se manteve quiescente, o mesmo se aplicando aos prêmios por inflação.

O panorama monetário dos Estados Unidos começou a mudar em fins do século XIX, quando a estagnação dos preços dos produtos agrícolas fomentou o movimento da prata livre, que defendia a cunhagem de moedas de prata de maneira que teria inflacionado o nível geral de preços. A camisa-de-força imposta aos preços pelo padrão-ouro era motivo de profunda inquietação popular e foi objeto do famoso discurso de William Jennings Bryan, "Cruz de Ouro", em 1896.

A ortodoxia monetária que caracterizava o padrão-ouro mostrava as primeiras trincas. O socialismo fabiano da Inglaterra e, mais tarde, o movimento La Follette Progressive, nos Estados Unidos, reordenavam as prioridades dos governos democráticos. Os preços dispararam durante a Primeira Guerra Mundial, para despencarem em seu desfecho. Porém, os níveis anteriores a 1914 nunca foram restabelecidos. Os bancos centrais descobriram maneiras de contornar as regras do padrão-ouro. E, depois da Grande Depressão da década de 1930, o padrão-ouro foi efetivamente abandonado em quase todo o mundo.

---

*Os "consols" (*consolidated annuities*) ingleses, do século XIX, equivalentes aos atuais bônus do Tesouro dos Estados Unidos, renderam taxa constante de mais ou menos 3% ao ano, de 1840 até o fim da Primeira Guerra Mundial. Para uma análise histórica interessante, ver Sidney Homer e Richard Sylla, *A History of Interest Rates*.

Sempre tive certa nostalgia pela estabilidade de preços inerente ao padrão-ouro – a moeda estável era o principal objetivo. Porém, já de há muito reconheci que o padrão-ouro não é compatível, de pronto, com a visão atual, amplamente aceita, quanto às atribuições do governo – em especial, a de que o poder público ofereça uma rede de segurança social. A partir de 1970, a propensão do Congresso de criar benefícios para os constituintes, sem especificar as respectivas fontes de financiamento, resultou em gastos deficitários em todos os exercícios financeiros, à exceção dos superávits de 1998 a 2001, gerados pelo boom do mercado de ações. A transferência dos recursos reais necessários à execução de tais funções criou um viés inflacionário. Na arena política, as pressões para garantir a disponibilidade de crédito a taxas de juros baixas e de usar a política fiscal para gerar emprego e evitar os embaraços de ajustes para baixo nos salários e preços nominais tornaram-se quase irresistíveis. Em sua maioria, o povo americano tolerou o viés inflacionário como custo aceitável do moderno Estado de bem-estar social. Não existe base para o padrão-ouro hoje e não vejo qualquer probabilidade de seu retorno.

Os níveis de preços subiram acentuadamente durante a Segunda Guerra Mundial e, embora as taxas de inflação tenham desacelerado no fim do conflito, elas nunca se tornaram bastante negativas para restaurar os níveis de preços de 1939. As taxas de inflação variaram desde então; no entanto, em quase todos os anos ao longo das últimas sete décadas, elas foram positivas, significando que o *nível* de preços continuou a subir. Em 2006, os preços ao consumidor nos Estados Unidos eram quase quinze vezes mais altos que em 1939. Com efeito, os padrões de preços têm muito em comum com as evidências de aquecimento global nas últimas décadas. Ambas as acelerações trazem as marcas da intervenção humana.

Sabemos que a taxa de inflação média sob o padrão-ouro e, antes, sob o de outras mercadorias, era basicamente zero. No apogeu do padrão-ouro, entre 1870 e 1913, pouco antes da Primeira Guerra Mundial, o custo de vida nos Estados Unidos, calculado pelo Banco do Federal Reserve de Nova York, subiu à taxa média de nada mais que 0,2% por ano. De 1939 a 1989, ano da queda do Muro de Berlim e antes do começo da desinflação de salários e de preços posterior à Guerra Fria, o índice de preços ao consumidor aumentou nove vezes, ou 4,5% ao ano.* Isso reflete o

*Inclui-se nesse período uma fase aparentemente anômala de inflação e de taxas de juros baixas, no início da década de 1960, que apresentou muitas das características da inflação global de hoje. Conforme já observei, suas causas, sob alguns aspectos, foram semelhantes às que ocorreram no desfecho da Guerra Fria, no sentido de que não foram impostas por forças econômicas: as aplicações comerciais tardias das tecnologias militares, desenvolvidas durante a Segunda Guerra Mundial, e o grande acúmulo de invenções durante a década de 1930.

fato de que não existe âncora intrínseca nos regimes de moeda fiduciária. O que constitui taxa de inflação "normal" é função exclusivamente da cultura e da história dos países. Nos Estados Unidos, toleram-se politicamente pequenas taxas de inflação; porém, quando elas se aproximam do nível de dois dígitos, formam-se tempestades políticas. Com efeito, Richard Nixon sentiu a necessidade política de impor controles de preços e salários em 1971, embora a taxa de inflação estivesse abaixo de 5%. Assim, embora considerações políticas signifiquem que se pode rejeitar o padrão-ouro como meio para suprimir aumentos iminentes nas pressões inflacionárias, ironicamente, as iniciativas políticas impulsionadas por uma população enfurecida são capazes de alcançar o mesmo objetivo. Porém, tal reação é improvável antes que as taxas de inflação ultrapassem no mínimo o nível de 5%. A taxa de inflação de 4,5%, em média, durante o meio século seguinte ao abandono do padrão-ouro não é necessariamente um paradigma. Entretanto, trata-se, com alta probabilidade, de aproximação razoável do que nos espera no futuro.

Taxas de inflação de 4% a 5% não devem ser levadas na brincadeira – ninguém ficará feliz ao ver suas poupanças em dólar perder a metade do poder de compra em quinze anos. E, embora seja verdade que esse nível de inflação não se mostrou desestabilizante no passado, projeções de inflação dessa magnitude presumem que o impacto da aposentadoria dos baby boomers será em geral benigno, pelo menos até 2030. Como vimos, a relativa tranqüilidade fiscal de hoje mascara um tsunami iminente, que nos atingirá quando parcela significativa da população altamente produtiva do país se aposentar, tornando-se beneficiária dos sistemas de saúde e de aposentadoria, financiados em bases correntes, em vez de contribuinte. Com o passar do tempo, a não ser que se encontrem outras soluções, tal migração acarretará enorme aumento na demanda por recursos econômicos e intensificará as pressões inflacionárias.

Portanto, na ausência de outras mudanças significativas, podem-se esperar taxas de inflação mais altas nos Estados Unidos. Sei que o Federal Reserve, agindo por conta própria e sem interferências, tem capacidade e perseverança para conter com eficácia as pressões inflacionárias aqui previstas. No entanto, para manter baixas as taxas de inflação, em nível de padrão-ouro, inferior a 1%, ou mesmo na faixa menos draconiana de 1% a 2%, o Fed, considerando meu cenário, precisará limitar a expansão monetária de maneira tão drástica que talvez tenha de aumentar as taxas de juros até a faixa de dois dígitos, patamar inédito desde os tempos de Paul Volcker. No entanto, fator desconhecido de importância crítica é se o Fed terá condições de aplicar as lições de política monetária aprendidas a duras penas nas últimas quatro décadas. Porém, a situação disfuncional da política americana não permite que eu tenha muita confiança no curto prazo. Ao contrário, é possível que presenciemos o retorno da retórica populista, anti-Fed, que jaz em estado latente desde 1991.

Meu medo é que, na hipótese de Washington realmente se empenhar em cumprir as promessas implícitas no contrato social que caracteriza a América contemporânea, as taxas de inflação pelo índice de preços ao consumidor, por volta de 2030, se situem em torno de 4,5% ou mais. O "mais" aqui tem o objetivo de levar em conta qualquer adicional de inflação decorrente do financiamento inadequado dos benefícios de saúde e aposentadoria para os baby boomers. No fim das contas, antevejo um resultado fiscal positivo, conforme observo no Capítulo 22. Porém, receio ser provável que, para restaurar a sanidade política, primeiro teremos de rastejar por campos minados, econômicos e políticos, antes de reagirmos com energia. Não raro me lembro da maneira como Winston Churchill via os americanos, pessoas com quem "sempre se pode contar como capazes de agir da maneira certa – depois de exaurirem todas as outras possibilidades". Mas a travessia do campo minado é grande fonte de risco para minhas previsões, situação que pode manifestar-se na forma de trajetórias mais árduas para as taxas de inflação e de juros.

Taxas de inflação elevadas, se deixarmos que aconteçam, resultarão em ambiente financeiro diferente do hoje predominante. Em parte, esse cenário decorreria da provável concomitância do agravamento das pressões inflacionárias, de um lado com o declínio da propensão a poupar do mundo em desenvolvimento, de outro, que hoje já se situa em nível acima do normal. Conforme já observamos, as taxas de poupança dos países em desenvolvimento, historicamente, são, em média, apenas poucos pontos percentuais superiores às dos países desenvolvidos. Porém, em face da combinação de uma China emergente, cujas taxas de poupança são tradicionalmente altas,* com a enorme acumulação de ativos líquidos pela OPEP, nos últimos anos,** as taxas de poupança dos países em desenvolvimento dispararam para 32%, em 2006, enquanto as dos países desenvolvidos ficaram, em média, abaixo de 20%.

À medida que a China continuar avançando rumo ao consumismo ocidental, sua taxa de poupança cairá. E, não obstante a provável tendência de alta dos preços do petróleo, qualquer aumento nas taxas de poupança da OPEP tenderá a ser muito inferior ao que já ocorreu desde 2001. Componente implícito desse cenário é a conseqüente eliminação de qualquer excesso das intenções de poupança em relação às

---

*A taxa de poupança da China é conseqüência tanto da baixa oferta de assistência médica e de previdência social pelo governo quanto da alta acentuada da reservas das empresas.

**Os países exportadores de petróleo informaram disponibilidade de US$349 bilhões em moeda estrangeira, no fim de 2006, em comparação com apenas US$140 bilhões, no fim de 2002.

intenções de investimento e, portanto, a eliminação desse importante fator que contribuiu para conter as taxas de juros reais desde princípios da década. Além disso, depois de distribuir em grande escala seus benefícios, a globalização reduzirá seu ritmo de expansão. A cadência frenética do crescimento da economia mundial nos últimos anos deve tornar-se mais lenta. O Banco Mundial estima que o crescimento anual do PIB global, a taxas de câmbio de mercado, cairá para 3% ao ano, no próximo quarto de século, em comparação com 3,7%, entre 2003 e 2006.

A dispersão dos saldos em conta-corrente, função do ritmo da divisão do trabalho e da especialização no âmbito global, também deverá diminuir. O déficit em conta-corrente dos Estados Unidos tenderá a encolher, embora os desequilíbrios mundiais agregados talvez não sofram alterações significativas. É possível que outros países acabem substituindo os Estados Unidos como grandes esponjas dos fluxos de poupança transfronteiriços.

Com o aumento provável das taxas médias esperadas de inflação e de juros reais no próximo quarto de século, também subiriam as taxas de juros nominais de longo prazo. É difícil determinar a ordem de magnitude das mudanças nas taxas de juros, em face das incertezas associadas às projeções de um quarto de século. No entanto, por exemplo, se as taxas de juros reais das notas de dez anos do Tesouro americano subirem um ponto percentual em relação ao nível atual de 2,5% (em face da queda nas intenções de poupança globais) e se as expectativas de inflação da moeda fiduciária adicionar a esses 3,5% os mesmos 4,5% do passado, o rendimento nominal desses títulos seria de 8%. Mais uma vez, esse total não considera nenhum prêmio necessário para financiar as obrigações perante os baby boomers aposentados. Mas podemos assumir esse nível como ilustrativo: em algum momento antes de 2030 é provável que o mundo negocie as notas do Tesouro de dez anos dos Estados Unidos a taxas de pelo menos 8%. Esse nível é apenas a linha básica – crises do petróleo, ataques terroristas ou impasses no Congresso americano em relação a futuros problemas orçamentários poderiam provocar aumentos significativos nas taxas de juros de longo prazo durante breves períodos.

Além do aumento nas taxas de juros sem risco, existem outras ameaças à estabilidade financeira de longo prazo dos Estados Unidos. Importante característica das últimas duas décadas tem sido a queda persistente nos prêmios de risco. Não sei se os investidores acreditam que o risco básico tenha diminuído e, portanto, não mais exijam prêmios de risco sobre a remuneração dos títulos do Tesouro americano, sem risco, ao contrário do que ocorria no passado, ou se é a necessidade de aumentar a renda proveniente de juros que os induz a buscar instrumentos de débito com rendimentos mais altos. Os spreads sobre os títulos do Tesouro dos Estados

Unidos, pagos por bônus de empresas com avaliação de risco de crédito CCC (os chamados junk bonds, ou títulos de alto risco), em meados de 2007, eram surpreendentemente baixos. Por exemplo, esse diferencial declinou de 23 pontos percentuais, em meio a grande quantidade de calotes de junk bonds, no fim da recessão, em outubro de 2002, para pouco mais de 4 pontos percentuais, em junho de 2007, não obstante o grande aumento na emissão de bônus CCC. Os spreads dos rendimentos de bônus de mercados emergentes, acima da remuneração dos títulos do Tesouro dos Estados Unidos, declinaram de 10 pontos percentuais, em 2002, para menos de 1,5 ponto percentual em junho de 2007. Essa compressão dos prêmios de risco é global. Tenho dúvidas sobre se, em períodos de euforia, as pessoas busquem níveis de risco que se situam nos limites da tolerância humana, qualquer que seja o ambiente institucional em que vivam. A infra-estrutura financeira predominante talvez simplesmente alavanque essa tolerância ao risco. Durante décadas, antes da Guerra Civil americana, os bancos tinham de manter capital bem acima de 40% para garantir suas notas e depósitos. Em 1900, a cobertura de capital dos bancos nacionais desceu para 20% dos ativos, e daí para 12%, em 1925, e para menos de 10%, nos anos recentes. Entretanto, em conseqüência da flexibilidade financeira e de fontes de liquidez muito maiores, o risco básico de cada banco e, presumivelmente, dos investidores em geral talvez não tenha mudado muito ao longo desse período.

Também é possível que nem importe. Conforme observei em meu discurso de despedida, durante o Jackson Hole Symposium, do Federal Reserve de Kansas City, em agosto de 2005, a "história não tem sido generosa no desfecho de períodos prolongados com prêmios de risco baixos".

No mínimo, à medida que sobem as taxas de juros sem risco e se depuram os prêmios de risco do otimismo insustentável hoje implícito em tais adicionais, os preços dos ativos geradores de renda decerto subirão muito mais lentamente que nos últimos seis anos. Em conseqüência do declínio das taxas de juros de longo prazo, nominais e reais, desde 1981, os preços dos ativos em todo o mundo subiram com mais rapidez que o PIB nominal global em cada um desses anos, à exceção de 1987 e de 2001-2 (os anos do colapso da bolha pontocom). Esse surto no valor das ações, dos imóveis e de outros direitos sobre ativos geradores de renda – ou seja, créditos diretos e indiretos sobre ativos físicos ou intelectuais – é o que chamo de aumento de liquidez. Esses créditos documentais representam poder de compra que pode ser usado a qualquer momento para adquirir um carro ou uma empresa.

O valor de mercado das ações e dos passivos de empresas não-financeiras e dos governos são fontes de investimentos e, portanto, de criação de passivos por bancos e por outras instituições financeiras. Esse processo de intermediação financeira é causa importante do forte senso de liquidez que predominou nos mercados financeiros durante um quarto de século. Se as taxas de juros começarem a subir e se os preços dos ativos caírem em grande escala, o "excesso" de liquidez secará, talvez até com muita rapidez. Lembre-se, o valor de mercado de um título gerador de renda é o fluxo esperado de renda futura, trazido a valor presente por um fator de desconto que muda de acordo com a euforia ou com o medo do mercado, assim como com base em projeções mais racionais do futuro. São esses julgamentos que determinam o nível de riqueza da sociedade. Grandes instalações industriais, torres de escritórios e até casas têm valor apenas na medida em que os participantes do mercado avaliam seu uso futuro. Caso se concluísse que o mundo acabaria em uma hora, todos os símbolos de riqueza seriam considerados sem valor. Algo muito longe do juízo final – como, por exemplo, mais algumas pitadas de incerteza no conjunto de nossos futuros possíveis – será suficiente para que os participantes do mercado baixem seus preços e atribuam menor valor aos ativos reais. Nada precisa acontecer fora de nossas cabeças. O valor depende da percepção dos avaliadores.

Preocupação correlata nos mercados financeiros é a grande e contínua acumulação de títulos do Tesouro dos Estados Unidos por bancos centrais estrangeiros, principalmente na Ásia. Os participantes do mercado receiam o impacto sobre as taxas de juros e sobre as taxas de câmbio do dólar, se e quando esses bancos centrais pararem de comprar bônus americanos ou, pior ainda, tentarem vender grandes blocos de suas carteiras. Essa acumulação é, em grande parte, conseqüência do empenho, principalmente da China e do Japão, em conter suas taxas de câmbio, para fomentar as exportações e o crescimento econômico. Entre fins de 2001 e março de 2007, a China e o Japão, em conjunto, acumularam US$1,5 trilhão em divisas, das quais quatro quintos parecem ser créditos em dólar – ou seja, posições em títulos do Tesouro dos Estados Unidos, em *agency securities* e em outros créditos de curto prazo, inclusive eurodólares.*

Na hipótese de desaceleração da taxa de acúmulo ou no caso de liquidação dos ativos já existentes, decerto haverá pressão para baixo sobre a taxa de câmbio do dólar e pressão para cima sobre a taxa de juros de longo prazo nos Estados Unidos. Porém, os mercados de câmbio das principais moedas se tornaram tão líquidos que mesmo vastas operações cambiais necessárias à implementação de grandes transferências internacionais de depósitos em dólar americano exercem efeitos não muito

*A China anunciou um programa para diversificar parte de suas enormes reservas em moeda estrangeira (1,2 trilhão em dólares e em outros ativos não denominados em dólar, pelo valor equivalente em dólar).

significativos sobre os mercados. Quanto às taxas de juros, é provável que a extensão do aumento seja inferior à que receiam muitos analistas, decerto menos que um ponto percentual e talvez até algo bem inferior. A liquidação de títulos do Tesouro dos Estados Unidos por bancos centrais (ou por qualquer participante do mercado) não muda o saldo total da dívida do Tesouro dos Estados Unidos. Nem o valor dos títulos ou de outros ativos que os bancos centrais comprem com o produto da venda. Tais transações são swaps, ou permutas, que afetam o spread entre dois títulos, mas não influenciam necessariamente o nível geral das taxas de juros. É semelhante à troca de moedas.*

O impacto de um swap, envolvendo grande bloco de títulos do Tesouro americano, por um banco central (ou por qualquer outro participante), sobre os spreads das taxas de juros depende do tamanho dos portfolios dos outros investidores e, muito importante, das proporções desses investimentos, que são substitutos próximos de títulos do Tesouro, em termos de vencimento, moeda de emissão, liquidez e risco de crédito. Os titulares desses substitutos próximos, como bônus de empresas AAA e títulos baseados em hipotecas, podem ser induzidos a permutá-los por títulos do Tesouro, sem grande impacto sobre os mercados.

O mercado financeiro internacional ficou tão grande e líquido** que o impacto da venda de dezenas de bilhões de títulos do Tesouro, talvez até de centenas de bilhões, não seria suficiente para provocar crises nos mercados. Nos anos recentes, várias foram as evidências da capacidade do mercado de absorver grandes transferências de títulos do Tesouro dos Estados Unidos. Por exemplo, as autoridades monetárias japonesas, depois de terem acumulado quase US$40 bilhões por mês em moedas estrangeiras, principalmente em títulos do Tesouro dos Estados Unidos, entre o verão de 2003 e princípios de 2004, interromperam abruptamente as compras, em março de 2004. No entanto, é difícil encontrar traços significativos dessa mudança repentina, seja nos preços das notas de dez anos do Tesouro dos Estados Unidos, seja na taxa de câmbio dólar-iene. Antes, as autoridades japonesas já haviam adquirido US$20 bilhões em títulos do Tesouro dos Estados Unidos, *num único dia*, com pouco resultado.

---

*Esses swaps são muito diferentes das liquidações de ações, cujos valores estejam em queda em conseqüência da expectativa de lucros menores no futuro. Nesse caso, o valor total das ações diminui. Não há compensação. Não é um swap ou permuta.

**O total das posições em moeda estrangeira detidas por bancos centrais e por portfolios do setor privado em ativos líquidos estrangeiros no exterior era de quase US$50 trilhões, em princípios de 2007, de acordo com o Banco de Compensações Internacionais e com o Fundo Monetário Internacional. Os passivos de empresas não-financeiras também são substitutos dos títulos do Tesouro americano, provavelmente com pequenas concessões de preços. Tais passivos, sem contar as posições no exterior, só dos Estados Unidos e do Japão, chegavam a US$33 trilhões, em fins de 2006.

Embora seja admissível que, como ingrediente de crise financeira decorrente de outras razões, grandes liquidações de posições em títulos do Tesouro dos Estados Unidos por bancos centrais estrangeiros possam provocar alguma desordem, vejo até isso como prolongamento da situação.

Mas os medos financeiros não ficam apenas nisso. Junto com o aumento drástico de liquidez, desde princípios da década de 1980, também se desenvolveram tecnologias que, como já vimos, criaram condições para a difusão revolucionária do risco pelos mercados financeiros. Três ou quatro décadas atrás, os mercados negociavam apenas com ações e bônus. Os derivativos financeiros eram poucos e simples. Mas, com o advento da capacidade de realizar negociações vinte e quatro horas por dia, em tempo real, nos mercados globais interligados, desenvolveram-se instrumentos derivativos, obrigações de dívidas garantidas e outros produtos complexos, capazes de dispersar o risco entre produtos financeiros, entre áreas geográficas e no tempo. Embora a Bolsa de Valores de Nova York seja hoje presença menos importante nas finanças globais, seu volume de negociações aumentou de vários milhões de ações por dia, na década de 1950, para quase dois bilhões de ações por dia nos últimos anos. No entanto, à exceção de espasmos financeiros, como o crash do mercado de ações, em outubro de 1987, e as crises traumáticas de 1997-98, os mercados parecem ajustar-se sem grandes sobressaltos de uma hora para a outra, de um dia para o outro, como que orientados por uma espécie de "mão invisível internacional", caso eu possa parafrasear Adam Smith. O que está acontecendo é que milhões de operadores em todo o mundo tentam comprar ativos subavaliados e vender os que parecem estar valorizados demais. Trata-se de processo que melhora continuamente a eficiência do direcionamento de poupanças escassas para os investimentos mais produtivos. Tal processo, longe de sua caracterização por críticos populistas como especulação cega, é fator importante para o aumento da produtividade e para a melhoria dos padrões de vida dos países. No entanto, a busca constante de vantagens pelos operadores promove continuamente o equilíbrio da oferta e da demanda, em ritmo rápido demais para a compreensão humana. Assim, por uma questão de necessidade, as negociações estão ficando cada vez mais computadorizadas e a gritaria tradicional nas salas de negociações das bolsas de ações e de mercadorias está sendo substituída rapidamente por algoritmos de computadores. A queda dos custos das informações mudará a natureza da economia americana. Com os bancos de investimentos, os fundos de hedge e os fundos de private equity, todos buscando nichos que ofereçam rendimentos superiores às taxas de retorno ajustadas ao risco, as diferenças entre essas instituições se tornarão cada vez menos nítidas. O mesmo ocorrerá com a linha definidora entre empresas não-financeiras e bancos comerciais, da mesma maneira como já desapareceu em grande parte a distinção entre atividades financeiras e atividades comerciais.

Os mercados se tornaram demasiado grandes, complexos e rápidos para se sujeitarem aos tipos de regulamentação e de supervisão do século XX. Não admira que esse gigante financeiro globalizado não seja compreendido, na plenitude, nem mesmo pelos mais sofisticados participantes do mercado. Os reguladores do mercado financeiro estão incumbidos de supervisionar um sistema muito mais complexo que o existente quando se elaboraram de início as normas que hoje governam os mercados financeiros. Hoje, a fiscalização dessas transações é feita basicamente por meio da chamada vigilância pela contraparte, exercida por cada participante do mercado. Cada credor, para proteger seus acionistas, fica atento às posições de investimento de seus clientes. É até possível que os reguladores ainda finjam exercer supervisão, mas seus recursos são muito menores e continuam em declínio.

Durante dezoito anos, meus colegas do Conselho de Governadores e eu presidimos boa parte desse processo no Fed. Apenas recentemente, eu, e acho que muitos de meus colegas, constatamos que o poder de regulação por vias administrativas estava perdendo a força. Concluíamos cada vez mais que teríamos de confiar na vigilância pela contraparte para executar o grosso da regulação dos mercados. Como os mercados se tornaram complexos demais para admitirem a intervenção humana eficaz, as políticas anticrises mais promissoras são aquelas que preservam o máximo da flexibilidade do mercado, garantindo a liberdade de ação dos principais participantes do mercado, como fundos de hedge, fundos de private equity e bancos de investimentos. A eliminação das ineficiências dos mercados financeiros criam condições para que os mercados livres, dotados de liquidez, cuidem dos desequilíbrios. O objetivo dos fundos de hedge e de outras instituições é ganhar dinheiro, mas sua atuação elimina as ineficiências e os desequilíbrios e, assim, reduzem o desperdício das poupanças escassas. Essas instituições, portanto, contribuem para o aumento dos níveis de produtividade e para a melhoria geral dos padrões de vida.

Muitos críticos não se sentem tranqüilos com essa confiança na mão invisível. Como precaução e garantia adicional, perguntam, será que as autoridades financeiras do mundo, como os ministros das finanças e os presidentes de bancos centrais dos principais países, não deveriam tentar regulamentar esse novo mercado global gigantesco? Mesmo que a regulamentação internacional não produza grandes benefícios, também não será perniciosa. Mas, na verdade, seu potencial de danos é elevado. A regulamentação, por sua própria natureza, inibe a liberdade dos mercados. E é essa capacidade de agir de maneira espontânea e com grande rapidez que promove o reequilíbrio dos mercados. Quando se compromete essa liberdade, também se ameaça todo o processo de reequilíbrio do mercados. Nunca conhecemos, evidentemente, todos os milhões de transações que se realizam todos os dias, da mesma maneira como um piloto de um B-2 da Força Aérea dos Estados Unidos não conhece, *nem precisa conhecer*, os milhões de ajustes automáticos que os computadores de bordo efetuam em frações de segundos para manter no ar a aeronave.

No mundo de hoje, não vejo como poderia ser útil o aumento da regulamentação governamental. As coletas de dados sobre os balanços patrimoniais dos fundos de hedge, por exemplo, seria inútil, uma vez que tais dados estariam obsoletos antes que secasse a tinta dos relatórios. Será que deveríamos desenvolver sistemas de informações globais sobre as posições dos fundos de hedge e de private equity para identificar possíveis concentrações perigosas que sugerissem riscos de implosões financeiras? Lido com relatórios dos mercados financeiros há quase seis décadas. Eu não seria capaz de julgar, com base em tais relatórios, se possíveis convergências de posições não seriam simples reflexo da atuação espontânea e normal dos mercados no cumprimento de sua missão – eliminar os desequilíbrios do sistema – ou se algumas negociações perigosas não estariam em formação. E eu ficaria surpreso se *alguém* se considerasse capaz de tal discernimento.

Decerto, a "mão invisível" pressupõe que os participantes do mercado atuem em defesa de seus interesses próprios e o fato é que, em certas ocasiões, eles assumem riscos insensatos. Por exemplo, fiquei chocado com a revelação recente de que os dealers de swap de default estavam assumindo grandes riscos ao não manterem registros detalhados dos compromissos legais decorrentes de suas transações no mercado de balcão. No caso de mudanças de preços significativas, conflitos sobre os termos dos contratos poderiam gerar graves crises desnecessárias.* Esse episódio foi um problema não de risco de preço de mercado, mas de risco operacional – ou seja, risco associado a falhas na infra-estrutura que possibilita o funcionamento dos mercados.

É importante lembrar que os ciclos econômicos, que não estão mortos, embora tenham ficado mudos ao longo das duas últimas décadas, preponderam sobre as forças de mercado mais duradouras já analisadas. Poucas são as dúvidas de que o surgimento de programas de estoques just-in-time e o aumento da produção de serviços reduziram em muito a amplitude das variações do PIB. Mas a natureza humana não muda. A história está repleta de ondas de entusiasmo e de desespero au-

*Felizmente, com a ajuda do banco do Federal Reserve de Nova York, esse problema específico está sendo resolvido.

to-alimentantes, conseqüências de características humanas inatas que não estão sujeitas à curva de aprendizado. Essas ondas se refletem nos ciclos de negócios.

Em conjunto, os problemas financeiros com que nos defrontaremos no próximo quarto de século não produzem o mais agradável dos cenários. Entretanto, já enfrentamos situações muito mais difíceis. Nenhum deles comprometerá para sempre nossas instituições, nem mesmo é de esperar que derrubem a economia americana de sua posição de liderança mundial. Na verdade, é provável que numerosos desafios financeiros que hoje inspiram medo venham a ser resolvidos com muito menos impacto do que se receia sobre a atividade econômica dos Estados Unidos. Afirmei no Capítulo 18 que a evolução do atual déficit em conta-corrente dos Estados Unidos não deverá exercer grande impacto sobre a atividade econômica nem sobre os níveis de emprego. O medo de que a liquidação de parcela considerável das enormes reservas em moeda estrangeira da China e do Japão acarretará grande aumento nas taxas de juros dos Estados Unidos, além da queda das taxas de câmbio do dólar, também é exagerado.

Pouco podemos fazer para evitar a atenuação das forças desinflacionárias globais. Encaro esse fato como volta à normalidade da moeda fiduciária, não como aberração. Além disso, temos a capacidade de mitigar em muito alguns dos aspectos mais assustadores do cenário que delineei acima. Primeiro, o presidente e o Congresso não devem interferir nos esforços do Federal Open Market Committee – FOMC para conter as inevitáveis pressões inflacionárias que acabarão surgindo (os membros não precisarão de estímulos). A política monetária é capaz de estimular a estabilidade de preços do padrão-ouro. Para tanto, será necessário aumentar as taxas de juros. No entanto, o Fed de Volcker demonstrou que isso possível.

Segundo, o presidente e o Congresso devem empenhar-se para não comprometer a flexibilidade econômica e financeira que permitiu à economia americana absorver os choques de 11 de setembro. Os mercados devem continuar livres para atuar sem as restrições administrativas – sobretudo as referentes a salários, preços e taxas de juros – que os incapacitaram no passado. Esse aspecto é muito importante num mundo caracterizado por grandes fluxos de recursos, por enormes volumes de comércio e por mercados que se tornam inevitavelmente opacos, em conseqüência de sua complexidade crescente. Choques econômicos e financeiros decerto ocorrerão: a natureza humana, com seus medos e fobias, sempre será uma incógnita. Uma vez que, como no passado, será difícil prever os choques daí resultantes, a capacidade de absorvê-los é fundamental para a estabilidade da produção e do emprego.

A supervisão e a regulamentação ativas – modelo financeiro do século XX – se tornaram impossíveis em face do volume e da complexidade dos mercados do século XXI. Apenas nas áreas de riscos operacionais e de prevenção de fraudes os princípios da regulamentação do século XX permanecem intactos. Ainda se precisa de muita regulamentação para garantir que negócios de grande volatilidade e de alto risco sejam financiados por investidores profissionais afluentes, não pelo grande público. Os esforços para monitorar e influenciar o comportamento de mercados que se movimentam em velocidades supersônicas estão condenados ao fracasso. A supervisão pelo setor público já não é mais capaz dessa tarefa. Os exércitos de analistas que seriam necessários para exercer a fiscalização solapariam, por sua própria atuação, a flexibilidade financeira tão essencial ao nosso futuro. As falhas do mercado são exceções raras e suas conseqüências podem ser mitigadas por um sistema econômico e financeiro flexível.

Quaisquer que sejam as condições da economia americana em 2030, ela deverá estar muito maior, a não ser no caso de longas crises inesperadas – 75% maior em termos reais que hoje. Além disso, sua produção será de natureza muito mais abstrata. Tudo indica que atividade econômica manterá a tendência duradoura de afastar-se da produção de bens e serviços baseados no trabalho manual e em recursos naturais para concentrar-se na agregação de valor intangível que associamos à economia digital. Hoje, precisa-se de muito menos material físico para gerar uma unidade de produto do que uma geração atrás. Com efeito, o volume de materiais e combustíveis consumidos no processo produtivo ou incorporados ao produto aumentou muito pouco nos últimos cinqüenta anos. A produção americana não chega a ficar *mais leve*, mas está perto disso.

Cabos delgados de fibra óptica, por exemplo, substituíram enormes volumes de fios de cobre. Novas tecnologias de arquitetura, de engenharia e de materiais permitem a construção de prédios com a mesma área e com muito menos material que há cinqüenta ou cem anos. Os telefones celulares não só diminuíram de tamanho, mas também se transformaram em dispositivos de comunicação multitarefas. O movimento ao longo das últimas décadas rumo à produção de serviços que exigem poucos insumos físicos também tem sido importante fator contributivo para o aumento marcante no índice entre o valor do PIB em dólares constantes e a tonelagem de insumos.

Quando se compara o valor em dólar do produto interno bruto – ou seja, o valor de mercado de todos os bens e serviços produzidos – de 2006 com o PIB de

1946, depois do ajuste pela inflação, o PIB do país presidido por George W. Bush é sete vezes maior que o da época de Harry Truman. No entanto, o peso dos insumos materiais necessários para gerar a produção de 2006 é apenas um pouco maior que o dos itens físicos exigidos em 1946. Isso significa que quase todo o aumento real da produção total do país reflete a incorporação de idéias.

A mudança dramática na última metade de século para o menos tangível e o mais conceitual – o peso físico que a economia perdeu – decorre de várias causas. O desafio de acumular bens físicos num ambiente geográfico cada vez mais congestionado sem dúvida gerou pressões para reduções de tamanho e de espaço. Do mesmo modo, as perspectivas de dificuldades crescentes para descobrir, desenvolver e processar quantidades cada vez maiores de recursos físicos em terrenos menos amenos elevou os custos marginais e forçou os produtores a adotar alternativas de menor porte. Além disso, à medida que a fronteira tecnológica avançava, forçando a aceleração do processamento de informações, as leis da física exigiam que os microprocessadores se tornassem cada vez mais compactos.

A nova economia dos tamanhos reduzidos opera de maneira diferente da de sua antecessora. No caso típico de produtos manufaturados, o custo incremental do aumento da produção em uma unidade acaba aumentando com a expansão da produção. No reino dos produtos conceituais, contudo, a produção geralmente se caracteriza por custos marginais constantes e, em geral, desprezíveis. Embora o investimento inicial na criação de um dicionário médico on-line, por exemplo, talvez seja enorme, o custo de reprodução e distribuição será de quase zero, se o meio for a Internet. O desenvolvimento de uma plataforma eletrônica para a transmissão de idéias a custo marginal desprezível é, sem dúvida, fator importante para explicar os aumentos mais recentes na conceitualização do PIB. A demanda por produtos conceituais é muito menos inibida pelo aumento dos custos marginais e, portanto, pelos preços, que a demanda por produtos físicos.

Os altos investimentos na criação de software, ao lado de custos de produção e de distribuição desprezíveis, se via on-line, tendem a favorecer a formação de monopólios naturais – bens ou serviços que são fornecidos com mais eficiência por uma empresa. As bolsas de valores são exemplos óbvios. É mais eficiente concentrar todas as negociações com determinada ação em um único mercado. Os spreads bid-ask, entre preços de compra e preços de venda, se estreitam e os custos de transação diminuem. Na década de 1930, a Alcoa era a única empresa americana produtora de alumínio bruto. Ela manteve o monopólio, repassando para os clientes, através de preços cada vez mais baixos, quase todos os seus aumentos de eficiência.

Os concorrentes potenciais não eram capazes de obter taxas de retorno aceitáveis se tivessem de concorrer com os baixos preços da Alcoa.*

A versão atual desse pretenso monopólio natural é a Microsoft, cujo domínio em sistemas operacionais de computadores pessoais é formidável. Entrar em determinado mercado como pioneiro, com capacidade para definir os padrões de um novo setor, afasta a entrada de concorrentes potenciais. A formação e a preservação desse efeito de bloqueio são, assim, excelente estratégia de negócios em nosso novo mundo digital. Não obstante essa vantagem, o monopólio natural da Microsoft já se mostrou longe de absoluto. O domínio de seu sistema operacional Windows tem sido erodido pelos produtos concorrentes da Apple e pelo software Linux, de fonte aberta. Os monopólios naturais acabam sendo rompidos por avanços tecnológicos e por novos paradigmas.

As estratégias começam e acabam, mas o objetivo competitivo supremo é sempre o mesmo: obter a maior taxa de retorno possível, ajustada ao risco. A competição efetivamente funciona, qualquer que seja a estratégia, desde que em mercados livres e abertos. As políticas em defesa da concorrência, que, em minha opinião, nunca foram ferramenta eficaz como requisito para a livre competição, estarão ainda mais obsoletas na nova era digital do século XXI, em que a inovação é capaz de transformar da noite para o dia enorme gorila ameaçador em pequeno filhote de chimpanzé.**

A tendência no sentido de produtos conceituais está aumentando de maneira irreversível a ênfase na propriedade intelectual e em sua proteção – outra seara legislativa que provavelmente estará sujeita a questionamentos. O Conselho de Assessores Econômicos do presidente dos Estados Unidos, em princípios de 2006, salientou que a produção de setores "altamente dependentes de patentes... e de proteção de direitos autorais", como indústria farmacêutica, tecnologia da infor-

*Diz-se com freqüência que muitas empresas efetivamente reduzem os preços na tentativa de expulsar os concorrentes do negócio. No entanto, a não ser que seus custos sejam persistentemente mais baixos que os dos concorrentes, a estratégia está condenada ao fracasso. Aumentar os preços depois que os concorrentes se afastam do mercado é, de fato, falta de visão. Apesar das alegações de ser prática comum, vi muito poucas dessas tentativas em minhas seis décadas como observador dos mercados. Trata-se, na verdade, de maneira eficaz de perder clientes.

**Nos Estados Unidos, as políticas em defesa da concorrência nasceram no século XIX e evoluíram e se converteram em legislação no século XX, como reação a acusações de manipulação de preços e de outras transgressões contrárias à visão então dominante sobre o funcionamento dos mercados. Sempre achei que o modelo competitivo adotado pelos tribunais no julgamento de infrações não era o que maximizava a eficiência econômica. Receio que a aplicação desse modelo do século XX aos mercados do século XXI será ainda mais contraproducente. A liberação dos mercados mediante a retirada de subsídios e da legislação antitruste sempre foi, para mim, a política mais eficaz para garantir a livre concorrência.

mação, software e comunicações, respondeu por quase um quinto da atividade econômica dos Estados Unidos, em 2003. O Conselho também estimou que um terço do valor de mercado das empresas americanas com ações negociadas em bolsas de valores, em setembro de 2005, era atribuível à propriedade intelectual; desse terço, software e outros produtos protegidos por direitos autorais representavam quase dois quintos; patentes, um terço; e segredos comerciais, o restante. É quase certo que a participação da propriedade intelectual no valor do mercado de ações é muito maior que sua participação na atividade econômica. Os setores com elevada proporção de propriedade intelectual são também as indústrias em mais rápido crescimento da economia americana. Não vejo entraves para que a participação da propriedade intelectual no PIB seja mais alta em 2030.*

Antes da Primeira Guerra Mundial, os mercados nos Estados Unidos basicamente não eram inibidos pela regulamentação do governo, mas contavam com a proteção dos direitos de propriedade, que, naquela época, em grande parte eram representados por bens físicos. A propriedade intelectual – patentes, direitos autorais e marcas registradas – eram componente muito menos importante da economia. Uma das invenções mais significativas do século XIX foi a máquina descaroçadora de algodão: talvez tenha sido sinal dos tempos o fato de o seu desenho nunca ter sido efetivamente protegido.

Apenas nas últimas décadas, à medida que a produção econômica dos Estados Unidos se tornava predominantemente conceitual, as questões relacionadas com a proteção dos direitos de propriedade intelectual passaram a ser vistas como fontes significativas de incerteza nos negócios. Em parte, essa incerteza decorre do fato de a propriedade intelectual ser diferente, sob muitos aspectos importantes, da propriedade física. Como os ativos físicos têm existência material, é mais fácil defendê-los por meio de forças policiais ou de segurança privada. Em contraste, a propriedade intelectual pode ser roubada com a simples publicação de uma idéia sem a permissão do autor. Também é significativo o fato de o uso de uma idéia por alguém não a tornar indisponível para o uso simultâneo por outras pessoas.

De maneira ainda mais objetiva, as novas idéias, que são os fundamentos da propriedade intelectual, quase sempre se baseiam em velhas idéias, formando uma rede de influências cujo rastreamento é difícil ou impossível. Sob uma perspectiva econômica, daí decorrem as razões para garantir a livre disponibilidade do cálculo

*A área em cuja participação no PIB provavelmente ocorrerá a maior redução até 2030 deverá ser a de manufatura (exclusive a de alta tecnologia). Além disso, a continuidade do crescimento da produtividade reduzirá ainda mais o número de empregos em manufatura.

diferencial e integral ou infinitesimal, desenvolvido de início por Newton e Leibniz, não obstante seus insights tenham contribuído de maneira imensurável para a riqueza de sucessivas gerações. Será que a lei deveria ter amparado as reivindicações de Newton e Leibniz da mesma maneira como garante os direitos dos proprietários de terras? Ou será que a lei deveria mesmo ter permitido o livre acesso a esses insights a quem se basearia neles para desenvolver outras inovações, com o objetivo de maximizar a riqueza da sociedade como um todo? Será que todos os direitos de propriedade são inalienáveis ou será que devem conformar-se com a realidade que os condiciona?

Essas questões atormentam economistas e juristas, pois envolvem princípios fundamentais que norteiam a organização da economia moderna e, em conseqüência, da sociedade. Não importa que se proteja a propriedade intelectual como direito inalienável ou como privilégio outorgado pelos Estados soberanos, tal proteção sempre envolve escolhas, com implicações cruciais para o equilíbrio entre os interesses dos inovadores e dos beneficiários da inovação.

Como libertário, sinto-me atraído pela conclusão inicial de que, se alguém cria uma idéia, ele ou ela deve desfrutar do direito de propriedade sobre sua criação. No entanto, o criador de uma idéia automaticamente desfruta de seu uso. Portanto, a pergunta é: Será que outras pessoas devem ser impedidas de usar a idéia? É pelo menos concebível que, se os direitos de uso exclusivo de idéias se acumularem o bastante, ao longo de sucessivas gerações, alguma nova geração no futuro distante já poderá explorar todas as idéias necessárias à sobrevivência, sem necessidade de permissão por seus antigos titulares. Sem dúvida, a proteção dos direitos de alguém não pode prejudicar o direito à vida de outrem (como seria nesse caso), sob pena de o magnífico edifício dos direitos individuais desabar sob o peso de contradições internas. Embora remoto, esse cenário, não obstante, demonstra que, se a proteção pelo Estado de *algumas* criações intelectuais pode violar direitos alheios e, portanto, se configurar como indevida, conclui-se ser possível que algumas criações intelectuais não devam ser protegidas. Quando se transgride um princípio geral, qual será o desfecho? Na prática, evidentemente, apenas pequeno segmento da criação intelectual tem sido objeto de proteção sob os construtos legais das patentes, dos direitos autorais e das marcas registradas.

No caso da propriedade física, consideramos inquestionável que o direito de propriedade deve perdurar tanto quanto o próprio objeto.* No caso de idéias, con-

*Na prática, a lei comum inglesa permite a concessão de propriedade a pessoas vivas, mas não às futuras gerações, o que, na verdade, atribuiria à propriedade o caráter de perpetuidade.

tudo, optamos por promover diferente tipo de equilíbrio, em reconhecimento ao caos que decorreria da necessidade de rastrear todas as idéias que tenham contribuído para determinado empreendimento e de pagar royalties ao criador de cada uma. Em vez de adotar essa abordagem obviamente inviável, os americanos optaram por seguir o precedente da lei comum inglesa e impor limites temporais aos direitos de propriedade intelectual.

Mas será que estamos conseguindo o equilíbrio certo? A maioria dos participantes do debate sobre propriedade intelectual adota um critério pragmático: A proteção é bastante ampla para estimular a inovação, mas não tão ampla a ponto de impedir inovações subseqüentes? A proteção é vaga a ponto de gerar incertezas que aumentam os prêmios de risco e o custo de capital?

Quase quatro décadas atrás, o jovem Stephen Breyer resumiu o dilema, citando *Hamlet*. Em trabalho publicado na *Harvard Law Review*, o futuro juiz da Suprema Corte observou:

> É difícil não assumir posição ambivalente a respeito da questão sobre se a atual proteção dos direitos autorais – considerada como um todo – se justifica. Poderia comparar-se essa posição com a do professor Machlup, que, depois de estudar o sistema de patentes, concluiu: "Nenhuma das evidências empíricas de que dispomos e nenhum dos argumentos teóricos já apresentados confirma ou refuta a crença de que o sistema de patentes promoveu o progresso das artes técnicas e a produtividade da economia." A posição sugere que o argumento em favor dos direitos autorais referentes a livros se fundamenta não em necessidade comprovada, mas, sim, na incerteza quanto às conseqüências de se eliminar a proteção. É até possível que se considerem pequenos os riscos de danos, mas, seja como for, o mundo sem direitos autorais é "país desconhecido", que "nos baralha a vontade, / E nos faz suportar os males que temos / Em vez de voar para o que não conhecemos".

Até que ponto o sistema vigente – desenvolvido para um mundo em que predominavam ativos físicos – é adequado para uma economia em que o valor cada vez mais decorre de idéias, não de capital tangível? Em tese, a questão econômica em si mais importante com que se defrontarão nossos legisladores e magistrados nos próximos vinte e cinco anos é o esclarecimento das normas da propriedade intelectual.

Em síntese, o que podemos extrair dessa nossa tentativa de perscrutar o futuro? Deixando de lado os fatores imprevisíveis – uma explosão nuclear em solo americano, uma pandemia de gripe, o ressurgimento dramático do protecionismo ou a falta de concordância quanto a uma solução não-inflacionária para o desequilíbrio fiscal do Medicare são apenas alguns exemplos – os Estados Unidos em 2030 tende a apresentar as seguintes características:

1. PIB real três quartos mais alto que o de 2006.
2. Continuidade do processo de imaterialização do PIB dos Estados Unidos e importância crescente da legislação e jurisprudência sobre propriedade intelectual.
3. Um Federal Reserve System que se defrontará com o desafio das pressões inflacionárias e das políticas populistas, áreas que têm sido relativamente tranqüilas nos últimos anos.

Se o Fed não tiver liberdade para combater as forças inflacionárias, é provável que os Estados Unidos se deparem com:

4. Núcleo de inflação bem acima dos 2,2% de 2006.
5. Nota do Tesouro de dez anos com rendimento próximo de dois dígitos, antes de 2030, em comparação com menos de 5%, em 2006.
6. Spreads de risco e prêmios de risco das ações bem superior aos de 2006, e
7. Portanto, rendimento das ações mais alto que em 2006 (resultado da projeção para o próximo quarto de século de aumentos menores nos preços dos ativos até 2030) e, em conseqüência, taxas de desconto mais baixas na avaliação de imóveis pelo método da renda.

Voltando-se para as perspectivas referentes ao resto do mundo, o Reino Unido tem desfrutado de notável renascença desde a contribuição decisiva de Margaret Thatcher para a liberalização dos mercados competitivos ingleses a partir da década de 1980. O sucesso foi enorme e, reconheçam-se seus méritos, o "Novo Trabalhismo", sob a liderança de Tony Blair e Gordon Brown abraçou as novas liberdades, o ethos socialista fabiano do partido com nova ênfase na oportunidade. A Inglaterra passou a receber de bom grado os investimentos estrangeiros e as aquisições de ícones empresariais britânicos. O atual governo reconheceu que, afora as questões de segurança e de orgulho nacionais, a nacionalidade dos acionistas das empresas inglesas tem pouco impacto sobre o padrão de vida do cidadão médio.

Hoje, Londres é, em tese, líder mundial em finanças transfronteiriças, embora Nova York, ao financiar boa parte da vasta economia dos Estados Unidos, continue sendo a capital financeira do mundo. A restauração do domínio que Londres exercia sobre os mercados internacionais no século XIX começou em 1986, com o "Big Bang", que promoveu intensa desregulamentação das finanças britânicas, sem perspectivas de recidiva. Tecnologias criativas melhoraram drasticamente a eficácia com que se alocam as poupanças globais para financiar os investimentos globais em fábricas e equipamentos. Essa melhoria da produtividade do capital tem sido fonte de aumento de renda para a expertise financeira e de prosperidade para as atividades financeiras do Reino Unido. A grande arrecadação tributária daí decorrente está sendo usada pelo governo Trabalhista para combater a desigualdade de renda que é subproduto inevitável da competição financeira cada vez mais baseada na tecnologia.

O PIB *per capita* do Reino Unido se distanciou recentemente do da Alemanha e da França. A situação demográfica da Inglaterra não é tão assustadora quanto a da Europa Continental, embora a educação das crianças apresente muitas das deficiências do sistema americano. Se a Grã-Bretanha prosseguir em sua nova abertura (expectativa altamente razoável), é provável que se dê bem no mundo de 2030.

As perspectivas da Europa Continental continuarão incertas enquanto não chegar à conclusão de que não poderá manter Estados de bem-estar social baseados no sistema de bases correntes, forma de financiamento que exige populações crescentes. Com taxas de natalidade bem abaixo das taxas de reposição natural, sem perspectivas de recuperação do crescimento demográfico, a força de trabalho da Europa Continental, se não for aumentada por novo influxo de trabalhadores imigrantes, está fadada ao declínio, com o agravamento do índice de dependência de idosos. No entanto, o apetite da Europa por aumento da imigração parece limitado. Para combater tudo isso, a taxa de crescimento da produtividade da Europa teria de acelerar para um ritmo que hoje parece inalcançável. Reconhecendo o problema, o Conselho Europeu, em 2000, aprovou um programa ambicioso, a Agenda de Lisboa, com o objetivo de promover o avanço do estado da tecnologia do continente para o nível de liderança mundial. Mas o programa definhou e desde então está em compasso de espera. Sem a aceleração do crescimento da produtividade, será difícil para a Europa manter o papel dominante que exerceu na economia mundial desde o fim da Segunda Guerra Mundial. No entanto, o surgimento de novos líderes na França, na Alemanha e na Inglaterra pode ser o sinal de que a Europa fortalecerá seu compromisso com os objetivos da Agenda de Lisboa. A aparente convergência de muitas das perspectivas econômicas de Nicolas Sarkozy, Angela Merkel e Gordon Brown tornam mais provável o ressurgimento europeu.

O futuro demográfico do Japão parece ainda menos promissor que o da Europa. O Japão opõe grandes obstáculos à imigração, a não ser de pessoas com ascendência japonesa. Como o nível de tecnologia do país já é de classe mundial, supõe-se que seu potencial de crescimento da produtividade seja limitado, assim como o dos Estados Unidos. Muitos analistas prevêem que o Japão perderá o status de segunda maior economia do mundo (com base no critério de taxas de câmbio de mercado) em algum momento antes de 2030. Provavelmente, os japoneses não vêem com bons olhos essa hipótese e tendem a fazer alguma coisa para evitá-la. Em todo o caso, o Japão manterá o status de país rico e de grande potência tecnológica e financeira.

A Rússia tem vultosos recursos naturais, mas também enfrenta os problemas de uma população em declínio e, como observei no Capítulo 16, corre o risco de contrair a doença holandesa, que contaminaria a atividade econômica fora da área de energia. A adoção alvissareira do império da lei e do respeito pelos direitos de propriedade cedeu espaço, sob Vladimir Putin, à aplicação seletiva da lei, com base em expedientes nacionalistas e oportunistas, negação da própria base do império da lei. Graças a seus recursos energéticos, a Rússia continuará sendo importante ator no cenário econômico global. Porém, a não ser que restaure o império da lei, o país dificilmente construirá uma economia de classe mundial. Se os recursos energéticos da Rússia perdurarem por muito tempo e seus preços se mantiverem altos, o PIB *per capita* do país continuará a crescer. Mas esse indicador da Rússia corresponde a menos de um terço (medido em paridade do poder de compra) do dos Estados Unidos, razão por que a Rússia ainda tem um longo caminho pela frente antes de juntar-se ao clube dos países desenvolvidos.

A Índia desfruta de vasto potencial, se rejeitar o capitalismo fabiano que herdou dos ingleses. Foi o que fez na área de serviços de alta tecnologia, de classe mundial, voltados para exportação. Mas essa semente de modernidade é apenas parte diminuta na difusa economia da Índia. Mesmo que prosperem alguns setores de serviços associados ao turismo, nada menos que três quintos da força de trabalho da índia labuta na agricultura improdutiva. Embora a Índia seja uma democracia admirável – a maior do mundo – sua economia, apesar das reformas importantes que se iniciaram na década de 1990, continua padecendo do peso da burocracia. Sua taxa de crescimento econômico nos anos recentes se situa entre as mais altas do mundo, mas ela parte de uma base muito baixa. Com efeito, o PIB *per capita* da Índia, quatro décadas atrás, era igual ao da China, mas hoje é inferior à metade daquele e a distância continua aumentando. É possível que a Índia possa realizar reformas radicais como a China e tornar-se proeminente na economia mundial. No entanto, no momento em que se escreve esta página, sua política parece estar conduzindo o país em rumos desalentadores. Felizmente, embora o enclave do século XXI na Índia ainda seja pequeno, seu brilho é intenso demais para ser ignorado. As idéias realmente são importantes. E o país parece destinado a ser atraído por idéias do século XXI, assim como o foi por tecnologias do século XXI. A Índia talvez considere útil seguir o exemplo dos ingleses, cuja evolução dá a impressão de ter fundido os princípios do livre mercado do Iluminismo com a sensibilidade dos fabianos.

Entre os desafiadores da liderança econômica mundial dos Estados Unidos, a populosa China será a principal ameaça em 2030. No século XIII, a China era mais próspera que a Europa. Ela perdeu o rumo durante muitos séculos, até iniciar extraordinário renascimento, quando promoveu reformas de grande escala, praticamente da noite para o dia. A conversão para o livre mercado, primeiro na agricultura, depois na indústria e, finalmente, com a abertura para o comércio e para as finanças internacionais, lançou essa velha civilização no caminho para a maior liberdade política. Não importa qual seja a retórica oficial, a substancial redução de poder de uma para outra geração de líderes alimenta a esperança de que uma China mais democrática desalojará o autoritário Partido Comunista. Embora alguns Estados autoritários tenham adotado com sucesso, durante algum tempo, políticas típicas dos mercados competitivos, em prazos mais longos, a correlação entre democracia e comércio aberto é nítida demais para ser ignorada.

Não sou capaz de prever com certeza se a China manterá o rumo em direção à liberdade política e à proeminência crescente como potência econômica mundial ou se, para manter o controle político que está perdendo a cada dia para as forças de mercado, o Partido Comunista procurará restabelecer a rigidez econômica que prevaleceu até as reformas ousadas de Deng Xiaoping. Muito de como será o mundo em 2030 dependerá do desfecho desse dilema. Se a China continuar avançando em busca do capitalismo de livre mercado, ela decerto impelirá o mundo para novos níveis de prosperidade.

Mesmo quando países tão poderosos quanto os Estados Unidos e a China lutam pela supremacia econômica nesse novo mundo, é possível que ambos estejam sujeitos a uma força ainda mais poderosa: a plena globalização dos mercados. O controle dos governos sobre a vida cotidiana de seus cidadãos diminuiu drasticamente com a expansão do capitalismo de mercado. Aos poucos, sem muita fanfarra, a atuação voluntária das pessoas nos mercados eliminou muitos dos poderes do Estado.* Boa par-

*Componente significativo do controle *político* exercido pelos governos do pós-guerra foi implementado por meio de medidas econômicas.

te da regulamentação que impunha limites às transações comerciais foi revogada sem muito alarde, em favor da auto-regulamentação dos mercados capitalistas. O princípio básico é simples: os mercados e os governos não podem, ao mesmo tempo e em conjunto, definir o preço do cobre. Um desloca o outro. A desregulamentação da economia americana, que começou na década de 1970; a liberalização dos empreendimentos britânicos, durante o mandato de Thatcher; os esforços parciais da Europa, em 2000, para construir um mercado competitivo de classe mundial; e a adoção dos mercados pela maioria das ex-repúblicas soviéticas; a luta da Índia para desvencilhar-se de sua burocracia sufocante e, evidentemente, o formidável renascimento da China – todos esses fatores reduziram o controle administrativo dos governos sobre as economias e, portanto, sobre as sociedades.

Aprendi a ver os resultados econômicos a longo prazo como algo determinado em boa parte, mas não totalmente, pelas características inatas das pessoas que trabalham através das instituições que construímos para governar a divisão do trabalho. A idéia original de pessoas se especializando em diferentes áreas para o benefício mútuo se perde em passado remoto demais para que se identifiquem suas fontes, mas tais práticas inspiraram John Locke e outros do Iluminismo a formular o conceito de direitos inalienáveis como base do império da lei que governa as sociedades. Dessa sementeira de pensamento liberal brotaram os insights de Adam Smith e outros, que descobriram os princípios básicos do comportamento humano que ainda norteiam a atuação das forças produtivas no mercado.

A última década de crescimento econômico sem precedentes em boa parte dos países desenvolvidos e dos países em desenvolvimento é a prova definitiva da disfunção de um experimento econômico que durou mais de setenta anos. O colapso espantoso do bloco soviético acarretou e acelerou o abandono do planejamento central em todo o mundo, com a China e a Índia na vanguarda. As evidências de que o fortalecimento e a ampliação dos direitos de propriedade e, de maneira mais genérica, do próprio império da lei resultaram em elevação dos níveis de bem-estar material são extremamente convincentes. A dificuldade de medir de maneira quantitativa mudanças sutis no império da lei inibe o desenvolvimento de provas estatísticas formais. Porém, não há como negar as evidências qualitativas. O amplo desmantelamento de boa parte do aparato do controle estatal e sua substituição por instituições baseadas no mercado parecem sempre melhorar o desempenho econômico. Ao longo das últimas seis décadas, tais avanços têm sido impressionantes na China, na Índia, na Rússia, na Alemanha Ocidental e na Europa Oriental, para citar apenas os principais exemplos. De fato, os casos em que a expansão dos mercados livres, dos direitos de propriedade e do império da lei não contribuiu para o bem-estar econômico e os casos em que a ampliação do planejamento central aumentou o bem-estar econômico são poucos. Contudo, o império da lei é condição apenas necessária, não suficiente, para a prosperidade duradoura. Cultura, educação e geografia também desempenham papel crucial.

Mas por que será que essa relação entre império da lei e bem-estar material é, aparentemente, tão imutável? Com base em minha experiência, ela está enraizada numa característica fundamental da natureza humana. Na vida, se não agirmos, perecemos. Mas as novas iniciativas envolvem o risco de conseqüências imprevistas. A extensão em que as pessoas estão dispostas a assumir riscos depende das recompensas que consideram prováveis. A eficácia dos direitos individuais, inclusive os de propriedade, diminui a incerteza e abre um escopo mais amplo para a assunção de riscos e para a adoção de iniciativas capazes de gerar bem-estar material. A inação produz o nada.

A assunção de riscos racional é indispensável para o progresso material. Quando é tolhida ou quando não existe, tomam-se apenas as providências indispensáveis. A produção econômica é mínima, impulsionada não pela disposição calculada de assumir riscos, mas, em geral, por força da coerção pelo Estado. As evidências da história humana sugerem com muita insistência que os incentivos positivos são muito mais eficazes que o medo e a força. A alternativa para os direitos de propriedade é a propriedade coletiva, que falhou sucessivas vezes em produzir uma sociedade civil e próspera. Ela não funcionou em 1826, na comunidade de Robert Owen, denominada, com muito otimismo, de New Harmony; nem para o comunismo de Lenin e Stalin. E não está funcionando hoje na Coréia do Norte nem em Cuba.

As evidências, conforme o melhor de minhas interpretações, sugerem que em qualquer cultura e para qualquer nível de educação, quanto maior for a liberdade para competir e mais forte for o império da lei, maior será a produção de riqueza material.* Mas, infelizmente, quanto maior for o grau de competição – e, em conseqüência, quanto mais rápida for a obsolescência das atuais instalações produtivas e das qualificações dos trabalhadores que as operam – maior será o grau de estresse e de ansiedade dos participantes do mercado. Muitas empresas bem-sucedidas do Vale do Silício, que, em tese, são protótipos da obsolescência induzida, tiveram de reinventar grandes segmentos de seus negócios a cada dois anos.

---

*Também estou concluindo que o sucesso das projeções econômicas de cinco e dez anos depende tanto de nossa capacidade de previsão do grau de predomínio do império da lei quanto da eficácia e da acurácia de nossos melhores modelos econométricos.

Ao se defrontarem com a angústia do lado nocivo da destruição criativa, quase todo o mundo desenvolvido e parte cada vez maior do mundo em desenvolvimento optaram por trocar menor grau de bem-estar material pela atenuação do estresse competitivo.

Nos Estados Unidos, republicanos e democratas já há muito tempo chegaram a um consenso em apoio à Seguridade Social, ao Medicare e a outros programas que surgiram com o New Deal de Roosevelt e com a Great Society de Lyndon Johnson, embora ainda haja muito desacordo sobre os detalhes. Quase todos os aspectos de nossa atual rede de segurança social seriam reinstituídos por grande maioria do Congresso, se fossem objeto de revisão. Não tenho dúvida de que, com o transcurso do tempo e com a mudança de nossas circunstâncias econômicas, o consenso evoluirá, mas, provavelmente, dentro de limites relativamente estreitos.

As redes de segurança social existem em praticamente todos os lugares, em maior ou menor extensão. Por sua natureza, elas inibem o pleno exercício do *laissez-faire*, sobretudo por meio de leis trabalhistas e de programas de redistribuição de renda. Porém, já se tornou evidente que, num contexto de competição global, devem-se impor limites ao tamanho e à natureza das redes de segurança social, para que coexistam com os mercados sem graves conseqüências econômicas negativas. A Europa Continental, por exemplo, esforça-se, hoje, para encontrar uma maneira aceitável de reduzir os benefícios de aposentadoria e a proteção aos trabalhadores contra a perda de emprego.

Por mais estupenda que seja a produtividade do capitalismo de mercado, seu calcanhar-de-aquiles é a percepção crescente de que suas recompensas, que cada vez mais favorecem os mais qualificados, não se distribuem com eqüidade. O capitalismo de mercado em escala global continua a exigir habilidades crescentes, uma vez que as novas tecnologias se desenvolvem sobre a base das anteriores. Considerando que, hoje, a inteligência humana em estado bruto provavelmente não é maior que a da Grécia Antiga, nosso avanço dependerá de acréscimos à nossa vasta herança de conhecimentos, acumulada ao longo de gerações.

Em conseqüência de suas disfunções, o sistema de ensino elementar e médio dos Estados Unidos não preparou os alunos com rapidez suficiente para evitar a escassez de trabalhadores qualificados e o excesso de trabalhadores menos qualificados, ampliando o abismo de renda entre os dois grupos. Se o sistema de ensino dos Estados Unidos não for capaz de elevar o nível de qualificação dos trabalhadores com rapidez suficiente para acompanhar o avanço da tecnologia, os trabalhadores qualificados continuarão a receber aumentos de salários muito maiores, redundando em extremos de concentração de renda muito mais perturbadores. Conforme já salientei, a reforma da educação demorará anos, mas precisamos resolver a questão da desigualdade de renda agora. Aumentar a carga tributária dos ricos, remédio aparentemente simples, tende a ser contraproducente para o crescimento econômico. No entanto, para conter o aumento da renda dos trabalhadores qualificados e para aprimorar o nível de qualificação de nossa força de trabalho em geral, dispomos do recurso imediato de abrir nossas fronteiras a grandes massas de imigrantes, com as habilidades vitais de que precisa a economia americana. Do sucesso dessas reformas aparentemente muito viáveis, envolvendo educação e imigração, provavelmente dependerá a aceitação popular da prática do capitalismo nos Estados Unidos nos próximos anos.

Nós (seres humanos) perseveramos e avançamos em face da adversidade. É da nossa natureza. Portanto, aprendi, ao longo de décadas, a ser profundamente otimista quanto ao nosso futuro. Videntes de todos os jaezes, desde os tempos do oráculo de Delfos até os profetas de Wall Street, sempre procuraram cavalgar essa tendência positiva duradoura, imposta pela natureza humana. O legado do Iluminismo em direitos humanos e em liberdades econômicas libertou bilhões de pessoas para a busca dos imperativos de sua própria compleição – trabalhar em busca de vida melhor para si mesmas e para suas famílias. Contudo, o progresso não é automático; ao contrário, demandará futuras adaptações por enquanto inimagináveis. Porém, a fronteira de esperança que todos almejamos jamais se fechará.

NOTA SOBRE AS FONTES

As discussões sobre economia e sobre política econômica deste livro se baseiam em dados extraídos quase que inteiramente de fontes disponíveis para o público: sites e publicações de órgãos de estatísticas do governo, grupos setoriais e associações profissionais. As fontes do governo dos Estados Unidos incluem Bureau of Economic Analysis e Census Bureau, ambos do Departamento de Comércio; Bureau of Labor Statistics e outras unidades do Departamento do Trabalho; Congressional Budget Office; Office of Management and Budget; Office of the Comptroller of the Currency; Social Security Administration; Federal Deposit Insurance Corporation; Office of Federal Housing Enterprise Oversight e, evidentemente, Conselho de Governadores do Federal Reserve. As fontes internacionais abrangem o Fundo Monetário Internacional e o Banco Mundial, o Banco de Compensações Internacionais, a Organização para Cooperação e Desenvolvimento Econômico e agências que fornecem dados estatísticos de outros governos, como National Bureau of Statistics, da China, e o Federal Statistical Office, da Alemanha, além de bancos centrais.

Profissionais de dezenas de organizações, associações e empresas responderam prestimosamente aos pedidos de informações e de dados: Aluminum Association, American Iron and Steel Institute, American Presidency Project, American Water Works Association, Association of American Railroads, Can Manufacturers Institute, Center for the Study of the American Electorate, Conference Board, European Bank for Reconstruction and Development, Exxon Mobil Corporation, Food Marketing Institute, George Washington High School, Global Insight, Heritage Foundation, JPMOrgan Chase, Julliard School, National Bureau of Economic Research, National Cotton Council of America, NYU Leonard N. Stern School of Business, Securities Industry and Financial Markets Association, Standard & Poor's, U.S. Senate Historical Office, U.S. Senate Library, Watson Wyatt e Wilshire Associates. Os sites da CNET, Gary S. Swindell, Intel, *Wired* e WTRG Economics também foram úteis.

As seções autobiográficas se basearam em amplas variedades de fontes, tanto contemporâneas quanto históricas, publicadas e não-publicadas, assim como em discussões com conhecidos e amigos, cujos nomes podem ser encontrados em Agradecimentos.

Os historiadores Erwin C. Hargrove e Samuel A. Morley realizaram extensas entrevistas comigo em 1978 sobre meus primeiros anos no serviço público, como chairman do Conselho de Assessores

Econômicos; ao escrever o Capítulo 3, baseei-me na transcrição não-publicada dessas entrevistas, assim como nas versões editadas que apareceram no livro. Também recorri às minhas notas para discursos e reuniões durante as décadas que passei como consultor privado, assim como nos artigos e ensaios que escrevi para publicação durante aqueles anos. Meus scripts para o programa *Nightly Business Report*, do Public Broadcasting System, a que compareci com regularidade na década de 1980, também foram fontes úteis.

O Capítulo 3 e o Capítulo 4 também se basearam em meus depoimentos ao Congresso, como chairman do Conselho de Assessores Econômicos, assim como em meu depoimento como chairman da National Commission on Social Security Reform. O desenvolvimento de minhas idéias sobre política econômica e sobre outras políticas públicas pode ser acompanhado pelas centenas de discursos e depoimentos que fiz como chairman do Federal Reserve Board. Tais discursos e depoimentos estão disponíveis on-line via FRASER, o Federal Reserve Archival System for Economic Research (http://fraser.stlouisfed.org/historicaldocs), no site do Federal Reserve (www.federalreserve.gov/newsevents.htm), e por meio de pedidos baseados no Freedom of Information Act. Às vezes, cito deliberações literais do Fed, que foram extraídas de atas das reuniões do Federal Open Market Committee, disponíveis até 2001 no site do Federal Reserve. Todas as citações de depoimentos perante o Congresso estão no arquivo público, que pode ser acessado via Internet no site do Government Printing Office (www.gpoaccess.gov/chearings/index.html), na Biblioteca do Congresso e em outras fontes.

Durante meu mandato no Federal Reserve, adotei a prática de nunca aparecer na televisão e raramente concedi entrevistas formais a jornalistas; contudo, eu dava entrevistas informais regulares. Os Capítulos 5 a 11, que abrangem minha carreira no Fed, se baseiam em muitas sessões, ao longo dos anos, com Bob Woodward, cujas transcrições ele me ofereceu com generosidade para este projeto. As transcrições serviram de base para *Maestro*, o livro dele sobre mim e sobre o Fed. A narrativa do Capítulo 7 das discussões com Paul O'Neill durante seu mandato como secretário do Tesouro foram facilitadas pelos relatos em *The Price of Loyalty*, livro em que ele cooperou com o jornalista Ron Suskind. Do mesmo modo, minhas recordações de reuniões e experiências com Bob Rubin e Larry Summers, nos Capítulos 8, 9 e 10, aproveitaram as memórias do secretário Rubin, escritas com o jornalista Jacob Weisberg, *In an Uncertain World*.

Minhas lembranças sobre o colapso do planejamento central e do crescimento dos mercados capitalistas globais (Capítulo 6, Capítulo 19, e em outros trechos deste livro) foram aprimoradas pelo livro pioneiro *The Commanding Heights*, de Daniel Yergin e Joseph Stanislaw, cujo site (www.pbs.org/commanding heights) apresenta entrevistas com líderes mundiais e economistas que por vezes são citadas nestas páginas. O livro *O Mundo é Plano*, de Tom Friedman, preencheu muitas lacunas em minha compreensão dos avanços tecnológicos recentes.

Para escrever este livro, entrevistei Bill Clinton, Stephen Breyer, Bob Rubin, Martin Anderson, Gene Sperling, Paul David e outros. Este relato também se baseia em informações de meus biógrafos. E as narrativas de todo o livro foram influenciadas e também inspiradas pelas memórias de minha esposa, Andrea Mitchell, *Talking Back... to Presidents, Dictators, and Assorted Scoundrels*.

Esforcei-me para minimizar as falhas inevitáveis de memória, extraindo citações, fatos e detalhes descritivos dos documentos básicos, reportagens na imprensa (em especial do *New York Times*, *Financial Times*, *Wall Street Journal*, *Washington Post*, *BBC*, *Economist*, *Newsweek* e *Time*), obras de referência básicas, além de serviços de arquivos e de informações sobre mercados. Este livro foi extraído de seis décadas de conhecimentos acumulados; mencionar todas as fontes, na medida em que me lembro delas, provavelmente exigiria tantas páginas quanto o livro em si. Segue-se bibliografia selecionada de livros e artigos.

BIBLIOGRAFIA

Allen, Frederick Lewis. *The Lords of Creation*. Nova York: Harper & Brothers, 1935.

Anderson, Benjamin M. *Economics and the Public Welfare: Financial and Economic History of the United States, 1914-1946*. Nova York: D. Van Nostrand, 1949.

Anderson, Martin. *Revolution*. San Diego: Harcourt Brace Jovanovich, 1988.

Baker, James A., III, com Steve Fiffer. *Work hard, study... and keep out of politics!: Adventures and Lessons from an Unexpected Public Life*. Nova York: G.P. Putnam's Sons, 2006.

Breckner, Steven K. *Back from the Brink: The Greenspan Years*. Nova York: John Wiley & Sons, 1996.

Beman, Lewis. "The Chastening of the Washington Economists". *Fortune*, janeiro de 1976.

Bergsten, C. Fred, Bates Gill, Nicholas Lardy e Derek Mitchell. *China: The Balance Sheet*. Nova York: Public Affairs (Perseus Books), 2006.

Breyer, Stephen. "The Uneasy Case for Copyright: A Study of Copyright in Books, Photocopies, and Computer Programs". *Harvard Law Review* 84, n. 2 (dezembro de 1970): 281-255.

Burk, Gilbert e Sanford Parker. "The Coming Turn in Consumer Credit". *Fortune*, março de 1956.

____ "The Danger in Mortgage Debt". *Fortune*, abril de 1956.

Burns, Arthur F. e Wesley C. Mitchell. *Measuring Business Cycles*. Nova York: National Bureau of Economic Research, 1946.

Cannon, Lou. *Reagan*. Nova York: G. P. Putnam's Sons, 1982.

Cardoso, Fernando Henrique, com Brian Winter. *The Accidental President of Brazil: A Memoir*. New York: Public Affairs, 2006.

Chernow, Ron. *Alexander Hamilton*. Nova York: Penguin Press, 2004.

____ *The House of Morgan: An American Banking Dynasty and the Rise of Modern Finance*. Nova York: Touchstone, 1990.

Titan: The Life of John D. Rockefeller, Sr. Nova York: Random House, 1998.

David, Paul A. "The Dynamo and the Computer: An Historical Perspective on the Modern Productivity Paradox". *American Economic Review* 80, n. 2 (maio de 1989): 355-61. Ver também o trabalho mais longo de David: "Computer and Dynamo: The Modern Productivity Paradox in a Not-Too-Distant Mirror". *Center for Economic Policy Research* 172, Stanford University (julho de 1989).

Dornbush, Rudinger e Sebastian Edwards (orgs.) *The Macroeconomics of Populism in Latin America.* Chicago: University of Chicago Press, 1991.

Eichengreen, Barry e David Leblang. "Democracy and Globalization". *Bank for International Settlements Working Papers* 219 (dezembro de 2006).

Engel, Charles e John H. Rogers. "How Wide is the Border?". *American Economic Review* 80 (1996): 1112-25.

Feldstein, Martin. "There's More to Growth than China...". *Wall Street Journal,* 16 de fevereiro de 2006.

Ford, Gerald R. *A Time to Heal: The Autobiograph of Gerald R. Ford.* Nova York: Harper & Row/Reader's Digest Association, 1979.

Friedman, Milton, e Rose D. Friedman. *Free to Choose: A Personal Statement.* Nova York: Harcourt Brace Jovanovich, 1980.

Friedman, Milton, e Anna (Jacobson) Schwartz. *A Monetary History of the United States, 1867-1960.* Princeton, J.J: Princeton University Press, 1963.

Friedman, Thomas L. *The World is Flat: A Brief History of the Twenty-First Century.* Nova York: Farrar, Straus & Giroux, 2005.

Garment, Leonard.*Crazy Rhythm: From Brooklyn and Jazz to Nixon's White House, Watergate and Beyond.* Nova York: Times Books, 1997.

Gerstner Louis V., Jr. "Math Teacher Pay Doesn't Add Up". *Christian Science Monitor,* 13 de dezembro de 2004.

Goldman, Eric. The Tragedy of Lyndon Johnson. Nova York: Alfred A. Knopf, 1969.

Gorbachev, Mickhjail. "Rosneft Will Reinforce Russian Reform". *Financial Times,* 12 de julho de 2006.

Gordon, Robert, Thomas J. Kane e Douglas O. Staiger. "Identifying Effective Teachers Using Performance on the Job". *The Hamilton Project Policy Brief* 2006-01. Washington, D.C.: Brookings Institution (abril de 2006).

Geenspan, Herbert. *Recovery Ahead! An Exposition of the Way We're Going Through 1936.* Nova York: H. R. Regan, 1935.

Hammond, Bray. *Banks and Politics in America: From the Revolution to the Civil War.* Princeton, N.J.: Princeton University Press, 1957.

Hargrove, Erwin e Samuel Morley (orgs.) *The President and the Council of Economic Advisers: Interviews with CEA Chairmen.* Boulder, Colo.: Westview Press, 1984.

Heilbroner, Robert. *The Worldly Philosophers: The Lives, Times and Ideas of the Great Economic Thinkers.* Nova York: Touchstone, 1999.

Heritage Foundation. "Index of Economic Freedom 2007". www.heritage.org/index/ (acessado em 24 de março de 2007).

Homer, Sidney e Richard Sylla. *A History of Interest Rates.* New Brunswick, N.J.: Rutgers University Press, 1991.

Hubbard, Glenn, com Eric Engen. "Federal Government Debt and Interest Rates". Em *NBER Macroeconomics Annual 2004.* Cambridge, Mass.: MIT Press, 2005.

Ingersoll, Richard M. *Out of Field Teaching and the Limits of Teacher Policy: A Research Report.* Center for the Study of Teaching and Policy, University of Washington (setembro de 2003).

Keynes, John Maynard, *Economic Consequences of the Peace.* Nova York: Harcourt, Brace and Howe, 1920. www.historicaltextarchive.com/books.php?op=viewbook&bookid=12 (acessado em 24 de março de 2007).

____. *The General Theory of Employment, Interest and Money.* Nova York: Harcourt, Brace, 1936.

Klein, Joe. *The Natural: The Misunderstood Presidency of Bill Clinton.* Nova York: Coronet, 2002.

Lazear, Edward P. "Teacher Incentives". *Swedish Economic Policy Review* 10 (2003): 179-214.

Lefèvre, Edwin. *Reminiscences of a Stock Operator*. Hoboken, N. J.: John Wiley & Sons, 2005.

Locke, John. *The Second Treatise of Civil Government*. Londres: A. Millar, 1764. www.constitution.org/jl/2ndtreat.htm (acessado em 6 de abril de 2007).

Luce, Edward. *In Spite of the Golds: The Strange Rise of Modern India*. Londres: Little, Brown, 2006.

Maddison, Angus. "Measuring and Interpreting World Economic Performance 1500-2001". *Review of Income and Wealth* 51 (março de 2005): 1-35.

____. "The Millenium: Poor Until 1820". *Wall Street Journal*, 11 de janeiro de 1999.

____. *The World Economy: A Millennial Perspective*. Paris: Development Center of the Organization for Economic Cooperation and Development, 2001.

____. *The World Economy: Historical Statistics*. Paris: Development Center of the Organization for Economic Cooperation and Development, 2003.

McLean, Iain. "Adam Smith and the Modern Left". Palestra proferida em MZES/Facultaet Kolloquium, Universidade de Mannheim, 15 de junho de 2005, www.nuffield.ox.ac.uk/Politics/papers/2005/mclean%20smith.pdf (acessado em 24 de março de 2007).

Martin, Justin. *Greenspan: The Man Behind Money*. Cambridge, Mass: Perseus, 2000.

Mitchell, Andrea. *Talking Back... to Presidents, Dictators, and Assorted Scoundrels*. Nova York: Penguin Books, 2007.

Ned Davis Research Inc. *Markets in Motion: A Financial Market History 1900-2004*. Nova York: John Wiley & Sons, 2005.

Ottaviano, Gianmarco I.P. e Giovanni Peri. "Rethinking the Effects of Immigration on Wages". *NBER* Working Papers 12497 (agosto de 2006).

Perlack, Robert D., Lynn L. Wright, Anthony F. Turhollow, et al. *Biomass as Feedstock for a Bioenergy and Bioproducts Industry: The Technical Feasibility of a Billion-Ton Annual Supply*. Oak Ridge, Tenn.: Oak Ridge National Laboratory, 2005. http://feedstockreview.ornl.gov/pdf/billion%5fton%5Fvision.pdf (acessado em 17 de abril de 2007).

PIketty, Thomas e Emmanuel Saez. "Income Inequality in the United States, 1913-2002" (novembro de 2004). http://elsa.berkeley.edu/~saez/ (acessado em 28 de março de 2007).

Rand, Ayn, *Atlas Shrugged*. Nova York: Random House, 1957.

____. *The Fountainhead*. Indianápolis: Bobbs-Merrill, 1943.

Rand, Ayn, com Nathaniel Branden, Alan Greenspan e Robert Hessen. *Capitalism: The Unknown Ideal*. Nova York: New American Library, 1966.

Reeves, Richard. *President Reagan: The Triunph of Imagination*. Nova York: Simon & Schuster, 2005.

Rogers, John H. "Monetary Union, Price Level Convergence, and Inflation: How Close is Europe to the United States?". *Board of Governors of the Federal Reserve System, International Finance Discussion Paper 740* (2002).

____. Rubin, Robert E., e Jacob Weisberg. *In an Uncertain World: Tough Choices from Wall Street to Washington*. Nova York: Random House, 2003.

Sala-i-Martin, Xavier. "The World Distribution of Income (Estimated from Individual Country Distributions)". *NBER Working Papers* 8933 (2002).

Schumpeter, Joseph Alois. *Capitalism, Socialism and Democracy*. Nova York: Harper & Row, 1975.

Sen, Amartya. "Democracy as a Universal Value". *Journal of Democracy* 10, n. 3 (1999): 3-17.

Siegel, Jeremy J. *Stocks for the Long Run: The Definitive Guide to Financial Market Returns and Long Term Investment Strategies*. Nova York: McGraw-Hill, 2002.

Smith, Adam. *An Inquiry into the Nature and Causes of the Wealth of Nations*. Quinta edição, Londres: Methen & Co., 1904. http://www.econlib.org/library/smith/smWN.html (acessado em 24 de março de 2007).

____. *Lectures on Jurisprudence*. Vol. 5 de *Glasgow Edition of the Works and Correspondence of Adam Smith*. Indianápolis: Liberty Fund, 1982. http://oll.libertyfund.org/toC/0141-06.php (acessado em 24 de março de 2007).

____. *The Theory of Moral Sentiments*. Nova York: Oxford University Press, 1976.

Strouse, Jean. *Morgan: American Financier*. Nova York: Random House, 1999.

Suskind, Ron. *The price of Loyalty: George W. Bush, The White House, and the Education of Paul O'Neill*. Nova York: Simon & Schuster, 2004.

United States. *Historical Statistics of the United States: Colonial Times to 1970*. Washington, D.C.: U.S. Department of Commerce, Bureau of the Census, 1975.

____. *The Report of the President's Commission on an All-Volunteer Armed Force*. Nova York: Mcmillan, 1970.

Useem, Jerry. "The Devil's Excrement". *Fortune*, 3 de fevereiro de 2003.

Volcker, Paul e Toyoo Gyohten. *Changing Fortunes: The World's Money and the Threat to American Leadeship*. Nova York: Times Books, 1992.

Woodward, Bob. *The Agenda: Inside the Clinton Whte House*. Nova York: Simon & Schuster, 1994.

____. *Maestro: Greenspan's Fed and the American Boom*. Nova York; Simon & Schuster, 2005.

____. *State of Denial*. Nova York: Simon & Schuster, 2006.

Yergin, Daniel. *The Prize: The Epic Quest for Oil, Money, and Power*. Nova York: Simon & Schuster, 1991.

Yergin, Daniel, and Joseph Stanislaw. *The Commanding Heights: The Battle Between Government and the Marketplace That Is Remaking the Modern World*. Nova York: Simon & Schuster, 1998.

ÍNDICE

Sistema CTcP,
impressão e acabamento
executados no parque gráfico da
Editora Santuário
www.editorasantuario.com.br - Aparecida-SP